囊椁葬与古代东亚文化交流国际学术研讨会合影留念 2017.5.13

中国社会科学院考古研究所所长陈星灿致辞

中共黄骅市委书记朱春燕致辞

河北省文物局副局长韩立森致辞

中国社会科学院考古研究所研究员白云翔致辞

沧州副市长梁英华致辞

黄骅市市委常委、常务副市长张剑华致辞

黄骅市副市长张桂云主持开幕式

河北省文物研究所所长李耀光致辞

高崇文先生点评

郑同修先生发言

宫本一夫先生发言

李君先生发言

梅鹏云先生发言

徐龙国先生发言

雷建红先生发言

林永珍先生发言

张翠敏女士发言

吕学明先生发言

张长铎先生发言

郚堤城卫图

郚堤城瓮棺集中区航拍图

定兴北台上 W1 瓮棺葬

任丘后赵瓮棺葬

东黑山 M3 瓮棺葬

东黑山 M8 瓮棺葬

瓮棺葬与古代东亚文化交流研究

瓮棺葬与古代东亚文化交流（中国·黄骅）
国际学术研讨会论文集

中国社会科学院考古研究所
河北省文物研究所 编
黄骅市博物馆

科学出版社
北京

内 容 简 介

为进一步发掘黄骅郛堤城瓮棺葬群在古代东亚瓮棺葬系统中的重要意义，更好地对其开展研究和保护工作，并搭建新的关于古代东亚文化交流的平台，由中国社会科学院考古研究所、河北省文物局、河北省文物研究所和黄骅市人民政府共同举办的"瓮棺葬与古代东亚文化交流国际学术研讨会"，于2017年5月12~15日在河北省黄骅市举行。本书收录与会学者、相关专家论文24篇以及相关讲话结集出版，内容包括东亚各地瓮棺葬的发现及认识、黄骅郛堤城瓮棺葬的发现及意义、黄骅郛堤城的年代和性质、东亚瓮棺葬的起源和发展演变、瓮棺葬葬具及出土器物、瓮棺葬与城址的位置关系，以及中、日、韩瓮棺葬的文化联系和瓮棺葬所反映的古代东亚文化交流等方面的最新研究成果。

本书适合于从事历史、考古研究的专家学者及相关专业的大专院校师生参考阅读。

审图号：GS（2018）1326号

图书在版编目（CIP）数据

瓮棺葬与古代东亚文化交流研究：瓮棺葬与古代东亚文化交流（中国•黄骅）国际学术研讨会论文集/中国社会科学院考古研究所，河北省文物研究所，黄骅市博物馆编．—北京：科学出版社，2018.3

ISBN 978-7-03-057004-8

Ⅰ.①瓮… Ⅱ.①中…②河…③黄… Ⅲ.①葬俗—东亚—国际学术会议—文集 Ⅳ.①K893.102.2-53

中国版本图书馆CIP数据核字（2018）第053138号

责任编辑：孙　莉　曹　伟 / 责任校对：邹慧卿
责任印制：肖　兴 / 封面设计：张　放

科学出版社 出版
北京东黄城根北街16号
邮政编码：100717
http://www.sciencep.com

中国科学院印刷厂 印刷
科学出版社发行　各地新华书店经销
*

2018年3月第　一　版　　开本：889×1194　1/16
2018年3月第一次印刷　　印张：23　插页：4
字数：650 000

定价：228.00元
（如有印装质量问题，我社负责调换）

本书由
河北省文物研究所
黄骅市市政府
赞助出版

本书编辑委员会

主　任：陈星灿　张立方　朱春燕
主　编：白云翔
副主编：毛保中　张宝刚
编　委：（以姓氏笔画为序）
　　　　　马小飞　毛保中　白云翔
　　　　　杨　勇　张宝刚　晋福新
　　　　　徐龙国　雷建红　德新宇

目　录

上　编

在"瓮棺葬与古代东亚文化交流国际学术研讨会"开幕式上的致辞……………梁英华（3）
在"瓮棺葬与古代东亚文化交流国际学术研讨会"开幕式上的致辞……………朱春燕（4）
在"瓮棺葬与古代东亚文化交流国际学术研讨会"开幕式上的致辞……………陈星灿（5）
在"瓮棺葬与古代东亚文化交流国际学术研讨会"开幕式上的致辞……………韩立森（7）
在"瓮棺葬与古代东亚文化交流国际学术研讨会"闭幕式上的总结讲话…………白云翔（9）
在"瓮棺葬与古代东亚文化交流国际学术研讨会"闭幕式上的致辞……………李耀光（12）
在"瓮棺葬与古代东亚文化交流国际学术研讨会"闭幕式上的致辞……………张剑华（13）
"瓮棺葬与古代东亚文化交流国际学术研讨会"纪要……………………董俊杰　蒋赴美（14）

下　编

从黄骅考古发现谈战国秦汉时期对环渤海的开发……………………………高崇文（21）
公元前一千纪后半环黄海地区的瓮棺葬及其历史文化阐释……………………白云翔（27）
环渤海地区秦汉城邑与瓮棺葬位置关系研究……………………徐龙国　王晓莲（59）
中国战国至汉代的瓮棺墓与朝鲜半岛的瓮棺墓……………………………宫本一夫（85）
燕国釜的编年研究与东亚地区的瓮棺葬………………………………………石川岳彦（99）
辽宁地区战国至汉代瓮棺葬………………………………………………………张翠敏（106）
辽宁地区战国秦汉时期瓮棺葬的初步研究………………………………………徐政（118）
河北省卢龙县发现瓮棺葬………………河北省文物研究所　中国人民大学历史学院（132）
临淄齐故城瓮棺葬初探……………………………………………………………杨勇（137）
北京通州路县故城瓮棺墓………………………………尚珩　白岩　孙勐（149）
天津地区战国秦汉时期瓮棺葬的发现与研究……………………梅鹏云　黄娟（154）
黄骅郛堤城时代与性质的初步认识……………………………………………李君（163）
河北地区战国秦汉时期的瓮棺葬…………………………………贾金标　张艺薇（178）
河北地区战国至汉代儿童瓮棺葬初探…………………………………………翟鹏飞（197）
环渤海地区战汉瓮棺葬葬具研究………………………………………………马小飞（211）
黄骅地区战汉遗存与古文献记述初步探析——兼论郛堤城瓮棺葬群与徐福东渡出海的关系
………………………………………………………………………………………张长铎（232）

黄骅地区战国至汉代城址综述......张宝刚（244）
山东临淄粉庄1号墓地出土瓮棺葬概述......王子孟　杨小博（253）
山东临淄粉庄2号墓地出土的瓮棺葬......朱磊（268）
黄骅郛堤城瓮棺葬的发现及其相关问题探讨......雷建红（286）
韩国瓮棺葬的起源初探......林永珍（300）
韩国瓮棺葬的发展——以3～6世纪韩半岛西南部地区的资料为中心......金洛中（304）
韩国瓮棺出土的陶器......吴东埤（318）
朝鲜半岛横置瓮棺葬的起源......李承泰（326）

附录一　黄骅市郛堤城瓮棺葬大事记......（338）
附录二　解谜者......李东明（340）
附录三　徐福东渡的出海之地到底在哪里？山西大学李君教授认为——最拿得出手的证据说明：
　　在黄骅！......李东明（345）
附录四　穿越两千年　倾听黄骅故事——瓮棺葬及古代东亚文化交流国际学术研讨会侧记
　　......黄洁（348）
附录五　相关新闻报道......（353）
后记......（359）

上 编

在"瓮棺葬与古代东亚文化交流国际学术研讨会"开幕式上的致辞

沧州市政府副市长 梁英华

尊敬的陈星灿所长、尊敬的韩立森副局长，各位领导、各位专家，同志们：

大家上午好！

今天，我们在这里隆重举行瓮棺葬与古代东亚文化交流国际学术研讨会开幕仪式，在此，我代表沧州市政府向参加今天开幕仪式的各位领导、专家和同志们表示热烈的欢迎！对大家长期以来关心、支持沧州文化事业的发展表示衷心的感谢！

沧州是一座历史悠久的文化古城，今年将迎来建州1500周年。沧州是著名的武术之乡、杂技之乡、金丝小枣之乡、鸭梨之乡、铸造之乡、中国工笔画之城。世界级文化遗产京杭大运河穿城而过，为沧州积淀了深厚悠久的文化底蕴。历史上共出过8名状元、666名进士，涌现出汉代儒学文化传承人毛亨、毛苌，唐代诗人刘长卿，著名边塞诗人高适，元曲四大家之一马致远，《四库全书》总编纂纪晓岚，洋务运动领袖张之洞，民国代大总统冯国璋等一大批历史文化名人。

沧州又是一座快速发展的沿海经济开放城市，随着京津冀协同发展、"一带一路"开放发展等重大国家战略的加快实施，沧州已成为环渤海、环京津最具发展潜力和活力的地区之一。同时，我市各项社会事业也取得了长足进步。市委、市政府历来把文化事业发展放在重要位置，把保护传承弘扬文化祖业列为建设文化强市的重要载体来抓。目前，全市共有不可移动文物2150处，其中全国重点文物保护单位15处、省级文物保护单位38处；可移动文物藏品数量7765件/套。国有博物馆5座，民办博物馆1座。此次瓮棺葬与古代东亚文化交流国际学术研讨会的召开对我市古代文化的发掘与保护，打造文化之城具有十分重要的意义。同时，也必将为加强东亚地区的文化交流合作，实现共融发展做出新的贡献。

这次研讨会在沧州召开，对我们既是鼓舞，又是鞭策。我们将倍加珍惜这次宝贵的机会，向来自各地的专家学习，进一步做好古代文化的发掘与保护工作，更好地服务沧州经济社会的发展。同时，真诚的希望各位领导、专家一如既往地关注和支持沧州发展，为我市文化事业的进步多提宝贵意见。

最后，预祝研讨会取得圆满成功！祝各位领导、各位专家身体健康、工作顺利！

谢谢大家！

在"瓮棺葬与古代东亚文化交流国际学术研讨会"开幕式上的致辞

海新区党工委委员、黄骅市委书记　朱春燕

尊敬的各位领导，各位专家：

大家上午好！

"有朋自远方来，不亦乐乎。"今天，我们相聚在美丽的渤海之滨——黄骅，隆重举行"瓮棺葬与古代东亚文化交流国际学术研讨会"。这是考古界、学术界的一次盛会，更是我们文化事业发展史上新的里程碑！

首先，我代表中共黄骅市委、黄骅市人民政府，向出席研讨会的各位领导和远道而来的各位专家以及媒体朋友们，表示热烈的欢迎和诚挚地问候！

黄骅历史悠久，拥有深厚的文化积淀，在历史的长河中留下了难以计数的文化瑰宝。境内古遗址聚落丰富，拥有郭堤城、卯兮城、武帝台、海丰镇遗址等大量历史文化遗存，是一个物华天宝、人杰地灵的城市。相传这里是大禹治水的地方，秦朝方士徐福、汉武帝刘彻都曾在这里留下足迹。宋金时期，这里是中国北方最大的港口，是古代海上丝绸之路的北方起点，海丰镇遗址见证着这个港口城市跨越千年的辉煌。

近年来，黄骅市委、市政府抢抓"一带一路"开放发展战略机遇，围绕"建设沿海开放经济强市"的总体目标，充分发挥文化的引领支撑作用，大力发展文化事业和文化产业，在文物遗址科学研究、保护性开发和带动经济发展上取得了显著成效。此次瓮棺葬群的发掘，为我们深入了解2000多年前东亚地区的习俗和历史文化提供了有利契机，对增强环渤海地区与朝鲜半岛、日本列岛文化交流，推进"一带一路"国家及地区融合发展具有深远意义。让我们携起手来，共同推动东亚地区文化、旅游、经济等各项事业的互联互通、共享共融！

最后，预祝研讨会圆满成功！祝各位领导、各位专家工作顺利、万事如意！

谢谢大家！

在"瓮棺葬与古代东亚文化交流国际学术研讨会"开幕式上的致辞

中国社会科学院考古研究所所长　陈星灿

各位来宾、各位代表、女士们、先生们：

大家上午好！

由中国社会科学院考古研究所、河北省文物局、河北省文物研究所和黄骅市政府联合举办的"瓮棺葬与古代东亚文化交流国际学术研讨会"，今天在黄骅这座美丽、繁荣的港口城市隆重开幕了。在此，我谨代表中国社会科学院考古研究所向会议的召开表示热烈祝贺！向来自国内外的专家学者和全体与会代表致以崇高敬意！

瓮棺葬是古代一种特别的埋葬形式，也是一种重要的墓葬类型，在世界很多地方都有发现。中国境内的瓮棺葬早在新石器时代便已出现，战国秦汉时期又出现了一个高峰。从考古发现看，战国秦汉时期的瓮棺葬主要见于黄河中下游及辽东半岛，在京津冀和辽东、山东也就是环渤海一带分布尤为密集。另外，与此大约同时期的瓮棺葬在朝鲜半岛和日本列岛也有不少发现。可见，考察战国秦汉时期的瓮棺葬，不仅可以深化这一时期这种葬制、葬俗的研究，加强对相关地域文化的认识，而且有助于探讨古代东亚地区的文化交流、文化传播以及人群移动等历史问题，学术意义是不言而喻的。由于种种原因，过去国内学术界对历史时期尤其是战国秦汉时期的瓮棺葬关注不多，田野考古中虽时有这方面的发现，但往往不能引起足够重视。令人欣喜的是，随着学术的发展和进步，特别是近年来北京、河北、山东等地（包括我们今天开会的地点——黄骅）又相继发现了一批战国秦汉时期的瓮棺葬，大家开始逐步注意这类遗存，并对这一时期各地瓮棺葬的渊源、特点以及彼此间的联系等问题展开思考和讨论。"瓮棺葬与古代东亚文化交流国际学术研讨会"就是在这一背景下召开的，对推动学术研究来说，这无疑是非常必要，也是非常及时的。此次研讨会规模不大，但主题突出、特色鲜明、目标明确，尤其是来自中、日、韩三国的专家学者们大都参加过这方面的发掘或从事过这方面的研究，因此我相信，通过充分的交流和讨论，会议一定能取得丰硕成果。

中国社会科学院考古研究所历来重视包括河北省在内的华北地区的考古发掘与研究工作。多年来，我所在河北开展的考古工作始终得到河北省文物局以及有关市县文物管理部门的大力支持，在此过程中，我们与河北省文物研究所等兄弟单位也建立并保持着良好的合作关系。借此机会，我谨向长期以来支持、帮助我所在河北考古工作的各级领导和兄弟单位表示衷心感谢！同时也希望以这次会议为契机，进一步加强彼此的联系与合作，共同推进河北乃至整个华北地区的考古发掘与研究工作，为繁荣和发展中国考古学做出更大贡献。

此次会议在黄骅召开，得到了黄骅市委、市政府以及广大市民的大力支持，对此我谨表示诚挚谢意！也希望通过此次学术研讨会，进一步促进黄骅市的文化遗产保护工作和文化建设事业。

最后，衷心祝愿此次学术盛会取得圆满成功！祝各位身体健康、工作顺利！

谢谢大家！

在"瓮棺葬与古代东亚文化交流国际学术研讨会"开幕式上的致辞

河北省文物局副局长　韩立森

各位嘉宾，女士们、先生们、朋友们：

大家上午好！

在各方面的共同努力下，由河北省文物局、中国社会科学院考古研究所、河北省文物研究所和黄骅市政府主办，黄骅市文广新局、黄骅市博物馆承办的"瓮棺葬与古代东亚文化交流国际学术研讨会"，在美丽的海滨城市黄骅隆重开幕了。我谨代表河北省文物局对研讨会的举办表示热烈的祝贺！向出席本次研讨会的国内外学者和新闻界的朋友们表示诚挚的欢迎！向长期以来给予我省文博事业大力支持的国家文物局、中央研究机构和社会各界人士表示衷心的感谢！

河北内环京津，外环渤海，是中华民族的重要发祥地之一，历史悠久，文化灿烂，文物资源丰富。目前，全省拥有不可移动文物33943处，其中全国重点文物保护单位278处，省级以上文物保护单位930处，县级以上文物保护单位3780处；拥有博物馆、纪念馆105座；拥有长城、承德避暑山庄及周围寺庙、清东陵和清西陵、大运河4项世界文化遗产，国家级历史文化名城5座，省级历史文化名城7座，历史文化名村名镇48处。馆库存文物140余万件。

长期以来，在国家文物局的指导下，我们与社会科学院考古研究所开展了多项考古和研究合作，这次国际学术研讨会更是获得了他们的大力支持。

瓮棺葬是古代颇具特色的一种埋葬形式，河北地区的瓮棺葬最早见于新石器时代后冈文化永年县石北口遗址，应是河北发现的最早的瓮棺葬。战国秦汉时期的瓮棺葬早在20世纪30年代在燕下都遗址就有发现，据不完全统计，自50年代至今，全省先后发现的瓮棺葬多达500座。从地区分布来看，战国时期瓮棺葬主要发现在河北的中北部地区，以保定、唐山最多，承德、张家口也有零星发现，主要分布在燕国的统治区域内。燕国从周初就凭借周王朝的军事威势，统治了今河北中北部和辽宁西部的广大区域，战国时期保北及其周围地区是燕国统治的中心区域，可以说，在河北中北部地区以及北京、天津、辽西等地发现的以大口圜底红陶釜为主要葬具的瓮棺葬，是燕文化所特有的埋葬习俗。西汉初期瓮棺葬的分布范围，扩大到冀南和东部渤海之滨。到了西汉晚期，瓮棺葬在河北基本绝迹。这充分说明西汉中期以后，汉王朝作为统一多民族的中央集权国家已经形成并逐步发展，以汉文化为主体的考古学文化在全国各地占有主导地位，河北地区也不例外。

这次黄骅郛堤城瓮棺葬是国内发现的数量最多的瓮棺葬群之一，它分布密集、类型多样，除儿童瓮棺葬外，还发现一批成人瓮棺葬，非常具有地方特色。瓮棺葬群和郭堤城址并存发现，可以更全面地从"生"和"死"两个方面研究当地古代社会状况，进一步证明郭堤城的年代和繁盛程度。战国后期，随着燕文化东渐，瓮棺葬这一埋葬习俗传播到东北地区和东亚地区，郭堤城瓮棺葬正是这种丧葬文化传播带上的重要一环，瓮棺葬背后是一种文化传播和交流的现象。文化的交流与传播是考古学的一项重要内容，其本质是探寻人类交流的方式、内容及通道等问题。因此，我们希望通过聚焦"瓮棺葬与古代东亚文化交流国际学术研讨会"会议主题的深入探讨，进一步探索瓮棺葬对东亚文化交流的深远影响，共同促进对瓮棺葬这一具有鲜明时代特色和地域特色的文化现象研究的进一步深入。

此次学术研讨会将分享近年来环渤海及东亚区域较重要的瓮棺葬考古发现与研究成果，在为进一步研究提供了新材料的同时，也有利于交流过程中的相互学习、总结反思，从而再作用于田野工作的继续开展。而关于瓮棺葬与古代东亚文化交流问题，我们也能从各位专家学者的发言中收获相应的观点与研究思路。这些观点和思路会对我们带来启迪。更重要的是，本次研讨会搭建起一个学术交流平台，在这个平台之上，不仅有国内外的知名学者，也有环渤海地区各省市的考古同仁，这为区域考古的实践与研究提供了交流与合作的机会。相信此次会议的举办，必将推动瓮棺葬研究的进一步深入，不仅对中国考古学研究，甚至对东亚考古学文化的研究都将起到积极的促进作用。

希望大家对黄骅、河北考古、文物保护，乃至经济社会发展多提宝贵意见。

预祝本次学术研讨会圆满成功！

祝各位来宾身体健康、收获丰硕！

谢谢大家！

在"瓮棺葬与古代东亚文化交流国际学术研讨会"闭幕式上的总结讲话

中国社会科学院考古研究所研究员　白云翔

各位代表、各位专家学者、朋友们：

在大家的共同努力下，"瓮棺葬与古代东亚文化交流国际学术研讨会"按照会议日程已经圆满完成了学术研讨，即将闭幕。受会议主办方的委托，我就这次会议做简要的总结。

这次会议是在"一带一路"成为国家战略并全面实施的大背景下召开的，是以黄骅郛堤城瓮棺葬的发掘为契机召开的，也是我国考古学界第一次以瓮棺葬为主题召开的国际学术研讨会。对于这次会议的召开，京津冀辽鲁以及大连等有关各省市考古文博机构、中国社会科学院考古研究所、北京大学、中国人民大学、吉林大学、山东大学和山西大学等都非常重视，并给予大力支持，都派专家学者参加了会议，韩国和日本有关大学和国立考古研究机构的5位学者也应邀参加了会议，会议正式代表计30余人。会议共收到国内外专家学者的论文提要24篇，有19位代表在研讨会上做了学术报告。另外，中央和地方十多家媒体的记者到会进行采访报道。

这次会议虽然规模不大，但是层次很高。各位代表的学术报告很精彩，点评嘉宾的学术点评同样很精彩。这次会议主题突出，内容丰富，视野开阔，学术水平高，是一次卓有成效的学术会议，是一次非常成功的学术盛会。关于这次会议的成果及其意义，我想从以下五个方面做简单的小结。

第一，大家在发言中，介绍了各地瓮棺葬的考古新发现，交流了关于各地瓮棺葬的新认识。战国秦汉时期的瓮棺葬，在环黄海各地有着广泛的分布，近年来在北京、河北、辽宁和山东等地又有不少新的发现。通过这样的展示和学术交流，我想至少有两个方面的意义。一个方面是有助于我们对各地瓮棺葬考古发现的及时了解，加深我们对各地瓮棺葬分布、年代、特征和文化内涵等的认识。另一个方面，就瓮棺葬的考古发掘和研究交流了经验，提出了新的课题，对今后各地进一步做好瓮棺葬的考古发掘和研究，具有重要意义。20世纪50年代以来，战国秦汉时期的瓮棺葬在各地就有所发现，但是没有给予足够的关注。通过这次会议，我相信各地会更加关注瓮棺葬，在今后的考古发掘中会把这次会议的成果带到实际工作中去，对今后瓮棺葬的考古发掘和研究水平的提高，必将起到积极的推动作用。

第二，大家在发言中，讨论了各地瓮棺葬的相似性和独特性，也就是统一性和地域性，还讨论了这种统一性和地域性形成的原因和背景。这样的交流和讨论，其重要意义在于，有助于今后如何观察和分析瓮棺葬，也就是从瓮棺陶器、瓮棺的结构、葬地的选择、被葬者、随葬品和文化含义等各个方面进行观察、分析和研究。我们注意到，各地虽然有瓮棺葬的不少发现，但是在很多方面的研究还不够深入，于是在进行横向比较的时候，虽然感觉到各地之间有联系，但是又往往难以具体地说清楚，瓮棺陶器的分期和编年是这样，瓮棺结构的分类和分析也是这样。从这个意义上说，这次会议为我们今后如何进行细致深入的个案研究、如何进行各地瓮棺葬的比较研究等，提出了新的任务。

第三，战国秦汉时期的瓮棺葬不仅发现于我国的环渤海地区，同时期的瓮棺葬在朝鲜半岛和日本九州地区也有发现。会议期间，韩国和日本学者就朝鲜半岛和日本九州地区的瓮棺葬及有关问题做了学术报告，开阔了我们的视野。关于东亚各地瓮棺葬的起源、发展演变及其相互之间的关系，尽管学术界存在不同的学术看法，但这些瓮棺葬毕竟是年代大致相当的、一种共同的文化现象，我们如果从整个东亚的视野来观察，从一个长时段来观察，它所反映的就不仅仅是一种文化现象，而是其背后人群的移动、文化的交流和文化的传播等。因此，这次会议的召开，有助于大家今后在瓮棺葬的起源、发展、演变及其在当地社会历史发展进程中的作用等进行观察和分析的过程中，有一个更高的学术高度、更开阔的国际视野，也就是从整个东亚的视角来观察，从整个东亚社会历史变迁的高度来审视。

第四，这次会议是以黄骅郭堤城瓮棺葬的发现和发掘为契机在这里召开的。关于去年黄骅郭堤城瓮棺葬的考古发现，有关媒体都有所报道，大家据此也有所了解，但总体上说，无论学术界还是社会上，对此了解不多、关注不够、认识不足。通过这次会议的召开，尤其是通过郭堤城瓮棺葬、郭堤城考古勘探和发掘情况的学术报告以及明天的实地考察，大家对郭堤城瓮棺葬的年代、特点以及它与郭堤城的关系等会有更直接的、更全面的了解和认识，对它所反映的社会历史和文化会有更多、更深入的思考。这对于郭堤城瓮棺葬的进一步深入研究和科学认知，对于其历史文化内涵的科学揭示和宣传，对于郭堤城瓮棺葬和郭堤城遗址的有效保护和科学利用，必将产生积极的推动作用。由此，对黄骅的文化遗产事业、黄骅的社会文化建设事业乃至黄骅社会的全面发展都会起到积极的推动作用。

第五，我们这次会议是在"一带一路"国家战略实施的大背景下召开的，因此，不仅具有重要的学术意义，而且具有重要的社会意义。历史上的丝绸之路，包括陆上丝绸之路和海上丝绸之路，是当今"一带一路"国家战略提出和实施的历史基因。这次会议，实际上与历史上的海上丝绸之路研究密切相关。历史上的海上丝绸之路，形成于两千多年前的秦汉时期，最初是从汉代的合浦、徐闻等南海港口出发，向南、向西与太平洋和印度洋北岸沿海国家和地区进行贸易往来，直到遥远的地中海地区，后来其出发港逐步向北延伸，延伸到了厦门、泉州、福州、宁波等东海沿岸的港口。对此，学术界多有关注和研究。但值得注意的是，黄海沿岸国家和地区之间的文化交流和人员往来，至少从战国时期就已经开始了，也就是说，环黄海地区的中国大陆、朝鲜半岛和日本列岛之间，在公元前一千纪的后半，人群的移动和文化的交流已经开始并且日渐兴盛起来，形成了环黄海地区的海上丝绸之路，而瓮棺葬正是环黄海地区海上丝绸之路形成过程中的一种文化遗存。今天我们从瓮棺葬出发研究古代东亚地区的人群移动、人员往来和文化交流，不仅对全面认识历史上海上丝绸之路的形成和发展有重要的学术意义，而且将为全面推动和实施"一带一路"国家战略提供历史的阐释和学术的支撑。

因为时间有限，我对这次会议的成果及其意义做上述简要的总结和评述。最后我要说的是，对于这次会议的召开，黄骅市委、市政府高度重视，黄骅市文广新局和博物馆的领导和同志们全力以赴，为会议的顺利召开提供了良好的条件，为会议的圆满成功提供了强有力的保障。在这里，我提议让我们以热烈的掌声，向黄骅市委、市政府，黄骅市文广新局，黄骅市博物馆的领导和同志们，向全体会务人员，向新闻界的朋友们，一并表示衷心的感谢和崇高的敬意！

谢谢各位！

（根据录音整理，已经本人审阅）

在"瓮棺葬与古代东亚文化交流国际学术研讨会"闭幕式上的致辞

河北省文物研究所所长　李耀光

尊敬的各位领导、各位嘉宾，同志们、朋友们：

　　五月的黄骅，阳光明媚，草木欣然。经过大家的共同努力，"瓮棺葬与古代东亚文化交流国际学术研讨会"顺利完成全部学术讨论会议程，取得了丰硕成果。作为会议的主办方之一，我谨代表河北省文物研究所对大会的圆满召开表示热烈祝贺！对与会代表的光临表示热烈欢迎！对在开幕式、研讨会上主持和发言的领导、学者表示衷心感谢！对中国社会科学院考古研究所，黄骅市委、市政府，黄骅市文广新局所付出的巨大努力表示衷心感谢！对筹备会议、参加会务的工作人员的辛勤劳动致以真诚的谢意。

　　一天的学术讨论会虽然短暂但成果丰硕。二十几个专题报告深度探讨了瓮棺葬考古与古代文化交流研究的诸多问题，深入挖掘瓮棺葬的历史价值和文化内涵，让我们进一步认识到文化是不分地区不分国界的全人类的财富，加大研究和保护力度是我们义不容辞的责任。30余名国内外专家学者既有德高望重的硕学鸿儒，也有崭露头角的后起之秀，可谓"群贤毕至，少长咸集"。这种老中青的学术队伍正是我们推动文物事业不断发展的重要源泉。

　　河北省是全国的文物大省，有着丰富的文物资源，我们将以此次研讨会为契机，深化与科研机构的交流与合作，强化与专家学者的互动与学习，不断拓展考古学研究的广度和深度，努力探索文化遗产保护的有效措施和方式，进一步推动我省相关文物研究和保护工作的开展，加快由文物大省迈向文物强省的步伐。

　　最后，再一次祝贺该次研讨会圆满结束，也祝愿大家工作顺利、万事如意。

　　谢谢大家！

在"瓮棺葬与古代东亚文化交流国际学术研讨会"闭幕式上的致辞

黄骅市委常委、常务副市长　张剑华

尊敬的各位领导、各位专家、各位嘉宾：

由中国社会科学院考古研究所、河北省文物局、河北省文物研究所和黄骅市委、市政府联合举办的"瓮棺葬与古代东亚文化交流国际学术研讨会"，经过一天紧张而热烈的交流座谈，即将落下帷幕！此次研讨会的成功举办与各级领导、国内外专家学者、各位嘉宾及新闻媒体的关怀与支持是分不开的，在此，我代表黄骅市委、市政府，向大家致以衷心的感谢和崇高的敬意！

这是一场学术盛会。来自国内外的专家学者以渊博的知识、科学的分析，对瓮棺葬研究进行了多方位、深层次的交流探讨，对挖掘我市瓮棺历史真相和加强未来保护利用提供了依据，研讨会从侧面证明了古代海上丝绸之路的存在，东亚国家自古联系紧密，"一带一路"决策的科学性在这里又得到了充分的论证。同时也让黄骅这座年轻城市掀开了岁月的面纱，拂去了历史的尘埃，丰厚了历史底蕴，并赋予了古老荒寒的郛堤城以新的时代含义，让这片土地战汉时期"生"的繁荣与"死"的辉煌越发清晰。可以说，黄骅因此次盛会倍增学术氛围和人文气息。

这是一次友谊聚会。为了研究瓮棺葬群和古代东亚文化，来自五湖四海的专家学者和媒体朋友，齐聚渤海湾畔。虽然活动时间不长，相聚时间甚短，但经过紧张充实的学术研讨、主题报告和实地考察，来自国内外的专家学者不仅加强了学术间的沟通，同时也增进了相互之间的友谊。今日黄骅高朋满座，在对历史的研究探讨声中，我们也在这里给未来的交流沟通埋下了友谊的种子，期待不久的将来，大家能够再次聚会于此。

这是一场国际展会。各位专家学者提出的宝贵意见，为我们研究、保护、展示和利用瓮棺葬及郛堤城遗址提供了学术支撑，加深了我们对文化遗址价值的认识，更新了我们对文化遗址保护开发的理念，为黄骅推广丰富的历史文化资源指明了方向，同时更增强了我们融入"一带一路"的文化自信。本次活动的召开，必将把瓮棺葬研究推向一个新阶段，也让黄骅在走出全国、走向世界的道路上迈上新台阶。

志合者，不以山海为远。研讨会虽然短暂，但我们收获了丰硕的学术成果和深厚的友谊，在会议闭幕之际，我诚挚地邀请各位朋友以后多来黄骅做客，我们携手共创文化事业发展的美好未来！最后，祝愿各位工作愉快、身体健康！

谢谢大家！

"瓮棺葬与古代东亚文化交流国际学术研讨会"纪要

瓮棺葬是指用陶质容器作为葬具,埋葬在地下的一种埋葬形式。在中国,瓮棺葬起源于新石器时代,新石器时代中晚期流行于黄河中下游和长江中下游地区。战国秦汉时期,瓮棺葬再度流行,广泛分布于环渤海地区,在同时期的朝鲜半岛和日本九州等地也有广泛的分布,是东亚地区具有鲜明时代特色和地域特色的一种埋葬遗存,对考察古代东亚地区的文化传播和交流具有重要意义。为进一步推动战国秦汉时期瓮棺葬研究,进一步促进古代东亚文化交流研究的深入开展,以2016年黄骅郭堤城瓮棺葬的大规模发掘为契机,中国社会科学院考古研究所、河北省文物局、河北省文物研究所和黄骅市政府联合举办的"瓮棺葬与古代东亚文化交流国际学术研讨会"于2017年5月13~14日在河北省黄骅市举行。

参加会议的专家学者分别来自韩国、日本等外国的考古文博机构和高等院校,中国社会科学院考古研究所、北京市文物研究所、天津市文化遗产保护中心、天津博物馆、辽宁省文物考古研究所、山东省文物考古研究所、河北省文物研究所、大连市文物考古研究所等国内的有关考古文博机构,北京大学、中国人民大学、吉林大学、山东大学、山西大学、河北师范大学和中国社会科学院研究生院等高等院校的考古文博院系,沧州和黄骅当地的部分文史工作者也参加了会议,会议正式代表计30余人。会议共收到学术论文提要24篇。新华社、人民日报、中央电视台、中国社科网、河北日报、河北电视台等十余家中央和地方的新闻媒体的记者到会采访报道。

研讨会开幕式由黄骅市人民政府副市长张桂云主持。中国社会科学院考古研究所所长陈星灿、河北省文物局副局长韩立森、沧州市人民政府副市长梁英华、黄骅市委书记朱春燕等领导出席会议并致辞。陈星灿所长在致辞中指出,瓮棺葬作为古代一种特别的埋葬形式,也是一种重要的墓葬类型,在世界上很多地方都有发现。中国境内的瓮棺葬早在新石器时代便已出现,战国秦汉时期又出现了一个高峰。从考古发现看,战国秦汉时期的瓮棺葬主要见于黄河中下游及辽东半岛,在京津冀和辽宁、山东也就是环渤海一带分布尤为密集。另外,与此大约同时期的瓮棺葬在朝鲜半岛和日本也有不少发现。但是,过去国内学术界对历史时期尤其是战国秦汉时期的瓮棺葬关注不多。令人欣喜的是,随着学术的发展进步,特别是近年来北京、河北、山东等地(包括我们今天开会的黄骅)又相继发现了一批战国秦汉时期的瓮棺葬,大家开始逐步注意这些遗存,并对这一时期各地瓮棺葬的渊源、特点以及彼此间的联系等问题展开思考和讨论。这次召开以战国秦汉时期瓮棺葬为主题的国际学术研讨会,"不仅可以深化这一时期这种葬制、葬俗的研究,加强对相关地域文化的认识,而且有助于探讨古代东亚地区的文化交流、文化传播以及人群移动等问题,其学术意义是不言而喻的"。

会议期间,先后举行了3场学术研讨,共有19位代表作了学术报告。学术研讨分别由郑同修、李新全和梅鹏云主持；高崇文、宫本一夫、吕学明、张翠敏、滕铭予和李君等作为点评嘉宾进行学术点评，来自国内外的专家学者紧紧围绕东亚各地的瓮棺葬和古代东亚文化交流这一主题进行了广泛而深入的学术交流和讨论。会议期间，与会代表还到郛堤城瓮棺葬墓群考古工地、海丰镇遗址考古工地、黄骅市博物馆、河北海盐博物馆等地进行了实地参观考察。

一、东亚地区瓮棺葬研究

中国、韩国和日本等东亚各地瓮棺葬的总体观察和比较研究，以及它们所反映的当时东亚各地之间的文化交流，是这次会议的基本议题。

中国社会科学院考古研究所白云翔首在对公元前一千纪后半的中国、朝鲜半岛和日本九州地区的瓮棺葬进行梳理的基础上，分别就历史文化地理上的"燕地""齐地"以及朝鲜半岛、日本九州地区等瓮棺葬的特征做了总结，认为环黄海各地的瓮棺葬既有相同或相似之处，又各自具有地域特色，是当时东亚各地的人群移动和文化交流形成的物质文化遗存。他认为，包括环渤海西北及辽东地区（燕地）的瓮棺葬最初发生在燕文化中心区，然后向东北方向扩展，与战国晚期燕将秦开破东胡之后辽东等郡的设置直接相关；在山东半岛地区（齐地），瓮棺葬从战国晚期开始流行，明显地受到了燕文化影响，与燕齐相邻、燕齐之间多次发生战争所引发的人群移动密切相关；朝鲜半岛瓮棺葬发生与流行的历史背景，是战国末年和秦末汉初燕、赵、齐地部分居民的向东迁徙；日本九州的瓮棺葬具有独特性，但与朝鲜半岛的瓮棺葬有交流，与中国之间至少存在着间接的联系。关于中国黄海和渤海沿岸地区与朝鲜半岛、日本列岛之间的人群移动和文化交流，既要关注燕地燕文化的传播，同时也要关注齐地齐文化的传播；既要关注辽东陆路，也要关注环黄海水路。

日本九州大学的宫本一夫对中国战国秦汉时期的瓮棺葬与韩国、日本九州的瓮棺葬对比分析，认为朝鲜半岛瓮棺葬的流行跟乐浪郡的设立有关，瓮棺葬的葬式是燕汉系统的，受到了当时辽东半岛的影响。北九州弥生时代的瓮棺葬从绳纹时代的儿童棺独立地发展出金海式瓮棺（成人瓮棺），并不受朝鲜半岛的影响。九州北部瓮棺葬的形成，标志着本地化墓制的出现和地域性认同的形成。

日本东京大学的石川岳彦对燕国的陶釜进行了细致的类型学分析，讨论了以燕国为中心陶釜的变迁过程。他认为，陶釜作为瓮棺葬的重要葬具，在战国时期，随着陶釜使用的扩张，瓮棺葬这种墓葬形式也随之扩张；中国大陆与朝鲜半岛、日本九州地区的瓮棺葬，反映出战国、西汉时期东亚各地的文化交流状况。

韩国全南大学的林永珍从宏观角度分析了韩国瓮棺葬的起源问题。韩国瓮棺葬可分为新石器时代、青铜器时代、初期铁器时代、三国时代几个发展阶段，各个阶段瓮棺葬特征不同，并非继承发展，似乎各有起源。初期铁器时代瓮棺葬应与燕文化东传有关，三国时代瓮棺的流行可能有技术、经济、文化三个要因，并与海洋文化交流有关。

关于朝鲜半岛地区的瓮棺葬，另有三位韩国学者进行了讨论。吉林大学韩国留学生李承泰从瓮棺葬的陶器组合方式、放置方式、墓地布局和分布范围等方面讨论了韩国初期铁器时代横置瓮棺葬的起源，认为朝鲜半岛的瓮棺葬经过了从直置到横置的转变过程，结合中国东北地区文化因素的传入，推断这种转变是较少受到松菊里文化影响地区的居民在接受外来文化因素的过程中形成的。韩国全北大学的金洛中对韩国西南部荣山江流域瓮棺葬的发展过程进行了讨论，指出荣山江流域在3~6世纪流行以形式独特的陶瓮为葬具，其形制不断变化，最终被格式化为典型的胶囊"U"形陶瓮。5世纪末，瓮棺葬完全被百济风格的石室墓所取代。韩国国立罗州文化财研究所吴东埤对韩国瓮棺葬中出土的共562件陶器进行了分析，包括两耳壶、二重口缘壶、广口壶、鸟形陶器、盖杯、长颈壶等。他认为，从时代来看，1、2式瓮棺与3式瓮棺出土陶器区分明显；从地域来看，全罗南道和全罗北道地区正式采用陶器随葬，并且两地随葬陶器大致相同。

中国社会科学院考古研究所徐龙国对环渤海地区秦汉城邑与瓮棺葬位置关系进行了研究，认为瓮棺葬发现较多的地方，一般都有一座秦汉城址。从分布上看，越是大都市，瓮棺葬越多。在大城邑的郊区，也有瓮棺葬，也应是受到城邑葬俗的影响所致。瓮棺葬在山东半岛主要以大城邑为中心向四周辐射，在辽东半岛更为流行，不仅集中于大城邑附近，而且从南到北都有发现。从目前的考古发现推测，瓮棺葬兴起于战国时期的燕国；山东、辽宁两省的瓮棺葬可能是战国晚期受燕文化影响的结果。在多数地区，婴幼儿不能进入成人墓区，他们或者被葬在专门的瓮棺葬区，或者葬在城墙、城壕或房屋附近，或者葬在街道上。在城内外瓮棺葬中，埋在道路上的现象尤其值得注意。

辽宁省文物考古研究所李新全、徐政以辽宁地区已发掘的战国秦汉时期500余座瓮棺葬材料为研究对象，探讨其特点和演变规律及相关问题。该地区瓮棺葬出土地点均位于战国秦汉时期城址附近，主要集中在辽西、沈抚、辽东及辽南，其中辽东地区最具本地区瓮棺葬特色。该地区瓮棺葬多为单人竖穴土坑墓，瓮棺内人骨保存较差，多为仰身直肢葬，头向多为北向。瓮棺在形制上可细分为七型，整体演变规律是两器瓮棺向多器发展，口部对合向器体套接演变。瓮棺陶文主要见于三道壕瓮棺葬墓地，均为刻划文，多为地名、人名等，但这些陶文多为该陶器在入葬前日常生活时所刻划，专门为瓮棺入葬刻划的陶文数量则极少。辽宁地区的瓮棺葬在战国—西汉初期主要受燕文化影响，西汉早、中期则出现了具有本地区特色的辽东系瓮棺葬因素，西汉中期之后则主要受汉文化影响。

大连市文物考古研究所张翠敏也对辽宁地区战国至汉代瓮棺葬做了研究分析，发现辽宁地区的战国至汉代瓮棺葬数量比较多，主要为瓮棺，其次为瓦棺、筒棺。瓮棺葬一般都分布在城址或者大型聚落周围，集中埋葬，一般都埋在竖穴墓圹里，多为一次葬；多数瓮棺葬无随葬品，少数有随葬品，如西汉半两、铜环等；多数瓮棺葬未发现骨骼，少数瓮棺葬发现的骨骼和牙齿都是儿童的，尚未发现确凿的成年人瓮棺葬。她认为，战国至汉代辽宁地区瓮棺葬大量流行，是在燕文化东渐和秦汉王朝在辽东地区经营的历史背景下出现的。

二、环渤海各地瓮棺葬的考古发现

过去，瓮棺葬在各地有所发现，但是关注度不高，做的研究也不够。以黄骅郛堤城瓮棺葬墓群的发掘为契机，瓮棺葬引起了考古界的关注和重视，之前的许多考古发现需要得到重新审视。会议期间，与会代表对各地瓮棺葬考古新发现的介绍，引起了与会学者的极大兴趣和深入的思考。

北京市文物研究所尚珩介绍了北京通州路县故城瓮棺葬的发现情况，在胡各庄村发现62座汉代瓮棺葬，其中成人瓮棺葬23座、未成年人瓮棺葬39座。儿童瓮棺与成人瓮棺混合分布，瓮棺之间多存在打破关系，个别成人瓮棺葬中有随葬品，儿童瓮棺葬中一般没有随葬品。

中国人民大学吕学明介绍了河北卢龙县卢龙镇蔡家坟遗址瓮棺葬的情况。该遗址共发现6座瓮棺葬，均为儿童墓葬，其中一座年代稍早为战国中期，其他为战国晚期。瓮棺由釜、瓮、盆等陶器组合构成，大型者由5件陶器套接组成，小型者由2件陶釜对接而成。瓮棺葬的埋葬方式和葬具组合与辽西、河北东部和京津地区的瓮棺葬基本一致，反映出燕文化及其波及地区的共同特征。

中国社会科学院考古研究所杨勇介绍了山东临淄齐故城瓮棺葬的发掘情况。齐故城内、外均有瓮棺葬，齐故城内的瓮棺葬主要发现于阚家寨、刘家寨、河崖头、东古城等地，迄今已发掘50余座，属战国秦汉时期。基本上都是儿童墓，且一般有专门的葬地，有些埋葬于使用的道路之下。葬具有瓮、釜、盆、管等陶器，既有专门烧制的，也有日用器，有的底部或腹部可见穿孔，极少发现随葬品。战国时期瓮棺葬发现数量不多，使用1或2件陶器作为葬具。两汉时期瓮棺葬数量较多，分布较集中，形成专门的儿童葬地。多使用2件陶器作为葬具，也有1或3件的。与山东其他地区相比，齐故城发现的战国秦汉时期瓮棺葬数量较多且具有一定的地方特色。临淄作为齐国的中心城市，在包括丧葬在内的各种文化及习俗方面，既有机会广泛吸纳各种外来因素，同时也容易形成自己的特点并起到引领的作用。

山东省文物考古研究所王子孟对山东临淄粉庄1号墓地瓮棺葬的情况做了介绍。该墓地发掘40座瓮棺葬墓，包括34座瓮棺葬和6座瓦棺墓，年代为战国西汉时期。瓮棺所用陶器以两器组合为主，常见瓮—瓮、釜—釜、釜—盆组合等；瓦棺常见两瓦或多瓦相扣合。基本上为儿童墓，除一墓出有束发器、一墓出有铜环外，其余墓葬均未出随葬品。瓮棺所用陶器种类和组合方式，多见于山东北部和河北地区，反映了燕齐文化区的共同文化特征。

山东大学朱磊介绍了山东临淄粉庄2号墓地瓮棺葬的情况，其中瓮棺葬31座，年代为汉代。与瓮棺葬处于同一地层的，还有小砖室墓、竖穴土坑墓、灰坑、水井等，推测此处是居住地的附近。他特别提到此地的瓮棺葬整体分布沿东西方向直线排列，推测当时可能存在一条东西向的道路，而这种分布状况在山东地区尚属首次发现。

河北省文物研究所马小飞对河北唐山韩新庄瓮棺葬群的情况做了介绍。韩新庄墓群共清理瓮棺葬261座，一般由几座或十几座构成一组，墓向以东北西南为主，基本均为儿童墓，墓葬年代为战国至汉代。瓮棺多由2~5件陶器套接而成，其中釜占绝对优势，部分墓葬有用陶片补洞的情况，瓮棺均为横向放置。该墓地的瓮棺数量大、排列密集、分布面积大，没有严格的组群区别，应该是儿童墓葬区，与附近遗址出土的瓮棺有相似之处。但是，在瓮棺葬群附近方圆6~8千米的范围内，尚无同时期的遗址或城址的发现，瓮棺被葬者的具体来源有待于进一步探寻。

三、黄骅地区的瓮棺葬与古城址及其认识

黄骅市地处河北省东南部，东濒渤海，北依京津，南望齐鲁。黄骅的历史可追溯到新石器时代，春秋战国时代为齐、燕两国所属，境内有郛堤城遗址、卯兮城遗址多座战国秦汉时期的古城址，据《盐山县志》记载，秦始皇二十九年方士徐福率五百童男童女由此出发东渡。2016年，河北考古工作者在郛堤城遗址西北发现大量瓮棺葬，类型多样、分布密集、年代清楚，是战国秦汉时期最具代表性的瓮棺葬墓地之一，受到国内外相关专家学者的广泛关注。

河北省文物研究所雷建红详细介绍了黄骅郛堤城瓮棺葬墓群的发现情况。在郛堤城遗址的西北城墙外，探明一处大规模的瓮棺葬墓群，目前已经发掘战国晚期至西汉时期瓮棺葬113座，多为儿童瓮棺葬，有成人瓮棺葬3座。葬具包括日常生活实用陶器和专门烧制作葬具的陶器。组合形式多种，有两器、三器和四器组合等，所有已清理的墓葬中均未发现随葬品。瓮棺葬墓地规模大、儿童墓与成人墓共存、瓮棺结构类型多样等，构成该墓地的突出特点。

山西大学李君报告了2014年郛堤城遗址的考古勘探、发掘及其收获，并对其时代和性质提出了认识。通过对城墙的局部解剖，初步推断城墙建造年代最早不超过战国时期；根据城址内建筑遗址的地层关系和遗物特征，判断城址使用分为战国西汉、隋唐两大时间段。根据适合沿海地区地理环境的筑城方式，结合历史上海进、海退活动和大量蚌壳的发现等，他认为该城址可能具有港口城市的性质，与秦始皇遣徐福东渡有很大的相关性。

北京交通大学海滨学院张长铎在发言中，将黄骅地区战国秦汉时期的文化遗存与历史地理文献记述进行对照，根据境内散存的古贝壳堤和古柳县及虾兮城等历史遗址分布、郛堤城考古发掘和瓮棺葬的发现，推断黄骅是徐福东渡出海启程之地，是海上丝绸之路的北起点。

在各方的共同努力下，学术研讨会经过一天紧张的发言和讨论，圆满完成了预定的会议日程，并举行了简短的闭幕式。闭幕式由河北省文物局副局长韩立森主持，河北省文物研究所所长李耀光，黄骅市委常委、常务副市长张剑华先后致辞，中国社会科学院考古研究所研究员白云翔做会议总结，对这次会议的学术成果和现实意义给予了充分肯定和高度评价。

白云翔在总结中指出，这次会议虽然规模不大，但层次很高，卓有成效。这次会议展示了各地瓮棺葬的考古新发现，交流了关于各地瓮棺葬的新认识，既有助于对各地瓮棺葬考古发现的及时了解，加深对各地瓮棺葬分布、年代、特征和文化内涵等的认识，又交流了瓮棺葬考古发掘和研究的经验，提出了新的课题，对今后各地进一步做好瓮棺葬的考古发掘和研究具有重要意义；通过讨论各地瓮棺葬的相似性和独特性及其形成的原因和历史背景，在如何观察和分析瓮棺葬、如何进行细致深入的个案研究、如何进行各地瓮棺葬的比较研究等方面提出了新的任务；通过韩国和日本学者关于朝鲜半岛和日本九州地区瓮棺葬的学术报告，开阔了视野，有助于今后在瓮棺葬的起源、发展、演变及其在当地社会历史发展进程中的作用等进行观察和分析的过程中，有一个更高的学术高度、更开阔的国际视野；通过郛堤城瓮棺葬、郛堤城考古勘探和发掘情况的学术报告以及实地考察，对郛堤城瓮棺葬的年代、特点以及它与郛堤城的关系等有了更直接的、更全面的了解和认识，对它所反映的社会历史和文化有了更多、更深入的思考，对郛堤城瓮棺葬的进一步深入研究和科学认知，对其历史文化内涵的科学揭示和宣传，对郛堤城瓮棺葬和郛堤城遗址的有效保护和科学利用，必将产生积极的推动作用；在"一带一路"国家战略实施的大背景下，从瓮棺葬出发研究古代东亚地区的人群移动、人员往来和文化交流，不仅对全面认识历史上海上丝绸之路的形成和发展有重要的学术意义，而且具有重要的显示意义。

（整理者：董俊杰　蒋赴美）

下 编

从黄骅考古发现谈战国秦汉时期对环渤海的开发

高崇文

（北京大学考古文博学院）

2017年5月12～15日，笔者应邀参加了于黄骅市召开的"瓮棺葬与古代东亚文化交流国际学术研讨会"，听取了环渤海地区及韩国、日本瓮棺葬的考古发现与研究，参观了黄骅市战国秦汉时期的郛堤城遗址及此城西北部集中发掘的113座瓮棺葬，黄骅市的领导及同行们还介绍了黄骅境内秦汉时期的古章武县、柳县、卂兮城、武帝台等遗址，使笔者收获很大。这些重要的考古发现，揭示了战国秦汉时期对环渤海的开发历史。

一、战国秦汉时期对环渤海的开发

1. 齐、燕对渤海的开发和利用

环渤海西部地区是齐、燕两国控制区域，两国比较早地对这一地带进行了开发和利用。《史记·周本纪》载：周"封功臣谋士，而师尚父为首封。封尚父于营丘，曰齐"。《史记·齐太公世家》亦有相似的记载。营丘在何处？晋郭璞、北魏郦道元、唐张守节均注在淄水附近或即临淄，后人多从其说。后至六世胡公，迁都薄姑（今山东博兴县境）。至七世献公元年（前859年）又"都治临淄"。此后，齐国一直以临淄为都。此地域之北部正是渤海的莱州湾和渤海湾，姜太公就是利用近渤海之便利，将齐发展成富强之国。《史记·齐太公世家》记载："太公至国修政，因其俗，简其礼，通工商之业，便鱼盐之利，而人民多归齐，齐为大国。"此"便鱼盐之利"即指开发利用渤海之利。《汉书·地理志》也记载："太公以齐地负海潟卤，少五谷而人民寡，乃劝以女工之业，通鱼盐之利，而人物辐凑。"《管子·地数》载管子曰："北海之众，毋得聚庸而煮盐，然盐之贾必四什倍，君以四什之贾，修河、济之流，南输梁、赵、宋、卫、濮阳。……伐菹薪煮沸水以籍于天下，然则天下不吾减矣。"管子建议，盐业要单独由国家经营，盐价就会剧增四十余倍，以此输售于各国，齐则会成为天下之强国。管仲相齐，设鱼盐之法，大力发展鱼盐之业。《史记·齐太公世家》记载："桓公既得管仲……修齐国政，……设轻重鱼盐之利。"《索引》注云："又有捕鱼煮盐法也。"齐国正是利用沿渤海的自然地理优势，通工商鱼盐之业，遂发展成东周时期的春秋五霸和战国七雄之一，"财畜货殖，世为强国"[1]。东周时期的燕国也得利于渤海鱼盐之利。《管子·轻重甲》载："管子曰：阴王之国有三，……楚有汝汉之黄金，而齐有渠展之盐，燕有辽东之煮，此阴王之国也。"这就是说，齐、燕都得益于渤海的产盐业，是当时地理资源最丰富的国家。

齐、燕濒临渤海，有便利的海上交通，沿海的人们也是比较熟悉海上情况的，如《管子·禁藏》载：齐国"渔人之入海，海深万仞，就彼逆流，乘危百里，宿夜不出者，利在水也。故利之所在，虽千仞之山无所不上，深渊之下，无所不入焉"。《说苑·正谏》还载："齐景公游于海上而乐之，六月不归，告左右曰：'敢有先言归者致死不赦。'"实际上，战国时期的齐威王、齐宣王及燕昭王已经遣人出海探索了。《史记·封禅书》载："自威、宣、燕昭使人入海求蓬莱、方丈、瀛洲。"因为齐、燕濒海之地有便利的出海港口及丰富的航海经验，齐、燕两国比较早地开辟了海上交通。

正是由于齐、燕两国得益于渤海的鱼盐之利，又有便利的海陆交通，可通工商之业，遂成为富冠海内之大国。

2. 秦始皇四次出巡齐、燕沿海之地

秦始皇统一六国后进行了五次出巡，除第一次出巡至陇西、北地以防匈奴外，其他四次均是出巡关东六国，并且这四次都到了齐、燕之地的海边。

《史记·秦始皇本纪》详细记载了秦始皇四次东巡至沿海一带的具体地点，如琅琊、成山、芝罘、黄、腄、碣石等，这些地点多是环渤海之地。尤其是最后一次出巡，是从渤海西岸返回。秦始皇三十七年最后一次出海的经过是，首先徐福在琅琊向秦始皇汇报数岁出海不得神药的原因之后，便随秦始皇乘船至荣成山，再至芝罘，"射杀一鱼，遂并海西"，这"遂并海西"肯定是至渤海湾西端了。紧接着又记秦始皇"至平原津而病"。《集解》引徐广曰："渡河而西。"《正义》曰："始皇渡此津而疾。"说明秦始皇是继续乘船由渤海湾渡河西至平原津，平原津即在今山东平原县境，与盐山千童城不甚远，有可能平原津就是一条经由千童城以东入海的河流，这一带正是古黄河及许多支流注入渤海的地带。千童城附近古有鬲津河，即《尚书·禹贡》所载河水至华北平原后分为九河之中的一河，向东注入渤海，向西溯至平原津，大概在平原河段称平原津，在鬲县（秦鬲县在平原县东北千童城西南）以东河段称鬲津河，经千童（原齐之饶安邑）注入渤海，亦属黄河故道[2]。秦始皇正可乘船由渤海进入鬲津河，溯河经千童而至平原津。《汉书·地理志》记载，汉高祖五年置千童县。东晋晏谟《齐记》云："千童城，秦方士徐福将童男女千人求蓬莱，筑此城。"汉高祖刘邦与徐福是同一时期的人，汉高祖五年距徐福最后一次出海东渡仅相隔八年的时间，所以，汉初将原齐之饶安邑、秦之千童城置为千童县，以纪念徐福带童男女由此出海，应当是根据当时的社会背景和实际情况所设。南朝顾野王《舆地志》载："高城东北有卯兮城，秦始皇遣徐福发童男童女数千人至海求蓬莱仙，因筑此城，侨居男女，号卯兮城。"卯兮城位于今黄骅市羊儿庄西北，正是古黄河入海之处。由此可知，秦始皇此次东巡应当是从黄骅附近的古河道入海口返回的，同时也可印证，位于黄河故道旁又紧邻渤海的盐山千童城、黄骅卯兮城是徐福最后一次出海东渡的集结地和起航点是可信的。

秦始皇三十二年第四次出巡至碣石，并刻碣石刻石。"碣石"究竟在何处？也是长期以来争论不休的问题，大概有十几种说法。20 世纪 70 年代后，比较集中的有三种意见：河北昌黎说、山海关说、辽宁绥中说。1984年以来，经考古调查和发掘，已发现在今渤海沿岸北起辽宁省绥中县，南到河北省秦皇岛市北戴河，全程40余千米的环渤海地带，分布有多处秦行宫遗址。其中绥中县万家镇南部沿海地带发现大规模的秦汉建筑遗址群，石碑地遗址规模最大，地处渤海之滨，发现多组宫殿基址，并有宫墙围绕。对面海中耸立着三块巨大的自然礁石，雄伟壮观，民间传说为"姜女石"。"姜女石"北部有一人工砌筑的石通道与岸上连接。该遗址出土的瓦当、地面砖、踏步用的空心砖等，与秦咸阳故城出土的相似。据此推定此遗址是秦碣石宫遗址。在石碑地东西两翼还有止锚湾遗址和黑山头遗址，都出有形制相同的大型空心砖和较大的云纹瓦当，说明这也是碣石宫的组成部分[3]。另外，在秦皇岛市金山嘴还发现另一处秦行宫遗址，至少有六组以上建筑，已发掘的一组宫殿由两个面阔5间进深4间共40间房间组成。此遗址与石碑地遗址应同属秦行宫[4]。除上述考古已发现的秦沿海行宫之外，文献还记载秦始皇东巡所至的琅琊也筑有行宫。秦始皇二十八年东巡，"南登琅琊，大乐之，留三月。乃徙黔首三万户琅琊台下，复十二岁。作琅琊台，立石刻，颂秦德，明得意"[5]。今山东胶南琅琊台遗址也发现有秦汉时期的遗迹遗物。由此可以判断，秦始皇巡游海域途中驻跸之行宫就不止一处了，这就应注意秦始皇东巡由古黄河入海口返回时所至的大山"碣石"。

《尚书·禹贡》载："岛夷皮服，夹右碣石入于河。济河惟兖州，九河既道。"这是最早文献记载的碣石。岛夷即指居于海岛的夷人，他们是从碣石附近入于河。此河即指古黄河至华北平原后分为九河入渤海之河，也即"九河既道"。九河入海口均在今黄骅至无棣之间，尤其是九河中的马颊河、鬲津河均在今黄骅港一带入海[6]。所以，位于古黄河入海口附近的碣石就应当在这一带。明代刘世伟就指出，海丰县（今山东无棣县）的"大山"即古碣石。清胡渭《禹贡锥指》载："世伟阳信人，著论言：海丰县北六十里有马谷山，一名大山。高三里，周六七里，疑即古之碣石，为河入海处。"清蒋廷锡《尚书地理通释》引刘文伟语："《禹贡》叙碣石有入河入海之文，其在九河之末，入海之口明矣。今九河故道俱在德棣之间，碣石不当复在他境。……马谷山既在九河之下，而又巍然独出于海滨，其为碣石无疑。"顾炎武《肇域志》也承此说："山东海丰马谷山，即大碣石。"前述黄河故道也是秦始皇巡游海域后返回之路，在海丰黄河入海口大山"碣石"之处建有驻跸行宫也是可能的。唐李吉甫《元和郡县志》于"厌次县"（今山东惠民县境，邻近大山）记："相传以秦始皇东游厌气至碣石，次舍于此，因名之。"《汉书·地理志》缺载厌次之地名，但《汉书·高祖功臣表》载，汉高祖六年封爱类为厌次侯。《汉书·东方朔传》载，东方朔是平原郡厌次人。汉高祖六年距秦始皇居厌次仅相隔九年，说明《元和郡县志》所记秦始皇至大山"碣石"而居，因名"厌次"是有根据的。《左传·庄公三年》载："凡师，一宿为宿，再宿为信，过信为次。"既然秦始皇至大山"碣石"而"次舍"，以此而名"厌次"，此地也应有为其所建之行宫。

3. 汉代对环渤海的管控与开发

西汉初，高祖刘邦专置渤海郡，因在渤海之滨，因以为名，并沿渤海设县，加强对这一地域的管控和开发。《汉书·地理志》载："渤海郡共置二十六县，紧临渤海的有高成、千童、章武、柳、阳信等县。高成县还是郡都尉治所，治所在今盐山县东南故城赵村。武帝时乃以高成之平津乡封丞相公孙弘为平津侯。"[7]章武县在汉景帝时封窦太后之弟窦广国为章武侯，章武成为侯国[8]。章武还设有盐官，主管盐业的生产。章武治所在今黄骅市西南。柳县在汉武帝时封齐孝王子阳巳为柳康侯，成为柳侯国[9]。柳县治所在今黄骅市东南。阳信治所在今山东无棣县北。可以看出，汉代已对渤海湾沿岸进行了全面管控和开发。

黄骅境内有武帝台，相传是汉武帝东巡海上时所筑。《水经注·清水》载："清河又东分为二水，枝津右出焉，东迳汉武帝故台北。《魏氏土地记》曰：章武县东一百里有武帝台，南北有二台，相去六十里，基高六十丈，俗云汉武帝东巡海上所筑。"后世文献多云武帝台是"燕齐之士为汉武求仙处"[10]。但早期文献则云"汉武帝东巡海上所筑"，"汉武帝望海台"。以此观之，武帝台可能还是与汉代对渤海的开发、利用有关。《汉书·武帝纪》载，元封二年（前109年），"朝鲜王攻杀辽东都尉，乃募天下死罪击朝鲜"。斯年秋，武帝东巡至泰山，"作明堂于泰山下"，紧接着便"遣楼船将军杨仆、左将军荀彘将应募罪人击朝鲜"。《汉书·朝鲜传》则载："天子募罪人击朝鲜。其秋，遣楼船将军杨仆从齐浮渤海，兵五万，左将军荀彘出辽东，诛右渠。……楼船将齐兵七千人先至王险。"该卷末胡三省考证云："仆从齐浮渤海，盖自青莱以北，幽平以南，皆滨于海，其海通谓之渤海，非指渤海郡而言也。"[11]青莱至幽平滨海之地多属齐国，汉武帝封齐孝王九子为侯之地多分布在这一带，前述齐孝王子阳巳就被封至柳县为柳侯[12]。杨仆所率齐兵也应是在这一带募集的，所以称之为"齐兵"。实际上，汉武帝在此前一年就已考察了这一带。《汉书·武帝纪》载，元封元年夏四月，武帝"登封泰山，降坐明堂。……行自泰山，复东巡海上，至碣石。自辽西历北边九原，归于甘泉"。不论此"碣石"是大山"碣石"还是绥中"碣石"，由泰山至"碣石"总要到今黄骅一带海滨。黄骅一带自秦代以来就是大的出海港，有利于重兵乘船出海，近海一带的齐兵又具有丰富的航海经验，以此推测，杨仆率五万兵就应当是由此出海击朝鲜的。汉王朝东击朝鲜，设为四郡，这是当时的一件国家大事，汉武帝亲自到此地遣兵点将是完全可能的。综合上述分析，黄骅境内的"武帝台"就有可能是武帝"点将台"，而不是"求仙台"。

二、中华古代文明由渤海向海外的发展

秦汉王朝为什么关注环渤海一带，除了开发、利用"便鱼盐之利"外，还试图对海外进行探索和扩张。实际上，春秋时期的齐国就通过渤海与海外有交往。《管子·揆度》记齐桓公问管仲曰："吾闻海内玉币有七筴，可得尔闻乎？"管子对曰："朝鲜之文皮，一筴也。"顾颉刚先生认为"这是古籍中记及古朝鲜的最早的一条"[13]。

秦始皇四次都到了齐燕之地的海边，为什么？这就涉及秦始皇出巡的目的，从《史记·秦始皇本纪》所记秦始皇出巡的实际情况及东巡所立刻石的内容分析，其主要目的除了进一步巩固统一、扩大统一、健全和推行统一的制度外，还试图对海外进行探索，实现其对海外进行开发的壮举。秦始皇四次东巡至沿海一带，并且都着重记其瞭望海域。秦始皇二十八年东行郡县，上邹峄山，立《峄山刻石》颂秦德；遂上泰山，立《泰山刻石》；乃并渤海以东，过黄、腄，穷成山，登芝罘，立《芝罘刻石》；南登琅琊，立《琅琊刻石》。秦始皇二十九年再次东巡登芝罘，立《东观刻石》。秦始皇三十二年东巡至碣石，立《碣石刻石》。秦始皇三十七年至会稽，望于南海，立《会稽刻石》；并海上北至琅琊，自琅琊北至荣成山，再登芝罘，遂并海西以归。由南而北的会稽、琅琊、成山、芝

罘、黄、腄、碣石等，均是濒临大海之地。秦始皇所立刻石也记载了到这些地方的意图。《琅琊刻石》记："东抚东土，以省士卒，事已大毕，乃临于海"；"六合之内，皇帝之土，西涉流沙，南尽北户，东有东海，北过大夏，人迹所至，无不臣者"。此是颂扬秦始皇统一大业已成，六合之内均为始皇之土，凡人迹所至之处，都要臣服于秦。正因为如此，秦始皇才屡次东临于海，遥望大海，试图探测海外之奥秘，看其是否有人迹所至之处。其他刻石也有类似的内容，如《芝罘刻石》记："时在中春，阳和方起，皇帝东游，巡登芝罘，临照于海，从臣嘉观。"《东观刻石》记："皇帝春游，览省远方，逮于海隅，遂登芝罘，昭临朝阳，观望广丽。"这些都明显地反映了秦始皇向海外探索的勃勃雄心。

秦始皇巡视渤海各地，并派齐燕方士多次出海求仙人不死之药，实际上也是对海域的探索。秦始皇曾派徐福多次出海求仙，"方士徐市等入海求神药，数岁不得"，最后一次再派遣徐福东渡，结果是"徐福得平原广泽，止王不来"[14]。此徐福所至的"平原广泽"究竟是何地，学术界有不同的看法，综合各方面资料分析，不会是近海岛屿，因近海岛屿没有"平原广泽"；也不会是朝鲜半岛，因战国秦汉时期的人们就熟知朝鲜之地，司马迁在《史记》中还专写了《朝鲜列传》，因此司马迁所记徐福所至"平原广泽"不会是朝鲜，只能是日本了。关于徐福东渡日本的传说，不论是在中国还是在日本至今不断。"徐福是否真正东渡至日本，当然难以找到直接的证据，但产生这种传说必有一定的文化背景，这个背景，应当就是当时确已有一批秦代之人，渡海东至日本。"[15]俞伟超先生在论证公元前3世纪日本九州最初出现方形周沟墓与秦的围沟墓关系时，利用考古材料印证了"当时确已有一批秦代之人，渡海东至日本"。日本著名学者梅原猛先生也指出，"2300年前，正是中国动乱年代春秋战国时期结束了，秦帝国确立，当时中国的某一国具有稻作农业经验的人亡命而来，首先在北九州登陆，开始稻作农业并获得成功。……而且此后不久，稻作便在日本广泛流传开来，一致认为弥生时代这六百年间（公元前3～公元3世纪），稻作扩散到全国，这并不只是文化的传来，弥生民族的渡来，是携米民族的渡来，由此产生了日本"[16]。中日两国的考古发现是对徐福带"童男女三千人，资之五谷种种百工而行"至日本的最好注脚。这不能不说是秦始皇屡次到齐、燕沿海之地巡视并派人入海探索的结果，从而真正开启了东亚文明交流的伟大壮举。

总之，以黄骅为中心所在的环渤海西部地区，是战国秦汉时期经济开发和海外交流的重要区域之一，我们可以进一步做系统的考古工作来印证这一历史的真实。

注　释

[1]《盐铁论·轻重篇》，《诸子集成》，广西教育出版社，1995年。
[2]（宋）毛晃：《禹贡指南》卷一《冀州》，文津阁《四库全书·经部》，商务印书馆，2005年。
[3] 辽宁省文物考古研究所：《姜女石——秦行宫遗址发掘报告》，文物出版社，2010年。
[4] 河北省文物研究所等：《金山嘴秦代建筑遗址发掘报告》，《文物春秋》1992年增刊。
[5]《史记·秦始皇本纪》，中华书局，1975年。
[6]（宋）毛晃：《禹贡指南》卷一《冀州》，文津阁《四库全书·经部》，商务印书馆，2005年。
[7]《汉书·公孙弘传》，中华书局，1983年。
[8]《史记·外戚世家》，中华书局，1975年。
[9]《汉书·王子侯表》，中华书局，1983年。

［10］（清）《畿辅通志·古迹》卷五十三，文津阁《四库全书·史部》，商务印书馆，2005年。
［11］《前汉书·朝鲜传》卷九十五考证，文津阁《四库全书·史部》，商务印书馆，2005年。
［12］《汉书·王子侯表》，中华书局，1983年。
［13］顾颉刚：《三监的结局》，《文史》1987年第28期。
［14］《史记·秦始皇本纪》，中华书局，1975年。
［15］俞伟超：《日本方形周沟墓与秦文化的关系》，《古史的考古学探索》，文物出版社，2002年。
［16］梅原猛：《日本与日本人》，《日本研究》1989年第3期。

公元前一千纪后半环黄海地区的瓮棺葬及其历史文化阐释

白云翔

（中国社会科学院考古研究所）

一、引　言

公元前一千纪后半的东亚地区，处于社会历史大变革的时期。在中国大陆，公元前5世纪中叶进入列国纷争的战国时代；公元前221年，随着秦统一六国，秦王朝建立了多民族统一的中央集权国家，完成了王国时代向帝国时代的转变，开创了中国历史上的一个新时代——帝国时代；公元前206年西汉王朝建立，秦亡汉兴、秦制汉承，迎来了帝国时代的第一个发展高峰。在朝鲜半岛，青铜器时代逐步向早期铁器时代过渡；半岛北部，公元前3~公元前1世纪，走过了从卫满朝鲜古国向汉置郡县跨越的历史进程；半岛南部，先后出现了马韩、辰韩和弁韩三个古国，实现了从氏族社会向早期国家的发展。在日本列岛，随着弥生文化的生成与发展，逐步由氏族社会向早期国家转变，形成了"百余国"的古国林立的局面。在这样的社会历史大变局之中，环黄海各地之间的人群移动和文化交流，不仅是当时东亚地区的一种重要的历史文化现象，而且在各地的社会历史变革之中发挥了积极的推动作用，而瓮棺葬就是当时人群移动和文化交流大潮中的一个乐章。

瓮棺葬作为一种用陶质容器作葬具、将死者埋葬于地下的一种埋葬形式，是一种非常古老的埋葬方式，并且在世界各地有过广泛的分布和流行。就东亚地区来说，瓮棺葬的出现以中国大陆为最早，早在七八千年前的新石器时代就已出现，并且流行于黄河中下游和长江中下游地区[1]；夏商至春秋时期依然存在，但并不流行；到了公元前一千纪后半的战国秦汉时期（这里主要指战国和秦、西汉时期，下同），又在一些地区流行开来，成为当时颇具特色的一种埋葬形式[2]。战国秦汉时期瓮棺葬的主要流行地区之一，就是环渤海地区，并且在瓮棺形态和结构、埋葬特点等方面形成了鲜明的地域特色，我们曾称之为战国秦汉时期瓮棺葬的"燕齐文化区"[3]。从整个东亚地区来看，环渤海"燕齐文化区"的瓮棺葬，实际上是环黄海瓮棺葬的一部分[4]，分别位于黄海西岸、渤海沿岸和黄海北岸（图一）。有鉴于此，这里首先就公元前一千纪后半环黄海各地的瓮棺葬加以概述，进而就其所蕴含的历史文化信息进行解读和讨论。

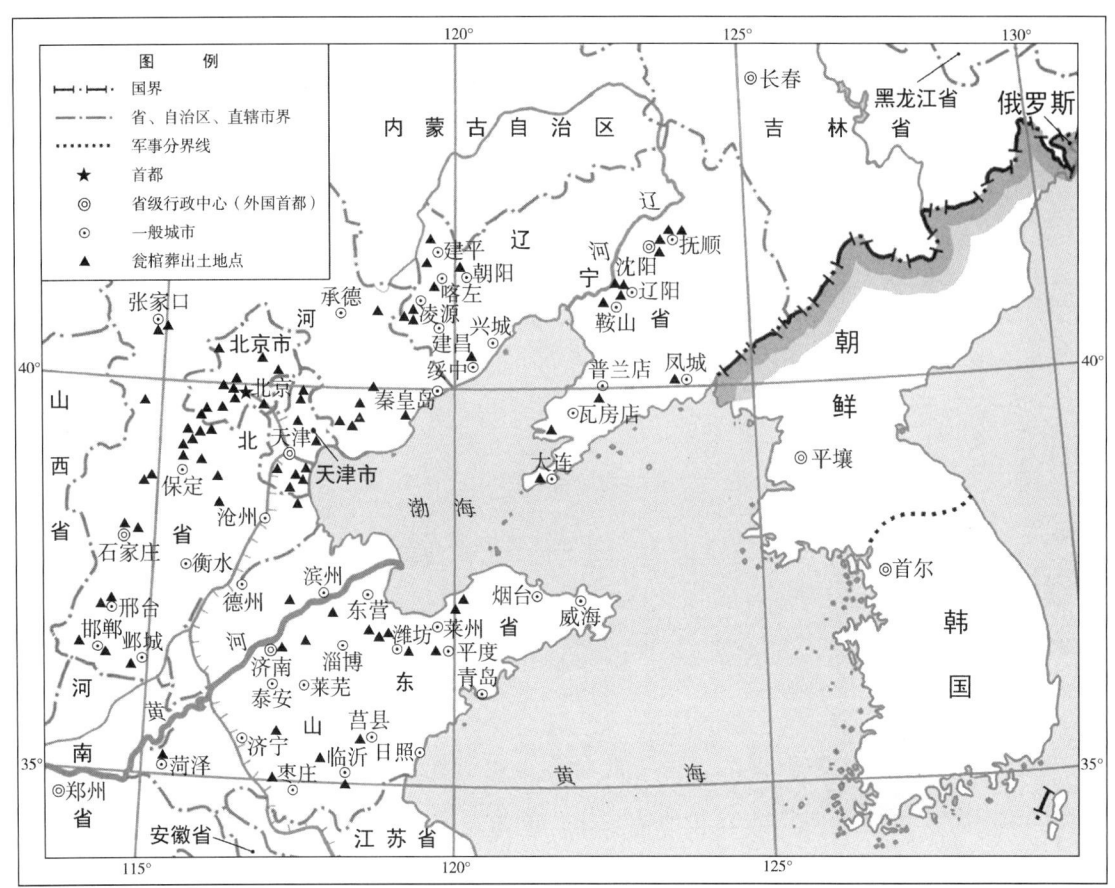

图一　中国环黄海地区瓮棺葬分布示意图

二、环渤海西北及辽东半岛地区的瓮棺葬

这一地区是指渤海西北的沿海地区以及由渤海和黄海环绕的辽东半岛地区，即今河北、北京、天津以及辽宁省的南部地区，属于历史文化地理上的"燕地"。据统计，这一地区战国秦汉时期的瓮棺葬已经在80余个地点发现1200座以上[5]，出现年代早、流行时间长、发现数量多、分布地域广，并且具有鲜明的地方特色。

瓮棺所用的陶器，类型多样，主要有釜、瓮、罐、盆、钵以及筒形器等，其中，数量最多的是釜、瓮和各种形制的盆，而最具代表性的是釜和瓮。

陶釜，有小口釜和大口釜两种，均为夹砂陶或夹云母陶，都是日常生活中的实用器。

小口釜的基本形态是，小口，鼓腹，圜底或尖圜底，最大直径在腹部，一般通体饰绳纹；根据其整体是扁宽还是竖长、口沿是直口还是敛口或外折沿、底部是圜底还是尖圜底、绳纹是粗绳纹还是细绳纹等细部差异，又可细分为若干型式。锦西小荒地W1∶1，尖圜底，颈以下饰细绳纹，秦代（图二，2）。这种小口圜底釜在徐水东黑山（图二，1）、辽阳唐户屯、三道壕的西汉瓮棺葬中大量使用。从总体上看，战国时期的小口釜，一般器体方正或瘦长，圜底或尖圜底；到了西汉时期，器体一般扁宽，圜底或圜底近平。

大口釜的基本形态是，大口，深腹，圜底，曾被称为"鱼骨盆"或"燕式釜"，是最具燕文化特

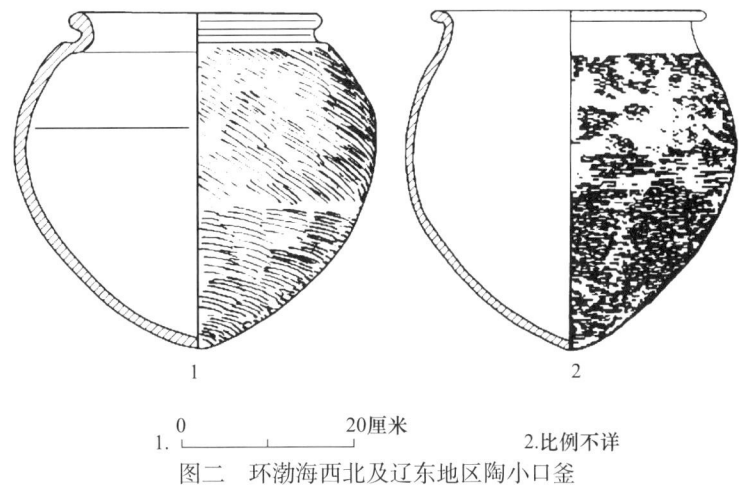

图二　环渤海西北及辽东地区陶小口釜
1. 徐水东黑山 M16：2　2. 锦州小荒地 M1：1

色的陶器之一，根据其整体形态及细部差异，大致可以分为二型。A 型，夹砂（云母）红陶，整器大致呈筒形，敞口，斜直腹，圜底或圜底近平，一般通体饰竖绳纹。譬如，燕下都武阳台 21 号遗址 W2：1，台形折沿形成一道凹槽，大圜底，口径 37、高 32.5 厘米，年代为战国晚期（图三，1）；

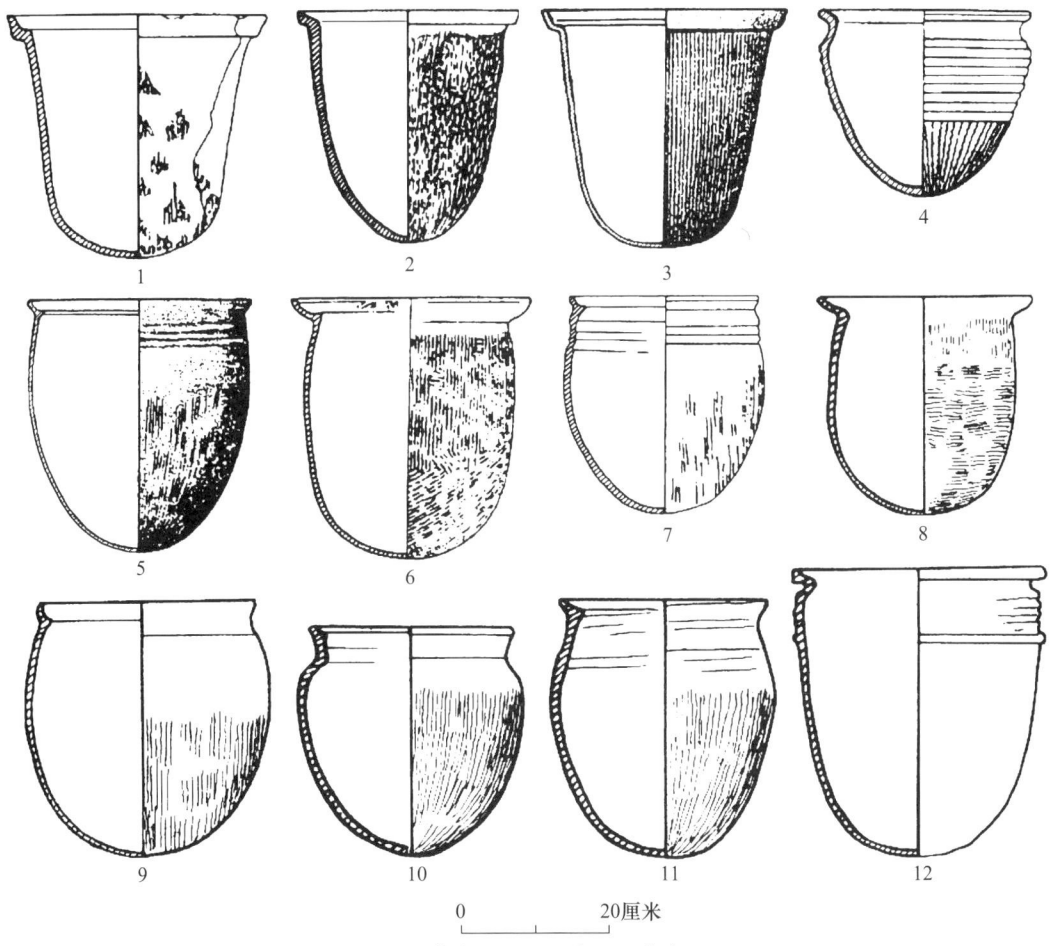

图三　环渤海西北及辽东地区陶大口釜
1. 燕下都武阳台 21 号遗址 W2：1　2. 丰润东欢坨 M2：3　3. 北京窦店 W1：1　4. 凌源安仗子 M1：1　5. 北京窦店 W3：1
6. 燕下都郎井村 10 号遗址 W19：1　7. 宝坻秦城 W24：1　8. 燕下都郎井村 10 号遗址 W22：2　9. 燕下都 S6W32：1
10. 徐水东黑山 M8：2　11. 徐水东黑山 M20：3　12. 邯郸东门里 M1：1

丰润东欢坨 8 座战国中期晚段的瓮棺葬的 16 件陶釜，均为尖唇、折沿、小圜底，通体饰绳纹，高 29.2～32.4 厘米（图三，2）；北京窦店 W1:1，尖唇，折沿有凹槽，通体施细直绳纹，圜底近平，高 32 厘米，年代为战国晚期（图三，3）；宝坻秦城 W5:2，沿面有两道弦纹，口沿下有一周不规则的竖绳纹，高 36 厘米。B 型，夹砂（云母）红陶，整器大致呈卵圆形，敛口，折沿，束颈，鼓腹，圜底，一般通体饰绳纹。譬如，燕下都郎井村 10 号遗址 W19:1，侈口，折沿上翘，折沿处一周凸棱，束颈，高 35.2 厘米，年代为战国中期（图三，6）；宝坻秦城 W24:1，沿面内凹形成凸棱，器形矮胖，圆鼓腹，颈下饰多周弦纹，腹部饰稀疏绳纹，高 31 厘米（图三，7）。这种大口圜底釜，是燕地最为流行的瓮棺之一（图三，4、5、8～12）。譬如，唐山滦县韩新庄发掘的 261 座瓮棺葬中，几乎每座墓都使用这种大口釜。从总体上看，战国时期流行 A 型釜，秦汉时期流行 B 型釜[6]。

陶瓮，形制多样，有尊形瓮、大口瓮、小口瓮和筒形瓮等，其中最为常见且最具代表性的是大口瓮、小口瓮和筒形瓮。

大口瓮曾发现于辽阳三道壕（M361:N），夹砂灰陶，胎质松软，侈口，束颈，小平底，口径 38 厘米、高 41.2 厘米，年代为西汉。

小口瓮，一般为泥质灰陶，小口，折肩，直腹，圜底或圜底近平，高 60 厘米左右，腹部饰绳纹；均为日常生活中的实用器，根据其细部差异又可细分为多种型式。燕下都郎井村 10 号遗址 W22:1，泥质灰陶，折肩处饰一周泥条堆纹并压印成组的绳纹，高 65.2 厘米，年代为战国中期（图四，2）；天津牛道口 M24:2，夹砂灰陶，口沿外侧饰四周弦纹，通体饰细绳纹加划纹，高 69 厘米，年代为战国（图四，6）；凌源安杖子 M2:1，泥质灰陶，圆肩，鼓腹，腹部饰绳纹并刻划弦纹，

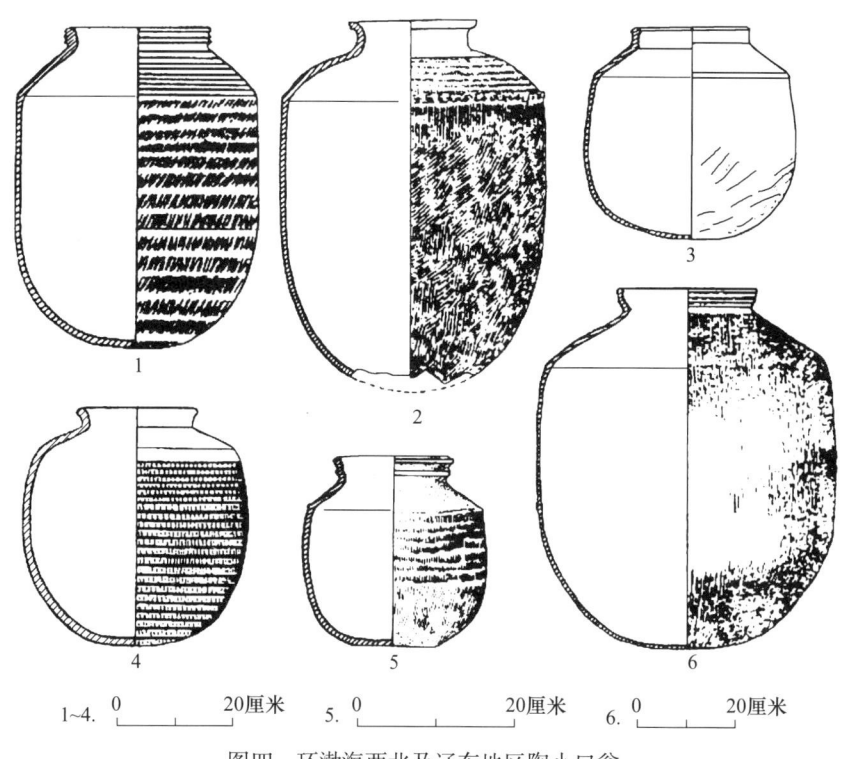

图四　环渤海西北及辽东地区陶小口瓮

1. 宝坻秦城 M2:1　2. 燕下都郎井村 10 号遗址 W22:1　3. 燕下都 S6W32:3　4. 凌源安杖子 M2:1　5. 张家口白庙 W3:2　6. 天津牛道口 M24:2

高60厘米，年代为西汉（图四，4）。这种小口圜底瓮，还发现于河北任丘后赵、黄骅郭堤城、卢龙蔡家坟、张家口白庙、北京通州胡各庄、天津宝坻秦城遗址、大连于家村等地（图四，1、3、5），是燕地最为流行的瓮棺之一。从总体上看，这种小口瓮在战国时期一般是通体饰绳纹尤其是细直绳纹，秦汉时期常见的是腹部饰绳纹加刻划弦纹。

筒形瓮，一般为泥质灰陶，直口或子母口，深直腹，筒形，圜底，腹部饰绳纹或绳纹加瓦棱纹，一般高50～60厘米；是一种专门用于丧葬的瓮棺，根据其细部差异又可细分为多种型式。燕下都郎井村10号遗址W11：1，夹砂灰陶，子口，口沿下有轮制痕迹，通体饰细绳纹，口径23、高58.5厘米，年代为战国早期（图五，1）；燕下都郎井村10号遗址W27：1，直口，器表饰绳纹但在其上部有轮制抹痕，口径21.6、高55.6厘米，年代为战国中期（图五，2）；沈阳伯官屯MW3：L，直口，腹上部饰瓦棱纹、下部饰绳纹，高55厘米，年代为西汉（图五，4）。这种筒形瓮还发现于徐水东黑山、容城午方、定兴北台上、黄骅郭堤城、通州胡各庄等地（图五，3、5～8），细部及纹饰多有差异；出现于战国早期，一直延续到西汉时期，是燕地最为流行的瓮棺之一。战国时期，一般是子母口，通体饰绳纹；秦汉时期，常见的是直口，腹上部饰瓦棱纹或弦纹、下部饰绳纹。

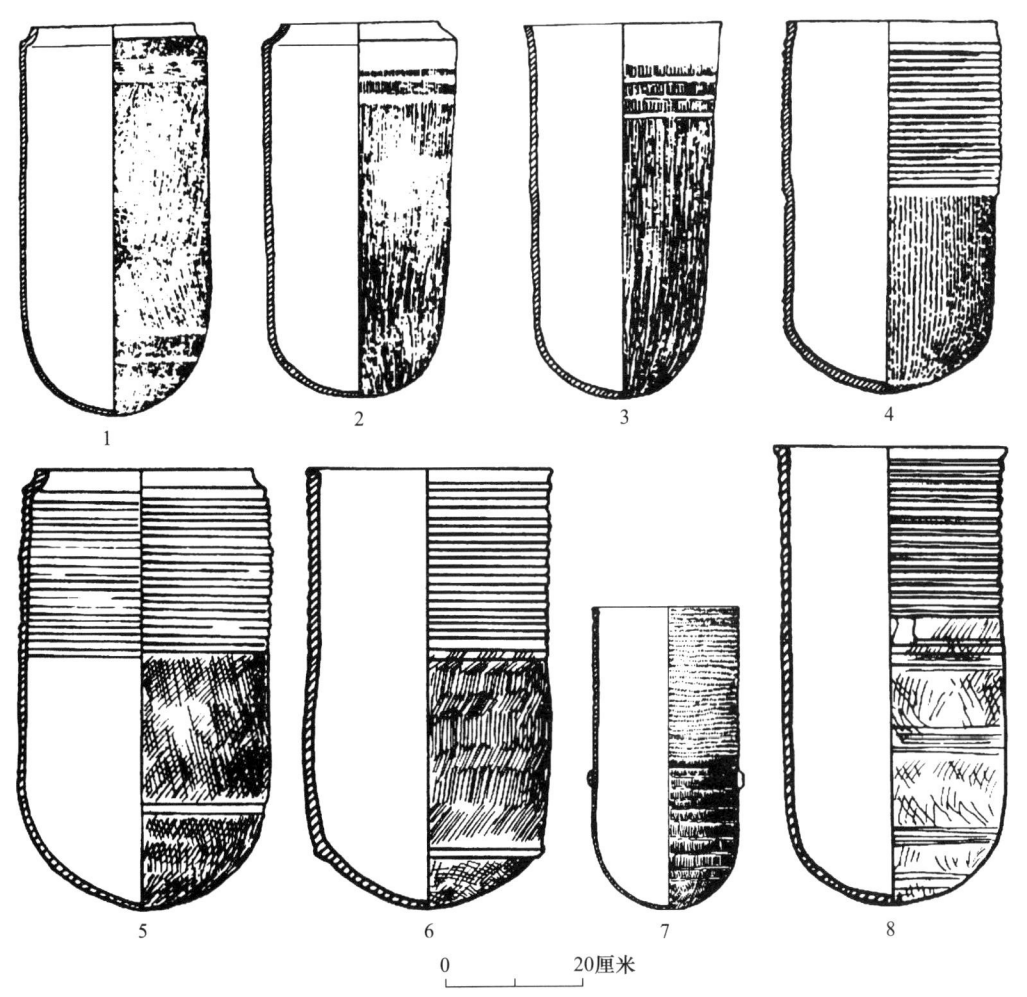

图五　环渤海西北及辽东地区陶筒形瓮

1. 燕下都郎井村10号遗址W11：1　2. 郎井村10号遗址W27：1　3. 郎井村S10W27：2　4. 沈阳伯官屯MW3：L
5. 徐水东黑山M11：2　6. 燕下都S6W40：2　7. 容城午方M1：1　8. 徐水东黑山M1：1

瓮棺的结构多种多样，主要有两器瓮棺，如瓮＋瓮组合、瓮＋釜组合、釜＋釜组合、釜＋盆组合等；三器瓮棺，如三釜组合、二釜一瓮组合、二釜一罐组合、二釜一盆组合、二釜一筒形器组合、一釜一罐一瓮组合、一釜一罐一盆组合、一釜一瓮一盆组合、二盆一筒形器组合等；四器组合，如四釜组合、三釜一罐组合、三釜一盆组合等；另外还有一些特殊的组合，但数量很少。其中，大口釜＋大口釜（图六，1、3、5）、大口釜＋小口瓮（图七，1、2）等两器瓮棺最为流行，从战国早期一直流行到秦汉时期；筒形瓮＋筒形瓮（图六，2）等两器瓮棺次之，也是从战国早期一直流行到秦汉时期；其他还有大口瓮＋大口瓮（图七，3）等两器瓮棺，以及由大口釜、小口釜和盆等组合而成的多器瓮棺。

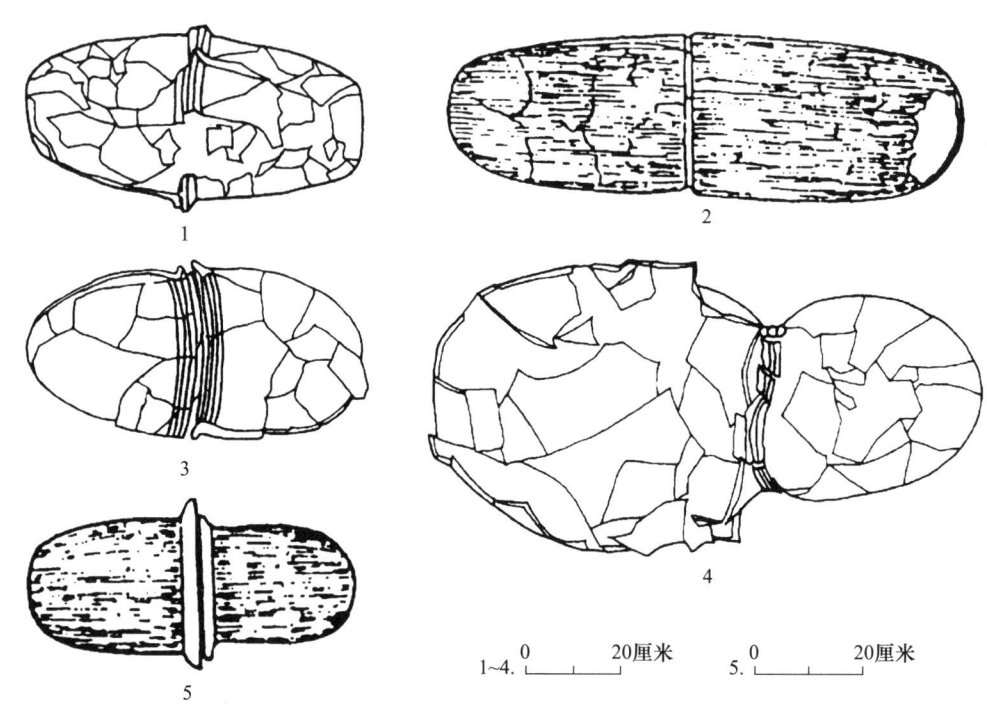

图六　环渤海西北及辽东地区两器瓮棺

1、3、5.大口釜＋大口釜组合（宝坻秦城 W5、宝坻秦城 W24、燕下都郎井村 S10W24） 2.筒形瓮＋筒形瓮组合（燕下都郎井村 S10W27） 4.小口瓮＋小口瓮组合（宝坻秦城 W6）

就瓮棺葬的埋葬方式来看，墓圹均为竖穴土圹，但大多不够规整，且墓圹大多不深。辽阳唐户屯和桑园子个别的汉代瓮棺葬使用石板构成的石椁，但这种现象不见于其他地区。葬地的结构有三种情形：第一种是居住地附近、聚落的边缘或城墙内外，如燕下都武阳台 21 号遗址、郎井村 10 号遗址、丰润东欢坨遗址、北京窦店古城址、凌源安杖子古城址和锦西小荒地古城址等；第二种是与其他类型的墓葬混杂在一起，如怀柔城北、宝坻牛道口墓地等；第三种是以瓮棺葬为主的丛葬墓地，如北京房山区岩上、延庆葫芦沟、滦县韩新庄墓地、宝坻秦城瓮棺葬墓地（图八）、辽阳三道壕瓮棺葬墓地、辽阳唐户屯、凤城刘家堡子，以及新近发掘的通州胡各庄、黄骅郛堤城瓮棺葬墓地[7]等。瓮棺葬的被葬者，绝大多数为儿童，但也有少量的成人，如辽阳三道壕西汉时期的 M361、辽阳城南玉皇庙的汉代瓮棺葬等；黄骅郛堤城遗址战国秦汉时期的 113 座瓮棺葬中，成人瓮棺葬有 3 座；北京通州胡各庄 59 座汉代瓮棺葬中，成人瓮棺葬有 23 座[8]。一般没有随葬品，即使有随葬

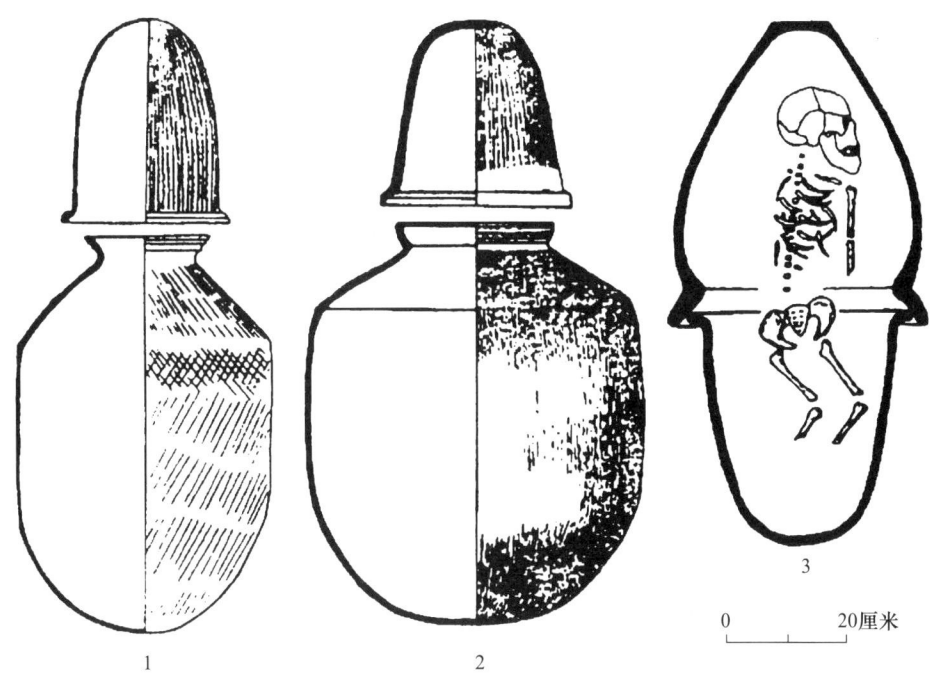

图七　环渤海西北及辽东地区两器瓮棺（瓮＋釜组合）

1、2. 大口釜＋小口瓮组合（北京八里庄M2、天津牛道口M24）　3. 大口瓮＋大口釜组合（辽阳三道壕M361）

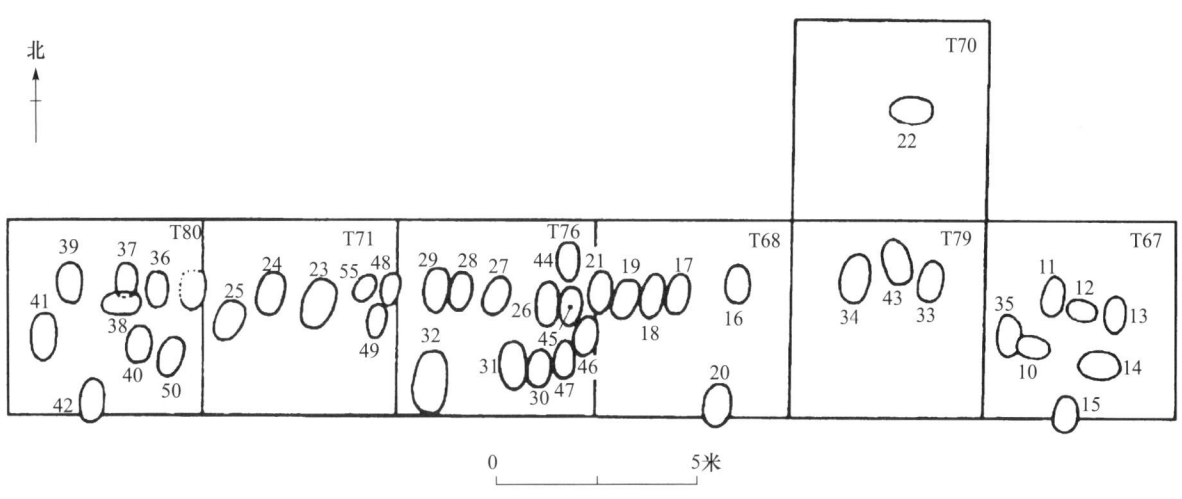

图八　宝坻秦城遗址西汉瓮棺葬分布图

品，也只是串珠、佩饰、铜铃等装身具等，另有少数瓮棺葬随葬五铢钱、货泉等少量钱币。

环渤海西北及辽东半岛的瓮棺葬，经历了一个不断演变和扩展的过程。迄今的考古发现表明，燕地的瓮棺葬以河北易县燕下都的年代为最早，并且数量多、流行时间长；燕下都郎井村10号遗址W11的年代为战国早期，其瓮棺结构是筒形瓮＋筒形瓮组合；10号遗址的其他瓮棺葬为战国中期和晚期；郎井村6号遗址的9座瓮棺葬的年代为西汉早期；其他地点的瓮棺葬分属于战国和西汉时期[9]。北京地区的瓮棺葬大多属于战国时期，西汉的瓮棺葬在通州、昌平和怀柔等地有所发现[10]。天津地区的瓮棺葬，年代早者为战国中期，如宝坻牛道口M24等，但大多属于战国晚期和西汉时期[11]。辽宁地区的瓮棺葬，少数可早到战国晚期，如锦西小荒地和凌源安杖子的瓮棺葬，其他均属于汉代遗存[12]。很显然，燕地的瓮棺葬首先发生于燕文化中心区的燕下都一带，并且从战国早期就出现了专门用于瓮棺的筒形瓮，此后向东北方向扩展：战国中期扩展到京津地区，战国晚期扩展到辽西以及辽东半岛地区。值得注意的是，以瓮棺葬为主的丛葬墓地，主要发现于保定—易县—延庆—通州/黄骅—天津—唐山至辽阳一线及邻近地区，或许反映出燕地瓮棺葬从易县燕下都一带向南、向东尤其是向东北方向的扩展，可能主要不是丧葬习俗的传播，而是人群移动的结果。在人群移动以及瓮棺葬文化传播的过程中，一方面是固有传统的延续，如上述瓮棺用陶器的种类和形态、瓮棺结构与组合、以儿童为主体的被葬者、葬地结构及埋葬方式等；但另一方面，随着时间的推移和地区的不同，也出现了一些变异，如凌源安杖子M1和辽阳三道壕M271、M317等专门用于瓮棺的筒形器、辽阳三道壕西汉瓮棺葬M361的大口瓮、辽阳唐户屯西汉瓮棺葬用石块砌筑石椁等，则不见于燕地的其他地区；小口釜、筒形瓮等目前在天津地区尚未见到；至于瓮棺用陶器的具体形态及瓮棺组合当然更是有明显的年代和地域差异，如在天津地区，战国中期至秦代，流行小口瓮+A型大口釜组合；西汉时期则流行小口瓮+B型大口釜组合等。

三、山东半岛地区的瓮棺葬

这一地区是指山东半岛及其邻近地区，包括渤海南岸地区、山东半岛、鲁东南黄海沿岸地区，大体上属于历史文化地理的"齐地"。这一地区此前公布的战国秦汉时期的瓮棺葬，计有26个地点的30余座，但近年来又有不少发现，如龙口市西三甲村[13]，临淄齐故城内的东古、河崖头[14]、阚家寨、东门村、刘家寨以及齐故城西北的粉庄等遗址均发现有瓮棺葬[15]。目前，统计有30多个地点，计100余座。

瓮棺所用的陶器，同样是类型多样，主要有釜、瓮、罐、盆、舟形器等。其中，最为常见的是釜、瓮和各种形制的盆，而最具代表性的是釜和瓮。

陶釜，仅发现有小口釜一种，均为夹砂陶，小口，鼓腹，圜底或尖圜底，一般通体饰绳纹，都是日常生活中的实用器。临淄后李M9:2，体较瘦长，直口略内敛，束颈，口沿内侧有凸棱，尖圜底，通体饰粗绳纹，高41厘米（图九，7）；章丘宁家埠M37:1，圆唇，近似尖圜底，腹部饰竖粗绳纹，底部饰横粗绳纹，高45厘米，年代为战国晚期至西汉早期（图九，3）；临淄东古M5:1，夹砂灰陶，敛口，斜沿，圆唇中间内凹，素面，肩部饰一周凸弦纹，高32厘米，年代为西汉（图九，5）；临沂陈白庄M1:W，夹砂灰陶，直口，扁圆釜，通体饰绳纹，高38.8厘米，年代为西汉（图九，2）；潍坊后埠下M5:1，夹粗砂和云母红陶，敛口，扁圆腹，素面，年代为新莽时期（图九，1）。这种小口釜还见于泗水尹家城、临淄粉庄、齐故城内的阚家寨和广饶傅家等地战国晚期至新莽时期的瓮棺葬（图九，4、6、8、9），是齐地最流行的瓮棺用陶器之一。

陶瓮，形制多样，但最常见且最有代表性的是深腹瓮和筒形瓮两种。

深腹瓮，夹砂或泥质灰陶，整器倒置似炮弹形，大口，外折沿，束颈，垂腹，圜底，颈以下有弦纹或间断绳纹，腹部和底部拍印有纵横交错的绳纹。例如，临淄东古M10:1，夹砂灰陶，斜折沿，沿面一周凸弦纹，厚唇，唇中部有一周凸棱，颈部一周凹弦纹，口径38、高76厘米，年代为东周（图一〇，1）；临淄东古M10:2，鼓腹下垂，高58.4厘米（图一〇，2），年代为东周[16]；

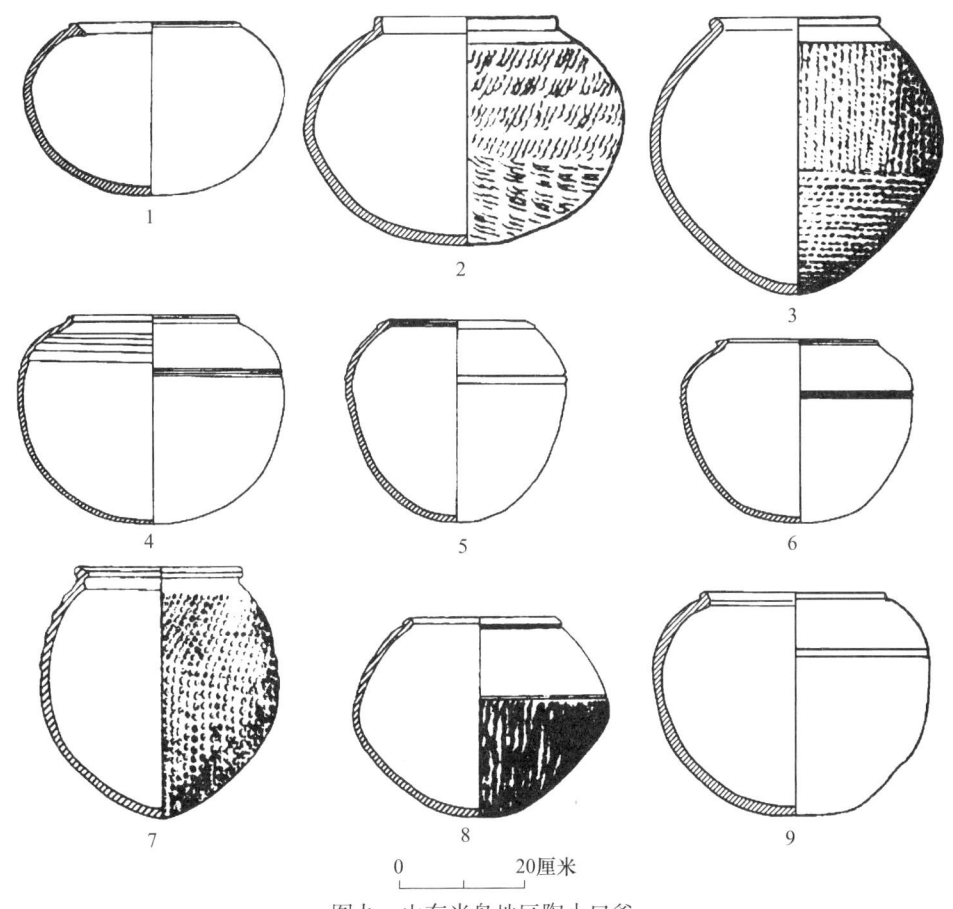

图九 山东半岛地区陶小口釜
1. 潍坊后埠下 M5∶1 2. 临沂陈白庄 M1∶W 3. 章丘宁家埠 M37∶1 4. 临淄东古 M21∶2 5. 临淄东古 M5∶1
6. 临淄东古 M21∶1 7. 临淄后李 M9∶2 8. 泗水尹家城 M5∶1 9. 广饶傅家 M332∶1

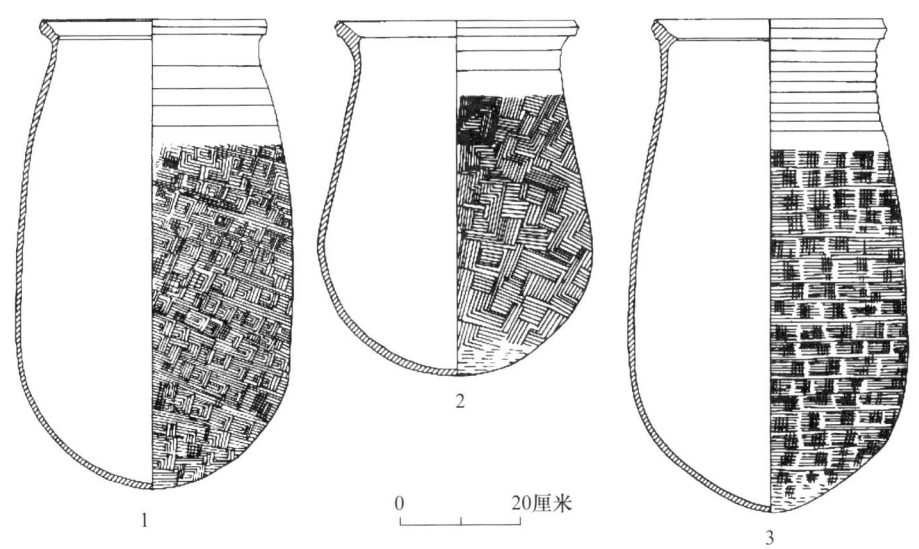

图一〇 山东半岛地区陶深腹瓮
1. 临淄东古 M10∶1 2. 临淄东古 M10∶2 3. 临淄东古 T101M2∶1

临淄东古 T101M2∶1,高 81 厘米,年代为汉代(图一〇,3)。这种深腹瓮还发现于临淄粉庄、齐故城内的阚家寨等地点,有的颈以下饰瓦棱纹,有的内壁印有粗麻布纹;一般高 50 厘米以上,据称其年代为战国晚期。在考古发掘中，这种深腹瓮不见于居住址而仅见于瓮棺葬，说明它不是日常生活用陶器，而是专门用于瓮棺的一种葬具。

筒形瓮，一般为泥质灰陶，略泛灰白。直口或子母口，深直腹，筒形，圜底，腹部饰绳纹或绳纹加瓦棱纹，一般高55厘米左右，高者100厘米左右，是一种专门用于丧葬的瓮棺，根据其细部差异又可细分为多种型式。临淄东古M5的2件，泥质灰陶，通体饰瓦棱纹，高38.8厘米，年代为汉代（图一一，9）；河崖头WM9的2件，泥质灰陶，圜底近平，器身内外饰瓦瓦棱纹，高34.6~37.2厘米，年代为西汉（图一一，7、8）；临沂陈白庄M1∶E，夹砂灰陶，直口，平唇，上腹部饰瓦棱纹，下腹部饰竖绳纹，口径34、高63.7厘米，年代为西汉（图一一，4）；临沂陈白庄M2的2件，器表主要饰凹弦纹，下腹部饰竖绳纹，高53~58厘米（图一一，3）；临淄辛店友联M5的2件，器形硕大，子母口，上腹部饰瓦棱纹，下腹部饰绳纹，底部中央各有一小孔，总长200厘米（图一一，1、2）。这种筒形瓮还发现于临淄粉庄、章丘东平陵城（图一一，5、6）等地，年代为战国晚期至西汉早期[17]。一般认为，战国时期的筒形瓮，一般是子母口，通体饰绳纹；秦汉时期的筒形瓮，常见的是直口，并且腹上部饰瓦楞纹或弦纹、下部饰绳纹。这种筒形瓮是山东半岛地区瓮棺葬最常见的葬具之一。

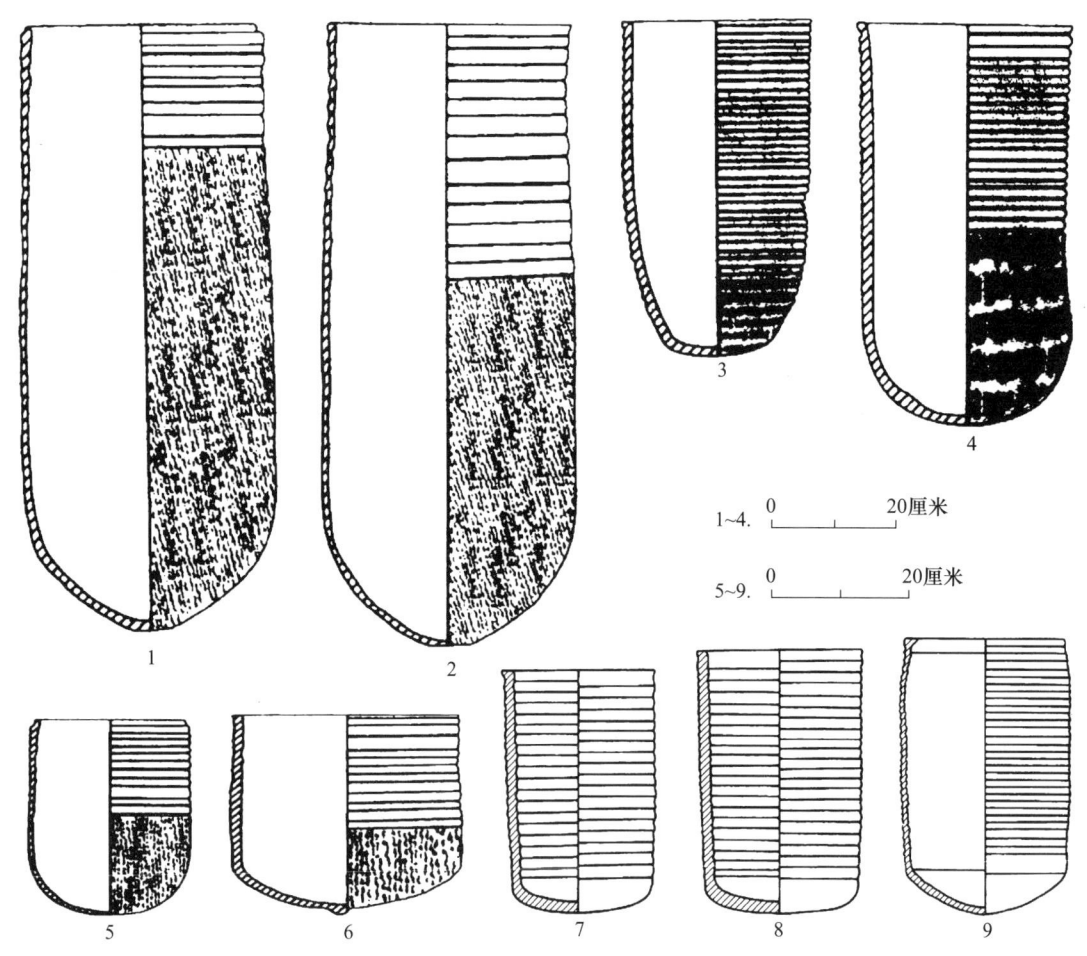

图一一　山东半岛地区陶筒形瓮

1.临淄辛店友联M5∶1　2.临淄辛店友联M5∶2　3.临沂陈白庄M2　4.临沂陈白庄M1∶E　5.章丘东平陵城M3∶1
6.章丘东平陵城M2　7.临淄河崖头WM9∶1　8.临淄河崖头WM9∶2　9.临淄东古M5∶1

瓮棺的结构同样是多种多样，但最常见的是两器瓮棺，其中最具特色的是筒形瓮+筒形瓮组合。例如，临淄辛店友联战国时期的 M5，通长 200 厘米（图一二，5）；临沂陈白庄西汉时期的 M2，通长 108 厘米（图一二，6）；另外还有临淄东古 M5、临淄河崖头 WM9、河崖头 WM11（图一二，4）、章丘东平陵城 M2 等。小口釜+小口釜组合也比较多见，如临淄东古 T103M5、泗水尹家城 M5（图一二，2）、章丘宁家埠 M79（图一二，3）等。另外，还有深腹瓮+盆组合，如临淄东古 M1、M2 等（图一二，7）；小口釜+深腹瓮组合，如临淄齐故城内阚家寨、临淄粉庄等地的瓮棺葬等；临沂陈白庄西汉时期的 M1 为小口釜+筒形瓮组合，通长 100 厘米（图一二，1），虽然少见但颇具特色。另外，还有一些特殊组合的三器瓮棺和四器瓮棺等，但数量都很少。

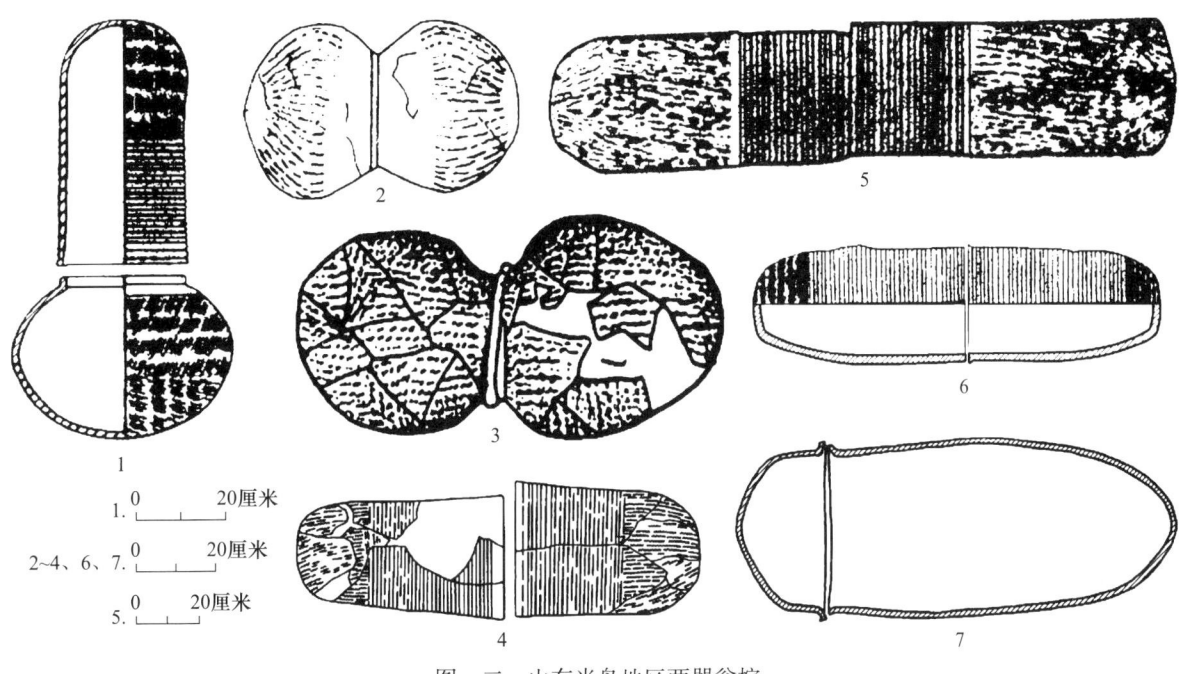

图一二　山东半岛地区两器瓮棺

1. 小口釜+筒形瓮组合（临沂陈白庄 M1） 2、3. 小口釜+小口釜组合（泗水尹家城 M5、章丘宁家埠 M79） 4～6. 筒形瓮+筒形瓮组合（临淄河崖头 WM11、临淄辛店友联 M5、临沂陈白庄 M2） 7. 深腹瓮+盆组合（临淄东古 M1）

瓮棺葬的埋葬方式，墓圹均为竖穴土圹，但大多不够规整，且大多不深。葬地大多是葬在居住地附近、聚落的边缘或城墙内外，或是与其他类型的墓葬混杂在一起，目前只有临淄粉庄发现了以瓮棺葬为主的丛葬墓地。瓮棺葬的被葬者，绝大多数为儿童，但也有个别为成人，如临淄辛店友联 M5 等。一般没有随葬品，目前仅有潍坊后埠下 M5 出土"大泉五十"铜钱 1 枚、临沂陈白庄 M2 出土半两钱 1 枚等。

据目前的考古发现来看，山东半岛及邻近地区战国秦汉时期的瓮棺葬，年代最早者属于战国晚期，如临淄后李 M9，其瓮棺结构是小口釜+盆组合；临淄齐故城东古 M1、M10 等为深腹瓮+盆组合；临淄粉庄和齐故城阚家寨瓮棺葬，大多是小口釜+深腹瓮组合；临淄辛店友联 M5、章丘东平陵城 M3 等是筒形瓮+筒形瓮组合；章丘东平陵城 M4 为筒形瓮+盆组合。它们都地处齐国的腹地。此后，瓮棺葬在齐地迅速流行开来，直到东汉时期。战国秦汉时期齐地的瓮棺葬，从早到晚也有所发展和变化。就瓮棺结构来说，筒形瓮+筒形瓮、小口釜+深腹瓮、小口釜+盆、筒形瓮+盆等组合，战国晚期至新莽时期均可见到，变化不甚明显，但西汉时期新出现了小口釜+小口釜（宁家埠M79）、小口釜+筒形瓮（临沂陈白庄M1）等组合。就瓮棺的形制来看，变化比较明显。譬如，小口釜，在战国晚期一般体稍瘦长、近似尖圜底，西汉时期多扁圆腹、圜底近平。筒形瓮，战国时期一般是子母口，通体饰绳纹或口沿下饰瓦棱纹而腹部饰绳纹；秦汉时期常见的是直口，并且上腹部饰瓦棱纹或弦纹，下腹部及底部饰绳纹。

战国秦汉时期齐地与燕地的瓮棺葬两相比较，既有相同之处，又有不同之处。譬如，小口釜和筒形瓮，都是两地常用并且具有特色的瓮棺，尤其是专门用作瓮棺的筒形瓮在两地的同时存在更值得关注；分别以小口釜、筒形瓮与其他陶器构成的两器瓮棺组合，也是两地常见的瓮棺组合方式。但与此同时，两地的差异更为明显。譬如，大口釜、小口瓮流行于燕地而不见于齐地，相应地，燕地最为流行的大口釜+大口釜、大口釜+小口瓮等两器瓮棺也就不见于齐地；齐地的深腹瓮独具特色，深腹瓮与其他陶器构成的两器瓮棺也就不见于燕地；小口釜+小口釜、小口釜+筒形瓮等两器瓮棺组合也仅见于齐地。就葬地而言，以瓮棺葬为主的丛葬墓地在燕地多见，但在齐地则较少见到。上述燕地和齐地瓮棺葬的这些共性和差异性，说明它们之间既存在着密切的内在联系，又各自具有地域特色。

四、朝鲜半岛的瓮棺葬

朝鲜半岛北隔鸭绿江与中国相连，西南濒临黄海，与辽东半岛和山东半岛等隔海相望。公元前一千纪后半，瓮棺葬在半岛北部和南部先后出现并逐渐流行开来。

半岛北部的朝鲜，瓮棺葬的出现大约是在公元前3世纪，此后逐渐流行开来[18]。譬如，平安南道江西郡台城里、黄海南道安岳郡伏狮里、平壤市乐浪区贞柏洞等地都有所发现[19]，其中，贞柏洞瓮棺葬的年代为公元前1世纪。瓮棺所用陶器多为夹砂或夹云母陶，黑色或黑褐色，形状多种多样，常见的器类有小口瓮、大口瓮、深腹瓮、大口釜、小口釜和盆等。常见的瓮棺结构为两器瓮棺，如小口瓮+大口瓮组合、大口瓮+大口釜组合、小口瓮+小口瓮组合、深腹瓮+盆组合、大口釜+大口釜组合等（图一三，2、3），也有少量的多器瓮棺（图一三，1），瓮棺长50~100厘米。墓圹为竖穴土圹，瓮棺横向放置于墓圹之中，即"横置式"瓮棺葬。被葬者为儿童，一般没有随葬品。就其葬地来说，或分布在土圹墓和木椁墓的近旁，或与之混杂在一起。

半岛南部的韩国，"横置式"瓮棺葬大致是公元前3世纪初的青铜器时代后期（公元前3~前2世纪中叶）以及铁器时代初期（公元前2世纪末叶至公元前后）出现的[20]，此后逐步流行开来，并一直延续到6世纪前后。这一时期的瓮棺葬，在北起京畿道和江原道、南至全罗南道和庆尚南道乃至济州岛的韩国各地都有所发现，但尤以濒临黄海的半岛西部和南部沿海地区最为流行，即京畿道、忠清南道和北道、全罗南道和北道等地[21]。

值得注意的是，公元前3世纪初前后横置式瓮棺葬在韩国西部地区出现之后的数百年间（即"早期阶段"），瓮棺所用陶器大多为日常实用器，被葬者主要为儿童。但是，到了2世纪，瓮棺葬发生了一个重大的变化，出现了成人用大型瓮棺，即葬具为专门烧制的、专门用于瓮棺的大型陶瓮，并大量用于成年人的埋葬（即"成人大型瓮棺阶段"）。这种成人大型瓮棺葬在韩国西南部的

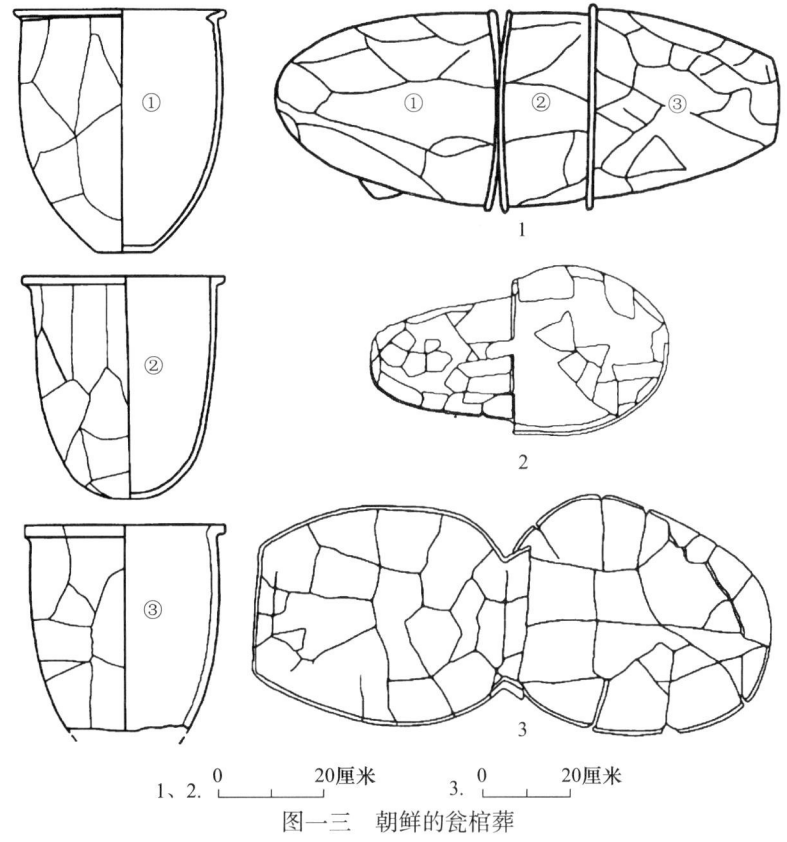

图一三 朝鲜的瓮棺葬

1.平壤南京遗址1号瓮棺葬（大口釜+大口釜+大口釜） 2.江西郡台城里25号瓮棺葬（大口釜+大口瓮） 3.台城里22号瓮棺葬（小口瓮+小口瓮）

全罗地区广为流行，并一直延续到6世纪前后。

就瓮棺用陶器来看，尽管种类多样，且各地有所差异，但最为常见的是深腹瓮、小口瓮、大口瓮、大口釜、小口釜（图一四，11），以及各种形制的壶、双錾壶、双耳罐、盆等。其中，深腹瓮，多为夹砂陶，体瘦长，略束颈，圜底或小平底，高50～60厘米（图一四，1～6）。大口瓮，大多直口，长颈，深腹，小平底，高50～60厘米（图一四，9、12）。小口瓮，高领，圆肩，圜底或圜底近平，腹部饰绳纹，高40～60厘米（图一四，10）。大口釜，多为夹砂陶，圜底，腹部饰绳纹，高20～40厘米（图一四，7、8）。

就瓮棺结构来看，最为流行的是深腹瓮与其他陶器构成的两器瓮棺，常见的有深腹瓮+深腹瓮组合（图一五、图一六）、深腹瓮+大口釜组合（图一七）、大口瓮+大口瓮组合（图一八）、深腹瓮+小口釜组合（图一九）、深腹瓮+盆组合（图二〇，1）、大口瓮+盆组合（图二〇，2）、小口瓮+盆组合（图二〇，3）、深腹瓮+双錾壶组合（图二〇，4）、大口釜+小口瓮组合（图二〇，5），以及用石板覆盖深腹瓮的一器瓮棺（图二一）等。

就埋葬方式来看，一般是竖穴土圹，并且平面形制不甚规整；但也有的用石块砌筑出石椁，如釜山市槐亭洞36号瓮棺墓（图二二）。早期阶段一般没有随葬品，仅有少量的墓随葬数件陶器，如釜山槐亭洞36号瓮棺墓；但是，成人大型瓮棺阶段则常见有随葬品，尤其是规模大的成人瓮棺葬，不仅有随葬品，而且随葬品数量多、种类丰富。就被葬者来看，既有大量的儿童，也有成年人；早期阶段以儿童为主，而成人大型瓮棺阶段则成为儿童和成人通用的一种埋葬方式。关于其葬地，有

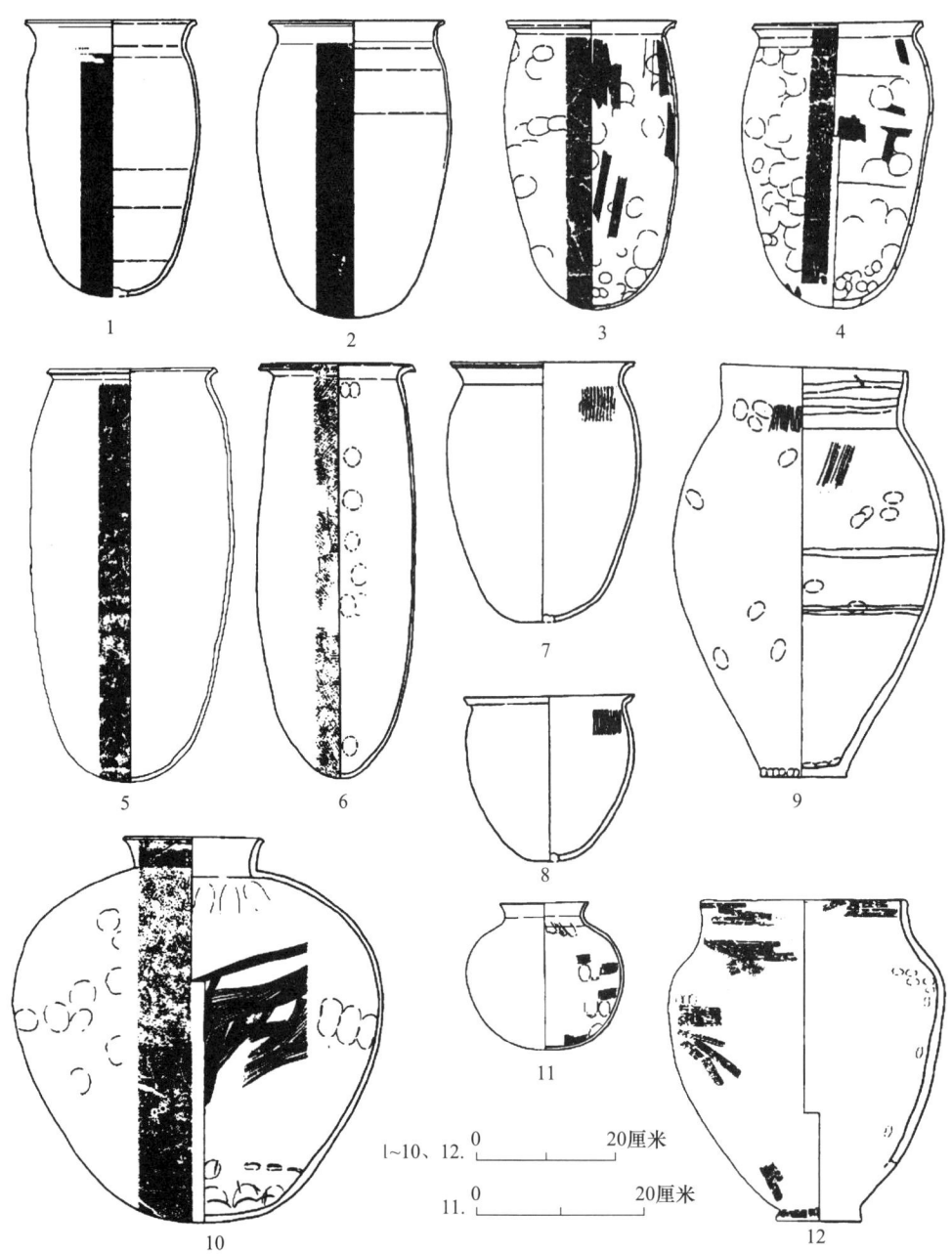

图一四 韩国的瓮棺陶器

1~6.深腹瓮（京畿道龙仁郡上葛洞4号瓮棺葬、全罗北道益山郡新木里瓮棺葬、江原道江陵郡草堂洞3号瓮棺、庆尚北道庆州市奉吉里1号瓮棺葬） 7、8.大口釜（忠清南道公州公山城瓮棺葬） 9、12.大口瓮（全罗北道井邑郡上平洞瓮棺葬、济州岛三禾地区东侧道路瓮棺葬） 10.小口瓮（全罗北道井邑郡新正洞瓮棺葬） 11.小口釜（全罗南道罗州长灯3号瓮棺葬）

以瓮棺葬为主的丛葬墓地，如光州市新昌洞瓮棺墓群（图二三）；有的则是与其他类型的墓葬混杂在一起，如庆州市奉吉里墓地，瓮棺墓混杂分布在石棺墓之间；全罗南道的泗川勒岛墓地，瓮棺墓与竖穴土圹墓相间分布（图二四）。另外据称，"在金海贝丘，瓮棺葬墓群与箱式石棺墓群之间有一道石垣将它们相互隔开"[22]。

总体上看，朝鲜半岛的瓮棺葬发生于公元前300年前后，并一直流行到公元纪年以后乃至6世纪前后，但其早期阶段在年代上大致与战国晚期至西汉时期相当。就朝鲜半岛早期阶段的瓮棺葬来

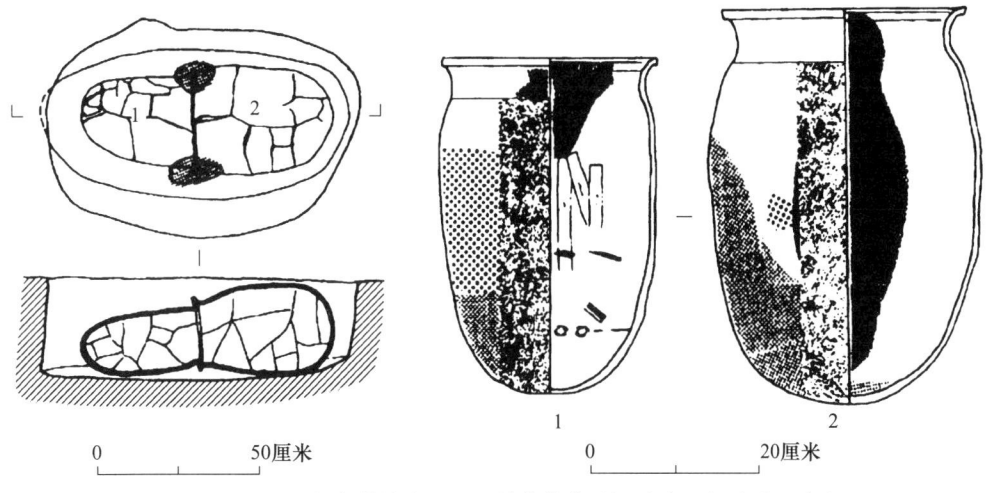

图一五　韩国京畿道美沙里419号瓮棺葬（深腹瓮＋深腹瓮组合）

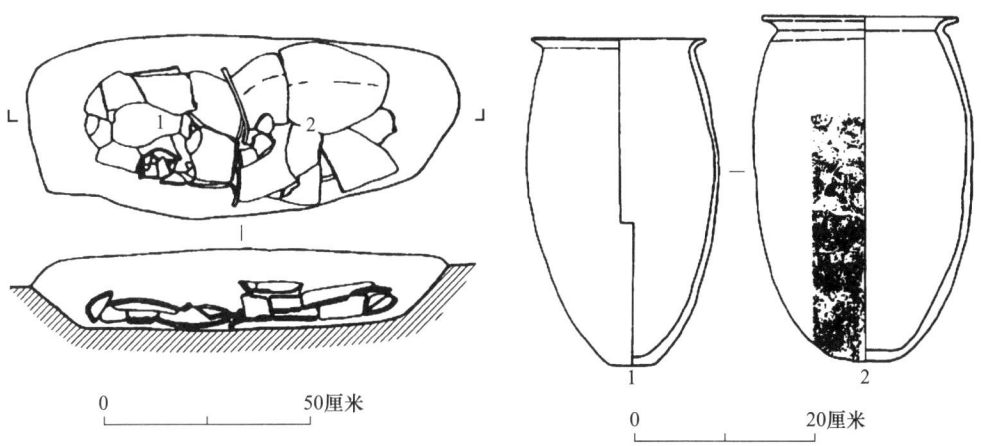

图一六　韩国庆尚南道金海良洞里392号瓮棺葬（深腹瓮＋深腹瓮组合）

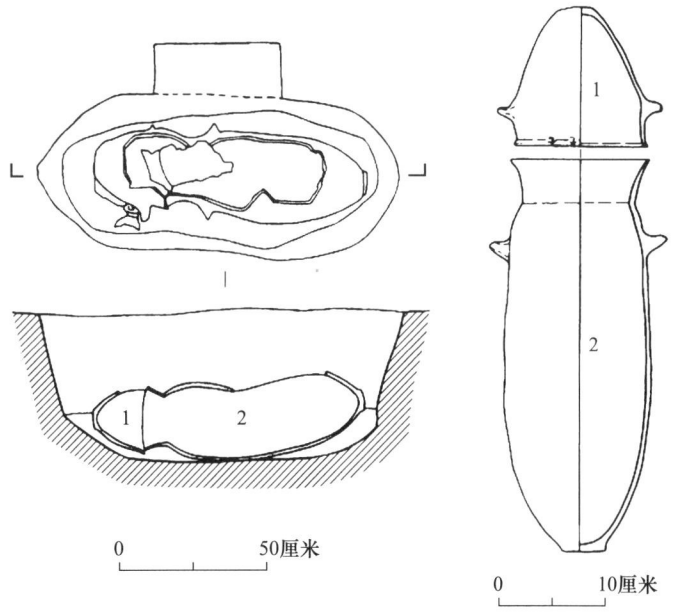

图一七　韩国庆尚南道昌原茶户里46号瓮棺葬（深腹瓮＋大口釜组合）

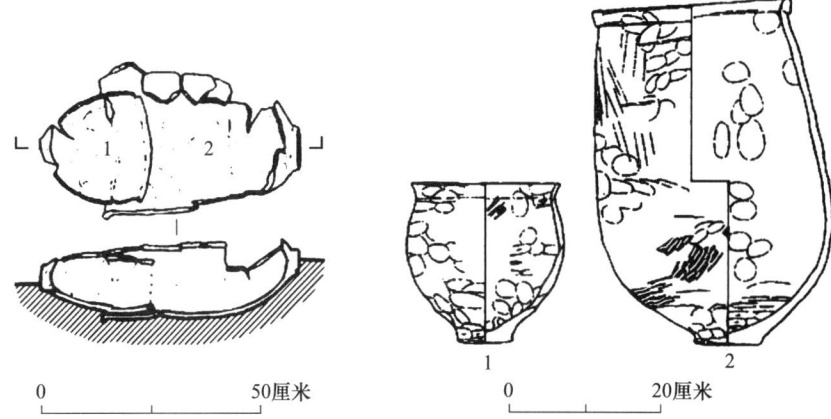

图一八　韩国全罗南道光州市长者 1 号瓮棺葬（大口瓮＋大口瓮组合）

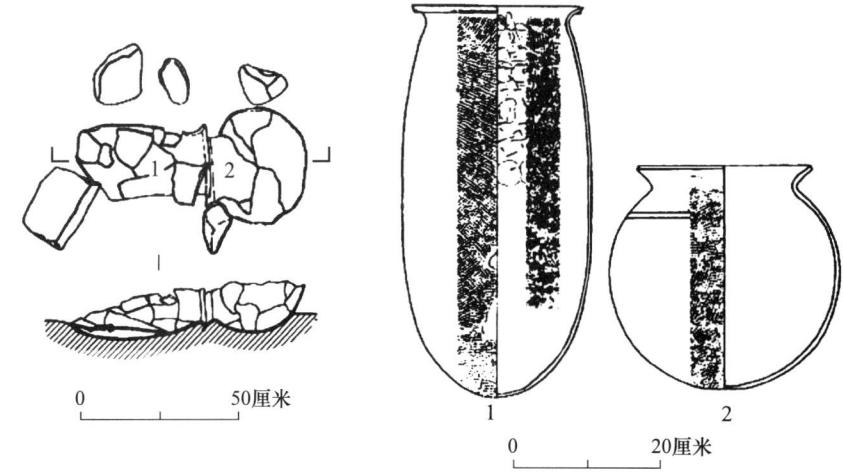

图一九　韩国庆尚南道金海礼安里 Ⅱ-P 号瓮棺葬（深腹瓮＋小口釜组合）

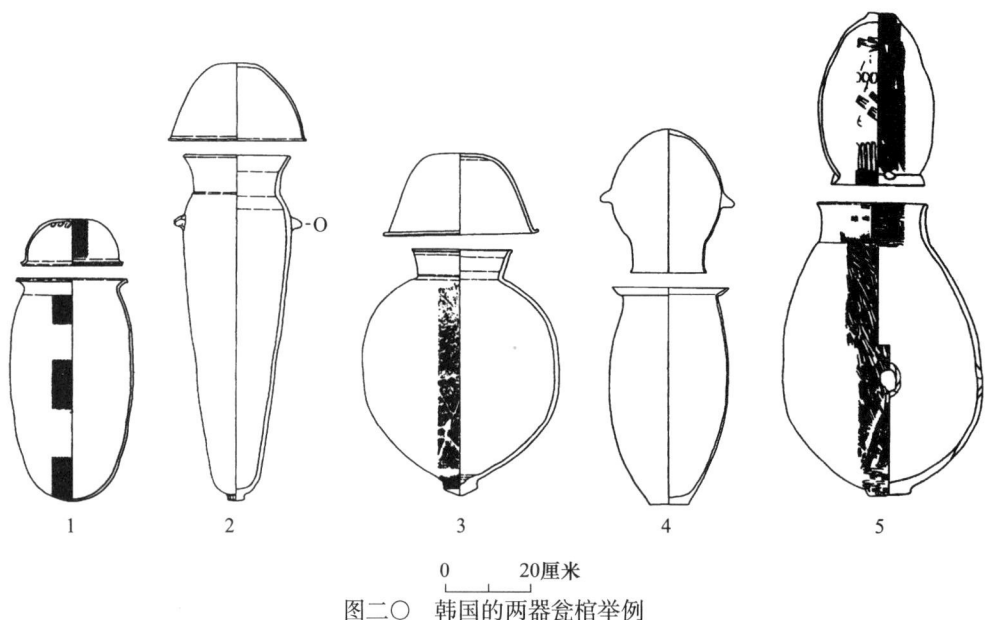

图二〇　韩国的两器瓮棺举例

1. 深腹瓮＋盆组合（釜山槐亭洞 35 号瓮棺葬）　2. 大口瓮＋盆组合（庆尚北道庆山林堂洞 C-1-107 号瓮棺葬）　3. 小口瓮＋盆组合（庆山林堂洞 C-1-113 号瓮棺葬）　4. 深腹瓮＋双錾壶组合（全罗南道光州新昌洞 40 号瓮棺葬）　5. 大口釜＋小口瓮组合（庆尚南道泗川勒岛Ⅲ-95 号瓮棺葬）

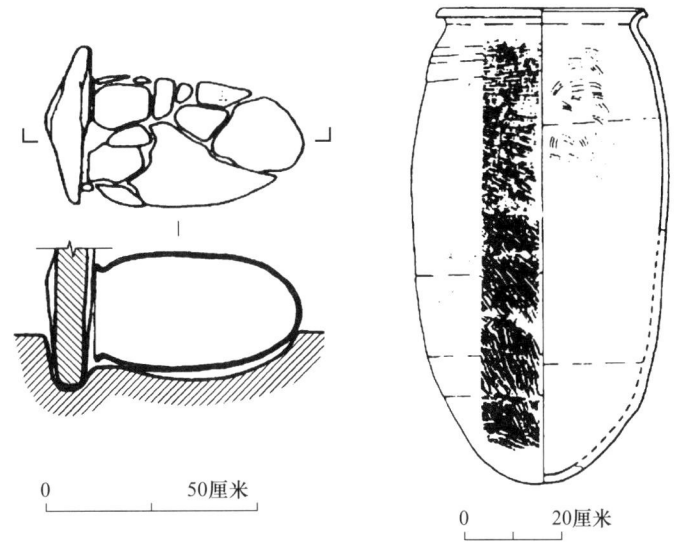

图二一　韩国庆尚南道陕川凤溪里 2 号瓮棺葬（单器瓮棺·深腹瓮）

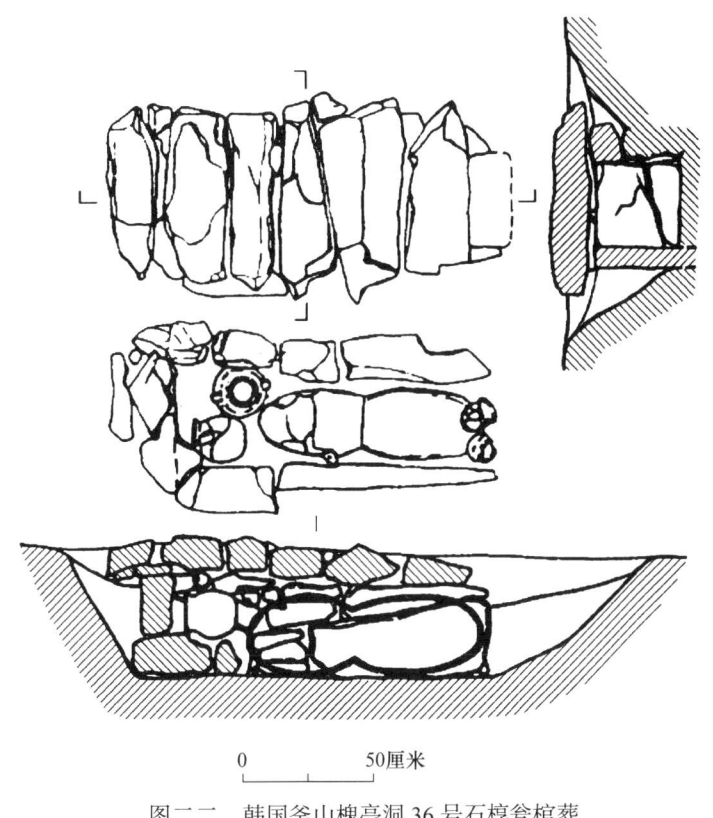

图二二　韩国釜山槐亭洞 36 号石椁瓮棺葬

说，瓮棺陶器多为日常实用器、以瓮和釜为主的两器瓮棺结构、以埋葬儿童为主的被葬者、一般无随葬品、大多为不规则的竖穴土圹以及葬地的选择等，都与中国大陆环黄海地区战国晚期至西汉时期的瓮棺葬相同或相似；但是，瓮棺用陶器的器物形态、用于埋葬儿童的同时也埋葬成年人、有的随葬陶器、有的使用石块砌筑的石椁等，则具有鲜明的自身特点。很显然，朝鲜半岛的瓮棺葬与中国大陆之间既有密切的联系，也具有鲜明的地域特色。

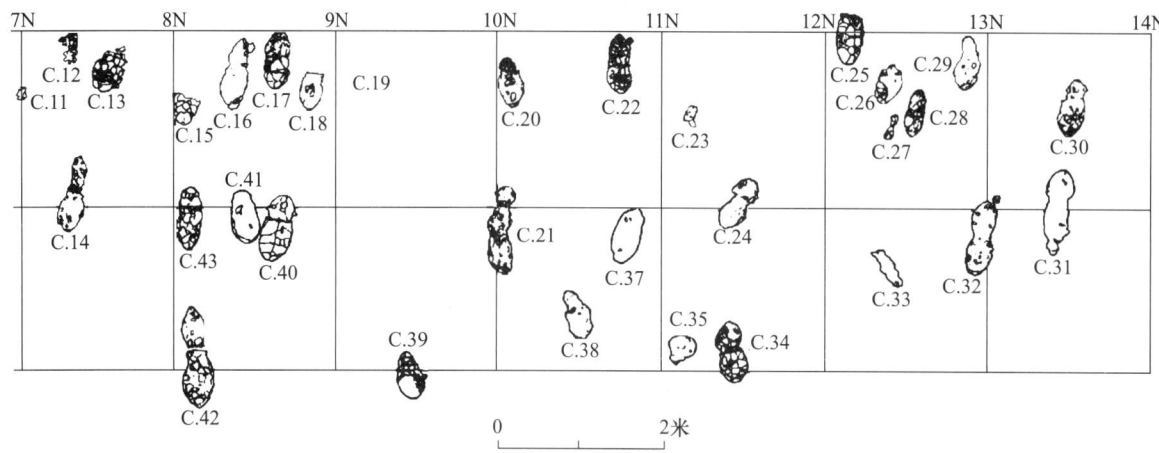

图二三　韩国全罗南道光州市新昌洞瓮棺葬（铁器时代初期）分布图（局部）

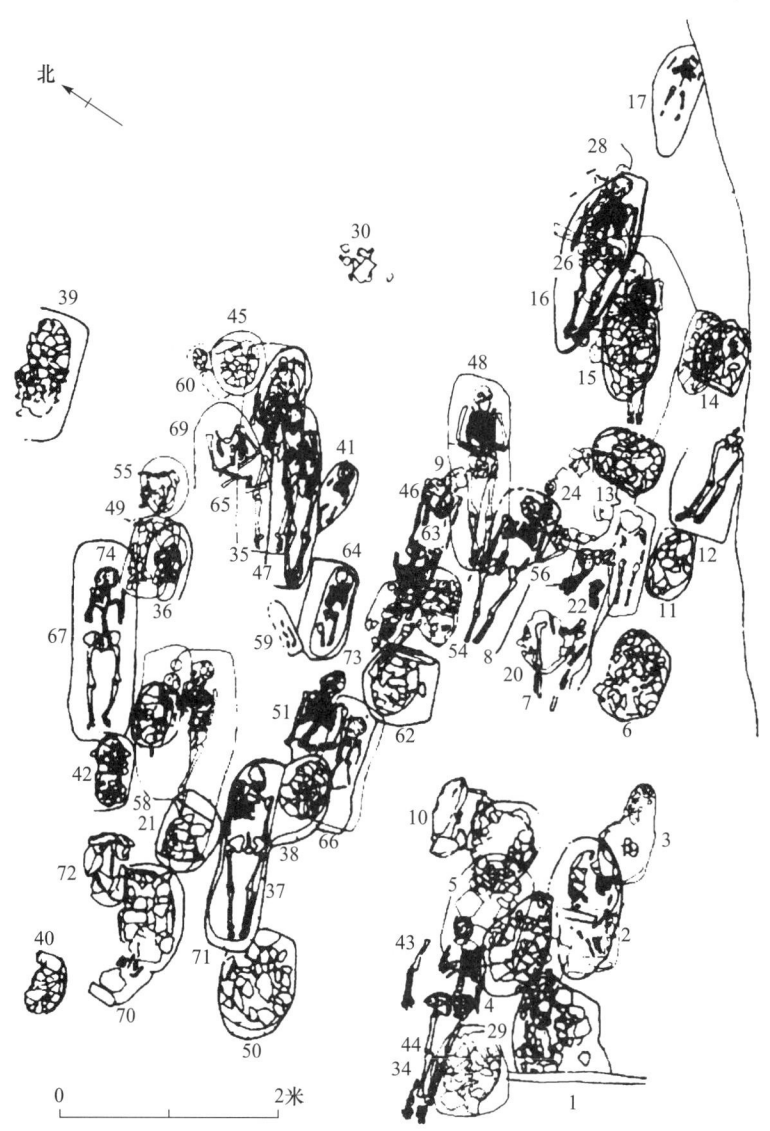

图二四　韩国庆尚南道泗川市勒岛瓮棺葬（铁器时代初期）分布图（局部）

五、日本九州地区的瓮棺葬

九州岛位于日本的西端,北隔朝鲜海峡与朝鲜半岛东南部相望,西隔黄海及东海与中国相望。日本弥生时代的瓮棺葬[23],几乎全部发现于九州地区(图二五)。据统计,迄今在九州地区的896个地点发现弥生时代瓮棺葬计28459座,主要分布在长崎、福冈、佐贺和熊本县,即九州的西北部地区,尤以唐津至福冈平原的玄界滩沿岸到佐贺平原和熊本平原的北部分布最为密集,其发现地点占总数的88.39%,出土数量占总数的97.73%;在大分、鹿儿岛和宫崎诸县仅有零星分布。另外,在九州之外的地区,仅在山口县和岛根县偶有发现。

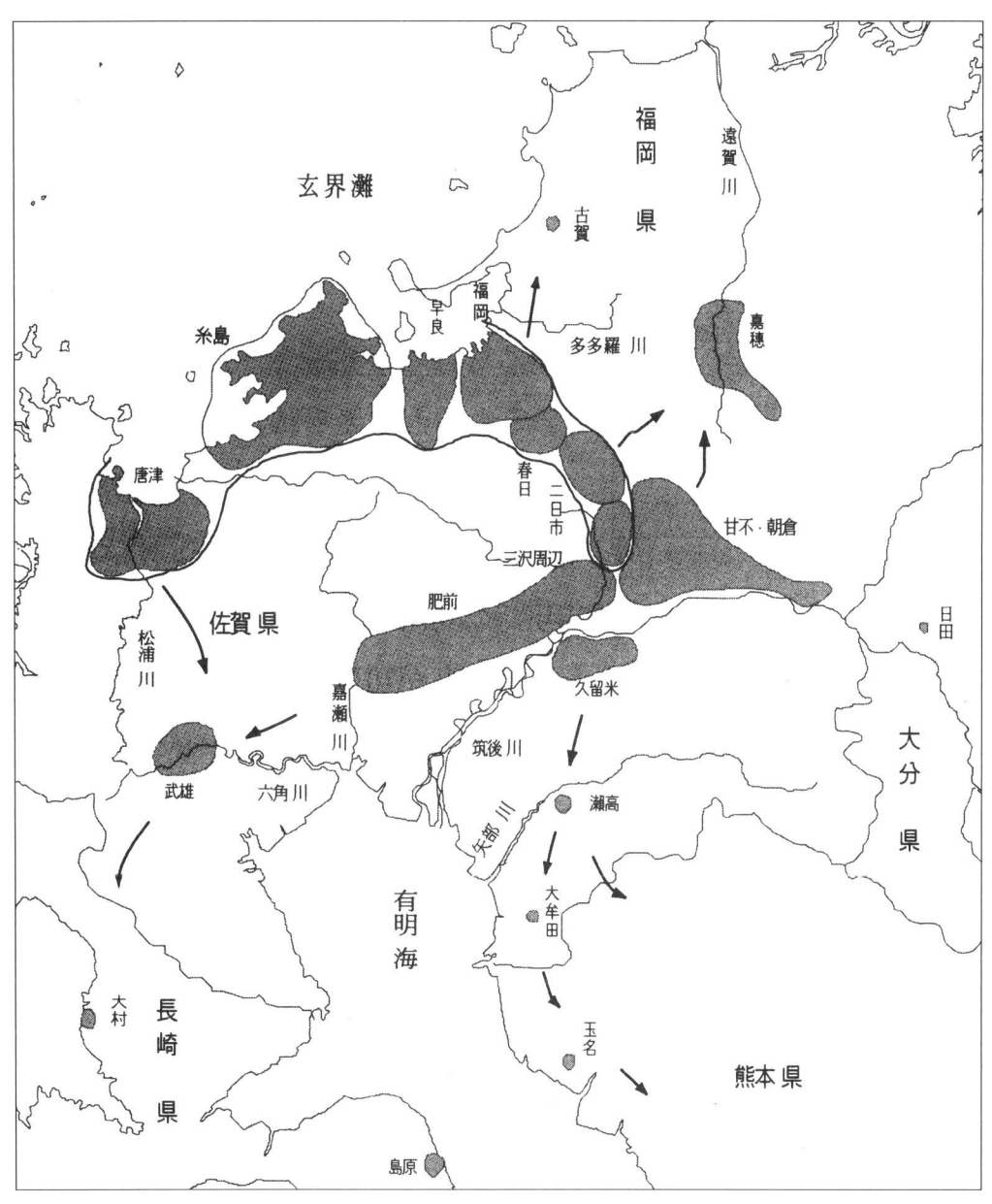

图二五　日本九州地区瓮棺葬分布示意图

(引自桥口达也,2010,略有修改)

九州地区的瓮棺葬，大致可以分为两个阶段，即小型瓮棺阶段和大型瓮棺阶段[24]。

小型瓮棺出现于绳纹时代后期后半，流行至弥生时代前期，相当于公元前8～前3世纪。瓮棺用陶器为日常生活的实用器，常见有长颈壶、高领罐、大口瓮和深腹钵等（图二六，1～4、7）；常见的瓮棺结构为高领罐+深腹钵组合（图二六，5、6；图二七）、大口瓮+深腹钵组合的两器瓮棺等，但也有只用一件陶器作瓮棺的"一器瓮棺"，其口部用石板等覆盖。墓葬结构大多为竖穴土圹，但也有的是埋葬在支石墓及其下面的箱式石椁中，如长崎县五岛列岛的宇久松原遗址弥生前期的瓮棺葬、佐贺县久保泉遗址绳纹时代终末期的瓮棺葬等。在有些地区，瓮棺葬与同期支石墓的分布区域重合，如系岛半岛、佐贺平原、唐津湾周边和熊本平原北部等。被葬者一般为儿童，但个别的可能与成人的火葬、洗骨葬或二次葬有关，一般没有随葬品。

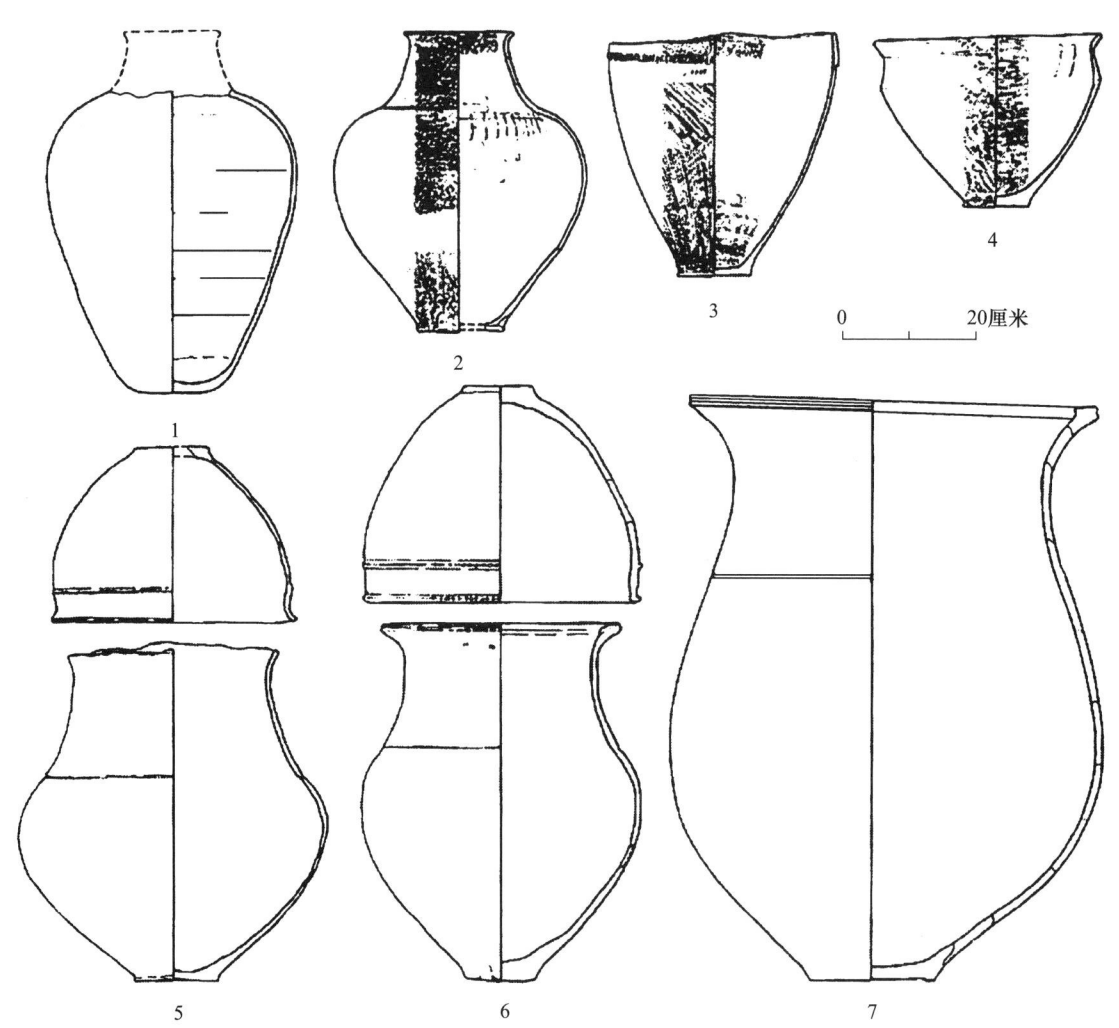

图二六　日本九州地区小型瓮棺阶段瓮棺葬及陶器

1、2.长颈壶（原山1号支石墓瓮棺葬、新町25号瓮棺葬）　3、4.深腹钵（新町25号瓮棺葬、新町Ⅱ-05区1号瓮棺葬）　5.三云加贺石1号瓮棺葬　6.剑冢7号瓮棺葬　7.大口瓮（曲田6号瓮棺葬）

大型瓮棺发生于弥生时代早期，约当公元前3世纪，一直延续到弥生时代末期，但其流行期为弥生时代前期中叶至弥生时代后期前半，相当于公元前2世纪初至公元1世纪末。弥生时代早期至

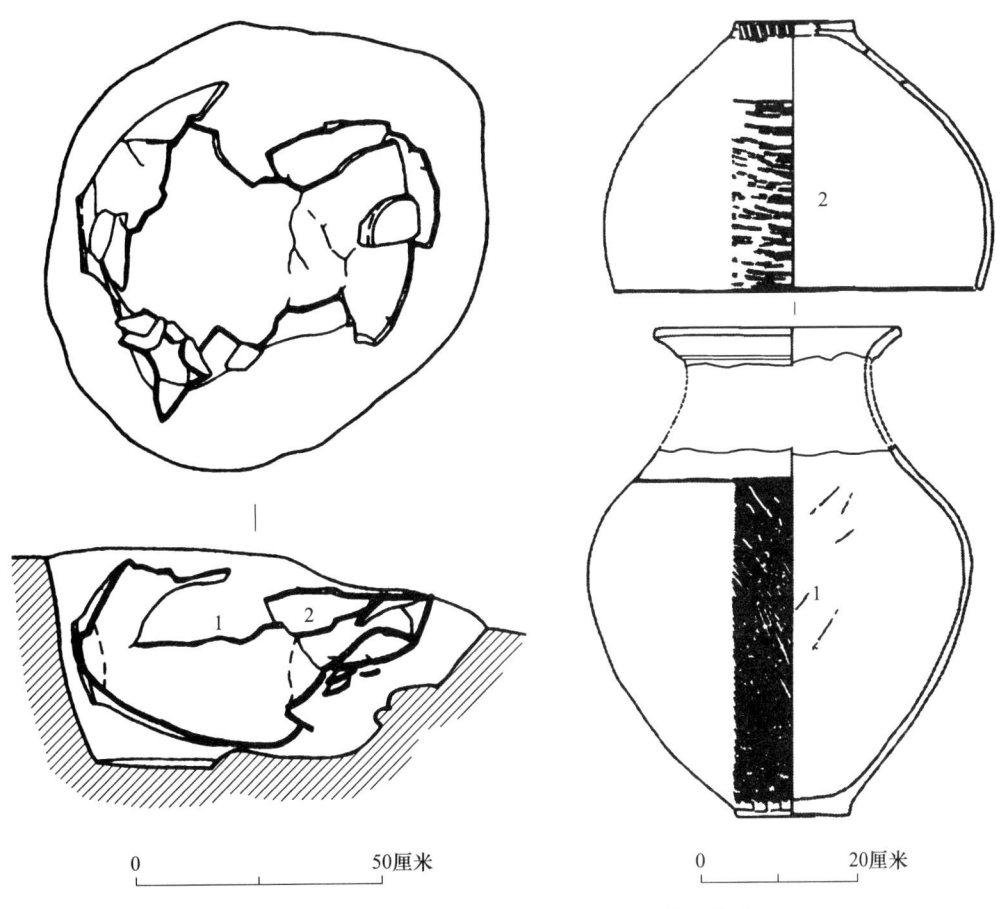

图二七　日本福冈市早良区 K07 号瓮棺葬及陶器

前期之初，出现了高 60～70 厘米的大口瓮，仍然主要用于儿童的埋葬。公元前 2 世纪初的弥生时代前期中叶，这种大口瓮终于演变为埋葬成人的专用大型瓮棺。这种大型瓮棺的基本特征是，大口，折沿，深腹，小平底；高 80～120 厘米，有的高度甚至超过 140 厘米；根据其总体形态和细部差异可分为若干型式，又根据其早晚变化可分为五期（图二八），并且各地区间存在着明显的地域差异，至少可以分为九个区域。瓮棺的结构常见的是大口瓮 + 大口瓮（图二九、图三〇）、大口瓮 + 深腹钵（图三一、图三二）等结构的两器瓮棺，但也有以石板覆盖大口瓮的"一器瓮棺"（图三三），以及少量的三器瓮棺。被葬者中，既有儿童，也有成人。值得注意的是，成人大型瓮棺出现之后，虽然 90% 以上仍然没有随葬品，但也出现了随葬品较多的所谓"厚葬墓"。譬如，属于弥生时代中期后半 KⅢ期瓮棺的福冈县立岩崛田 10 号瓮棺，随葬有西汉铜镜 6 枚以及铜矛、铁剑、铁铊和砺石 2 件等；同期的福冈县三云南小路 2 号瓮棺随葬汉镜 17 枚以上以及玻璃和玉质装饰品等。埋葬设施一般是竖穴土圹，但瓮棺在土圹中的放置方式，或是横向，或是斜向（图二九～图三三）。墓地的构成大致可分为三种，即成排分布、集群分布和分区等（图三四）；与之相对应，瓮棺葬墓群的边缘或内部或各区之间往往有祭祀设施。譬如，弥生前期之末到中期前半，瓮棺葬和土圹木棺墓各自成排分布，其中有属于贵族或"王"的坟丘墓。福冈县立岩 10 号瓮棺墓、系岛市三云南小路 2 号墓等，都属于所谓的"首长墓"。很显然，弥生时代中后期的瓮棺葬，已经是超越性别、年龄、阶层差异的九州北部地区弥生人通行的一种埋葬方式。

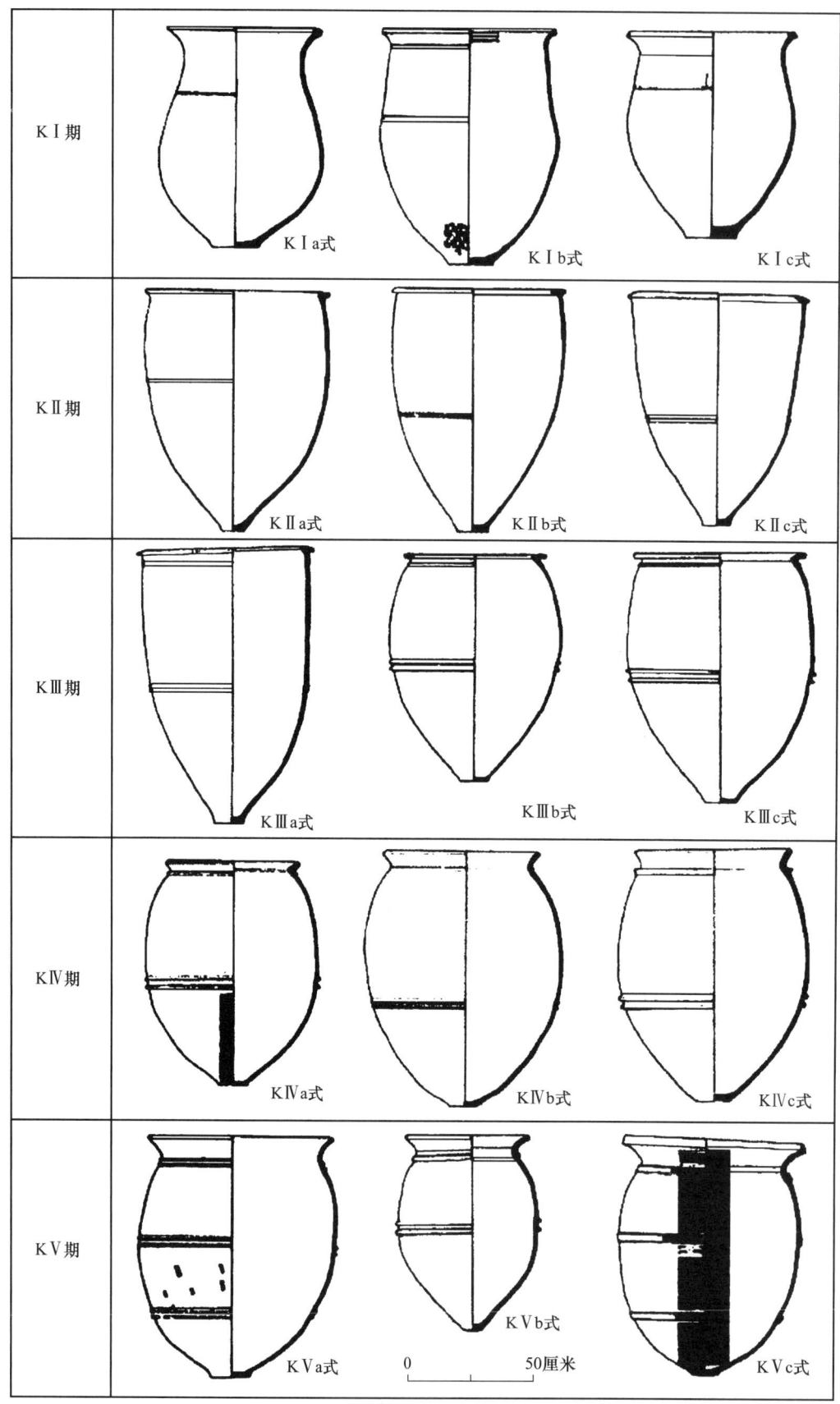

图二八　日本九州大型瓮棺编年图

（引自桥口达也，2010，略有删减）

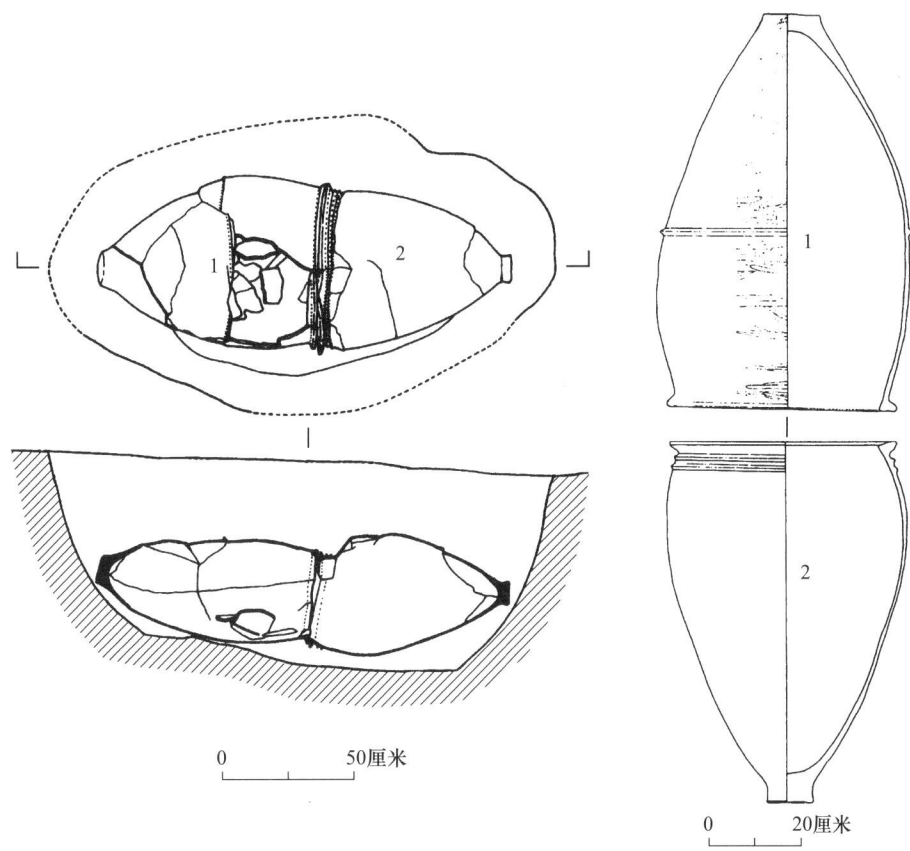

图二九　日本熊本县玉名市筑地东南大门遗址 K-37 号瓮棺葬及陶器

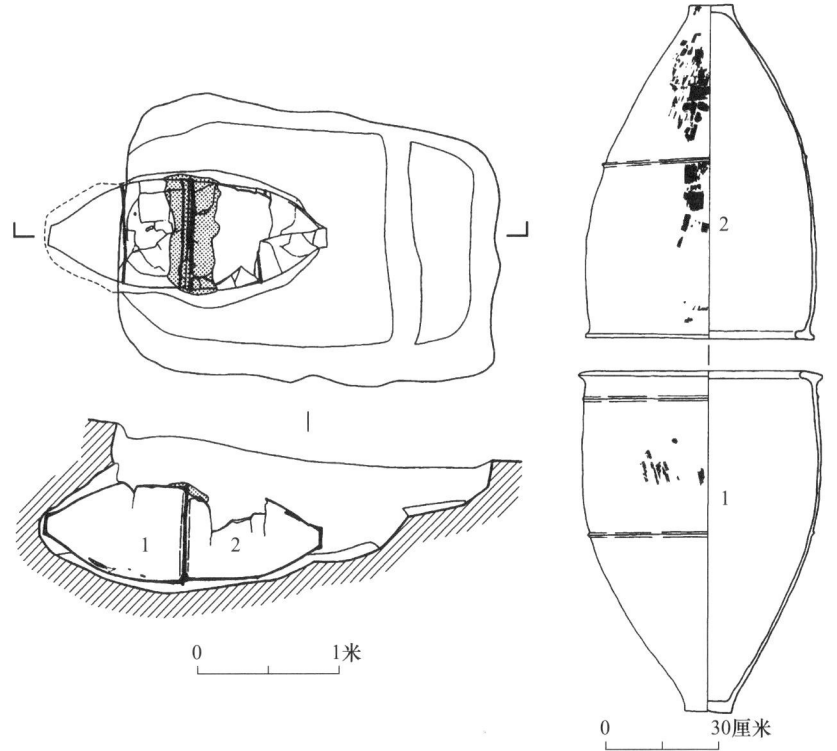

图三〇　日本福冈县春日市立石遗址 3 号瓮棺葬及陶器

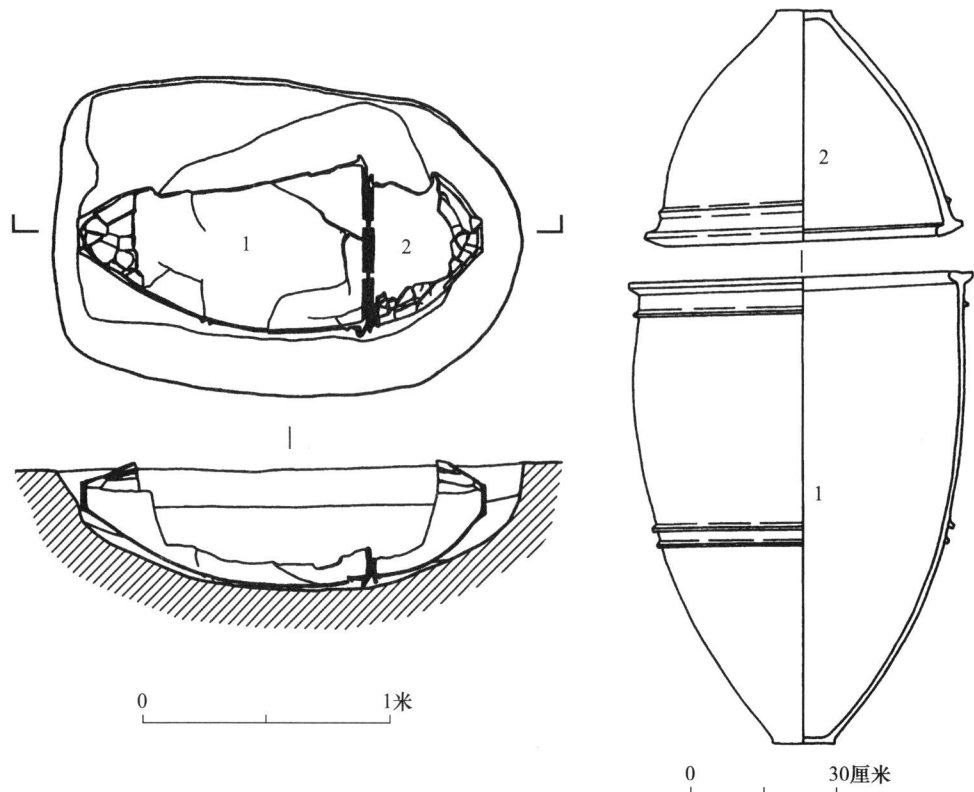

图三一　日本福冈市东区蒲田水元 K15 号瓮棺葬及陶器

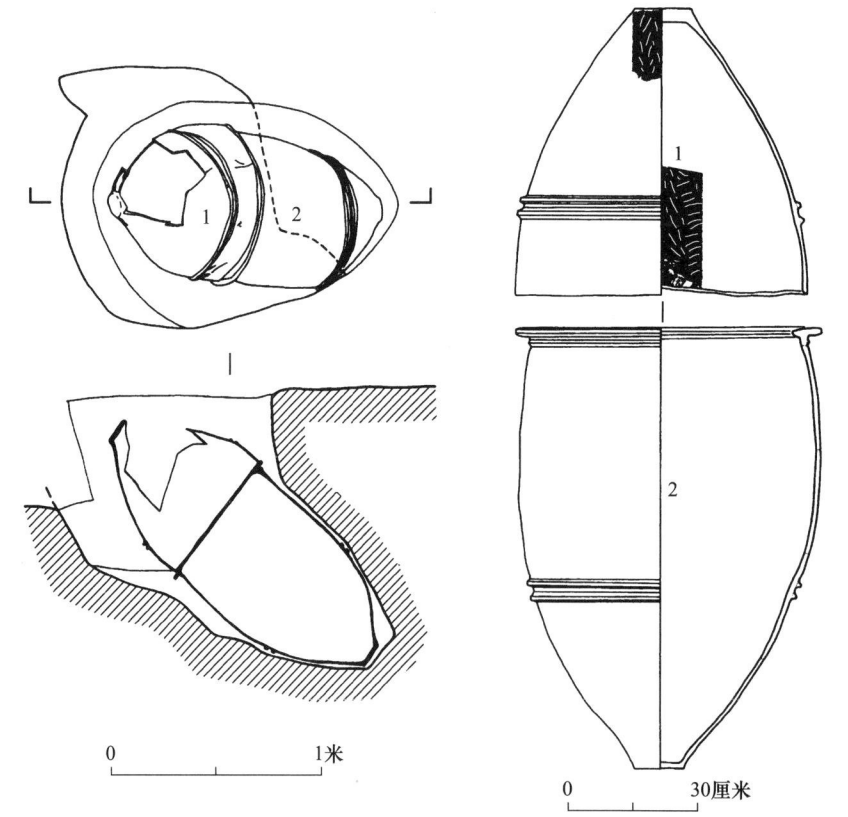

图三二　日本福冈县筑紫市到场山 1 号地点 K21 号瓮棺葬及陶器

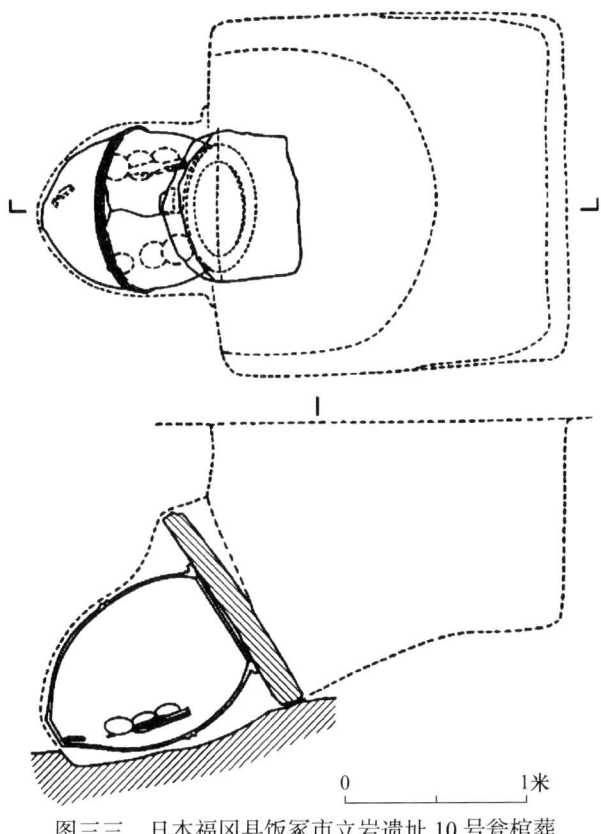

图三三　日本福冈县饭冢市立岩遗址 10 号瓮棺葬

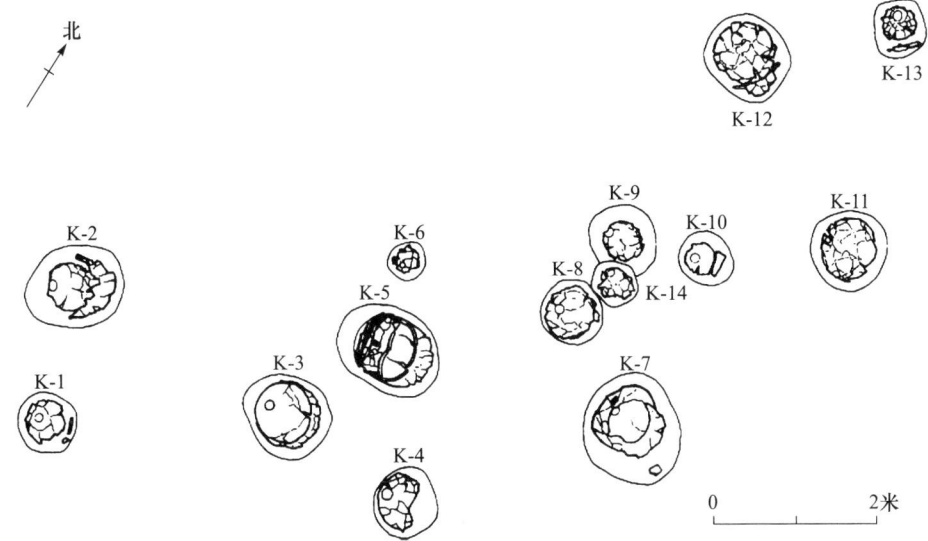

图三四　日本福冈县系岛市广田遗址Ⅵ区瓮棺葬分布图

六、瓮棺葬所反映的人群移动和文化交流

上述各地瓮棺葬及其特征的概要叙述表明，公元前一千纪后半及其稍后一个时期，瓮棺葬是东亚环黄海各地普遍存在的一种埋葬方式。它们之间有诸多相似和相通之处，当然各地也有自身的特

点，前者说明它们之间有着某种程度的内在联系，后者说明各地瓮棺葬是作为当地社会历史和文化的一环而发生和发展的。因此，瓮棺葬作为一种物质文化遗存和一种文化现象，从一个侧面反映了当时东亚环黄海地区的人群移动、文化交流及历史变迁。

就环黄海的中国大陆来看，环渤海西北及辽东半岛的燕文化区（燕地），瓮棺葬出现早、流行广。在这一地区，瓮棺葬于公元前5世纪的战国早期首先发生于燕文化中心区的燕下都一带，并且同时出现了专门用于瓮棺的筒形瓮，此后向东北方向扩展，战国中期扩展到京津地区，战国晚期扩展到辽西以及辽东半岛地区。瓮棺葬自燕国腹地向北、向东和东北各地的扩展，是在燕国势力和燕文化不断北进东渐的历史背景下发生的，尤其是战国晚期向辽东半岛一带的扩展，更是与燕昭王时期（公元前311~前279年）燕将秦开破东胡之后设置上谷、渔阳、右北平、辽西和辽东郡等直接相关[25]。这是燕国居民向东北地区大规模徙居的结果，是伴随着人群移动而出现的燕文化的扩展和传播。值得注意的是，在今京津冀等燕文化中心区，瓮棺葬在战国时期非常流行，进入西汉以后尽管依然存在，但已经不像此前那样流行，尤其是到西汉晚期已"基本绝迹"[26]；与之相反，地处辽东半岛北端的辽阳及沈阳一带却发现了西汉及其更晚的瓮棺葬大型墓地。究其原因，或许与各地儿童的死亡率有关，但更多的可能是汉王朝边远地区文化变迁的滞后所致，是"礼失而求诸于野"的一种反映。

环黄海中国大陆的山东半岛的齐文化区（齐地），同样是公元前一千纪后半瓮棺葬的一个流行地区，并且与环渤海西北及辽东半岛地区的燕地之间存在着密切的联系。公元前5世纪之前，两地都有瓮棺葬，在燕地，河北藁城台西村发现有商代晚期的瓮棺葬[27]，北京昌平张营发现有大坨头文化的瓮棺葬[28]，辽宁铁岭邱台发现有春秋时期的瓮棺葬[29]；在齐地，山东高青县陈庄发现周代的小型瓮棺葬3座[30]，枣庄二疏城遗址发现的西周晚期至春秋晚期的墓葬中包括瓦棺葬2座和瓮棺葬1座[31]，兖州六里井发现有春秋时期用陶鬲做葬具的瓮棺葬[32]等。很显然，燕地和齐地在公元前5世纪之前都有使用陶容器埋葬儿童的历史传统，只不过当时并没有成为一种流行的埋葬方式。但公元前5世纪以后，瓮棺葬逐步流行开来。就瓮棺葬的出现和流行来看，燕地在公元前5世纪的战国早期就已出现并迅速流行开来，而齐地则是在公元前300年前后的战国晚期。尤其值得注意的是，专门用于埋葬的瓮棺的出现和扩展。燕下都郎井村10号遗址的W11，瓮棺是子口筒形瓮的专用瓮棺，并且同时出现了筒形瓮+筒形瓮的瓮棺结构，其年代为战国早期，说明这种瓮棺专用的筒形瓮及其瓮棺结构最早发生于战国早期的燕地。在齐地，瓮棺专用陶器出现于战国晚期，有筒形瓮和深腹瓮两种，前者与燕地的筒形瓮基本相同，而后者仅见于齐地；筒形瓮以及筒形瓮+筒形瓮组合的瓮棺结构，目前仅发现于章丘宁家埠、临淄齐故城、临沂陈白庄等地。上述情况显示出，齐地的瓮棺葬虽然不能说完全是在燕地的影响下发生的，但瓮棺葬在齐地的流行受到了燕文化的强烈影响也应当是事实。

在战国时期，燕国东临渤海，齐国北临渤海，燕之东南与齐之西北接壤，两地之间交通便利，交往频繁。尤其值得注意的是，在当时列国争霸的大背景之下，两国之间的多次争战，引发了多次大规模的人群移动。譬如，齐威王在位之时的公元前332年前后，齐国曾趁燕国丧乱之际夺取燕国十余城，后在苏秦的劝说下又归还给了燕国。公元前314年，燕国发生了燕王哙让国子之引发的内乱，齐宣王乘机以帮助燕国平定内乱为名派兵伐燕，"令章子将五都之兵，以因北地之众以伐燕……燕王哙死，齐大胜燕，子之亡。二年，燕人立公子平，是为燕昭王"[33]，齐军占领燕国二年后而退。公元前284年（齐湣王十七年），燕国联合秦、赵、魏、韩四国联军进犯齐国，在燕将乐毅的统帅下，燕军先是在济水以西大败齐军，后又率燕国军队深入齐境，直逼齐都临淄，最后不仅攻占了临淄，而且又兵分五路攻略齐国各地，在短短半年之内，就占领齐国城邑70余座。"乐毅留徇齐五岁，下齐七十余城，皆为郡县以属燕，唯独莒、即墨未服。"[34]齐国境内除莒城和即墨两城外，其余全部被燕军占领达5年之久。公元前279年，齐将田单率即墨军民巧用"火牛阵"收复即墨，随后开始了收复齐国的争战，最后把燕军全部赶出齐境，当年被燕军占领的70余城最终全部收复。"燕军扰乱奔走，齐人追亡逐北，所过城邑皆畔燕而归田单，兵日益多，乘胜，燕日败亡，卒至河上，而齐七十余城皆复为齐。"[35]正是在上述历史背景之下，瓮棺葬在齐地流行开来，尤其是专门烧制筒形瓮、深腹瓮等瓮棺专用陶器的做法，更与燕人进入齐地有直接关系；进而言之，临淄齐故城以及齐地发现的战国晚期和西汉时期的以筒形瓮和深腹瓮等作为葬具的瓮棺葬中，有些就是进入齐地的燕人或其后裔的墓葬也尚未可知，即"燕国人把以筒形瓮作为葬具的瓮棺葬的葬俗带到齐国，抑或滞留在齐国的燕国人的后裔制作了这样的瓮棺葬，也可能并非完全是不可思议的推测"[36]。

西临黄海的朝鲜半岛，广泛发现有公元前一千纪后半的瓮棺葬。半岛北部朝鲜公布的资料有限，具体状况不甚明了，但横置式瓮棺葬出现于公元前3世纪前后是可以肯定的，并且其瓮棺所用陶器、瓮棺结构、瓮棺横置、墓圹特点以及被葬者为儿童等，总体上与辽东半岛地区燕地的瓮棺葬相近。半岛南部的韩国，公元前一千纪后半的瓮棺葬有着广泛的发现，其出现年代也是在公元前3世纪，此后迅速流行开来。韩国公元前一千纪后半的瓮棺葬，尽管其瓮棺所用陶器有着鲜明的自身特点，如深腹瓮、大口瓮、大口釜以及双錾陶器等，但从瓮棺结构、瓮棺横置、墓圹特点、葬地的选择以及被葬者主要为儿童等总体上观察，都与中国大陆的辽东半岛和山东半岛地区相似。韩国有的瓮棺葬使用石板构成的石椁，具有地方特色，显然是瓮棺葬与当地传统的石椁墓相结合的产物，而这种石椁瓮棺葬在辽阳唐户屯和桑园子汉代瓮棺葬中同样可以见到。韩国常用的瓮棺陶器深腹瓮，与山东半岛齐地的同类器也多有相似之处。至于1世纪之后韩国出现的成人大型瓮棺，具有鲜明的地域和时代特点，无疑是瓮棺葬在当地发展演变的产物。总之，朝鲜半岛的瓮棺葬"与我国战国秦汉时期的瓮棺葬是有联系的"[37]。鉴于朝鲜半岛横置式两器或多器瓮棺与当地原有的竖置式单器瓮棺葬没有直接联系，而是公元前3世纪新出现的一种埋葬方式，并且在总体上与辽东半岛和山东半岛相似，或可认为，朝鲜半岛的瓮棺葬是在中国大陆环黄海地区的影响下发生的。当然，瓮棺葬在朝鲜半岛的长期发展过程中与当地的文化传统和社会发展相结合，形成了突出的地域性特色，尤其是1世纪之后衍生出了成人大型瓮棺葬这一具有鲜明时代和地域特色的埋葬方式。

如果上述朝鲜半岛的瓮棺葬是在中国大陆的影响下产生的判断符合历史事实，那么，它所反映的实际上是当时两地之间的人群移动及其所引发的文化传播。首先，燕昭王时期（公元前311～前279年）燕将秦开破东胡后设置辽东等五郡，燕国势力大举东进，其势力范围迅速扩展到整个辽东半岛乃至朝鲜半岛的西北部地区，与之相伴随的是燕地居民的东迁。正是在这样的背景下，用横置式瓮棺埋葬儿童的丧葬习俗东传到这一地区。朝鲜慈江道龙渊洞遗址和平安北道细竹里遗址燕国明刀钱和燕系铁器的发现、咸镜北道虎谷洞遗址和五洞遗址等燕系铁器的发现[38]，可为燕地居民徙居这些地区提供佐证。其次，战国晚期的近百年间，列国之间的兼并与反兼并战争异常频发和激烈，仅就环渤海的燕国和齐国而言，两国之间就先后发生了章子伐燕、乐毅伐齐和田单复齐等多次大规模战争。在这样的背景之下，燕地和齐地的有些居民为躲避战乱流徙到朝鲜半岛[39]，是可以想见的。再者，公元前3世纪末的秦末汉初时期，燕、赵、齐等地曾有数以万计的居民为避乱而迁徙到朝鲜半岛北部，并由此建立了卫满朝鲜，建都王险[40]。同时，在秦代，曾有"秦之亡人"为躲避秦之暴政而逃亡到朝鲜半岛东南部，并定居于马韩以东的辰韩地区[41]。正是伴随着战国晚期到秦汉之际燕、齐等地居民东徙朝鲜半岛，瓮棺葬这种埋葬方式也随之传播过去并流行开来。至于战国秦汉时期中国大陆居民东徙朝鲜半岛的线路，以往学界一直关注的"辽东陆路"，韩国学者金元龍认为，"瓮棺墓自华北地区经由辽东地区传播到韩国"[42]，这无疑是重要的，但与此同时，"黄海→渤海→黄海"的海上之路[43]，同样是重要的。与此相关联，关于朝鲜半岛与中国大陆之间的文化联系，以往学术界关注的"燕地文化东渐"，无疑也是重要的，但与此同时，"齐地文化东渡"同样不容忽视。如果说朝鲜半岛的瓮棺葬与山东半岛地区存在着密切的内在联系可以确认，那么，它将为"齐地文化东渡"提供一个新的注脚。

地处日本列岛西端的九州地区，是瓮棺葬的一个重要分布区，尤其是九州西北部地区更是分布密集，数量众多。九州地区的瓮棺葬，无论是瓮棺陶器、瓮棺结构还是埋葬方式、葬地选择以及被葬者等，既有与中国大陆和朝鲜半岛的某些相似之处，更有突出的地域特色，尤其是公元前3世纪前后开始的"大型瓮棺阶段"的瓮棺葬更是特色鲜明。由于公元前8世纪的绳纹时代后期九州地区就出现了以日用陶器为葬具埋葬儿童的"小型瓮棺"的瓮棺葬，到公元前3世纪以后逐渐演变成以瓮棺专用陶器为葬具的、儿童和成人共用的"大型瓮棺"的瓮棺葬，因此，日本学者一般认为，九州地区的瓮棺葬是独立发生并发展起来的。至于小型瓮棺演变成大型瓮棺的原因主要有二：一是在弥生文化生成后的150年左右长期的经验中，人们认识到瓮棺埋葬的儿童的人骨比木棺墓更好地得以保存，这种认识与期盼死后再生的观念相结合，催生了大型瓮棺的产生；二是随着陶器制作技术"拍打技法"的发展，成人埋葬专用大型瓮棺的制作成为可能[44]。但值得注意的是，大型瓮棺出现的公元前3世纪，九州地区还出现了支石墓（棋盘形支石墓）这种新的墓葬类型，而支石墓无疑是从韩国南部传入的，两者在时间上重合绝非偶然；大型瓮棺的流行始于公元前2世纪初，这一时期也正是朝鲜半岛南部瓮棺葬流行和发展时期，而朝鲜半岛的瓮棺葬是在中国大陆燕地和齐地的直接影响下产生的；如果史书所载秦始皇时期"徐福东渡"是一个史实[45]，并且徐福"止王不来"的"平原广泽"就是日本九州北部的某地，那么，公元前3世纪末中国大陆的居民曾从环渤海的某地出发渡海到达了九州北部地区，而来自渤海沿岸等地的"渡来人"把以陶器尤其是瓮棺专用陶器为葬具埋葬儿童的丧葬习俗带到这里是很自然的事。基于上述分析可以认为，尽管九州地区早在绳纹时代后期就出现了以陶器为葬具埋葬儿童的做法，尽管弥生时代的瓮棺葬与朝鲜半岛和中国大陆多有不同，因而不能说九州地区的瓮棺葬完全是在朝鲜半岛和中国大陆的直接影响下产生的，然而，三地之间存在着某些内在的联系，也是不容忽视的，它蕴含着古代中日韩之间人群移动和文化交流的重要信息。

七、余　　论

如上所述，公元前一千纪后半环黄海各地的瓮棺葬之间既有联系又有差异，从一个侧面反映了当时不同地区之间的人群移动和文化交流。我们之所以做出这样的社会历史和文化性的阐释和解读，从方法论上来说，主要是基于对古代墓葬社会历史属性和文化特性的认识。

瓮棺葬作为古代社会的一种埋葬方式，作为一种历史文化遗存，本质上是当时人们丧葬观念、丧葬习俗和丧葬活动的一种物质遗存。值得注意的是，丧葬观念和行为有一个鲜明的文化特性，即具有强烈的族群标识性和传承性，也就是说，一个人类集团的丧葬观念及行为一旦形成，往往作为本集团的标识之一成为其固有的一种丧葬习俗，并且长期得以传承。正是基于上述认识，我们认为公元前一千纪后半燕地的瓮棺葬对齐地产生了强烈的影响，朝鲜半岛的瓮棺葬是在中国大陆燕地和齐地的直接影响下产生的，日本九州地区的瓮棺葬虽然有独自发生的可能性，但其发展演变与朝鲜半岛和中国大陆并非没有关系，而其动因，主要是人群的移动及其所引发的丧葬观念和丧葬行为的传播和交流。因为，无论是以日用陶器尤其是瓮棺专用陶器作为葬具、两器瓮棺为主的瓮棺结构及其横置方式、被葬者最初为儿童并且没有随葬品，还是以不规整的竖穴土圹为埋葬设施、葬地的选择等，从总体上观察，各地之间具有明显的一致性。

当然，环黄海各地的瓮棺葬之间的地域性差异也很明显。但是，这些差异不是整体性的，而是局部性的，是各地在发展演变过程中逐渐形成的地域性，而地域性差异形成的主要动因，在于各地文化传统的不同、自然环境及经济技术发展水平的不同，以及社会历史发展的需求不同等。譬如，在中国大陆的燕地和齐地，虽然在西汉时期出现了成人瓮棺，但被葬者始终主要是儿童，与这些地区有着发达的竖穴木棺墓和木椁墓丧葬文化传统有关；辽东半岛和朝鲜半岛的石椁瓮棺葬，显然是瓮棺葬与当地原有的石椁墓传统相结合的产物；朝鲜半岛和日本九州地区的成人瓮棺葬中，不仅有的有随葬品，甚至出现了随葬品丰富的"贵族墓"和"首长墓"，显然是当地人们在瓮棺葬发展过程中关于瓮棺特性和功能的认识发生了变化的结果。由此我们可以得到这样的启示：人们的丧葬观念及丧葬行为虽然具有"顽固性"和传承性，但它并不是一成不变的，尤其是在丧葬观念支配下形成的埋葬方式，更是随着社会历史的发展而不断变化的；同时，丧葬观念和丧葬行为以及由此形成的埋葬方式，都具有一定的传播性，使得不同的地区或不同的人类集团在文化交流、传播和背景下会采用相同或相似的埋葬方式。当然，在不同的地区、不同的人类集团、不同的社会历史和文化背景之下，其发展态势和演变轨迹也随之而不同，某些情况下甚至迥异。正因为如此，环黄海各地瓮棺葬之间联系的观察和分析，重在其发生阶段和早期阶段，而不在于其成熟和流行阶段。

至于环黄海各地瓮棺葬所用陶器，有日用陶器和瓮棺专用陶器两大类，从总体上看是一致的，但具体到各地瓮棺所用各类陶器，则主要表现为差异。总体上的一致性，反映的是丧葬观念及丧葬行为的相同或相似；具体上的差异性，则是各地社会历史发展阶段、文化传统、经济技术发展水平等诸方面的不同所形成的。因为在古代社会，随着人群的远距离移动和人类集团之间的交往，人们的观念可以远距离传播和广泛交流，但物品的大规模、远距离流通是不可能的。具体到瓮棺葬来说，随着人群的远距离移动，以陶容器装殓死者并进行埋葬的观念和行为可以远距离传播，但陶容器的大规模、远距离搬运是不可能的,尽管不能完全排除个别的陶器从一地流传至遥远的他地的可能性,于是,埋葬瓮棺只能使用当地制作生产的陶器,或是利用当地烧造和使用的日用陶器,或是在当地烧制瓮棺专用陶器[46]。各地的陶器,无论其种类、形态、装饰、大小还是其烧制工艺技术,都有其地域性,因此,各地瓮棺所用陶器具有鲜明的当地特色就是自然而然的了。各地瓮棺所用陶器总体上的一致性和具体上的差异性并存,是一种必然。也正因为如此,从瓮棺陶器的角度观察和分析环黄海各地瓮棺葬之间的联系,重在瓮棺陶器的种类和性质,而不在于其具体的形态及其特点。

总之,瓮棺葬不是孤立的,它是作为各地社会历史和文化的一环而发生和发展起来的,其发生、发展和演变与各地社会历史和文化的发展是直接联系在一起的。正因为如此,各地的瓮棺葬从一个侧面反映了当地社会历史和文化的变迁,而环黄海地区的瓮棺葬,则从一个侧面反映了整个环黄海地区的社会历史和文化变迁,尤其是人群的移动、文化的传播和交流。

附记:本文插图由李淼同志等协助制作,谨此表示衷心的感谢。

注　释

[1] 许宏:《略论我国史前时期的瓮棺葬》,《考古》1989年第4期。

[2] 白云翔:《战国秦汉时期瓮棺葬研究》,《考古学报》2001年第3期。

[3] 白云翔:《关于环渤海地区战国秦汉时期瓮棺葬的若干问题》,《东北亚的瓮棺墓·5·中国的瓮棺墓》(中日韩文),韩国国立罗州文化财研究所,2010年,第236页。

[4] 渤海作为中国内海,其东与黄海相连。从自然地理上说,渤海实际上是黄海伸向中国大陆的一部分。

[5] 关于该地区考古发现的瓮棺葬的地点和数量,据2010年的统计,发现地点是74处,出土数量是1020座。加上近年来发掘和公布的资料,如北京潞城镇胡各庄的62座、河北黄骅郛堤城的113座以及卢龙县蔡家坟的6座等,出土地点至少有80处以上,瓮棺葬的数量在1200座以上。

[6] 姜佰国:《天津地区战国秦汉时期的瓮棺葬》,《东北亚的瓮棺墓·5·中国的瓮棺墓》(中日韩文),韩国国立罗州文化财研究所,2010年,第285～297页。

[7] 雷建红、马小飞等:《河北黄骅郛堤城瓮棺葬群》,《2016中国重要考古发现》,文物出版社,2017年,第69页。

[8] 孙勐等:《北京通州汉代路县故城城址及墓葬2016年发掘收获》,《2016中国重要考古发现》,文物出版社,2017年,第92页。

[9] 贾金标、唐小燕:《河北地区战国秦汉时期的瓮棺葬》,《东北亚的瓮棺墓·5·中国的瓮棺墓》(中日韩文),韩国国立罗州文化财研究所,2010年,第298～319页。

[10] 孙勐、郭京宁:《北京地区战国时期的瓮棺葬》,《东北亚的瓮棺墓·5·中国的瓮棺墓》(中日韩文),韩国国立罗州文化财研究所,2010年,第261～272页。

[11] 姜佰国:《天津地区战国秦汉时期的瓮棺葬》,《东北亚的瓮棺墓·5·中国的瓮棺墓》(中日韩文),韩国国立罗州文化财研究所,2010年,第285～297页。

[12] 徐龙国:《辽宁地区战国秦汉时期的瓮棺葬》,《东北亚的瓮棺墓·5·中国的瓮棺墓》(中日韩文),韩国国立罗州文化财研究所,2010年,第244～260页。

[13] 孙兆峰:《龙口市西三甲战国及汉晋时期墓群》,《中国考古学年鉴》(2015),中国社会科学出版社,2016年,第207页。

[14] 山东省文物考古研究所:《临淄齐故城》,文物出版社,2013年,第238～239页。按:该考古报告公布的瓮棺葬资料有东古城村东周4座、汉代6座,河崖头16座,阚家寨村东南发现东周2座、汉代3座,刘家寨1座。

[15] 近年,临淄齐故城内的阚家寨遗址发掘24座,东门村1座,齐故城外西北的粉庄发掘71座,资料尚未正式公布。

[16] 山东省文物考古研究所：《临淄齐故城》，文物出版社，2013 年，第 238～239 页。按：临淄东古 M6：2 陶深腹瓮，发掘报告标记为"81LDGT101M10：2"，但与该墓瓮棺形制结构的描述不符，故根据前后文的叙述改为"T107M1：2"；关于其年代，发掘报告表六记述为春秋，存疑，故改为东周。

[17] 郑同修、李繁玲：《山东地区战国秦汉时期的瓮棺葬》，《东北亚的瓮棺墓·5·中国的瓮棺墓》（中日韩文），韩国国立罗州文化财研究所，2010 年，第 278～279 页。

[18] 朝鲜社会科学院考古研究所著，李云铎译：《朝鲜考古学概说》，黑龙江省文物出版编辑室，1983 年，第 128～129 页。按：该书在论述公元前 3～前 2 世纪的文化遗存时指出，"这时期的墓葬有土圹墓、贝墓和瓮棺墓"，说明这一时期出现了瓮棺葬。但值得注意的是，作者以沈阳郑家洼子和大连尹家村的瓮棺葬为例显然有误。又，该书又指出，"公元前 2 世纪的瓮棺墓虽然尚未发现，但因公元前 4 世纪起就有瓮棺墓，估计公元前 3～前 2 世纪就已经存在了"。

[19] 〔韩〕金元龙著，〔日〕西谷正译：《韩国考古学概说》（增补改订版），（日本）六兴出版，1984 年，第 123 页。

[20] 在韩国，用陶器作为葬具埋葬儿童的方式，早在新石器时代和青铜器时代就已存在，但属于用一件陶器竖向放置的"竖置式"单器瓮棺葬，与后来流行的两器瓮棺或多器瓮棺的"横置式"瓮棺葬不同，并且横置式瓮棺葬的出现与此前的竖置式瓮棺葬无关，而本文所论瓮棺葬主要是指后者。

[21] 韩国国立罗州文化财研究所：《东北亚的瓮棺墓》第 1～4 卷（韩文），2010 年。按：本文关于朝鲜半岛瓮棺葬的资料及图片，除注明者外，均据该书，不再一一作注。

[22] 〔韩〕金元龙著，〔日〕西谷正译：《韩国考古学概说》（增补改订版），（日本）六兴出版，1984 年，第 123 页。

[23] 关于日本弥生时代（弥生文化）的年代，学界多有不同认识。根据笔者的认识（参见中国社会科学院考古研究所：《中国考古学·秦汉卷》，中国社会科学出版社，第 985 页）并结合日本学者的研究〔参见桥口达也：《日本弥生时代瓮棺研究的现状与课题》，《东北亚的瓮棺墓·6·日本的瓮棺墓》（中日韩文），韩国国立罗州文化财研究所，2010 年，第 736 页〕，弥生时代的年代应为公元前 5～公元 3 世纪中叶，并且可分为四个阶段：公元前 5 世纪为早期，公元前 4～前 3 世纪为前期，公元前 2～前 1 世纪为中期，1～3 世纪中叶为后期。

[24] 〔日〕桥口达也：《日本弥生时代瓮棺研究的现状与课题》，《东北亚的瓮棺墓·6·日本的瓮棺墓》（中日韩文），韩国国立罗州文化财研究所，2010 年，第 736 页。按：本文关于日本九州瓮棺葬的参考文献，除注明者外均据此，不再一一作注。

[25] 《史记·匈奴列传》："燕有贤将秦开，为质于胡，胡甚信之。归而袭破走东胡，东胡却千余里。与荆轲刺秦王秦舞阳，开之孙也。燕亦筑长城，自造阳至襄平，置上谷、渔阳、右北平、辽西、辽东郡以拒胡。"中华书局，1962 年，第 2885 页。

[26] 贾金标、唐小燕：《河北地区战国秦汉时期的瓮棺葬》，《东北亚的瓮棺墓·5·中国的瓮棺墓》（中日韩文），韩国国立罗州文化财研究所，2010 年，第 317 页。

[27] 河北省文物研究所：《藁城台西商代遗址》，文物出版社，1985 年，第 120 页。

[28] 北京市文物研究所等：《昌平张营》，文物出版社，2007 年，第 80 页。

[29] 铁岭市文物管理办公室：《辽宁省铁岭市邱台遗址试掘简报》，《考古》1996 年第 2 期。

[30] 山东省文物考古研究所：《高青县陈庄西周遗存发掘简报》，《海岱考古》第四辑，科学出版社，2011 年，第 79 页。按：高青县陈庄遗址发掘墓葬 14 座，位于城址中部偏南和东南部，其中包括小型瓮棺葬 3 座，发掘者称之为西周遗存，但未详细说明瓮棺葬是否也属于西周时期及其依据。

[31] 中国社会科学院考古研究所等：《枣庄二疏城遗址发掘简报》，《海岱考古》第四辑，科学出版社，2011 年，第 21 页。

[32] 国家文物局：《兖州六里井》，文物出版社，1999 年，第 101 页。

[33] 《战国策·燕策一》，上海古籍出版社，1998 年，第 1061 页。

[34] 《史记·乐毅列传》，中华书局，1962 年，第 2429 页。

[35] 《史记·田单列传》，中华书局，1962 年，第 2455 页。

[36] 白云翔：《关于环渤海地区战国秦汉时期瓮棺葬的若干问题》（中文），《东北亚的瓮棺墓·5·中国的瓮棺墓》（中日韩文），韩国国立罗州文化财研究所，2010 年，第 242 页。

[37] 白云翔：《战国秦汉时期瓮棺葬研究》，《考古学报》2001 年第 3 期。

[38] 白云翔：《燕地铁器文化的起源与演进及其扩展》，《无限悠悠远古情——佟柱臣先生纪念文集》，科学出版社，2014年，第608页。

[39] 《史记·朝鲜列传》：汉惠帝元年，卫满聚党千余人亡命朝鲜，役属真番、朝鲜蛮夷及"故燕、齐亡命者"，可见在西汉初年之前，已有燕、齐之地的居民流徙到朝鲜半岛北部一带。

[40] 《史记·朝鲜列传》：汉惠帝元年（公元前194年）前后，"燕王卢绾反，入匈奴；满亡命，聚党千余人，魋结蛮夷服而东走出塞，渡浿水，居秦故空地上下障，稍役属真番、朝鲜蛮夷及故燕、齐亡命者王之，都王险"。又，《后汉书·东夷列传》："汉初大乱，燕、齐、赵人往避地者数万口，而燕人卫满击破准而自王朝鲜，传国至孙右渠。"中华书局，1965年，第2817页。

[41] 《后汉书·东夷列传》："辰韩，耆老自言秦之亡人，避苦役，适韩国，马韩割东界地与之……相呼为徒，有似秦语，故或名之为秦汉。"中华书局，1965年，第2819页。

[42] 〔韩〕金元龙著，〔日〕西谷正译：《韩国考古学概说》（增补改订版），（日本）六兴出版，1984年，第123页。

[43] 白云翔：《从韩国上林里铜剑和日本平原村铜镜论中国古代青铜工匠的两次东渡》，《文物》2015年第8期，第72页。

[44] 〔日〕桥口达也：《日本弥生时代瓮棺研究の现状と课题》，《东北亚的瓮棺墓·6·日本的瓮棺墓》（中日韩文），韩国国立罗州文化财研究所，2010年，第708页。

[45] 《史记·秦始皇本纪》：秦始皇"于是遣徐市（福）发童男女数千人，入海求仙人"。又，《史记·淮南衡山列传》："秦皇帝大说，遣振男女三千人，资之五谷种种百工而行。徐市得平原广泽，止王不来。"

[46] 在日本九州发现的弥生时代的瓮棺葬中，有的瓮棺所用陶器并非本地所产而是从外地运来的，如春日市门田遗址、那珂川町安德台遗址、筑紫野市道场山遗址等，都发现有使用非当地所产而是产自外地的大口瓮的瓮棺葬，但这样的瓮棺葬数量很少，并且有些是所谓当地的"首长墓"。参见〔日〕井上裕弘：《北部九州の瓮棺工人集团と葬送仪礼からみた背景》，《东北亚的瓮棺墓·6·日本的瓮棺墓》（中日韩文），韩国国立罗州文化财研究所，2010年，第804~809页。

环渤海地区秦汉城邑与瓮棺葬位置关系研究

徐龙国[1] 王晓莲[2]

(1. 中国社会科学院考古研究所 2. 齐文化博物院)

一、引 言

秦汉时期，成人墓大多已移至城外，儿童墓情况比较复杂，有的随成人墓移至城外，有的则仍然埋在城内。本文拟就环渤海地区瓮棺葬这一埋葬形式，研究瓮棺葬与城址的位置关系，并从中考察这一葬俗所反映的社会问题。需要指出的是，从目前考古发现的情况看，绝大部分瓮棺葬为儿童瓮棺葬，个别为成人瓮棺葬，文中如无特别说明，均为儿童瓮棺葬。另外，瓮棺葬是一种泛称，既包括以陶器（罐、釜、盆、筒形器等）为葬具的墓葬，也包括以砖、瓦为葬具的儿童墓葬。

笔者曾对环渤海地区城址做过大致梳理[1]。关于秦汉时期瓮棺葬的研究，20世纪初，首先是日本人在东北地区的发掘进入学者的视野。20世纪50年代，安志敏先生发掘并报道了京津冀辽等地区的多处瓮棺葬，并阐述了瓮棺葬由中国东传韩国和日本的观点。21世纪初，白云翔先生发表了《战国秦汉时期瓮棺葬研究》一文[2]，并与韩国国立罗州文化财研究所共同编辑出版《东北亚的瓮棺墓》一书[3]。白云翔先生对秦汉瓮棺葬问题论述全面，其中涉及瓮棺葬与城邑的关系问题，其分为三种情形：第一种，瓮棺葬埋葬在居住地附近或城墙内外；第二种，瓮棺葬同其他类型的墓葬混杂，只是使用了不同的葬具；第三种，以瓮棺葬为主的丛葬墓地。《东北亚的瓮棺墓》一书，既有白云翔的关于环渤海地区瓮棺葬的总体论述，也有徐龙国、孙勐、郭京宁、姜佰国、郑同修、贾金标、唐小燕等学者关于辽宁、北京、天津、山东、河北等地瓮棺葬的专门研究。但研究大多关注瓮棺葬本身的时代、形制及区域分布问题，对于瓮棺葬与城邑的相对位置极少关注。黄帆把全国瓮棺葬分为6个地区，并进行分区研究，环渤海地区为其中之一[4]。以上学者的研究，为研究瓮棺葬与城邑的相对位置关系打下了良好的基础。另外，梅鹏云关于环渤海地区红陶釜的研究[5]、陶亮关于辽宁地区青铜时代至汉代瓮棺葬的研究[6]，以及韩国学者金秉骏关于汉代墓葬与县城距离分析的研究[7]，也为本研究提供了很好的思路。

二、环渤海地区的秦汉城邑与城址

环渤海地区指今日之河北、山东、北京、天津及辽宁五省市，覆盖区域主要为位于渤海沿岸的华北平原大部、山东半岛、辽东半岛及辽西丘陵地带,黄河、海河、滦河、大凌河及辽河五大水系遍布其内。两汉时期,这里属冀州、青州刺史部全部,幽州、兖州刺史部大部,徐州刺史部北部。据《汉书·地理志》西汉末郡县统计,这一区域辖魏郡、巨鹿、常山、清河、涿郡、渤海、代郡、辽东、辽西、右北平、渔阳、上谷、平原、济南、齐郡、千乘、北海、东莱、山阳、济阳、泰山、琅琊、东海、东郡等24郡,赵国、广平、真定、中山、信都、河间、广阳、高密、城阳、东平、鲁国、淄川、胶东等13个诸侯国,郡县城共584座。西汉后期,受海侵影响,环渤海西岸地区许多城邑被破坏,淹没地区成为无人区[8],加之幽州刺史部北部没入北族,因此郡县城数量明显减少。据《后汉书·郡国志》记载,东汉晚期,该区域内有魏郡、巨鹿、渤海、涿郡、广阳、代郡、上谷、渔阳、右北平、辽西、辽东、玄菟、东郡、泰山、山阳、济阴、东海、济南、平原、东莱20郡,以及常山、中山、河间、赵国、清河、安平、鲁国、东平、任城、济北、琅琊、乐安、北海、齐国14个诸侯国,另外还有一个辽东属国,共有郡县城332座。

目前,从考古发现看,五省市共发现秦汉城址约190座。其中,山东多达110座、河北33座、辽宁28座、天津11座、北京8座。这些城址多数为当时的郡、国、县城治所,也有面积较小者,属防御性质的小城堡。具体情况,请参考拙作《秦汉城邑考古学研究》,兹不赘述。

三、环渤海地区瓮棺葬的考古发现

环渤海地区瓮棺葬发现数量不少,但见于报道的仅119个地点。其中,河北33处、辽宁28处、山东23处、北京19处、天津16处。上述的个别地点仅发布有瓮棺葬发现的消息,但无具体数量,有的甚至存在成片的瓮棺葬墓区,但亦无墓葬数量报道。因此粗略统计,五省市发现的瓮棺葬总数1567座。其中,河北522座、北京140座、天津57座、山东208座、辽宁640座。从发现地点及数量看,河北、辽宁是瓮棺葬分布最多的地区。

瓮棺葬与城址(个别为村落遗址)的位置关系,主要有四种情况:一是瓮棺葬位于城址之内;二是瓮棺葬位于城址之外,有专门的墓区;三是瓮棺葬位于城址之外,与其他墓葬组成混合墓区;四是因报道不清楚,瓮棺葬与城址位置关系不明。此外还有两种情况:其一,城址内外均有瓮棺葬,但通常被报道割裂,当作单一墓区对待;其二,辽阳三道壕遗址外有成片的瓮棺葬墓区,可能是汉代大型村落遗址外或襄平县城外的一处专门瓮棺葬区。上述两种情况不再做专门分类。

本文按上述四种情况,对河北、北京、天津、山东、辽宁五省市发现的瓮棺葬进行分类叙述。

(一)河 北

河北发现瓮棺葬33处,秦汉城址33座。瓮棺葬主要分布在燕山山脉以南,太行山脉以东的华北平原上(图一)。

1. 城内瓮棺葬

1930年,傅振伦在易县燕下都东城墙附近和老姆台一带发现瓮棺葬数座[9]。此后,在郎井村10号、武阳台村21号作坊遗址又发现战国瓮棺葬26座。其中,郎井村10号发现17座(战国初期

环渤海地区秦汉城邑与瓮棺葬位置关系研究　61

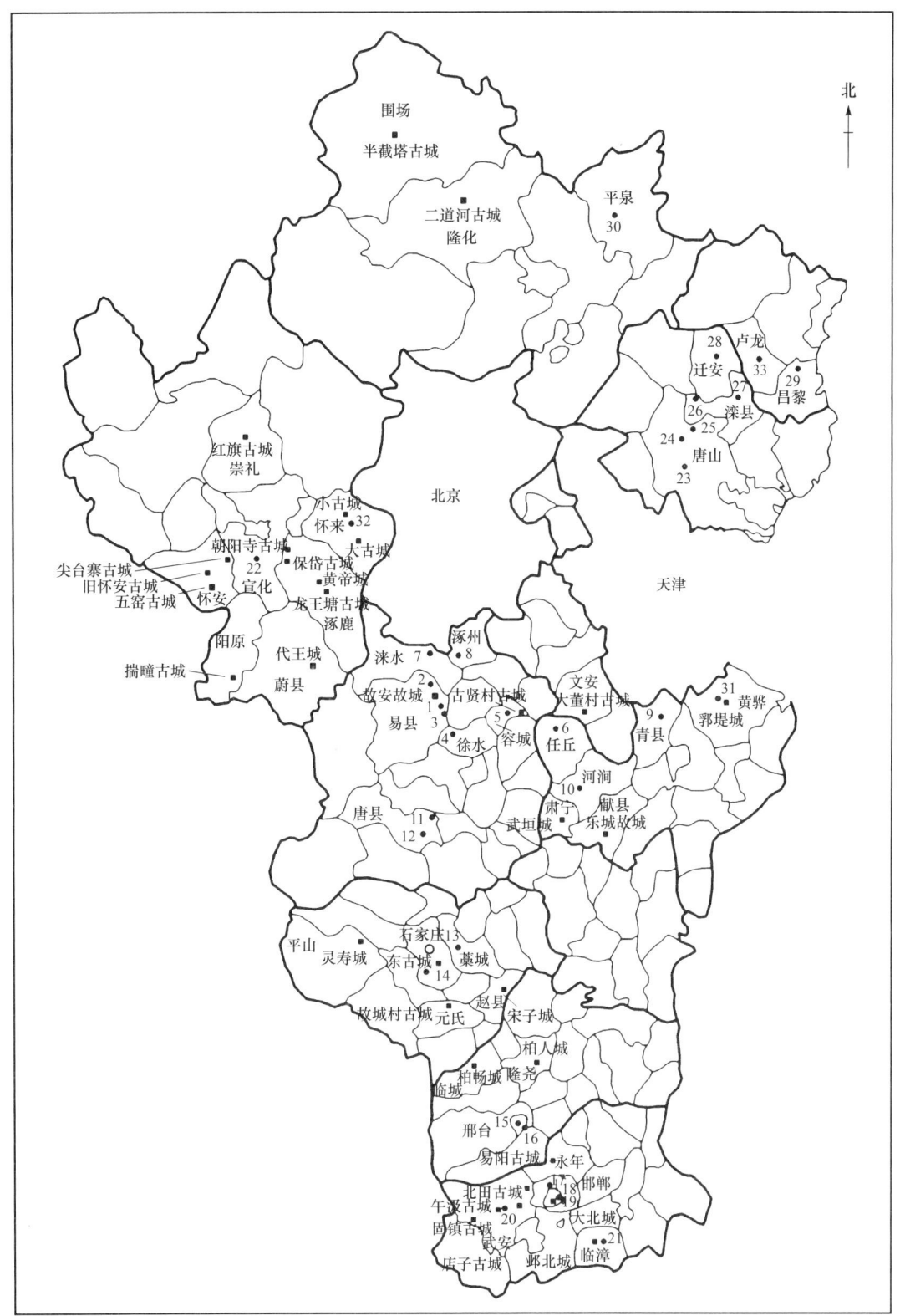

图一　河北发现的瓮棺葬及城址分布图

1. 易县燕下都　2. 易县七里庄　3. 易县东于坻　4. 徐水东黑山　5. 容城午方　6. 任丘后赵　7. 涞水安阳　8. 涿州熨斗店
9. 青县东姚庄　10. 河涧小张庄　11. 唐县北放水　12. 唐县都亭　13. 藁城台西　14. 石家庄北杜　15. 邢台南小汪
16. 邢台黄家园　17. 邯郸薛庄　18. 邯郸东门里　19. 邯郸大北城　20. 武安午汲　21. 临漳　22. 宣化下花园
23. 唐山丰润东欢坨　24. 唐山丰润商各庄　25. 唐山贾各庄　26. 唐山徐庄　27. 滦县韩新庄　28. 迁安苏各庄
29. 昌黎北关　30. 平泉二道子河　31. 黄骅郛堤城　32. 怀来白庙村　33. 卢龙蔡家坟

1座、中期9座、末期7座），另外，还发现1座用瓦片作为瓮棺葬具的。郎井村10号遗址战国早期为居住址，战国中期以后变为作坊遗址。武阳台村21号发现2座战国晚期瓮棺葬，该作坊亦是战国晚期作坊[10]。上述瓮棺葬似是在居住及作坊生产过程中埋葬的。燕下都发现的战国早期瓮棺葬是环渤海地区发现最早的瓮棺葬。

邯郸大北城是战国时期赵国的都城，汉代继续沿用。在大北城内，今人民路与土山街交叉口建设工地，发掘汉代墓葬5座，墓葬形制为陶棺和瓮棺葬[11]。人民路以北东门里遗址，近大城北部，清理战国两汉墓14座，其中有4座西汉早期瓮棺葬[12]。

武安午汲城内发现西汉早期瓮棺葬1座[13]。

2. 城外专门瓮棺葬墓区

2016年，黄骅市郛堤城（原称伏漪城）遗址西北发掘113座瓮棺葬。其中，儿童瓮棺葬107座、成人瓮棺葬6座，儿童瓮棺葬与成人瓮棺葬分布在东、西两个不同的区域。

涞水安阳遗址为战国时期埋葬儿童的专门墓地，在此清理战国瓮棺葬21座，其分布有成群（组）埋葬的倾向，一般是5座一群（组），群（组）之间相距20～30米；同一群（组）的瓮棺或并列安葬，或相距3～5米，墓向均为南北向。安阳遗址仅发现有文化堆积层，堆积层内既无房屋、灰坑等遗迹，又鲜有完整陶、石、骨器发现，表明这里非居住区，而是专门作为墓地使用的[14]。

1989～1990年，唐山丰润东欢坨发现8座战国晚期瓮棺葬。发掘者认为，这些瓮棺葬是居民就近埋葬死亡儿童的[15]。

唐山贾各庄东、西两区墓葬群，东区有战国至汉代墓葬，其中包括战国晚期瓮棺葬6座，周边还有许多瓮棺瓦片[16]。

滦县韩新庄东300米左右的小山坡上，有一处专门的瓮棺葬区，发掘瓮棺葬261座，一般以几座或十几座为一组分布，全部为幼儿。其中，战国71座、战汉之际6座、汉代164座，其余20座时代不明[17]。孟庄子断崖上也发现多座瓮棺葬，孟庄子在韩新庄南面，二者可能是一个墓区。

3. 城外混合墓区

张家口白庙乡白庙村北约300米处的台地上，发掘12座战国中期土坑竖穴墓和4座战国中晚期的瓮棺葬[18]。怀来官厅水库附近有两座城址：一座为战国时期的小古城，边长约400米；还有一座大古城，为秦汉上谷郡治沮阳城[19]。张家口白庙瓮棺葬西北距小古城约17千米，东南距大古城50千米，距两座古城都较远，似乎没有什么关联。

1982年，容城县城南1.5千米的午方遗址，发掘战国小墓5座，其中1座为瓮棺葬[20]。

唐山陡河水库栗园镇徐庄发掘2座西汉早期瓮棺葬，夹杂在砖室墓与石椁墓之间[21]。

唐山迁安苏各庄发掘战国中期晚段瓮棺葬1座，与另外3座东汉砖室墓埋在一起[22]。

徐水东黑山城址是燕南长城外围的附属小城，城址外发掘汉代墓葬16座，有瓮棺墓、瓦棺墓、砖室墓和土坑竖穴墓，其中有7座瓮棺葬，年代约为西汉早、中期[23]。

中国人民大学在卢龙蔡家坟遗址南部发掘战国时期竖穴土坑墓30座和瓮棺葬6座，其中W6可早至战国中期，其他均为战国晚期。

4. 情况不明

易县七里庄遗址发掘战国晚期瓮棺葬 5 座。易县东于坻遗址发掘战国中期瓮棺葬 1 座。青县东姚庄遗址发掘西汉中期瓮棺葬 8 座。唐县北放水遗址发掘战国晚期瓮棺葬 1 座。唐县都亭遗址发掘汉代瓮棺葬 4 座。任丘后赵遗址墙体倒塌夯土中发掘战国晚期瓮棺葬 2 座。河间小张庄南发掘瓮棺葬 7 座、瓦棺葬 3 座，年代为西汉中期[24]。藁城台西遗址发掘西汉早期瓮棺葬 6 座。邢台南小汪遗址发掘西汉瓮棺葬 7 座。邢台黄家园遗址发掘西汉早期瓮棺葬 10 座。唐山丰润商各庄遗址发掘西汉晚至东汉早期瓮棺葬 1 座[25]。承德平泉二道子河遗址发掘战国瓮棺葬 7 座。此外，石家庄北杜村、涿州熨斗店、昌黎县北关外、宣化下花园、邯郸东门里、临漳等地均发现瓮棺葬，但原发掘报告没有数量、形制及葬具组合等信息[26]。

（二）北　　京

北京发现瓮棺葬 19 处，秦汉城址 8 座。瓮棺葬主要分布在燕山东南部的平原地带（图二）。

图二　北京发现的瓮棺葬及城址分布图

1. 崇文天坛　2. 宣武广安门老君地　3. 海淀八里庄　4. 海淀中关园　5. 海淀青龙桥　6. 大兴南炼油厂　7. 通州胡各庄　8. 房山纸坊村　9. 房山窦店　10. 房山长沟岩上　11. 房山蔡庄　12. 昌平白浮村　13. 昌平张营村　14. 昌平史家桥　15. 海淀朱房村　16. 怀柔城北　17. 平谷张岱村　18. 延庆葫芦沟　19. 延庆玉皇庙

1. 城内瓮棺葬

房山窦店古城发掘瓮棺葬3座,其中南墙第2断面(W1)和东墙第4断面(W3)各1座。W1打破战国初期的夯层,W2亦在其附近。根据W2陶釜形制,为战国晚期。W3为汉代[27]。

2. 城外专门瓮棺葬墓区

2016年,通州汉代路县故城遗址发掘战国至清代墓葬1146座,其中汉墓800多座。在故城南部的胡各庄村发掘战国晚期至西汉时期瓮棺葬62座,均南北向,瓮棺横置土坑中,排列有序。以儿童葬为主,另有成人瓮棺葬23座。儿童瓮棺葬的葬具以夹云母红陶和泥质灰陶器为主,器形有釜、瓮、罐等。成人瓮棺为专门烧制用作葬具的筒形瓮。仅个别瓮棺葬中有随葬品。相对于其他墓葬而言,瓮棺葬分布集中,自成一区。未发现道路遗迹,有的成人瓮棺与儿童瓮棺存在叠压关系[28]。

1986、1987年,延庆靳家堡玉皇庙发现战国瓮棺葬群,发掘山戎墓葬280余座,瓮棺葬数量不详。此地位于古城村古城以西约12千米处[29]。

3. 城外混合墓区

房山长沟镇南正村西北的岩上墓区发掘墓葬70座,战国墓葬分布在西部和北部,共37座,其中木椁墓23座、瓮棺葬14座,瓮棺葬分布在木椁墓周围。另外,还有东汉砖室墓11座[30]。

昌平白浮村清理汉墓47座,分别为土坑竖穴墓、砖室墓、瓮棺墓,其中瓮棺墓6座,多葬在土坑竖穴墓口旁。白浮村位于昌平镇南3.5千米的龙山脚下,古代墓葬区分布在村北部[31]。

昌平史家桥墓区探出西汉初期至东汉早期墓葬52座,发掘48座,有土坑墓、刀形墓、砖室墓、瓮棺葬等,其中瓮棺墓2座。瓮棺葬W16及W48均在成人墓中,W16放置在成人墓穴中,与M17为同坟异穴。W48压在M29坑东壁之上部,距地面约0.7米。墓地之西约200米处,是一处汉至辽金时期的遗址[32]。史家桥东北有一处土城村古城,即军都故城,南北长540、东西宽372米,是战国末期上谷军都县治所。

1985~1986年,在延庆葫芦沟山戎文化墓地东部和南部边缘,发掘瓮棺葬32座,山戎墓与瓮棺葬之间没有明显分界线,构成一个墓葬群,瓮棺葬位于地势较低的地方。墓地时代约战国中期到晚期,下限或至秦汉之际[33]。墓地向东约0.5千米有一座古城村古城,年代为秦汉时期,但性质不明。

怀柔城北、怀柔师范学校东西两侧发现两片墓地,发掘东周至汉代墓葬53座,另外,墓地内还发现瓮棺葬5座及瓦棺葬1座,夹杂在其他墓葬之间[34]。

4. 情况不明

房山蔡庄古城遗址发现战国瓮棺葬,数量不详[35]。房山纸坊村发掘战国瓮棺1座,有小孩遗骨[36]。纸坊村东北距广阳城不足4千米。

1949年,海淀区阜成门外八里庄摩诃庵内发现战国晚期瓮棺葬2座[37]。1955年,海淀区中关园修建北大教工宿舍时发现战国瓮棺葬1座[38]。海淀青龙桥发现战国瓮棺葬5座。

昌平张营村北发现瓮棺葬4座，其中1座（W4）为战国时期，其他3座为大坨头文化时期[39]。清河镇朱房村发现战国瓮棺葬数座[40]。此处有古城一座，仅存西南角，估计每面城墙约500米，有人认为是一座战国汉代的具有军事意义的边城，从其规模看，更似一座县城。

大兴南炼油厂发现战国瓮棺葬1座[41]，平谷门楼庄南张岱村发现战国瓮棺葬1座[42]。

（三）天　　津

天津发现瓮棺葬16处，秦汉城址11座。沿海地区因受海水西侵、东中部地区因黄河影响未发现瓮棺葬外，其他地区均有发现（图三）。

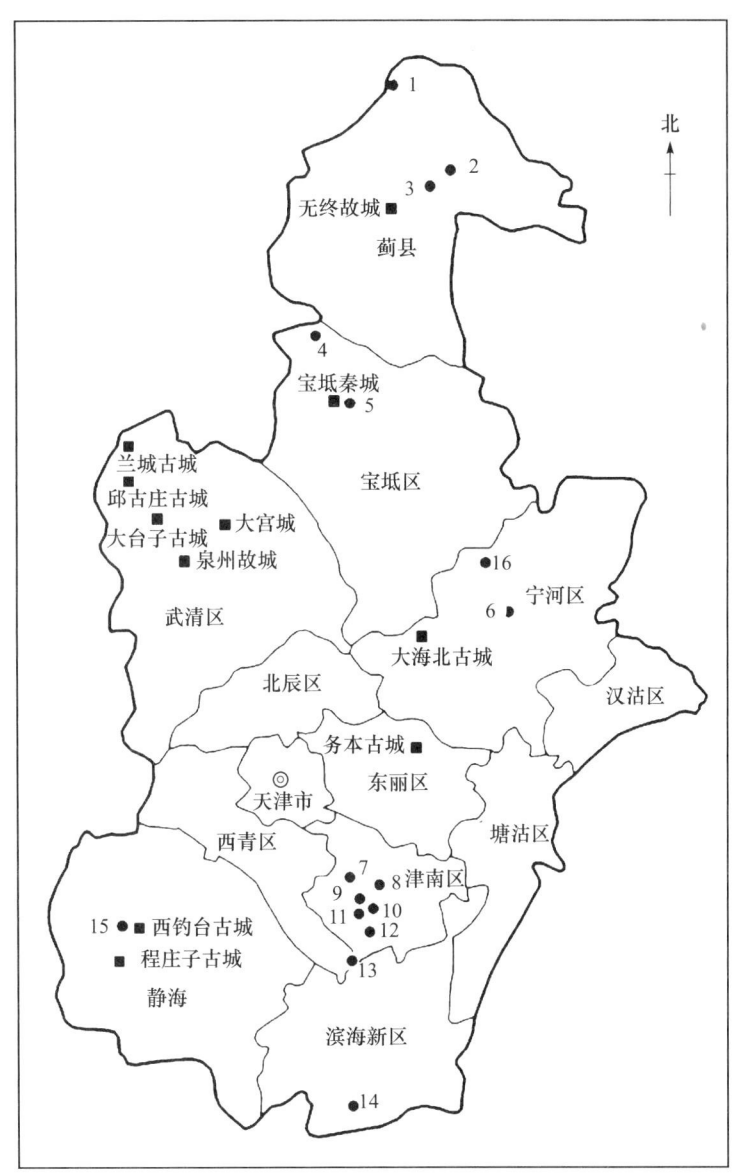

图三　天津发现的瓮棺葬及城址分布图

1.蓟县辛西村　2.蓟县独乐寺　3.蓟县西北郊　4.宝坻牛道口　5.宝坻秦城　6.宁河小杨庄　7.津南巨葛庄　8.津南韩家桥　9.津南八里台　10.津南新庄李家坟　11.津南新庄王家洼　12.津南中塘　13.津南万家码头　14.滨海新区窦庄子　15.静海西钓台　16.宁河田庄坨

1. 城内瓮棺葬

天津宝坻秦城位于辛务屯村南。1989~1990年发掘战国至西汉瓮棺葬47座，战国时期的瓮棺葬在城墙内侧的斜坡上，发掘3座（W5、W6、W56），W5在城东壁和北壁相连处。汉代瓮棺葬共发掘43座，其中1座（W2）在东北城墙内侧的斜坡上，其余42座分布在和东门址相连的城内道路上，瓮棺打破道路，其年代上限为西汉初期，下限为东汉初期，部分晚至东汉晚期。在城墙内坡和城内高地、F1建筑基址上还发现8座汉代土坑墓，其中3座位于夯土城墙内坡，打破城墙堆积土[43]。

2. 城外专门瓮棺葬墓区

静海西钓台古城位于静海县城南11千米。城东西两面都有墓葬区。城东墓区绵延1千米，以战国墓为主，也有少量汉代早期墓，靠近城址是一片密集的战国瓮棺葬区。城西墓区绵延2千米，以西汉墓为主，有少量战国墓。西钓台古城可能是汉代东平舒故城[44]。

3. 城外混合墓区

蓟县白涧辛西村砖厂清理墓葬71座，其中瓮棺葬6座、砖室墓62座、土坑竖穴墓3座。瓮棺葬为战国时期[45]。

宝坻牛道口遗址发掘战国瓮棺葬1座，东周土坑墓23座，汉代土坑墓1座，砖室墓2座[46]。

4. 情况不明

滨海新区南部窦庄子发现瓮棺葬1座，出土5枚"五铢"和1枚"货泉"，判断为东汉时期[47]。西汉及其以前的遗址可能被海水西侵所淹没，东汉时期渤海西岸又重新有人居住[48]。

天津东南郊巨葛庄发现战国瓮棺葬2座，位于贝冢上方战国遗址周边，似是居民就近埋葬儿童于居址附近[49]。

此外，津南王家洼子、韩家桥、八里台子、李家坟、韩家洼、中塘、蓟县西北郊、宁河小杨庄及田庄坨等地[50]以及津南区万家码头[51]、天津北仓[52]等均发现瓮棺葬，但具体情况不明。宁河田庄坨北约0.5千米处发现"鱼骨盆"碎片，可能存在瓮棺葬群[53]。

（四）山　东

山东发现瓮棺葬23处，秦汉城址110座。瓮棺葬主要分布在黄河以南、泰山南北地区，泰山以北是主要分布区，莱州以东的胶东半岛地区未发现。为了画面清晰，图上不再——标出所有城址，仅标出与瓮棺葬位置较近的城址（图四）。

1. 城内瓮棺葬

临淄齐故城内发掘瓮棺葬97座。

1964年，小城城墙发掘东周至汉代瓮棺葬4座。1981年，东古村东城墙发掘东周瓮棺葬4座，发掘报告认为3座为春秋时期、1座为战国时期。其中T101M10是儿童瓮棺葬，但与常见的瓮棺葬不同，瓮棺外还有一周木椁，木椁已朽。其瓮棺为一瓮一盆相扣，长约1.05、宽约0.4米。东古

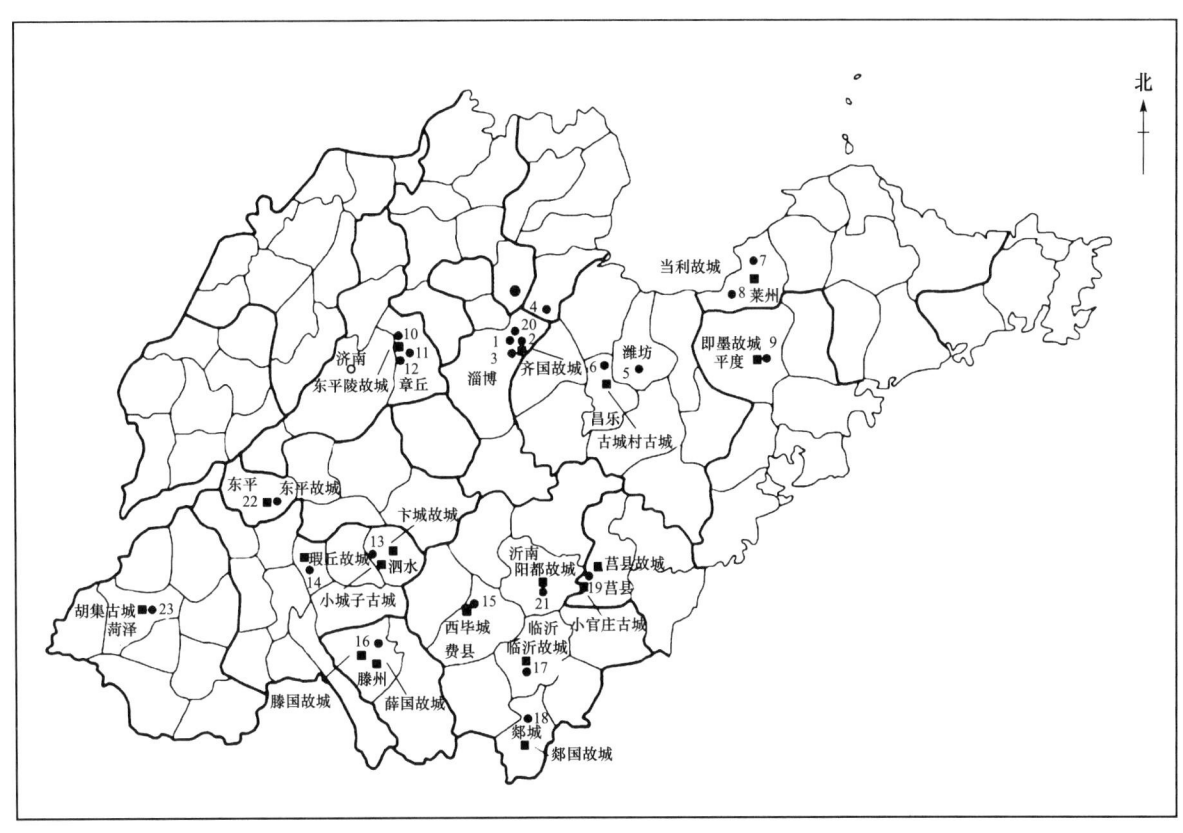

图四　山东发现的瓮棺葬及其附近城址分布图

1. 临淄齐国故城　2. 临淄后李　3. 临淄辛店友连涂料厂　4. 广饶傅家　5. 潍坊后埠下村　6. 昌乐后于留　7. 莱州朱汉墓地　8. 莱州黑羊山汉墓　9. 平度即墨故城　10. 章丘宁家埠　11. 章丘东平陵故城　12. 章丘城子崖　13. 泗水尹家城　14. 兖州徐家营　15. 费县西毕城　16. 滕州东小宫　17. 临沂陈白庄　18. 郯城大官庄　19. 莒县大略疃　20. 临淄粉庄　21. 沂南阳都故城　22. 东平故城　23. 菏泽胡集古城

村发掘汉代瓮棺葬6座。

1965年，阚家寨发掘瓮棺葬3座（瓮棺葬2座、瓦棺葬1座）。

1966年，刘家寨发现瓮棺葬1座。

1971年，阚家寨发掘瓮棺葬1座。

1976年，河崖头村发掘瓮棺葬24座（砖棺葬8座、瓮棺葬16座）。

1981年，河崖头村发掘4座（砖棺葬2座、瓮棺葬2座）[54]。

2013年，阚家寨手工业作坊遗址发掘瓮棺葬49座。其中第一地点13座（砖棺葬9座、瓮棺葬3座、瓦棺葬1座），第二地点34座（砖棺葬13座、瓮棺葬20座、瓦棺葬1座），第三地点2座。

2015年，东门村西北发掘战国时期瓮棺葬1座。

阚家寨手工业作坊遗址，瓮棺葬都埋在汉代道路上，是在道路使用过程中埋入的。这种情况与天津宝坻秦城相同，说明这一葬俗具有广泛的一致性及延续性。

2001年，在章丘东平陵故城清理被破坏的战国汉代瓮棺葬4座，地点位于东平陵城内东北角。笔者曾实地调查，发现东城墙下也压着瓮棺葬2座。因未发掘，时代不明。

即墨故城发现瓮棺所用的陶盆及陶瓮，但未发现明确的瓮棺墓，瓮底部有一小孔[55]。瓮底部有小孔，新石器时代常见，汉代极少见，似可视为早期瓮棺葬习俗孑遗。即墨故城又称朱毛城、康王城，位于平度市城区约 30 千米的古岘镇大朱毛村一带。现存即墨故城遗址系西汉胶东王城，地面有城墙遗存，分内城、外城。

沂南阳都故城发现汉代瓮棺葬 5 座，位于阳家黄疃村东北部沂河西岸的断崖上。从发表的资料看，似乎位于阳都故城内。该城是秦汉时期琅琊国阳都县治[56]。

2003 年，费县西毕城东墙北半部，发现打破东周城墙的战国晚期瓮棺葬 1 座[57]。西毕城为春秋时期鲁国费邑故址，西汉在此设费县，属东海郡，东汉属泰山郡。西毕城内坐落着古城里、西毕城、宁国庄 3 个自然村，城垣轮廓可见。平面近长方形，北城墙长 954、西城墙长 2170、东城墙长 1935、南城墙长 1077 米。城内偏北部有一丘陵，东西横列，岭北俗称"兵马城"，顺岭南下俗称"宫殿区"。

2. 城外专门瓮棺葬墓区

2016 年，齐国故城外西北部的王青村至粉庄之间，发掘汉代瓮棺葬 71 座，发掘分两个区，山东大学考古队发掘二号墓地，发现汉代瓮棺葬 31 座，全部沿一条东西向的道路分布。此处距排水道口很近，埋葬者是城内还是城郊之人尚不清楚。

临沂陈白庄位于临沂市南 6 千米处，发现瓮棺葬 8 座，清理 2 座。M2 瓮内有骨架一具，仰身直肢，清理出儿童臼齿 6 颗，腹部出"半两"钱 1 枚。这里当为西汉平民埋葬儿童的专门墓地[58]。临沂城南发现两座汉代城址，一座为临沂县城，一座为开阳县城，西汉时属东海郡，东汉时属琅琊国。

2001 年，费县西毕城战国汉代墓地发现"有少量的……瓮棺葬"[59]。

3. 城外混合墓区

临淄辛店友连涂料厂发现瓮棺葬 1 座[60]，夹杂在砖室墓与石椁墓之间。

2016 年，山东省文物考古研究所发掘临淄粉庄一号墓地，发现砖室墓葬、土坑墓、瓮棺葬共 611 座，其中瓮棺葬 40 座（瓮棺 34 座、瓦棺 6 座），瓮棺葬与其他墓葬混在一起。

潍坊朱里镇后埠下村墓地有汉代木椁墓、砖室墓等，在此发掘瓮棺葬 1 座，瓮棺内出土"大泉五十"1 枚，年代可能为西汉晚期[61]。后埠下村墓地位于今潍坊市东、昌邑市南。汉代昌邑故城在今市区内，春秋时齐灭纪属齐，秦时置县属胶东郡，西汉属北海郡，东汉属胶东国。

1998 年，昌乐后于留商周及汉代遗址，清理两周至汉代墓葬 40 座，报道称："汉墓中小儿墓习用瓮棺或瓦棺"，但数量不详[62]。

滕州东小宫墓地发现汉代土坑墓 41 座，石椁墓 264 座，瓮棺葬 1 座（M142），年代约王莽至光武帝时期[63]。

兖州徐家营墓地发现汉代墓葬 347 座，其中有汉代瓮棺葬 1 座（M252），该墓位于墓地中部，被 M221、M239 打破，2 件陶瓮，中部盖板瓦[64]。墓地东北 11.5 千米即汉瑕丘县故城。

郯城大官庄汉代墓地位于村东 300 米，发掘汉墓 40 多座，分瓮棺葬、石椁墓、石盖板墓等[65]。

莱州市朱汉墓地位于村东北 1.5 千米的丘陵高地上。2002 年，发掘汉墓 300 余座，有土坑竖穴墓、砖椁墓、瓮棺墓等，瓮棺葬数量不明确[66]。莱州市东北 7.5 千米路旺镇侯家村有一座汉代当利故城，朱汉墓地位于故城东 11 千米。

莱州市黑羊山汉一带是一处商周遗址和汉代墓地，位于村东南约 200 米的山前台地上。2002年，在此发现几座瓮棺葬，时代为战国晚期或汉代[67]。

4. 情况不明

临淄齐陵镇后李是新石器时代遗址，清理 1 座战国晚期瓮棺葬[68]。该遗址位于齐故城东，两者隔淄河相望。

广饶城关镇傅家是新石器时代遗址，在道路施工过程中发现 1 座汉代瓮棺葬，一起的还有 140 座新石器时代墓葬[69]。

章丘宁家埠遗址位于章丘县城西北 15 千米处，东南距东平陵故城 9 千米。遗址坐落于隆起的高地上，包括从龙山时代到商、周、汉唐、宋等文化内涵。发现汉代瓮棺葬 5 座、瓦棺葬 1 座，还有 2 座无葬具的儿童墓。M79 墓圹为圆角长方形，长 2.45、宽 1.15 米，由 2 件陶瓮合口而成，人骨鉴定为 5 岁男童。年代均为西汉早、中期[70]。

1930～1931 年，章丘城子崖遗址上层堆积中发现儿童瓮棺葬 1 座，时代似为汉代[71]。

泗水尹家城发现战国末期瓦棺葬 1 座、汉代瓮棺葬 4 座。战国末期瓦棺葬用 11 块板瓦构筑，有幼儿骨架，仰身直肢，头北面东，无随葬品。汉代瓮棺葬用陶罐、陶釜、陶盆作葬具，两两相扣。均有儿童骨架，时代为战国晚期至西汉初[72]。2000 年，山东省文物考古研究所又清理 2 座[73]。尹家城遗址位于泗水县城正西约 10 千米，是龙山、岳石、商文化遗址，瓮棺葬建在遗址上。其东南 14 千米处有一座小城子古城，为西汉部乡县故城。

莒县夏庄镇大略疃村南有一处龙山及汉代文化遗址，清理汉代瓮棺葬 2 座[74]。大略疃东北距莒县故城 20 千米。秦时为莒县，西汉为城阳国都，东汉属琅琊国。遗址西南 10.5 千米，有一处汉代城址，为莒县小官庄古城，东西长 3000、南北宽 2500 米。

除此之外，东平县东平故城、菏泽胡集古城、博兴寨下遗址也发现了这一时期的瓮棺葬，这些与城址有关的墓葬，或打破城墙或靠近城墙，时代属战国或汉代[75]。

（五）辽　　宁

辽宁发现瓮棺葬 28 处，秦汉城址 28 座。瓮棺葬主要沿山间河道及沿海地区分布，辽西主要以凌源、喀左和朝阳为中心，辽河流域以辽阳及沈阳为中心，半岛地区以大连为中心（图五）。

1. 城内瓮棺葬

至今未发现明确为城内瓮棺葬的城址。

2. 城外专门瓮棺葬墓区

1994 年，瓦房店陈屯汉城外发掘瓮棺葬及瓦棺葬 173 座。瓮棺葬多以泥质灰陶罐或瓮套合而成，分布集中。瓦棺墓多以灰色大型板瓦对合，作为棺底、棺盖，两端以残瓦片或陶器残片封堵。陈屯汉城可能是东汉时期的汶县城[76]。

建平西胡素台古城，位于土城子自然村东南约半里、当地称为"城子里"的河川台地上。1981 年，

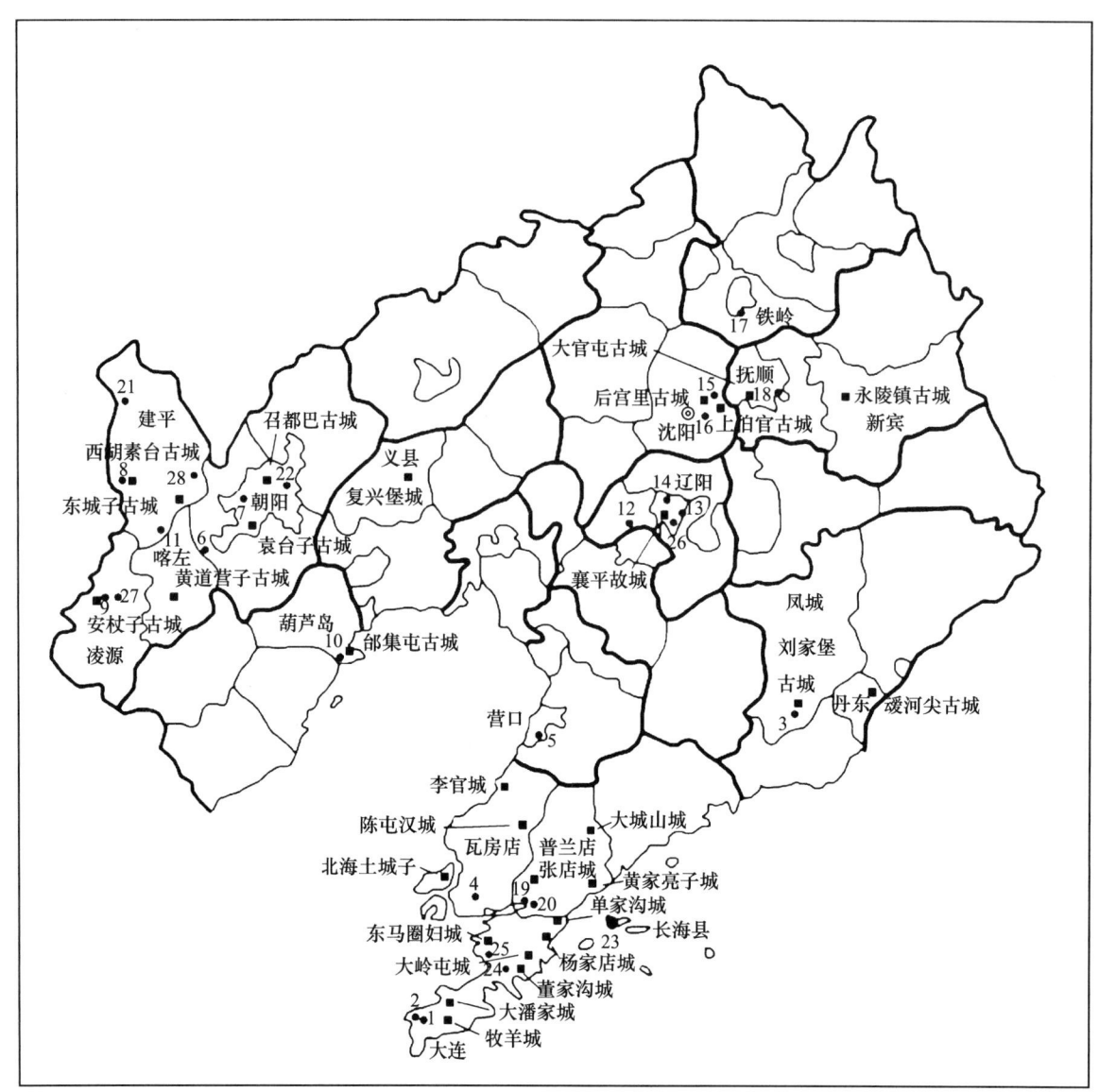

图五 辽宁发现的瓮棺葬及城址分布图

1. 旅顺尹家村 2. 旅顺牧羊城 3. 凤城刘家堡子 4. 瓦房店陈屯 5. 营口槐树房 6. 喀左大城子 7. 朝阳馒头营子 8. 建平西胡素台 9. 凌源安杖子 10. 葫芦岛小荒地 11. 建平叶柏寿 12. 辽阳玉皇庙 13. 辽阳唐户屯 14. 辽阳三道壕 15. 沈阳伯官屯 16. 沈阳郑家洼子 17. 铁岭南郊邱台 18. 抚顺小甲邦 19. 普兰店张店汉城 20. 普兰店姜屯汉墓 21. 建平八达营子 22. 朝阳八宝村 23. 长海上马石 24. 大连官屯子 25. 大连龙王庙 26. 辽阳鹅房 27. 凌源大珠禄科 28. 建平水泉

清理瓮棺葬1座，随葬两个穿孔海贝。报道称，此处为城址附近的瓮棺墓葬群。城址为西汉时期，瓮棺墓群应与之同时[77]。古城可能是右北平郡平刚县治。报道未说明是否还有其他墓葬，这里暂归专门的瓮棺葬墓区一类。

辽阳市北郊的三道壕遗址周围分布着大量的汉至魏晋时期的墓葬群。1954、1955年，在遗址北部发掘瓮棺葬348座，分布在800平方米的丘陵上。348座瓮棺墓中，121座墓内保存着幼儿牙齿、头及肢骨残碎片，39座墓中出有石质和玻璃制成的佩饰，有一座瓮棺葬随葬品除琉璃珠外，还有琉璃坠、琉璃佩、铜环、铜扣等。41例瓮棺的颈部有文字或符号标记，文字有"昌平""贾""赐"等，其中6座出土"半两"钱[78]。这是大型汉代遗址外发现的一处专门的瓮棺葬墓区。辽阳一带，两汉时期为辽东郡襄平县，亦为辽东郡治，这里也可能是襄平县城外一处专门的瓮棺葬区。

3. 城外混合墓区

在凌源安杖子古城东北 50 米处，暴露并清理瓮棺葬 2 座、石椁木棺墓 1 座和土坑竖穴墓 1 座。从断层上看到，距地表 1.5～2 米，瓮棺葬排列密集[79]。1972 年，孙守道先生曾在安杖子村清理一座长达 1.8 米的瓮棺，系由两只大陶缸（当为瓮）扣合而成[80]。

1973 年，喀左大城子眉眼沟墓地调查发现木椁墓 2 座，并在断崖上清理战国早中期瓮棺葬 2 座[81]。1979 年，在大凌河东岸、大城子镇东南 5 千米的喀左南洞沟，发掘春秋战国墓葬 72 座，其中有战国瓮棺葬 22 座[82]。

1928 年，在大连市旅顺口区尹家村西南的南河北岸发现一处墓地，有石椁墓、瓮棺葬和"塈周墓"，时代为周末汉初[83]。1963 年，在靠近断崖处发现瓮棺葬 1 座，仅存一件陶瓮[84]。1964 年，又发掘西汉初期瓮棺葬 4 座。1976 年，发掘瓮棺墓 3 座，出土一枚"五铢"钱和一件陶纺轮[85]。

营口汉墓群位于营口市归州镇槐树房村东南，在此发掘墓葬 27 座，其中砖室墓 10 座、瓮棺葬 17 座。其中的 1 座贝壳瓮棺，墓圹呈长方形，内填大量贝壳，墓底放置 2 块板瓦，其上放对接的 2 个陶釜做葬具，上半部已被破坏。瓮棺葬中发现有放置灯盏的习俗。初步确定这批墓葬的年代为东汉时期[86]。墓地南临浮渡河，西近辽东湾，东为沈（阳）大（连）高速公路，在其北方的熊岳镇红旗堡、九垄地，南方的瓦房店李官镇齐家房、粮库附近都曾发现大量汉墓。此地两汉时属辽东郡平郭县。

辽阳东郊唐户屯墓地位于辽阳市东郊 9 千米处，南临太子河，东接房身、桑园子。在此发掘汉代墓葬 211 座，其中石椁墓 173 座、瓮棺葬 38 座。瓮棺葬密集分布于石椁墓中间或石椁墓的墓道处。一部分瓮棺周围还有小型的石椁。很少有随葬品，个别的有环首刀和琉璃珠等。桑园子 15 号瓮棺墓，全长 1.13 米，由 3 件陶瓮连接而成，瓮棺内发现头盖骨、8 枚牙齿，腰部还有 1 把环首铁刀，年代为汉代[87]。

沈阳东郊伯官屯墓地位于沈阳到抚顺的 15 千米处，北距浑河 2 千米。1963 年，发掘汉魏时期砖室墓 6 座、瓮棺葬 3 座。瓮棺葬位于汉魏砖室墓的南侧 200 米处[88]。

1989 年，抚顺市露天区东洲小甲邦遗址西南部为墓葬区，发掘西汉中晚期到东汉时期的瓮棺墓 9 座[89]。

张店汉城遗址位于新金县普兰店镇西北二道岭村，城址周围分布着几个墓群，墓葬形制有贝墓、土坑墓、砖室墓、瓮棺葬等。2009 年，在姜屯汉墓群发掘 200 多座墓葬，其中有瓮棺葬，但数量不详[90]。张店汉城可能是战国至两汉时期辽东郡沓氏县城。

1965 年，沈阳西南郊郑家洼子清理汉代墓葬 3 座，其中有瓮棺墓 1 座[91]。

4. 情况不明

1928 年，旅顺牧羊城一带清理战国至西汉初期瓮棺葬 3 座[92]。

凤城市凤山乡利民村刘家堡子遗址，时代为战国汉代，未发现城墙，推测可能是汉代辽东东部都尉治所武次县。1995 年，在遗址东北角清理瓮棺葬 7 座。1999 年，又在刘家堡子后山南坡清理瓮棺葬 1 座，时代约为西汉早期[93]。报道的两个地点似为同一处，推测可能为遗址外专门的瓮棺葬墓区。

1999 年，朝阳馒头营子乡杜官村北台子遗址，在第 3 层发掘瓮棺墓 1 座，时代为战国至汉代[94]。

1993～1994 年，葫芦岛市连山区邰集屯镇小荒地秦汉古城址周围发掘西汉瓮棺墓 1 座[95]。

1954年，辽阳东南郊鹅房清理汉墓19座，有土坑墓、木椁墓、石板墓和瓮棺葬等[96]。

铁岭邱台遗址位于铁岭市南郊，是万泉河北岸的一处岗地。1993年，发掘战国至汉代瓮棺墓1座。邱台遗址面积在9万平方米以上，在此发现万余枚战国、汉代货币，绝非一般村落。有学者认为是西汉望平县[97]。因未发现城墙，不知城址的范围，瓮棺葬的相对位置不清。

另外，建平水泉遗址[98]、官屯子河岸、龙王庙、长海上马石均发现有瓮棺葬[99]。朝阳市八宝村、建平县八达营子古城亦采集到战国时期的瓮棺标本[100]。早年日本人在凌源大珠禄科[101]、建平叶柏寿[102]、辽阳南玉皇庙[103]也发现瓮棺葬。战国时凌源属右北平郡，其南部，西汉时期有右北平郡广成县，东汉时没入北族。

四、城址与瓮棺葬位置分析

据现有资料看，环渤海地区瓮棺葬年代最早的属于战国早期，但发现的地点较少，主要见于河北易县燕下都及辽宁喀左大城子两个地点。1981年，山东临淄东古村齐故城东城墙发现的3座瓮棺葬，定为春秋时期似乎时代确定偏早，应属于战国时期。战国中晚期，河北、北京、天津等地瓮棺葬比较流行，如河北易县七里庄及东于坻、涞水安阳、唐山丰润东欢坨、唐山贾各庄、唐山徐庄、唐山苏各庄、滦县韩新庄、张家口庞家堡，北京房山窦店、房山岩上、延庆葫芦沟，天津清海西钓台、蓟县辛西村等。战国时期，以城外瓮棺葬为主，城内瓮棺葬比较少见，上述地点只有燕下都及房山窦店两地为城内瓮棺葬。易县七里庄位于燕下都以北约8千米处，东于坻位于燕下都东南约6千米处，均属燕下都郊外地区。战国时期，河北、北京、天津是燕文化的核心区，因此，瓮棺葬可谓燕文化的一大特色。山东及辽宁发现的战国时期瓮棺葬较少，只有山东临淄齐故城、费县西毕城及辽宁喀左大城子等几处地点，至其流行，已至战国晚期。燕国处于辽东半岛及齐国之间，战国时期燕国与南北交流频繁。山东、辽宁两省的瓮棺葬，可能是战国晚期受燕文化影响的结果。燕昭王时期，秦开却胡千里及乐毅伐齐，是燕国与辽东及齐国发生的重大历史事件，有可能对瓮棺葬的传播产生了直接的推动作用[104]（图六）。

秦汉时期，整个环渤海地区瓮棺葬均十分流行，尤其以西汉时期为盛。不过，由于瓮棺葬少有随葬器物，故瓮棺葬具的时代性不易把握，因此，对于各地瓮棺葬的年代问题，今后还有深入研究的必要。

秦汉时期，除辽宁没有发现城内瓮棺葬外，环渤海地区其他省市城内瓮棺葬及城外瓮棺葬都比较流行。城内瓮棺葬有零星发现，如易县燕下都、邯郸大北城、房山窦店等；有的发现数量较多，而且成片分布，如宝坻秦城、临淄齐故城等。目前可知，以上两种情况，有的是在城邑使用过程中埋入的，有的是在城邑废弃以后埋入的。

武安午汲古城是东周至汉代的城址，城内发现西汉早期瓮棺葬1座。汉代邯郸城以战国邯郸的大北城为基础，西汉时期不断维修加固并利用，东汉时期开始废弃；大约自西汉后期开始建筑新城，范围缩小。邯郸大北城在汉代的使用由南至北有个逐渐废弃的过程，不敢断定这里的瓮棺葬是在使用过程中埋入的还是废弃以后埋入的。在邯郸故城以北的薛庄遗址，发现1座西汉晚期至东汉早期的瓮棺葬，与灰坑等在一起[105]。

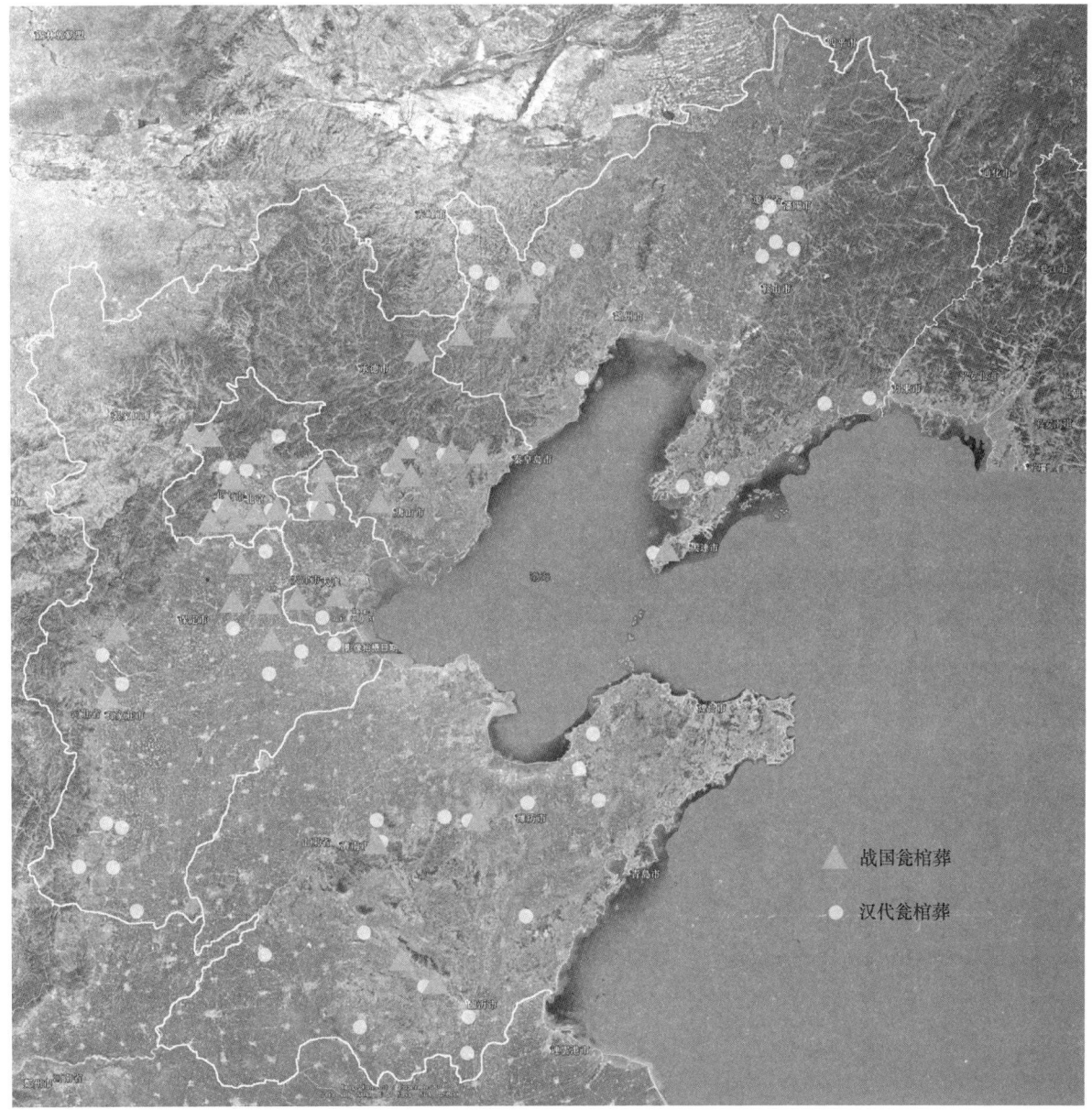

图六　环渤海地区战国汉代瓮棺葬分布图

宝坻秦城与临淄齐故城虽然都是埋在道路上，但前者在埋入瓮棺时已经不作为郡县城使用，而后者在埋入瓮棺时，仍然是当时的郡国城。宝坻秦城筑于战国晚期，是当时的右北平郡治，秦统一过程中也曾以此作为右北平郡治，但统一以后即移至无终。西汉时这里还有人居住，但已经不再作为郡县治所（图七）。

位于城址之外的瓮棺葬情况比较复杂，加之瓮棺葬与城址资料割裂，很难判断二者的对应关系。两汉时期，墓葬与城邑之间有一个大致的距离范围。以金秉骏先生的研究为基础，我们对部分汉代城外瓮棺葬进行了分析。金秉骏认为，西汉时期县城和墓葬之间的平均距离为2～6千米，东汉的墓葬分布有许多超过了10千米，东汉县城和墓葬距离较远，原因在于东汉开始出现新的聚落形态。

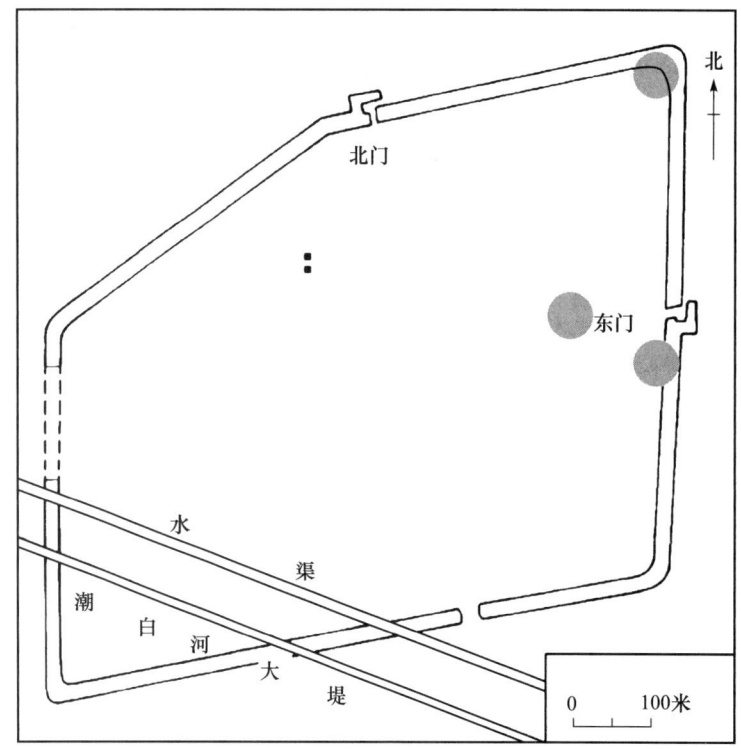

图七　宝坻秦城瓮棺葬分布示意图

郭堤城（原称伏漪城）位于黄骅市城区西北部，平面呈方形，边长约600米，瓮棺葬区位于城址西北300米处。此处曾发现大量的红陶瓮、红陶釜，还出土带"武市"的陶文。有学者推测，此城可能与汉代章武县有关[106]。试掘表明，该城建于战国，战国至汉代时使用，后废弃，隋唐时期又用，之后又废弃。另外，在城西部还探出更大的一片瓮棺葬墓区，估计数量上千座，初步探明，城内墓区西部为儿童瓮棺葬，东部有成人瓮棺葬。值得注意的是，这里存在大量成人瓮棺葬，与通州胡各庄瓮棺葬相同（图八）。

北京房山西汉时属涿郡西乡和良乡县，东汉时省西乡县，并入良乡。在此发现广阳城、窦店、长沟及蔡庄4座古城。广阳城始建于战国末或西汉初，西汉初为燕国属县，宣帝时为广阳国治。纸坊村墓地位于广阳城西南4千米处。窦店古城建于战国时期，为汉代良乡县故城，城内发现战国汉代瓮棺葬。长沟古城可能是西汉西乡县故城，城西4.5千米即岩上墓区。蔡庄古城也发现了战国瓮棺葬（图九）。

汉代路县故城平面近方形，总面积约35万平方米。胡各庄村瓮棺葬区与之相距不足2千米，应是城内居民的专门瓮棺葬墓区（图一〇）。

昌平史家桥东北4千米，今昌平马池口镇土城村，有一座土城村古城，可能为战国时燕国军都城，汉代军都县。海淀清河镇朱房村汉代古城，城址近郊发现瓮棺葬。北京宣武门至和平门一线以南是战国及汉代蓟县的范围。城址南北发现大量汉代墓葬。八里庄南距蓟县城不足4千米，青龙桥南距蓟县城达15千米。

蓟县无终故城，秦时为右北平郡治，汉为无终县城。其东北部也发现了两处瓮棺葬，一处在蓟县独乐寺，一处在蓟县西北郊，都距无终县城较近。

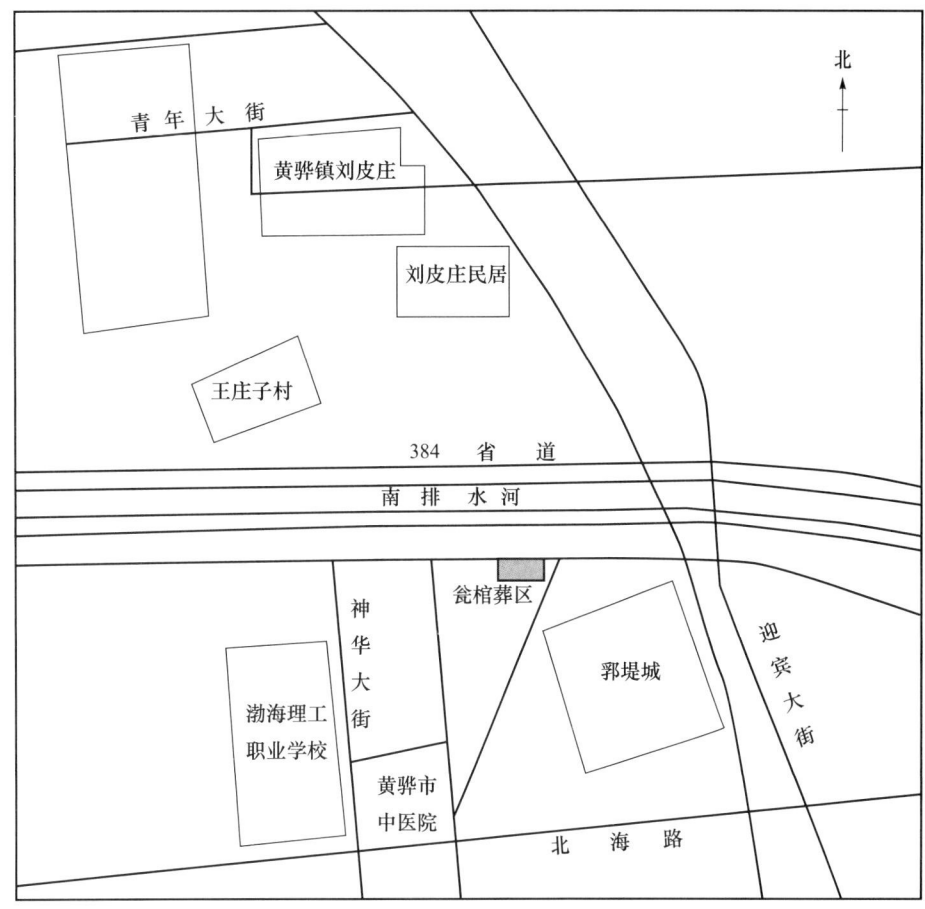

图八　黄骅浮堤城与瓮棺葬位置示意图

临淄齐故城是山东瓮棺葬发现数量最多的地方，城内城外均有分布，城内如城墙、宫殿及手工业作坊区均有发现，城外如城北的粉庄、城东的后李遗址，均与齐故城相距不足 2 千米（图一一）。

章丘东平陵城不仅城内有瓮棺葬，城墙下压着瓮棺葬，而且西距城子崖瓮棺葬不足 3 千米，北距宁家埠瓮棺葬不足 10 千米。东平陵城是战国时期齐国筑起的平陵邑，汉代时置县，一度曾作为吕氏封邑，后作为济南国王都。从发现的情况看，瓮棺葬在此比较流行。通过实地观察，东平陵城墙下的 2 座瓮棺葬，是在城墙夯土之下的地层中，时间可能稍早于东平陵城建筑时期，因此，似不能作为城墙奠基或祭祀的遗存（图一二）。

沈阳上伯官城址地处沈阳与抚顺之间。城址东侧紧依牤牛河，北为浑河支流二道河。城址原为长方形，南北稍长，周长约 2500 米。城址周围分布着许多两汉、魏晋时期的墓葬群。上伯官屯汉魏墓群向东延续 1 千米到抚顺市的刘尔屯、再往东 2 千米的四方台、往西 7 千米的石庙子、西南 10 千米的古城子也都有墓葬和遗物。可见上伯官屯城址周围沿浑河两岸可能还有同时期的村落或居址。该城址交通方便，地理位置险要，西汉时沈阳东郊有一座候城县，东汉时玄菟郡治亦内迁至此。虽然现在尚不能确认上伯官屯城址的性质，但上述瓮棺葬及汉魏墓葬区应与之有关（图一三）。

今辽阳市区，两汉时期为辽东郡治襄平县所在地。辽阳东郊唐户屯、桑园子、南郊玉皇庙发现的瓮棺葬，或者直接与襄平县城有关，或者是城郊居民的瓮棺葬。辽阳北郊三道壕可能是城郊居民的大型瓮棺葬区（图一四）。

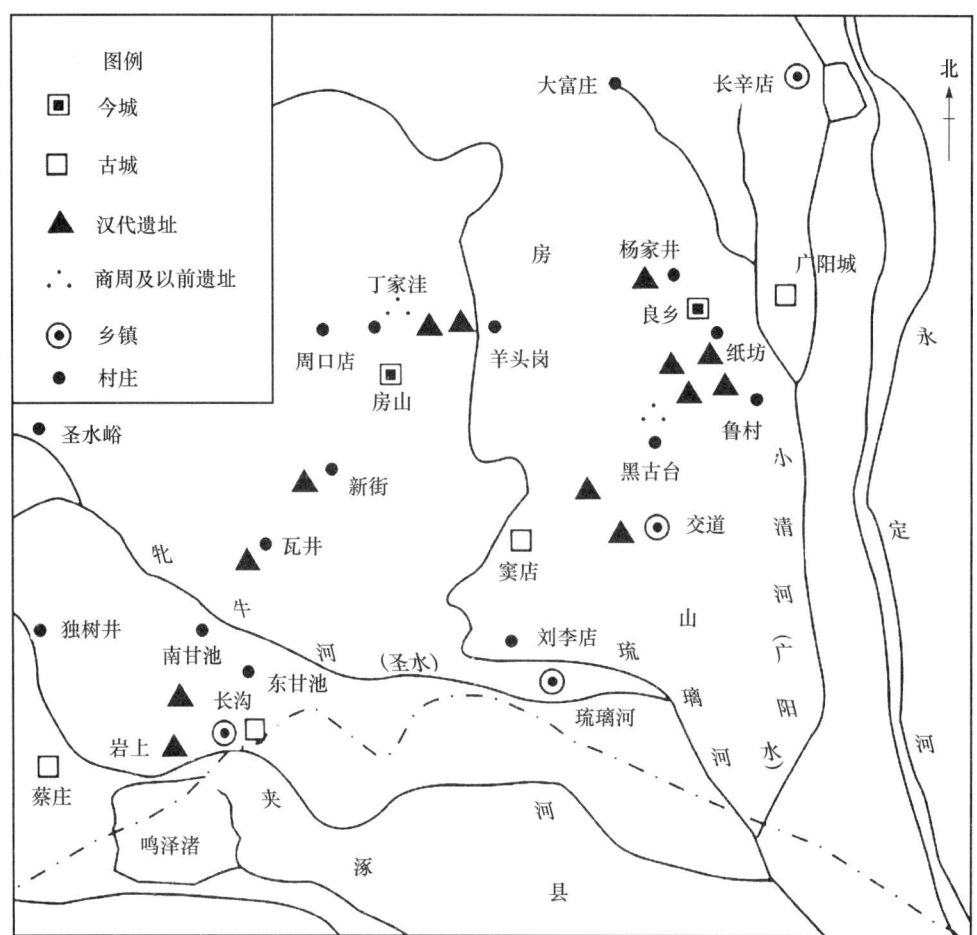

图九　房山古城址与瓮棺葬位置示意图

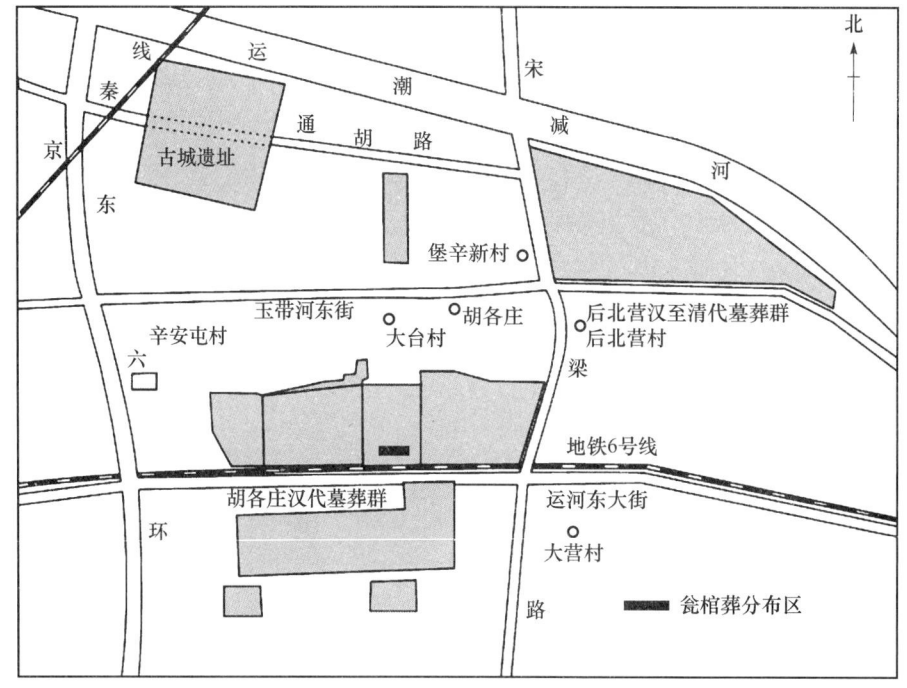

图一〇　通州路县故城与瓮棺葬位置示意图

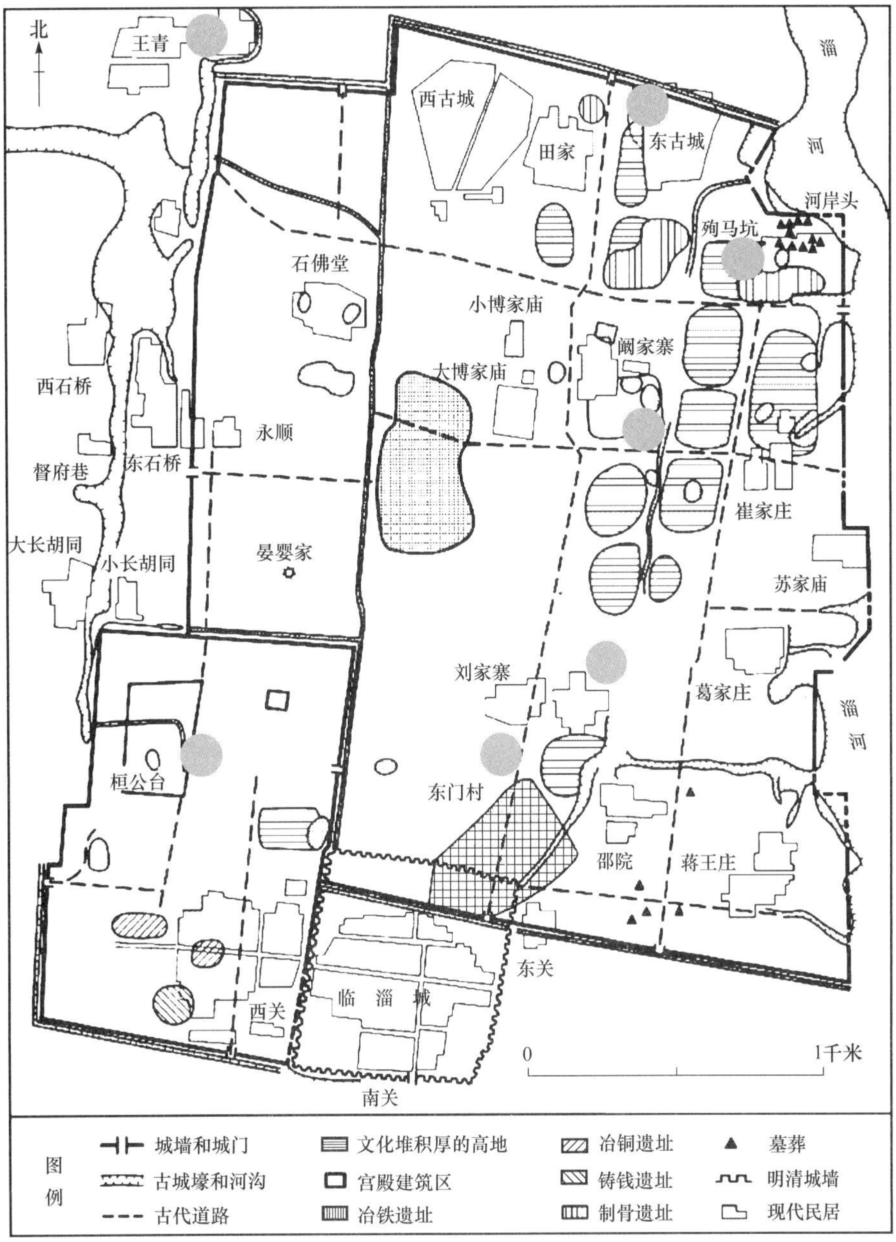

图一一　齐故城瓮棺葬分布示意图

图一二　东平陵故城东城墙下的瓮棺葬

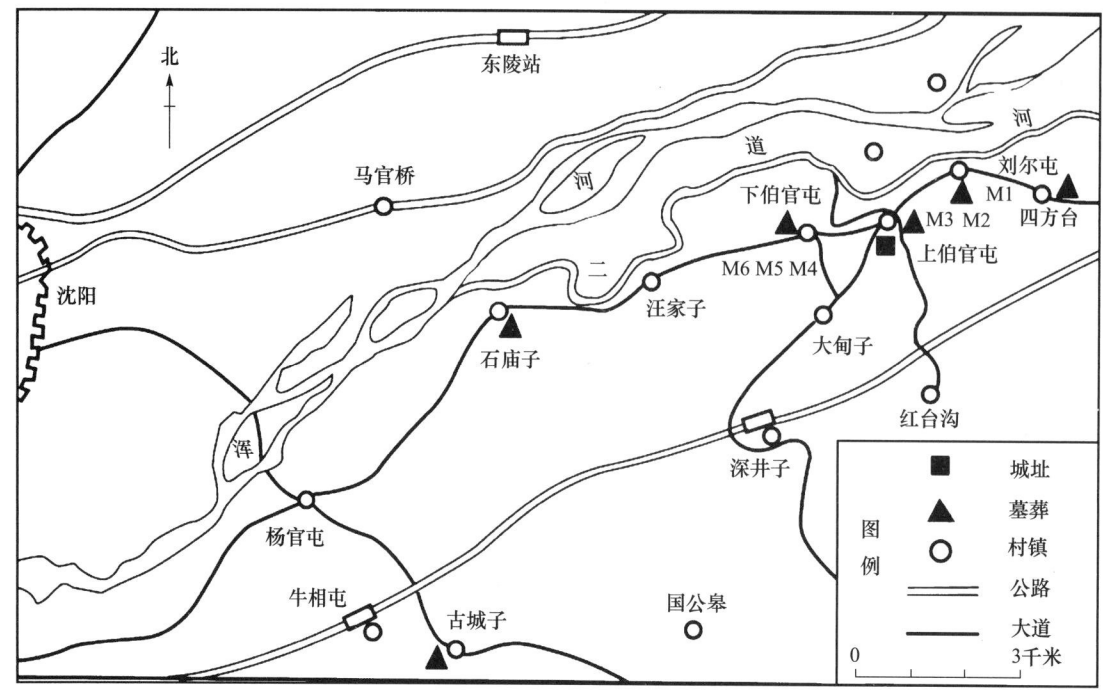

图一三　沈阳上伯官屯墓地与城址位置图

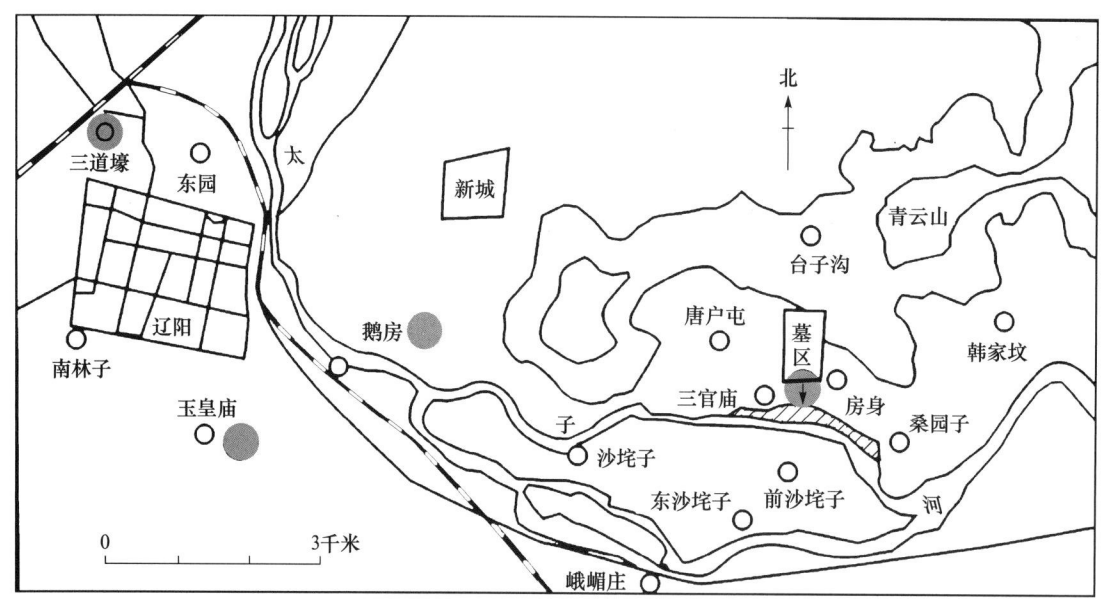

图一四　辽阳近郊墓葬区与城址位置图

安杖子古城为战国右北平郡石城县故城，古城位于凌源县城西南 4 千米，建在大凌河南岸平坦的台地上，其东、西、南三面环山，北面临河，地势开阔。黄道营子古城为西汉白狼县治，坐落在东控白狼水（大浚河）、背靠白狼山（太阳山）的平川地带。西汉时期，两城因靠近大凌河谷，是扼守燕山的门户，也是防守匈奴的军事交通重镇，战略地位十分重要。喀左大城子眉眼沟墓地位于大城子镇北 1 千米，镇东傍黄道营子古城。在两座城址外都发现了瓮棺葬（图一五）。

在全部 119 个瓮棺葬发现地点中，约有 45 处分布在城址内或城址周围，占发现城址总数的 37.8%。

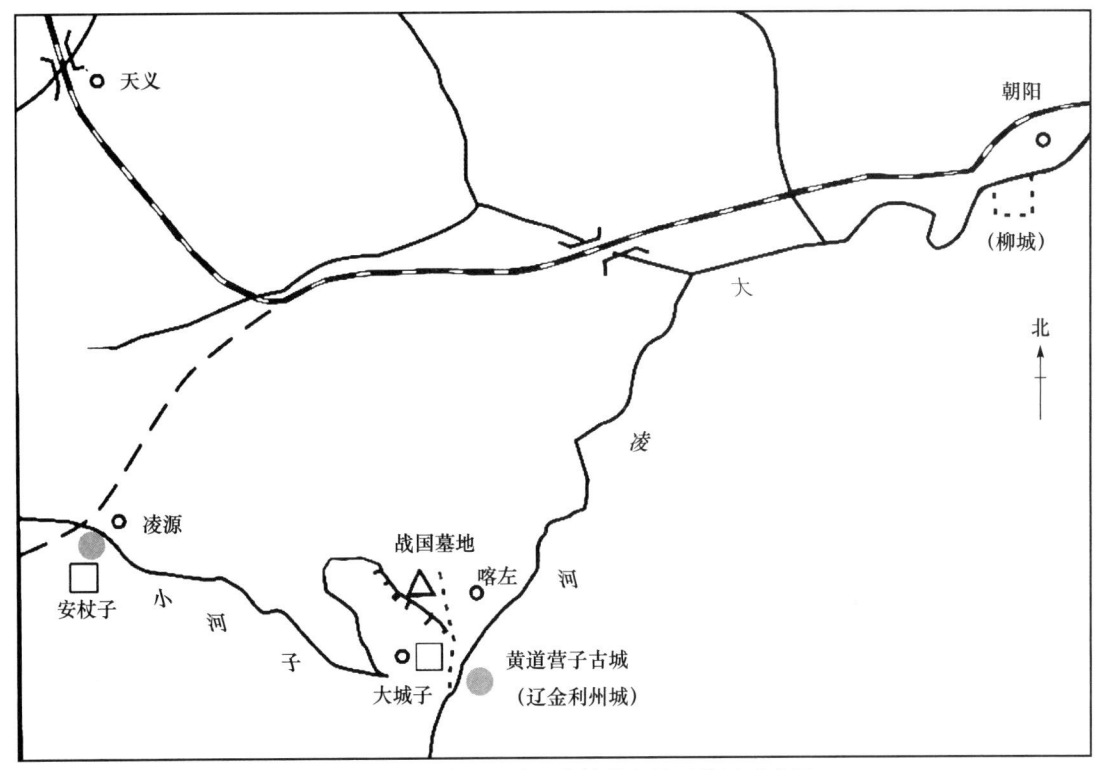

图一五　辽宁凌源及喀左瓮棺葬与城址位置示意图

城址内及城址周围的瓮棺葬数量约 813 座，占发现瓮棺葬总数的 52%。这仅是比较明确的情况，不包括大量情况不明者。瓮棺葬发现较多的地方，一般都有一座秦汉城址。特别是较大的城址，如河北易县燕下都、邯郸大北城、山东临淄齐故城等。有些中等城邑，如河北黄骅郚堤城、北京通州路县故城、天津宝坻秦城、辽宁瓦房店陈屯汉城等，也发现大量的瓮棺葬。滦县韩新庄发现 261 座瓮棺葬，但没有看到附近有秦汉城址的报道，今后值得注意。由于考古工作的缺乏以及考古发现的偶然性，加之大量发现瓮棺葬未做报道的情况，目前，尚有一半以上的城址没有瓮棺葬的报道。但是，仅就 37.8% 的比例，也可以得出这样的推论，即在环渤海地区内，有秦汉城邑的地方一般都会有瓮棺葬的存在，更进一步说，但凡瓮棺葬比较集中的地方，周围一般都会有一座秦汉时期的城址与之对应。但这并不是说，凡是有瓮棺葬的地方都有城，有些瓮棺葬发现地点，尤其是文中所列的第四种情况，数量众多，分布情况不明，有的可能属于一般村落遗存。

综上所述，秦汉时期的大城邑，特别是当时的郡国城，如魏郡邺城、济南东平陵、齐郡临淄、东海郯、广阳国城、蓟、辽东襄平、右北平无终、赵国邯郸、城阳国莒、胶东国即墨等，都发现了瓮棺葬。燕下都、齐临淄、魏邯郸、济南东平陵、沈阳附近发现的瓮棺葬数量大大超过其他中小城邑。从分布上看，越是大都市瓮棺葬越多。在大城邑的郊区，也有瓮棺葬，应是受到城邑葬俗的影响所致。燕文化的核心区，瓮棺葬不但数量多，而且分布广。浮堤城瓮棺葬，年代集中于西汉时期，数量众多，彼此之间又无打破关系，其原因值得探究。山东半岛发现的瓮棺葬，大城邑内及其周围数量最多，距大城邑较远的地方，小的城邑，虽有发现但数量相对较少，泰山以北发现较多，泰山以南发现较少，有以大城邑为中心向四周辐射的趋势，这里有传播与影响的原因，也有人口多少等因素所致。辽东半岛虽然也集中于大城邑附近，但瓮棺葬似乎更加流行，从南到北都有发现，尤以辽西地区、辽河流域及半岛沿海地区最为集中。从时间上看，最早的瓮棺葬发现于燕下都战国早期文化层中，大约战国中晚期向南、北传播。西汉时期，整个环渤海地区普遍发现瓮棺葬，尤其是辽东半岛更加突出。瓮棺葬向朝鲜半岛、日本列岛的传播，大概辽东半岛是传播的主要桥梁。

五、余　论

《礼记·檀弓》载："以有虞氏之瓦棺葬无服之殇。"贾公彦《仪礼注疏》："不满八岁以下为无服之殇。"从环渤海地区瓮棺葬的发现看，瓮棺葬主要是用于埋葬婴幼儿的，这与史前时期的瓮棺葬大致相同。就秦汉时期瓮棺葬的埋葬位置看，也基本与史前相似。史前时期瓮棺葬的埋葬位置大致分四种情况：一是居住区房基墙内、居住面填土中，有的置于房内近墙角处的地面下；二是居住区房屋近旁和附近，这种情况占大多数；三是葬于成人墓地；四是独立的瓮棺葬墓地[107]。但史前瓮棺葬在瓮棺上钻孔的习俗，秦汉时期基本不见，而且进入夏商周三代以后，瓮棺葬比较少见。因此，战国时期瓮棺葬的兴起，似乎与古风少有源渊，其流行区域、葬式、反映的埋葬理念都与史前不同，称之为一种新的葬俗亦未尝不可。从目前的考古发现推测，兴起之地似乎在战国时期的燕国。这一区域也是作为重要葬具的红陶釜的主要分布区[108]。

在多数地区，婴幼儿夭折不能进入成人墓区，他们或者被葬在专门的瓮棺葬区，或者葬在城墙、城壕或房屋附近，或者葬在街道上。这说明，秦汉时期在选择早夭婴幼儿葬地时，既有总的原则，即不入成人墓区，又比较随意。也发现个别瓮棺与成人埋在一起。

在城内外瓮棺葬中，埋在道路上的现象尤其值得注意，如宝坻秦城及齐国故城都发现这种现象，他们均为婴幼儿瓮棺葬。对此学界说法不一。有的认为，在某些地区把早夭的儿童埋葬在道路上，希望他们被路人带走，以便早日降临人间。也有人认为，婴幼儿早夭，对于家庭来说是不祥之兆，将他们埋在道路上，以排祸咎移路人[109]。

另外，一些成人也采用瓮棺埋葬，如黄骅郛堤城、通州路县故城等，这些可能与非正常死亡有关，也可能是当地的特殊葬俗。目前的考古发现还不足以支持这一问题的讨论。

秦汉时期，国家统一，政治一体，文化的差异性日趋减小。但就瓮棺葬而言，作为一种葬俗，仍然存在较强的区域性。关于这一点，从学者对全国瓮棺葬所做的分区研究可以看得比较清楚。就环渤海地区而言，辽宁省没有发现城内瓮棺葬，也没有发现葬于道路上的情况，其他省市两种情况都存在。诸如此类，如果细究，似乎还有较多的差异性。

注　释

[1] 徐龙国：《秦汉城邑考古学研究》，中国社会科学出版社，2013年。

[2] 白云翔：《战国秦汉时期瓮棺葬研究》，《考古学报》2001年第3期。

[3] 韩国国立罗州文化财研究所：《东北亚的瓮棺墓·5·中国的瓮棺墓》，2010年。

[4] 黄帆：《论汉代瓦棺葬》，中山大学硕士学位论文，2012年。

[5] 梅鹏云：《周秦汉时期环渤海地区红陶釜研究》，《北方文物》1995年第4期。

［6］ 陶亮：《辽宁地区青铜时代至汉代的瓮棺葬试析》,《辽宁省博物馆馆刊（2010）》, 辽海出版社, 2010 年。
［7］ 金秉俊：《汉代聚落分布的变化——以墓葬与县城距离的分析为线索》《考古学报》2015 年第 1 期。
［8］ 韩嘉谷：《西汉后期渤海湾西岸的海侵》,《考古》1982 年第 3 期；韩嘉谷：《再谈渤海湾西岸的汉代海侵》,《考古》1997 年第 2 期。
［9］ 傅振伦：《燕下都发掘报告》,《国学季刊》第 3 卷第 1 号, 1932 年, 第 175 页。
［10］ 河北省文物研究所：《燕下都》, 文物出版社, 1996 年, 第 137、218、248、306 页。
［11］ 韩立森、段宏振：《近年来赵都邯郸故城考古发现与研究》,《邯郸职业技术学院学报》2008 年第 4 期。
［12］ 邯郸市文物管理处：《邯郸市东门里遗址试掘简报》,《文物春秋》1996 年第 2 期。
［13］ 河北省文物管理委员会：《河北省武安县午汲古城的周、汉墓葬发掘简报》,《考古》1959 年第 7 期。
［14］ 许永杰、闫渭清、李孝配：《河北涞水发掘安阳遗址燕文化墓地》,《中国文物报》2007 年 6 月 1 日。
［15］ 河北省文物研究所、唐山市文物管理处：《唐山市东欢坨遗址战国遗址发掘报告》,《河北考古文集》（一）, 东方出版社, 1998 年。
［16］ 安志敏：《河北省唐山市贾各庄发掘报告》,《考古学报》第六册, 1953 年。
［17］ 张春长、翟良富：《滦县发现战国汉代瓮棺丛葬墓群》,《中国文物报》1996 年 9 月 22 日；张春长：《滦县韩新庄战国汉代瓮棺丛葬墓》,《中国考古学年鉴》, 文物出版社, 1997 年。
［18］ 张家口市文物保护管理所：《张家口市白庙遗址清理简报》,《文物》1985 年第 10 期。
［19］ 张家口考古队：《河北怀来官厅水库沿岸考古调查简报》,《考古》1988 年第 8 期。
［20］ 河北省文物研究所：《河北容城县午方新石器时代遗址试掘》,《考古学集刊》第 5 集, 中国社会科学出版社, 1987 年。
［21］ 河北省文物管理委员会：《唐山市陡河水库汉唐金元明墓发掘简报》,《考古》1958 年第 3 期。
［22］ 唐山市文物管理处、迁安市文物管理所：《迁安苏各庄战国、东汉墓葬发掘报告》,《文物春秋》2008 年第 4 期。
［23］ 贾金标、齐瑞普、石磊：《河北徐水东黑山遗址考古发掘取得重大收获》,《中国文物报》2007 年 1 月 17 日。
［24］ 樊书海、郭济桥：《河北河间发现一批西汉瓮、瓦棺葬》,《中国文物报》2006 年 3 月 29 日。
［25］ 河北省文物研究所、唐山市文物研究所、唐山市丰润区文物保管所：《河北丰润商各庄遗址发掘报告》,《文物春秋》2016 年第 2 期。
［26］ 河北省文物局文物发掘组：《河北省几年来发现的考古资料》,《文物》1956 年第 7 期。
［27］ 北京市文物研究所拒马河考古队：《北京市窦店古城调查与试掘报告》,《考古》1992 年第 8 期。
［28］ 李韵：《考古改写北京城市副中心历史——通州千余年前即是宜居之地》,《光明日报》2016 年 11 月 25 日。
［29］ 北京市文物研究所：《北京考古四十年》, 北京燕山出版社, 1990 年, 第 63 页。
［30］ 北京市文物研究所：《南水北调北京段考古发掘报告集》, 科学出版社, 2008 年。
［31］ 北京市文物工作队：《北京昌平白浮村汉、唐、元墓葬发掘》,《考古》1963 年第 3 期。
［32］ 北京市文物工作队：《北京昌平史家桥汉墓发掘》,《考古》1963 年第 3 期。
［33］ 北京市文物研究所：《北京考古四十年》, 北京燕山出版社, 1990 年, 第 60 页。
［34］ 北京市文物工作队：《北京怀柔城北东周两汉墓葬》,《考古》1962 年第 5 期。
［35］ 北京市文物研究所：《北京考古四十年》, 北京燕山出版社, 1990 年, 第 63 页。
［36］ 北京市文物研究所：《北京考古四十年》, 北京燕山出版社, 1990 年, 第 63 页。
［37］ 北京市文物研究所：《北京考古四十年》, 北京燕山出版社, 1990 年, 第 60 页；安志敏、殷秉枢：《北京西郊发现的瓮棺》,《燕京学报》第 39 册, 1950 年。
［38］ 北京市文物研究所：《北京考古四十年》, 北京燕山出版社, 1990 年, 第 60 页。
［39］ 北京市文物研究所、北京市昌平区文化委员会：《昌平张营——燕山南麓地区早期青铜文化遗址发掘报告》, 文物出版社, 2007 年, 第 199 页。
［40］ 周耿：《介绍北京市的出土文物展览》,《文物》1954 年第 8 期。
［41］ 北京市文物研究所：《北京考古四十年》, 北京燕山出版社, 1990 年, 第 63 页。
［42］ 北京市文物研究所：《北京考古四十年》, 北京燕山出版社, 1990 年, 第 63 页。

[43] 天津市历史博物馆等:《宝坻县秦城遗址试掘报告》,《考古学报》2001 年第 1 期。

[44] 天津市历史博物馆考古部:《1979—1989 年天津文物考古新收获》,《文物考古工作十年》,文物出版社,1990 年,第 18 页。

[45] 赵文刚、梅鹏云、邱明:《蓟县辛西战国、汉、辽墓葬》,《中国考古学年鉴》(1990),文物出版社,1991 年,第 155 页;纪烈敏:《蓟县西北隅战国至辽墓地》,《中国考古学年鉴》(1993),文物出版社,1994 年。

[46] 天津市历史博物馆考古队、宝坻县文化馆:《天津宝坻县牛道口遗址调查发掘简报》,《考古》1991 年第 7 期。

[47] 天津市文物管理处:《天津南郊窦庄子隋墓和汉代瓮棺葬》,《文物资料丛刊》第一辑,文物出版社,1977 年。

[48] 韩嘉谷:《西汉后期渤海湾西岸的海侵》,《考古》1982 年第 3 期;韩嘉谷:《再谈渤海湾西岸的汉代海侵》,《考古》1997 年第 2 期。

[49] 天津市文化局考古发掘队:《天津南郊巨葛庄战国遗址和墓葬》,《考古》1965 年第 1 期。

[50] 云希正:《天津市郊古遗址古墓葬的调查与发掘纪略》,《北国春秋》1959 年第 1 期。

[51] 天津市文化局考古发掘队:《渤海湾西岸古文化遗址调查》,《考古》1965 年第 2 期。

[52] 天津市文物管理处:《天津北仓战国遗址清理简报》,《考古》1982 年第 2 期。

[53] 安志敏:《河北宁河县先秦遗址调查记》,《文物参考资料》1954 年第 4 期。

[54] 山东省文物考古研究所:《临淄齐故城》,文物出版社,2013 年。

[55] 山东省文物考古研究所:《山东即墨故城调查》,《华夏考古》2003 年第 1 期。

[56] 徐淑彬:《山东沂南阳都故城考古调查》,《东南文化》1993 年第 1 期。

[57] 李振光、李曰训、刘永生:《费县故城遗址》,《中国考古学年鉴》(2004),文物出版社,2005 年,第 231~232 页。

[58] 临沂市博物馆:《临沂的西汉瓮棺、砖棺、石棺墓》,《文物》1988 年第 10 期。

[59] 郑同修、李曰训:《费县西毕城战国汉代墓地》,《中国考古学年鉴》(2002),文物出版社,2003 年,第 240~241 页。

[60] 山东省文物考古研究所:《山东临淄辛店墓地概述》,《渡来系弥生人のルーツを大陆にさぐる》,土井ケ浜遗跡·人类学ミュージアム,2000 年,第 19 页。又据称,临淄齐国故城附近也曾发现汉代瓮棺葬,有的瓮棺为直口筒形瓮,长 1 米以上,但至今未见正式报道。

[61] 山东省文物考古研究所:《山东潍坊后埠下墓地发掘报告》,《山东省配合高速公路考古报告集》(1997),科学出版社,1999 年。

[62] 于海广:《昌乐县后于刘商周及汉代遗址》,《中国考古学年鉴》(1990),文物出版社,1991 年,第 238 页。

[63] 山东省文物考古研究所、滕州市博物馆:《滕州东小宫墓地》,《鲁中南墓地》(上),文物出版社,2009 年,第 219 页。

[64] 山东省文物考古研究所、济宁市文物局、兖州市博物馆:《兖州徐家营墓地》,《鲁中南墓地》(上),文物出版社,2009 年,第 436 页。

[65] 李曰训、宋彦泉、李建平:《郯城县大官庄汉代墓地》,《中国考古学年鉴》(2003),文物出版社,2004 年,第 219 页。

[66] 党浩、王绪德:《莱州市朱汉商周时期遗址和汉代墓地》,《中国考古学年鉴》(2003),文物出版社,2004 年,第 208 页。

[67] 李振光、张英军:《莱州市黑羊山商周时期遗址和周、汉、宋代墓葬》,《中国考古学年鉴》(2003),文物出版社,2004 年,第 209~210 页。

[68] 济青公路文物考古队:《山东临淄后李遗址第一、第二次发掘简报》,《考古》1992 年第 11 期。

[69] 山东省文物考古研究所:《山东广饶县傅家遗址的发掘》,《考古》2002 年第 9 期。

[70] 山东省文物考古研究所:《章丘宁家埠遗址发掘报告》,《济青高级公路章丘段考古发掘报告集》,齐鲁书社,1993 年,第 87 页。

[71] 国立中央研究院历史语言研究所:《城子崖——山东历城县龙山镇之黑陶文化遗址》,1934 年,第 90 页,图版 54。

[72] 山东大学历史系考古教研室:《泗水尹家城》,文物出版社,1990 年,第 264、265 页。

[73] 山东省文物考古研究所、泗水县文物管理所：《2000年泗水尹家城遗址发掘报告》，《海岱考古》第二辑，科学出版社，2007年。
[74] 党浩：《莒县大略疃龙山及汉代文化遗址》，《中国考古学年鉴》（2000），文物出版社，2002年，第183页。
[75] 郑同修、李繁玲：《山东地区战国秦汉时期的瓮棺葬》，《东北亚的瓮棺墓·5·中国瓮棺墓》，韩国国立罗州文化财研究所2010年。
[76] 《瓦房店市陈屯汉魏晋墓地》，《中国考古学年鉴》（1995），文物出版社，1997年，第121页。
[77] 李宇峰：《辽宁建平县两座西汉古城址调查》，《考古》1987年第2期。
[78] 陈大为：《辽阳三道壕儿童瓮棺葬发掘简报》，《考古通讯》1956年第2期。
[79] 辽宁省文物考古研究所：《辽宁凌源安杖子古城址发掘报告》，《考古学报》1996年第2期。
[80] 朝阳地区博物馆：《辽宁喀左大城子眉眼沟战国墓》注18，《考古》1985年第1期。
[81] 朝阳地区博物馆、喀左县文化馆：《辽宁喀左大城子眉眼沟战国墓》，《考古》1985年第1期。
[82] 辽宁省文物考古研究所：《辽宁近十年来文物考古新发现》，《文物考古工作十年》，文物出版社，1990年，第63页。
[83] 原田淑人、驹井和爱：《牧羊城》，东方考古学会，1931年，第43～63页。
[84] 中国社会科学院考古研究所：《双砣子与岗上——辽东史前文化的发现和研究》，科学出版社，1996年，第124页。
[85] 刘俊勇：《大连尹家村、刁家村汉墓发掘简报》，《大连文物》1990年第2期。
[86] 白宝玉、司伟伟、杨帅：《辽宁营口发现汉墓群》，《中国文物报》2009年2月20日。
[87] 沈欣：《辽阳唐户屯一带的汉墓》，《考古通讯》1955年第4期。
[88] 沈阳市文物工作组：《沈阳市伯官屯汉魏墓葬》，《考古》1964年第11期。
[89] 武家昌：《抚顺市小甲邦汉代遗址》，《中国考古学年鉴》（1990），文物出版社，1991年，第186页。
[90] 旅顺博物馆、旅大市教育进修学院：《旅大乡土历史教材资料》1978年第2～3期。
[91] 中国社会科学院考古研究所：《沈阳肇工街和郑家洼子遗址的发掘》，《考古》1989年第10期；沈阳故宫博物馆：《沈阳郑家洼子的两座青铜时代墓葬》，《考古学报》1975年第1期。
[92] 原田淑人、驹井和爱：《牧羊城》，东方考古学会，1931年，第47～66页。
[93] 武家昌：《凤城市刘家堡子战国、汉代遗址》，《中国考古学年鉴》（1996），文物出版社，1998年，第119页；陈山：《凤城刘家堡子汉代瓮棺墓》，《中国考古学年鉴》（2000），文物出版社，2002年，第145页。
[94] 吉向前、朱达：《朝阳县北台子新石器时代至辽金时期遗址》，《中国考古学年鉴》（2000），文物出版社，2002年，第138页。
[95] 吉林大学考古系、辽宁省文物考古研究所：《辽宁锦西市邰集屯小荒地秦汉古城址试掘简报》，《考古学集刊》（11），中国大百科全书出版社，1997年。
[96] 驹井和爱：《辽阳発見の漢代坟墓》，《考古学研究》第1册，东京大学文学部，1950年；《东北文物工作队一九五四年工作简报》，《文物参考资料》1955年第3期。
[97] 铁岭市文物管理办公室：《辽宁铁岭市邱台遗址拭掘简报》，《考古》1996年第2期。
[98] 辽宁省博物馆、朝阳市博物馆：《建平水泉遗址发掘简报》，《辽海文物学刊》1986年第2期。
[99] 佟柱臣：《考古学上汉代及汉代以前的东北疆域》，《考古学报》1956年第1期。
[100] 朝阳地区博物馆：《辽宁喀左大城子眉眼沟战国墓》注18，《考古》1985年第1期。
[101] 佟柱臣：《凌源附近新石器时代遗址之调查》附录《大珠禄科瓮棺》，《热河》，满洲古迹古物名胜天然纪念物保存协会，1943年，第74～75页。转引自《燕京学报》第39册第169页，1950年。
[102] 儿玉重雄：《叶柏寿附近の瓮棺遗迹に就いこ》，《热河》，满洲古迹古物名胜天然纪念物保存协会，1943年，第22～26页。转引自《燕京学报》第39册第169页，1950年。
[103] 驹井和爱：《遼陽発見の漢代墳墓》，《考古学研究》第1册，东京大学文学部，1950年。
[104] 《史记·匈奴列传》第2886页；《史记·乐毅列传》第2427～2437页，中华书局，1959年。
[105] 吉林大学边疆考古研究中心、河北省文物局、邯郸县文物保管所：《河北邯郸薛庄遗址汉至宋代遗存发掘简

报》,《北方文物》2015 年第 3 期。
[106] 天津市文化局考古发掘队:《渤海湾西岸古文化遗址调查》,《考古》1965 年第 2 期。
[107] 许宏:《略论我国史前时期的瓮棺葬》,《考古》1989 年第 4 期。
[108] 梅鹏云:《周秦汉时期环渤海地区红陶釜研究》,《北方文物》1995 年第 4 期。
[109]《焦氏易林》卷一《小畜·升》载:"朝生夕死,名曰'婴鬼',不可得祠。"而葬于道路,有明显的厌胜意义。《汉书》卷六《武帝纪》:"(天汉二年)秋,止禁巫祠道中者。"颜师古注:"文颖曰:'始汉家于道中祠,排祸咎移之于行人百姓。以其不经,今止之也。'师古曰:'文说非也。秘祝移过,文帝久已除之。今此总禁百姓巫觋于道中祠祭者耳。'"文帝除"秘祝移过",应不涉及民间。看来文颖说的是有道理的。葬"道中",很可能也有将"小儿鬼"带来的"祸咎移之于行人百姓"的意图。见王子今:《秦汉民间意识中的"小儿鬼"》,《秦汉研究》第六辑,陕西人民出版社,2012 年。

中国战国至汉代的瓮棺墓与朝鲜半岛的瓮棺墓

宫本一夫

（日本九州大学）

一、导　　言

　　弥生时代前期，九州北部的成人瓮棺自伯玄式瓮棺阶段开始，至弥生时代前期末段、中期初段金海式瓮棺阶段定型、普及。此前，壶形陶器多是支石墓和土圹墓的幼儿葬具。这种状况在近年笔者发掘的佐贺县呼子町大友墓地中得以证实[1]。作为支石墓的下部结构，大友墓地的瓮棺墓属于伯玄式以来的阶段。另外，瓮棺墓也被认为是在九州北部独自发展而成的。例如，桥口达也认为，瓮棺墓承自绳纹时代后期、晚期的火葬传统，在绳纹晚期后叶的突带纹陶器阶段，作为支石墓的下部结构，成人开始使用木棺葬、石棺葬，幼儿开始使用大型陶壶。此后，幼儿墓葬使用的大型陶壶于伯玄式以后发展成为成人墓葬使用的大型瓮棺[2]。尽管瓮棺墓是否承自绳纹后期、晚期的火葬传统还未形成定论[3]，但是作为幼儿葬具的陶壶，在绳纹晚期后段的突带纹陶器阶段，伴随着朝鲜半岛无纹陶器文化的影响，向着壶形陶器转化的可能性很高[4]。此后朝向成人瓮棺的转变，桥口达也的观点是合理的。

　　另外，也有人认为九州北部的瓮棺墓是从大陆传来的。提倡这种观点的有三上次男[5]。三上次男根据在辽宁省辽阳玉皇庙附近发现的汉代成人瓮棺，认为九州北部的瓮棺墓与大陆有着千丝万缕的联系。可是，三上次男以后却再也没有论及东亚或东北亚瓮棺墓及其谱系关系的文章。白云翔近年曾论及华北一带战国至汉代的瓮棺，在阐述其特征的同时，也指出了燕及秦汉领域的扩张及其与朝鲜半岛瓮棺墓形成的关系[6]。本文欲立足当前，再次思索三上次男以来的未曾被论及的东北亚瓮棺墓的问题。特别是为对比九州北部弥生时期特有的瓮棺墓，便开始关注中国战国至汉代的瓮棺墓。所以，本文欲以燕地作为出发点，重新探讨中国东北战国至汉代的瓮棺墓的演变及其与朝鲜半岛的关联。

　　此外，中国新石器时代的瓮棺多属垂直放置的幼儿墓葬。成人瓮棺见于仰韶文化后半期的淮河上游，属于既埋葬大人又埋葬孩子的集团墓地。不过，这仅限于有限的地域和有限的时期[7]。三上次男认为，新石器时代末期的瓮棺是横向放置的，是瓮与瓮或瓮与鬲等的组合。这种方式后被商代传承，至战国时期，横向放置的幼儿瓮棺逐步兴盛起来[8]。战国至汉代时期，作为幼儿墓葬，瓮棺墓在华北一带有大范围的分布。这一时期是瓮棺墓最为流行的时期。从瓮棺的器类组合来看，也有关于秦—三晋同一性的论述以及燕—齐一体性的论述[9]。笔者是以中国东北的瓮棺墓作为论述的开始。

二、中国东北瓮棺墓的演变

据笔者管见，在现今的中国东北地区，最早的瓮棺墓出现在辽宁省康平县顺山屯遗址[10]，属商代、西周时期的高台山文化。顺山屯遗址的瓮棺属幼儿用瓮棺，下部放置大型陶鬲，里面葬着幼儿，其上用盆封住，和成人用的土圹墓类似。除此以外，在辽西及辽河下游地区，再也没有发现新石器时代至青铜时代的例子。不过，在辽东，位于辽东半岛的长山群岛上的上马石遗迹却发现有瓮棺墓[11]。瓮棺被直立或倒立放置；直立的话用石头封住。瓮棺里埋葬着幼儿或未成年人；未成年人属二次葬。从瓮棺的形制判断，属西周时期的上马石A地点下层[12]。

此后，无论是在辽西抑或是辽东，能够确认的瓮棺墓皆属战国时期，数量也有显著地增加。这与燕文化及其燕国领域的扩张不无关系。公元前5世纪，燕文化越燕山而传播至辽西，至公元前3世纪，燕国的版图直接扩张至辽东。这一点可以通过瓮棺使用的陶釜、陶罐得以证明，它们都属于燕地的陶器风格。于是，我们不得不首先考察燕国领域内的瓮棺形制的演变。表一显示的是战国至汉代的瓮棺墓。当然西汉中期以后并非属于燕的支配，但是瓮棺却依旧保留着燕的风格，所以汉代旧燕领域的瓮棺也成为我们将要检讨的对象。表一的年代是报告书中的年代。这个年代是否正确，有必要进一步检讨。

图一显示的是瓮棺釜与罐的形制演变。主要依据的是天津市宝坻区秦城遗址[13]的分期（战国至秦文化期与西汉文化期）。战国至秦文化期的3座瓮棺墓（5、6、56号墓）打破秦城城墙，墓葬的开口位于西汉文化层下。汉代文化期的瓮棺墓位于秦城东门内侧的道路处。两处墓地的地点明显不同，说明城门道路处的瓮棺墓与5、6、56号瓮棺墓的年代可能不同，且城墙内的瓮棺与城门道路处的瓮棺存在着形制上的差异，也可以认为是有年代差别的证据。以该墓地作为参考，可以总结出瓮棺釜、罐或钵的形制演变。不过，问题是秦城城墙的建造年代常被认为是战国晚期，而秦城5（图一，3）、6、56号瓮棺墓又打破城墙，据此认为瓮棺墓的年代应晚于战国晚期。然而，这种认为城墙的建造年代是战国晚期的证据并不充足。不过，北京市怀柔城北的4号墓[14]的随葬品（图二）却可以成为判断瓮棺釜的年代是战国时期的证据。从鼎和壶的形制来看，根据笔者的分期，其年代应属公元前4世纪前半[15]。秦城5、56号瓮棺釜与怀柔城北4号瓮棺釜的口沿特征相似，故年代可以追溯至战国中期。从秦城5号瓮棺釜来看，口沿呈敞口状。口沿形制与怀柔城北4号瓮棺釜相似。另外，窦店古城1号瓮棺[16]也有像秦城5号墓瓮棺那样的口沿，而窦店古城1号瓮棺墓又打破了战国早期的城墙。因此，这种形制的瓮棺应属战国中期。

作为秦城汉代的瓮棺墓，35号瓮棺釜的口沿并不是敞口的（图一，12），而是呈现"＜"状弯曲的短侈口。腹部的绳纹也比较稀疏，与秦城5号瓮棺釜的细密绳纹形成对照。从如此的对比中可以想象出，釜的形制演变有敞口口沿的退化和腹部绳纹的退化。窦店古城3号瓮棺釜（图一，11）和秦城35号瓮棺釜的形制相似。不过，和秦城35号瓮棺釜相比，窦店古城3号瓮棺釜的"＜"状侈口外侈，且宽，绳纹也比较粗。从先前的变化规律来看，可以认为窦店古城3号瓮棺釜略早于秦城35号瓮棺釜。窦店古城3号瓮棺打破战国晚期的城墙，和秦城35号瓮棺的年代一样，同是西汉时期的可能性较高。这就意味着，燕下都朗井村10号作坊遗址19号瓮棺釜[17]那样的内弯敞口

表一　燕系瓮棺墓地名表

墓地名	地点	瓮棺数	方向（头向）	特征	随葬品	人骨年龄	其他墓葬	记载年代	文献
燕下都武阳台21号作坊遗址	河北省易县	2座	南北	子母口瓮棺		婴儿骨			18
燕下都郎西村10号作坊遗址	河北省易县	1座		单口瓮棺				战国早期	18
燕下都郎西村10号作坊遗址	河北省易县	9座	南北	子母口瓮棺				战国中期	18
燕下都郎西村10号作坊遗址	河北省易县	7座	南北	子母口瓮棺				战国晚期	18
贾各庄	河北省唐山市贾各庄	6座		子母口瓮棺	铜铃、虎形饰、水晶玉		木椁墓		3
巨葛庄	河北省天津市南郊	2座	南北（北）	子母口瓮棺		幼儿骨			12
宝坻子	河北省天津市南郊	1座	东西	子母口瓮棺	五铢钱5枚、货泉1枚				14
东欢坨	河北省唐山市东欢坨镇	8座	南北、东西	子母口瓮棺					22
牛道口	河北省天津市宝坻县	1座		子母口瓮棺		幼儿骨		战国至秦	16
秦城	河北省天津市宝坻县石桥乡	3座	南北	子母口瓮棺	纺锤车	2～3岁、3～4岁		汉代	23
秦城	河北省天津市宝坻县石桥乡	43座	南北（北）、东西	子母口瓮棺		婴儿骨			23
田庄头	河北省宁河县	3座	南北	子母口瓮棺		小儿骨			4
窦店古城	北京市房山区	3座	南北（北）	子母口瓮棺		男性小儿骨	木椁墓、木棺墓		17
史家桥	北京市昌平县羊坊镇	2座		子母口瓮棺	无			汉代	10
八里庄	北京市海淀区阜成门外	1座	南北	子母口瓮棺		3岁			15
中关园	北京市海淀区中关园	2座	南北（北）	子母口瓮棺	环首铁刀、料珠		石椁墓		15
葫芦沟	北京市延庆县	32座	南北	子母口瓮棺	石质管玉、陶质玉、石质玉、仿制圆钱	3岁以下			15
紫竹院	北京市西郊紫竹院	3座		子母口瓮棺					5
安杖子	辽宁省凌源县安杖子	2座	南北（北）	子母口瓮棺		6～7岁	土圹墓、石椁木棺墓		20
邰集屯	辽宁省锦西市连山区	1座	南北（北）	子母口瓮棺			砖室墓		21
唐户屯	辽宁省沈阳市唐户屯	38座	南北	子母口瓮棺		小儿骨	石椁墓		6
鹤房	辽宁省沈阳市鹤房	少数		子母口瓮棺			土圹墓、石椁墓、木椁墓		6
郑家洼子	辽宁省沈阳市郑家洼子	3座		子母口瓮棺					13
伯官屯	辽宁省沈阳市伯官屯	3座	南北（北）	子母口瓮棺		小儿白齿			11
三道壕	辽宁省沈阳市三道壕	348座	南北（北）	子母口瓮棺	半两钱、料珠、铜环、料器装饰品	小儿骨			9
玉皇庙	辽宁省沈阳市玉皇庙	1座	东西	子母口瓮棺		老年期妇人脚骨	石椁墓		2
牧羊城	辽宁省大连市旅顺口区	3座	南北	子母口瓮棺					1
尹家村	辽宁省大连市旅顺口区	4座		子母口瓮棺		小儿骨	木椁墓		19

注：表中的文献与文末文献编号一致

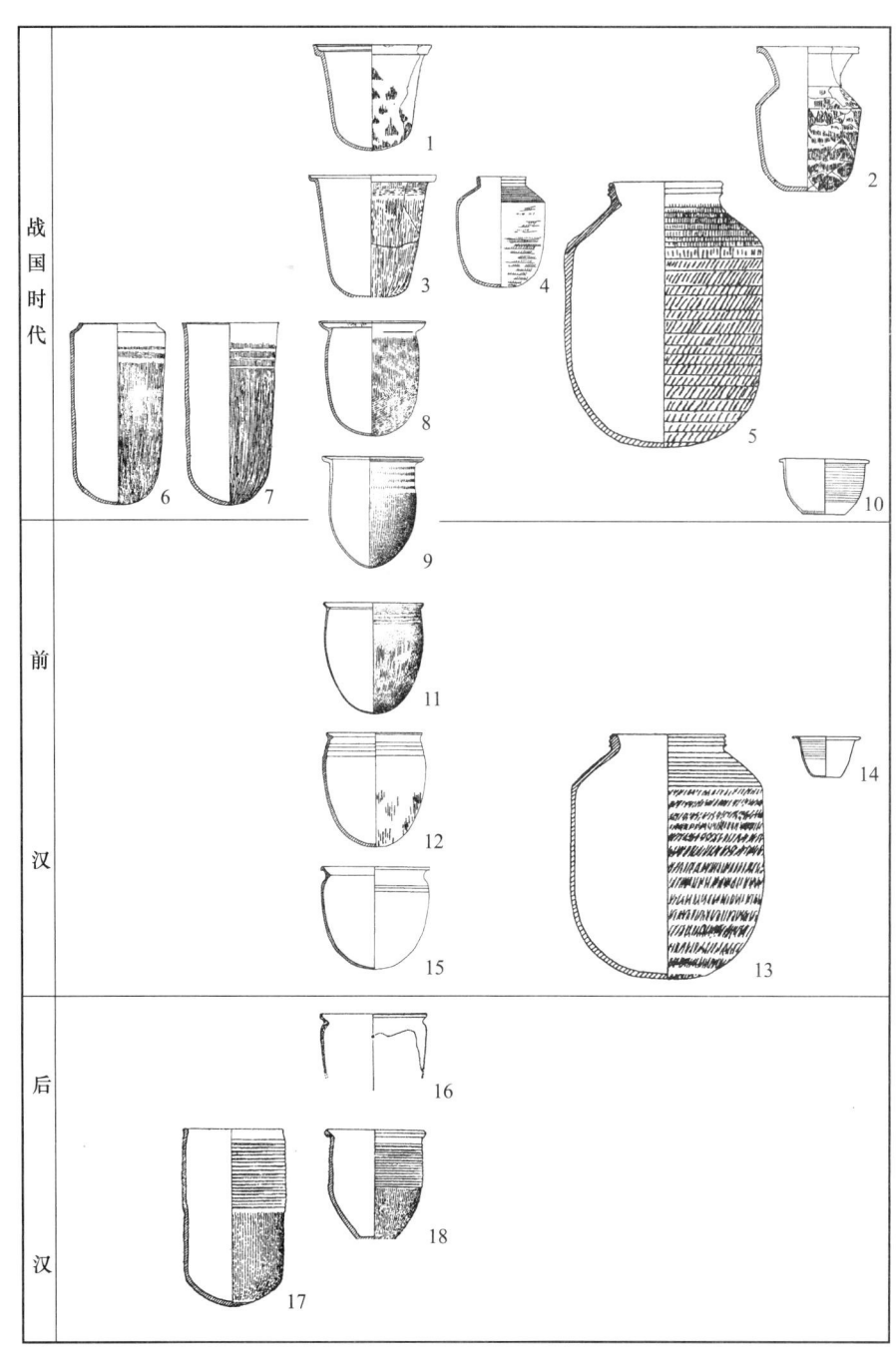

图一　燕系瓮棺的变迁

1、2.燕下都武阳台 21 号作坊址 2 号瓮棺　3.秦城 5 号瓮棺　4.新城 56 号瓮棺　5.新城 6 号瓮棺　6、7.燕下都朗西村 21 号作坊址 27 号瓮棺　8.燕下都朗西村 21 号作坊址 19 号瓮棺　9.尹家村 1 号瓮棺　10.尹家村 5 号瓮棺　11.窦店古城 3 号瓮棺　12.新城 35 号瓮棺　13、14.新城 2 号瓮棺　15.新城 10 号瓮棺　16.宝庄子　17、18.伯家屯

（图一，8），辽宁省大连市尹家村 1 号瓮棺釜[18]那样的"＜"状侈口，恰好处于秦城 5 号瓮棺釜与秦城 35 号瓮棺釜的中间。于是，以上预想的变化过程可以说是一个渐变的过程。再有，伴随着内弯状口沿的缩小，"＜"状侈口内侧弯曲处的凸起也有连续性的变化。加之，"＜"状口沿颈部的收缩，腹部的弯曲，已经呈现出了与战国中期秦城 5 号瓮棺釜的很大不同。再有，辽东半岛的燕式瓮棺至少要等到辽东郡治设立以后，即战国晚期才会出现。而辽东半岛的尹家村瓮棺的年代，要晚于敞口

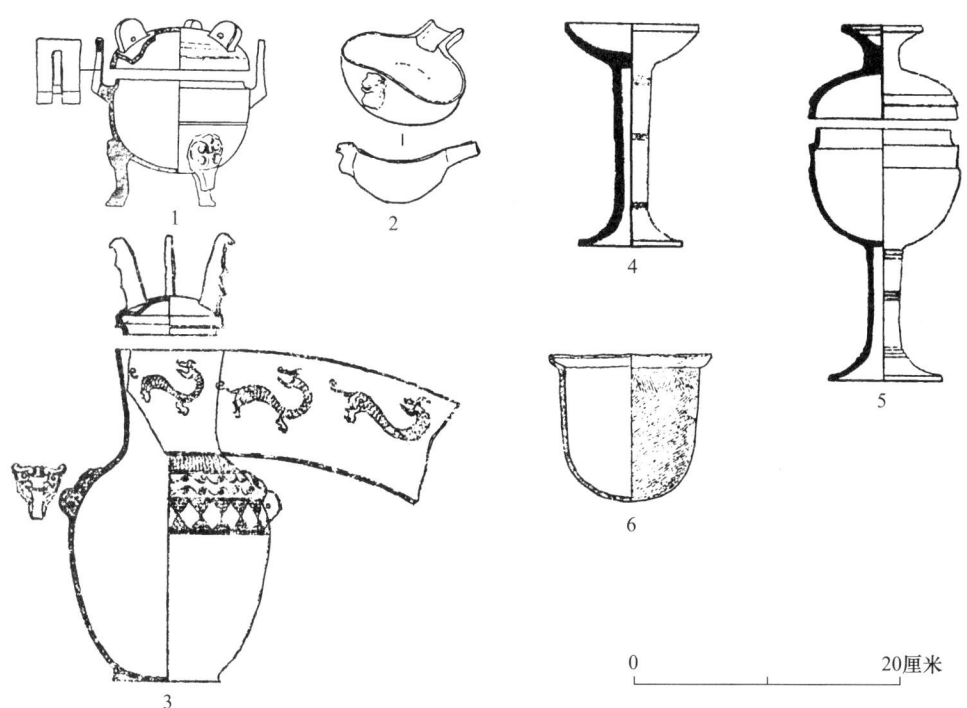

图二　怀柔城北 4 号墓随葬品

釜流行的战国中期的观点与之也并无矛盾。所以，尹家村 1 号瓮棺釜恐怕是处于战国至西汉时期的过渡阶段，即秦至西汉初年。瓮棺是战国时期辽东郡的设立以及燕文化、秦汉文化传播的表现。

如若这样的形制变化过程成立，那么就应该存在像秦城 5 号瓮棺釜那样典型的敞口器物。从这个变化规律来看，燕下都武阳台 21 号作坊遗址的 2 号瓮棺釜[19]、窦店古城的 1 号瓮棺釜等，其敞口更加典型（图一，1），所以它们的年代早于秦城 5 号瓮棺釜。武阳台 21 号作坊遗址 2 号瓮棺釜伴出的广口罐（图一，2）与燕下都周仁村 2 号墓[20]的广口罐形制相似，而周仁村 2 号墓的年代是战国早期[21]。因此，武阳台 21 号作坊遗址 2 号瓮棺釜的年代也可以认为是战国早期。

秦城汉代瓮棺墓群共有 43 座，其中包括秦城 56 号墓，并发现有 2 座相互打破的墓葬，即秦城 10 号瓮棺墓（图一，15）打破前文提及的 35 号瓮棺墓（图一，12；图三）。比较两者的瓮棺釜，10 号瓮棺釜的绳纹已经消失。由此可以证明腹部绳纹的退化过程。另外，10 号瓮棺釜的侈口也出现了唇部变得肥厚的新特征。另外，需要注意的是天津市南郊宝庄子的瓮棺釜[22]（图一，16）。随葬品不仅包括五铢钱还有货泉，可知其年代下限可以晚至东汉初年。该釜素面，承袭秦城 10 号瓮棺釜。秦城 10 号瓮棺釜的肩部微张，而宝庄子瓮棺釜的肩部表现得更加明显。宝庄子瓮棺釜的唇部也并不肥厚，而是形成直唇。根据随葬的货泉推断，宝庄子瓮棺的年代应在东汉前期以后。

综上所述，有关战国至汉代釜的演变，大致从敞口状的口沿部开始，逐步演化，弯曲外侈，最后形成短的"<"状侈口。就整体形态而言，最大腹径自腹部向口沿部移动，形成"<"状侈口，颈部收缩，颈部下方的肩部外张。另外，也有绳纹向素面的演化。除陶釜外，自战国至西汉时期，陶罐的肩部上方逐步外张（图一，5、13）。深腹钵的口沿（图一，10），相对底部逐步外侈，唇部肥厚（图一，14），呈现和釜的口沿相同的趋势。由此，宝庄子的瓮棺墓可以说是最终形态，年代延伸至东汉前期或是东汉前半期。

辽宁省沈阳市伯官屯的瓮棺[23]是平底釜，和以往见到的圜底釜不同。然而，从外侈的短口沿以及肥厚的唇部判断，可以认为是宝庄子瓮棺釜的演变。不过，伯官屯瓮棺釜的腹部并非素面，而是饰有多重的平行阴线纹，下腹部饰有细密的绳纹，与战国时期的釜有很大的不同。从这一点来看，相比宝庄子瓮棺，伯官屯瓮棺表现出了新的趋势。距离伯官屯瓮棺墓200米的地方，有东汉后半至魏晋时期的砖室墓群。尽管发掘报告认为瓮棺墓要早于砖室墓，但也可以解释成同时期的幼儿墓葬与成人的砖室墓毗邻。这一点也符合先前的变化规律，能够解释得通。所以，伯官屯瓮棺晚于东汉前半期的窦庄子瓮棺，属东汉后半期至魏晋时期。

以上探讨了釜等瓮棺形制的演变。在这一演变过程中，笔者将战国以来延续至汉代的瓮棺釜称作"燕式釜"。燕式釜的演变过程与笔者有关整个燕的陶器分期并无出入[24]。但是却与最近郑君雷的燕的陶器分期不同[25]。尤其是战国时期，作为瓮棺的燕式釜的变化方向，与本文完全相反。尽管从某种意义上而言，变化的特征虽然正确，但变化的方向却有问题。也就是说，在郑氏的论文中，并没有指出确定燕式釜演变方向的证据，是比较主观的判断。这种主观的判断是与事实相违的，不过从某种程度上而言，确实把握住了变化的主线。郑氏有关燕的陶器分期根据的是怀柔城北遗迹的墓葬分期。有关怀柔城北遗迹的墓葬分期，虽有细节问题，但大抵正确。只是郑氏认为九女台墓区16号墓的年代要早于怀柔城北的判断，却是毫无根据的。有关九女台墓区16号墓的年代，想必参考的是石永士的观点[26]，就其不合理性，其他的论文业已指出。因此，郑氏以燕下都为中心的分期是没有科学根据的。再有，郑氏的分期并没有指出联结各个小地域单位的共时证据。只能说是欠缺科学根据的陶器分期。因此，这样的分期没有参考价值。另外，在表一中，有关燕下都朗西村10号作坊的瓮棺墓部分，尽管有战国早、中、晚期的表述，但这仅仅是发掘者根据层位关系做出的大致判断，存在一定的问题，因此没有必要采信。

三、中国东北瓮棺墓的特征

战国以来的瓮棺是由2~4个釜、罐、钵、缸（筒形釜）等组合而成，横向放置的，子母口式的瓮棺（图三）。在天津市宝坻区秦城遗址中，尽管战国时期（图三，1~3）和西汉时期（图三，4~7）的器类组合比较多样，但皆是横向放置的子母口式瓮棺。在辽西和辽东，伴随着燕文化的东渐，或是燕国统治范围的扩大，瓮棺墓作为燕的墓制逐渐流行开来，直至秦汉，相同的埋葬习俗一直都被保留下来。

正如表一所示，瓮棺中发现的人骨皆为婴幼儿，即瓮棺基本上埋葬的都是孩童或未成年人。不过，辽阳市城南玉皇庙的汉代瓮棺中却发现了老年女性的脚骨[27]，因此有两种截然不同的观点：一是三上次男认为一部分的瓮棺用于埋葬成年的观点[28]；二是白云翔对此稍显慎重的观点[29]。从迄今仅有一例的成人墓葬来看，可以认为战国时期以来的瓮棺墓都是幼儿墓葬。尽管可能正如三上次男的论断，在汉代以后出现了部分瓮棺墓埋葬成人的现象，但这仅是个别现象，与本来的习俗相异。

诚如表一所示，瓮棺的方向多为南北，头朝北。虽然也有极少数的瓮棺是东西向的，但在秦城瓮棺墓地中，东西向的瓮棺皆打破南北向瓮棺（图三），说明东西向瓮棺的年代要晚。因此，可以

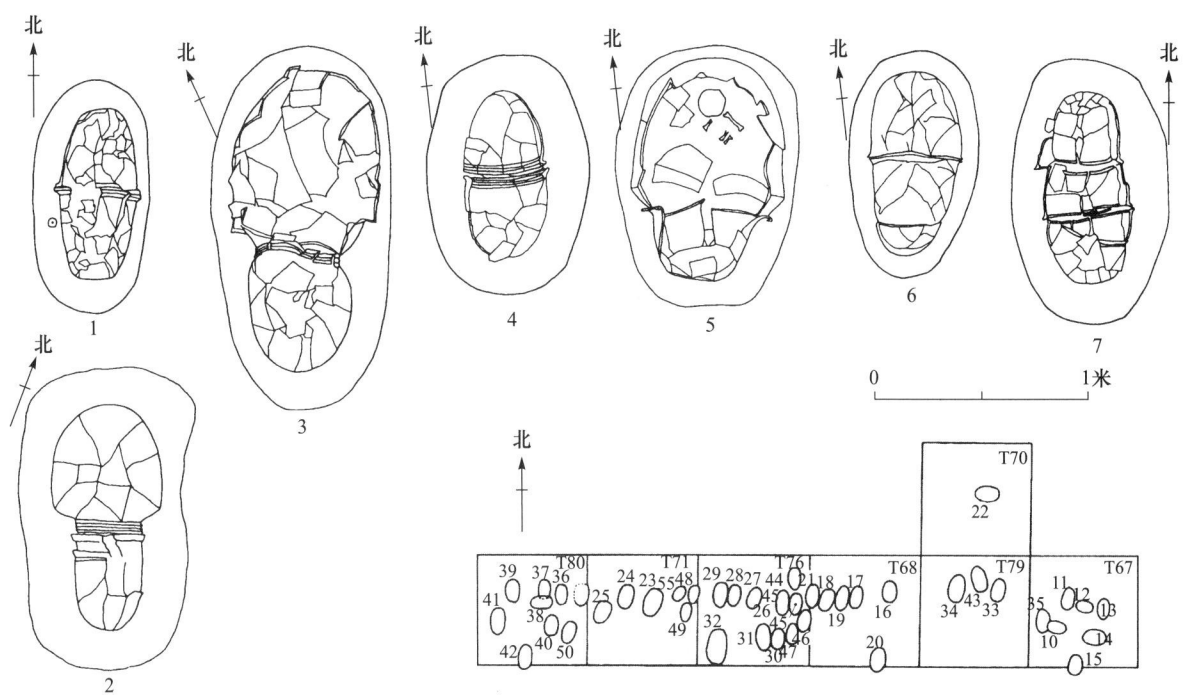

图三　秦城瓮棺墓的埋葬形态和汉代瓮棺墓地
1. 5号瓮棺　2. 56号瓮棺　3. 6号瓮棺　4. 24号瓮棺　5. 2号瓮棺　6. 46号瓮棺　7. 29号瓮棺

解释为战国时期以来，南北向瓮棺的规定伴随着时间的流逝逐渐出现松动。另外，瓮棺墓有的位于聚落周边，即在城址内部或周边，有的和其他墓葬混杂，有的独立成群。独立成群的瓮棺墓包括天津市宝坻区秦城遗址（图三）以及辽阳市三道壕遗址的西汉墓葬。瓮棺墓多无随葬品，即使有也是玉器等装饰以及半两钱等货币。

四、朝鲜半岛的瓮棺墓

朝鲜半岛西北的瓮棺墓有平壤市乐浪区的贞柏洞[30]、平安南道江西郡的台城里[31]、黄海南道安岳郡的伏狮里[32]等（表二）。伏狮里的1号瓮棺、贞柏洞的6号瓮棺使用了西汉时期乐浪地区的植木钵（花盆）形陶器，因此它们的年代属于汉代是没有问题的[33]。子母口式的瓮棺被横向放置，墓葬的方向多呈南北，这些与辽东一致的基本特征显示了瓮棺墓的形成。它们的出现与战国晚期燕国领域向辽东的扩张、木棺墓向朝鲜半岛西北的扩展以及乐浪郡的设立等息息相关，即朝鲜半岛西北的瓮棺墓是汉系文化扩张的结果。

不过，作为朝鲜半岛新石器时代的遗迹，在庆尚南道晋州市的上村里遗址新石器时代中期的14号房址里也发现有两座瓮棺墓[34]。这两座瓮棺被垂直放置在房址的居住面下，瓮棺内发现被火烧过的人骨。相似的瓮棺还出现在黄海南道智塔里遗址里的2号房址内[35]。它们有可能属于栉目（梳篦）纹系统陶器文化的传统墓制。但是出土的实例很少，因此到目前为止还很难判断。另外，至无纹陶器时代中期的松菊里式陶器阶段，瓮棺基本上仍然是被垂直放置的，瓮棺的上部一般用石头封住[36]。这些瓮棺多属幼儿墓葬。其形制虽然和辽东青铜时代的瓮棺存在些许差距，但是就其

表二　朝鲜半岛瓮棺墓地名表

墓地名	地点	瓮棺数	方向（头向）	特征	随葬品	人骨年龄	其他墓葬	瓮棺形制	文献
贞柏洞	平壤市乐浪区	18座	南北，东西	子母口瓮棺	琥珀装饰品，珠				29
贞柏里221号砖室墓墓道西壁	平壤市乐浪区	1座	南北	子母口瓮棺					24
将进里砖室墓入口	平安南道大同江面			子母口瓮棺			砖室墓		25
台城里	平安南道江西郡	5座	南北	子母口瓮棺					26
伏狮里	黄海道安岳郡	6座	南北，东西	子母口瓮棺			土圹墓		27
新昌里	光州市光山区	53座	东西	子母口瓮棺，单棺	铁片，陶器				28
云南洞	光州市光州区	4座	南北	子母口瓮棺			黏土带后期		33
八达洞	大邱市北区	139座					木棺墓，土圹墓	瓦质陶器	35
林堂A-I区（17、28、31、34、56、71、124、146号墓）	庆尚北道庆山市	9座	东西（东）	子母口瓮棺，单棺	剑首饰，壶，青铜马，铁轮，料珠，青铜短剑剑锋		木棺墓	瓦质陶器	34
茶户里（5-2、45、46号墓）	庆尚南道昌原市	3座	东西	子母口瓮棺			木棺墓	黏土带后期	30、31
三东洞	庆尚南道昌原市	33座	南北	子母口瓮棺	铁器，铜镜，玉类		土圹墓，石棺墓	瓦质陶器	32

整体而言是非常相似的，这一点非常值得注意，说明这些瓮棺与上述汉代以后的汉系文化系统的扩张不同。

在朝鲜半岛西北，受汉系文化影响的瓮棺具有和燕系釜类似的圜底，由于没有实测图，所以不能直接和辽东瓮棺釜比较，因此无法获知两者的具体联系。但是，瓮棺饰有的绳纹肯定是和辽东有过接触以后才出现的。前不久，谷丰信也指出，燕国陶器作为乐浪系陶器谱系的一部分，有向东传播的趋势[37]。再有，在朝鲜半岛西北，即使在砖室墓中也曾发现有瓮棺。从辽东砖室墓阶段也曾发现有瓮棺的现象来看，在乐浪地区的砖室墓中发现瓮棺的现象不足为奇。根据高久健二的研究[38]，乐浪地区的砖室墓出现在1世纪以后，具有和辽东联动的可能性。但是，在贞柏洞221号砖室墓中，瓮棺位于墓门附近的墓道西侧。尽管发掘者认为瓮棺与砖室墓具有共时的关系[39]，但砖室墓完全有可能晚于瓮棺墓建造。遗憾的是瓮棺的陶器形制不明，详细的情况还不得而知。

在朝鲜半岛南海岸，金海式瓮棺和弥生时代的瓮棺相似[40]，不过金海式的瓮棺是由瓮、钵等组成的横置瓮棺，这一点与弥生时代的瓮棺相迥。例如，庆尚南道昌原市的三东洞（图四，6）、釜山的老圃洞、金海的礼安里、光州市的新昌里等。这些瓮棺基本上都与朝鲜半岛西北的瓮棺相似，

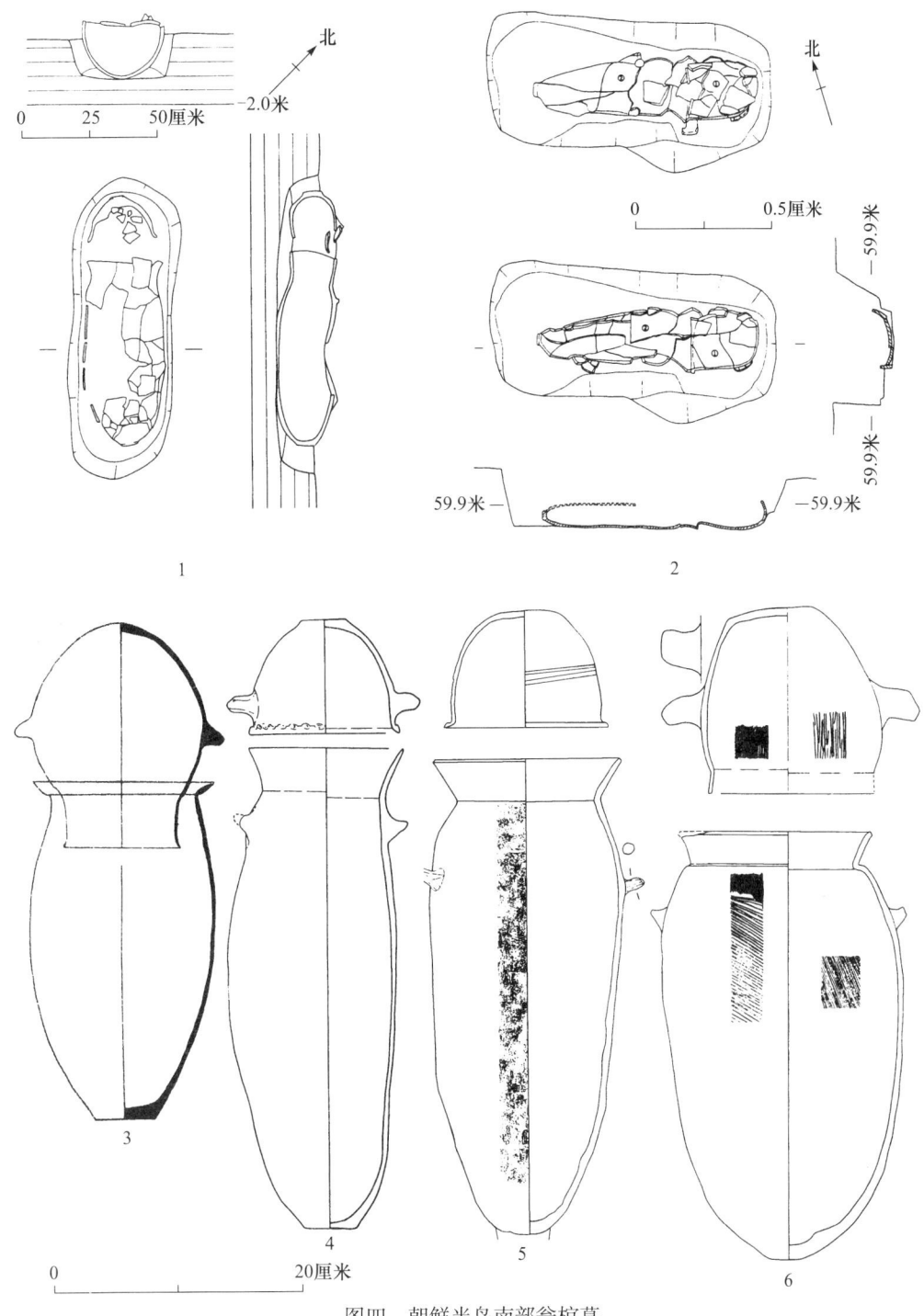

图四　朝鲜半岛南部瓮棺墓

1. 茶户里 45 号瓮棺墓　2. 林堂 A-Ⅰ区 71 号瓮棺墓　3. 新昌里 17 号瓮棺　4. 茶户里 45 号瓮棺
5. 林堂 71 号瓮棺　6. 三东洞 24 号瓮棺

无论是放置方式还是器物的种类，皆和无纹陶器时代不同。从三东洞等的瓮棺以及随葬品来看，年代上限相当于原三国时代（三韩时代）[41]。因此，这种瓮棺从原三国时代一直沿用至三国时代，其中较早的瓮棺被列在了表二中。除新昌里、三东洞外，原三国时代的瓮棺还有光州市的云南洞遗址、庆尚南道昌原市的茶户里遗址（图四，1、4）、庆尚北道庆山市的林堂 A-Ⅰ区（图四，2、5）、大邱市的八达洞等。其中最早的是新昌里的 17 号瓮棺（图四，3），云南洞的第 2 号瓮棺、第 4 号瓮棺，属三角形黏土带陶器阶段的无纹陶器终末期。无论是从瓮棺的器类、放置方式，还是从瓦质陶器的出现，都可以认为朝鲜半岛南海岸与朝鲜半岛的西北（乐浪地区）具有谱系关系。

在朝鲜半岛西北，多数台城里、贞柏洞、伏狮洞的瓮棺被南北向放置，极少数如贞柏洞、伏狮洞的瓮棺被东西向放置。它们承袭着燕至汉代的制度。因为即使在辽东，从汉代后半期开始，也发现了脱离以往规矩的东西向放置的瓮棺。朝鲜半岛西北的东西向放置的瓮棺恰好与时代的变化相呼应。在朝鲜半岛南部，除云南洞、三东洞等南北向放置的瓮棺以外，在表二中还有很多东西向放置的瓮棺。就这一现象而言，三上次男已经被指出[42]，在朝鲜半岛的南海岸，其实瓮棺的放置方向并没有什么规律。不过，如果认为东西向是放置准则的话，也可以解释成遵循的是辽东、朝鲜半岛西北汉代后半期以来的新规，即存在着受年代较晚瓮棺影响的可能。因此，可以认为子母口式瓮棺在原三国时代（东汉时期）以降才出现在朝鲜半岛南部。茶户里、林堂、八达洞、三东洞等朝鲜半岛南海岸的瓮棺墓与木棺墓和土圹墓并存，基本上与辽西、辽东、朝鲜半岛西北一致，皆是幼儿或未成年人的墓葬。不过，正如三上次男的观点[43]，三东洞2米长的瓮棺有可能是成人的墓葬[44]。想必在这个时期，部分瓮棺有可能成为成人的葬具。因此，在荣山江流域，作为幼儿墓葬的子母口式瓮棺，在完成地方变化的同时，也有可能作为成人墓葬的葬具而被流传下来，直至三国时期[45]。

因此，瓮棺墓的出现是在原三国时期，上限是无纹陶器文化的终末期。在瓦质陶器出现的阶段，瓮棺墓与终末期的黏土带陶器共存，如茶户里45号的瓮棺（图四，4）、林堂A-I区71号的瓮棺（图四，5）。此一时期相当于笔者有关黏土带陶器分期的第5期[46]，相当于1世纪左右。有关新昌里17号的瓮棺（图四，3），云南洞第2号的瓮棺、第4号的瓮棺，其形制较为原始，约略相当于黏土带陶器的第4期后半。假如该断代正确的话，瓮棺墓在全罗南道出现的时间是公元前1世纪，在庆尚南道出现的时间是1世纪以后。瓮棺墓制的传播有从朝鲜半岛西海岸自北向南传播的可能。另外，即使在朝鲜半岛南部也发现有九州北部的金海式瓮棺，相当于笔者有关黏土带陶器分期的第3期[47]。所以，作为定型化的成人葬具，金海式瓮棺的年代要远远早于朝鲜半岛南部的子母口式瓮棺。

五、总　结

中国的瓮棺墓滥觞于新石器时代，至战国与汉代再度兴起。在新石器时代，尽管部分地域或部分时期内出现成人用的瓮棺，但瓮棺基本上还是幼儿或未成年人的葬具。战国时期，伴随着燕文化对辽西和辽东的影响，或是燕国领域的扩张，作为燕地墓制一部分的瓮棺在上述地区普及。它们或是釜与釜的组合，或是釜与罐等其他器类的组合，而且被横向放置，头向基本朝向北方。瓮棺使用的各种陶器器形的演变可以追溯至战国时期，经西汉、东汉前半、东汉后半直至魏晋时期。其中，战国至西汉时期是瓮棺最为流行的阶段。战国时期的瓮棺在城址附近或是墓域内与其他墓葬共存的现象比较多，至西汉时期形成独立的瓮棺墓墓地。

辽东郡治设立以来，瓮棺墓在战国末年至西汉初期首先扩展至辽东半岛，进而也有可能同时扩展至平壤周围的朝鲜半岛西北。特别是受乐浪郡设立的推动作用，瓮棺墓在各个墓地被逐步采用，如贞柏洞古坟群等。另外，即使在朝鲜半岛的南海岸，原三国时代的墓地里也有横向放置的瓮棺。在朝鲜半岛的南海岸，尽管早在无纹陶器文化的松菊里式陶器阶段就已有瓮棺的存在，但无论是放置的方式还是器类的组合都与原三国时代的不同，因此两者并不存在传承的谱系关系。横向放置的瓮棺还是应该到朝鲜半岛西北找寻源头。特别是原三国时代的绳纹瓦质陶器在一定程度上受到了乐浪式陶器的影响，这一点可以看作是两地瓮棺墓存在传承关系的佐证。再有，朝鲜半岛南海岸的瓮棺方向多呈东西向，也可以认为是和辽东、朝鲜半岛西北新一阶段的瓮棺墓的变化一致。

有关九州北部弥生时代前期形成的金海式瓮棺（成人瓮棺），尽管也出现在洛东江下游，但从现在的情况来看，并不存在受朝鲜半岛影响的可能。在朝鲜半岛南部，辽东、乐浪系统的瓮棺最早出现在笔者有关黏土带陶器分期中的第4期后半（公元前1世纪）。作为真正的成人瓮棺，九州北部的金海式瓮棺出现在弥生时代前期末段至中期初段。相当于黏土带陶器的第3期，与辽东、乐浪系统的瓮棺墓存在差距。所以很难说九州北部的瓮棺墓社会受到了大陆的影响。其瓮棺墓制真正形成的弥生时代前期末段至中期初段亦是细形铜剑文化传入九州北部的时期。在此之前，九州北部采用的是受朝鲜半岛无纹陶器文化影响的支石墓以及木棺墓。因此，九州北部瓮棺墓的形成，不仅标志着一种本地化墓制的出现，还标志着一种地域性认同的形成。

注　释

［1］ 宫本一夫编：《佐贺县大友遗迹》，《考古学资料集》16，九州大学大学院人文科学研究院考古学研究室，2001年；宫本一夫编：《佐贺县大友遗迹Ⅱ》，《考古学资料集》30，九州大学大学院人文科学研究院考古学研究室，2003年。

［2］ 桥口达也：《大形棺成立以前的瓮棺的编年》，《九州历史资料馆研究论集17》，九州历史资料馆，1992年，第19～40页。

［3］ 《长崎大会的记录》，《九州绳纹时代的集积遗构和炉穴》，第13回九州绳纹研究会宫崎大会，2003年，第460～461页。

［4］ 坂本嘉弘：《从埋瓮到瓮棺——九州埋瓮考》，《古文化谈丛》第32集，1994年，第1～28页。

［5］ 三上次男：《中国古代的瓮棺墓——附，朝鲜半岛的瓮棺墓》，《中国古代史研究》，1960年，第1～39页；三上次男：《中国的瓮棺墓和朝鲜的瓮棺墓——通过瓮棺墓看古代朝鲜文化的性格》，《古代东北亚史研究》，吉川弘文馆，1966年，第153～201页。

［6］ 白云翔：《战国秦汉时期瓮棺葬研究》，《考古学报》2001年第3期，第305～334页；白云翔：《汉代中国与朝鲜半岛关系的考古学观察》，《北方文物》2001年第4期，第17～31页。

［7］ 今村佳子：《中国新石器时代的土器棺葬》，《古代学研究》，第144号，1998年，第18～40页。

［8］ 三上次男：《中国古代的瓮棺墓——附，朝鲜半岛的瓮棺墓》，《中国古代史研究》，1960年，第1～39页；三上次男：《中国的瓮棺墓和朝鲜的瓮棺墓——通过瓮棺墓看古代朝鲜文化的性格》，《古代东北亚史研究》，吉川弘文馆，1966年，第153～201页。

［9］ 白云翔：《战国秦汉时期瓮棺葬研究》，《考古学报》2001年第3期，第305～334页。

［10］ 辛占山：《康平顺山屯青铜时代遗址试掘报告》，《辽海文物学刊》1988年第1期，第27～40页。

［11］ 旅顺博物馆、辽宁省博物馆：《辽宁长海县上马石青铜时代墓葬》，《考古》1982年第6期，第591～596页。

［12］ 宫本一夫：《辽宁半岛周代并行土器的变迁——以上马石贝塚A、BⅡ区为中心》，《考古学杂志》第76卷第4号，日本考古学会，1991年，第60～86页。

［13］ 天津市历史博物馆考古部、宝坻县文化馆：《宝坻秦城遗址试掘报告》，《考古学报》2001年第1期，第

111～141页。
[14] 北京市文物工作队：《北京怀柔城北东周两汉墓葬》，《考古》1962年第5期，第219～239页。
[15] 宫本一夫：《战国燕及其扩大》，《中国古代北疆史的考古学研究》，中国书店，2000年，第205～235页。
[16] 北京市文物考古研究所拒马河考古队：《北京市窦店古城调查与试掘报告》，《考古》1992年第8期，第705～719页。
[17] 河北省文物考古研究所：《燕下都》，文物出版社，1996年。
[18] 中国社会科学院考古研究所：《双砣子与岗上——辽东史前文化的发现和研究》，科学出版社，1996年。
[19] 河北省文物考古研究所：《燕下都》，文物出版社，1996年。
[20] 河北省文化局文物工作队：《燕下都遗址外围发现战国墓葬群》，《文物》，1965年。
[21] 宫本一夫：《战国时代燕国副葬陶器考》，《爱媛大学人文学会创立十五周年纪念论集》，爱媛大学人文学会，1991年，第179～195页。
[22] 天津市文管处：《天津南郊宝庄子隋墓和汉代瓮棺墓》，《文物资料丛刊》1，1977年，第203～205页。
[23] 沈阳市文物工作队：《沈阳伯官屯汉魏墓葬》，《考古》1964年第11期，第553～557页。
[24] 宫本一夫：《战国时代燕国副葬陶器考》，《爱媛大学人文学会创立十五周年纪念论集》，爱媛大学人文学会，1991年，第179～195页。
[25] 郑君雷：《战国时期燕墓陶器的初步分析》，《考古学报》2001年第3期，第275～303页。
[26] 石永士：《初论燕下都大中型墓葬的分期》，《辽海文物学刊》1996年第2期，第23～44页。
[27] 驹井和爱：《辽阳发现的汉代墓葬》，《考古学研究》第1册，东京大学文学部考古学研究室，1950年。
[28] 三上次男：《中国古代的瓮棺墓——附，朝鲜半岛的瓮棺墓》，《中国古代史研究》，1960年，第1～39页；三上次男：《中国的瓮棺墓和朝鲜的瓮棺墓——通过瓮棺墓看古代朝鲜文化的性格》，《古代东北亚史研究》，吉川弘文馆，1966年，第153～201页。
[29] 白云翔：《战国秦汉时期瓮棺葬研究》，《考古学报》2001年第3期，第305～334页；白云翔：《汉代中国与朝鲜半岛关系的考古学观察》，《北方文物》2001年第4期，第17～31页。
[30] 《考古学资料集》第5集，科学、百科事典出版社，1978年。
[31] 朝鲜民主主义人民共和国科学院考古学及民俗学研究所：《台城里古坟群发掘报告》，《遗迹发掘报告》第5集，科学院出版社，1959年。
[32] 郑珠濃：《伏狮里望岩洞土圹墓和瓮棺墓》，《考古学资料集》第3集，科学院出版社，1963年，第91～101页。
[33] 高久健二：《乐浪坟墓的编年》，《考古学杂志》第78卷第4号，日本考古学会，1993年，第33～77页。
[34] 李东注：《江南流域的新石器文化与日本列岛——以晋州上村里遗迹为中心》，《国际学术会议 晋州江南遗迹和古代日本——古代韩日文化交流的诸样相》，庆尚南道仁济大学校加耶文化研究所，2000年，第1～59页。
[35] 朝鲜民主主义人民共和国科学院考古学及民俗学研究所：《智塔里原始遗迹发掘报告》，遗迹发掘报告第8集，科学院出版社，1961年。
[36] 李建茂、申光燮：《有关益山石泉里瓮棺墓》，《考古学志》第6辑，1994年，第43～57页。
[37] 谷丰信：《乐浪陶器的谱系》，《东亚和日本的考古学Ⅳ》，同成社，2002年，第207～234页。
[38] 高久健二：《乐浪坟墓的编年》，《考古学杂志》第78卷第4号，日本考古学会，1993年，第33～77页。
[39] 梅原末治：《贞柏里第二百二十一号坟》，《古迹调查概报 昭和8年度 昭和9年度 昭和10年度》，朝鲜古迹研究会，1936年，第36～38页。
[40] 榧本龟次郎：《有关金海会岘里贝塚发现的瓮棺》，《考古学》第9卷第1号，1938年，第40～45页。
[41] 安春培：《三东洞瓮棺墓的编年》，《釜山史学》第8辑，1984年，第38～79页。
[42] 三上次男：《中国古代的瓮棺墓——附，朝鲜半岛的瓮棺墓》，《中国古代史研究》，1960年，第1～39页；三上次男：《中国的瓮棺墓和朝鲜的瓮棺墓——通过瓮棺墓看古代朝鲜文化的性格》，《古代东北亚史研究》，吉川弘文馆，1966年，第153～201页。
[43] 三上次男：《中国古代的瓮棺墓——附，朝鲜半岛的瓮棺墓》，《中国古代史研究》，1960年，第1～39页；三上次男：《中国的瓮棺墓和朝鲜的瓮棺墓——通过瓮棺墓看古代朝鲜文化的性格》，《古代东北亚史研究》，吉川弘文馆，1966年，第153～201页。

[44] 安春培:《三东洞瓮棺墓的编年》,《釜山史学》第 8 辑,1984 年,第 38~79 页。
[45] 崔盛洛:《韩国原三文化的研究——以全南地方为中心》,学研文化社,1993 年。
[46] 宫本一夫:《从东北亚青铜器文化看韩国青铜器文化》,《有关从东北亚青铜器文化看韩国青铜器文化的研究》,《青丘学术论集》第 22 集,韩国文化研究振兴财团,2003 年,第 95~123 页。
[47] 宫本一夫:《从东北亚青铜器文化看韩国青铜器文化》,《有关从东北亚青铜器文化看韩国青铜器文化的研究》,《青丘学术论集》第 22 集,韩国文化研究振兴财团,2003 年,第 95~123 页。

参 考 书 目

中国

安志敏:《河北宁河县先秦遗址调查记》,《文物参考资料》1954 年第 4 期,第 40~43 页。
安志敏:《河北省唐山市贾各庄发掘报告》,《考古学报》第 6 册,1953 年。
北京市文物工作队:《北京昌平史家桥汉墓发掘》,《考古》1963 年第 3 期,第 122~129 页。
北京市文物考古研究所拒马河考古队:《北京市窦店古城调查与试掘报告》,《考古》1992 年第 8 期,第 705~719 页。
北京市文物研究所:《北京考古四十年》,北京燕山出版社,1990 年。
陈大为:《辽阳三道壕儿童瓮棺墓群发掘简报》,《考古通讯》1956 年第 2 期,第 54~59 页。
东亚考古学会:《牧羊城》,1931 年
河北省文物考古研究所:《燕下都》,文物出版社,1996 年。
河北省文物研究所、唐山市文物管理处:《唐山东欢坨战国遗址发掘报告》,《河北省考古文集》,东方出版社 1998 年,第 179~198 页。
吉林大学考古学系、辽宁省文物考古研究所:《辽宁锦西市邰集屯小荒地秦汉古城址试掘简报》,《考古学集刊》第 11 集,1997 年,第 130~153 页。
驹井和爱:《辽阳发现的汉代墓葬》,《考古学研究第》1 册,东京大学文学部考古学研究室,1950 年。
辽宁省文物考古研究所:《辽宁凌源安杖子古城址发掘报告》,《考古学报》1996 年第 2 期,第 199~235 页。
潘欣:《辽阳唐户屯一带的汉墓》,《考古通讯》1955 年第 4 期,第 35~39 页。
沈阳故宫博物馆、沈阳市文物管理办公室:《沈阳郑家洼子的两座青铜时代墓葬》,《考古学报》1975 年第 1 期,第 154 页。
沈阳市文物工作队:《沈阳伯官屯汉魏墓葬》,《考古》1964 年第 11 期,第 553~557 页。
天津市历史博物馆考古部、宝坻县文化馆:《宝坻秦城遗址试掘报告》,《考古学报》2001 年第 1 期,第 111~141 页。
天津市历史博物馆考古队、宝坻县文化馆:《天津宝坻县牛道口遗址调查发掘简报》,《考古》1991 年第 7 期,第 577~586 页。
天津市文管处:《天津南郊宝庄子隋墓和汉代瓮棺墓》,《文物资料丛刊》1,1977 年,第 203~205 页。
天津市文化局考古发掘队:《天津南郊葛巨庄战国遗址和墓葬》,《考古》1965 年第 1 期,第 13~20 页。
佚名:《北京市西郊中关园内发现瓮棺葬》,《文物参考资料》1955 年第 11 期,第 121 页。
佚名:《东北文物工作队 1954 年工作简报》,《文物参考资料》1955 年第 3 期,第 3~23 页。
中国社会科学院考古研究所:《双砣子与岗上——辽东史前文化的发现和研究》,科学出版社,1996 年。
周耿:《介绍北京市的出土文物展览》,《文物参考资料》1954 年第 8 期,第 69~74 页。

朝鲜半岛

《考古学资料集》第 5 集,科学、百科事典出版社,1978 年。
朝鲜民主主义人民共和国科学院考古学及民俗学研究所:《台城里古坟群发掘报告》,《遗迹发掘报告》第 5 集,科学院出版社,1959 年。
陈成燮:《大邱八达洞遗迹》,《九州考古学会、岭南考古学会第 5 回合同考古学会大会 细形铜剑文化的诸问题》,九州考古学会、岭南考古学会,2002 年,第 235~262 页。
釜山女子大学博物馆:《昌原三东洞瓮棺墓》,《釜山女子大学博物馆遗迹调查报告》第 1 辑,1984 年。

国立光州博物馆、大韩住宅公社:《光州云南洞遗迹》,《国立光州博物馆学术丛书》第 31 册,1996 年。
韩国文化财保护财团:《庆山林堂遗迹（Ⅰ）A-B 地区古坟群》,《学术调查报告》第 5 册,1998 年。
金元龙:《新昌里瓮棺墓地》,《国立首尔大学校考古人类学丛刊》第 1 册,1964 年。
李建茂、李荣勋、尹光镇等:《义昌茶户里遗迹发掘进展报告》(Ⅰ),《考古学志》第 1 辑,1989 年,第 5~174 页。
李建茂、尹光镇、申大坤等:《义昌茶户里遗迹发掘进展报告(Ⅲ)——第 5、6 次发掘调查概报》,《考古学志》第 5 辑,1993 年,第 5~113 页。
梅原末治:《贞柏里第二百二十一号坟》,《古迹调查概报 昭和 8 年度 昭和 9 年度 昭和 10 年度》,朝鲜古迹研究会,1936 年,第 36~38 页。
藤田亮策:《朝鲜石器时代》,《朝鲜考古学研究》,高桐书院,1948 年。
郑珠浓:《伏狮里望岩洞土圹墓和瓮棺墓》,《考古学资料集》第 3 集,科学院出版社,1963 年,第 91~101 页。

燕国釜的编年研究与东亚地区的瓮棺葬

石川岳彦

(日本东京大学)

一、釜与瓮棺葬

釜是春秋战国时期以后所使用的炊具,是瓮棺葬中最频繁使用的陶器。

从最早阶段的釜中,可发现留有鬲脚的痕迹,所以判断釜是从鬲演变而来的器具。釜是设置于灶上使用的炊具,因此釜的普及不只因应瓮棺葬,也对应了灶的普及。

本文将根据可探讨的出土事例,对燕国之釜进行从春秋战国时期到西汉时期初期的编年(图一)。

二、釜 的 分 类

首先进行釜的分类。由于釜是一种炊具,直接接触火焰时,腹部较易破损,因此除了陶器棺的使用事例之外,以完整形状出土的例子极为罕见,多半都是仅有釜口边缘部分出土的案例。是以,分类时将着眼于釜口边缘部分的形态。

A 类 釜口边缘呈曲线向上而立。釜口边缘内侧存有横向的细微沟带。

B 类 釜口边缘呈曲线向上而立。釜口边缘内侧没有横向的细微沟带。B 类根据釜口边缘立起的情形,可细分为微弯而立的 B1 类,以及急弯而立的 B2 类。

C 类 釜口边缘带有圆弧,弯曲向上而立,釜口边缘内侧中间附近有宽度大的沟,沟处上端部分为棱角。

D 类 釜口边缘弯折向上而立,无 C 类的宽沟。釜口边缘弯折处内侧有凹陷与无凹陷之别。由于多数报告中无法从图面上确认此一凹陷的存在,因此不予细分,归于 D 类处理。

E 类 多为釜口边缘向上弯折较缓,釜口边缘处较肥厚的案例。腹部上半部数条绳纹横向抚触可加以消除。

F 类 釜口边缘短、向上而立。大范围腹部上半部的绳纹可被消除。

可将燕国之釜如上分类为 A 类至 F 类。

100　瓮棺葬与古代东亚文化交流研究

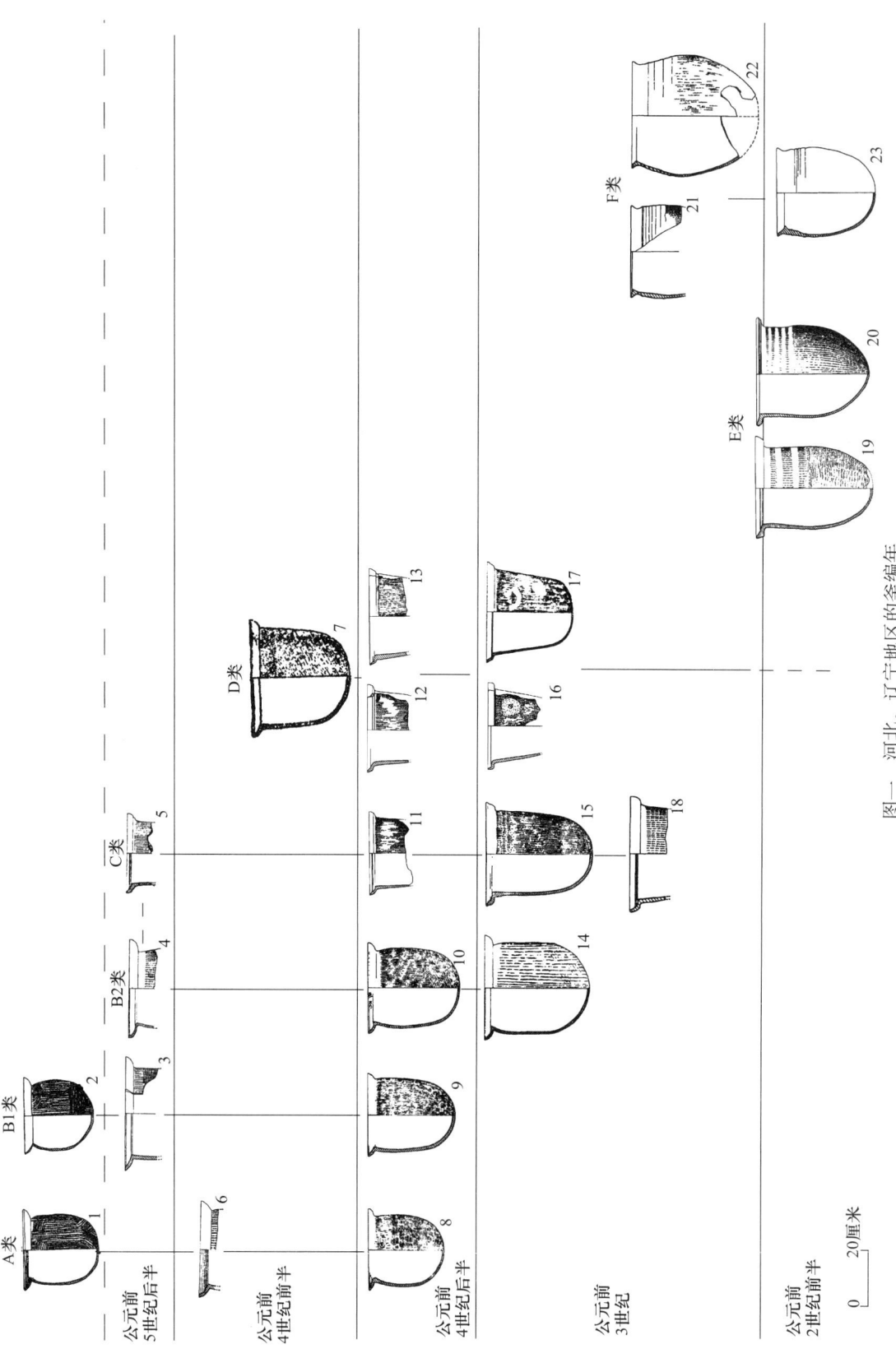

图一　河北、辽宁地区的釜编年

1、2. 燕下都郎井村13号作坊遗址F1　3~6. 燕下都东沈村6号遗址　7. 怀柔M4　8. 燕下都郎井村10号作坊遗址T133第5层下W22　9. 燕下都郎井村10号作坊遗址T132第5层下W19　10. 燕下都郎井村10号作坊遗址T145第5层下W24　11~13. 燕下都郎井村10号作坊遗址T29第3层　14. 胡家营第5层　15. 燕下都郎井村10号作坊遗址T113第4层下W13　16. 胡家营第4层　17. 燕下都郎井村10号作坊遗址T45第3层下H109　18、21、22. 南正遗址Y6　19、20. 尹家村上层　23. 南正遗址Y2

三、釜 的 编 年

根据从遗址出土的情形进行釜的编年。

燕下都最早的釜是东沈村 6 号居住遗址的出土案例，有 1 件从釜口边缘到胴体上部的碎片出土，报告显示年代为西周晚期。从釜口边缘部分的形态看来，虽有可能为 B1 类的釜，但这个时期仍存在着鬲这种炊具，仅凭残留部分的形态无法判别是鬲还是釜。

1. A~D 类釜出土的遗址与年代

推断釜是于春秋时期登场。为进行釜的编年，以下将检视出土的 A~D 类釜，且可比较推定实际年代的遗址出土资料。

燕下都郎井村 13 号作坊遗址位于燕下都东城内，郎井村 10 号作坊遗址的东南方。根据报告指出，这里发现从春秋时期到战国时期遗留的遗物。其中，A 类与 B1 类的釜从房址 F1 出土。在此房址中，鬲与这些釜一起出土。出土的鬲其鬲口边缘处的形态具有 A 类与 B 类釜的特征。报告虽然宣称这些 F1 的年代是"春秋时期早期"，但并没有任何可作为决定年代根据的出土遗物。

只不过，如果根据遗留建筑的叠合关系与层序，从 F1 上层出土的随葬陶器进行判断的话，F1 的时期可能为公元前 5 世纪以前。

在燕下都东沈村 6 号的居住遗址里，发现前述"西周晚期"釜的地层上层中，也发现了釜。这个遗址里有一名为燕下都东沈村 M5，根据出土的随葬陶器判断，此墓的年代应为公元前 4 世纪初期左右。报告中的记载显示，此遗址的层序是：第 1 层为表土，第 2 层理解为扰乱层，M5 则是挖进其下的第 3 层造出。同样挖到第 3 层做出的的灰坑 H234 中，则有 A 类出土。另外，从第 3 层则有 B1 类、B2 类，以及 C 类出土。根据以上事项可知，H234 出土的 A 类的年代应与 M5 相同，是公元前 4 世纪初左右，其他的釜则较之更早，应为公元前 5 世纪。

北京市怀柔城北遗址中，墓地所在的 M6 处有 D 类出土。根据随葬陶器的年代，M6 的年代应为战国中期。

在燕下都遗址郎井村 10 号作坊遗址中，郎井村 10 号作坊遗址战国中期与郎井村 10 号作坊遗址战国晚期的遗物里有釜存在。郎井村 10 号作坊遗址战国中期釜中，共有 A 类、B1 类及 B2 类。

公元前 3 世纪的郎井村 10 号作坊遗址战国晚期釜中，则有 B2 类、C 类以及釜口边缘部分弯折处凹陷的 D 类存在。

关于此一时期的釜，近年有一个报告问世。北京市延庆县胡家营遗址为战国时期的村落遗址，遗址的时期区分为战国晚期（图二）。其中，第二期的第 5 层与第三期的第 4 层中，从釜的形态中可看出明确的差异。第 5 层出土的釜中有 A 类、B1 类、C 类以及 D 类。另外，从第 4 层出土的则有 C 类与 D 类。观察 C 类与 D 类釜口边缘部分的形态变化可发现，C 类与 D 类在弯曲与釜口边缘端直立增强的变化十分明显。关于第 4 层与第 5 层的年代，在报告中，根据以陶器为主的其他出土遗物判断，第 5 层被定位在与郎井村 10 号作坊遗址战国中期并行，第 4 层则被定位为郎井村 10 号作坊遗址战国中期以后。关于釜，存在于郎井村 10 号作坊遗址战国中期与胡家营遗址第 5 层阶段

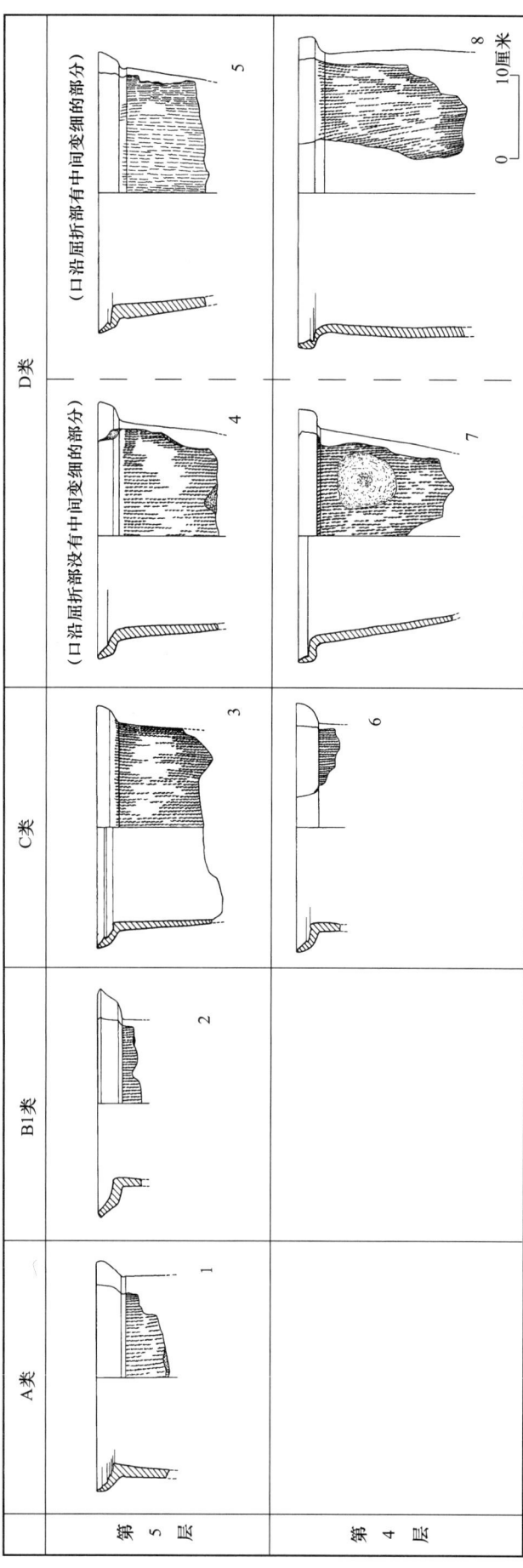

图二 北京胡家营遗址出土的各类釜

的 A 类与 B1 类，两者在之后的郎井村 10 号作坊遗址战国晚期与胡家营遗址第 4 层中皆未再发现，这点也一致。胡家营遗址第 5 层阶段应可视为与郎井村 10 号作坊遗址战国中期相同，约为公元前 4 世纪后半，而胡家营遗址第 5 层阶段则可定位在其后的公元前 3 世纪。

同时，燕下都西贯城村 9 号居住遗址中，D 类与西汉时期的圆形瓦当于同一文化层出土。据此可知，D 类有可能残存至西汉时期。

此外，北京市南正遗址窑址 Y6 中有 C 类与 F 类一同出土。如前述，釜 A~D 类可通过层位与共伴遗物的检讨，对可知年代的遗址出土案例进行整理。

2. 釜从 A~D 类的类型学变化

此处将根据种类，检视釜从 A~D 类的形态变化。

A 类出现在公元前 5 世纪以前，目前可确认形态最早的釜之一即属此类，之后一直存在至公元前 4 世纪后半。随时期演进，可发现 A 类的特征，也就是釜口边缘内侧沟带的沟痕有逐渐变细的倾向。

B1 类也和 A 类相同，是从釜最早的阶段即已存在，约延续至公元前 4 世纪后半。由于可分辨时期的出土事例不多，因此难以明确掌握其形态变化，但腹部的横向绳纹较新者，可观察到收缩于下方的倾向。

B2 类从公元前 5~前 3 世纪。起初腹部较圆，从公元前 4 世纪中以后腹部渐长，侧面则趋向直线。而腹部的绳纹也从上部为纵向、下部为横向，变化成整体皆为纵向。

C 类可确认最早的例子出现在公元前 5 世纪，存在至公元前 3 世纪为止。燕下都郎井村 10 号作坊遗址战国晚期的釜与南正遗址 Y6 釜的年代也是公元前 3 世纪。C 类型态变化的特征在于，随着时期推演，釜口边缘部分的弯曲逐渐加强。

相较于从 A 类到 C 类为止的釜，D 类最晚，出现于公元前 4 世纪前半，存在至公元前 3 世纪。公元前 4 世纪的 D 类，腹部纹路的方向在上部为纵向，下部为横向，但到了公元前 3 世纪时，上下部皆呈纵向，腹部的形态也是越新近者越呈直线。D 类中可区分为在釜口边缘部分弯折处内侧有凹陷及无凹陷者。在燕下都遗址中，D 类且有凹陷者多为"战国晚期"之物，乃其时期上的特征。不过，已可确认在胡家营遗址的事例中，有凹陷者存在于公元前 4 世纪后半。

如前所述，针对釜 A~D 类，可采用类型学式确认各个种类时期性的变化。

3. 关于釜 E 类与 F 类

在燕国的领域内，也发现了前文中所考察的 A~D 类以外的釜，也就是 E 类与 F 类。在燕下都西贯城村 9 号居住遗址中，除了 D 类之外，F 类的釜也与西汉时期前期的圆瓦当于同一文化层出土。而在北京市南正遗址的陶器窑迹 Y6 中，则有与燕下都西贯城村 9 号居住遗址相同形态的 F 类与 C 类出土。这个南正遗址里尚有其他复数的陶器窑迹存在，Y2 中只有 F 类单独出土。拥有系谱可追溯至战国时期的 C 类与 F 类出土的 Y6，应较单独出土 F 类的 Y2 更为早。在形态上，两处窑迹出土的 F 类也有差异：Y6 的事例与 Y2 相较，特征是釜口边缘部分立处较短，这可视为 F 类型态的时期性变化。同时，前述西贯城村 9 号居住遗址出土的 F 类型态接近更早的 Y6 事例，可见与战国时期起即存在的 D 类于同一文化层出土一事，与 F 类的类型学变化吻合。

根据这些考察可推论，F 类的实际年代应为公元前 3 世纪末至公元前 2 世纪，也就是西汉时期前期，就算再久远也是战国时期末到秦时期左右。

另外，辽宁省也有具备西汉时期前期特征的釜。在此时期辽宁省大连市尹家村遗址的尹家村上层中，发现了 E 类的存在。

四、釜的普及与瓮棺葬

截至此处，已尝试对春秋时期至战国时期的釜进行详细的编年。此处将统整釜的编年，并描述其与日本列岛瓮棺葬间的关系。

燕国的釜应可推断是出现在公元前 5 世纪以前，一开始出现的是 A 类与 B1 类。此时期的釜在釜口边缘的特征等，与过往作为炊具的鬲相同，显示釜是从鬲演变而来。同时，釜的登场也显示，此时的燕国已经开始利用灶来从事炊煮；釜是用以证明灶普及的重要遗物。

此后，B2 类与 C 类在公元前 5 世纪出现，D 类则在公元前 4 世纪前半加入。另外，从最早的阶段即已存在的 A 类与 B2 类，在公元前 3 世纪的阶段即未再确认其存在。公元前 3 世纪可见的是 B1 类、C 类以及 D 类。其中，燕下都遗址发现了大量此一时期的 C 类存在，可知公元前 3 世纪使用的釜是以 C 类为主。

釜具有横跨各个类别共有的时期性形态特征。公元前 4 世纪以前的釜，不论什么种类，腹部皆偏圆，绳纹方向是上部为纵向、下部为横向。另外，公元前 3 世纪中，腹部的形态渐趋直线，绳纹的方向不论上下皆呈纵向。这与燕式鬲的时期性特征一致，因此可说这显示出两器种间的制作方法具有共通性。

如前所述，约于公元前 3 世纪末，燕国的釜传统中新出现了 F 类。这种类别的釜与燕国过往的传统釜有别，有可能是随燕国灭亡与秦统一中国的变化而流入燕国中心地区的。已可确认 F 类曾有一段时期与战国时期燕国传统的釜 C 类、D 类一并使用。此外，F 类的分布范围也有其特征，它的分布中心是燕国核心地带的河北省易县燕下都遗址、北京市南正遗址所在的河北省北部与北京市，在辽东的遗址未发现过 F 类的事例。

在西汉时期前半的辽东遗址所发现的釜是 E 类，E 类反而是不曾在燕下都遗址等燕国中心地带发现过的种类。E 类在形态上，近似于战国时期间燕国所使用的釜，推测可能是 C 类与 D 类等春秋战国时期的燕国传统釜于辽东演变而来的种类。另外，F 类如前文所述，可能是燕国灭亡之后，从其他地区输入的其他系统的釜，如此推断应为恰当。

釜是与灶、瓮棺葬的普及密切相关的陶器。釜、灶，以及使用釜的瓮棺葬的普及，对应着燕国朝东方扩张的情形。在战国时期至西汉时期，在日本列岛中，瓮棺葬普及于九州北部，瓮棺葬中使用了与釜相似的陶器。此外，青铜器与铁器也在这个时期从中国传入日本列岛，但当时的日本列岛尚未使用灶。关于日本列岛的瓮棺葬，有的认为它是独自发展而成。日本列岛的瓮棺葬在东亚的瓮棺葬中应如何定位，必须更进一步进行探讨。

参 考 书 目

白云翔:《战国秦汉时期瓮棺葬研究》,《考古学报》2001年第3期。
北京市文物工作队:《北京怀柔城北东周两汉墓葬》,《考古》1962年第5期。
北京市文物研究所:《房山南正遗址——拒马河流域战国以降时期遗址发掘报告》,科学出版社,2008年。
北京市文物研究所:《延庆胡家营——延怀盆地东周聚落遗址发掘报告》,科学出版社,2015年。
河北省文物研究所:《燕下都》,文物出版社,1996年。
桥口达也:《甕棺と弥生時代年代論》,雄山阁,2011年。
石川岳彦:《春秋战国时期燕国考古》,雄山阁,2017年。
中国社会科学院考古研究所:《双砣子与岗上——辽东史前文化的发现和研究》,科学出版社,1996年。

辽宁地区战国至汉代瓮棺葬

张翠敏

（大连市文物考古研究所）

一、辽宁地区发现的瓮棺葬

（一）辽南地区

1928年日本人在旅顺牧羊城发掘了3座瓮棺，1号和2号瓮棺被破坏严重，3号瓮棺相对保存较好，由2件陶罐和1件红陶釜对合加套接组成[1]（图一，4），时代为西汉早期。另外在官屯子、龙王庙也发现了瓮棺墓。

1964年中朝联合考古队在旅顺尹家村发现5座瓮（瓦）棺葬，其中M4为战国时期瓮棺葬，因被河水冲毁，情况不详[2]；M9、M14保存完好，M5、M6被破坏[3]，葬具为瓮、罐、盆。瓮棺有两器组合，也有三器组合，还有两瓮对接。M5为瓦棺，两端用瓮套接。M6由敛口罐和2件陶瓮对接而成（图一，3），长1.4米。M9由2件深腹圜底罐（釜）对合加1件陶钵套接而成（图一，2），长78厘米。时代为西汉。

1976年在旅顺尹家村清理瓦棺墓3座，M763、M764埋在同一个竖穴土坑内，M763由4片板瓦围合成圆筒盖合而成，两端分别用深腹盆和残瓦片封堵（图二，9左），长124、直径42厘米，发现儿童牙齿。随葬品有西汉半两1枚、豆和陶纺轮各1件。M764由3片板瓦和2件深腹盆组成[4]，瓦棺以1片瓦为底，上面2片瓦盖合，两端用深腹盆套接（图二，9右）。发现了儿童遗骨和牙齿。时代为西汉早期。尹家村、刁家村和牧羊城村分布在牧羊城城址周围，牧羊城为战国至东汉城址，这一带汉代遗存比较丰富。

1994年大连市文物管理委员会办公室等在瓦房店太阳街道的陈屯汉城附近发掘了173座汉墓，形制比较复杂，其中瓮棺和瓦棺数量比较多，也有一定数量的石板墓、石棺墓和砖室墓[5]，发现了多座小型儿童石棺墓，这类石棺墓有一定数量，但其他地区少见。瓮棺多为瓮、罐等套合而成（图一，15），也有釜和釜对合而成，有两器组合和三器组合。瓦棺数量较多，形制多样，多为大型板瓦扣合而成，两端用瓦和残陶器封堵（图二，2~8）；有的瓦棺四周立瓦，底面铺板瓦，上面用板瓦扣合，形成封闭瓦棺（图二，1）。还发现了筒形棺，即筒形器与盆、罐等套接组成（图三，6、7）。筒形器如果切割开就是板瓦，有的也可做水管用。另外有一种筒形棺，仅发现一座，为一个完整陶水管，一端粗，一端略细，器表有弦纹和绳纹，两端封堵情况不明，长81厘米（图三，5）。

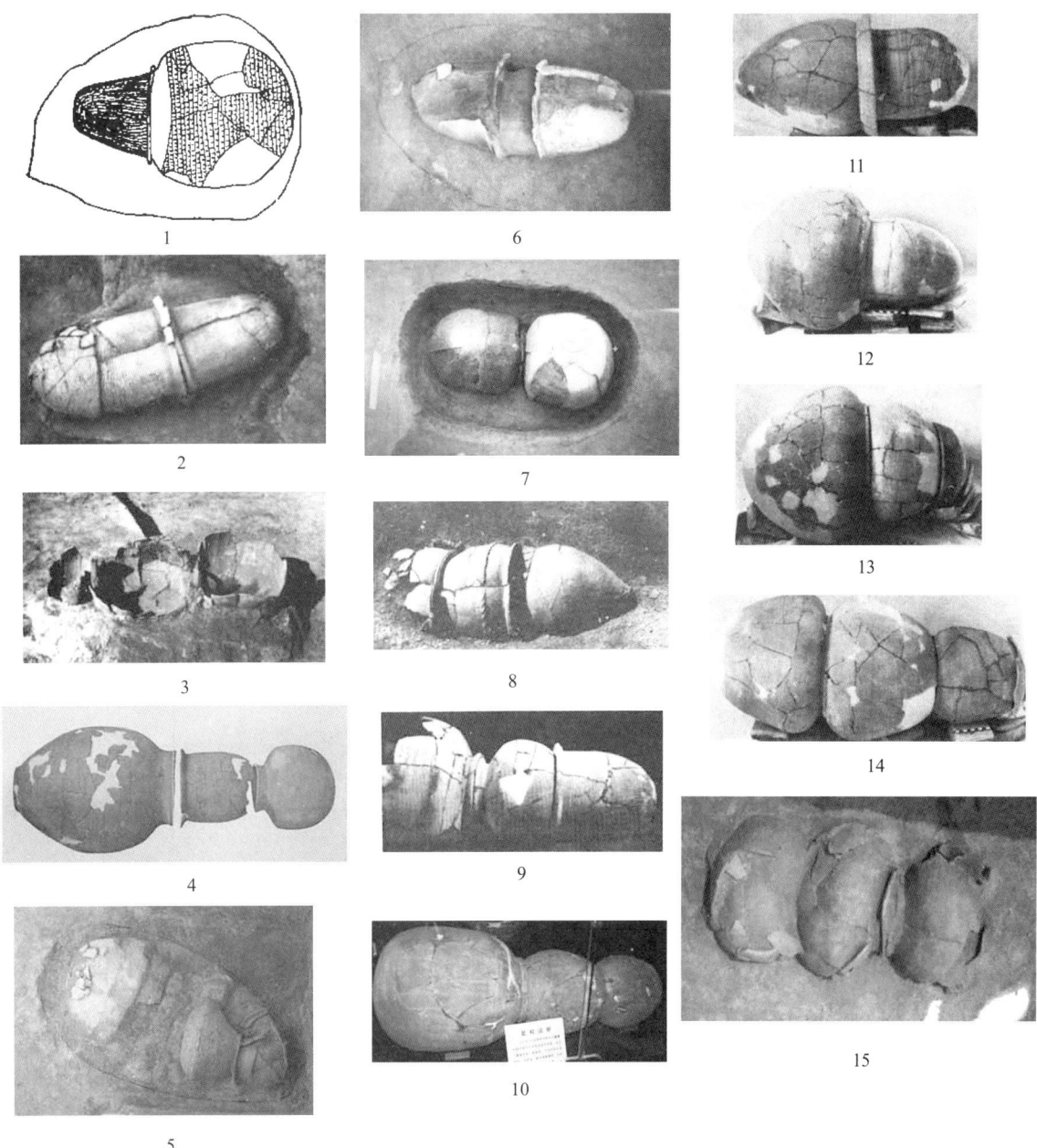

图一 瓮棺葬

1、7、11、12. A型　2~4、6、8~10、13、15. B型　5、14. C型

（1.安杖子　2、3.尹家村　4.牧羊城　5.羊草庄　6、7.槐树房　8.刘家堡子　9.上伯官　10.奉国寺　11~14.三道壕　15.陈屯）

瓮棺葬多无随葬品。陈屯墓地位于陈屯汉城周围，陈屯汉城分布面积较大、遗存丰富，为两汉至魏晋时期，有学者认为其为汶县城址。但瓮棺葬的时代为西汉，上限可能到战国。

大连地区发现瓮棺葬线索的还有：2007年在金州马圈子城西南发现一座瓮棺[6]。20世纪80年代，在大连甘井子区大连湾街道苏家汉墓群发现了瓮棺，瓮棺去向不明。2010年在普兰店的姜屯墓地曾发掘了2座瓮棺墓，由两盆一瓮组合，一座瓮棺仅存1件灰陶釜，时代为西汉。"三普"期间，在大连庄河大郑镇郝屯发现战国时期瓮棺墓[7]。到目前为止，庄河尚未发现汉代遗存，而大连其他县市区均有丰富的汉代遗存分布。

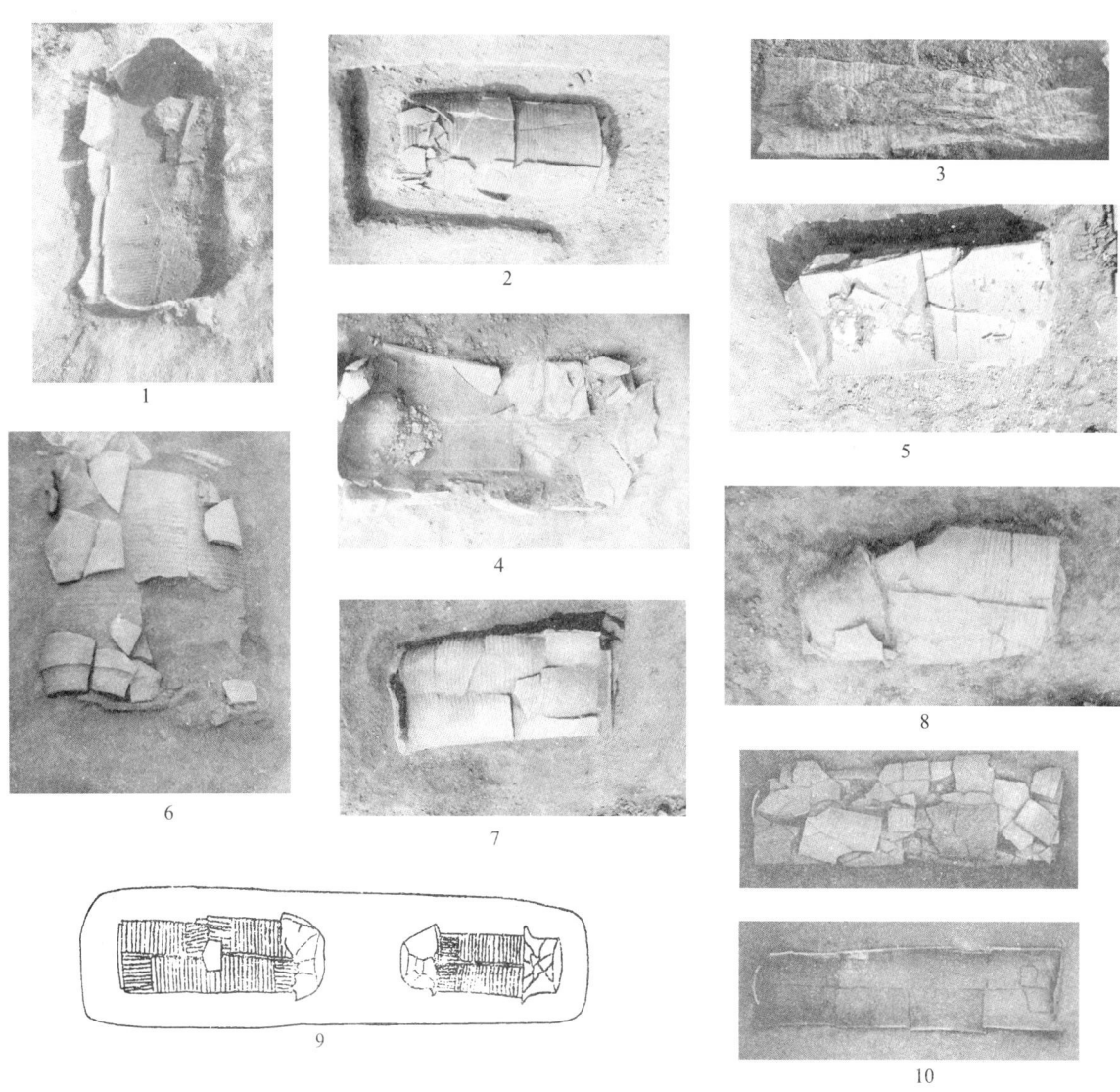

图二 瓦棺
1. A 型 2~7、10. B 型 8. C 型 9. D 型
（1~8. 陈屯 9. 尹家村 10. 刘尔屯）

2008 年，辽宁省文物考古研究所在营口盖州市归州镇槐树房墓地发掘一批汉墓，其中瓮棺葬 17 座[8]，除 1 座填贝壳外其余皆为土坑瓮棺。前者为长方形墓圹，墓地放置 2 块板瓦，其上两釜对接，墓室内填大量贝壳。后者有瓮瓮对接、瓮釜对接、釜釜对接和三釜对接（图一，6）。在瓮棺一端有放置灯盏的习俗（图一，7）。这是辽宁地区首次发现填贝壳的瓮棺葬，为断定墓葬时代提供了依据，当不晚于西汉晚期。

（二）丹东地区

丹东地区关于瓮棺墓材料的报道较少。1995 年辽宁省文物考古研究所在丹东凤城刘家堡子发掘汉代遗址时，清理了一处瓮棺葬墓地，发掘了 6 座[9]。据报告分析，此墓地规模较大，发掘之前被破坏墓葬有百余座。瓮棺形制：两个、三个、最多四个瓮罐套接或对接在一起。该墓地时代为西汉早期，上限可能进入战国晚期。发掘者认为，刘家堡子遗址是西汉武次县及西汉东部都尉治的治所。

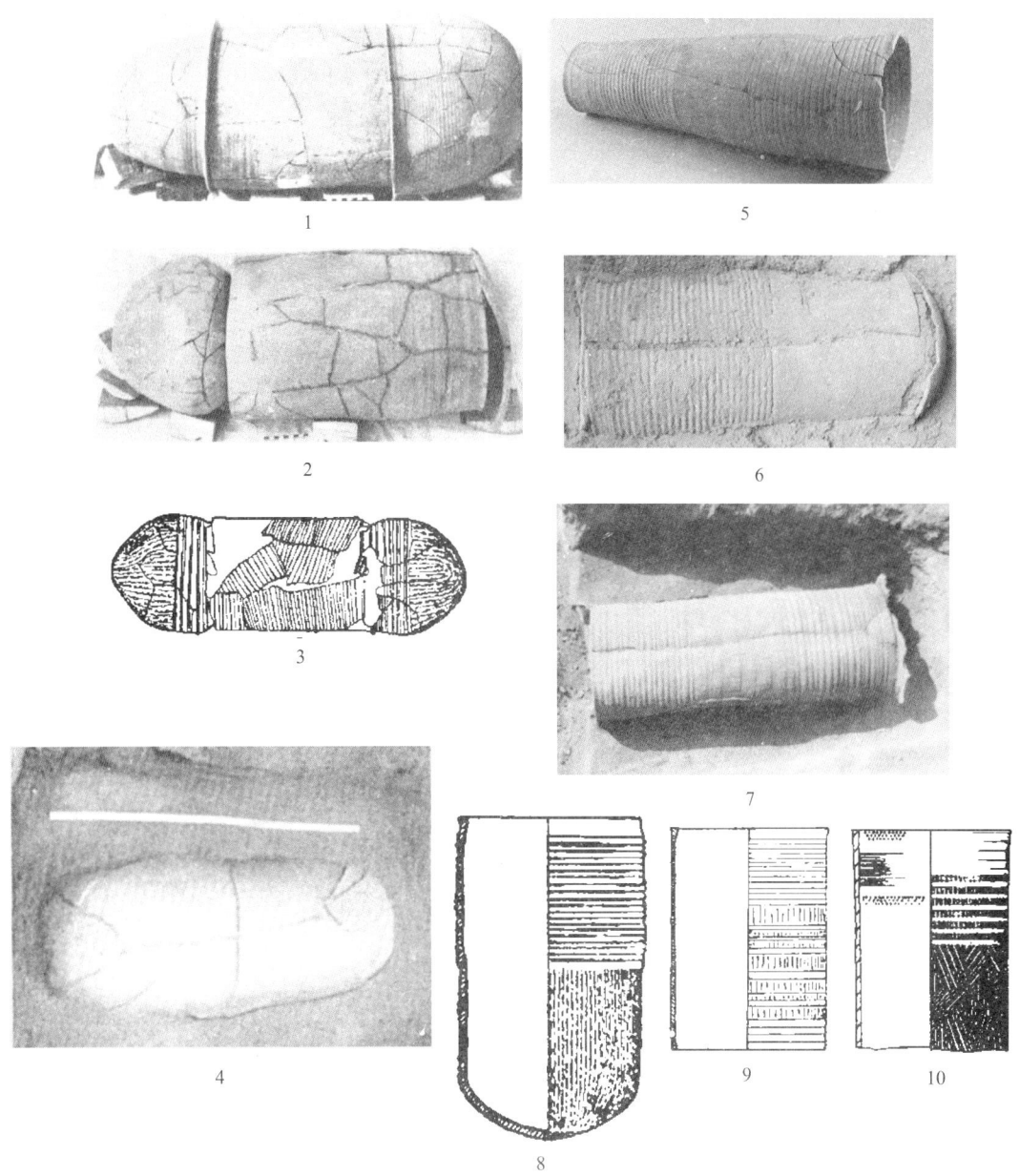

图三　筒形棺与筒形瓮棺
1~3、9、10. A型　4、8. D型　5. B型　6、7. C型（4、8. 筒形瓮棺，余为筒形棺）
（1、2. 三道壕　3、9. 安杖子　4、8、10. 上伯官　5~7. 陈屯）

1999年辽宁省文物考古研究所在刘家堡子墓地又清理了1座瓮棺墓[10]，与1995年发掘位置相同，由2件陶罐和1件陶豆盘套合组成，2件陶罐口部相对，豆盘覆扣在陶罐底部，通长82厘米。

（三）沈阳、辽阳、鞍山地区

1963年沈阳上伯官汉魏墓地的发掘，清理砖室墓6座、瓮棺墓3座[11]，瓮棺位于上伯官村东南，平置，南北向。第一座为瓮、罐套合加1件釜套接（图一，9）；第二座为2件釜和钵对接、套接；第三座为2件直腹圜底陶瓮（筒形瓮棺）（图三，4、8）对合，瓮底部发现小孩牙齿4颗。两瓮对接紧密，为专门生产作为葬具。瓮棺墓均为儿童墓葬，时代为战国晚期至西汉。

2005年在沈阳上伯官城西侧发掘了2座墓葬，一座为砖室墓，一座为筒形棺（M2）。筒形棺埋在椭圆形坑内，由2件陶釜和1节陶筒形器套接而成（图三，10），陶釜在两端[12]，未发现人骨和随葬品，筒形棺开口于汉代文化层下，时代为西汉早中期。

2011年在上伯官发现一座大型瓮棺葬，有两个长达90厘米的瓮棺对合而成[13]，瓮棺全长1.8米，未发现人骨和随葬品。葬具为筒形瓮，这种大型瓮棺应为专门烧制作葬具的，与1963年发现的瓮棺形制形同，但个体较大，是辽宁地区目前发现最大的汉代瓮棺。这座瓮棺未发现人骨，无法确定是否为成年人的墓葬，但不排除为成年人墓葬的可能性。

1954～1955年东北文物工作队在辽阳三道壕墓地清理了瓮棺葬348座[14]，墓向不一，以北偏东、北偏西居多。有打破关系的墓葬少。葬具都是用陶釜或者陶釜和其他陶器套接而成，或两口相对，或两口相对再套接其他陶器（图一，11～14），有2～5节，长度30～120厘米，其中以粗砂红陶圜底釜最多，为生活实用器废弃后作为葬具使用，其次是陶瓮，其他还有少量甑、盆、钵、罐、壶、奁等。釜和瓮多夹滑石掺和料。葬式以仰身直肢葬为主，屈肢葬较少。随葬品少而简单，多数墓葬没有随葬品，有随葬品的多为玻璃珠、石珠等，还有个别随葬琉璃坠、琉璃佩、琉璃珠、铜扣、铜环、半两钱等，饰品为儿童生前所佩戴。骨骼保存不佳，多保存儿童牙齿，少数墓有头骨和肢骨残片。三道壕墓地时代为西汉初、中期，最晚不到王莽时期。该墓地是目前辽宁发现数量最多的瓮棺墓地，附近有三道壕汉代居住址，还有成年人墓葬，这说明当时死亡儿童是单独埋葬的，有独立的墓地，不与父母埋在一起。

1954年，东北文物工作队在辽阳唐户屯清理石椁墓和瓮棺墓共计192座[15]，其中大部分是石椁墓，瓮棺墓较少。瓮棺墓分布在成人墓周围，多用几个陶瓮套接，或者用陶盆和陶甑套接，也有的在陶瓮外加砖块和石板，瓮棺墓长60～100厘米。人骨保持不好，个别存头骨，随葬品仅个别有环首铁刀、玻璃珠。均为儿童墓葬。

2013年，辽宁省文物考古研究所在鞍山市沙河镇羊草庄汉墓群清理2座瓮棺墓，平面均为椭圆形，土坑半地穴，均由3件陶釜和1件陶盆套接而成[16]，未见随葬品和人骨。W2由3釜1盆套接而成（图一，5）。陶盆为夹细砂灰陶，为汉代典型陶盆式样。

小甲邦遗址位于抚顺市东洲区小甲邦，东区是遗址区，西南部为墓葬区，南区南部为儿童墓地，发现砖室墓2座、瓮棺墓9座[17]，有瓮棺和瓦棺两种，瓮棺是以筒形器为主体，两端套上陶釜或陶盆封堵，筒形棺长1.2～1.4米。瓦棺墓以大板瓦为主体，底铺绳纹大瓦，上部再用大瓦盖合，墓两端分别立一大瓦，长0.9～1米。

2008年辽宁省文物考古研究所在抚顺刘尔屯汉魏墓地发现了砖墓15座、瓦墓4座、瓮棺2座[18]，瓮棺均为土坑椭圆形墓圹，有一座破坏严重，另一座（M8）长1.2、宽0.83米，为三器组合，瓮瓮套合与盆套接。盆为西汉典型器物。该墓地与沈阳上伯官城比较近。另外还发现4座瓦墓，其中M6、M20为瓦棺，以M20为例，土坑墓圹，长2.1、宽0.7米，墓底铺8片板瓦，上面盖8片板瓦，两端由板瓦封堵[19]，形成瓦棺（图二，10），发现人头骨残片。时代为西汉。

（四）辽西地区

1979年在朝阳袁台子墓地发现了4座西汉时代瓮棺墓，分别是M24、M55、M75、M131，位于王坟山墓地东区，瓮棺有1瓮和2釜套接或2瓮1釜套接，也有1瓿2釜套接，也有1罐1釜对接[20]。时代为战国至西汉初。

1999年，辽宁省文物考古研究所对朝阳县北台子遗址进行了发掘，发现1座瓮棺墓，由2件夹粗砂陶釜对接而成[21]。

1979年，辽宁省文物考古研究所在辽宁凌源安杖子古城址东北发现汉代墓地，共清理4座汉墓，有2座为瓮棺墓[22]（M1、M2）。M1墓坑为长方形，瓮棺长0.97、宽0.3米，由2件深腹圜底盆和一节筒形器套合而成（图三，3），发现2颗小孩牙齿。M2墓坑为不规则椭圆形，瓮棺长0.85、宽0.3~0.6米，2件大型陶罐和釜套合而成（图一，1），发现儿童骨架，年龄6~7岁。

在锦西市（今葫芦岛）邰集屯城址第三期遗存中发现一座瓮棺葬，由2件陶釜对接而成[23]，儿童骨骼腐朽严重。2件陶釜均为泥质和夹砂灰陶，有烟熏痕迹。

1979年，在辽宁喀左南洞沟墓地发现了战国瓮棺葬22座[24]，具体情况不详。

1975年，在辽宁省喀左大城子眉眼沟发现战国墓，其中发掘2座瓮棺墓[25]，通长不足1米。釜与瓮或罐套合，发现儿童骨骼。陶釜形制为战国时期最常见式样，时代为战国中期。

20世纪90年代在义县奉国寺发现一座瓮棺葬，有3件陶瓮套合在一起。另外在凌源和叶柏寿也发现汉代瓮棺葬[26]，在朝阳市八宝山村、建平八达营子、凌源安杖子都采集到瓮棺残片，在安杖子发现1.8米长的瓮棺，系两个大陶缸（应筒形瓮）扣合在一起，疑为成人墓[27]。

二、辽宁地区瓮棺葬形制和特征

目前辽宁已发现的战国至汉的瓮棺葬主要有以下几种形制：瓮棺、筒形棺、瓦棺。

1. 瓮棺

瓮棺分布范围最广，数量最多，形制最为复杂，有两器组合、三器组合、四器组合，极个别有五器组合，葬具主要有瓮、釜、罐、盆、钵、瓿、豆、筒形瓮等，不仅仅限于瓮，这些陶器多为生活实用器或随葬品，破损后用作瓮棺，不少葬具有使用痕迹，比如釜表面有火烧或烟熏痕迹，说明曾使用过。两器组合形式有釜与瓮组合、釜与罐组合，连接方式多为套合。三器组合形式有瓮与瓮对合加套接，瓮与罐、釜套合加套接，两釜一盆对合加套接，两瓮一盆或钵套合加套接等。四器组合有瓮与罐再加上残损陶器残片。葬具组合的方式也多样，以主要器物以对合和套合为主，其他套接方式为辅，有对接、套合、套接、盖合、封堵等形式。除了罐、盆和钵多泥质灰陶外，其他多为夹砂陶，有的还夹滑石粉。葬具除素面外，多拍印绳纹。一般都挖竖穴墓圹埋瓮棺，除了盖州槐树房墓地发现填有贝壳的墓葬外，其余均为土坑竖穴墓圹。这类瓮棺墓分布范围最广。随葬品主要为佩饰，如玻璃珠、琉璃珠、环首刀、铜环、铜扣半两钱、小型陶器等。

瓮棺可分为四型。

A型 两器组合。葬具有瓮、罐、釜。组合形式有对合、套合两种。

釜和瓮套合，典型墓葬有凌源安杖子瓮棺葬（图一，1）。釜与瓮套合，典型墓葬有辽阳三道壕瓮棺墓（图一，11、12）。瓮与瓮对接，典型墓葬有营口槐树房瓮棺墓（图一，7）。釜与釜对接组合形式有一定数量。

B型　三器组合。葬具有瓮、釜、罐、钵、盆、豆。组合形式有对合加套接、套合加套接两种。

两釜对合加一钵套接，典型墓葬有尹家村瓮棺葬（图一，2）；两釜对合加一釜套接，典型墓葬有槐树房瓮棺葬（图一，6）。罐与釜对合加一罐套接，典型墓葬有牧羊城瓮棺葬（图一，4）。两瓮对合加一罐套接，典型墓葬有尹家村和奉国寺瓮棺葬（图一，3、10）。两瓮套合加一釜套接，典型墓葬有上伯官瓮棺墓（图一，9）。两瓮套合加一钵套接，典型墓葬有三道壕瓮棺墓（图一，13）。两瓮套合加一瓮套接，典型墓葬有刘家堡子瓮棺墓（图一，8）。

C型　四器组合。葬具有瓮、罐、釜、钵、盆等。

两瓮套合加一瓮套接再加一陶片封堵，典型墓葬有三道壕瓮棺墓（图一，14）。两釜套合加一釜套接、加一盆套接，典型墓葬有羊草庄瓮棺墓（图一，5）。

D型　筒形瓮棺。

这类筒形瓮个体较大，两两相对形成瓮棺，既有儿童的也有成人的瓮棺，是特意烧制专门作葬具用，最大的瓮棺长1.8米，见于上伯官（图三，4、8）、眉眼沟、安杖子等地。

瓮棺葬具形制如下。

瓮　个体比较大，形式多样。分五型。

A型　侈口，鼓腹，平底，仅见于牧羊城（图四，1）。

B型　大口，折沿，收腹，小平底，这类瓮一般都夹滑石、夹粗砂，在战国晚期至西汉初期常见（图四，2）。

C型　直口，鼓腹，广肩（图四，3、4）。

D型　直口或侈口，鼓腹，圜底，分布比较广（图四，5~10）。

E型　直口，卷沿，鼓腹，平底，器表多拍印绳纹（图四，11、12）。

釜　形制多样，是瓮棺葬最常用的葬具。可分五型。

A型　宽折沿，深腹，圜底，表面拍印粗绳纹，这类釜分布比较广泛（图五，1、2、5~10、13），是西汉初期最常见的形制，应是从战国时期燕地分布最广的陶釜延续下来的。

B型　折沿，束颈，收腹，圜底（图五，3）。

C型　卷沿，鼓腹，尖底（图五，4）。

D型　敛口，鼓腹，圜底（图五，11、12）。

E型　折沿，直腹，下腹斜收，小平底（图四，14）。

盆　多敞口，折沿或卷沿，深腹，平底（图六），为西汉常见式样。

罐　个体略小，与瓮名称常常混用。钵和甗、豆作为葬具数量较少。

筒形瓮　个体都比较大，直口，深腹，圜底，上部分有弦纹，下部分拍印绳纹，形制比较特殊（图三，8）。

2. 筒形棺

见于三道壕、陈屯、上伯官、安杖子、眉眼沟等地。主葬具为筒形器，放在中间，其他葬具有釜、盆、罐、瓦等，套接在筒形器两端。这类筒形器对半切割开就是板瓦，也可作为水管用。

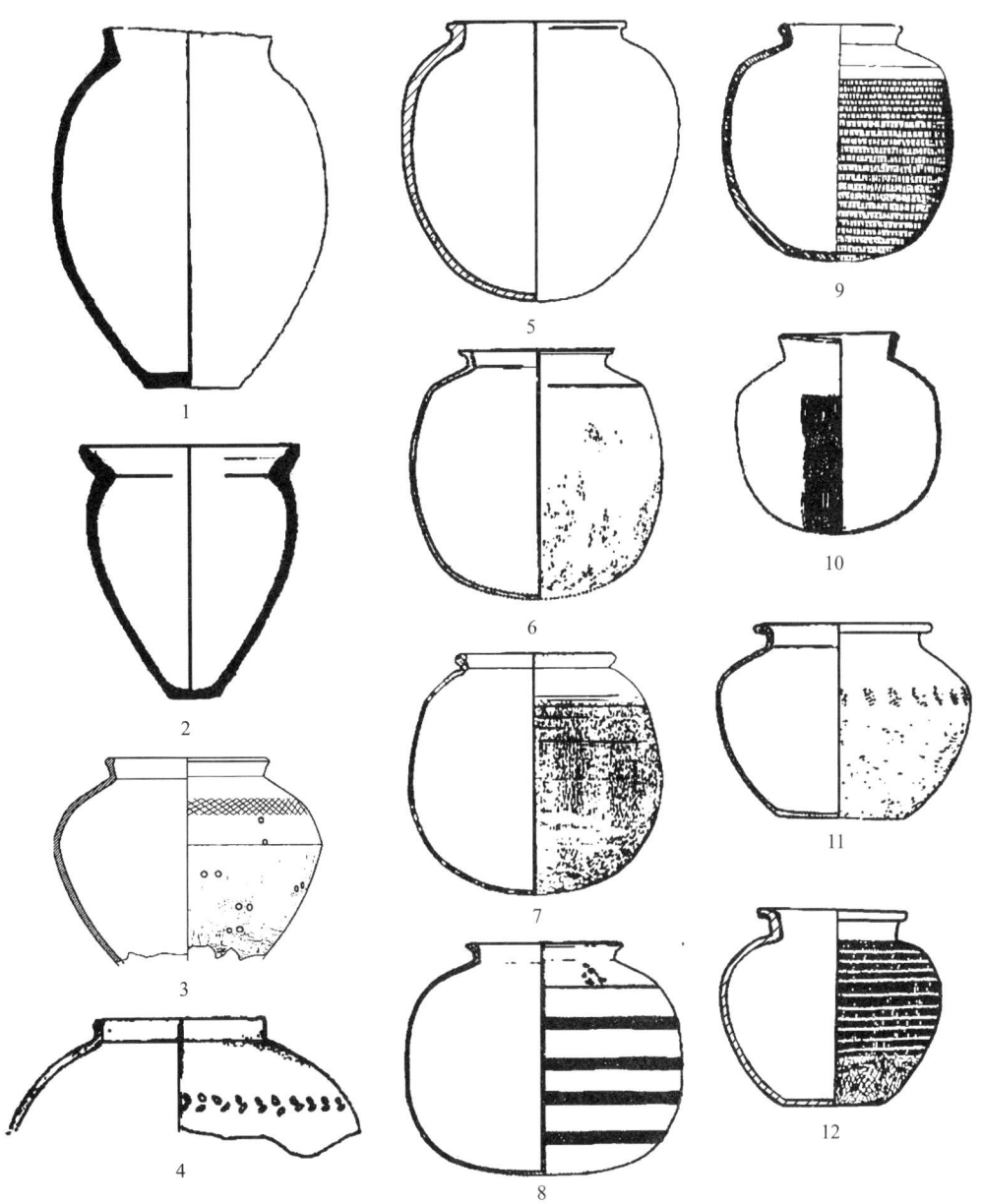

图四　瓮棺葬葬具——瓮
1. A 型　2. B 型　3、4. C 型　5～10. D 型　11、12. E 型
（1、10. 牧羊城　2. 三道壕　3. 姜屯　4. 眉眼沟　5～8、11. 尹家村　9. 安杖子　12. 刘家堡子）

可分为三型，两器组合与三器组合。

A 型　三器组合，由中间筒形器和两端陶器组合而成，有套合、套接、封堵等形式。葬具有釜、罐、盆。

中间为一筒形器、两端分别由一盆套接，典型墓葬有三道壕瓮棺墓（M317）（图三，1）；中间一筒形器、两端分别由一釜套合，典型墓葬有安杖子和上伯官瓮棺墓（图三，3、10）；中间一筒形器，一端套在罐上，一端有瓦封，典型墓葬有三道壕瓮棺墓（图三，2）。

B 型　仅为一陶水管，一端粗，另一端细，两端封堵情况不明，仅见于陈屯墓地（图三，5）。

C 型　中间为筒形器，两端用瓦或破陶器封堵（图三，6、7）。

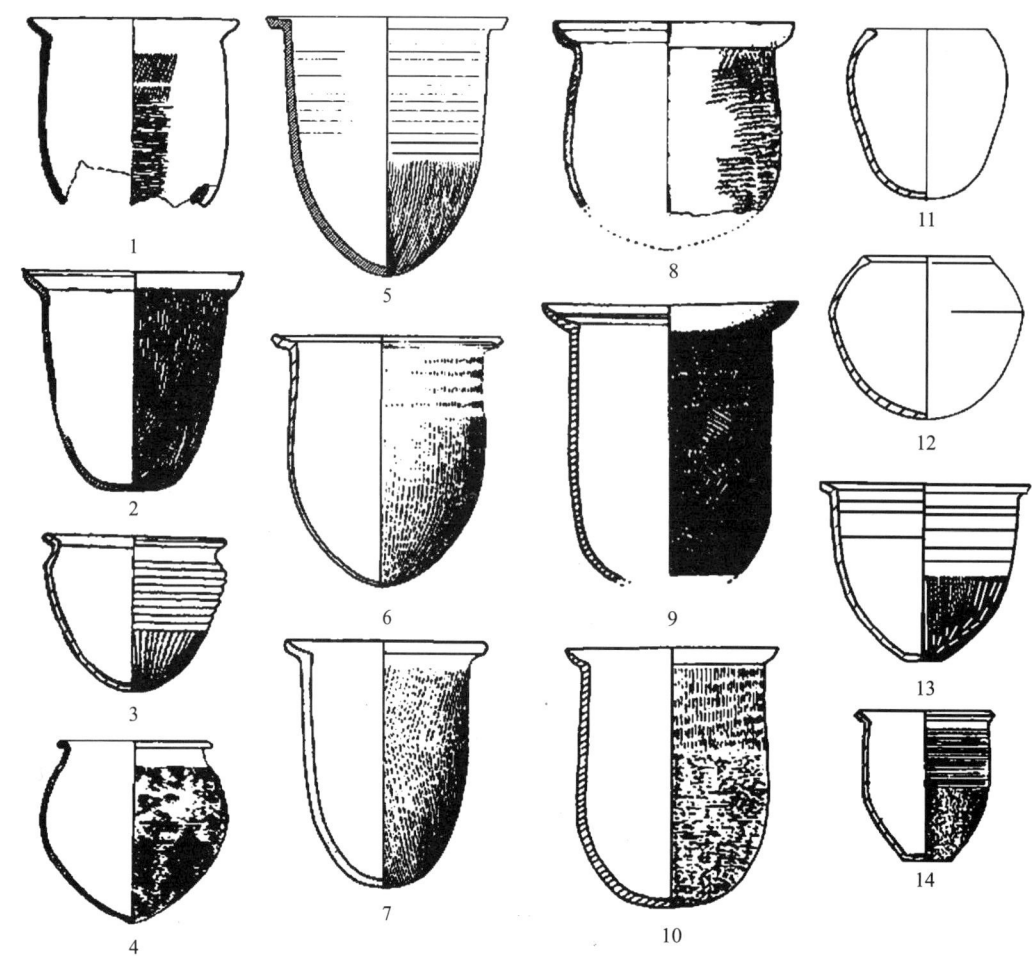

图五　瓮棺墓葬具——釜

1、2、5~10、13. A 型　3. B 型　4. C 型　11、12. D 型　14. E 型

（1. 牧羊城　2、3. 安杖子　4. 邰集屯　5. 姜屯　6、7. 尹家村　8. 眉眼沟　9、10. 袁台子　11、12. 羊草庄　13、14. 上伯官）

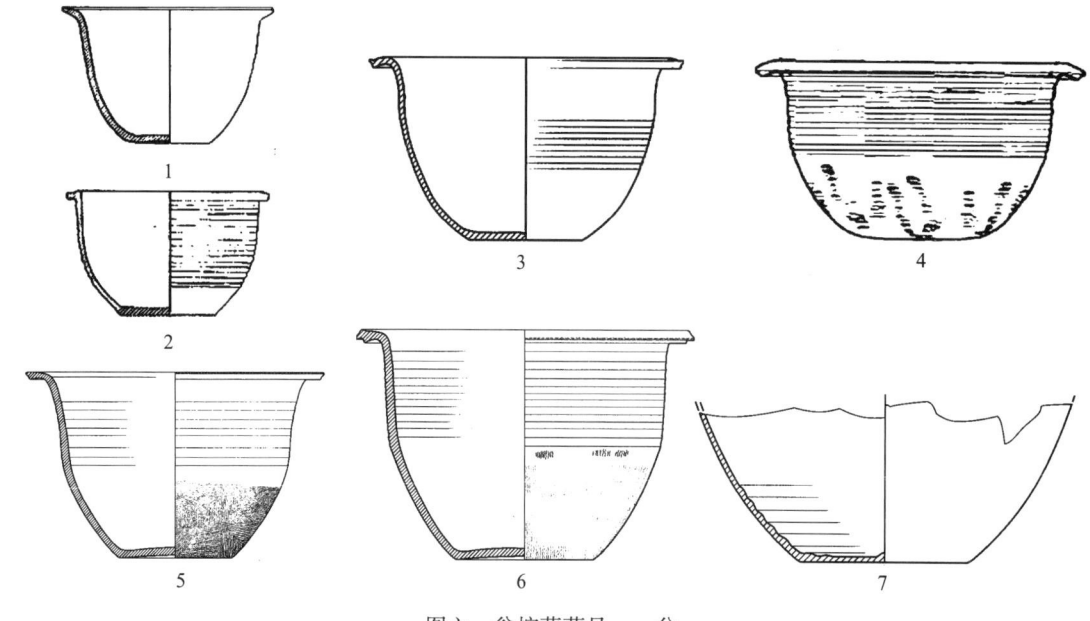

图六　瓮棺葬葬具——盆

1、2. 尹家村　3、7. 羊草庄　4. 刘尔屯　5、6. 姜屯

3. 瓦棺

目前主要见于辽南地区和抚顺，具体见于尹家村、陈屯、槐树房、小甲邦、刘尔屯等地，以尹家村和陈屯墓地最多。瓦棺的主体是板瓦，两端用残损陶器残片或碎瓦封堵。残损陶器有瓮、罐、盆等。瓦棺所用板瓦有4片盖合，或用2片板瓦盖合组成，或多片板瓦对合形成瓦棺。

瓦棺可分为四型。

A型　底面铺板瓦，四周立板瓦，上面用板瓦扣合，形成封闭瓮棺，见于陈屯（图二，1）。

B型　由2片大板瓦上下扣合或者由多片板瓦上下扣合形成瓦棺，两端由瓦封堵，见于抚顺小甲邦、刘尔屯、陈屯（图二，2~7、10）。

C型　由板瓦上下扣合，一端套接盆或瓮，见于陈屯（图二，8）。

D型　由4片瓦组成瓦棺，两端用瓦或者盆以及破损陶器封堵或者套接，见于尹家村（图二，9）。

三、辽宁地区瓮棺葬年代及分布特征

辽宁发现的瓮棺葬，一般都分布在一座城址或遗址周围，而且有单独的分布区，成片分布，少数瓮棺葬与其他形式墓葬交错分布。尹家村瓮棺葬分布在牧羊城城址周围，该城址为战国至汉城址，附近还分布其他类型墓葬。尹家村瓮棺葬葬具有釜和瓮、罐等，釜为折沿、深腹、圜底，粗绳纹，属于燕式釜。瓮为侈口或卷沿，鼓腹，圜底，这些都是西汉陶器典型特征。尹家村还发现瓦棺，有的随葬西汉半两钱，毫无疑问为西汉早期。尹家村发现瓦棺与陈屯极为相似。

陈屯墓地发掘瓮棺葬集中分布于墓地的一角，该墓地还分布着贝墓、砖室墓、石板墓、石棺墓。陈屯墓地位于陈屯汉城周围。瓦棺与尹家村相似，而且封堵瓦棺两端所用陶器残片也是西汉的。墓地还发现了战国时期烙马印，因此瓮棺墓墓地应该为西汉无疑，上限可能到战国。该瓮棺墓地多无打破关系，但也有极少数墓葬有打破关系。

槐树房发现的瓮棺葬分布在槐树房墓地周围，瓮棺所用的釜为西汉最常见式样。墓内填贝壳的习俗还是首次发现，贝壳墓在辽南的时代是战国至西汉。该墓地年代应该为西汉。

丹东刘家堡子瓮棺墓虽然发现数量少，但可以看出位于遗址附近。那种大口小底、夹滑石瓮在辽东、辽南地区最为常见，是战国至西汉最常见的陶器。该瓮棺墓的年代应该是战汉时期。

上伯官城附近分布着大量汉墓，瓮棺墓也有发现，分布在城址一角，有的瓮棺葬开口于汉代文化层，为断定其时代提供了准确依据。瓮棺形制多样，陶釜形制与尹家村和袁台子瓮棺墓同类器相似，盆也为典型西汉时期。大型筒形瓮棺仅在上伯官墓地发现，敛口、直腹、圜底、弦纹与细绳纹组合，当不晚于西汉。上伯官城被认为是玄菟郡三迁址。该瓮棺墓地年代为战汉时期。上伯官发现筒形瓮棺与燕下都郎井村[28]、山东临淄辛店[29]和临沂陈白庄[30]、河北黄骅发现筒形瓮棺相似，均为两个大小相同的筒形瓮，组合形式主要是两器对合，一瓮一罐组合比较少见。另外在河北黄骅发现了成年人大型筒形瓮棺。

辽阳发现瓮棺墓最多，辽阳是辽东郡的治所——襄平所在地，从战国开始就是政治中心，分布着大量汉墓群，比如苗圃墓地、三道壕墓地等，规模相当大。三道壕瓮棺墓葬具夹滑石瓮和圜底釜都是西汉时期典型器物，时代应为战国至西汉时期。

羊草庄汉墓发现少量瓮棺墓，为西汉时期。袁台子瓮棺墓釜的形制与尹家村相似，夹滑石瓮与辽东地区战汉时期瓮接近，应为同时期产物，袁台子附近汉代遗存非常丰富，时期应为战汉时期。安杖子瓮棺墓发现于安杖子城址附近，筒形器作瓮棺习俗在辽阳、大连地区都有发现，釜的形制也与其他地区釜相似，时代应为西汉。邰集屯城址发现瓮棺墓，时代也为西汉。眉眼沟发现的瓮棺墓，釜为战国时期典型器物，其时代不晚于战国中期。

上述瓮棺葬群均分布在城址周围，有单独墓地，但与成年人墓地相连，或有交错分布。瓮棺墓绝大多数没有随葬品，即使有也是小型饰品或铜钱、刀、珠、铜环和小型陶器等。瓮棺墓时代大多数为西汉，而且以西汉早期居多，有少部分瓮棺墓上限到战国，下限到西汉末期，主要流行于战国晚期至西汉，东汉瓮棺墓尚未发现。

辽宁地区发现瓮棺葬的土坑竖穴与关中地区战国至秦的土洞墓圹不同，土洞墓仅分布于关中地区，其他地区不见。辽宁地区瓮棺墓与山东、河北、天津、北京等地区比较相似，与河北黄骅发现瓮棺葬非常相似。河北黄骅市已发现成年人的瓮棺葬，说明瓮棺葬不仅仅是儿童墓葬。但辽宁地区到目前为止，均为儿童墓葬。筒形瓮棺在河北、山东、辽宁等地区都有发现，形制比较相似，个体大，是专门烧制的葬具。瓦棺墓主要发现于辽东地区，目前发现地点有大连、营口、抚顺，其他地区少见，与黄骅发现瓦棺相似。

广义上的瓮棺葬在辽宁分布较广，分布不均，以辽东为多，这可能与发掘工作有一定关系，另外主要与燕秦在辽东的经营有较大关系。环渤海地区的瓮棺葬主要分布于京津冀鲁辽地区，辽宁地区是其中一个重要组成部分，"战国秦汉时期的瓮棺葬广泛发现于黄河中下游和辽东地区，尤其在京津冀和辽东地区的分布还相当密切"[31]。所发现瓮棺葬大同小异，非常相似，也有地区差异。特别是燕式釜分布范围最广，特征最为突出。瓮棺葬组合随意性很强，没有固定的模式，除了筒形瓮棺为特制的葬具外，其余的葬具包括板瓦都是生活中的实用器，随意组合。战国至西汉时期，在燕国属地及周边地区突然出现了大批瓮棺葬，其背后可能有更深层的原因。

四、结　语

辽宁地区瓮棺葬一般都分布在城址或者大型聚落周围，有独立的墓区，一般集中埋葬，一般都有竖穴墓圹。瓮棺葬组合形式有两器组合、三器组合、四器组合，连接的方式有对合、套合、套接、封堵、盖合等形式，葬具有瓮、釜、罐、盆、钵、豆、瓦、筒形器、筒形瓮棺等。时代主要为战国至西汉。除了少数墓葬保存少量遗骨或牙齿外，多数墓葬遗骨不存。多数瓮棺墓不见随葬品，少数墓葬有随葬品，多为珠子、铁刀、铜钱、铜环、纺轮以及少量豆、罐等器物。目前为止，辽宁地区发现的瓮棺葬均为儿童墓葬，尚未发现确凿的成年人瓮棺墓。辽宁地区瓮棺墓最早发现于大连长海县上马石中层[32]，为青铜时代，相当于双砣子二期。战国至西汉时期辽宁地区瓮棺葬大量流行，"是在燕文化东渐和秦汉王朝在辽东地区经营的历史背景下出现的"[33]。

注　释

[1] 日东亚考古学会：《牧羊城》，《东方考古学丛刊》第2册，1931年，第47~51页，图版五七~图版六〇。

［2］ 中国社会科学院考古研究所：《双砣子与岗上——辽东史前文化的发现和研究》，科学出版社，1996年，第123页。
［3］ 中国社会科学院考古研究所：《双砣子与岗上——辽东史前文化的发现和研究》，科学出版社，1996年，第123页，图版九一。
［4］ 刘俊勇：《大连尹家村、刁家村汉墓发掘简报》，《大连文物》1990年第2期，第16页。
［5］ 吴青云：《瓦房店市陈屯汉魏晋墓地》，《中国考古学年鉴》（1995），文物出版社，1997年，第121页。
［6］ 吴琳：《大连抢救性发掘汉代城址和墓葬》，光明网，2007年5月22日。
［7］ 见大连市文物考古研究所"三普"调查资料。
［8］ 白宝玉等：《营口市槐树房村汉墓群》，《中国考古学年鉴》（2009），文物出版社，2010年，第162页；白宝玉等：《辽宁营口发现汉墓群》，《中国文物报》2009年2月20日第002版。
［9］ 冯永谦、崔玉宽：《凤城刘家堡子西汉遗址发掘报告——兼论汉代东部都尉治武次县址之地望》，《辽宁考古文集》（2），科学出版社，2010年，第117页。
［10］ 武家昌：《辽宁省凤城市刘家堡子战国、秦汉遗址》，《中国考古学年鉴》（1996），文物出版社，1998年，第119～120页。
［11］ 沈阳市文物工作组：《沈阳上伯官屯汉魏墓葬》，《考古》1964年第11期，第557页。
［12］ 沈阳市文物考古研究所：《沈阳上伯官汉墓2005年发掘报告》，《沈阳考古文集》（2），科学出版社，2010年，第79～80页。
［13］ 见沈阳市文物考古研究所2010年发掘材料。
［14］ 陈大为：《辽阳三道壕儿童瓮棺墓群发掘简报》，《考古通讯》1956年第2期。
［15］ 东北文物工作队：《东北文物工作队1954年工作简报》，《文物参考资料》1955年第3期。
［16］ 辽宁省文物考古研究所：《羊草庄汉墓》（上），文物出版社，2015年，第342～346页。
［17］ 武家昌：《抚顺市小甲邦汉代遗址》，《中国考古学年鉴》（1990），文物出版社，1991年，第186～187页。
［18］ 辽宁省文物考古研究所、抚顺市博物馆：《辽宁抚顺市刘尔屯汉魏墓群的发掘》，《考古》2014年第4期，第51～52页，图四二～图四四。
［19］ 辽宁省文物考古研究所、抚顺市博物馆：《辽宁抚顺市刘尔屯汉魏墓群的发掘》，《考古》2014年第4期，第51～52页，图四二～图四四，第51页，图三九～图四一。
［20］ 辽宁省文物考古研究所、朝阳市博物馆：《朝阳袁台子——战国西汉遗址和两周至十六国时期墓葬》，文物出版社，2010年，第212～213页，图三六七。
［21］ 吉向前等：《朝阳县北台子新石器时代至辽金时期遗址》，《中国考古学年鉴》（2000），文物出版社，2002年，第139页。
［22］ 辽宁省文物考古研究所：《辽宁凌源安杖子古城址发掘报告》，《考古学报》1996年第2期，第222～223页。
［23］ 吉林大学、辽宁省文物考古研究所：《辽宁锦西市邰集屯小荒地秦汉古城址试掘简报》，《考古学集刊》（11），1997年，第139～140页。
［24］ 辽宁省文物考古研究所：《辽宁近十年来文物考古新发现》，《文物考古工作十年1979—1989》，文物出版社，1991年，第63页。
［25］ 朝阳地区博物馆、喀左县文化馆：《辽宁喀左大城子眉眼沟战国墓》，《考古》1985年第1期，第10页。
［26］ 佟柱臣：《考古学上汉代及汉带以前的东北疆域》，《考古学报》1956年第1期，第34页。
［27］ 辽宁省文物考古研究所：《辽宁凌源安杖子古城址发掘报告》，《考古学报》1996年第2期，第222～223页，第13页，注释［18］。
［28］ 河北省文物研究所：《燕下都》，文物出版社，1996年。
［29］ 山东省文物考古研究所：《山东临淄辛店墓地概述》，日文资料。
［30］ 临沂市博物馆：《临沂的西汉瓮棺、砖棺、石棺墓》，《文物》1988年第10期。
［31］ 白云翔：《战国秦汉时期瓮棺墓研究》，《考古学报》2001年第3期，第327页。
［32］ 旅顺博物馆、辽宁省博物馆：《辽宁长海县上马石青铜时代墓葬》，《考古》1982年第6期，第591页。
［33］ 白云翔：《战国秦汉时期瓮棺墓研究》，《考古学报》2001年第3期，第327页，第329页。

辽宁地区战国秦汉时期瓮棺葬的初步研究

徐 政

（辽宁省文物考古研究所）

瓮棺葬是自新石器时代出现的一种特征鲜明的墓葬形制，广义的瓮棺葬泛指由陶质葬具装殓尸体的埋葬方式。瓮棺，古称"瓦棺"，在《礼记·檀弓》中就有"有虞氏瓦棺，夏后氏堲周，殷人棺椁，周人墙置翣。周人以殷人之棺椁葬长殇，以夏后氏之堲周葬中殇下殇，以有虞氏之瓦棺葬无服之殇"的记载。瓮棺葬在辽宁地区的大量出现主要是在战国秦汉时期，多用于埋葬未成年人。

由于辽宁地区的多数瓮棺葬材料未经发表，因此，过去国内学者对其全面关注者较少。近年来姜屯、羊草庄及刘尔屯等一大批瓮棺葬材料的发表，为研究辽宁地区战国秦汉时期瓮棺葬的文化面貌提供了大量的全新翔实信息。本文以此为研究对象，并结合学术界以往研究成果，对辽宁地区战国秦汉时期瓮棺葬的地理分布、葬地选择、葬俗及瓮棺结构等方面进行类型学考察，以探讨其特点及演变规律，并对相关问题加以初步分析。

一、地理分布与葬地选择

（一）地 理 分 布

辽宁地区自1928年由东亚考古学会和日本关东厅博物馆共同组织发掘牧羊城附近的瓮棺葬[1]开始，至今已发掘战国秦汉时期瓮棺葬500余座。这些瓮棺葬出土地点均位于战国秦汉时期城址附近，如姜屯墓地南约500米即为张店汉城。从目前公布的材料来看，辽宁地区战国秦汉时期的瓮棺葬出土地点主要集中在辽西、沈抚、辽东及辽南四大地区（图一），各地区瓮棺葬在年代、葬具特征及随葬品方面略有差异。

辽西地区的瓮棺葬主要以建平县西胡素台[2]、叶柏寿[3]，凌源市大珠禄科[4]、安杖子[5]，喀左县眉眼沟[6]、南洞沟[7]，葫芦岛市邰集屯[8]，凌海市二十里铺[9]瓮棺葬等为代表。该地区瓮棺葬年代较早，多属于战国至西汉早期，西汉晚期瓮棺葬基本未见。瓮棺葬的葬具种类也较为简单，多为燕式釜，绳纹瓮则只见于早期，偶见陶筒。瓮棺内基本不见随葬品，仅在西胡素台瓮棺葬中见有2枚穿孔海贝。

沈抚地区的瓮棺葬主要以沈阳市郑家洼子[10]、上伯官[11]，抚顺市刘尔屯[12]以及小甲邦[13]瓮棺葬等为代表。从目前发表的材料来看，该地区瓮棺葬年代多为西汉中晚期，未见战国时期瓮棺

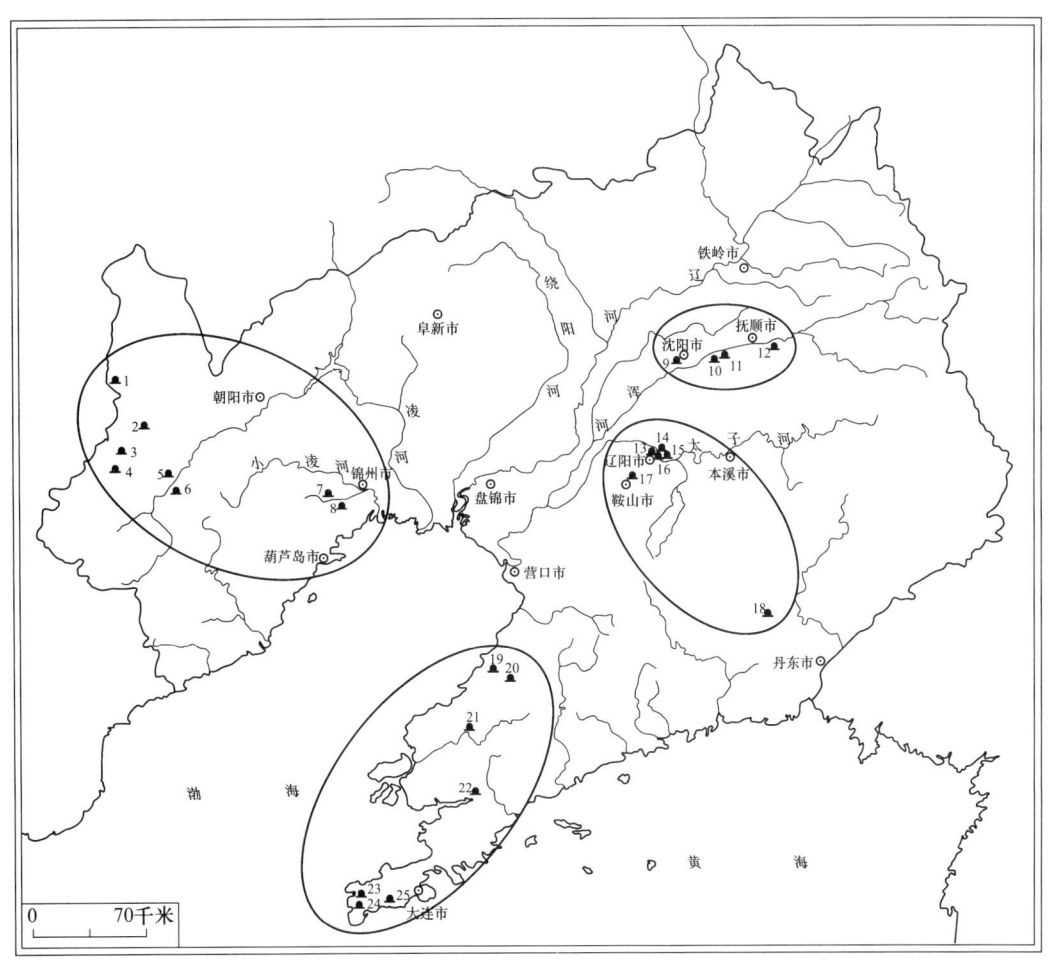

图一　辽宁地区战国秦汉时期瓮棺葬出土地点分布示意图

1. 西胡素台　2. 叶柏寿　3. 大珠禄科　4. 安杖子　5. 眉眼沟　6. 南洞沟　7. 邰集屯　8. 二十里铺　9. 郑家洼子　10. 上伯官　11. 刘尔屯　12. 小甲邦　13. 三道壕　14. 鹅房　15. 桑园子　16. 玉皇庙　17. 羊草庄　18. 刘家堡子　19. 槐树房　20. 靠河寨　21. 陈屯　22. 姜屯　23. 尹家村　24. 牧羊城　25. 龙王庙

葬。瓮棺葬的葬具种类较多，西汉中期多为燕式釜、绳纹罐及筒形瓮等，西汉晚期则以汉式釜、盆、板瓦等为主。瓮棺内未见随葬品。

辽东地区的瓮棺葬以辽阳市三道壕[14]、鹅房[15]、桑园子[16]、玉皇庙[17]，鞍山市羊草庄[18]以及凤城市刘家堡子[19]瓮棺葬等为代表。该地区瓮棺葬年代多为西汉中期—两汉之际，西汉早期瓮棺葬主要见于刘家堡子瓮棺葬墓地。瓮棺葬的葬具种类最为复杂多样，但以羼合滑石的辽东式素面红陶釜最具本地区特色，西汉早期多为燕式釜、辽东式釜、绳纹罐及瓮等；西汉晚期至两汉之际则以汉式釜为主，另有少量的罐、壶、盆、钵、筒、板瓦等。少量瓮棺内出土有随葬品，多为各类材质的珠、管等小件装饰品，偶见铁削、半两钱等。

辽南地区的瓮棺葬则以盖州市槐树房[20]、靠河寨[21]，庄河市陈屯[22]，普兰店市姜屯[23]，旅顺口牧羊城、尹家村[24]及龙王庙[25]瓮棺葬等为代表。该地区瓮棺葬年代均为西汉时期，未见战国时期瓮棺葬。西汉早、中期的葬具多为燕式釜、绳纹瓮及豆盘等，西汉晚期的葬具则多由板瓦扣合而成。该地区的个别瓮棺葬也具有鲜明的地方特色，如槐树房墓地的瓮棺顶部多扣有一残豆盘，此外还在一座瓮棺葬的填土中发现掺杂贝壳的情况。瓮棺内随葬品极少，见有半两钱等。

（二）葬地选择

辽宁地区瓮棺葬的葬地选择主要有三种情况。

第一类葬地选择是瓮棺葬与同时期的其他类型成人墓葬交杂分布在同一墓地中，且位于亲缘成人墓葬附近，这种情况多流行于西汉早、中期，西汉晚期则较为少见，如姜屯墓地的M211（瓮棺葬）位于成人合葬墓M16与M17头向北侧约0.74米处，且墓向基本一致（图二，1）。羊草庄墓地的成人合葬墓M45与M46头向北侧0.53米置有两座瓮棺葬W1与W2，且W1与W2墓向一致，与成人墓葬有近40°的角差（图二，2）。

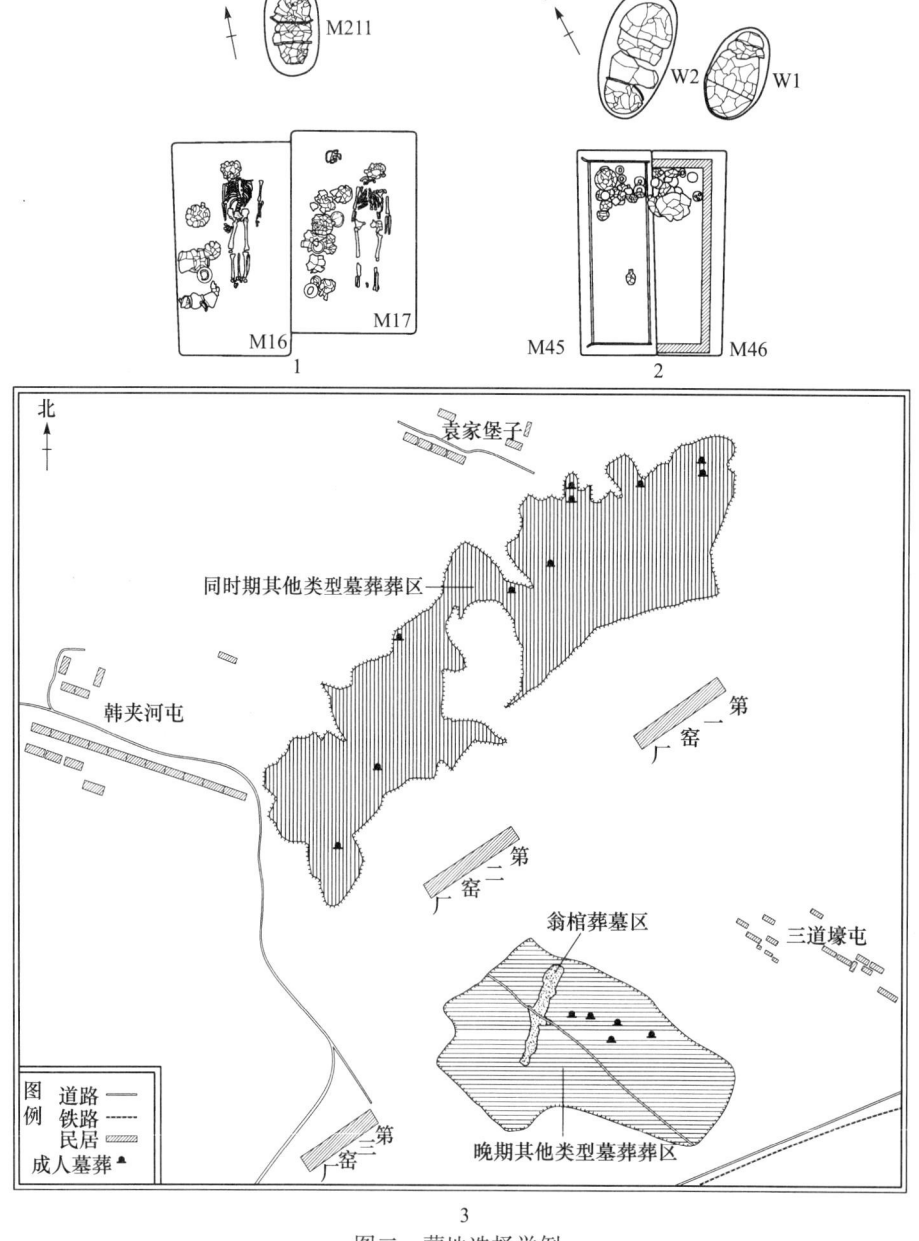

图二 葬地选择举例

1. 姜屯墓地M16、M17与M211（瓮棺葬）　2. 羊草庄墓地M45、M46与W1、W2（瓮棺葬）　3. 三道壕墓地

第二类葬地选择是瓮棺葬与同时期的其他类型成人墓葬分布在同一墓地的不同墓区中，且这一稳定的墓地分区特征持续到该墓地结束，这类葬地选择以辽阳三道壕墓地最具代表性。三道壕墓地位于三道壕西汉古遗址北约 500 米处，墓地中部偏东北处有一约 800 平方米的小山冈，该山冈即为儿童瓮棺葬墓区，先后发掘清理了 348 座瓮棺葬；瓮棺葬墓区北侧则为同时期的其他类型成人墓葬墓区，东、西两侧则为该墓地东汉魏晋时期的成人墓葬区（图二，3）。

第三类葬地选择情况则较为特殊，瓮棺葬与同时期的其他类型成人墓葬虽然分布在同一墓地的不同墓区中，但随着墓地葬入人口数量的增多，晚期其他类型墓葬会逐渐葬入早期瓮棺葬墓区中，因此，瓮棺葬与晚期其他类型墓葬交杂分布，但与同时期其他类型墓葬不在同区，这类葬地选择以营口槐树房墓地最具典型。在战国晚期—西汉中期，2008 年度的发掘区是槐树房墓地的儿童瓮棺葬墓区，共清理出瓮棺葬 17 座，且不见同时期其他类型的成人墓葬；东汉时期，随着墓地葬入人口的增多，该区域则成为其他类型成人墓葬的葬区，清理出砖室墓葬 10 座，但未见该时期的瓮棺葬。

二、葬 俗

（一）墓 葬 形 制

辽宁地区战国秦汉时期的瓮棺葬均为竖穴土坑墓，墓坑一般略大于瓮棺，深度较浅，平面形状主要有圆角长方形、椭圆形及不规则形三种。除槐树房 M9 的填土中夹杂有贝壳外，其他瓮棺葬的填土均为较为纯净的地层堆积土。

瓮棺葬在结构形制上，依据有、无外椁可分为二型。

A 型　墓坑内仅见有瓮棺，未见外椁，这种类型的瓮棺葬最为常见，如抚顺刘尔屯 M8，墓圹平面近似不规则的椭圆形，墓坑内水平放置由 2 釜 1 盆套合而成的瓮棺（图三，1）。

B 型　瓮棺的外侧设有石椁，此类型的瓮棺葬数量较少，仅在桑园子墓地中见有 3 例，如桑园子 M60 石椁四壁由四块石板立砌而成，底部平铺小石板，石椁长约 70、宽约 34、高约 28 厘米，石椁内置瓮棺（图三，2）。

辽宁地区战国秦汉时期的瓮棺葬多为单人葬，双人葬仅见一例，尹家村 M763 与 M764 在长 3.08、宽 0.8 米的墓坑内南北纵向置有 2 座瓮棺，二者之间相距 0.46 米，瓮棺结构相似，主体由板瓦扣合而成，两端由陶盆或残瓦片封堵（图三，3）。

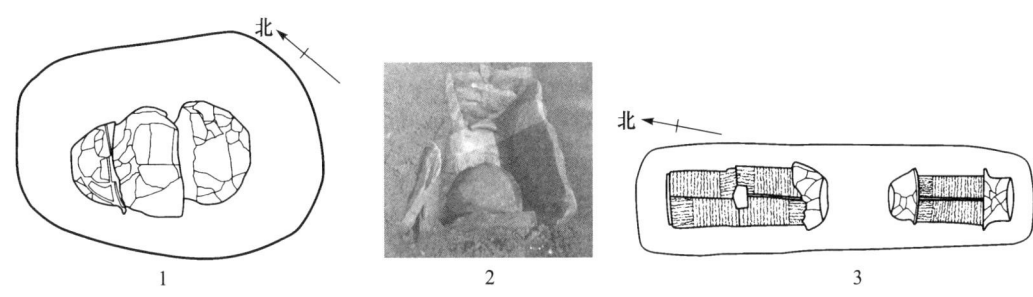

图三　瓮棺葬形制举例

1. 刘尔屯 M8　2. 桑园子 M60　3. 尹家村 M763 与 M764

（二）葬　　式

由于辽宁地区战国秦汉时期的绝大多数瓮棺是用于埋葬儿童的，因此瓮棺内的人骨大多保存状况较差，可辨葬式及头向者较少。现将瓮棺内人骨可辨葬式及头向者简述如下。

安杖子墓地发掘有2座瓮棺葬，其中M1尸骨多已不存，仅在瓮棺北端留有2枚小儿牙齿，因此M1人骨的葬式虽已不可考，但其头向应为北向；M2人骨骨骼保存较好，葬式为俯身直肢葬，但头向简报中未予说明。

上伯官墓地见有2座瓮棺葬，其中一座尸骨无存；另一座则在北部筒形腹瓮内见有4枚小儿臼齿，可知该瓮棺葬人骨的头向应为北向。

桑园子墓地虽然清理出38座瓮棺葬，但简报中仅对M15进行了详细描述。通过简报可知，M15人骨保存状况较好，葬式为仰身直肢葬，头向东北。

三道壕瓮棺葬墓地是该阶段本地区可辨葬式及面向者最多的一处墓地。可辨葬式者25例，其中仰身直肢葬数量较多，见有24例，侧身屈肢葬则只见有1例。可辨头向者118例，其中以头向北者数量最多，多达91例；头向东者次之，见有20例；头向西者6例；头向南者数量最少，仅有1例。

三、瓮棺结构的类型学考察

辽宁地区战国秦汉时期的瓮棺绝大多数横陈在墓坑底部，瓮棺立置则仅在辽阳三道壕墓地见有一例。瓮棺多由2~5件陶器或扣合或对接或套接而成，未见单器瓮棺，早期以2器瓮棺为主，年代越晚瓮棺用器数量越多。依据瓮棺用器器类的不同，辽宁地区战国秦汉时期的瓮棺可分为七型。

A型　瓮棺的主体由球形瓮组成。这类瓮棺主要见于安杖子、刘家堡子、槐树房及尹家村瓮棺葬中，根据瓮棺组合方式的不同，可细分为二亚型。

Aa型　瓮棺由球形瓮口部扣合一器组成。根据扣合陶器的不同，可分为二式。

Ⅰ式：球形瓮口部扣合燕式釜，如安杖子M2（图四，1）。

Ⅱ式：球形瓮口部扣合陶盆，如尹家村M14（图四，2）。

Ab型　瓮棺主体由两球形瓮口部对合而成。根据形制演变，可分为二式。

Ⅰ式：瓮棺仅由两球形瓮对接而成，如槐树房M16（图四，3）。

Ⅱ式：瓮棺主体由两球形瓮对接，尾端由其他陶器扣合，如尹家村M6，瓮棺东端由2件陶瓮对接而成，西端由陶罐扣合（图四，4）。

B型　瓮棺的主体由釜组成。该类瓮棺最为常见，数量也最为大宗。依据瓮棺组合方式的演变规律，可分为六式。

Ⅰ式：瓮棺由2件燕式釜口部对接而成，如眉眼沟M2（图四，5）。

Ⅱ式：瓮棺主体由2件燕式釜口部对接而成，但尾端扣合其他类型陶器，如槐树房M19釜底扣合1件残豆盘（图四，6）；尹家村M9南部陶釜底部扣合一件残釜底（图四，7）。

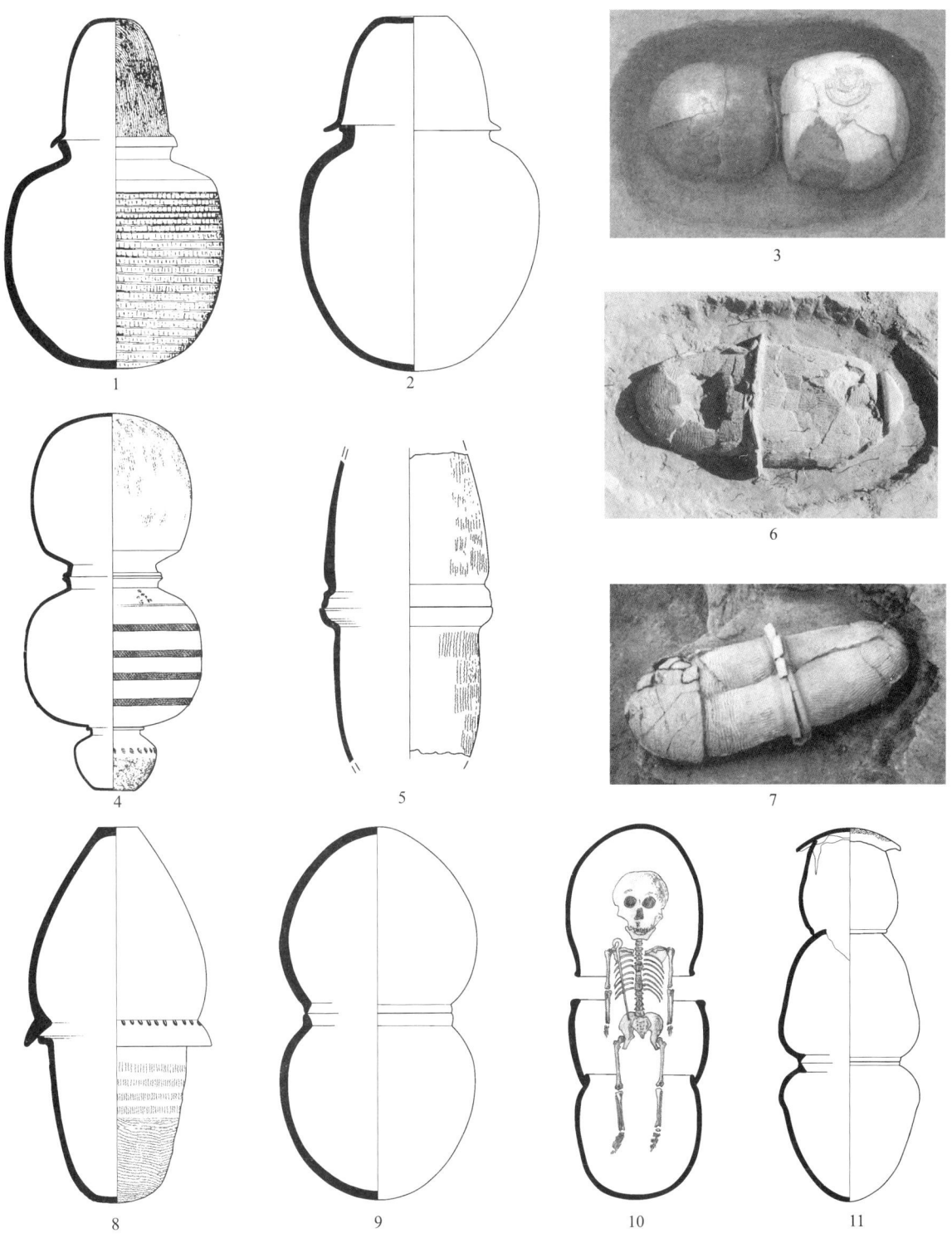

图四　辽宁地区战国秦汉时期瓮棺型式举例

1. Aa 型 I 式（安杖子 M2）　2. Aa 型 II 式（尹家村 M14）　3. Ab 型 I 式（槐树房 M16）　4. Ab 型 II 式（尹家村 M6）
5. B 型 I 式（眉眼沟 M2）　6、7. B 型 II 式（槐树房 M19、尹家村 M9）　8. B 型 III 式（三道壕 M361）　9. B 型 IV 式（三道壕 M112）
10. B 型 V 式（桑园子 M15）　11. B 型 VI 式（三道壕 M218）

III式：瓮棺由燕式釜及辽东式釜口部套接而成，如三道壕 M361，南部略小的燕式釜口部套入北部略大的辽东式釜口部（图四，8）。

Ⅳ式：瓮棺由两件汉式釜口部对接而成，如三道壕 M112（图四，9）。

Ⅴ式：瓮棺由 3 件以上汉式釜对接、套接而成，如桑园子 M15，瓮棺由 3 件汉式釜套接而成（图四，10）。

Ⅵ式：瓮棺主体由 2 或 3 件汉式釜或对接或套接而成，首端或尾端则由其他类型陶器封堵，如三道壕 M218，瓮棺主体由 3 件陶釜对接及套接而成，尾端则由陶罐残片封堵（图四，11）。

C 型　瓮棺的主体由罐组成。该类型的瓮棺数量较少，见于郑家洼子、上伯官及姜屯等瓮棺葬中。依据两端套接器类的演变规律可分为二式。

Ⅰ式：尾端由燕式釜扣合而成，如郑家洼子 M3（图五，1）。

Ⅱ式：首、尾两端由陶盆套合而成，如姜屯 M211（图五，2）。

D 型　瓮棺的主体由筒形瓮组成。该类型瓮棺数量较少，仅在上伯官墓地见有一例，该瓮棺由两件圜底直腹筒形瓮口部对接套合而成（图五，3）。

E 型　瓮棺的主体由陶筒组成。该类瓮棺主要见于西胡素台、安杖子、小甲邦及三道壕等瓮棺葬中。根据套接器类演变规律可分为二式。

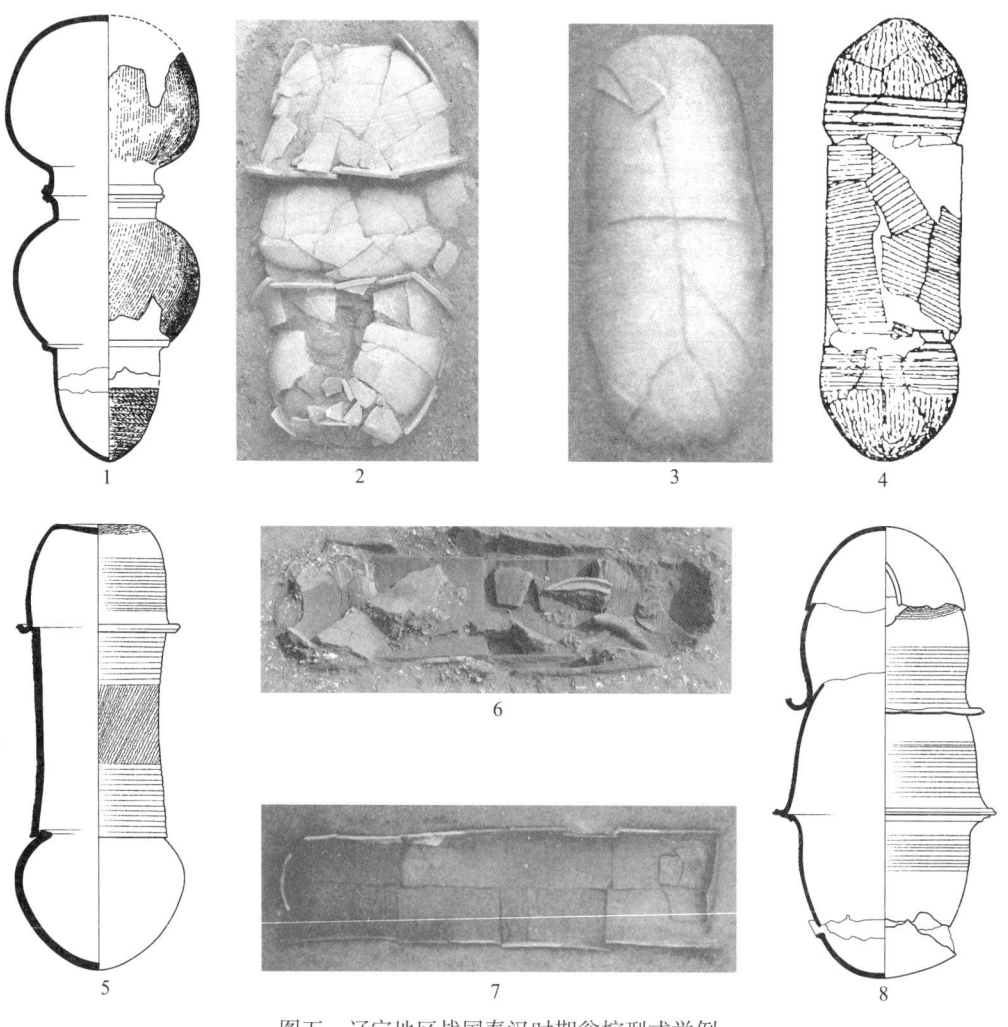

图五　辽宁地区战国秦汉时期瓮棺型式举例

1. C 型Ⅰ式（郑家洼子 M3）　2. C 型Ⅱ式（姜屯 M211）　3. D 型（上伯官墓地 W3）　4. E 型Ⅰ式（安杖子 M1）　5. E 型Ⅱ式（三道壕 M293）　6. F 型Ⅰ式（槐树房 M9）　7. F 型Ⅱ式（刘尔屯 M20）　8. G 型（三道壕 M47）

Ⅰ式：陶筒两端套接燕式釜，如安杖子 M1（图五，4）。

Ⅱ式：陶筒两端套接汉式釜、盆或钵等，如三道壕 M293，瓮棺套筒的首、尾两端分别套接汉式釜及盆（图五，5）。

F 型　瓮棺的主体由板瓦组成。见于刘尔屯、槐树房、陈屯、尹家村等多处瓮棺葬中。根据形制演变可分为二式。

Ⅰ式：瓮棺主体由板瓦扣合而成，两端则由陶容器封堵，如槐树房 M9，瓦棺首、尾两端由陶盆封堵（图五，6）。

Ⅱ式：瓮棺均由板瓦扣合、封堵而成，如刘尔屯 M20（图五，7）。

G 型　瓮棺的主体由盆组成。此类型瓮棺仅在三道壕墓地中有一例。三道壕 M47，瓮棺主体由 3 件灰陶盆对合套接而成，首、尾两端则由残釜封堵（图五，8）。

根据现有各墓葬的年代判断，辽宁地区以上各型式瓮棺的时代对应关系可参见表一。通过对表一的分析，我们基本可以判定，在战国秦汉时期辽宁地区出土的瓮棺中，Aa 型瓮棺的演变规律为球形瓮由燕式釜扣合向盆类扣合发展，Ab 型瓮棺的演变规律为球形瓮口部对接向对接、扣合发展；B 型瓮棺数量最多，也最具代表性，其整体演变规整为由燕式釜向辽东式釜向汉式釜发展，且用器数量由 2 件向多件发展；C 型瓮棺的整体演变规律为两端由燕式釜扣合向陶盆套合发展；D 型及 G 型瓮棺由于可供比较分析的材料较少，因此其整体演变规律还不明显；E 型瓮棺的演变规律为陶筒两端由燕式釜套接向汉式陶容器套接转变；F 型瓮棺的整体演变规律则是由陶容器封堵瓦棺首尾两端向全瓦棺的发展。

表一　辽宁地区战国秦汉时期瓮棺的型式分期表

年代	A 型		B 型	C 型	D 型	E 型	F 型	G 型
	Aa 型	Ab 型						
战国时期	Ⅰ		Ⅰ					
西汉早期	Ⅰ	Ⅰ	Ⅱ、Ⅲ	Ⅰ	√	Ⅰ		
西汉中期		Ⅱ	Ⅴ	Ⅱ		Ⅱ	Ⅰ	
西汉晚期	Ⅱ		Ⅵ			Ⅱ	Ⅰ	√
两汉之际			Ⅵ			Ⅱ	Ⅱ	

四、相关问题初步研究

（一）瓮棺陶文分析

陶文是指通过钤印、刻划或墨书的方式施于陶质器物上的文字，其主要集中于战国及两汉时期。陶文研究一直是古文字研究的重要分支，早在 1872 年陈介祺就开始拓录齐国陶文。目前，辽宁地区战国秦汉时期的多个瓮棺葬葬具上发现有陶文，但对这些陶文一直缺乏系统的梳理，对个别陶文的释读仍存在异议，笔者认为有做进一步研究的必要。

辽宁地区战国秦汉时期的瓮棺陶文主要见于三道壕瓮棺葬墓地，此外，在桑园子墓地及尹家村墓地也各发现一例。三道壕瓮棺葬墓地陶文数量较多，刻划于42座瓮棺葬的45件陶釜肩部，陶文以"昌平"为主，多达21例，此外还有大量的"贾""赐""田"及"卌"等（图六，1~9）。尹家村墓地瓮棺陶文刻划于M6陶瓮肩部，竖排两列，陶文为"平乡撽何陵"（图六，10）。桑园子墓地瓮棺陶文刻划于M15中部陶釜肩部，发掘者推断该陶文当为"驪"字，"驪"为高句丽王之人名。

上述47例陶文在年代上，除1例属于西汉中期外，其余瓮棺陶文均属于两汉之际陶文。这些瓮棺陶文均为刻划文，且均位于釜、瓮的近口处。辽宁地区瓮棺陶文根据内容的不同，主要可分为记名、记事及符号标记三大类。

图六　辽宁地区战国秦汉时期瓮棺葬陶文举例

1~9.三道壕瓮棺葬墓地陶文　10.尹家村墓地瓮棺葬陶文

1. 记名类瓮棺陶文

该类瓮棺陶文在辽宁地区最为常见，大多较为简短，以一字及二字为主，最多三字。记名类瓮棺陶文根据"名"的不同，又可细分为地名、人名及地名＋人名三种类型。

地名类瓮棺陶文数量最多，但类型较为单一，均为"昌平"二字。"昌平"为县名，即西汉时期的"襄平"县，新莽时期改为"昌平"，《汉书·地理志》中就有"襄平，有牧师官，莽曰昌平"的记载。

人名类瓮棺陶文的功用多为物勒主名，如三道壕瓮棺葬见有的"贾""贾×""田"等均属于此类陶文；此外，本地区也见有1例功用为纪念类的人名陶文，桑园子M15葬具上的"骉"字，就是由于王莽令严尤诱斩高句丽侯事件影响巨大，所以陶工刻名以记其事。

地名＋人名类瓮棺陶文仅见有"昌平贾"这一例，该陶文刻划于三道壕M227的葬具上，竖排两列。

2. 记事类瓮棺陶文

该类陶文仅在尹家村瓮棺葬中见有1例。"平乡撖何陵"是辽宁地区战国秦汉时期年代最早的一例瓮棺陶文，其中"平乡"为西汉广平国十六县之一，地望在今河北平乡县西北；"撖"发掘者推断为死亡儿童之意；"何陵"当为人名。因此，该六字陶文虽然字数较少，但却囊括了死者的籍贯（平乡）、身份（撖）及姓名（何陵）等重要信息，其功能应与墓志相当。

3. 符号标记类瓮棺陶文

此类陶文发现不多，见于三道壕瓮棺葬葬具上，如"×""⚡""田"等。

（二）文化因素分析——以瓮棺用釜为例

1. 瓮棺用釜的类型学分析

陶釜是辽宁地区战国秦汉时期瓮棺葬中数量最为大宗、形制演变也最为明显的葬具用器。瓮棺用釜均为红（褐）陶，多数羼合云母或滑石。依据形制的不同可分为四型。

A型　敞口，口沿外翻上折，上腹部较直，下腹部急收。依据形制演变，可分为四式。

Ⅰ式：沿部上折较高，沿面较薄，圜底。腹部满饰绳纹。例如，眉眼沟M2∶2（图七，1）。

Ⅱ式：沿部宽扁上折，圜底。上腹部瓦棱纹上饰有短绳纹，下腹部满饰绳纹。例如，尹家村M9∶2（图七，2）。

Ⅲ式：宽沿微上折，圜底。上腹部饰有瓦棱纹，下腹部满饰绳纹。例如，姜屯M212∶1（图七，3）。

Ⅳ式：折沿，平底。上腹部饰有瓦棱纹，下腹部满饰绳纹。例如，上伯官W2葬具（图七，4）。

B型　敞口，小展沿，卵形腹较深，圜底。上腹部饰有瓦棱纹，下腹部满饰粗绳纹。例如，三道壕M253∶1（图七，5）。

C型　大敞口，高领，卵形腹较深，平底。颈部戳压指窝纹，腹部素面。例如，三道壕M361∶2（图七，6）。

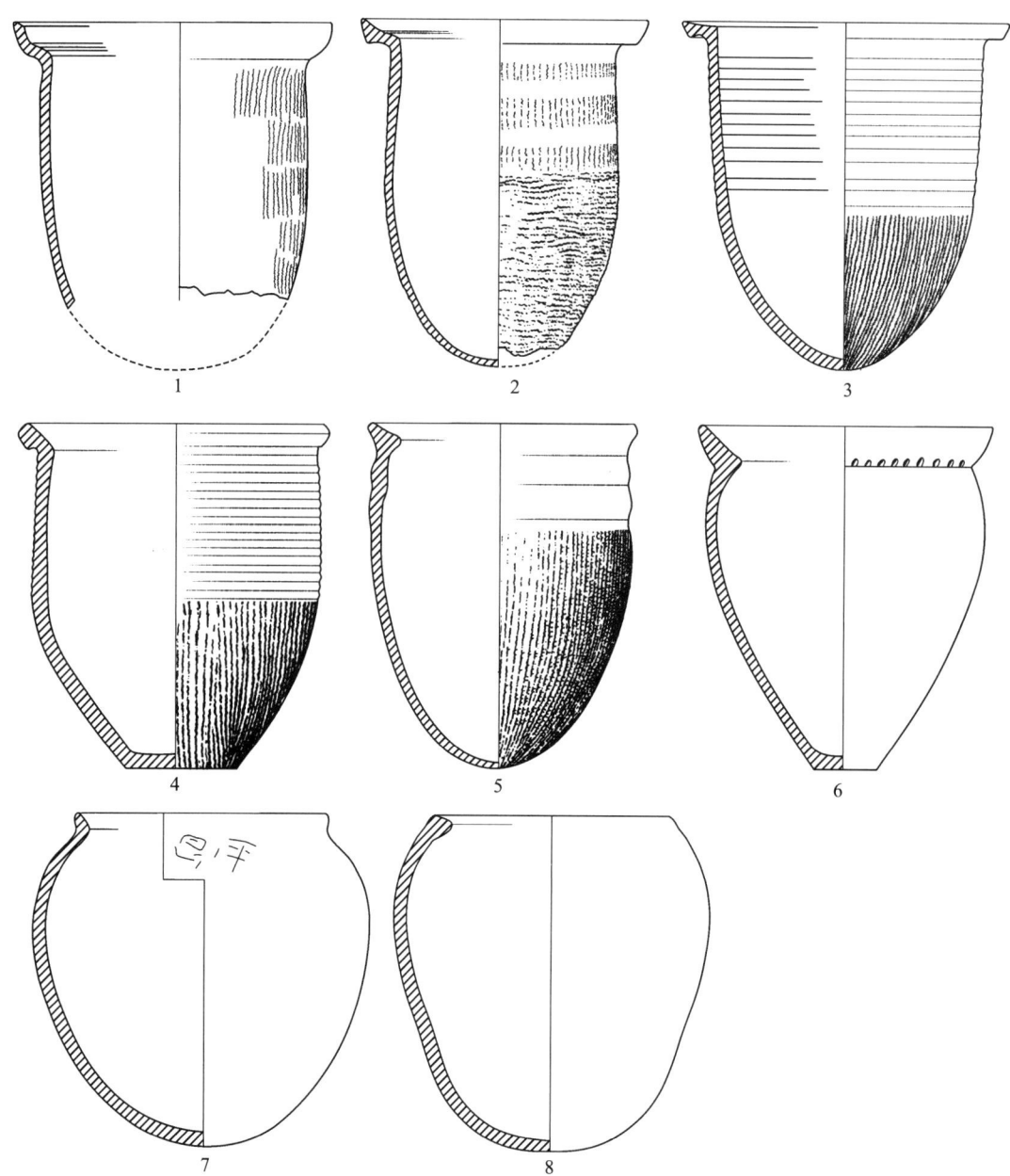

图七 辽宁地区战国秦汉时期瓮棺用釜型式举例

1. A型Ⅰ式（眉眼沟M2:2） 2. A型Ⅱ式（尹家村M9:2） 3. A型Ⅲ式（姜屯M212:1） 4. A型Ⅳ式（上伯官W2葬具）
5. B型（三道壕M253:1） 6. C型（三道壕M361:2） 7. Da型（三道壕M238:3） 8. Db型（羊草庄W1:4）

D型 无领或小矮领，圜底。多为素面。依据口部的不同可分为二亚型。

Da型 侈口，小矮领。例如，三道壕M238:3（图七，7）。

Db型 敛口，近无领。例如，羊草庄W1:4（图七，8）。

2. 瓮棺用釜文化因素分析

A型、B型陶釜年代较早，主要流行于战国—西汉早期，这两型陶釜在战国时期较为常见，河北、北京、天津地区的战国时期遗存均能见到，器形和纹饰高度一致，如郎家井10号作坊遗址[26]、迁安苏各庄墓地[27]、武阳台村21号作坊遗址[28]、昌平张营墓地[29]、西贯城村9号居住址[30]、宝坻秦城[31]等（图八）。这两类陶瓮分布范围广、流行时间长，由于秦开却胡之后辽宁地区大部纳入了燕国版图，因此这两型陶釜应与燕文化有着紧密关系，至于在辽宁地区西汉中期的瓮棺葬中偶见的此类陶釜，则可视作战国燕文化的孑遗。

C型陶釜主要流行于西汉时期，多见于辽东地区及朝鲜半岛。此类陶釜整体特征明显，敞口，高领，深腹，小平底，多为素面，仅在颈部饰有指压纹，见于辽阳三道壕、凤城刘家堡子、旅顺牧

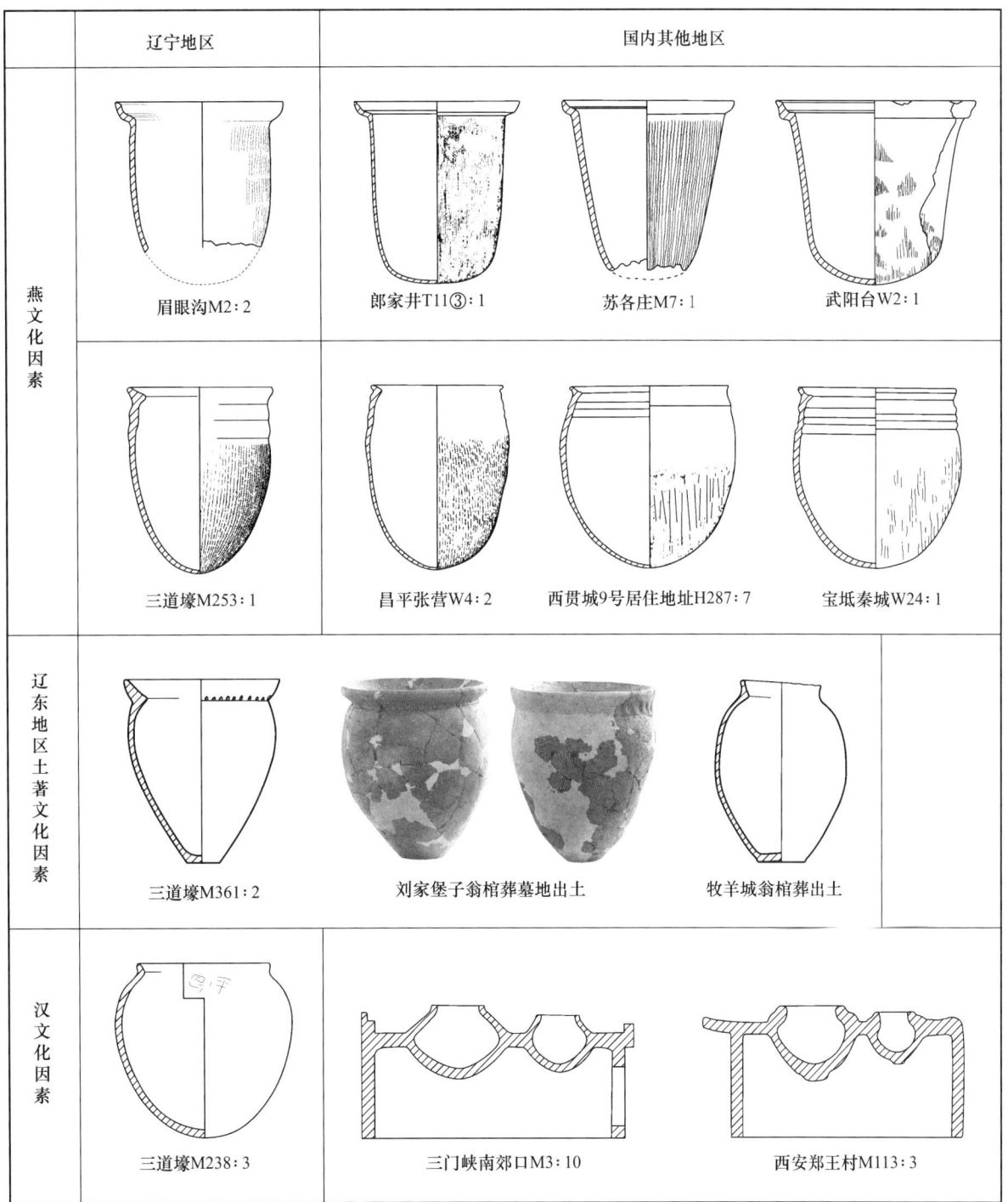

图八　辽宁地区战国秦汉时期瓮棺葬用釜文化因素分析比较图

羊城等地（图八），而国内其他地区的战国秦汉时期遗存中则基本不见。因此，C 型陶釜可视为本地区的土著文化因素。

D 型陶釜在辽宁地区主要流行于西汉中晚期之后，数量最为大宗，基本占据了瓮棺用器的主体地位。此类型陶釜大量见于河南、陕西等地区汉墓的陶灶上，如西安郑王村[32]、三门峡南交口[33]等墓地（图八），应为汉文化因素。

综上，通过瓮棺用釜分析，辽宁地区战国秦汉时期瓮棺葬在战国—西汉初期受燕文化影响较深，西汉早、中期则出现了具有本地区特色的辽东系瓮棺葬因素，西汉中期—东汉早期则主要受汉文化影响。

五、结　　语

通过以上分析，可以得出以下结论。

（1）辽宁地区战国秦汉时期的瓮棺葬出土地点具有集群特征，可分为辽西、沈抚、辽东及辽南四大地区，各区在时代、瓮棺形制及随葬品方面均存在差异，四区中以辽东地区最具本地区瓮棺葬特色。

（2）辽宁地区瓮棺葬的葬地选择主要有三种情况，战国—西汉早中期瓮棺葬多与同时期其他类型墓葬夹杂在一起，西汉晚期—东汉早期瓮棺葬则多有单独的葬区，但除三道壕瓮棺葬外，其余各处瓮棺葬墓区多被晚期其他类型墓葬侵入。

（3）本地区的瓮棺葬在形制上多为单人竖穴土坑墓，瓮棺外设石椁的现象仅见于桑园子墓地的 3 座王莽时期墓葬。瓮棺内人骨保存较差，多为仰身直肢葬，头向多为北向。

（4）瓮棺在形制上可细分为七型，整体演变规律为：两器向多器发展，口部对合向器体套接演变。

（5）从现有材料来看，瓮棺陶文出现于西汉早期，流行于两汉之际。瓮棺陶文均为刻划文，多为地名、人名等，但这些陶文多为该陶器在入葬前日常生活时所刻划，而专门为瓮棺入葬刻划的陶文数量极少。

（6）从文化因素分析方面来看，辽宁地区的瓮棺葬主要有燕文化、土著文化及汉文化三种因素，其中在战国—西汉初期主要受燕文化影响，西汉早、中期则出现了具有本地区特色的辽东系瓮棺葬因素，西汉中期之后则主要受汉文化影响。

注　　释

[1] 东亚考古学会：《牧羊城——南满洲老铁山麓汉及汉以前遗迹》，雄山阁出版株式会社，昭和六年（1931 年），第 47~51 页。

[2] 李宇峰：《辽宁建平县两座西汉古城址调查》，《考古》1987 年第 2 期，第 105~106 页。

[3] 儿玉重雄：《叶柏寿附近の瓮棺遗迹に就いて》，《热河》，满洲古迹古物名胜天然纪念保存协会，1943 年，第 22~26 页。

[4] 佟柱臣：《凌源附近新石器时代遗址之调查》附录《大珠禄科瓮棺》，《热河》，满洲古迹古物名胜天然纪念保存协会，1943 年，第 74~75 页。

[5] 辽宁省文物考古研究所：《辽宁凌源安杖子古城址发掘报告》，《考古学报》1996 年第 2 期，第 223~226 页。

[6] 朝阳地区博物馆、喀左县文化馆:《辽宁喀左大城子眉眼沟战国墓》,《考古》1985年第1期,第9～10页。
[7] 辽宁省文物考古研究所:《辽宁近十年来文物考古新发现》,《文物考古工作十年》,文物出版社,1990年,第63页。
[8] 吉林大学考古学系、辽宁省文物考古研究所:《辽宁锦西市邰集屯小荒地秦汉古城址试掘简报》,《考古学集刊》(11),中国大百科全书出版社,1997年,第139～141页。
[9] 国家文物局:《中国文物地图集·辽宁分册》,西安地图出版社,2009年,第198页。
[10] 沈阳故宫博物馆:《沈阳郑家洼子的两座青铜时代墓葬》,《考古学报》1975年第1期。
[11] 沈阳市文物工作组:《沈阳伯官屯汉魏墓葬》,《考古》1964年第11期,第556～557页。
[12] 辽宁省文物考古研究所、抚顺市博物馆:《辽宁抚顺市刘尔屯汉魏墓群的发掘》,《考古》2014年第4期,第50～52页。
[13] 武家昌:《抚顺市小甲邦汉代遗址》,《中国考古学年鉴》(1990),文物出版社,1991年,第187页。
[14] 陈大为:《辽阳三道壕儿童瓮棺墓群发掘简报》,《考古通讯》1956年第2期,第54～59页。
[15] 东北文物工作队:《东北文物工作队一九五四年工作简报》,《文物参考资料》1955年第3期,第19页。
[16] 沈欣:《辽阳唐户屯一带的汉墓》,《考古通讯》1955年第4期,第38～39页。
[17] 驹井和爱:《辽阳发见の汉代坟墓》,《考古学研究》第1册,东京大学文学部,1950年。
[18] 辽宁省文物考古研究所:《羊草庄汉墓》,文物出版社,2015年,第342～346页。
[19] 冯永谦、崔玉宽:《凤城刘家堡子西汉遗址发掘报告——兼论汉代东部都尉治武次县址之地望》,《辽宁考古文集》(二),科学出版社,2010年,第116～118页;陈山:《凤城市刘家堡子汉代瓮棺墓》,《中国考古学年鉴(2000)》,文物出版社,2001年,第144～145页。
[20] 白宝玉、司伟伟、杨帅:《辽宁营口发现汉墓群》,《中国文物报》2009年2月20日第2版。
[21] 国家文物局:《中国文物地图集·辽宁分册》,西安地图出版社,2009年,第240页。
[22] 吴青云:《瓦房店市陈屯汉魏晋墓地》,《中国考古学年鉴》(1995),文物出版社,1996年,第121页。
[23] 瓮棺葬资料在《姜屯汉墓》一书中未发表,待刊。
[24] 中国社会科学院考古研究所:《双砣子与岗上——辽东史前文化的发现和研究》,科学出版社,1996年,第124～125、134～139页;刘俊勇:《大连尹家村、刁家村汉墓发掘简报》,《大连文物》1990年第2期,第14～16页。
[25] 佟柱臣:《考古学上汉代及汉代以前的东北疆域》,《考古学报》1956年第1期,第34页。
[26] 河北省文物研究所:《燕下都》,文物出版社,1996年,第329页。
[27] 唐山市文物管理处、迁安市文物管理所:《迁安苏各庄战国、东汉墓葬发掘报告》,《文物春秋》2008年第4期,第16页。
[28] 河北省文物研究所:《燕下都》,文物出版社,1996年,第137页。
[29] 北京市文物研究所、北京市昌平区文化委员会:《昌平张营——燕山南麓地区早期青铜文化遗址发掘报告》,文物出版社,2007年,第200页。
[30] 河北省文物研究所:《燕下都》,文物出版社,1996年,第588页。
[31] 天津市历史博物馆考古部、宝坻县文化馆:《宝坻秦城遗址试掘报告》,《考古学报》2001年第1期,第135页。
[32] 陕西省考古研究院:《西安北郊郑王村西汉墓》,三秦出版社,2008年,第208页。
[33] 河南省文物考古研究所:《三门峡南交口》,科学出版社,2009年,第267页。

河北省卢龙县发现瓮棺葬

河北省文物研究所　中国人民大学历史学院

卢龙县地处燕山南麓，北傍青龙河，西临滦河，自然条件优越。卢龙县历史悠久，自新石器时代始，古人在此生息繁衍，发展到青铜时代，属于孤竹国疆域。西汉置县以来，县城历来为郡、州、路、府的行政治所。卢龙县扼中原通往东北的咽喉要冲，是古代文化传播、交流的枢纽，遗留有许多重要的古代遗存，蔡家坟遗址即是其一。

蔡家坟遗址位于河北省卢龙县卢龙镇蔡家坟村北，遗址地表平缓，现为耕地，种植玉米、谷子、红薯等农作物，遗址保存状况较好。该遗址于2009年"三普"时发现，年代初定为商代。因蔡家坟遗址文化堆积深厚，又处在青龙河与滦河的交汇处，与文献中记载的孤竹城的地望相近，引起地方政府和文物部门的关注，希望对其开展进一步的考古工作，以深入了解该遗址的内涵和性质，以推动孤竹国和孤竹文化的研究工作。为此，河北省文物研究所与中国人民大学历史学院联合制定了考古工作方案，上报国家文物局并获得批准。2013年6～9月，对蔡家坟遗址开展了测绘、勘探和发掘工作。该遗址文化内涵丰富，包含了新石器时代、青铜时代至战国的遗存。借此次会议之机，将蔡家坟遗址发现的战国瓮棺葬做简要的介绍。

在2013年的考古发掘中，共发现6座瓮棺葬，零散分布于发掘区的中南部。瓮棺由釜、瓮、盆三种陶器组合构成，大型者由5件陶器套接组成，中型者由3件陶器套接组成，小型者由2件陶器对接而成。瓮棺葬的墓圹多呈长椭圆形，弧壁，有的没有明显的墓圹。这些瓮棺葬都是儿童墓葬，均没有随葬品。

一、瓮棺葬的形制

1. 五器瓮棺

WG2，墓圹近椭圆形，长径约160、短径约70、深约35厘米。方向12°。葬具由2釜、2瓮、1盆组合而成。最北端是1件完整陶釜，其口部套接1件无底陶瓮，瓮口部对接1件深腹无底陶盆，盆后套接1件打掉底部的陶釜，最后再套接1件打掉口沿的陶瓮。瓮棺内骨骼保存差，仅存头骨，头向北，面朝东，性别不详（图一）。

2. 三器瓮棺

WG4，未发现明显墓圹，瓮棺上压有几块石头。方向0°。葬具由3釜组成，南端是1件完整陶釜，口沿对接1件无底陶釜，其下套接1件完整陶釜。瓮棺内骨骼腐朽不存（图二）。

3. 二器瓮棺

WG6，墓圹呈椭圆形，长径104、短径78、深32厘米。方向0°。葬具由2釜对接而成，瓮棺内骨骼腐朽不存（图三）。

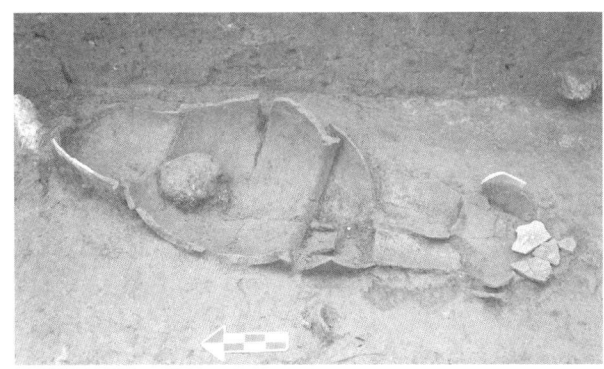

图一　WG2

图二　WG4

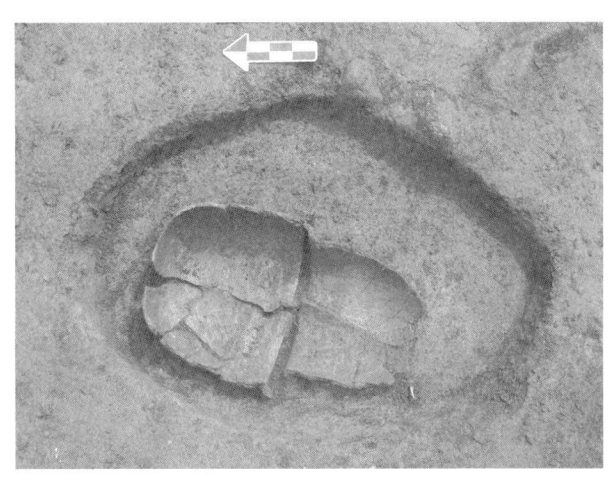

图三　WG6

二、葬具的类型

1. 陶釜

数量最多，共14件。均为夹砂陶，口沿外折，沿面内凹，深腹，圜底，器表饰绳纹。可分二式。

Ⅰ式：微敛口，略显垂腹，腹部不甚规整。

标本WG6:2，夹砂红陶。胎体较厚，内外表及胎体颜色均一，色彩鲜艳。口微敛，外折沿，沿面内凹，尖圆唇。腹部微弧，圜底。腹部不规整圆滑，有一个一个拍压而成的小平面。上腹部饰竖向绳纹，下腹部饰横斜向、斜向绳纹。口径30、高29.6厘米（图四，1）。

Ⅱ式：敞口，斜直腹，腹壁自上而下逐渐变薄，形制规整。

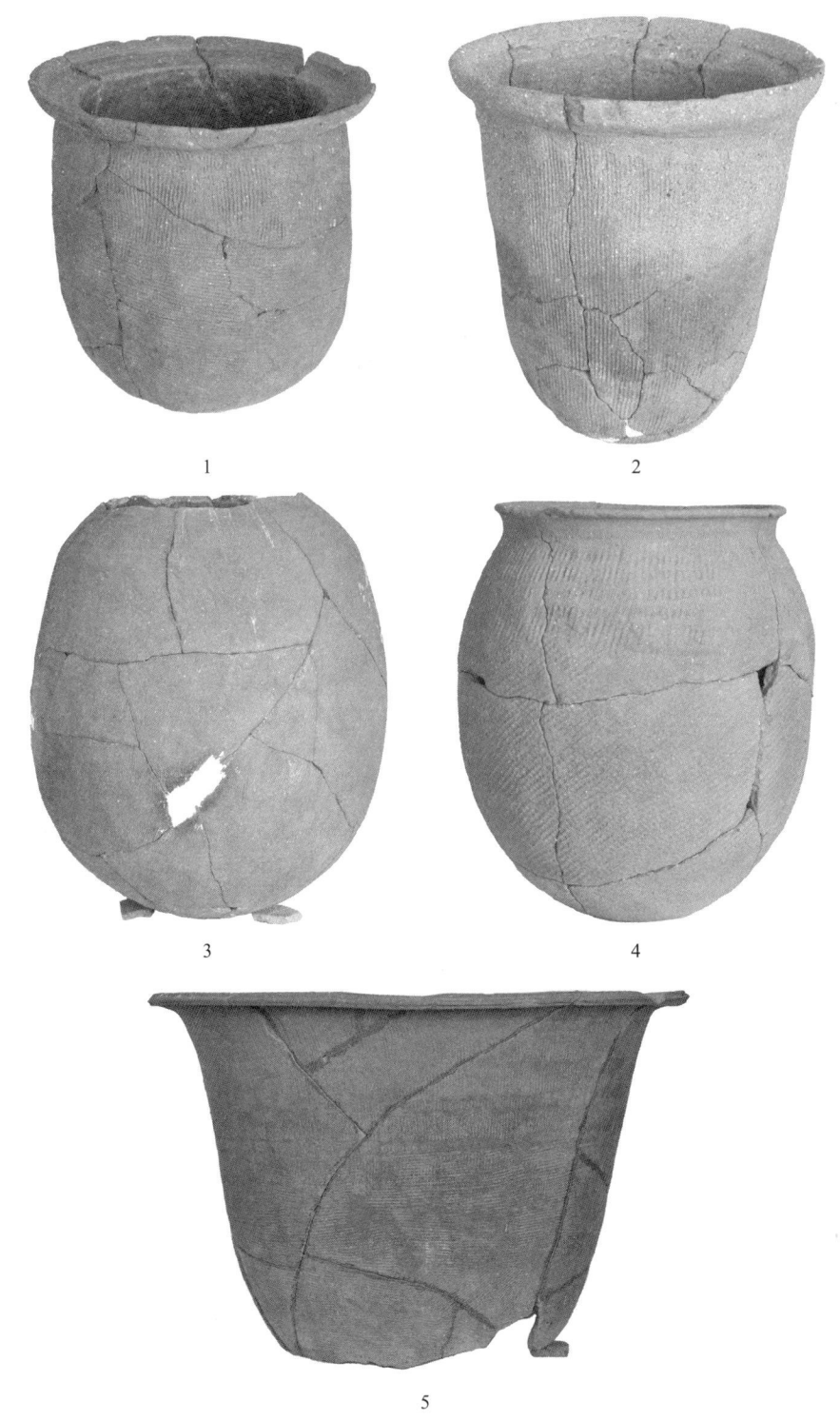

图四 出土陶器

1. Ⅰ式陶釜（WG6：2） 2. Ⅱ式陶釜（WG3：1） 3. A 型陶瓮（WG1：1） 4. B 型陶瓮（WG2：2） 5. 陶盆（WG1：2）

标本 WG3：1，夹砂陶。上半部分呈红褐色，下半部分略呈黑褐色。器形规整，敞口，口沿外折，沿面内凹，尖圆唇。腹部斜直、腹壁自上而下逐渐变薄，圜底。器表饰竖向压印绳纹，规整清晰。口径 29.8、高 32.8 厘米（图四，2）。

2. 陶瓮

5件。可分二型。

A型 4件。小口，折肩，深腹略垂、圜底。

标本WG1:1，夹砂灰陶。颜色均匀，火候高，质地硬。口部缺失，折肩。腹部很深、微鼓，略呈垂腹。圜底。肩部饰竖向压印的旋断绳纹，纹饰模糊。腹部饰斜向及交叉压印绳纹，纹饰清晰。残高58.6、腹径52、壁厚1.1厘米（图四，3）。

B型 1件。大口，折沿，深鼓腹。

标本WG2:2，夹砂灰褐陶。内外表面及陶胎颜色均匀。口沿外折，圆唇。束颈，深弧腹，器底缺失。通体饰粗大绳纹，颈下为竖向压印的旋断绳纹，其下为斜向压印绳纹。内壁起三周棱线，是制作时遗留的套接痕迹。口径35、腹径43、残高48、壁厚1.2～1.5厘米（图四，4）。

3. 陶盆

2件。均为泥质陶。展沿，深腹。

标本WG1:2，泥质灰陶。外表浅灰，内表深灰。敞口，展沿，尖圆唇，唇缘上下各勒出一道旋纹。斜弧腹，底部缺失。上腹部饰四道竖向旋断绳纹，下腹部饰横向及交叉绳纹。口径43、残高26.5、壁厚0.5～0.8厘米（图四，5）。

三、瓮棺葬的年代

WG6的2件Ⅰ式陶釜，形式与河北易县燕下都郎井村S10WG19:1、WG22:2[1]陶釜一致，年代为战国中期。WG1～WG5都包含Ⅱ式陶釜，形式与易县燕下都武阳台21号遗址WG2:1和北京房山窦店WG:1[2]陶釜一致，年代为战国晚期。WG1、WG2和WG5的A型陶瓮与天津宝坻牛道口M24（瓮棺葬）[3]的陶瓮在形式和尺寸上十分接近，牛道口M24的另一件葬具是陶釜，形式与本文中的Ⅱ式陶釜一致，年代为战国晚期。综上所述，并结合WG3打破WG6的层位关系，可知在6座瓮棺葬中，WG6的年代稍早，为战国中期；WG1～WG5的年代略晚，为战国晚期。

蔡家坟遗址发现的瓮棺葬无论是在埋葬方式，还是在葬具形式及葬具组合方面都与京、津、冀北及辽西的瓮棺葬一致，诚如白云翔先生所言，反映出燕文化及其波及地区的共同特征[4]。蔡家坟遗址的6座瓮棺葬对讨论燕文化的传播、扩张，以及瓮棺葬俗的发展、演变和流布提供了新材料。

执笔：吕学明

附记：蔡家坟遗址的考古工作得到了国家文物局、河北省、秦皇岛市、卢龙县相关部门和中国人民大学历史学院的重视和大力支持。

河北省文物局文物处和河北省文物研究所在项目立项、经费申请等方面做了大量工作，确保了项目获得国家文物局的批准并申请到发掘经费。在发掘启动和工作期间，张文瑞处长、韩立森所长、徐海峰主任等到工地指导、慰问。秦皇岛市文物局的领导也对发掘工作给予了很多关心和支持，到工地考察、慰问。

卢龙县委、县政府的领导高度重视文物考古工作，关心文化遗产的保护和利用，对蔡家坟遗址考古非常重视，关心工作方案的制定和进展情况，并到工地慰问。文广新局的韩淑敏局长、赵全明副局长、万明辉主任更是亲力亲为，对考古工作投入了极大的热情和精力，安排人员、车辆、食宿等方方面面，保证了考古工作的顺利进行。

蔡家坟村委会为考古队提供了良好的住宿条件，负责协调征地、安排发掘工人等工作。辽宁省文物考古研究所的柏艺萌指导参加考古工作的同学们完成了蔡家坟遗址的精确测绘工作。

在此对以上所有参与、关心、支持和提供帮助的部门和个人表示衷心的感谢！

注　释

[1] 河北省文物研究所：《燕下都》，文物出版社，1996年。
[2] 北京市文物研究所拒马河考古队：《北京市窦店古城调查与试掘报告》，《考古》1982年第8期。
[3] 天津市历史博物馆考古队、宝坻县文化馆：《天津宝坻县牛道口遗址调查发掘简报》，《考古》1991年第7期。
[4] 白云翔：《战国秦汉时期瓮棺葬研究》，《考古学报》2001年第3期。

临淄齐故城瓮棺葬初探

杨 勇

(中国社会科学院考古研究所)

瓮棺葬，是指用瓮等陶容器作为棺具的一种埋葬形式。中国古代的瓮棺葬最早出现于新石器时代前期[1]，至战国秦汉时期仍较为流行。据研究，战国秦汉时期的瓮棺葬主要发现于黄河中下游及辽东半岛，在京津冀和辽东也就是环渤海一带分布尤为密集[2]。山东地区临近渤海，过去亦有不少战国秦汉时期的瓮棺葬出土，但很少受到关注。这里根据已发表的资料，以及近年来我们田野工作中的收获，对当时山东地区最大也是最繁华的城市——临淄齐故城发现的瓮棺葬做一初步梳理，并就有关问题展开探讨，希望以此促进山东乃至整个环渤海及周边地区战国秦汉时期瓮棺葬的研究，同时深化对临淄齐故城历史文化的认识。

一、主要考古发现及葬地和被葬者

临淄齐故城是两周时期的齐国都城，也是秦代临淄郡郡治和汉代齐郡郡治及诸侯国齐国的都城，地下考古遗存埋藏极为丰富。中华人民共和国成立以来，在齐故城的考古工作中，多次发现并清理战国秦汉时期的瓮棺葬，见诸报道的主要位于阚家寨、刘家寨、河崖头、东古城等村子附近。其中，阚家寨村东南遗址1965年清理东周时期和汉代瓮棺葬各2座，1971年又清理汉代瓮棺葬1座；刘家寨村南墓地1966年清理汉代瓮棺葬1座；河崖头村西南遗址1976年清理汉代瓮棺葬16座；东古城村东遗址1981年清理东周时期瓮棺葬4座、汉代瓮棺葬6座[3]。

除以上早年发掘的瓮棺葬外，近年来齐故城又新发现不少瓮棺葬。2012～2014年我们在阚家寨村南部冶铸遗址的发掘中先后清理24座汉代瓮棺葬，2014年在东门村西北遗址的试掘中清理战国瓮棺葬1座。

可以看出，以上这些瓮棺葬均位于齐故城大城内（图一）。需要说明的是，据有关资料及近年来的一些考古发现，齐故城外也有战国秦汉时期的瓮棺葬分布，只是资料均未刊布，具体情况不详[4]。

就齐故城内的瓮棺葬而言，其分布多较为集中，如1976年河崖头村西南遗址清理的16座汉代瓮棺葬，绝大部分都位于发掘区西部的T7、T14和T21内，呈南北带状分布，且墓葬方向大多为南北向。又如2012～2014年阚家寨村南部冶铸遗址第II发掘点清理的20座汉代瓮棺葬，基本上均埋葬于一条大致呈南北走向的道路（L1）之下，且方向也多为南北向。

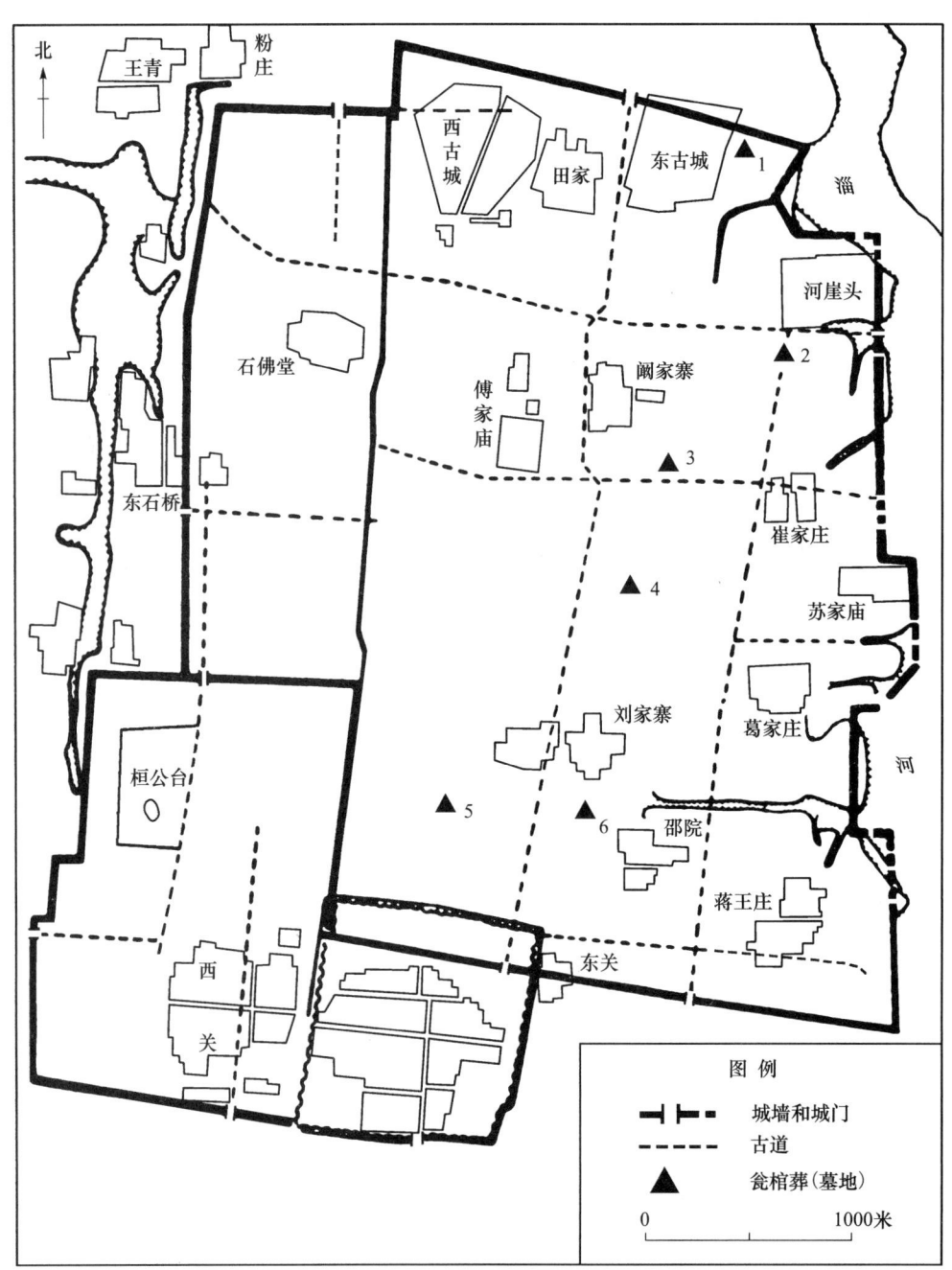

图一 齐故城瓮棺葬分布图
1. 东古城村东遗址 2. 河崖头村西南遗址 3. 阚家寨村东南遗址 4. 阚家寨村南冶铸遗址
5. 东门村西北遗址 6. 刘家寨村南墓地

部分瓮棺葬中残存有人骨，可辨者均为未成年的儿童。另外，从瓮棺尺寸看，一般也难以容纳成人。与这些瓮棺葬经常共出且交错分布的还有儿童瓦棺葬以及一种小型的儿童砖棺葬，尤以儿童砖棺葬的发现数量较多。以阚家寨村南部冶铸遗址第Ⅱ发掘点为例，在出土瓮棺葬的 L1 下，同时还发现 12 座小型儿童砖棺葬和 1 座儿童瓦棺葬。

由此可见，齐故城内的瓮棺葬大都属儿童墓，且应有专门的葬地。由于早年发掘的资料公布不详，瓮棺葬在葬地的选择上有无规律尚难以把握。不过，近年来的发掘表明，将瓮棺葬等儿童墓集中埋葬于道路之下是汉代齐故城居民的一个很重要的习俗。在阚家寨村南部的冶铸遗址，不仅第Ⅱ

发掘点如此，第I发掘点清理的包括瓮棺葬在内的10余座汉代儿童墓也大多分布于一条东西向的道路（L2）之下。此外，前面提到1976年河崖头村西南遗址清理的汉代瓮棺葬呈南北带状分布，实际上也很可能与道路有关。从阚家寨村南冶铸遗址第II发掘点的发掘情况看，埋葬瓮棺葬等儿童墓的L1沿用时间很长，墓葬是在道路使用过程中不断埋入的。

二、葬具和随葬品

从目前齐故城内发现的瓮棺葬来看，作为葬具的陶器主要有瓮、釜、盆、管等器类[5]。埋葬时，陶器一般都较为完整，但也有少数残破甚至仅剩残片。这些陶器既有专门烧制的葬具，也有很多原先属日用器，有的底部或腹部还可见专门凿出的穿孔。

瓮　数量较多，大多属专门烧制的葬具，居址中基本未见有出土。大致可分为二型。

A型　敛口，深腹略鼓，圜底，体量较大。此型瓮多为夹砂灰陶，外壁一般饰较密集的绳纹或交错状拍印纹。东古城村东81LDGT101M10：1，口径38.9、高76厘米（图二，1）。东门村西北14M3：2，口径35.6、高63.6厘米（图二，2）。

B型　直口筒形，多圜底，个别平底微弧，体量较小。此型瓮多为泥质灰陶，内、外壁一般饰瓦棱纹。东古城村东81LDGT101M5：1，口径23、高38.8厘米（图二，6）。河崖头村西南76LH瓮M9：2，口径24、高37.2厘米（图二，5）。阚家寨村南12-14 M34：2，底部正中有一近圆形穿孔。口径24、高36.6厘米，（图二，3）。

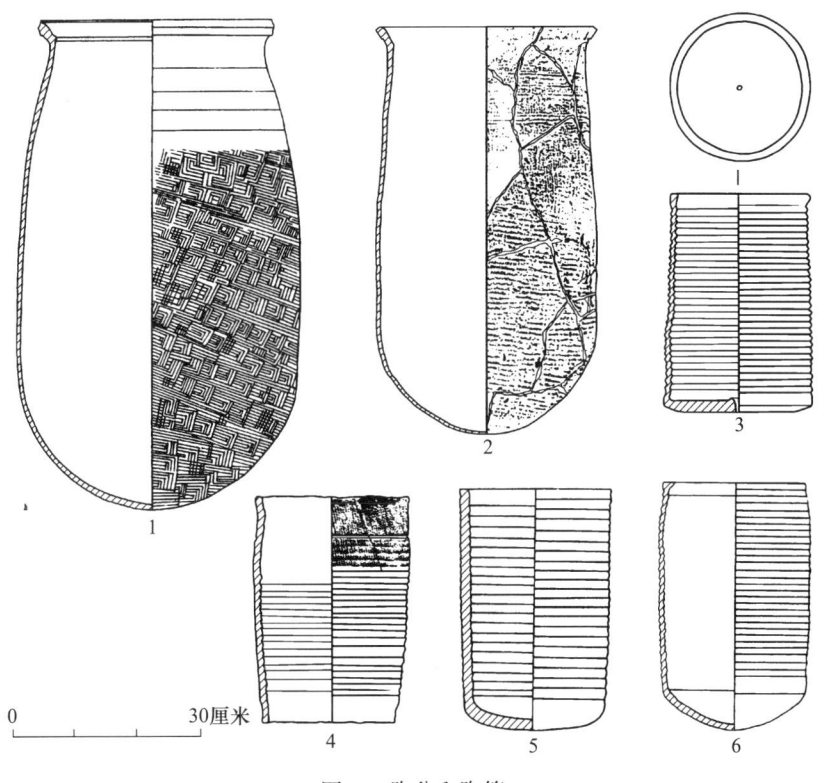

图二　陶瓮和陶管

1、2.A型陶瓮（东古城村东81LDGT101M10：1、东门村西北14M3：2）　3、5、6.B型陶瓮（阚家寨村南12-14 M34：2、河崖头村西南76LH瓮M9：2、东古城村东81LDGT101M5：1）　4.陶管（阚家寨村南12-14M7：3）

釜　数量较多。可分二型。

A型　仅1件。阚家寨村东南65LKM2∶1，夹砂灰陶。平沿，束颈，鼓腹，底残。颈部以下饰粗绳纹。口径20.6、残高24厘米（图三，5）。

B型　敛口，鼓腹，圜底。此型釜一般为夹砂红褐陶或夹砂灰陶，所夹之砂主要为细碎的滑石颗粒。肩、腹交汇处多饰一周凹弦纹，也有的饰一周凸棱或附加堆纹。有些腹、底部残留烟炱痕迹，可知原先多属实用炊具。根据肩部形态差异，又可分为二亚型。

Ba型　圆肩。东古城村东81LDGT101M201∶2，口径26、残高33厘米（图三，1）。阚家寨村南12-14 M28∶2，复原口径35.4、残高34.6厘米（图三，2）。

Bb型　折肩，口沿加厚。阚家寨村南12-14M38∶1，口径23、高31.2厘米（图三，3）。阚家寨村南12-14M40∶1，口径22.8、残高25厘米（图三，4）。

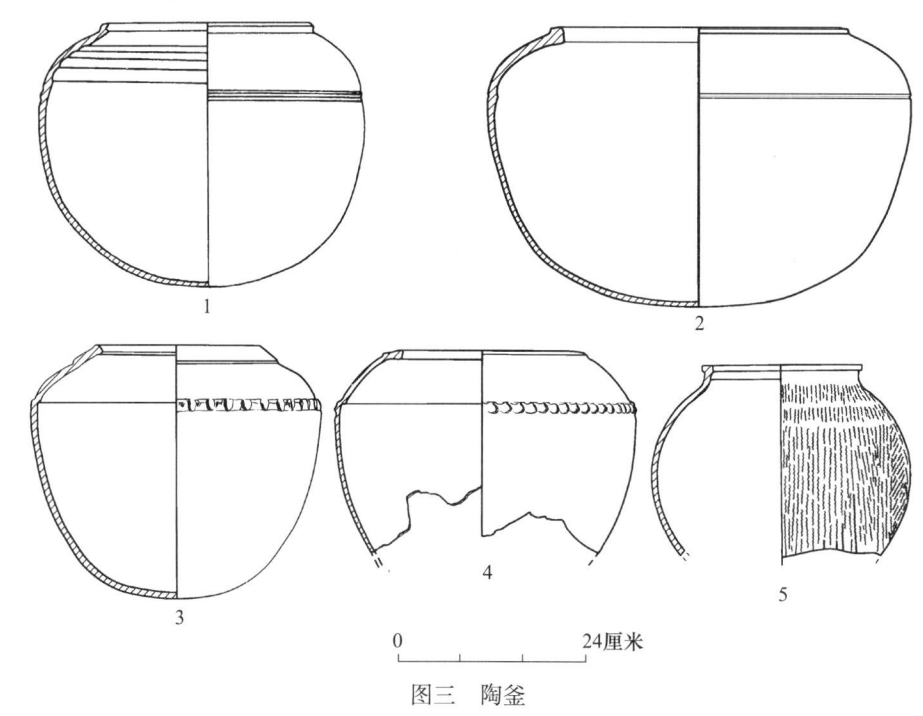

图三　陶釜

1、2.Ba型（东古城村东81LDGT101M201∶2、阚家寨村南12-14 M28∶2）　3、4.Bb型（阚家寨村南12-14M38∶1、阚家寨村南12-14M40∶1）　5.A型（阚家寨村东南65LKM2∶1）

盆　数量较多。可分为四型。

A型　直口或直口微敞，折沿，圜底。此型盆有夹砂灰陶亦有泥质灰陶，颜色一般较深，腹、底部多饰绳纹。东古城村东81LDGT107M1∶2，口径45.8、高26.8厘米（图四，1）。东门村西北14 M3∶3，口径33、高20.8厘米（图四，2）。

B型　敞口，斜直腹，平底或平底微弧。此型盆多为泥质灰陶，颜色一般较浅，呈青灰色，器壁内外多饰瓦棱纹。有些器身裂纹处可见铜补痕迹，可知原先为实用容器。根据口沿形制差异，又可分为二亚型。

Ba型　宽折沿。河崖头村西南76LH瓮M13∶1，口径42、高20.4厘米（图四，4）。阚家寨村南12-14M35∶1，器身有不少裂缝，裂缝两侧可见铜补留下的对称穿孔。口径54.5、底径28、高

35.4厘米（图四，3）。

Bb型　卷沿。阚家寨村南12-14M38：2，口径42.3、底径27、高33厘米（图四，5）。阚家寨村南12-14M9：1，腹较浅。口径40.3、底径29、高12.8厘米（图四，6）。

C型　直口微敞，卷沿，平底。此型盆数量较少，陶质、陶色同B型，器壁内外饰瓦棱纹。阚家寨村南12-14M36：1，底部正中有一形状不规则的穿孔。口径30.5、底径21.6、高17.4厘米（图四，7）。阚家寨村南12-14M36：2，底部靠中部有两近椭圆形穿孔。口径31、底径23.6、高16.8厘米（图四，8）。

D型　直口，宽折沿，直腹，平底。此型盆仅发现1件，陶质、陶色同B型和C型。阚家寨村南12-14M48：1，器壁内外饰瓦棱纹。口径32.4、底径19、高15.5厘米（图四，9）。

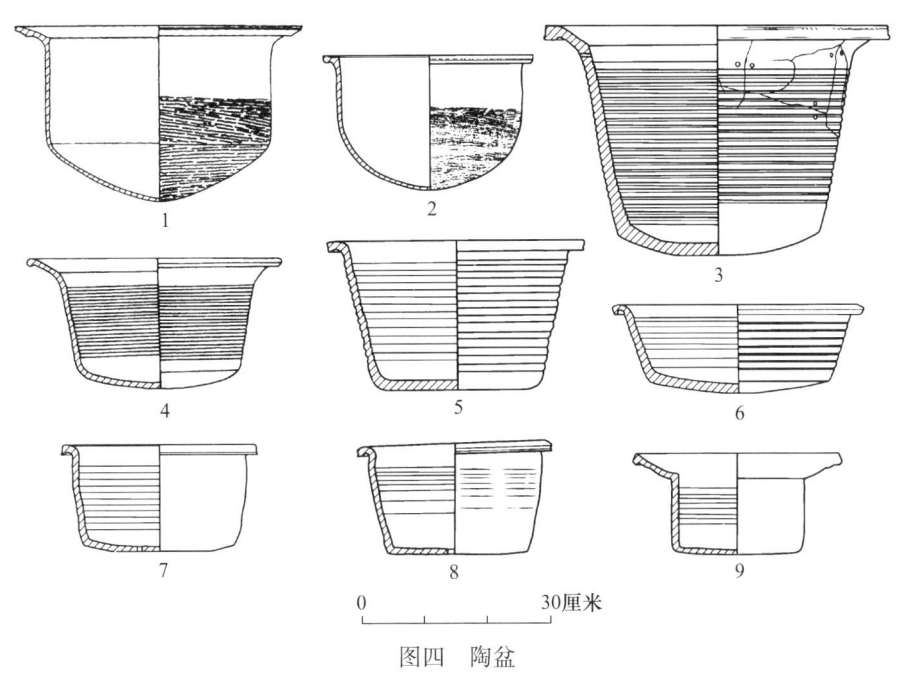

图四　陶盆

1、2. A型（东古城村东81LDGT107M1：2、东门村西北14 M3：3）　3、4. Ba型（阚家寨村南12-14M35：1、河崖头村西南76LH瓮M13：1）　5、6. Bb型（阚家寨村南12-14M38：2、阚家寨村南12-14M9：1）　7、8. C型（阚家寨村南12-14M36：1、阚家寨村南12-14M36：2）　9. D型（阚家寨村南12-14M48：1）

管　数量很少，呈瓦筒状，泥质灰陶，器身饰瓦棱纹和绳纹。阚家寨村南12-14M7：3，青灰色，筒径约22、长34.6厘米（图二，4）。

齐故城内的瓮棺葬仅有极少数发现随葬品，且数量很少，主要是一些小件物品，包括柱形陶器、铁环、铁块、残陶豆盘以及五铢钱等。砖棺葬和瓦棺葬等儿童墓的情况也大体如此，很少出随葬品。这表明，对于夭折的儿童，当时一般是不随葬器物的。究其原因，除了瓮棺葬体量较小不便放置器物外，可能主要与观念、信仰等有关。

三、墓葬结构

齐故城内发现的瓮棺葬其墓坑规模一般都不大，以能容下瓮棺葬具且不显逼仄的居多。墓坑平面多呈长方形和椭圆形，不过有些看起来并不是很规则。坑的深度一般略高于横放的葬具，坑壁较直或略斜，底较平。大部分情况下，一个墓坑内只埋葬一座瓮棺葬，但也有一坑多埋的，如阚家寨村南 12-14M6～M9，四具瓮棺同埋于一个坑内，墓坑平面形状不规则，南北长 2.9、东西宽 1.68、深 0.35 米（图五），由于坑内填土无明显二次翻动现象，推测四具瓮棺是同时下葬的。个别瓮棺葬如东古城村东 81LDGT101M10 结构较为特别，在长方形竖穴墓坑的底部设熟土二层台，台内有木椁，椁内再置瓮棺。

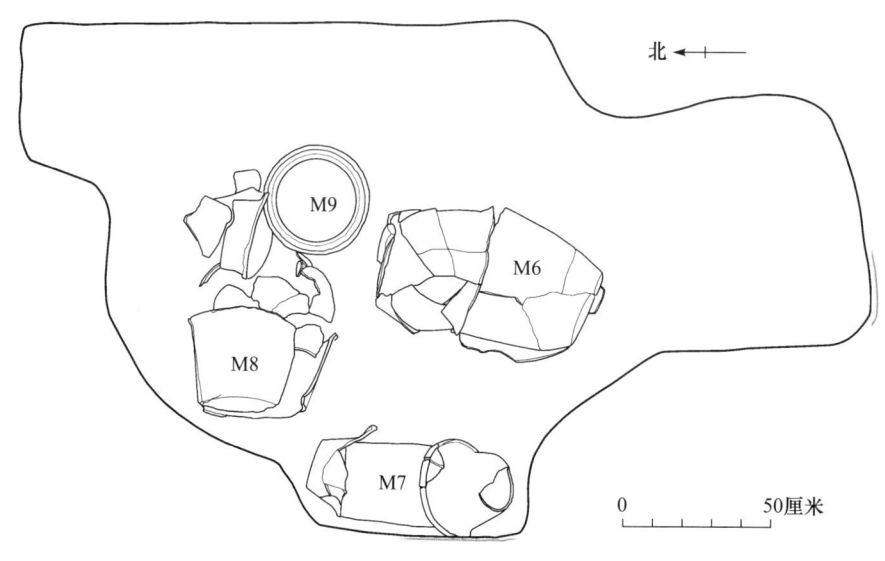

图五　阚家寨村南 12-14M6～M9

这些瓮棺葬大多使用 2 件陶器作为葬具，使用 1 件或 3 件陶器的较少。除个别外，埋葬时陶器大多侧身横放。

1. 单器瓮棺

使用的陶器主要有盆、釜、瓮、管等。东古城村东 81LDGT101M9，使用 1 件 A 型陶盆作为葬具，陶盆口部朝上平直放置（图六，1）。河崖头村西南 76LH 瓮 M10 使用 1 件陶管作为葬具，陶管平直横放（图六，2）。其他单器瓮棺多遭破坏或扰动而破碎，原始摆放形态不明。另外要指出的是，从发表的资料以及发掘现场看，不排除一种可能，即部分墓葬原先为两器或多器瓮棺，后由于遭受破坏、扰动而仅剩单器。

2. 两器瓮棺

使用的陶器有瓮、盆、釜等，主要有五种组合。

a. 瓮-盆组合　可确定的有 9 座。一瓮一盆横放，口部一般呈对合状。东古城村东 81LDGT101M10，使用 A 型瓮和 A 型盆各一，棺具通常约 105 厘米，内有儿童骨架一具，仰身直肢，头在盆内（图七，1）。东门村西北 14M3，使用 A 型瓮和 A 型盆各一，棺具通常约 82 厘米（图七，2）。

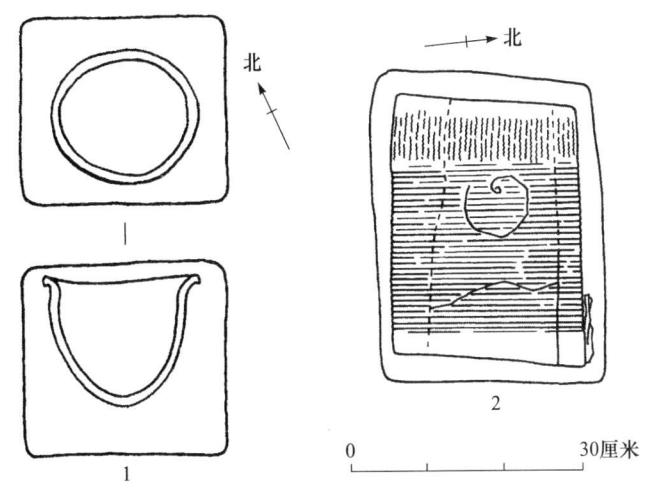

图六　单器瓮棺葬
1. 东古城村东 81LDGT101M9　2. 河崖头村西南 76LH 瓮 M10

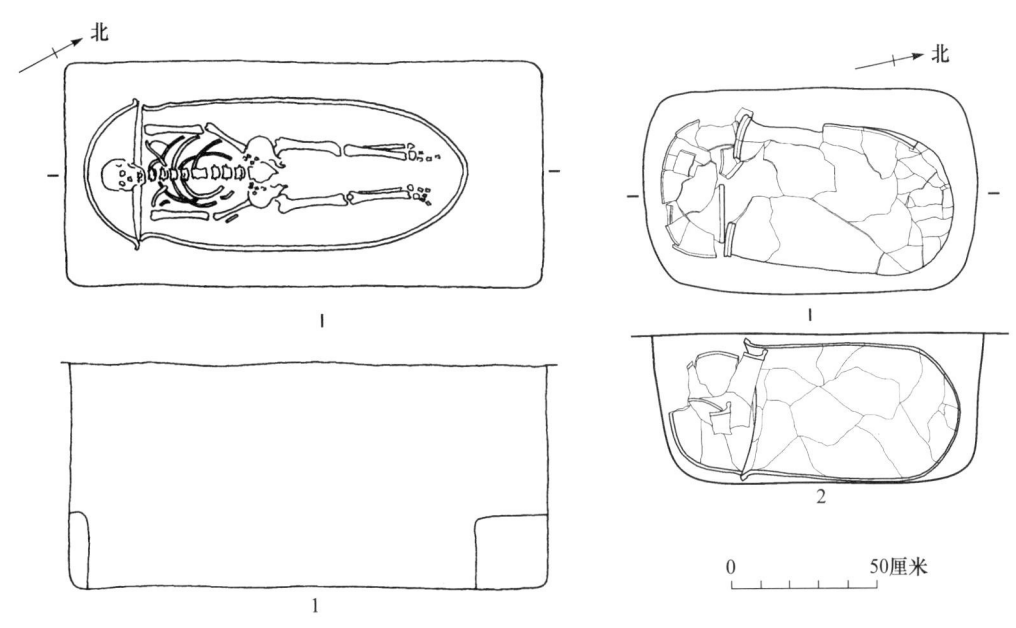

图七　两器瓮棺葬（瓮-盆组合）
1. 东古城村东 81LDGT101M10　2. 东门村西北 14M3

b. 瓮-瓮组合　可确定的有 8 座。两瓮横放，口部对合。东古城村东 81LDGT101M5，使用 B 型瓮 2 件，出土时两瓮口部分开，棺具通常约 84 厘米（图八，1）。河崖头村西南 76LH 瓮 M9，使用 B 型瓮 2 件，出土时两瓮口部略分开，棺具通常约 78 厘米（图八，2）。

c. 釜-盆组合　可确定的有 11 座。一釜一盆横放，盆口一般套合于釜口之上。阚家寨村南 12-14M38，使用 Bb 型釜和 Bb 型盆各一，棺具通长约 53 厘米（图九，2）。阚家寨村南 12-14M48，使用 Ba 型釜和 D 型盆各一，棺具通长约 52 厘米（图九，1）。

d. 釜-釜组合　可确定的有 6 座。两釜横放，口部对接。阚家寨村南 12-14M28，使用 Ba 釜 2 件，釜一大一小，口部套合，棺具通长约 65 厘米（图一〇，1）。阚家寨村南 12-14M39，使用 Ba 釜 2 件，两釜大小相近，口部对合，棺具通长约 58 厘米（图一〇，2）。

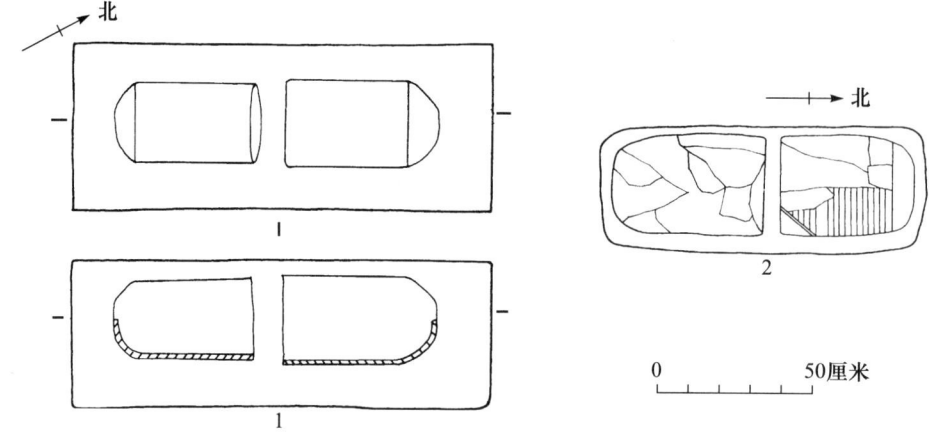

图八 两器瓮棺葬（瓮 - 瓮组合）
1. 东古城村东 81LDGT101M5   2. 河崖头村西南 76LH 瓮 M9

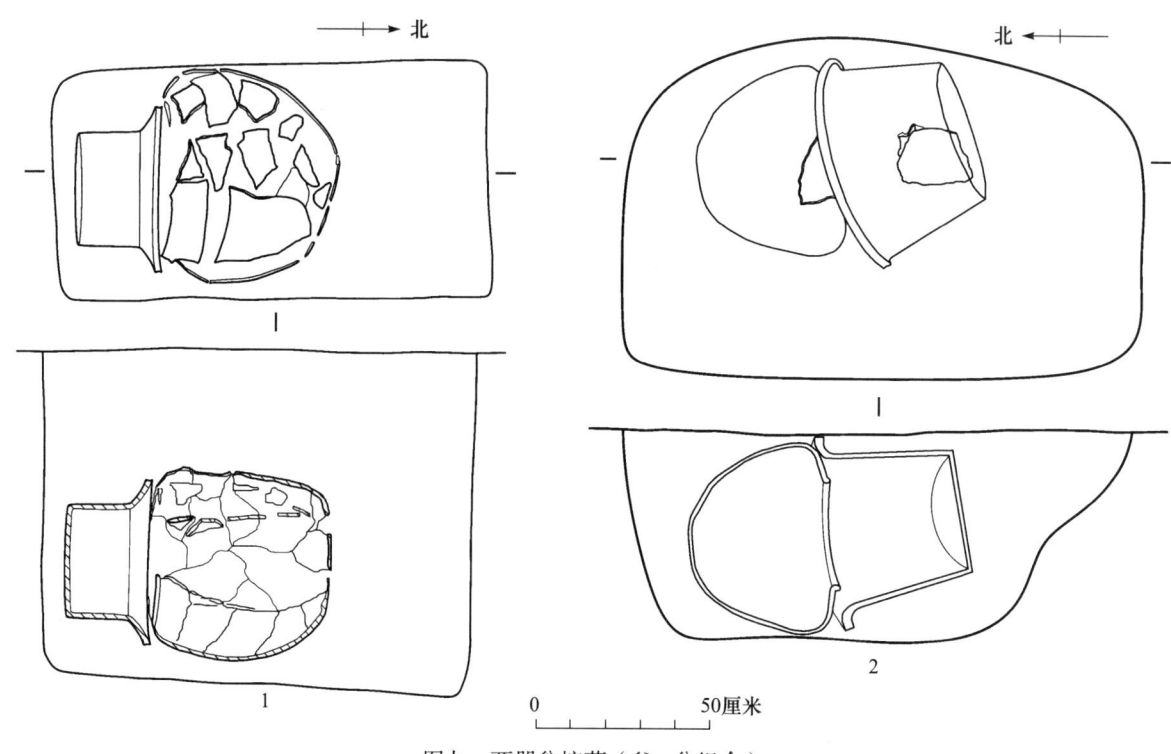

图九 两器瓮棺葬（釜 - 盆组合）
1. 阚家寨村南 12-14M48   2. 阚家寨村南 12-14M38

e. 盆 - 盆组合　可确定的有 8 座。两盆横放，口部对接。阚家寨村南 12-14M29，使用 Ba 型盆 2 件，盆一大一小，出土时口部略分开，棺具通长约 48 厘米（图一一，1）。阚家寨村南 12-14M36，使用 C 型盆 2 件，两盆大小相近，出土时口部分开，棺具通长约 47 厘米（图一一，2）。

3. 三器瓮棺

仅见 2 座。阚家寨村南 12-14M7，与 12-14M6～M9 同葬一坑，棺具由 1 个横放的陶管两端各套合 1 件 Ba 型陶盆而成，棺具通长约 73 厘米（图五）。阚家寨村南 12-14M22，棺具由 3 件 Ba 型陶釜的残片组成，其中一件放在下面，另两件覆盖其上，口部方向大体一致。

临淄齐故城瓮棺葬初探　145

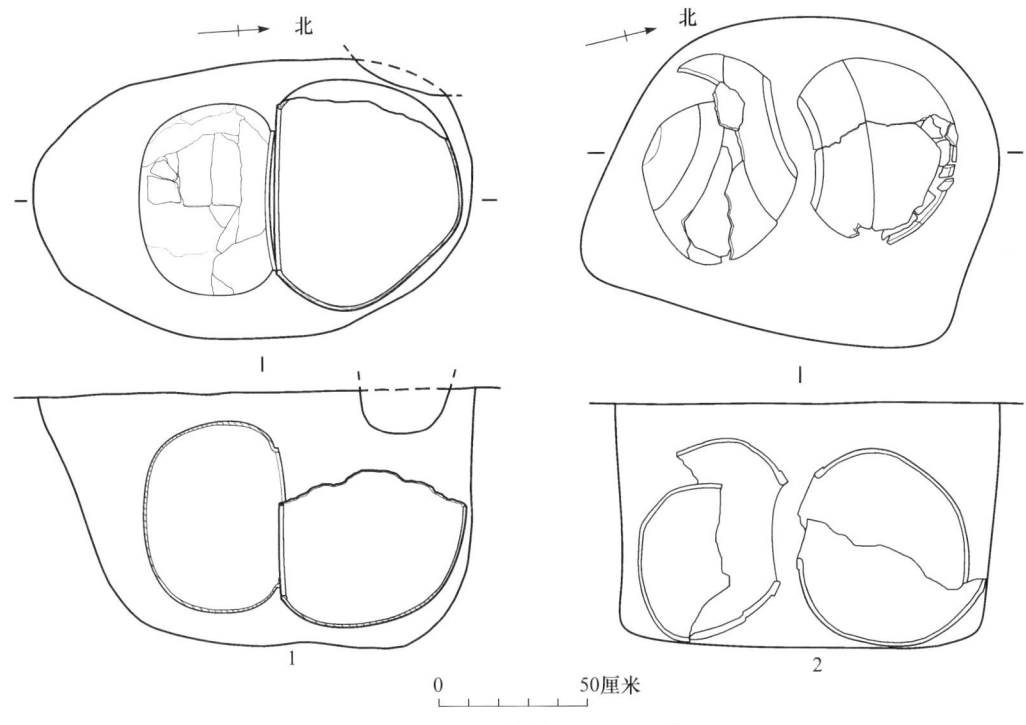

图一〇　两器瓮棺葬（釜-釜组合）
1. 阚家寨村南 12-14M28　2. 阚家寨村南 12-14M39

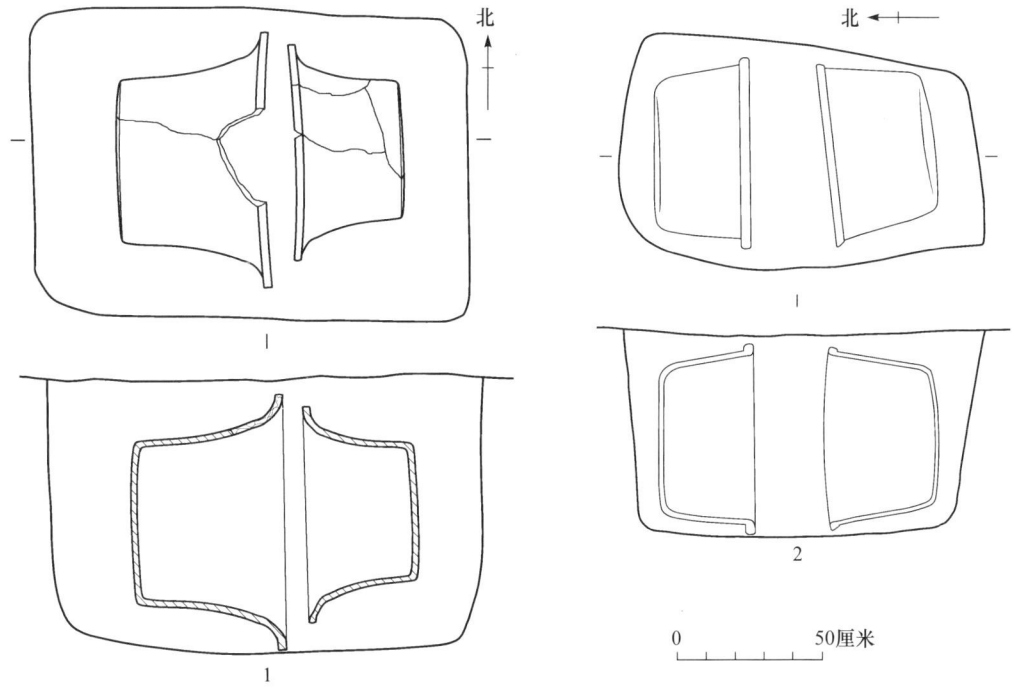

图一一　两器瓮棺葬（盆-盆组合）
1. 阚家寨村南 12-14M29　2. 阚家寨村南 12-14M36

四、年代与分期

从葬具、随葬品、地层关系以及与其他遗迹的关系等综合来看，齐故城发现的这些瓮棺葬基本都属战国秦汉时期。齐故城早年发掘的部分瓮棺葬如东古城村东 81LDGT101M9、81LDGT101M10、81LDGT107M1 等，发掘报告定其年代为春秋时期，可能偏早。81LDGT101M9 和 81LDGT101M10 分别开口于第 8 层下和第 9 层下，按发掘报告，T101 的第 8、9 层均属春秋早中期遗存，故根据地层关系，这两座墓的断代是没有问题的。然而，从 2010 年田野复核时 T101 二次清理的东壁剖面（报告图一六七）看，第 8 层和第 9 层应当都是城墙遭破坏后形成的，尤其是第 8 层明显打破并叠压于 3 期夯土之上，而非报告文字所说的被 3 期夯土叠压；另外，第 8 层与叠压其上的第 5~7 等地层很像是打破城墙的一个坑状遗迹内的堆积，彼此年代应相距不远，而第 5~7 层均出战国时期的陶片和板瓦。因此，第 8 层和第 9 层及其下开口的瓮棺葬等遗迹的年代不排除为战国时期的可能。81LDGT107M1 的情况更是如此，其开口于第 6A 层下，打破第 7A 层，而 81LDGT107 与 81LDGT101 的地层划分是相互参照的，因此该墓年代不会早于战国。值得注意的是，位于 81LDGT101 的 81LDGT101M2 根据层位关系被判定为汉代瓮棺葬，而此墓不仅瓮棺结构及组合同于 T101M10 和 T107M1，而且所用葬具的形制也基本相同，均为 A 型瓮和 A 型盆。这也进一步说明，上述几座瓮棺葬的年代应当早不到春秋时期。

通过观察可以发现，在战国秦汉这一时期内，齐故城内的瓮棺葬在很多方面是有较显著变化的，由此可将其大致分为早、晚两期。

早期瓮棺葬发现数量不多，以阚家寨村东南 65LKM2、东门村西北 14M3 以及东古城村东 81LDGT101M2、81LDGT101M9、81LDGT101M10、81LDGT107M1 等为代表。该期瓮棺葬使用 1 件或 2 件陶器作为葬具，单器瓮棺所用葬具有盆、釜，两器瓮棺均为瓮 - 盆组合。所用釜为 A 型，瓮、盆全部为 A 型。根据葬具特征、地层关系等方面的分析，该期瓮棺葬的年代主要在战国时期，但下限可能至西汉早期。

晚期瓮棺葬数量较多，在河崖头村西南、东古城村东、阚家寨村东南等遗址均有分布，尤以阚家寨村南部冶铸遗址发现最多。河崖头村西南 76LH 瓮 M6、瓮 M9、瓮 M10、瓮 M11、瓮 M13，东古城村东 81LDGT101M3、81LDGT101M5、81LDGT101M201、81LDGT103M3，阚家寨村东南 65LKM4，以及阚家寨村南 2012~2014 年发掘的绝大部分瓮棺葬都属此期墓葬。该期瓮棺葬分布多较集中，且往往与砖棺葬、瓦棺葬等其他类型的儿童墓杂处，形成专门的儿童葬地。墓葬多使用 2 件陶器作为葬具，但也有使用 1 件或 3 件的。单器瓮棺所用葬具有盆、罐等器类，两器瓮棺则有瓮 - 瓮、釜 - 盆、釜 - 釜、盆 - 盆等多种组合。陶器形制方面，瓮和釜全部为 B 型，盆多为 B 型，少数为 C 型和 D 型。根据地层关系以及葬具和随葬品特征的分析，该期瓮棺葬的年代应在两汉时期。以阚家寨村南部冶铸遗址第 II 发掘点清理的瓮棺葬为例，由于其大多是在 L1 使用过程中埋入的，而 L1 叠压于西汉前期遗迹之上，堆积较厚，路土内又发现五铢钱，推测从西汉中晚期一直沿用至东汉早期，因此墓葬年代也应大致在此范围之内。

五、相关问题

　　山东地区除了临淄齐故城外，潍坊后埠下[6]、广饶五村[7]、章丘宁家埠[8]、泗水尹家城[9]、滕州东小宫[10]、临沂陈白庄[11]等地也零星出土过一些汉代瓮棺葬，个别可能早至战国末。与这些地方相比，齐故城发现的战国秦汉时期的瓮棺葬不仅数量较多，而且表现出不少的自身特点。首先是葬具类型，齐故城常见的A型陶瓮、B型陶釜以及B、C、D型陶盆在上述地点一般很少见到，而上述一些地点所出的绳纹陶釜、敛口陶盆、带耳筒形陶瓮、矮领陶罐、舟形陶器等在齐故城却基本未见。其次是瓮棺结构和组合，齐故城常见的瓮-盆、釜-盆、盆-盆等组合在上述地点一般少有发现，而上述一些地点出土的釜-瓮、舟形器-盆-罐以及三管两盆等组合却不见于齐故城。从发表的资料看，上述各地所发现的瓮棺葬在葬具形制及组合方面均大致同于齐故城的，只有潍坊后埠下墓地清理的M5和临沂陈白庄墓地清理的M2，前者相当于齐故城的Ba型釜-Ba型盆组合，后者相当于齐故城的B型瓮-B型瓮组合。

　　齐故城发现较多战国秦汉时期的瓮棺葬且具有一定的特点，并非偶然。因为这一时期尤其是进入汉代，环渤海地区即"燕齐文化区"是瓮棺葬最为流行的区域[12]。而临淄作为当时齐地最为重要的中心城市，经济高度繁荣，人口聚集程度惊人[13]，瓮棺葬自然不会少见。而且，临淄是东方一大都会，当地居民"家敦而富，志高而扬"，在包括丧葬在内的各种文化及习俗方面，既有机会广泛吸纳各种外来因素，同时也容易形成自己的特点并起到引领的作用。

　　齐故城内、外均发现瓮棺葬，就城内瓮棺葬而言，所葬者显然都是当时城内居民夭折的儿童。将夭折儿童葬于城内，在战国秦汉时期不算稀奇，很多城址内都有发现[14]。这表明，受某些共同或相似观念的支配，把瓮棺葬等儿童墓埋于居住址附近是一个持久而普遍的习俗。不过，汉代齐故城内的居民将瓮棺葬等儿童墓埋于正在使用的道路之下，是不多见的现象。在天津宝坻秦城遗址东门内，也曾发现40余座汉代儿童瓮棺葬位于路面之上，但道路属战国时期，汉代已废弃[15]，情况与齐故城的不尽相同。我们推测，齐故城瓮棺葬的这种葬地选择或许与某些特殊的丧葬观念或宗教信仰有关，但也不排除有其他原因的可能，如城内人口众多，房屋等建筑密集，除路面外，没有多余的空间作为葬地。

　　齐故城内发现的小型儿童砖棺葬也很值得关注，其一般由数块青灰色的素面条砖和方砖砌筑而成，棺室呈长方体，长多在1米以内。由砖的特点可知，墓葬年代不会很早，推测应在西汉中晚期以后。这种砖棺葬在葬地内与瓮棺葬交错分布，且数量不少，或暗示这时的瓮棺葬可能只是儿童墓的一种埋葬方式而已，并无其他特别的文化或宗教意义。另外，此种现象对考察后来瓮棺葬的发展、衰落可能很有帮助。不难看出，用砖砌筑小型棺室不仅非常简单，而且较瓮棺更为结实、耐用。当然，儿童墓发展趋势是否如此，还需要有更多的考古资料来研究、说明。

注　释

[1]　许宏：《略论我国史前时期的瓮棺葬》，《考古》1989年第4期。
[2]　白云翔：《战国秦汉时期瓮棺葬研究》，《考古学报》2001年第3期。

[3] 山东省文物考古研究所:《临淄齐故城》,文物出版社,2013年。
[4] 参见白云翔《战国秦汉时期瓮棺葬研究》注释[26],《考古学报》2001年第3期。另外,笔者2016年参观齐故城北侧济青高铁工地考古发掘现场时,在粉庄等地点也见到不少战国秦汉时期的瓮棺葬。
[5] 据发表的资料,有些葬具为罐,但均未见具体描述,从部分线图看,不排除其即本文所说的釜或其他器类。
[6] 山东省文物考古研究所、寒亭区文物管理所:《山东潍坊后埠下墓地发掘报告》,《山东省高速公路考古报告集》(1997),科学出版社,2000年。
[7] 山东省文物考古研究所、广饶县博物馆:《广饶县五村遗址发掘报告》,《海岱考古》第一辑,山东大学出版社,1989年。
[8] 济青公路文物考古队宁家埠分队:《章丘宁家埠遗址发掘报告》,《济青高级公路章丘工段考古发掘报告集》,齐鲁书社,1993年。
[9] 山东大学历史系考古专业教研室:《泗水尹家城》,文物出版社,1990年。
[10] 山东省文物考古研究所、滕州市博物馆:《滕州东小宫墓地》,《鲁中南汉墓》,文物出版社,2009年。
[11] 临沂市博物馆:《临沂的西汉瓮棺、砖棺、石棺墓》,《文物》1988年第10期。
[12] 白云翔:《战国秦汉时期瓮棺葬研究》,《考古学报》2001年第3期。
[13] 《战国策·齐策》记苏秦说齐宣王:"临淄之中七万户……甚富而实……临淄之途,车毂击,人肩摩,连衽成帷,举袂成幕,挥汗成雨,家敦而富,志高而扬。"《汉书·高五王传》记主父偃进言汉武帝:"齐临淄十万户,市租千金,人众殷富,钜于长安,非天子亲弟爱子不得王此。"
[14] 参见白云翔:《战国秦汉时期瓮棺葬研究》,《考古学报》2001年第3期。
[15] 天津市历史博物馆考古部、宝坻县文化馆:《宝坻秦城遗址试掘报告》,《考古学报》2001年第1期。

北京通州路县故城瓮棺墓

尚珩 白岩 孙勐

（北京市文物研究所）

一、位　　置

通州路县故城瓮棺墓地位于北京市通州区潞城镇胡各庄村。南临运河大街，西邻六环路，东临通南路。墓地西北方不远处即为西汉路县县治、县城所在地。瓮棺墓地周围分布大量东汉、唐、辽金元、明清各个时期的墓葬1000余座（图一）。

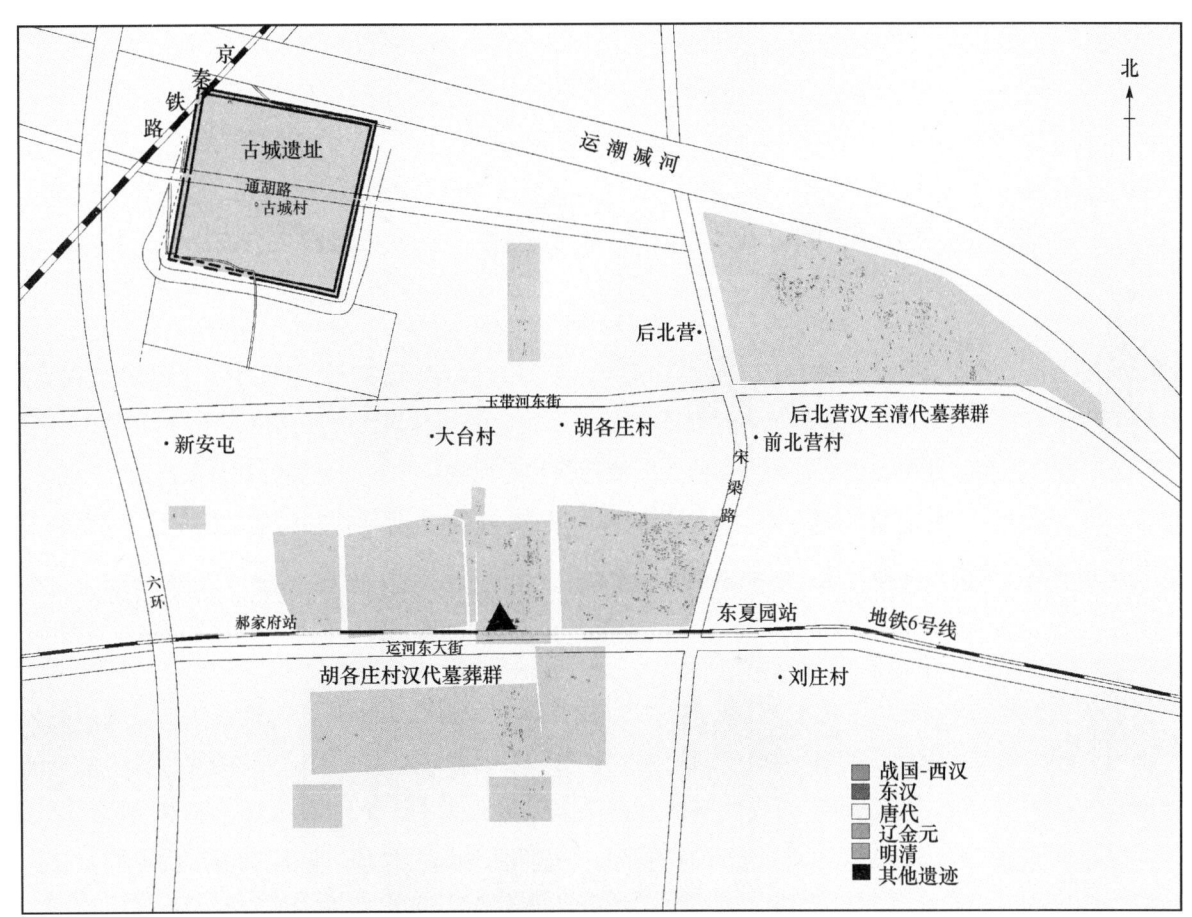

图一　通州路县故城瓮棺墓位置示意图

二、墓 葬 形 制

瓮棺墓葬开口于第4层下，整体略呈西北—东南走向的线形分布，各个墓葬彼此间分布较乱，多叠压打破关系（图二）。墓葬大致呈南北向，全部为竖穴土圹，底部置瓮棺，共62座，其中成人瓮棺墓25座、未成年人瓮棺墓37座。

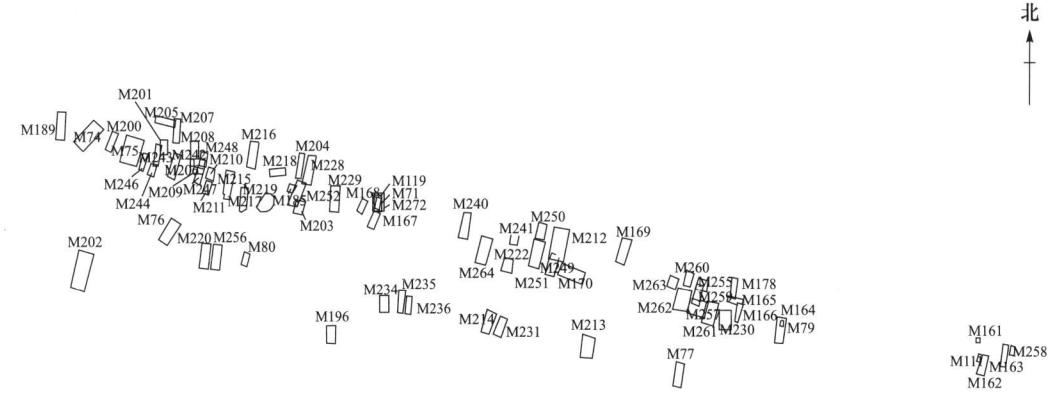

图二 瓮棺墓葬区总平面图

（一）成人瓮棺墓

成人瓮棺葬共计25座，编号为：M74～M77、M79、M80、M163～M169、M204、M209、M212、M214～M216、M218、M228、M231、M240、M249、M252、M256、M259、M271。瓮棺形制相同，大小相近，均为专门烧制用作装殓死者遗体葬具的筒形瓮，使用时均为两件筒形瓮子母口对扣而成，两件筒形瓮口部相接处均处于墓主人腰部位置。筒形瓮均为泥制灰陶，饰瓦棱纹和弦断绳纹，个别瓮身有泥突。墓主人以仰身直肢葬为主，个别为侧身屈肢葬。墓主人骨架保存一般（图三）。除个别瓮棺中有五铢钱、带钩等随葬品外，大部分没有随葬品。

（二）儿童瓮棺墓

儿童瓮棺墓共37座。与成人瓮棺墓相混合。瓮棺之间多存在叠压打破关系。葬具以实用器为主，如夹砂红陶釜，泥质灰陶盆、罐，少部分为专门烧制用作装殓死者遗体葬具的筒形瓮。此外还有用残破的陶器碎片、板瓦拼凑而成的墓葬。墓主人以婴儿为主，个别为儿童。墓主人骨架保存差，仅存少部分碎片，葬式未知。一般没有随葬品。按照所用陶器性质、陶质和器形的不同，分为如下几类。

图三　成人瓮棺葬 M77

1. 两至多个夹砂红陶釜对（套）接

共 12 座，编号为 M16、M78、M91、M111、M161、M201、M203、M206、M241、M258、M260、M263。墓葬以两个夹砂红陶釜口部对接而成为主，个别墓葬为两个陶釜先套接在一起，再与第三个陶釜对接。葬具均为实用器（图四）。

图四　儿童瓮棺葬

2. 夹砂红陶釜与陶罐对（套）接

共9座，编号为M167、M208、M210、M219、M229、M234、M248、M255、M266。墓葬以一个或多个夹砂红陶釜与泥质灰陶罐彼此间口部对接而成为主，个别墓葬为两个陶釜先套接在一起，再与陶罐对接。葬具均为实用器（图五）。

3. 泥制灰陶筒形瓮和陶盆对接

共3座，编号为M213、M230、M244。墓葬为实用器泥质灰陶盆与专门烧制用作装殓死者遗体葬具的筒形瓮口部对接而成（图六）。

图五　儿童瓮棺葬

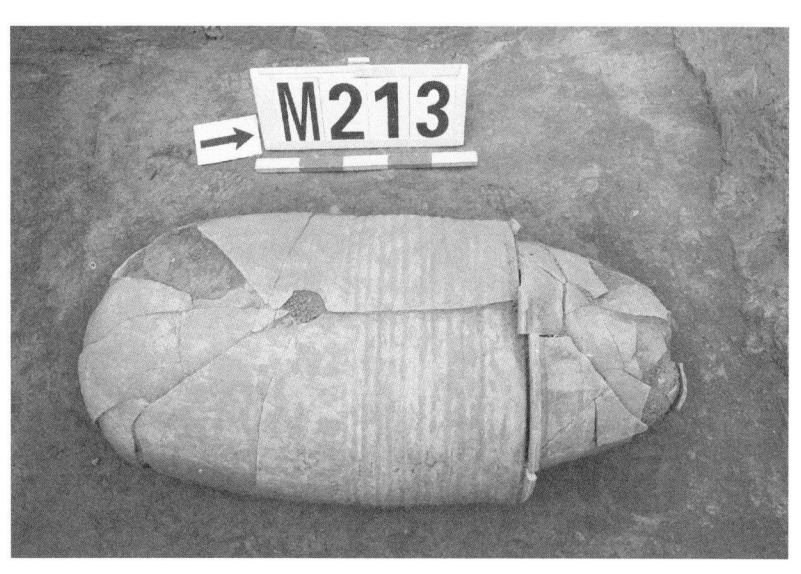

图六　儿童瓮棺葬

4. 泥制灰陶筒形瓮和夹砂红陶釜对接

共4座，编号为M119、M168、M220、M222。墓葬为实用器夹砂红陶釜与专门烧制用作装殓死者遗体葬具的筒形瓮口部对接而成（图七）。

5. 两个小型泥制灰陶筒形瓮对接

共5座，编号为M211、M235、M247、M250、M261。墓葬为专门烧制用作装殓死者遗体葬具的筒形瓮口部对接而成。筒形瓮的形制、大小与上述两种类型的儿童瓮棺葬所用筒形瓮相同；体量小于成人瓮棺葬所用筒形瓮（图八）。

6. 残破陶器残片、瓦片拼凑

共4座，编号为M38、M205、M236、M257。墓葬或用残破的陶器碎片，如陶釜、陶罐，或用大型板瓦拼凑而成（图九）。

图七　儿童瓮棺葬

图八　儿童瓮棺葬

图九　儿童瓮棺葬

三、结　语

路县故城西守鲍丘水、沽水（今潮河、白河），与蓟城相望；正北直达郡治渔阳城，是水陆交通、东西往来、南北交通的咽喉之地。据《汉书》《水经注》《后汉书》等史料记载，路县设置于西汉初年，属渔阳郡；王莽改为通路亭，隶属于通路郡；东汉废新莽所改，并改"路"为"潞"，始称潞县。因此，位于古城村的城址即为西汉时期路（潞）县的治所，城外东南方的瓮棺葬则为路县居民的墓地。

战国秦汉时期瓮棺葬流行于京津冀地区，乃至环渤海区域。北京地区的瓮棺葬从之前已公布的材料看，发现地点18处，可以统计资料73座。就年代来看，总体上属于战国至东汉早期，其中战国时期发现最多，14处，61座；汉代4处，9座。从已发表资料看，均为儿童瓮棺葬，葬具主要有釜、瓮、罐、盆、甑、筒瓦。圜底大口深腹釜（燕式釜）是战国时期燕文化最具特色的代表性器物（图一〇），从发现各类瓮棺葬具的数量和组合上来看，以圜底大口深腹釜作为葬具也是北京地区瓮棺葬的主要形式。通州胡各庄墓地新发现的50余座战国秦汉时期的瓮棺葬中，约半数是以筒形瓮为葬具的成人瓮棺葬，系北京地区首次发现的成人瓮棺葬。瓮棺葬葬具除筒形瓮为专门烧制以外，其余均为实用器。

图一〇　燕式釜

本次瓮棺葬墓的发掘为研究瓮棺葬在北京地区的流行时间、埋藏情况、分布特征和葬具的形制、组合及演变，了解北京地区战国秦汉时期的丧葬习俗和燕文化在北京地区考古学文化发展进程中的作用和影响提供了新的材料。

天津地区战国秦汉时期瓮棺葬的发现与研究

梅鹏云[1]　黄　娟[2]

（1.天津市文化遗产保护中心　2.天津博物馆）

天津位于东经116°43′～118°04′，北纬38°34′～40°15′，地处华北平原的东北部，北依燕山，西南面为辽阔的华北大平原，东临渤海，总面积1.19万平方千米。地势北高南低，北部与燕山南侧接壤之处多为山地，南部地势以平原和洼地为主，属冲积平原，地貌总轮廓为西北高东南低。独特的自然地理条件，使古代天津地区的历史文化遗存的分布和面貌独具特点。目前这一地区发现的瓮棺葬材料主要集中在战国秦汉时期，其中尤以战国时期发现的材料较丰富。本文主要从瓮棺葬的发现情况以及葬具葬式、随葬品等方面的内容对天津地区的材料予以介绍，并就瓮棺葬葬俗方面的相关问题进行初步探讨。

一、瓮棺葬的发现

天津地区的瓮棺葬主要集中分布在北部的蓟州区、宝坻区和南部的静海区、津南区等区域，中部地区目前尚未发现瓮棺葬遗存。下面将已有材料根据所在行政区划简述如下。

1. 蓟县

1988~1989年，在蓟县白涧乡辛西村西北的高地上，发现6座瓮棺葬墓[1]。

1992年，在蓟县城西北隅砖厂内的高台上发掘了6座儿童瓮棺葬墓，皆为土坑穴，南北向，呈东西排列，以夹砂红陶釜、夹砂灰陶瓮或灰陶盆口对口套接，组成瓮棺，不见随葬品[2]。

2004年，蓟县城关镇独乐寺西墙外停车场汉代城壕上发现瓮棺葬1座[3]。

2. 宝坻区

1980年，宝坻牛道口发现1座瓮棺葬[4]。

1984年，在宝坻县城南的歇马台遗址发现儿童瓮棺葬3座，墓圹大致为椭圆形，所用瓮棺葬具为两件红陶釜口相对，并将其中一件釜底打破后，套上一件泥质灰陶盆[5]。

1989年，在宝坻县石桥乡辛务屯村南秦城遗址发掘47座瓮棺葬[6]。

3. 宁河县

1953年，在宁河县田庄头小杨庄村北发现一处"瓮棺群的葬地"[7]。

4. 津南区

1958年，在南义新庄李家、韩家洼、巨葛庄东三里王家洼子、中塘村、韩家桥十顷稻地、八里台村南八里十八岑子等地发现瓮棺葬多处[8]。

1958、1959年，在巨葛庄贝壳堤上发现战国遗址和墓葬，其中清理瓮棺葬2座。

5. 滨海新区

1959年，在渤海湾西岸古文化遗址调查中，在中塘镇万家码头发现瓮棺葬遗存。

1973年，在太平镇窦庄子村清理了1座瓮棺葬[9]。

6. 静海区

1983年，在静海区西钓台古城北城垣外侧发现古墓葬和水井，其中包括战国时期的瓮棺葬20余座，分布比较集中，瓮棺内均葬有幼儿骨架一具，无随葬品[10]。

从上面的资料梳理可以看出天津地区瓮棺葬主要分布在北部的蓟州、宝坻、宁河，南部的津南、滨海新区的大港和静海，除津南是发现多处地点外，其余都是在相同地点发现瓮棺葬群（图一）。从发表资料的情况来看，经过发掘清理的瓮棺葬80座左右，大多数瓮棺葬只有调查资料。

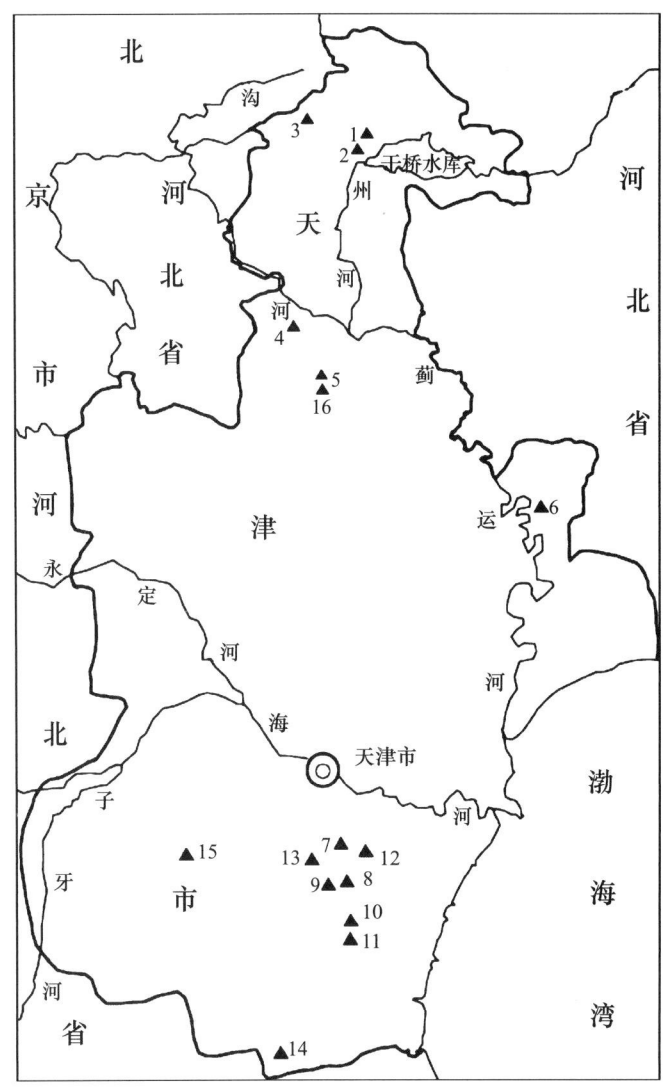

图一　天津地区战国秦汉时期瓮棺葬分布示意图

1. 蓟县城关镇独乐寺西墙外停车场　2. 蓟县城西北隅　3. 蓟县白涧乡辛西村　4. 宝坻县牛道口　5. 宝坻县秦城遗址　6. 宁河县田庄头小杨庄　7. 东南郊巨葛庄　8. 南义新庄李家茔　9. 南义新庄王家洼　10. 中塘刘家祖坟　11. 南郊万家码头　12. 韩家桥十顷稻地　13. 八里台十八岑子　14. 南郊窦庄子　15. 静海县西钓台　16. 宝坻歇马台遗址

二、天津地区瓮棺葬的结构

由于正式发掘的地点比较少，现将已公布的瓮棺材料介绍如下。

（一）瓮棺所使用的陶器种类

天津地区瓮棺葬所用陶器的种类主要有釜、瓮、盆、钵四类，釜的数量最多，主要为葬具，其次为瓮。这些陶器的质地有泥质和夹砂两类，盆和钵都为泥质灰陶；瓮以泥质灰陶为主，个别为夹云母质地；釜的质地全部为夹云母红陶。这些陶器均为日常生活用器。

1. 红陶釜

红陶釜均为大口，根据口部和腹部形态的差异可分为二型。

A 型　敞口、斜直腹，圜底近平。通体饰密集绳纹。

宝坻牛道口 M24：1，口沿缘内折成钩状，饰绳纹。口径 34.6、通高 32 厘米（图二，1）。

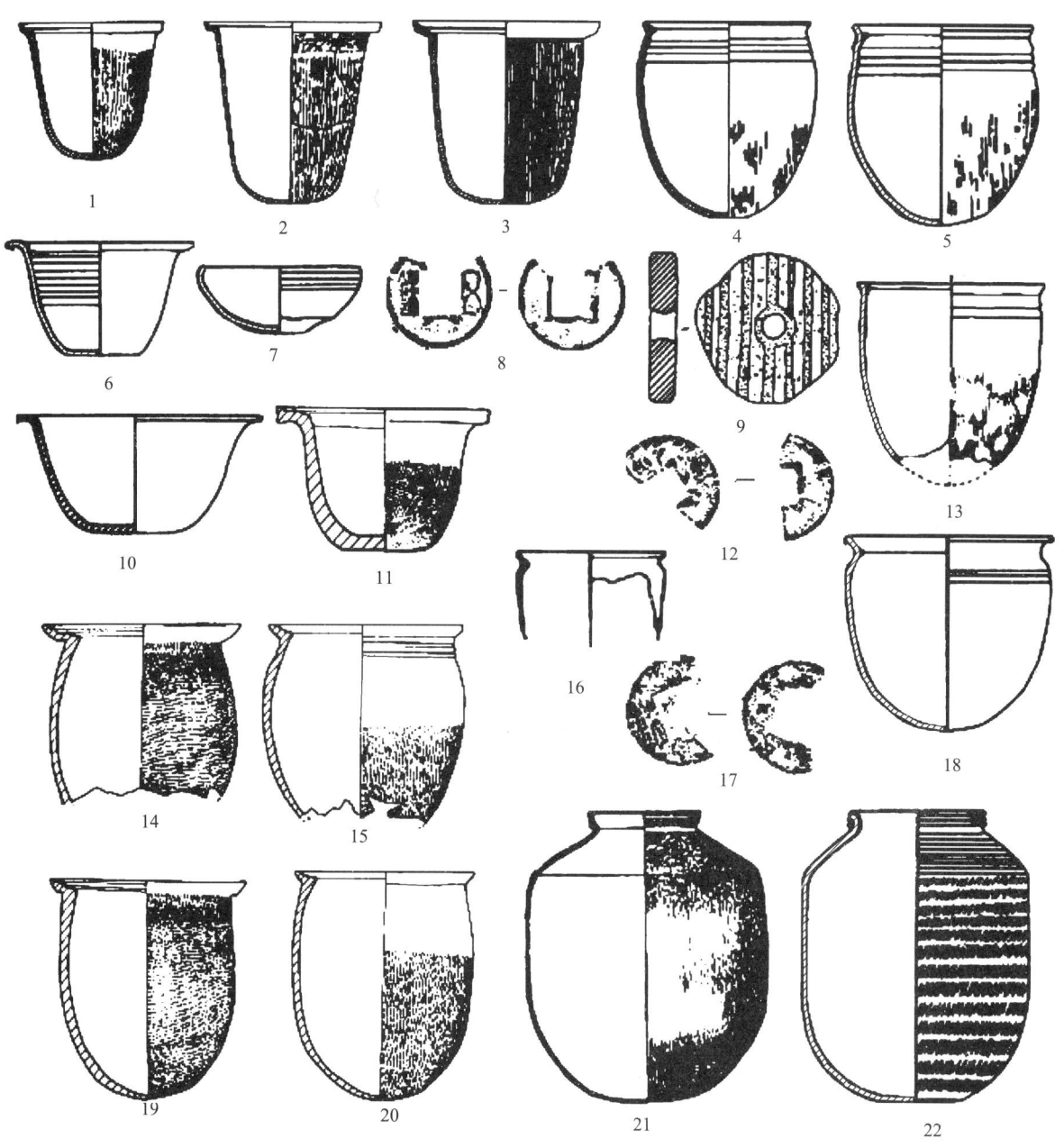

图二　天津地区瓮棺葬具及随葬品

1～3. A 型釜（宝坻牛道口 M24：1、宝坻秦城 W5：2、宝坻秦城 W5：1）　4、5、14、15. Ba 型釜（宝坻秦城 W35：1、宝坻秦城 W24：1、宝坻歇马台 M19：2、宝坻秦城 M16：2）　6、10. A 型盆（宝坻秦城 W43：3、宝坻秦城 W2：2）　7. 钵（宝坻秦城 W46：3）　8、17. 五铢钱（窦庄子 M3）　9. 陶纺轮（宝坻秦城 W5：3）　11. B 型盆（宝坻歇马台 M15：1）　12. 货泉（窦庄子 M3）　13、19、20. Bb 型（宝坻秦城 W29：1、宝坻歇马台 M15：2、宝坻歇马台 M16：3）　16、18. C 型釜（窦庄子 M3：1、宝坻秦城 W10：1）　21. A 型瓮（宝坻牛道口 M24：2）　22. B 型瓮（宝坻秦城 W2：1）

宝坻秦城 W5∶2，口沿上饰有两道弦纹，口沿下饰一排不规则的横竖向绳纹。口径 36、通高 34 厘米（图二，2）。

宝坻秦城 W5∶1，口沿上有两道弦纹，沿面有二道旋纹，腹部饰密集的细绳纹。口径 36.5、通高 35 厘米（图二，3）。

B 型　侈口，据肩部和腹部又分二亚型。

Ba 型　溜肩鼓腹，有的偏弧腹，圜底略尖，又称蛋形瓮。

宝坻歇马台 M19∶2，尖唇，宽折沿，沿面微凹，上有三周弦纹。束颈，腹壁上下等厚，近底部残。上腹部饰横竖交叉绳纹，下腹饰横向绳纹。口径 31、腹径 25、通高 22.5 厘米（图二，14）。类似的还有蓟州辛西村 W3∶1。

宝坻歇马台 M16∶2，近底部残。尖唇，窄折沿，沿面微凹，束颈，腹壁上厚下薄。颈部饰两周弦纹，下腹饰绳纹。口径 27.5、腹径 28、通高 30 厘米（图二，15）。

宝坻秦城 W24∶1，圆唇，折沿，束颈，无肩。颈下饰多道弦纹，腹部装饰有稀疏的绳纹。口径 31、通高 31 厘米（图二，5）。

宝坻秦城 W35∶1，纹饰同上，沿内凹不明显，器口较浅，弧腹，最大腹径上移。装饰技法同 I 式，口径 29.5、高 34.5 厘米（图二，4）。

Bb 型　无肩筒腹，又称筒形瓮。

宝坻歇马台 M15∶2，尖唇，沿面有三周弦纹，圜底。通体饰交叉绳纹和斜横向绳纹。口径 29、腹径 27、通高 30 厘米（图二，19）。

宝坻歇马台 M16∶3，尖唇，沿面微凹，圜底。上腹素面，下腹饰竖绳纹。口径 25.5、腹径 26、通高 31.5 厘米（图二，20）。

宝坻秦城 W29∶1，口径 29、通高 30.5 厘米（图二，13）。

C 型　折肩收腹。

宝坻秦城 W10∶1，折沿，肩部明显。素面。口径 34、通高 31 厘米（图二，18）。窦庄子 M3∶1，底部已残。口径 34 厘米（图二，16）。

2. 瓮

瓮的器形和大小均比较一致，为小口、短颈、直腹、圜底。依肩部的变化可分为二型。

A 型　圆肩，方圆腹。宝坻牛道口 M24∶2，口沿外饰有弦纹，口沿下通体饰绳纹。口径 28.5、腹径 60、通高 69 厘米（图二，21）。

B 型　折肩，长筒腹。宝坻秦城 W2∶1，领部和肩部装饰弦纹。口径 36、通高 74 厘米（图二，22）。

3. 盆

仅 3 件。均为敞口、口沿外翻且较宽、斜腹、平底。可分为二型。

A 型　腹部外敞。

宝坻秦城 W2∶2，口径 51、底径 21、通高 30 厘米（图二，10）。

宝坻秦城 W43：3，口径 32、底径 14.4、通高 15.2 厘米（图二，6）。

B 型　腹部较外敞。宝坻歇马台 M15：1，唇部有一周凹旋纹，下腹饰绳纹，余特点 A 型。口径 24、通高 15.5 厘米（图二，11）。

4. 钵

仅发现 1 件。敛口，浅腹、平底。宝坻秦城 W46：3，素面。口径 21、底径 8、通高 8 厘米（图二，7）。

（二）瓮棺葬随葬品

仅零星发现，大部分无随葬品。

宝坻秦城零星发现随葬陶纺轮，如 W5：3，用陶片磨成圆形，中心对钻一孔。直径 3.3、孔径 0.6 厘米（图二，9）。另在滨海新区窦庄子 M3 出货泉 1 枚（图二，12），五铢钱 5 枚（图二，8、17）。

（三）瓮棺的结构

从现有的材料来看，天津地区的瓮棺葬未见使用单件器物装殓的单器瓮棺，以两器瓮棺最为多见，其次为多器瓮棺，其中多器瓮棺又可分为三器和四器瓮棺。下面根据瓮棺使用不同陶器种类的组合情况分别予以介绍。

（1）两器瓮棺，即由两件陶器通过对合或套合的方式组合而成。根据器类可分为四型。

A 型　釜与釜组合。宝坻秦城发现 19 例，歇马台 M19 也属此例。宝坻秦城的 W5，长 1.03、宽 0.53 米，方向 2°（图三，1）。还有宝坻秦城 W24 和 W12 两座，都是这一型（图三，2、3）。在对接方式上，釜-釜组合均为口口相对拼合，互不套合。

B 型　釜与瓮组合。仅有宝坻牛道口 M24 一例，长 1.4、宽 0.95 米，方向 343°。口部相对套合，即瓮的口部深入釜的口部之中，釜口包含瓮口（图三，4）。

C 型　瓮与瓮组合，宝坻秦城 W6，由两个灰陶大瓮相对套合组成，釜内残存头骨、肢骨等，年龄 2～3 岁。此瓮套合为一瓮口部残缺，用完整的大瓮口部套住另一瓮的残口（图三，5）。

D 型　瓮与盆组合。仅有宝坻秦城 W2 一例（图三，6）。对接方式为盆口套瓮口。

（2）多器瓮棺。可分为六型。

A 型　三釜组合。以宝坻秦城 W29 为代表，南北向。两釜口部对接，另一釜口部套接在中间釜的底部（图三，7）。

B 型　两釜一瓮组合。有宝坻秦城 W56 和巨葛庄 M2 两例，如宝坻秦城 W56 为中间釜口部套住瓮的口部，底部套入后面釜的口部（图三，8）。

C 型　两釜一盆组合。一釜口部套住瓮的口部，底部打穿后套入另一釜的口中。宝坻秦城发现两例，如 W43（图三，9）；宝坻歇马台遗址发现 1 座（M15）。

D 型　两釜一钵组合。两釜口部对接，中间釜的腹部套入盆的口中。仅有宝坻秦城 W46 一例（图三，10）。

E 型　四釜组合，仅见一例，宝坻秦城 W32。

F 型　瓮、釜、盆组合，宝坻歇马台 M16。

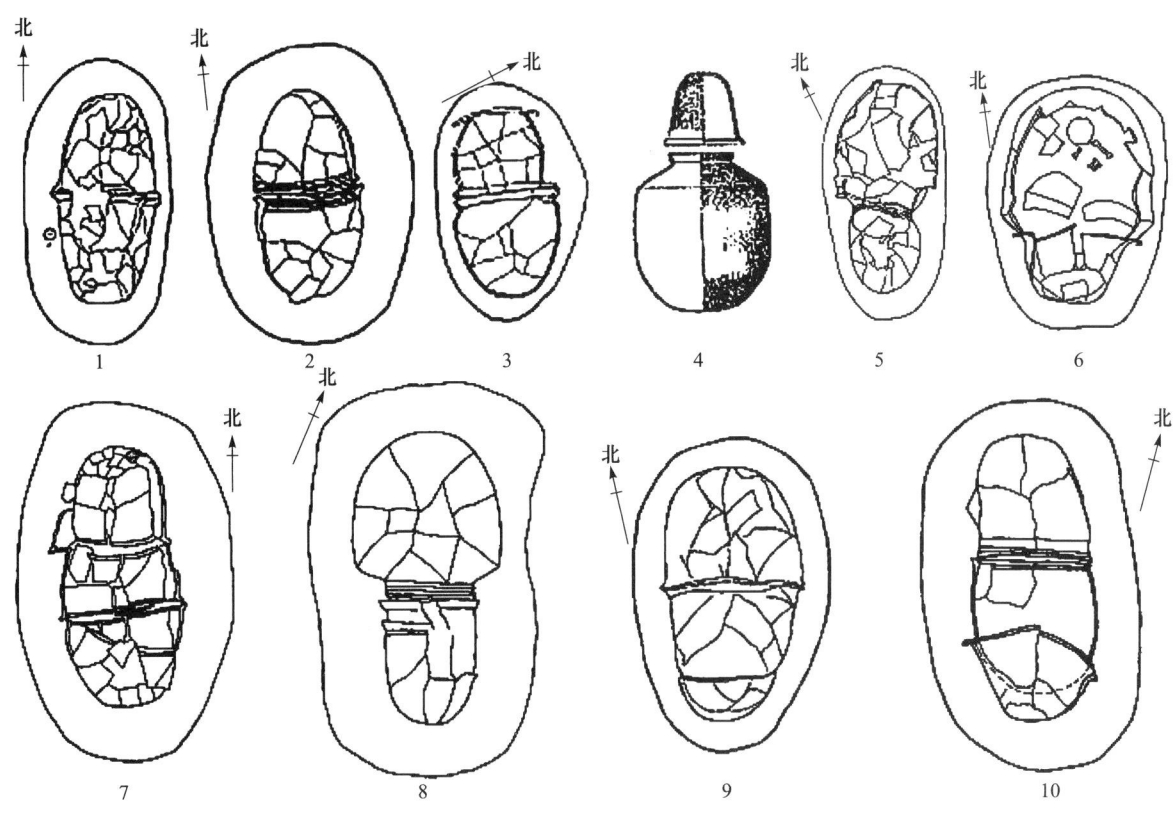

图三　天津地区瓮棺葬结构

1~6.两器瓮棺（1~3. A 型：宝坻秦城 W5、W24、W12　4. B 型：宝坻牛道口 M24　5. C 型：宝坻秦城 W6　6. D 型：宝坻秦城 W2）　7~10.多器瓮棺（7. A 型：宝坻秦城 W29　8. B 型：宝坻秦城 W56　9. C 型：宝坻秦城 W43）
10. D 型（宝坻秦城 W46）　E、F 两型未发表线图

三、天津地区瓮棺葬的埋藏特点

关于此地区的瓮棺葬的埋葬特点，此前姜佰国先生进行过归纳总结[11]。天津地区发现的瓮棺葬全部为竖穴土坑式墓圹，墓圹平面形状不甚规则，近似椭圆形或长方形。墓圹一般仅能容纳瓮棺，也比较浅，深度在 30 厘米左右。瓮棺葬的方向以南北向为主，仅在宝坻秦城遗址发现 5 座东西向的；瓮棺在墓圹中的放置形式以横向放置最常见。已发现的瓮棺葬均为埋葬儿童的一种葬制，随葬品很少见，目前已知的有 4 座随葬纺轮或铜钱，种类比较单一，数量也不多。

天津地区瓮棺葬的葬地分布有以下三种情况。

一是分布于村落居址附近，不过分布比较零散，数量也不多，辛西村 6 座、西北隅 6 座、牛道口 1 座、歇马台 3 座、窦庄子 1 座、巨葛庄 2 座。

二是较大居住址或城址附近一般有集中分布的瓮棺墓地，如静海县西钓台发现的瓮棺葬分布在城址的东侧，有 20 余座，宝坻秦城有 43 座。排列有序，很少有打破现象，说明其埋葬已有了一定的规划和规律。西钓台古城城址东侧有 20 余座。还有杨庄子发现墓地 1 处。墓地一般形成于西汉早期，此前为零散分布。

三是一般分布于地势略高的岗地上，有的分布于山前岗地，有的分布于平原岗地，有的分布于城墙上。分布于台地宝坻秦城遗址中 3 座战国时期的瓮棺葬（W5、W6、W56）分别位于东北城角和东门口南墙的内坡上，并打破夯土城墙；蓟县独乐寺西墙外的瓮棺葬也分布在汉代的城墙上；津南巨葛庄的 2 座瓮棺葬发现于贝壳堤上。

四、天津地区瓮棺葬的流变

依据考古资料，战国—汉时期天津地区瓮棺葬的主葬具主要是红陶釜，这是燕文化最具代表性和典型性的瓮棺葬具，也是使用最多的一种瓮棺葬具。无论其是单品种使用还是与其他葬具组合搭配，红陶釜一直大量作为燕文化瓮棺葬的主葬具使用。从考古发现和以往研究看，红陶釜基本分布于燕国全境，发现的数量也占主导地位。因此，讨论瓮棺葬的起源，不得不考虑从红陶釜说起。

有学者对环渤海地区的周秦汉时期的红陶釜进行了考古学类型学研究[12]，从红陶釜的演变情况看，目前环渤海地区的红陶釜最早见于春秋早期的燕下都 13 号遗址的两件，编号为 F1：3、F1：12，天津地区宝坻歇马台的 W19：2 和与宝坻歇马台 W15：2 形制相近的蓟州辛西 W3：1 年代处于战国早期，歇马台 M16：1、M16：2、牛道口的 M24：1 以及与宝坻秦城 W5：2、W56：3 形制相近的巨葛庄 M2 的红陶釜年代为战国晚期；窦庄子 W3：1 因出有五铢和货泉等铜钱，被定为东汉初年。宝坻秦城的 W24：1、W35：1、W29：1、W10：1 在原报告中年代定为汉代。因此，目前天津地区出土的瓮棺葬存在年代应上溯到战国早期，延续到东汉早期。

从天津地区的情况看，本区域的瓮棺葬面貌与北京、河北等地面貌基本一致。天津地区在战国时期属于燕文化的分布范围，与其他燕文化分布区的瓮棺葬具有一定的文化共性，如使用夹砂红陶釜作为主要葬具，这种夹砂红陶釜又称燕式釜，是燕文化中最具代表性的炊器之一。少量以瓮作为主葬具，配之盆、钵。天津所见的瓮棺葬用途主要是埋葬儿童的。

燕文化瓮棺葬主要使用红陶釜作为主葬具，因此燕地的瓮棺葬出现也应在红陶釜产生之后。目前所见发表的燕文化早期红陶釜除了在燕下都 13 号遗址 F1 出现外，2002 年在天津蓟县西庄户遗址的一个灰坑中也出现了完整的一件，承接了春秋时期釜的痕迹，比如通体饰绳纹，口沿数道旋纹等，还能够隐约看出西周晚期陶鬲的足痕位置，此件釜材料尚未发表，既然天津地区目前的牛道口和辛西见有战国早期的红陶釜瓮棺葬，可知天津区域属于燕文化中较早出现瓮棺葬的地区之一。

关于天津地区瓮棺葬出现于战国、消失于东汉初的原因，可做以下推测。一是天津地区春秋时期文化遗存基本不见，仅见零星器物，主要原因可能是春秋时期北部山地为山戎各部落的征战区，战事频繁，不能形成稳定的居住址，春秋遗存几乎不见，南部地区为黄河天津入海泛滥区域，湖沼洼淀较多，不适于居住；战国时期燕国逐渐强大，社会稳定，出现稳定的居住址，人口增多，生育能力增强，同时红陶釜作为炊具也大量用于日常生活，且红陶釜量大、易得，口大腹深，便于使用。但瓮棺葬出现及增多，特别是儿童墓地出现，说明儿童存活率不高。至于用红陶釜作为瓮棺葬主要葬具的原因，或可推测因釜为炊具，为烧饭之用，幼儿葬于其中，或希望死后可以避免饥饿，或幼儿死后置于釜中，如处于母亲子宫，可保幼儿重生。瓮棺葬于战国早期出现，历经战国中晚期至西汉早期的繁盛，逐渐消失于东汉初，应是由于地面灶的出现，炊具革新，红陶釜被淘汰而消失，同时砖室墓和家族墓地的流行，儿童可以与家人合葬，瓮棺葬也就再无生存空间。

五、小　结

瓮棺葬最早出现于史前时期，主要分布在黄河中下游和长江中下游地区[13]，到战国秦汉时期，瓮棺葬在上述地区仍有分布[14]，而京、津和河北北部以及辽东成为这一时期瓮棺葬非常重要且发现数量较多的地区之一。天津地区在战国时期属于燕文化的分布范围，与其他燕文化分布区的瓮棺葬具有一定的文化共性，如使用夹砂红陶釜作为主要葬具，这种夹砂红陶釜又称燕式釜，是燕文化中最具代表性的炊器之一。天津地区瓮棺葬的出现，实际上是燕文化东进的产物。在瓮棺葬的葬俗中，选择日用陶器作为葬具是一直以来的传统，这从新石器时代到战国秦汉时期的瓮棺葬遗存中都可以得到说明。可见，各地瓮棺葬的差异更多地表现为使用陶器种类上的差异，这种差异实际上是不同地区使用不同炊具的反映，对于瓮棺葬葬俗来说并未发生根本性变化。

如本文开头所提到的，天津地区瓮棺葬出现于战国早期，集中于战国中晚期和西汉早期，从前文对瓮棺葬具陶器种类的分析可以看出，瓮棺陶器的种类和组合情况早晚基本一致。然而，该地区内瓮棺葬在南北部地区也略有差异，如海河以南出土的瓮棺葬，多是圜底深腹厚壁的大瓮，仅见于海河以南的巨葛庄、沙井子等地。海河以北不见，但在鲁西北有发现，推测海河以南地区在战国时期与齐国距离较近，可能相互之间存在一定的文化交流。

近年来，瓮棺葬大量被发现，尤其以红陶釜作为主葬具的瓮棺葬居多，分布也较为广泛，对于以红陶釜为主葬具的瓮棺葬是燕地主要特点已为学界共识。但我们对这种瓮棺葬不能仅仅看为一种简单的墓葬形式，应该认识到其较为一致性的埋葬方式应蕴含一定的文化意义。在目前对战国—汉瓮棺葬的研究中，很少从文化类型角度深入考察，可能是因为葬俗没有什么变化。虽然葬具的种类较多，但很少能像红陶釜在瓮棺葬中大面积使用，且分布广、数量多、延续时间长，具有高度的一致性和稳定性，且这种陶釜颜色为红色，因此，红陶釜作为瓮棺葬主要葬具文化含义还值得进一步关注。鉴于红陶釜在瓮棺葬中的作用和地位，我们不妨给予这种瓮棺葬形式一定考古学文化上的地位，称之为瓮棺葬燕地类型，或更确切地称之为"釜棺葬"，作为瓮棺葬文化的一个重要类型。

注　释

[1] 赵文刚等：《蓟县辛西战国、汉、辽墓葬》，《中国考古学年鉴》(1990)，文物出版社，1991年，第155～156页。
[2] 纪烈敏：《蓟县西北隅战国至辽代墓地》，《中国考古学年鉴》(1993)，文物出版社，1994年，第94～95页。
[3] 张瑞：《蓟县独乐寺西墙外汉至清代遗址及汉魏时期墓葬和明清城墙基址》，《中国考古学年鉴》(2004)，文物出版社，2005年，第110页。
[4] 天津市历史博物馆考古队等：《天津宝坻县牛道口遗址调查发掘简报》，《考古》1991年第7期。
[5] 天津市文化遗产保护中心等：《宝坻县歇马台遗址试掘报告》，《天津考古》(一)，科学出版社，2013年，第133～159页。
[6] 天津市历史博物馆等：《宝坻县秦城遗址试掘报告》，《考古学报》2001年第1期。
[7] 安志敏：《河北宁河县先秦遗址调查记》，《文物参考资料》1954年第4期。
[8] 云希正：《天津市郊古遗址古墓葬的调查与发掘记略》，《北国春秋》1959年第1期。

［9］ 天津市文管处:《天津南郊窦庄子隋墓和汉代瓮棺葬》,《文物资料丛刊》第 1 集,文物出版社,1977 年。
［10］ 赵文刚:《静海县西钓台战国、汉代城址》,《中国考古学年鉴》(1984),文物出版社,1985 年,第 74 页。
［11］ 姜佰国:《天津地区战国秦汉时期的瓮棺葬》,《天津文博论丛》第 2 集(下册),天津人民出版社,2010 年,第 473～482 页。
［12］ 梅鹏云:《周秦汉时期环渤海地区红陶釜研究》,《北方文物》1995 年第 4 期。
［13］ 许宏:《略论我国史前时期的瓮棺葬》,《考古》1989 年第 4 期。
［14］ 白云翔:《战国秦汉时期瓮棺葬研究》,《考古学报》2001 年第 3 期;陈亚军:《峡江地区战国秦汉时期瓮棺葬的初步研究》,《江汉考古》2012 年第 4 期。

黄骅郛堤城时代与性质的初步认识

李 君

（山西大学历史文化学院考古系）

郛堤城址位于河北省黄骅市区北部1.5千米、羊三木回族乡刘皮庄村南2千米处，东距205国道40米、西距私人工厂50米，地理坐标位于东经117°19′15.7″～117°19′44.0″，北纬38°23′31.0″～38°23′53.0″，海拔高程为-1米（图一）。城址平面近方形，总面积约19万平方米。城墙系土筑，西面皆有残存，现存最高处可达5米，但城内破坏严重，现已被开辟为农田和驾驶用地。

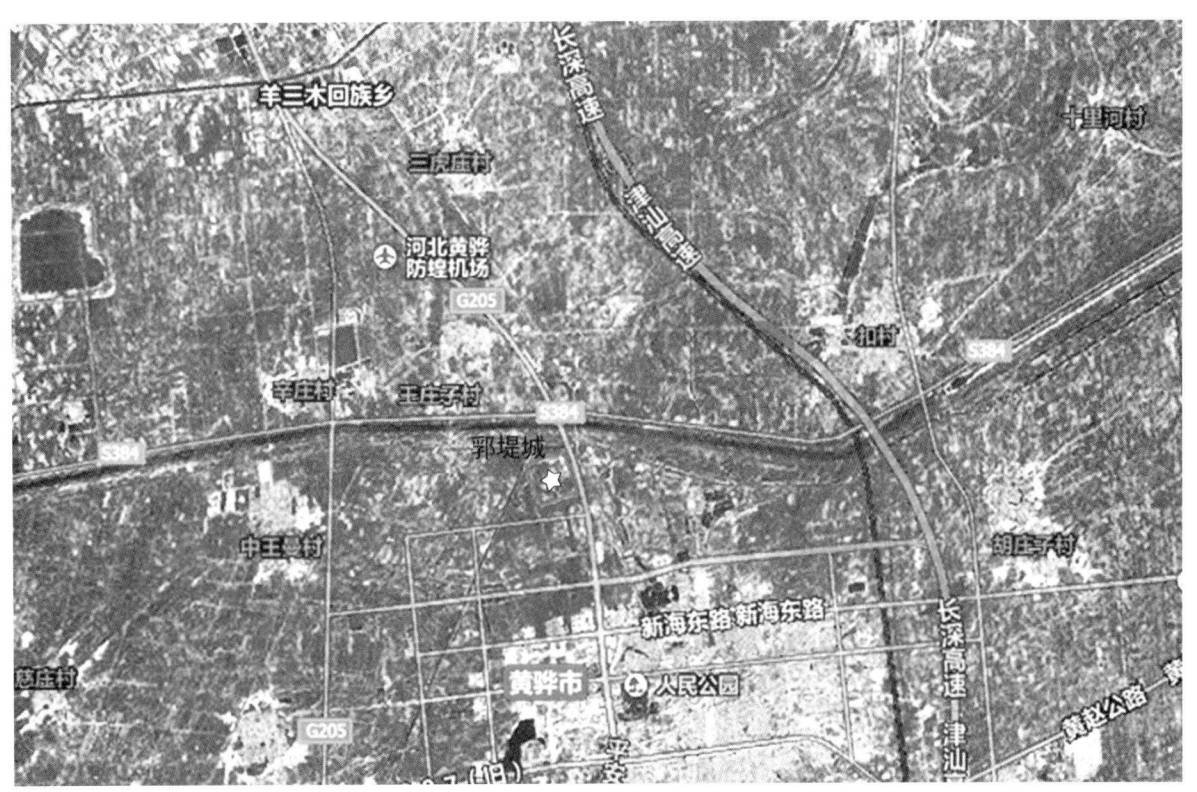

图一　郛堤城址地理位置示意图（红框标五角星处）

为配合黄骅市政府对河北省文物保护单位——郛堤城址进行保护和开发建设，同时搞清古城的建筑年代、历史变迁、城墙的建筑方式及城内建筑布局等问题，2014年8月7～28日，受河北省文物局委托，山西大学历史文化学院考古学系师生同黄骅市博物馆组成联合考古队，对郛堤城址进行了调查和发掘，现将有关情况做简要报告。

一、概　　况

本次发掘旨在探明城墙筑造技法、墙体结构、有无角门和重点建筑遗迹等基本情况。首先，我们依据勘探结果，对城址进行了全面的考古调查，初步判断建筑遗址基本分布在城内南北中轴线道路两侧。然后，依据现有城址结构和勘探结果，在郭堤城城墙和城内共3个区域，即南城墙、东城墙及东门、城内7号建筑遗址进行局部试掘与解剖，共布探沟8条，发掘探方4个，发掘面积约200平方米（图二）。

图二　郭堤城址试掘与解剖地点示意图

1. 城址西南角

I区位于城址西南角，对I区的试掘旨在探明南城墙的长度及夯筑方式。为尽可能以最小的发掘面积来获取相对全面的信息，我们对I区各探沟采取了阶梯式的发掘方法。在区域内共布设5个探沟，编号分别为TG1、TG2、TG3、TG4、TG5，方向为350°（图三）。

TG1依地表现存南城墙走向布设，规格为2米×18.45米。西南角基点地理坐标为东经117°19.369′、北纬38°23.504′，旨在了解南城墙西段长度和墙基情况。

TG2、TG3与TG1垂直布设，三者东壁处于一条直线，三者交汇处为关键柱。为方便控制剖面和探沟间的相互联系，未对关键柱进行发掘。TG2在关键柱南端，规格为米2米×7.5米；TG3位于关键柱北端，规格为2米×7.9米。二者的布设旨在了解南城墙的南北宽度。

TG4位于关键柱东侧，和TG1在一条线上，并与关键柱垂直，规格为1米×8.3米，旨在了解南城墙现存墙体的堆积情况。

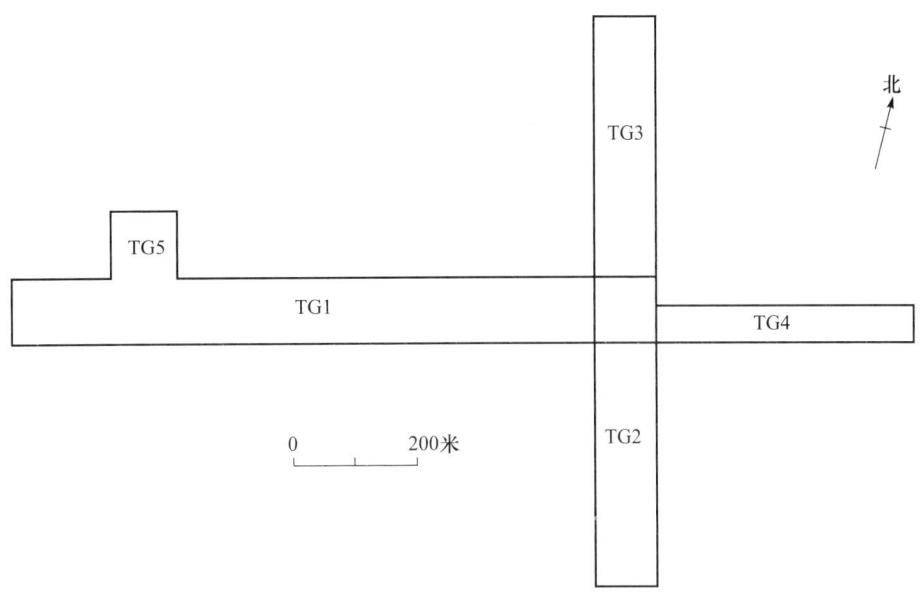

图三　郭堤城址Ⅰ区探沟总平面图

TG5 在距 TG1 西壁 3.2 米处，与 TG1 垂直并向北布设，规格为 2 米 ×2 米，旨在了解城墙护坡情况并最终确定是否有角门。

2. 东门及东城墙

Ⅱ区位于东城墙现有缺口处。该区布设 3 个探沟，方向为 10°，编号分别为 TG6、TG7、TG8（图四）。

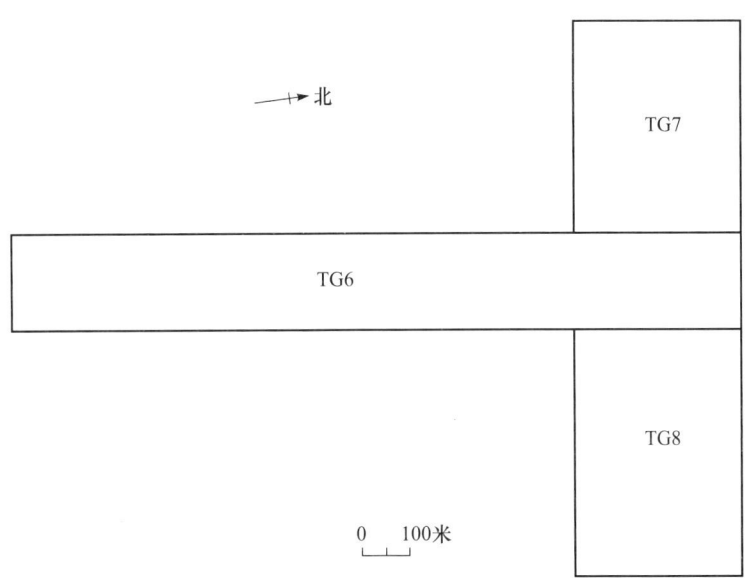

图四　郭堤城址Ⅱ区探沟总平面图

TG6 依地表现存东城墙南北走向布设，规格为 15.5 米 ×2 米，旨在确定东门长度和门基情况。

TG7、TG8 与 TG6 垂直，三者北壁在一条直线上。TG7 在 TG6 西侧，规格为 4.4 米 ×2 米；TG8 在 TG6 东侧，规格为 5 米 ×2 米，旨在探明东城墙宽度，并对城门深度有初步了解。

由于此处地下水位很浅，在距地表 1.3 米左右处，已渗出大量地下水，导致不能继续有效地向下发掘。因此，我们在 TG6 内采取局部发掘，一直深挖到生土层。

3. 城内 7 号建筑遗址

Ⅲ区为城内 7 号建筑遗迹的西南角。据勘探情况，城内建筑遗址共有 16 处，其中有 9 处是建筑基址。经过全面复查后，我们选择此区进行了试掘（图五、图六）。该区共布设正南北方向探方 4 个，规格为 5 米 ×5 米，由西向东分别编号为 T1、T2、T3、T4。

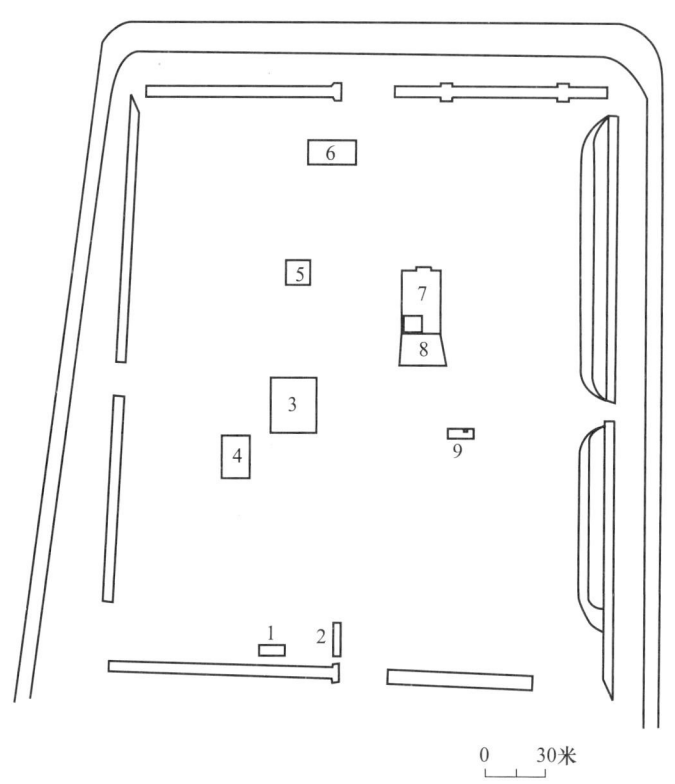

图五　郭堤城Ⅲ区布方位置示意图

图六　郭堤城址

1. 郭堤城址东城墙横剖面照　2. 郭堤城内基址所布探方总平面照（由西向东拍摄）

二、遗　　迹

（一）城　　墙

从整体发掘的情况来看，郛堤城址南城墙和东城墙的砌筑方式基本相同，均为先挖基槽，然后采用粉砂土、胶泥土混合交替夯筑，在墙基边缘以胶泥土堆砌护坡。现分别介绍Ⅰ区和Ⅱ区探沟内的情况。

1. Ⅰ区南城墙遗迹

南城墙大致可分为墙体、墙基和护坡三部分。筑城时的用土来源，很可能是就地取土，主要来自挖护城河取出的土和当时附近遗址的文化层。尤其是胶泥土应该是挖护城河时接近地下水位部分的土，这也与本次发掘接近地下水位处的生土基本一致。

现存墙体共有夯土5层，即TG1、TG3～TG5的第2～6层，基本可分为三大层：第一层为第2层；第二层为第3、4层；第三层为第5、6层。这三大层也是由一层黄色粉砂土与一层红褐色胶泥土交替夯筑而成。以TG1、TG3、TG4、TG5北壁为例（图七）。

第1层：浮土层。浅黄色，疏松，风积形成。最厚处5厘米。该层下即为夯土。

第2层：红褐色胶泥土层。土质致密。最厚处25厘米。

第3层：黄色粉砂土层。土质紧密，分布少量夯窝，呈圆形。最厚处40厘米。

第4层：黄色粉砂土层。土质紧密，分布少量夯窝，呈圆形。最厚处40厘米。

第5层：红褐色胶泥土层。土质致密。最厚处25厘米。

第6层：红褐色胶泥土层。土质致密。最厚处45厘米。

墙基现存地表之下，可分为5层，即TG1～TG5的第7～11层。以Ⅰ区TG2、TG3、TG4东壁为例（图八）。

第7层：黄色粉砂土层。下部混杂有红褐色胶泥图，土质紧密。厚17.5～37.5厘米。

第8层：红褐色胶泥土层。土质致密，包含夯土块。厚10～25厘米。

第9层：黄色粉砂土层。土质紧密。厚5～35厘米。

第10层：红褐色胶泥土层。土质致密。厚20～75厘米。

第11层：黄色粉砂土层。土质紧密。厚5～45厘米。

墙体南北两侧为红褐色胶泥土堆积的护坡，整体呈斜坡状，基本在第7层，即城墙墙基边缘消失。

墙基堆积出土遗物极少，墙体堆积则出土较多遗物，如夹砂夹蚌红陶釜残片、泥质灰陶罐、陶豆残片，夹砂灰陶绳纹板瓦，夹砂红陶板瓦以及一定数量的蚌壳，这些遗物以战国时期为主，最晚的陶片应当为汉代。据此推测，该城墙初建时代当不早于汉代，而又未见晚于汉代的遗物，应可初步推断其始建于汉代。

从发掘结果来看，南城墙和西城墙的墙基是成直角连接的，由此我们可初步判断该地点没有角门。目前地表残存的缺口，或者就是当地老人所说的是近代取土造成的。

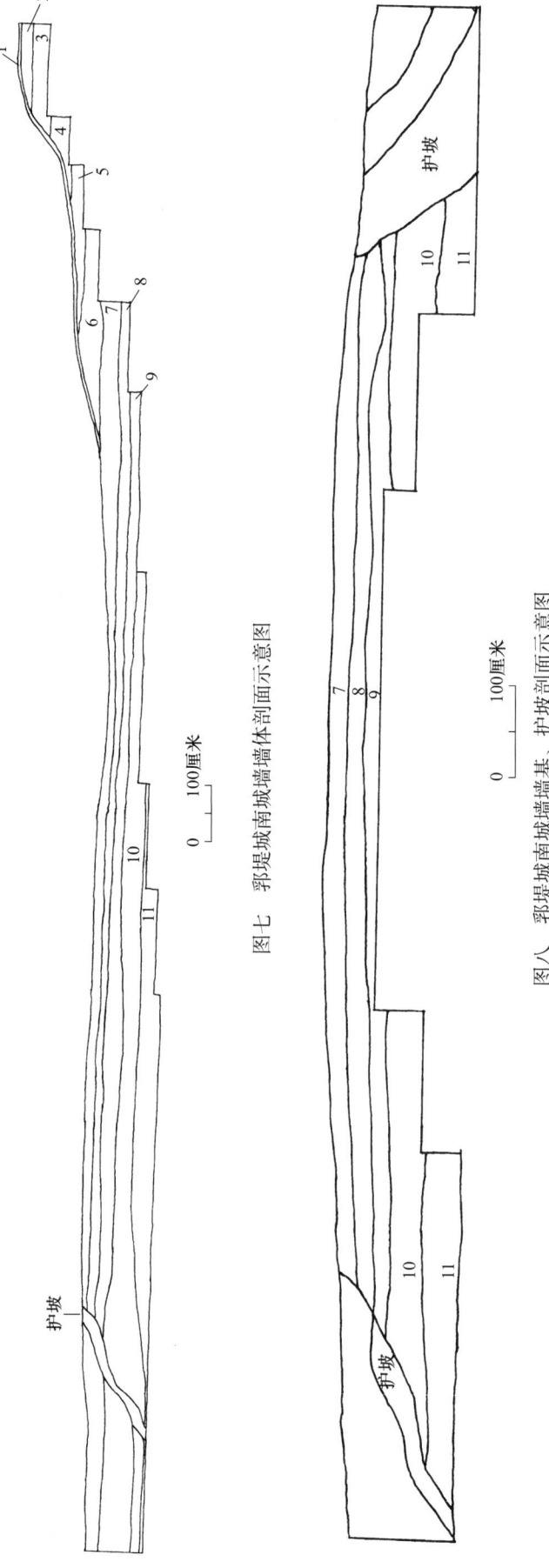

图七 鄂堤城南城墙墙体剖面示意图

图八 鄂堤城南城墙墙基、护坡剖面示意图

2. Ⅱ区内东城墙遗迹

位于东门东侧的东城墙，现存墙体高达地表 5 米，本次发掘也对其进行了解剖清理。通过清理出来的剖面可知，东城墙由墙体和墙基两部分组成，夯筑简单，夯层不明显（图六，1；图九）。

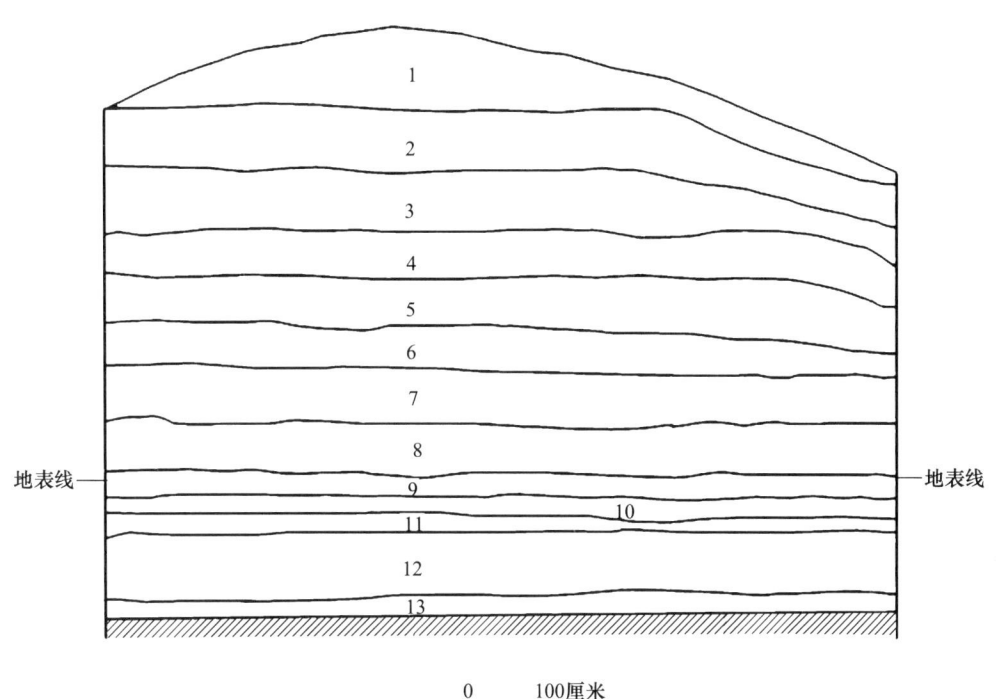

图九　郭堤城东城墙示意图

墙体是由 8 层砂土堆砌而成，即第 1～8 层。

第 1 层：浅黄色砂土层。土质黏硬，包含植物根系。最厚处 100 厘米。

第 2 层：黄褐色砂土层。土质黏硬。厚 55～75 厘米。

第 3 层：浅黄褐色砂土层。土质坚硬。厚 35～80 厘米。

第 4 层：黄褐色砂土层。土质紧密。厚 50～60 厘米。

第 5 层：深黄褐色砂土层。土质紧密。厚 80～95 厘米。

第 6 层：浅黄褐色砂土层。土质致密。厚 30～55 厘米。

第 7 层：深黄褐色砂土层。土质致密。厚 60～70 厘米。

第 8 层：深黄褐色砂土层。土质紧密。厚 55～65 厘米。

墙基分 5 层，即第 9～12 层，与南城墙墙基的筑造方式一致，也是采用粉砂土、胶泥土混合交替堆砌而成。

第 9 层：红褐色胶泥土层。土质致密。厚 30～40 厘米。

第 10 层：黄色粉砂土层。土质紧密。厚 20～30 厘米。

第 11 层：红褐色胶泥土层。土质致密。厚 10～25 厘米。

第 12 层：黄色粉砂土层。土质紧密。厚 80～90 厘米。

第 13 层：红褐色胶泥土层。土质致密。厚 20~30 厘米。

（二）城　　门

本此发掘对东城门进行了解剖清理。初步判断，东城门所在位置没有门道等设施，因此，东城门可能系直接在东城墙上掏挖而成。城门底部南北长 6.1 米左右，东西宽 5.5 米左右。城门无专有的基座，而系直接利用城墙墙基建筑，门壁近底部呈锅底状，没有发现明显夯筑痕迹。城门底部为一层质地较硬的灰褐色黏土，最厚为 25 厘米，可能属于路土。路土之上又有一层扰土，应为近现代堆积。

（三）城内建筑遗址

在 7 号建筑遗址的西北角，共发现灰坑 3 个，编号为 H1、H2、H3；灰沟 2 条，编号 G1、G2；房址 1 座，编号 F1；灶坑 1 个，编号为 Z1（图一〇；图一一，1）。现从地层关系对其简单介绍。

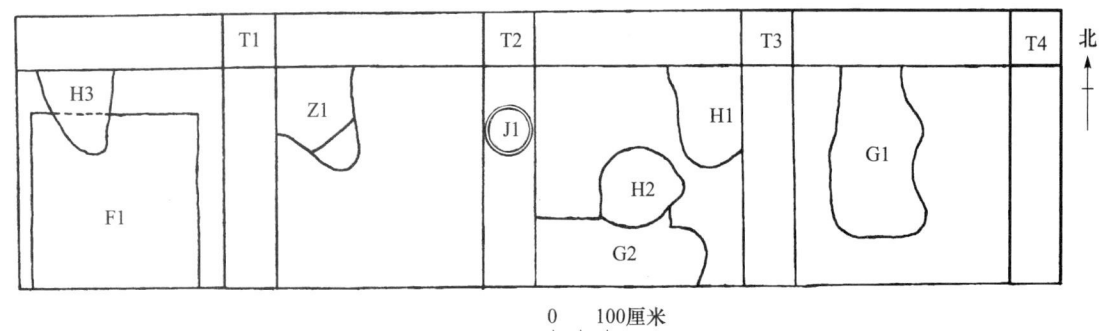

图一〇　郓堤城 7 号建筑遗址遗迹分布示意图

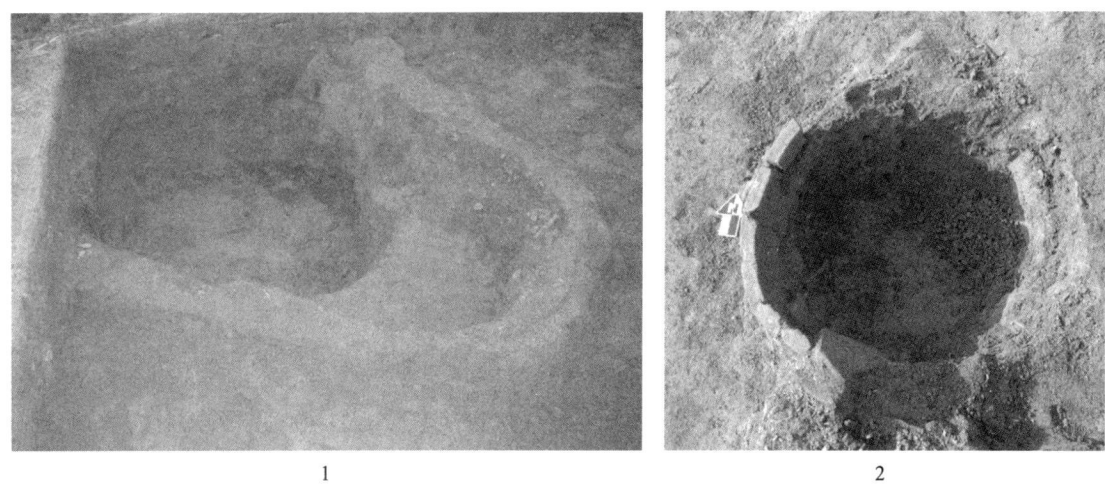

图一一　Z1、J1
1. Z1 遗迹照（由南向北拍摄）　2. J1 遗迹照

地层堆积共 5 层，以 T1~T4 北壁为例进行介绍（图一二）。

第 1 层：扰土层。厚 2.5~17.5 厘米。土质较硬，为灰褐色黏土，呈水平状堆积，分布于 4 个探方之内。包含遗物：数量众多的板瓦、筒瓦及瓦当等建筑构件；大量的陶片，可辨器形有豆、罐、盆等；少许青釉瓷片和铁器。第 1 层下开口的遗迹单位有 Z1。

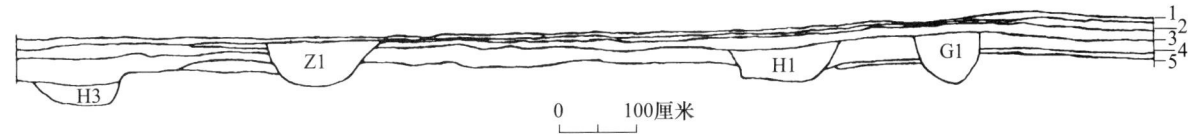

图一二　郛堤城 7 号建筑遗址 T1～T4 北壁总剖面图

第2层：淤积层。厚15厘米。土质较硬，为淡黄色细砂土，较纯净，呈水平状堆积，但是北侧堆积较薄，南侧堆积厚。该层包含物不多，有少许建筑构件残片，还有零星日常生活用器陶片。第2层下开口的遗迹单位有 J1（图一一，2）。

第3层：隋唐文化层。厚5～25厘米。土质较软，为黑褐色土，包含少许红烧土颗粒和黄土斑块。出土遗物有隋唐时期的筒瓦、板瓦和瓦当等建筑构件，还发现生活实用器罐、盆、豆等器物陶片以及青瓷碗残片、铁器和铜器等。

根据出土遗物初步判断该层堆积形成时代为隋唐时期，该层下开口的遗迹单位有 F1、G1、G2、H1、H2。

第4层：战汉文化层。厚10～40厘米。土质较硬，为黄褐色土，包含较多的红烧土块和炭粒。出土遗物有战汉时期的瓦当（图一三，1）、筒瓦和板瓦等建筑构件，还有大量战汉时期的陶片，可辨器形有釜、豆（图一三，2）、钵（图一三，3）、罐等。此外，还发现一些铁质兵器，如铁剑和铜质武器，如铜箭镞（图一三，5）。

根据出土遗物初步判断该层堆积形成时代为战汉时期，该层下开口的遗迹单位有 H3。

第5层：淤积层。厚20厘米。土质松软，为淡灰黄色粉砂土，较纯净。

三、遗　物

在对全城进行调查和对城墙进行解剖的过程中，我们采集了73件典型器物，有青铜器、铁器、瓷器、陶器、石器及建筑构件。发现的遗物大致可分为战汉和隋唐两个时期，种类与发掘出土遗物基本相同。

青铜器　6件。4件器形不明，锈蚀严重；2件为箭镞。2014FDC 采：69，三棱状尖身，铤残。残长3.4厘米（图一三，5）。

铁器　9件。1件为铁剑，其余8件不可辨认器形，有的呈长方形，有的呈錾手状，有的近似钉状，器表表面锈蚀严重。

铁剑　1件，2014FDC 采：63，剑尖残剑。长6.5、最大宽3.2、厚0.3厘米（图一三，4）。

瓷器　15件，均残，其中有器底8件，口沿1件，其余为瓷片，可辨器形有碗、钵。

碗　3件。2014FDC 采：1，仅存下腹部至底部，青黄釉，黄白胎，施釉未到底，釉层最下部有积釉的现象，釉层中有细小开片，内壁残存一个支钉口，饼状底，微内凹。残高5.5、胎厚1.6、残径6.8厘米。

钵　1件。2014FDC 采：58，青釉，灰白胎，内满釉，釉面有细小开片，外部施釉不到底，该器为叠烧制法，器壁有粘连痕迹，直口。残高6.8、残长8.7、壁厚0.3～1.2厘米。

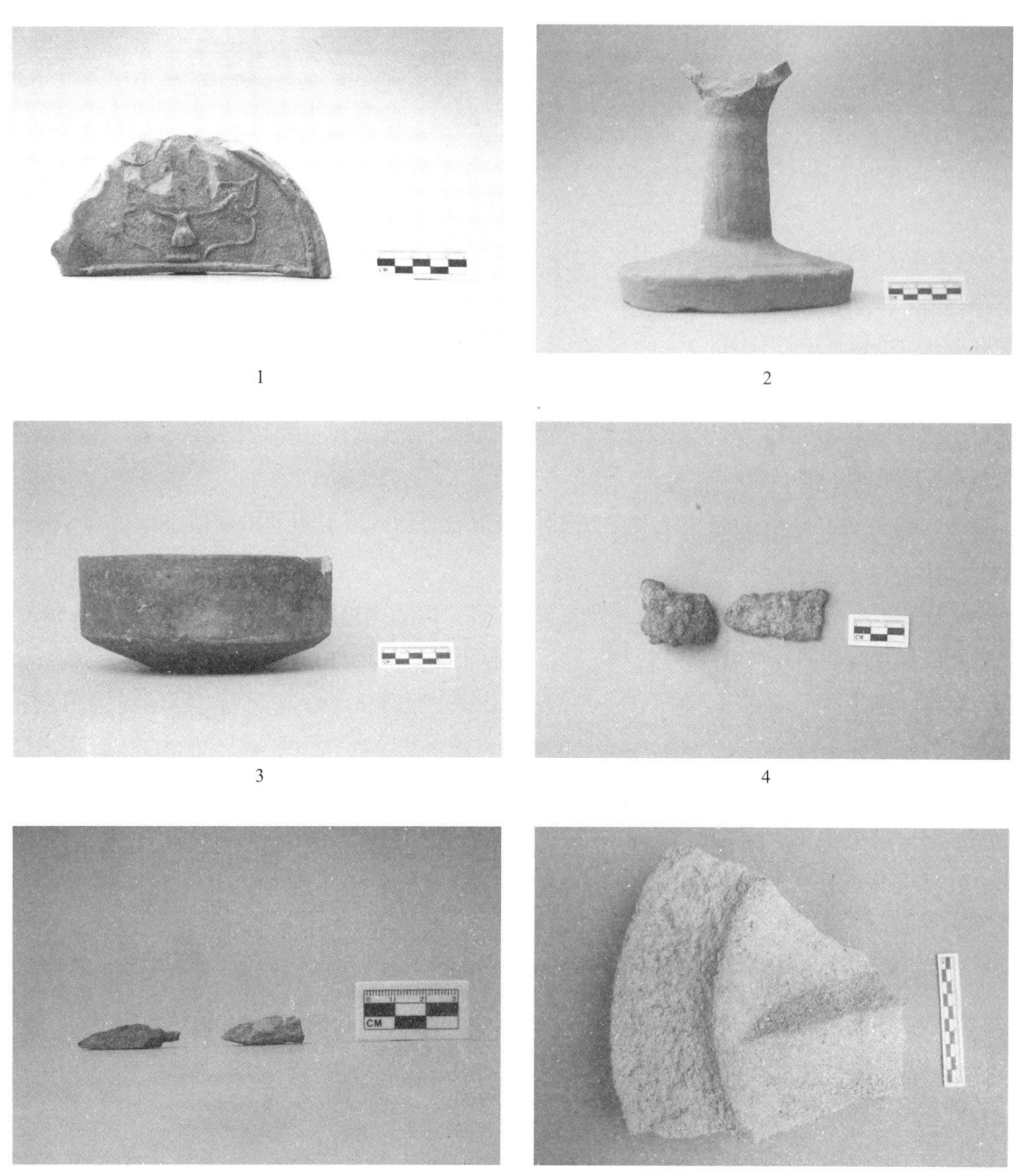

图一三　出土器物

1.瓦当（2014FDCT4：1）　2.陶豆（2014FDCT4：1）　3.陶钵（1014FDCT4：1）　4.铁剑（2014FDC 采：63）
5.铜箭镞（2014FDC 采：69）　6.石磨盘（2014FDC 采：34）

瓷片　11件。

酱黑釉片　2件。2014FDC 采：5，内部饰几周凸弦纹，外施酱釉，内部有青釉。长6.5、宽6、胎厚0.8厘米。

青瓷片　8件。2014FDC 采：23，青釉瓷器残底，釉面有细小开片，饰青釉，外部施釉不到底，灰白胎，内有支钉痕迹。半径3.8、胎厚0.8、残高6厘米。

白瓷片　1件。2014FDC 采：57，白釉，灰白胎，内满釉，外部施釉不到底，外有修坯痕迹，饼形底。残径 2.4、厚 0.6 厘米。

陶器 27 件。以泥质灰陶为主，另有少量泥质红陶及极少量的夹砂陶，夹砂陶中红陶和灰陶均有，少数夹砂陶陶胎中夹杂云母和蚌壳。制作方法均为轮制，多数陶片为素面，少数饰有弦纹、绳纹、弦断绳纹、布纹及网格纹，以弦纹为主。可辨器形有甑、碗、盆、罐、釜、缸、錾手、鼎足、陶饼、陶拍等。

甑 1 件。2014FDC 采：14，已残。泥质灰陶。外饰绳纹，残留两个孔。残长 10.5、残宽 7.3、厚 1 厘米。

釜 2 件。2014FDC 采：40，口沿残件。夹砂夹蚌红陶。颈部以下饰绳纹，颈部及口沿外侧素面。折沿，沿中部上翻，圆唇，口沿内侧转折处有一周凹槽，折沿处内侧一周凸棱，竖径。残长 8.6、残高 6.6、厚 1.0 厘米。

罐 2 件。2014FDC 采：31，残，疑似敞口罐。灰心红皮陶。领、肩部分将肩部断裂磨平、磨光，用作圈足，外饰素面，内饰凹弦纹，口沿为折沿。残长 14.1、残高 8.6、口沿宽 3.2、壁厚 1.5 厘米。

碗 2 件。2014FDC 采：52，已残。泥质灰陶。内外素面，内外均有轮制痕迹，微敛口，平沿。残高 7、残宽 6.5、厚 1 厘米。

盆 3 件。2014FDC 采：41，为口沿残件。泥质红陶。内外均素面，敞口，折沿，方唇，口沿内侧转折处有一周凹槽，竖颈。残长 7.6、残高 5.5、厚 0.5 厘米。

缸 1 件。2014FDC 采：42，为口沿残件。泥质灰陶。微敛口，内外双出，平沿，内沿圆唇，外沿方唇，外沿较宽，内沿较窄，在沿部近内侧唇处斜盖一长方形印痕，字迹不清。残长 12、残高 4、沿宽 5.5、印长 2.8、印宽 1.2 厘米。

鼎足 1 件。2014FDC 采：48，已残。泥质灰陶。似蹄形足。素面。残高 6.4、残宽 4.3 厘米。

陶饼 6 件。多为泥质灰陶。一面素面，一面饰有纹饰，或两面均有纹饰。2014FDC 采：28，近圆形。泥质灰陶。一面饰绳纹和凸弦纹，另一面网格纹和凸弦纹。直径 8.3、厚度 1.8 厘米。

陶拍 1 件。2014FDC 采：36，泥质灰陶。柄部残。饼状，鼓面、表面密布大小大致相同的小坑，腹面中部已经磨平，一侧残缺。直径 10.8、残高 5.3 厘米。

石器 2 件。均为石磨盘。2014FDC 采：34，已残，石英砂岩质地，表面刻凹槽，中心残存一方形槽，凹槽间距 2、深度 0.3 厘米，上部刻出圆形边缘及横形横梁，边缘内部磨制光滑。残径 23.5、厚 6.2、最大厚度 7 厘米（图一三，6）。

建筑构件 14 件。

瓦当 10 件。均为泥质灰陶。纹饰有同心波纹、莲花纹、乳钉纹、卷云纹、菱形网格纹、绳纹、凸弦纹等。2014FDC 采：46，残。泥质灰陶。当面饰卷云纹，外侧一周凸弦纹，背面素面。残径 4.1、厚 1.5 厘米。2014FDC 采：7，残。泥质灰陶。内饰莲花纹，外饰一周乳钉纹，仅存四分之一。残径 5.5、厚度 1.8 厘米。

筒瓦 3 件。2014FDC 采：8，泥质灰陶。有轮修痕迹，外饰绳纹。残长 11、壁厚 1.2、口沿 0.8、残宽 9 厘米。

板瓦 1 件。2014FDC 采：21，泥质灰陶。外饰篮纹，内饰圆形戳印纹。残长 7.4、残宽 5、厚 1.3 厘米。

7号建筑遗址探方内出土的遗物共31件，分铁器、瓷器、陶器和建筑构件四类。

铁器　1件。2014FDCT3①∶6，为器耳，锈蚀严重。耳内径3.9厘米。

瓷器　1件。2014FDCT3∶3，青釉器底，内施满釉，有一支钉痕迹，釉面有开片，外部未施釉，胎厚2.2厘米，釉面最厚处0.3厘米，灰白胎，平底，轮制痕迹明显。残高4.2、残宽9厘米。

陶器　27件。多数仅剩口沿和底部。以泥质灰陶占多数，另有少量夹砂夹蚌陶，红陶和灰陶均有。轮制，器表多数素面，少数有绳纹、细绳纹、旋断绳纹、附加堆纹、弦纹等。器形有釜、罐、壶、盆、缸、尊、豆、甑、钵、陶饼等。

釜　2件。均为口沿。2014FDCT3∶4，夹砂夹蚌红陶。直口，折沿，圆尖唇。外饰绳纹。残高4.5、长8.5、壁厚0.8厘米。

罐　4件。2014FDCT2③∶1，口沿。泥质灰陶。微侈口，直领，平沿。残径2.3、高6、壁厚0.9厘米。2014FDCT3③∶2，腹部残件。泥质灰陶。上部在附加堆纹上交错制成穗形纹饰，下饰细绳纹，内部素面。残长18.9、残高7.2、壁厚1厘米。

壶　1件。2014FDCT3③∶3，口沿。泥质灰陶。微侈口，圆尖唇，唇外翻，直领，唇外部为一周宽1厘米的沿，素面。内径11.4、残高5.8厘米。

盆　3件。均为口沿。2014FDCT2③∶3，泥质灰陶。侈口，宽折沿。唇中部饰一周凸弦纹，折沿处向内凸出一周凸棱。残高6.5、沿宽1.5、壁厚1.3厘米。

缸　2件。均为口沿。2014FDCT3②∶1，夹砂灰陶。宽折沿，方唇，直口。唇部内侧饰一圈凸弦纹，颈部饰一周凸棱及一周凹槽。残高12.5、残宽10、壁厚1.8、唇宽3.5厘米。

尊　1件。2014FDCT4∶1，口沿。泥质灰陶。外饰交错绳纹，内素面。直口，口沿外翻，圆方唇，唇面有2道凹痕，纹向三道刻划凹痕。残高16、残宽14、厚0.9厘米。

豆　5件。2014FDCT4∶1，残。泥质灰陶。豆盆缺失，柄、底完整。柄部中空，底部轮制痕迹明显，柄为竹节形，底内凹，封闭玉柄部不通。残高18、底径17厘米（图一三，2）。

甑　1件。2014FDCT4∶3，残。泥质灰陶。残余平行排残三处完整孔。孔为长条形，一面饰绳纹，一面素面。残长8、残宽7.4、厚0.7厘米。

钵　1件。2014FDCT4∶1，泥质灰陶。直口方唇，小平底，直腹颈底部处内折。直腹饰一周暗菱形纹，制法为在毛坯未干时，轻轻交错抹印出斜向线条，形成菱形纹。折腹及底部数道划纹，系毛坯未干时划出，内底中心有一十字划纹。直径19、高8.3、壁厚0.7、底径8.5厘米（图一三，3）。

陶饼　1件。2014FDCT3①∶5，夹蚌灰陶。素面。直径5.5、厚1.7厘米。

建筑构件　2件。均为瓦当。瓦当，2014FDCT4∶1，半圆形，泥质灰陶。表面边缘为一周凸棱，内模印兽面纹，背面有轮旋痕迹，瓦当底部用线切出平底，线切痕迹明显。直径16、高8、厚1.3厘米（图一三，1）。

四、结　语

通过对郭堤城址的发掘与调查，我们初步得出以下几点认识。

1. 年代

通过对郭堤城城墙、城门和城内建筑遗址的发掘，结合出土和采集的遗物，我们大致可以判断该城址初建时代当为汉代。在城墙墙体堆积中还发现有大量战国陶片，且陶片多为燕国红陶釜、豆等生活用器，应可表明在筑城前该地就已存在战国先民的生活遗址。此外，在城内建筑遗址区域发现有隋唐时期遗迹和遗物，我们判断该城址至迟沿用到隋唐时期。在汉代和隋唐之间，没有发现这个时期的遗物，可能说明在魏晋南北朝时期该城一度被废弃。

2. 筑城特色

郭堤城的城墙由墙基、墙体和护坡三部分组成。墙基一般由红褐色胶泥土和浅黄色粉砂土交替堆砌而成，夯筑极为简单，无明显和典型的夯窝。在与地表墙体临近处的墙基，多为粉砂土和胶泥土混合筑成。墙体由黄褐色砂土简单夯筑而成，夯层和夯窝不很明显，包含较多陶片。由于城址所在区域的地下水位较浅，易造成墙基坍塌，所以在墙基边缘有明显的胶泥护坡，以起到稳固墙基的作用。郭堤城址的筑城方法与中原传统城址多用黄土、建筑精细、夯层明显的筑城风格有很大的不同，这应系当地汉代先民就地取材、因地制宜的智慧结晶，抑或可视作沿海城址筑城方式的代表之作。过去，我们在沿海地区发现过与中原地区没有差别的筑城方式，但郭堤城无疑是一种适合于沿海地区地理环境的筑城方式。这两种筑城方式在环渤海、黄海区域曾并行出现，承担了城或城市的筑造工艺。

3. 性质

通过本次试掘和调查，我们可以确定郭堤城址属于一座防御型的军事城址。从筑城方式和城门结构来看，可推断城址的建造不甚考究，可能是因为战事所迫导致筑城时间有限所致。城址西南角无角门，这也符合其作为防御型军事城池的基本要求。

4. 功能探讨

黄骅郭堤城位于黄河入海口附近，特殊的地貌环境是我们探讨郭堤城城市功能的基础条件。自新石器时代始，黄河河道极不稳定，在《禹贡》《山海经·北山经》和《汉书·地理志》等文献中记载，黄河曾往返更迭多次流经多条河道。这样的情况一直延续到周定王五年（公元前602年），黄河下游大规模改道，行中全新世河道，这才结束黄河长期以来多股分流、改道频繁的局面。经过改道的黄河在黄骅附近入海，于黄骅以东形成小型三角洲。同时，也常有岔流循孟村、旧城、羊二庄古河道，于羊二庄入海，于羊二庄以东形成小型三角洲。直到西汉初年，黄河基本处于稳定时期，但到西汉末年，又决溢频繁。在战国到西汉初年，黄骅还是大河的入海口，黄河故道。这一阶段正是郭堤城使用和建筑的第一个阶段，同时也是黄河河道基本处于稳定的时期。在城内建筑基址的地层中发现大量蚌壳等现象，并结合该地区历史上海进、海退活动，我们推测，郭堤城不光是单纯的军事城址，城内发现的大量建筑遗迹，不仅说明该城当时有相当数量的人口，而且作为一处位于海岸边或非常接近于海边的城址，郭堤城可能同时兼具码头的性质。

2016年在黄骅市西北部地区，距郛堤城最近处仅100多米的范围内，发现墓葬113座，绝大多数为瓮棺葬，砖瓦墓仅占少数，而且墓主人多为幼儿或少年，成人墓葬仅3座。该次发现的瓮棺不仅数量众多、规模较大、而且非常有特色。瓮棺葬是一种以陶器为葬具的丧葬方式。在我国，以陶瓮、罐等为棺具的墓葬最早出现于七八千年的新石器时代前期，广泛分布于黄河中下游和长江中下游，并且一直延续至历史时期。战国秦汉时期，在河北、天津、北京、辽宁等环渤海地区以及朝鲜半岛、日本等地还在流行这种丧葬方式。郛堤城城外这批瓮棺葬墓群与城址恰好可以结合为一个整体——有生亦有死。此外，在郛堤城周边发现有与其相互临近的千童镇和卯兮城，二者在当时所处的地理位置与郛堤城相当，功能和性质也应该大体相同（图一四）。结合历史史实分析，我们推测，郛堤城很可能是与徐福东渡密切相关的一个城址，它与千童镇、卯兮城共同承担了一个集聚人员、培训人员的作用，然后从该城址就近出发。

图一四　郛堤城址地理位置及其周边城镇示意图

如果把郭堤城、瓮棺葬群与徐福东渡这三者相互联系，便更加印证了瓮棺葬群与徐福东渡的联系。那么作为二者载体的黄骅便是中国古代东亚地区文化交流中的一个非常重要的起点，或者枢纽。黄骅地区历史悠久，人文荟萃，文物丰富，不仅在沿海发现有战汉时期与徐福东渡密切相关的郭堤城，在金元时期也发现以瓷器为主的贸易集散地的海丰镇遗址。总之，黄骅地区作为中外文化交流的海上的一个重要枢纽，在两个重要阶段的文化交流输出过程中起到了非常重要的作用。如果将黄骅地区发现的郭堤城和城外的瓮棺葬作为切入点，从此处着手，研究环渤海地区战国秦汉时期及与周边不同地区文化间的相互联系，将会对探讨未来海上丝绸之路的文化交流问题产生深远的意义。

作　者：李　君　刘　辉　张宝刚　于洋春子
考古领队：李　君
发掘人员：刘　辉　侯亮亮　张宝刚　晋福新　戴　军
　　　　　刘建超　雷　蕾　魏彩云　张　洁
绘图人员：刘　辉　雷　蕾　刘建超

河北地区战国秦汉时期的瓮棺葬

贾金标[1]　张艺薇[2]

(1.河北省文物局　2.河北博物院)

瓮棺葬是古代以大容积的陶质容器如瓮、罐、釜等作葬具的墓葬形式，流行于新石器时代到汉代，直至中华人民共和国成立前期，我国西南地区的一些少数民族还保留有这种习俗。多年来，学术界对瓮棺葬这种埋葬习俗特别是史前的瓮棺葬从多个方面进行了研究，并取得比较重要的成果[1]。战国秦汉时期，瓮棺葬在我国也有一定数量的发现，白云翔先生曾撰文对战国秦汉时期的瓮棺葬进行了全面系统的研究和论述，使我们对战国秦汉时期瓮棺葬的分布、葬俗、葬制等有了全面的了解[2]。

河北地区的瓮棺葬最早见于新石器时代后冈文化，永年石北口遗址中发现用瓮、圜底大口缸片等覆盖作为葬具的墓葬[3]，应是河北发现最早的瓮棺葬。商周时期，在河北境内瓮棺葬也有发现，邢台葛家庄先商遗址曾发现先商时期的瓮棺葬3座[4]；蔚县发现数座商时期瓮棺葬[5]；正定曹村商代遗址中发现商代瓮棺葬1座[6]；南水北调工程建设中邢台后留北遗址发现晚商时期瓮棺葬24座；临城补要村遗址发现晚商时期瓮棺葬数座。

战国秦汉时期的瓮棺葬，20世纪30年代在河北就有发现，此后几十年河北境内发现了数量较多的战国秦汉时期的瓮棺葬，特别是近年来随着河北考古工作的广泛开展，战国秦汉时期的瓮棺葬又有了相当数量的发现。本文拟在专家、学者研究的基础上，对河北战国秦汉时期的瓮棺葬进行梳理和分析，并对相关问题进行初步研究。

一、发现与研究简况

河北地区战国秦汉时期的瓮棺葬在20世纪30年代就有发现。1930年，傅振伦先生在燕下都的调查发掘中，在东城墙附近和老姥台一带发现数座瓮棺葬[7]。

1952年，中国科学院考古研究所在唐山贾各庄发现瓮棺葬6座（M37、M38、M39、M40、M41、M42）[8]，当时的报告认为时代可能相当于春秋战国之际，但根据葬具及其组合分析，年代应为战国晚期。

1956年，河北省文物管理委员会在唐山市徐庄发掘瓮棺葬2座（M74、M77），时代为西汉早期[9]。

1956年，河北省文物管理委员会在河北武安午汲古城发现1座（M26），仅用一件鼓腹陶瓮为葬具，年代为西汉早期[10]。

在石家庄市北杜村、涿州熨斗店村、昌黎县北关外发现瓮棺葬，但原文中没有说明瓮棺的数量、形制、葬具组合等[11]。

在易县燕下都多年的发掘中，发现战国早期瓮棺葬1座（郎井村10号作坊W11），战国中期瓮棺葬9座（郎井村10号遗址W19～W24、W27～W29），战国晚期瓮棺葬7座（郎井村10号遗址W4、W5、W12、W13、W15、W16、W26）[12]。西汉早期9座（六号遗址M29～M32、W39、W40，9号遗址W11、W22、W23）[13]。

1982年，在容城午方遗址中发现战国时期瓮棺葬1座（W1），系用两个圜底筒形瓮对接而成[14]。

1983年，张家口市文物管理所在张家口市白庙遗址清理瓮棺葬4座，年代为战国晚期[15]。

1989～1990年发掘的丰润东欢坨遗址，发现瓮棺葬8座（M1～M6、M10、M11），时代为战国中晚期[16]。

1992年，邯郸市东门里遗址中发现瓮棺4座，时代为西汉早期[17]。

1996年，为配合京沈高速公路建设，在滦县韩新庄发掘战国、汉代瓮棺葬261座，为一处罕见的大型瓮棺丛葬墓地[18]。

2001年在邯郸市电业局变电站工地，发现西汉早期瓮棺葬；2003年2月，邯郸市华信大厦工地，也发现西汉时期的瓮棺葬，多以两釜相对接作为葬具[19]。

2005年，在河间市小张庄发现瓮棺葬7座，时代为西汉中期[20]。

2006年，徐水县东黑山遗址中发现西汉早、中期瓮棺葬9座[21]。

另外，在易县七里庄遗址中发现5座，时代为战国晚期；青县东姚庄遗址发现8座，年代为西汉中期；易县东于坻遗址中发现战国中期瓮棺葬1座；唐县北放水遗址中发现战国晚期1座，唐县都亭遗址发现汉代瓮棺葬4座，涞水安阳遗址中发现战国时期瓮棺葬21座；任丘后赵遗址中发现战国晚期瓮棺葬2座；台西遗址发现6座，时代为西汉早期；邢台南小汪遗址发现西汉时期瓮棺葬7座，黄家园遗址中发现汉代早期瓮棺葬10余座；冀北的承德平泉县二道河子遗址发现战国时期瓮棺葬7座；任丘后赵遗址中发现战国晚期瓮棺葬2座、汉代2座；邯郸薛庄遗址发现1座；另外，近年在保定定兴、邢台柏乡鄗城遗址、衡水深州、廊坊霸州也有发现，特别是黄骅郛堤城遗址更是发现大面积的瓮棺葬。在冀西北的蔚县也有发现[22]。

从上述发现看，战国时期瓮棺葬主要发现在河北的中、北、东部地区，以保定、唐山、沧州为最多，承德、张家口也有零星发现。到了汉代，分布范围扩大到冀南和东部渤海之滨（图一）。

二、瓮棺的墓圹、方向及所葬者

河北地区战国汉代瓮棺葬的墓圹均为竖穴土圹，未见其他类型。

土圹的平面形制大多根据瓮棺的形制及大小挖成，有长方形、椭圆形、圆形、不规则形等几种，以长方形居多。例如，以一件小口鼓腹瓮为葬具或小口鼓腹瓮和其他一些小器形如盆等器物组合为葬具的瓮棺墓圹多为圆形，而以两釜、两筒形瓮或两件以上器物作为葬具的瓮棺土圹多为长方形或椭圆形。墓圹大的长达2.02米，如贾各庄M41；小的长仅0.7米，如滦县韩新庄的一座瓮

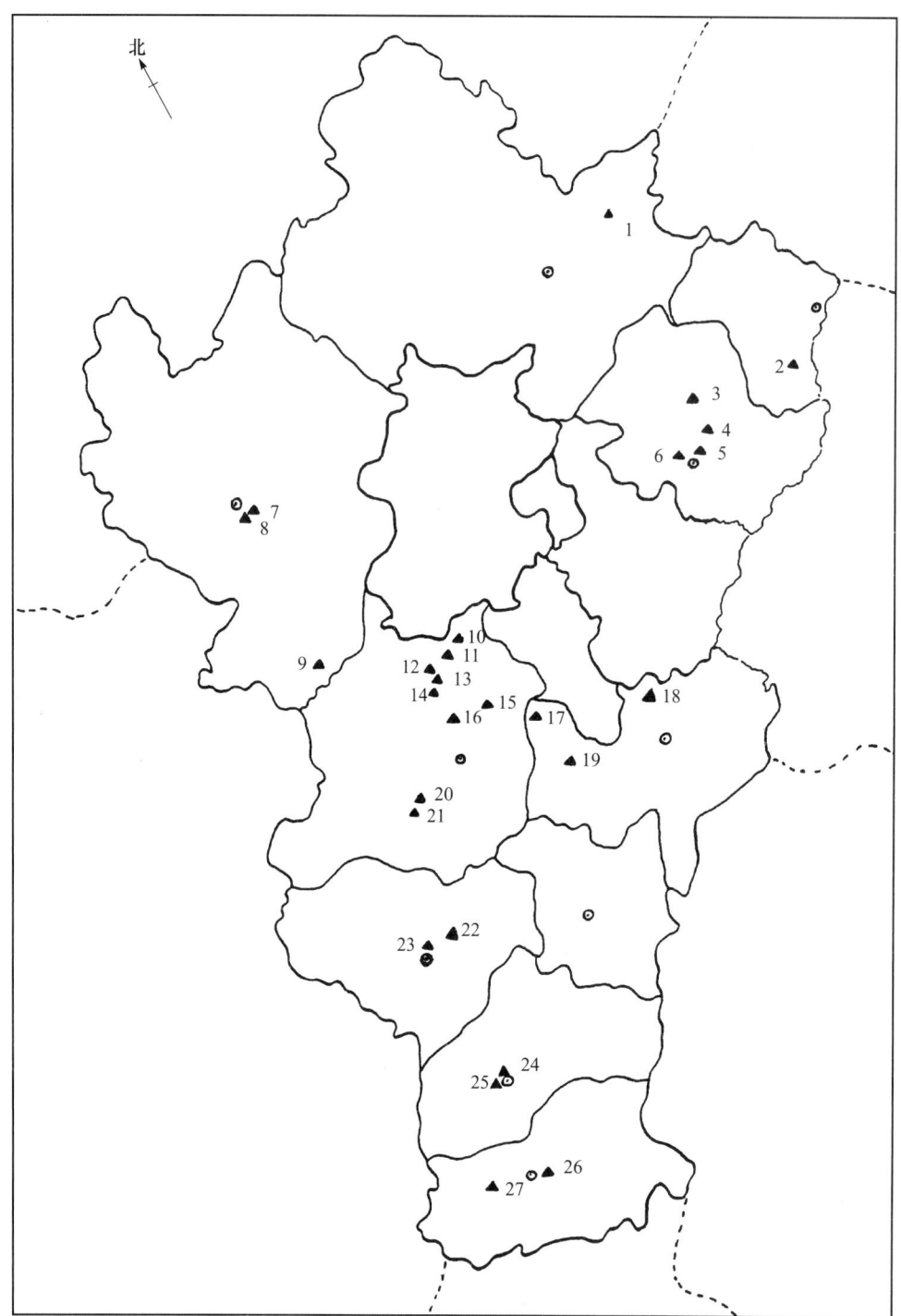

图一　河北战国秦汉时期瓮棺葬分布示意图

1. 平泉二道河子　2. 昌黎北关　3. 滦县韩新庄　4. 唐山徐庄　5. 唐山贾各庄　6. 唐山东欢坨　7. 张家口白庙　8. 张家口下花园　9. 蔚县　10. 涿州熨斗店　11. 涞水安阳　12. 易县七里庄　13. 易县东于坻　14. 燕下都　15. 容城午方　16. 徐水东黑山　17. 任丘后赵　18. 青县后姚庄　19. 河间小张庄　20. 唐县北放水　21. 唐县都亭　22. 藁城台西　23. 石家庄北杜　24. 邢台南小汪　25. 黄家园　26. 邯郸东门里　27. 武安午汲故城

棺。燕下都战国、汉代瓮棺共计28座，均为长方形土圹竖穴，一般长 0.75～1.7、宽 0.3～0.95、深 0.2～0.72 米，墓圹最大的长近 1.7 米（9号遗址汉代瓮棺），最小的宽仅为 0.3 米（郎井村10号遗址 W11）。而滦县韩新庄 261 座瓮棺多根据葬具的器形、大小而挖成椭圆形、长方形及不规则形，以椭圆形居多，墓圹最大者长1.6、宽0.9、深0.7米，最小者长0.7、宽0.4、深0.3米，坑底部呈弧形或适量垫土以保持葬具的平衡。丰润东欢坨遗址8座瓮棺葬中，多为长方形土圹竖穴，最大的长 1.6、宽 0.8 米，最小的长 90、宽 53 厘米。

一个墓圹中绝大多数只埋葬一套葬具（图二，1），在东欢坨、韩新庄、郭堤城、邯郸发现有埋葬两具瓮棺的情况，如东欢坨发现1座（M1）（图二，2），邯郸发现一座（图三），韩新庄、郭堤城发现多座。

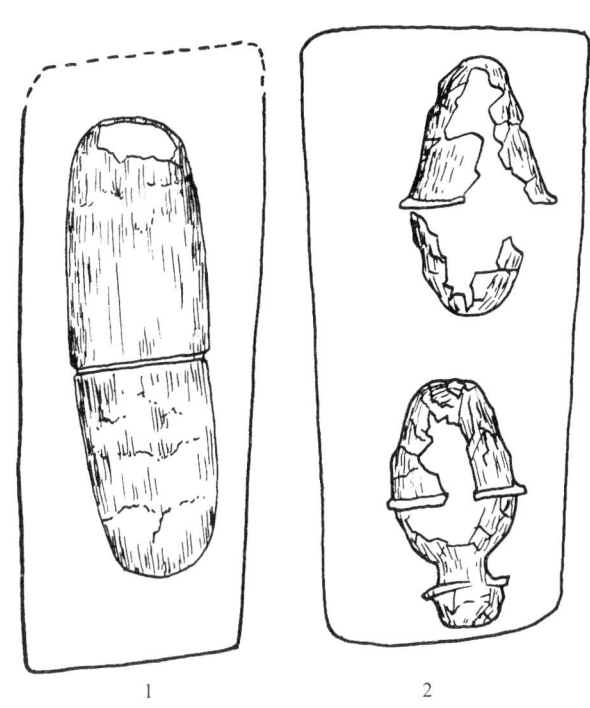

图二　瓮棺葬所埋葬具举例
1. 燕下都郎井村 10 号遗址 W27　2. 东欢坨 M1（1 约为 1/18，2 约为 1/20）

图三　邯郸发现的瓮棺葬

瓮棺葬的方向，以南北向为主，少量东西向。燕下都遗址战国及汉代的瓮棺葬均为南北向；东欢坨遗址 8 座瓮棺葬中除两座为东西向外，其余皆为南北向；徐水东黑山遗址 9 座瓮棺葬均为南北向；韩新庄瓮棺墓地除极个别外，头向均在 10°～70°，近南北向。

瓮棺在坑中的放置方式，大多为横向放置，仅在河间小张庄发现 1 座（M08）、七里庄发现 2 座为两瓮竖向上下对接。

瓮棺葬内所葬者，从目前材料看，多为儿童，成人少见，仅在定兴北台上 W1（图四）、黄骅郛堤城有发现。

图四 定兴北台上 W1

三、瓮棺所用的陶器

河北地区战国汉代的瓮棺葬，瓮棺所用陶器主要有釜、瓮，另外还有少量的使用盆、罐、钵、甑、瓦等。

釜 数量最多，均为夹砂红陶。大口，圜底。依口部形状分二型。

A 型 敞口。分三式。

Ⅰ式：东欢坨 M2：1，圆唇，卷沿。通饰细绳纹。口径 32、通高 29.2 厘米（图五，1）。东欢坨 M4：2，尖唇，折沿，斜直腹。沿以下通饰细绳纹。口径 30.8、高 31.2 厘米（图五，2）。

Ⅱ式：燕下都郎井村 10 号遗址战国晚期 W13：2，尖唇，折沿，口部凸起一周凸棱，沿部向上竖折呈近盘口形。器表饰竖向细绳纹。口径 25.2、高 36.8 厘米（图五，3）。

Ⅲ式：白庙战国晚期 W3：3，圆唇，折沿，沿部向上竖折，圜底近平，肩部素面。肩部下端饰一周弦纹，弦纹以下为竖向绳纹。口径 34、高 31 厘米（图五，4）。

B 型 侈口。分二式。

Ⅰ式：燕下都郎井村 10 号遗址战国中期 W19：1，圆唇，折沿上翘，沿部呈凹弧形，束颈，弧腹。器身饰交错绳纹。口径 24.8、高 35.2 厘米（图六，1）燕下都郎井村 10 号遗址战国中期 W22：2，圆唇，束颈，斜沿，沿面饰数周弦纹。器身上部饰竖向绳纹，下部饰横向绳纹。口径 20、高 28.8 厘米（图六，2）。

Ⅱ式：邯郸东门里 M1：1，圆唇，束颈。上腹饰数周凸弦纹，下腹素面。口径 31、高 33 厘米

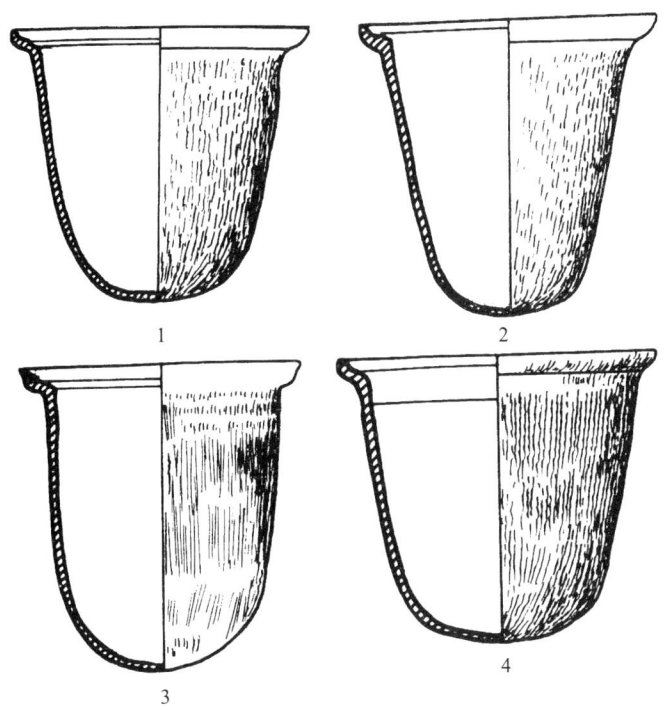

图五　瓮棺用陶釜

1、2. A型Ⅰ式（东欢坨 M2∶1、东欢坨 M4∶2）　3. A型Ⅱ式（燕下都郎井村 10 号遗址 W13∶2）　4. A型Ⅲ式（白庙 W3∶3）
（1、2、4 为 1/8，3 为 1/9）

（图六，3），年代为西汉早期。燕下都 6 号遗址西汉早期 W32∶1，圆唇，折沿，内沿微凹，束颈，鼓腹。颈下部饰一周凸弦纹，上腹部绳纹抹平，下腹部饰竖绳纹。口径 27.2、高 31.2 厘米（图六，4）。东黑山西汉早期 M8∶2，尖唇，束颈，鼓肩，圜底较尖。肩部以下饰细绳纹。口径 29、高 28.5 厘米（图六，5）。东黑山西汉早期 M20∶3，尖唇，窄折沿，微束颈，腹微鼓。上腹部饰弦纹，下腹部饰细绳纹。口径 28、高 33 厘米（图六，6）。

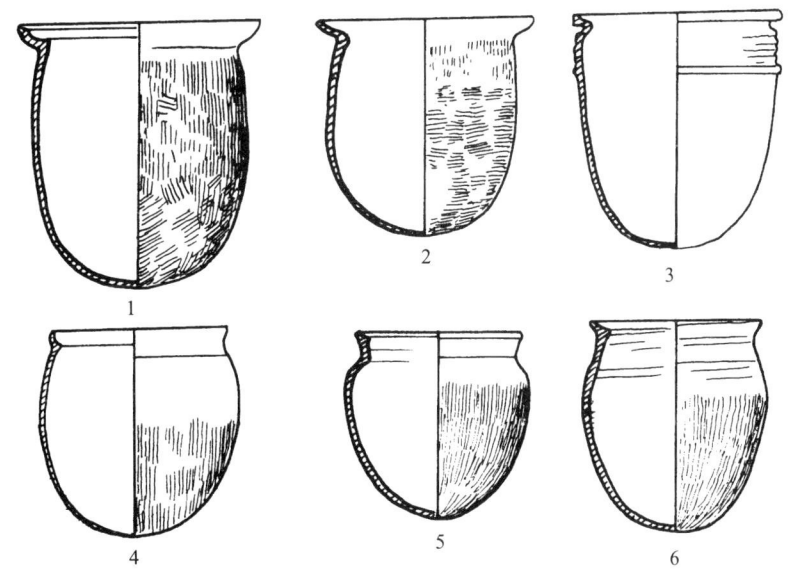

图六　瓮棺用陶釜

1、2. B型Ⅰ式（燕下都郎井村 10 号遗址 W19∶1、燕下都郎井村 10 号遗址 W22∶2）　3～6. B型Ⅱ式（邯郸东门里 M1∶1、燕下都 6 号遗址 W32∶1、东黑山 M8∶2、东黑山 M20∶3）（1、2 约为 1/10，3~6 约为 1/12）

瓮　数量较多，有筒形瓮、小口瓮、尊形瓮等。

筒形瓮　皆直壁，圜底。依口部形制分二型。

A 型　子口。分三式。

Ⅰ式：燕下都郎井村 10 号遗址战国早期 W11∶1，夹砂灰陶。方唇，子口部分较直、短。通体饰细绳纹，口沿下部以及底部有轮制抹纹。口径 23、高 58.5 厘米（图七，1）。

Ⅱ式：燕下都郎井村 10 号遗址战国中期 W27∶1，方唇，子口部分较斜、长，器壁向内斜收。器表饰细绳纹和轮制抹纹。口径 21.6、高 45.6 厘米（图七，2）。

Ⅲ式：燕下都 6 号遗址西汉早期 W40∶1，泥质灰陶。尖唇。上部饰凹弦绳纹，下部饰凹弦纹和斜绳纹。口径 28.2、高 63.6 厘米（图七，3）。东黑山遗址西汉早期 M11∶2，泥质灰陶。方唇。上腹部饰凹弦纹，下部饰交错绳纹，近底部有两周弦纹。口径 32、高 62 厘米（图七，4）。

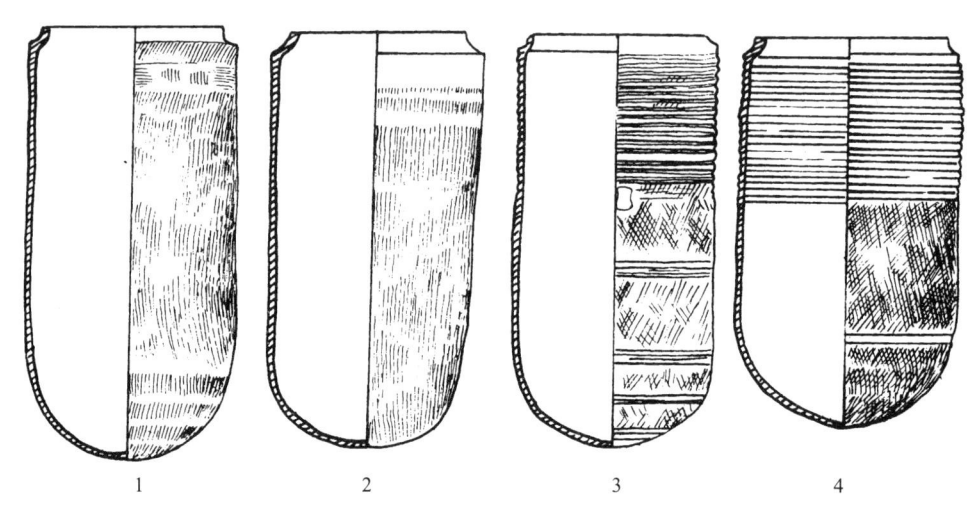

图七　瓮棺用 A 型筒形瓮

1. Ⅰ式（燕下都郎井村 10 号遗址 W11∶1）　2. Ⅱ式（燕下都郎井村 10 号遗址 W27∶1）　3、4. Ⅲ式（燕下都 6 号遗址 W40∶1、东黑山 M11∶2）（1、2 约为 1/8，3、4 约为 1/12）

B 型　直口。分二式。

Ⅰ式：燕下都郎井村 10 号遗址战国中期 W27∶2，尖唇。器表饰绳纹和轮制抹纹。口径 28、高 56 厘米（图八，1）。午方战国晚期 M1∶1，泥质灰陶。方唇，下腹部有两小竖耳。上腹部饰弦纹，下腹部饰弦断绳纹。口径 28、高 50 厘米（据原文为口径 0.5、高 1 米，本文据图的尺寸）（图八，2）。

Ⅱ式：燕下都 6 号遗址西汉早期 W40∶2，直口，方唇，中腹部有一半圆形纽。上腹饰凹弦纹，下部饰凹弦纹和斜绳纹。口径 30、高 64.8 厘米（图八，3）。东黑山遗址西汉早期 M11∶1，泥质灰陶。上腹部饰凹弦纹，下部饰交错绳纹，近底部有两周凸弦纹（图八，4）。

小口瓮　分为二型。

A 型　折肩。燕下都郎井村 10 号遗址战国中期 W22∶1，侈口，卷沿，短颈，斜直腹，圜底。肩部饰绳纹和轮制抹纹，折肩处饰一条堆泥带纹，其上压印成组的绳纹，肩部以下通饰交错绳纹。口径 20、残高 65.2 厘米（图九，1）。白庙战国晚期 W3∶2，侈口，尖唇，卷沿，弧腹，平底。肩部以下饰弦断绳纹。口径 22.5、高 35 厘米（图九，2）。燕下都 6 号遗址西汉早期 W32∶3，敛口，

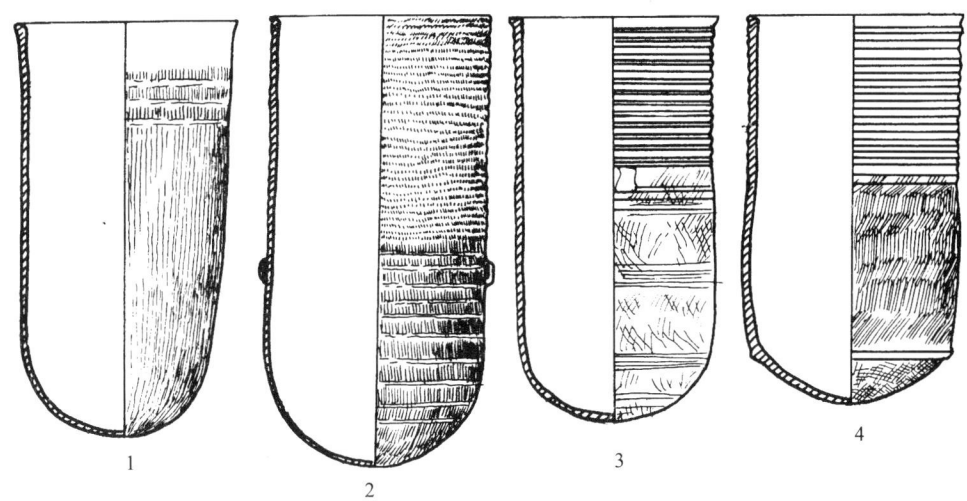

图八　瓮棺用 B 型筒形瓮

1、2. Ⅰ式（燕下都郎井村 10 号遗址 W27:2、午方 M1:1）　3、4. Ⅱ（燕下都 6 号遗址 W40:2、东黑山 M11:1）
（1 约为 1/10，2 约为 1/7，3、4 约为 1/12）

圆唇，短直领，腹微鼓，圜底。肩部饰一周凹弦纹和两周绳纹，下腹部饰斜绳纹。口径 17.2、高 35.2 厘米（图九，3）。

B 型　圆肩。燕下都 6 号遗址 W32:2，直口，方唇，短直领，斜腹。下腹部饰绳纹和轮制抹纹。口径 18.8、残高 35.2 厘米（图九，6）。

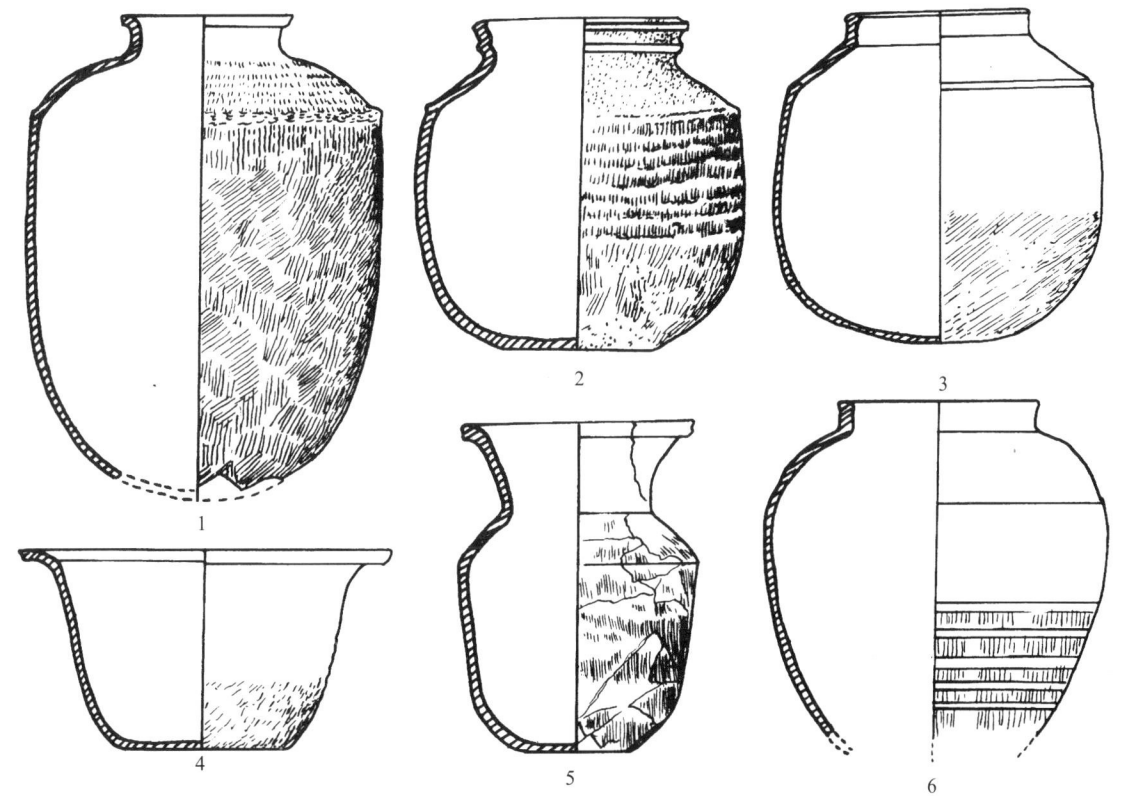

图九　瓮棺用陶小口瓮、尊形瓮、盆

1～3. A 型小口瓮（燕下都郎井村 10 号遗址 W22:1、白庙 W3:2、燕下都 6 号遗址 W32:3）　4. 盆（东欢坨 M6:2）　5. 尊型瓮（燕下都武阳台 21 号遗址 W2:2）　6. B 型小口瓮（燕下都 6 号遗址 W32:2）（1、5 约为 1/10，2、4 约为 1/8，3、6 约为 1/12）

大口瓮　东黑山战国早期 M16∶2，泥质灰陶。尖圆唇，卷沿，鼓腹，圜底。上腹饰斜绳纹，下腹部饰横绳纹。口径 28、高 38 厘米（图一〇，1）。

尊型瓮　仅出土 1 件。燕下都武阳台 21 号遗址战国晚期 W2∶2（原报告称为尊，白云翔先生定为尊形瓮，依白文），泥质灰陶。侈口，束颈，长领，折肩，平底。肩部及腹部饰细绳纹。口径 32.5、高 44.3 厘米（图九，5）。

罐　东黑山战国早期 M2∶1，夹细砂灰陶。大口，圆唇，束颈，弧腹，圜底。上腹饰凹弦纹，下部饰绳纹。口径 245、高 25 厘米（图一〇，4）。东欢坨遗址出土 2 件，均为小口，圆肩，平底。

盆　东欢坨战国中晚期 M6∶2，泥质灰陶。敞口，尖唇，卷沿，深腹，平底。素面。口径 39.3、高 26.2 厘米（图九，4）。二道河子的一件与此盆近同。东黑山西汉早期 M3∶4，泥质灰陶。敞口，圆唇，斜直腹，圜底。上腹部饰弦纹，下部绳纹。口径 29.2、高 10.5 厘米（图一〇，2）。

瓦　东黑山 M3∶1，筒瓦。泥质灰陶。长 43、宽 15 厘米（图一〇，3）。

另外，滦县韩新庄部分瓮棺使用钵、甑等，河间小张庄 M02 使用 2 件甑。

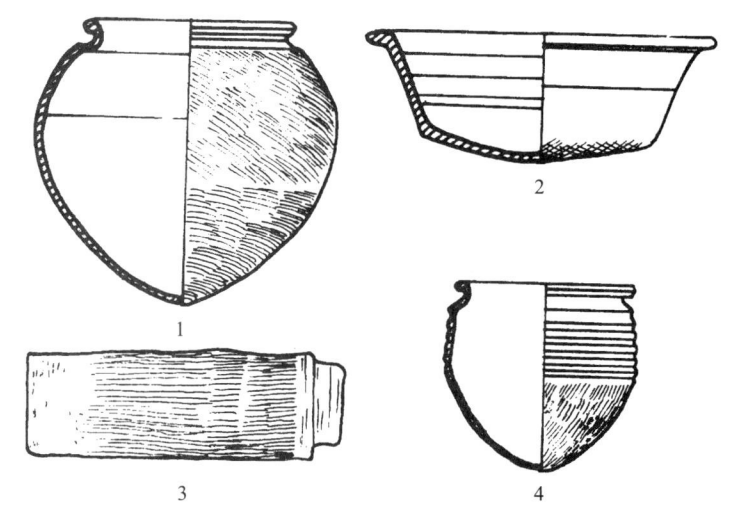

图一〇　瓮棺用陶瓮、盆、罐、瓦
1. 大口瓮（东黑山 M16∶2） 2. 盆（东黑山 M3∶4） 3. 瓦（东黑山 M3∶1） 4. 罐（东黑山 M2∶1）
（1、3、4 约为 1/12，2 约为 1/6）

四、瓮棺的结构和陶器组合

河北地区战国秦汉时期的瓮棺葬，瓮棺使用的陶器比较单纯，主要有釜、瓮，少量的用罐、盆、钵、豆、甑、瓦等陶器。但组合方式很多，燕下都有 6 种、东欢坨遗址有 5 种、东黑山遗址有 5 种、小张庄 7 座瓮棺葬有 4 种组合。韩新庄 261 座瓮棺葬中，瓮棺用釜、瓮、罐、盆、钵、豆、甑等陶器组合成瓮棺，组合方式有 20 余种。以用两件釜的组合最为常见，3 件器物的组合次之，1 件陶器作为瓮棺的比较少见（表一）。

表一　河北战国汉代瓮棺葬类型统计表

组合 地点	一器组合		二器组合						三器组合							四器及以上	
	筒形瓮	鼓腹瓮	釜釜	瓮瓮	釜瓮	釜盆	罐罐	瓦盆	釜釜釜	釜釜瓮	釜釜罐	釜罐盆	甄釜甄	瓮瓮瓮	釜瓮瓮	釜瓦釜	瓮罐罐
燕下都郎井村10号	1		4	2	1				1								
武阳台21号			1		1												
6号遗址			1	1	1										1		
9号遗址			2				1										
武安午汲故城		1															
丰润东欢坨			6		1				1	1							
唐山贾各庄			3						3								
唐山徐庄				1	1				1								
容城午方				1													
张家口白庙									3	1							
河间小张庄			4	1	1			1						1			
徐水东黑山			1	3		1	1		1								
青县东姚庄				1	2									1			
平泉二道河子					1	1											
易县东于坻			1														
唐县北放水			1														
任丘后赵			1													1	
定州北刘庄			1														
柏乡鄗城			1													1	
深州下博			2														
定兴北台上				1													
滦县韩新庄			多例						多例								多例

1. 一器瓮棺

仅用一件瓮等作为葬具，发现两例。

燕下都郎井村10号遗址战国早期的W11仅用一件圜底筒形瓮作葬具；武安午汲故城M26用一件圜底鼓腹瓮为葬具。

2. 两器瓮棺

用两件陶器组合成瓮棺，以用两件陶釜对接的组合居多。有以下几种组合形式。

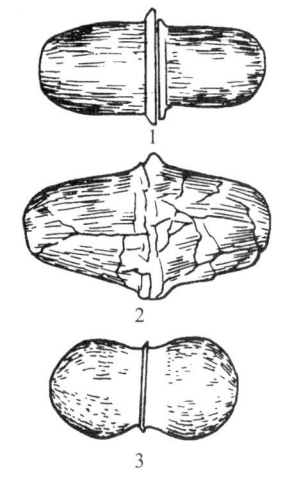

图一一 釜-釜组合
1. 燕下都郎井村 10 号遗址 W24
2. 东欢坨 M4 3. 燕下都 6 号遗址 W29
（均约为 1/20）

A：釜-釜组合。这种组合的数量最多，瓮棺多以两釜对接（釜的口部相接）而成。燕下都郎井村 10 号遗址中期的 W19、W20、W24（图一一，1）、W29，晚期 W4、W5、W12、W13、W15、W16、W26；武阳台 21 号作坊战国晚期 W1；6 号遗址西汉时期的 W29（图一一，3）等 4 座，9 号遗址的 W11、W22；东欢坨遗址 M1 中的一组、M3、M4（图一一，2）、M5、M10、M11；贾各庄 M37、M40、M42；东黑山 M8；小张庄 M01、M03、M04（图一二）、M09 等 4 座（其中 M03 上盖一层板瓦）；东于坻 M1；后赵 W1（图一三）；定州北刘庄 W2（图一四）；柏乡鄗城 W2（图一五）；北放水的 1 座；涞水安阳的大多数均采用这种组合形式，韩新庄也见这种组合。

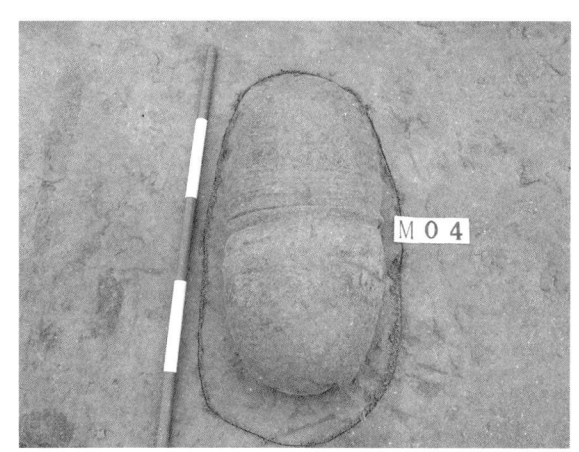

图一二 小张庄 M04

图一三 任丘后赵 W1

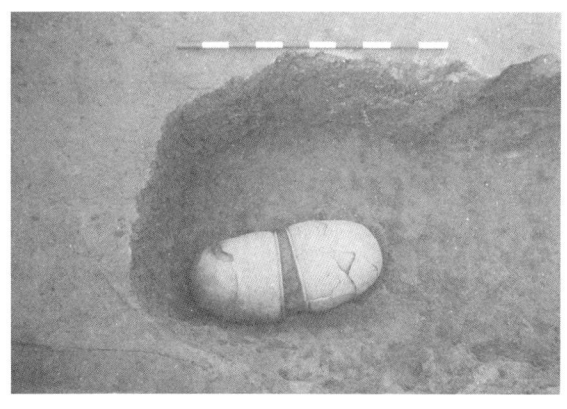

图一四 定州北刘庄 W2

图一五 柏乡鄗城 W2

B：瓮-瓮组合。郎井村 10 号遗址战国中期的 W27 为 1 件敞口筒形瓮和 1 件敛口（子口）筒形瓮套合而成（一件器物的口部置于另一件器物的口部），通长 107 厘米（图一六，3）；6 号遗址西汉早期的 W40 也采用这种形式，通长 130 厘米；定州北台上；东黑山遗址 M11（图一七）、M16 也采用这种组合方式，年代为西汉早期；午方 M1 采用两件直口筒形瓮对接，年代为战国时期；燕下都郎井村 10 号作坊战国中期的 W23 为两残瓮对接而成（图一六，1）；东黑山 M4 西汉早期瓮棺用两个小口鼓腹圜底瓮对接（图一六，2；图一八）。

小张庄的西汉时期瓮棺 M08 用两小口鼓腹瓮上下竖向对接；东姚庄的 1 座为两件直口鼓腹瓮横向对接，较小的一件瓮的口部置于较大的一件的口中。

C：釜 - 瓮组合。多以一件釜和一件鼓腹瓮作葬具。燕下都郎井 10 号遗址 W22 为 1 件釜和 1 件小口折肩瓮套接（一件陶器的口部与另一件陶器的底部或腹部相接）而成，釜的口部套接在瓮的底部，通长 100 厘米（图一九，1）；徐庄 M77 为一圜底鼓腹瓮和一釜对接，瓮的口部置于釜的口中，通长 93 厘米，时代为西汉早期（图一九，2）；武阳台 21 号作坊的 W2 为 1 件釜和 1 件尊形瓮对接而成，时代为战国晚期（图一九，3）。平泉二道河子的 1 座也采用这种方式；东姚庄的 1 座西汉早期瓮棺葬为一直颈鼓腹瓮和一陶釜对接而成，另 1 座为瓮的口部置于釜的口中；小张庄的 1 座采用这种方式，只是由于陶釜残破，在破损的地方盖上板瓦。

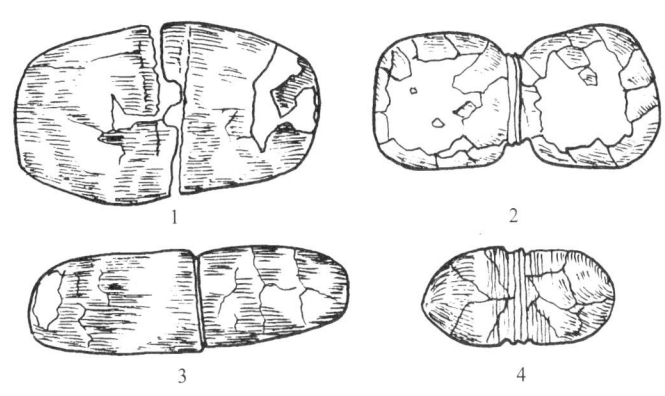

图一六　瓮 - 瓮、罐 - 罐组合

1～3. 瓮 - 瓮组合（1. 燕下都郎井村 10 号遗址 W23　2. 为东黑山 M4　3. 燕下都郎井村 10 号遗址 W27）
4. 罐 - 罐组合（东黑山 M2）（1、3 约为 1/25，2 约为 1/30，4 约为 1/20）

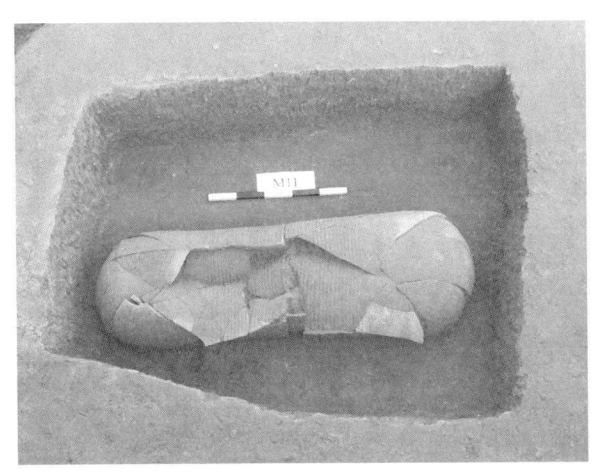

图一七　东黑山 M11

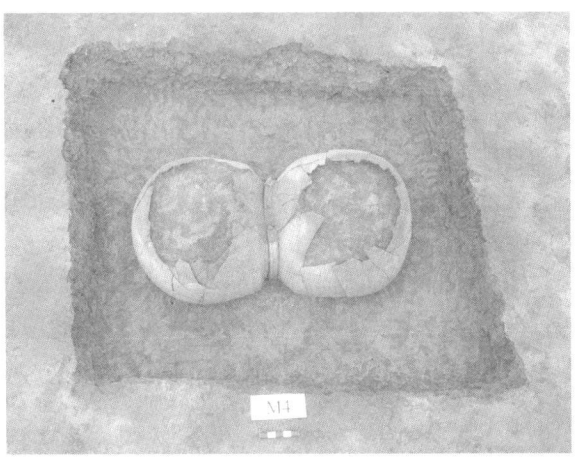

图一八　东黑山 M4

D：釜-盆组合。发现数量较少。东欢坨 M6 为 1 件泥制灰陶盆和釜对接而成，二道河子的一座也采用这种方式，釜的口部置于盆的口中。

E：瓦-盆组合。东黑山西汉早期的 M3，系用三筒瓦围成圆筒状，和板瓦对接，然后用盆套接在底部。

F：罐-罐组合。东黑山 M2 系用两个夹细砂的灰陶罐对接而成（图一六，4；图二〇），年代为西汉中期。

G：盆-盆组合。邯郸发现 1 座（图二一）。

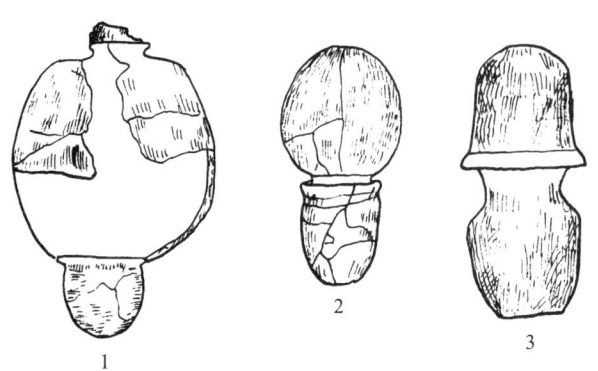

图一九　釜-瓮组合
1. 燕下都郎井村 10 号遗址 W22　2. 徐庄 M77　3. 燕下都武阳台 21 号遗址 W2

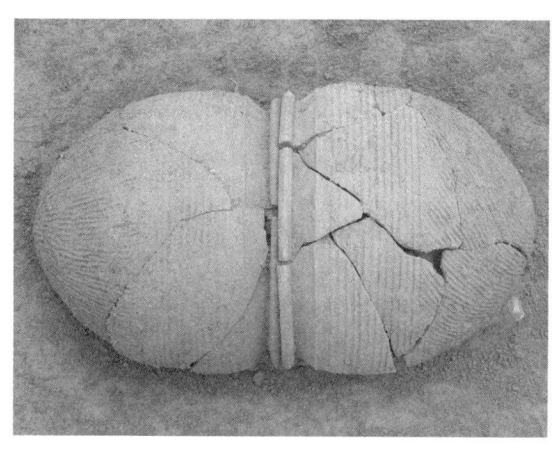

图二〇　东黑山 M2

图二一　邯郸发现盆-盆组合

3. 三器组合

用 3 件陶器组合成瓮棺，这种组合方式多是对接与套接并用，中间一件器物的底部多打掉。

A：三釜组合。这种组合发现数量较多，中间的一件釜打掉底部。燕下都郎井村 10 号遗址 W21（图二二，2）、9 号遗址汉代早期 W23、唐山徐庄西汉早期 M74 等为两釜对接后另一件釜套接的方式（图二二，1）；贾各庄 M38、M39、M41，白庙战国晚期的 W1、W2、W4，东黑山西汉早期的 M20（图二三）、定州北刘庄 W5（图二四），台西的一座汉代瓮棺也采用这种组合方式，韩新庄也有多例这种组合。

B：釜-釜-瓮组合。白庙遗址 W3 采用这种组合。

C：釜-釜-罐组合。东欢坨战国中晚期 M2 采用这种组合方式。

D：釜-罐-盆组合。东欢坨战国中晚期 M1 中的一组采用这种组合，系罐、盆对接后，釜套接在罐的底部（图二二，3）。

E：釜-瓮-瓮组合。燕下都 6 号遗址 W32，系一釜、一折肩瓮、一圆肩瓮组合而成，年代为西汉早期（图二二，4）。

F：甑-釜-甑组合。小张庄西汉中期 M02 采用这种组合方式，两甑和一件釜对接，另一件和釜套接，釜的底部置于甑的口部。

G：三瓮组合。仅在东姚庄发现 1 例。两件鼓腹瓮对接，另一件鼓腹瓮套接在其中一件瓮的底部。

H：釜-瓦-釜组合。柏乡鄗城 W4（图二五）。

I：瓮-罐-罐组合。任丘后赵 W2。

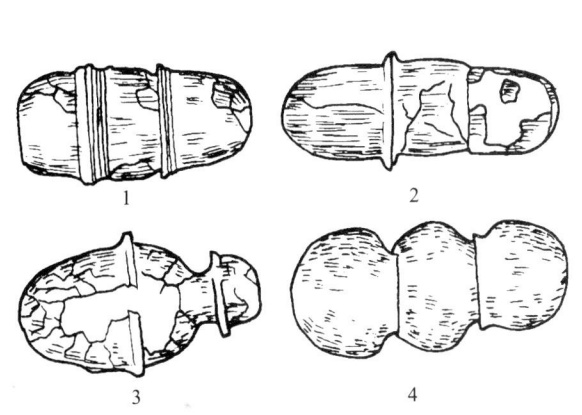

图二二　三器组合

1、2.釜-釜-釜组合（徐庄 M74、燕下都郎井村 10 号遗址 W21） 3.釜-罐-盆组合（东欢坨 M1） 4.釜-瓮-瓮组合（燕下都 6 号遗址 M32）

（1 约为 1/30，2 约为 1/25，3、4 约为 1/20）

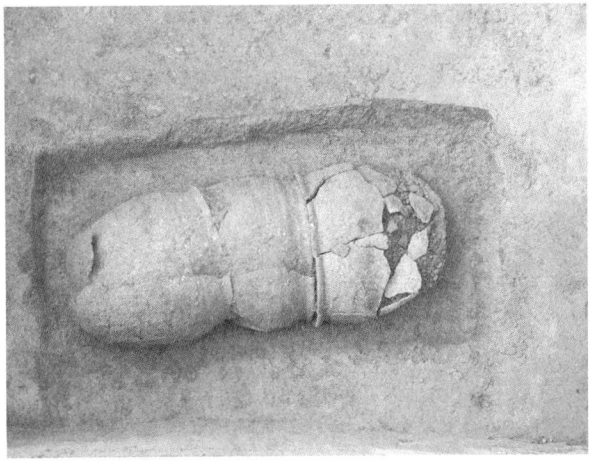

图二三　东黑山 M20

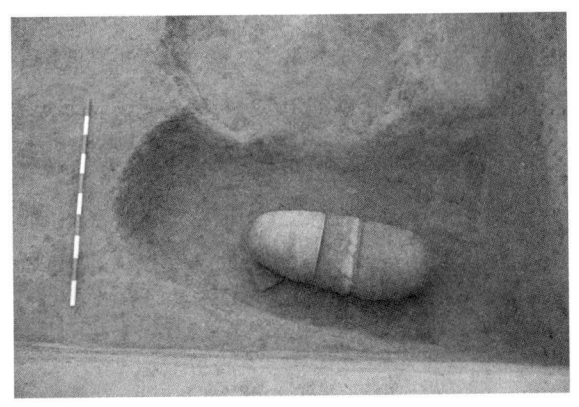

图二四　定州北刘庄 W5

图二五　柏乡鄗城 W4

4. 四器及五器组合

在滦县韩新庄、郭堤城、涞水安阳等地发现多例，组合方式有釜-釜-釜-瓮、四釜、釜-釜-瓮-盆等多种。

五、瓮棺的葬地及随葬品

河北地区战国汉代瓮棺葬的葬地，和其他地区一样，主要有三种情形。

（1）以瓮棺葬为主的丛葬墓地，以滦县韩新庄战国汉代丛葬墓地、郭堤城瓮棺葬墓地最具代表性。韩新庄墓地在5925平方米的范围内发掘战国汉代瓮棺葬261座（这还是仅限于高速公路占地范围内，据当地文物部门调查，在发掘区外还分布有一定数量的瓮棺葬），一般由几座或十几座构成一组，埋葬的均为婴儿或幼童，说明这是一处专门埋葬婴幼儿的丛葬墓地，从战国中晚期一直沿用到西汉时期。分组而葬可能和死者之间的血缘关系有关。相近的情况还有河间小张庄、青县东姚庄、平泉二道河子，这几处遗址的瓮棺葬也是集中埋葬在一个区域内，距离居住址较远，也应是专门埋葬婴幼儿的墓地，只是限于发掘面积而发现数量较少，无法确定是否为丛葬墓地。

（2）瓮棺葬埋葬在居住址的附近或居住址内。丰润东欢坨遗址8座瓮棺葬分布在居住区附近的壕沟旁；燕下都武阳台21号遗址，郎井村10号遗址，燕下都6、9号遗址的瓮棺葬均和灰坑、房址等混杂在一起；武安午汲故城、邯郸东门里的瓮棺葬也分布在居住址之内。徐水东黑山遗址的瓮棺葬有的和房址、灰坑等遗迹混杂在一起，有的则埋葬在城墙内侧的城墙边，上述情况显然是幼儿死亡后将幼儿就近或就地掩埋的习俗。

（3）和其他类型的墓葬混杂在一起，这种情况仅在唐山徐庄发现。徐庄的两座瓮棺葬混杂在砖室墓和石室墓之间，说明当地居民把死亡的儿童和成人一样埋葬在家族墓地，只不过采用不同的埋葬方式。

河北地区战国汉代瓮棺葬绝大多数没有随葬品，仅在几个地点发现有随葬品。

唐山贾各庄遗址6座瓮棺葬中只有M38出土了4件幼儿装饰品，分别为铜铃2件、树脂制虎形饰、水晶珠。小铜铃已经残缺，铃身圆球形，有一窄口，中空，无铃舌，背上有一环纽，铃宽1.2、高1.2厘米（图二六，3）；树脂制虎形饰用黑色树脂雕刻成，虎形，体部有一横向穿孔。长1.8、宽1.2、厚1.2厘米（图二六，1）；水晶珠为圆形，表面圆形，中间穿孔。直径1.5厘米（图一三，2）。徐庄M74出土一枚五铢钱。河间小张庄7座瓮棺葬中仅M9出土两枚五铢钱。易县东于坻的一座瓮

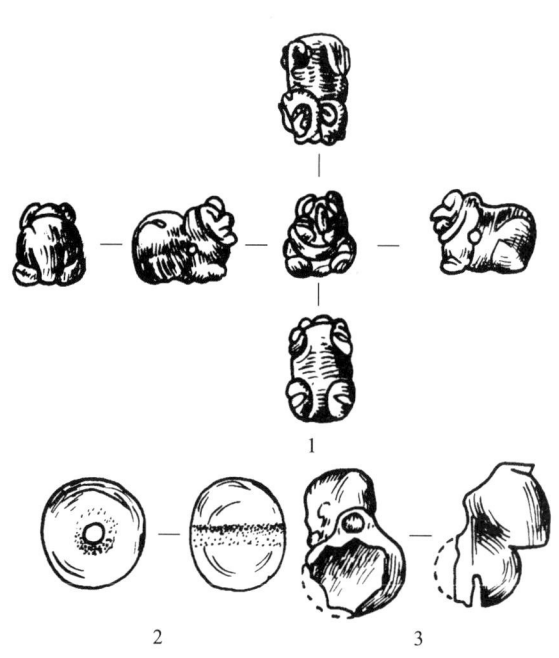

图二六　瓮棺葬随葬器物
1.虎形饰　2.水晶珠　3.铜铃
（均出自贾各庄，1/1）

棺葬中出土两枚五铢钱。韩新庄瓮棺丛葬墓地出土的随葬品较多，陶、石、铜、琉璃等发现多件，但也多为儿童饰品。其他各地点均未见随葬品（表二）。

表二 河北战国汉代瓮棺葬随葬品统计表

地点	随葬品数量	随葬品名称
唐山贾各庄	4	铜铃2、树脂虎形饰、水晶珠
唐山徐庄	1	五铢钱
河间小张庄	2	五铢钱
滦县韩新庄	多件	铜、陶、石、琉璃等饰品
易县东于坻	2	五铢钱

六、几点看法

瓮棺葬作为战国秦汉时期重要的墓葬类型之一，在河北分布较为广泛。北至长城地带燕山北麓的平泉，南到赵都邯郸，西北至毗邻山西的蔚县，东到渤海之滨的沧州青县、黄骅，以及冀中腹地均有发现，说明瓮棺葬是战国秦汉时期河北地区流行的葬制。

（1）河北战国秦汉时期瓮棺葬所葬者均为儿童，少见成人，说明当时用瓮棺葬这种埋葬方式埋葬死亡儿童是当时的一种流行葬制。

瓮棺葬的墓圹均为竖穴墓圹，以长方形土圹竖穴居多，椭圆形次之，另又少量圆形、不规则形。墓圹的方向以南北向居多，少量东西向。

用作瓮棺的陶器，以实用器为主，陶器大多有使用的痕迹，主要器形为釜、瓮，少数用盆、罐、豆、钵、甑、瓦等器，也发现部分专门烧造用来作为葬具的筒形瓮。

瓮棺的结构主要是两器组合和三器组合。两器组合中又以釜-釜组合最为常见，釜-瓮组合、瓮-瓮组合次之。三器组合中以三釜组合居多，另见釜-釜-罐、釜-罐-盆、甑-釜-甑、釜-瓮-瓮、三瓮组合等，四器和五器组合仅在韩新庄丛葬墓地发现。

大多数瓮棺葬没有随葬品，只在韩新庄瓮棺丛葬墓地发现随葬品数量较多，其他的只是个别随葬小件儿童饰品或铜钱。

瓮棺的葬地有几种情况：①以瓮棺葬为主的大型丛葬墓地；②埋葬在居址附近；③同其他类型的墓葬混杂在一个墓地内。

韩新庄大型丛葬墓地是一处专门埋葬婴幼儿的丛葬墓地，从战国中晚期一直沿用到西汉中期，并几个或几十个分组而葬，这可能和死者之间的血缘关系有关，同一家族的埋葬在一组。这种大型丛葬墓地的出现一方面说明了当时由于生产力落后、生活水平低下以及战乱等原因造成儿童的死亡率较高；另一方面也说明当时的人们认为未成年人死亡后不能进入家族成人墓地，需单独埋葬。直至今天在河北的一些地方还保留有这种习俗，即未成年人和单身成年人死亡后不能埋葬在家族墓地内，而是另择离家族墓地较远的地方埋葬。埋葬在居住址附近的瓮棺，不仅体现了当时儿童死亡不进入家族墓地的思想，还体现了中华民族尊老爱幼，将幼儿就近或就地用日常生活实用陶器掩埋的传统美德和文化习俗。战国汉代人们采用瓮棺葬埋葬死亡婴幼儿的观念和意识并不像原始人类那样，而是出于对儿童遗体的保护[23]或原始逻辑思维中转生观念在丧葬方面的体现[24]。

（2）河北地区战国秦汉时期瓮棺葬从战国早期直至汉代的几百年时间里，组合变化并不是很大，说明这种葬制和埋葬习俗在当时人们的思想中是根深蒂固的。我们通过瓮棺形制的变化可以看出战国和汉代有所不同。

釜，作为河北战国汉代瓮棺葬最主要的葬具在战国中期开始使用，战国晚期最为流行，西汉早期较为流行，西汉中期开始数量明显减少。这和釜作为生活用具是相对应的，釜的出现年代为春秋战国之际或战国早期，到战国中期才被广泛用作生活用具，而到了西汉中期以后，随着汉王朝经济的繁荣和发展，作为生活用具的釜也渐渐不能适应生活的需要而逐渐消失。战国和汉代的釜有较大差别，战国时期敞口釜和侈口釜并用，以敞口釜居多。进入汉代，多用侈口釜，少见敞口釜。战国时期釜夹砂、蚌较细，颜色较深，呈红色；汉代釜夹砂较粗，多加云母，颜色较淡，呈橘红色。战国中期敞口釜沿部多斜立，圆唇较厚，釜腹多微鼓；到了战国晚期，釜多折沿上翘（近似盘口），腹多向内斜收，腹部近直。侈口釜战国和汉代差别最大，战国时期多圆唇，折沿，边缘处有一周凸棱，弧腹，通体饰规整的细绳纹；汉代多小窄折沿，尖唇，短束颈，微鼓腹或鼓腹，上腹部多饰数周弦纹，下腹部饰不太明显的绳纹。

筒形瓮目前在河北地区春秋时期的遗址和墓葬中均未发现，主要流行于战国至西汉中期，在战国和汉代居住址中不见，应不是生活用器，当为专门用来作为葬具而烧制的。推测筒形瓮是在以瓦为棺的基础上发展而来，筒形瓮的纹饰和瓦极为相近，演化规律也近同，其中子口筒形瓮应是在筒瓦的基础上演变而来，直口筒形瓮当在板瓦的基础上发展而来。比如东黑山汉代 M3 为用筒瓦围成圆筒状再对接在板瓦上，又和陶盆套接；小张庄汉代中期 M07 为用板瓦围成圆筒形，然后两边套接残陶盆（图二七），与用筒形瓮的瓮棺形状极为相近。筒形瓮战国早期仅见一件，体形瘦长，通体饰规整的细绳纹；到战国中晚期，器体变宽，绳纹变得杂乱；西汉早期筒形瓮形体大，多饰数周弦纹和不太明显的绳纹。

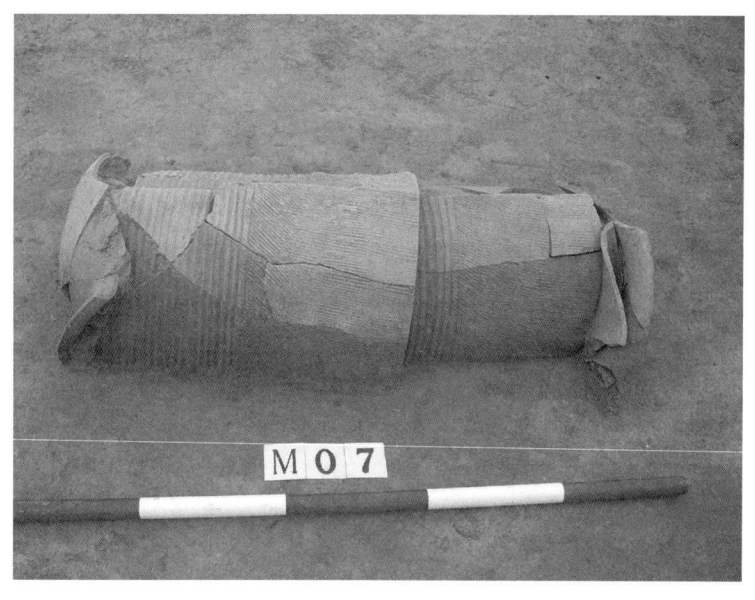

图二七　小张庄 M07

小口瓮战国时期多直口，短颈，折肩或圆肩，弧腹，圜底；汉代多鼓腹或垂腹，圜底近平或平底。

（3）从时间上看，本地区由于春秋时期文化遗存发现较少，且大多没有进行系统发掘，目前没有春秋时期瓮棺葬的材料发表，因此河北地区战国汉代瓮棺葬是否为本地区春秋时期瓮棺葬发展而来尚不清楚。战国早期仅在燕下都郎井村10号遗址发现一座，且仅用一件筒形瓮为葬具，其他地点发现的瓮棺葬时代为战国中期—西汉中期。

从地区分布看，尽管南北均有发现，但除保定、唐山、黄骅大面积发现外，其他地区多为零星发现，且时代也多为汉代。根据目前的发掘资料，战国时期以釜为主要葬具的瓮棺葬分布的最南界是唐县一线，往西为蔚县，东部至渤海之滨，主要分布在燕国的统治区域内。黄骅尽管在齐国的辖区内，但该地区紧邻燕国，受燕文化影响很大。唐县和蔚县战国时期尽管不在燕国的版图内，但两地为战国时期燕与中山、赵的交错地带，应为燕文化影响所波及的区域。

燕国的政权从周初就凭借周王朝的军事威势，统治了今河北中北部和辽宁西部的广大区域，战国时期保北及其周围地区是燕国统治的中心区域，今唐山地区为战国时期燕国的右北平郡，长城地带燕山以北的平泉也为燕国的右北平郡，因此可以说在河北中北部地区以及北京、天津、辽西等地发现的以大口圜底红陶釜为主要葬具的瓮棺葬埋葬习俗是燕文化所特有的埋葬习俗。北京西郊八里庄[25]、中关园[26]、昌平张营[27]、周口店蔡庄古城[28]、岩上[29]等地发现的瓮棺葬，以及天津宝坻秦城[30]、蓟县辛西[31]等地发现的瓮棺葬均处于燕国统治的中心区域，和保定、唐山瓮棺葬的葬具、形式、习俗等基本相同。

到了汉代，这种文化影响到冀南地区，邯郸、邢台、石家庄、沧州、衡水地区发现的瓮棺葬多以釜为主要葬具，而这些地区的居址中却很少发现这种遗物，说明冀南地区是用釜作为专门的儿童瓮棺葬具，而不是用日常生活用具，这显然是受燕文化的影响。沧州地区的河间、任丘本身属于燕文化范畴，青县为燕、齐的交错地带，受到燕文化的影响要大于齐文化，从目前考古调查材料看，沧州地区的孟村、泊头直到沿海的黄骅、海兴战国汉代遗址中均有大批的夹砂夹云母红陶大口釜发现，20世纪60年代在沧县肖家楼发现了燕刀币窖藏[32]，这些都说明燕文化在该地区的强烈影响。

战国后期，随着燕文化的东渐，瓮棺葬这一埋葬习俗传播到东北地区和东北亚地区，并流行开来。

到了西汉晚期，瓮棺葬在河北基本绝迹。这充分说明西汉中期以后，汉王朝作为统一的多民族的中央集权国家已经形成并逐步发展，以汉文化为主体的考古学文化在全国各地占有主导地位，河北地区也不例外，旧有的燕文化的影响到西汉晚期已经大大减弱甚至绝迹，以瓮棺葬作为儿童埋葬工具的埋葬习俗在本地区也退出了历史舞台，为其他类型的埋葬工具所取代。

注　释

[1] 李仰松：《谈谈仰韶文化瓮棺葬》，《考古》1976年第6期；许宏：《略论我国史前时期瓮棺葬》，《考古》1989年第4期；何驽：《关于瓮棺葬俗的原始逻辑思维发微》，《史前研究》（辑刊），1990～1991年。
[2] 白云翔：《战国秦汉时期瓮棺葬研究》，《考古学报》2001年第3期。

［3］ 河北省文物研究所、邯郸市文物管理所：《永年县石北口遗址发掘报告》，《河北考古文集》（一），东方出版社，1998年。

［4］ 任亚珊、郭瑞海、贾金标：《1993—1997年邢台葛家庄先商遗址、两周贵族墓地考古工作的主要收获》，《三代文明研究》（一），科学出版社，1999年。

［5］ 张家口考古队：《蔚县夏商时期考古的主要收获》，《考古与文物》1984年第1期。

［6］ 河北省文物研究所、石家庄市文物研究所、正定县文物保护管理所：《河北正定县曹村商周遗址发掘简报》，《考古》2007年第11期。

［7］ 傅振伦：《燕下都发掘报告》，《国学季刊》第3卷第1号，1932年。

［8］ 安志敏：《河北省唐山市贾各庄发掘报告》，《考古学报》第6册，1953年。

［9］ 河北省文物管理委员会：《唐山市陡河水库汉、唐、金元、明墓发掘简报》，《考古通讯》1958年第3期。

［10］ 河北省文物管理委员会：《河北武安县午汲古城的周汉墓葬发掘简报》，《考古》1959年第7期。

［11］ 河北省文物局考古发掘组：《河北省几年来发现的考古资料》，《文物》1956年第7期。

［12］ 河北省文物研究所：《燕下都》（上、下册），文物出版社，1996年。

［13］ 河北省文物研究所：《燕下都遗址内的两汉墓葬》，《河北考古文集》（二），北京燕山出版社，2001年。

［14］ 河北省文物研究所：《河北容城县午方新石器遗址发掘试掘》，《考古学集刊》第5集，1987年。

［15］ 张家口市文物保护管理所：《张家口市白庙遗址清理简报》，《文物》1985年第10期。

［16］ 河北省文物研究所、唐山市文物管理处：《唐山东欢坨遗址战国遗址发掘报告》，《河北考古文集》（一），东方出版社，1998年。

［17］ 邯郸市文物管理处：《邯郸市东门里遗址试掘简报》，《文物春秋》1996年第2期。

［18］ 张春长、翟良富：《滦县发现战国汉代瓮棺丛葬墓群》，《中国文物报》1996年9月22日；张春长：《滦县韩新庄战国汉代瓮棺丛葬墓》，《中国考古学年鉴》（1997），文物出版社，1997年。

［19］ 乔登云、乐庆森：《赵邯郸故城考古》，《先秦两汉赵文化研究》第四编第一章，方志出版社，2003年。

［20］ 樊书海、郭济桥：《河北河间发现一批西汉瓮、瓦棺葬》，《中国文物报》2006年3月29日；樊书海、郭济桥：《河间西汉瓮、瓦棺葬》，《中国考古学年鉴（2005）》，文物出版社，2006年。

［21］ 贾金标、齐瑞普、石磊：《河北徐水东黑山遗址考古取得重大收获》，《中国文物报》2007年1月17日。

［22］ 均为河北近几年来的发掘资料，易县七里庄遗址是1996年配合陕京输气管线工程考古发掘中发现，材料由韩立森先生提供；青县东姚庄遗址于1999年配合京沪高速公路工程考古发掘中发现，材料由徐海峰先生提供；易县东于坻遗址为2006年张石高速公路考古发掘中发现，由郭济桥先生提供；唐县北放水遗址、唐县都亭遗址、涞水南阳遗址为南水北调工程考古发掘中发现，来源于河北省文物局内部材料《河北省南水北调中线工程文物保护工作报告》，承蒙徐海峰、孟繁峰、许永杰先生提供；任丘后赵遗址为配合大广高速公路工程考古发掘中发现，由陈伟先生提供；平泉县二道河子遗址是配合101公路考古发掘中发现，由刘连强先生提供；台西遗址瓮棺葬是1997年配合石黄高速公路考古发掘中发现，由雷建红先生提供；邢台南小汪、黄家园为近期基建工程中发现，由李恩玮先生告知；蔚县发现的瓮棺葬是20世纪80年代初蔚县发掘中发现，由孔哲生先生告知。

［23］ 许宏：《略论我国史前时期瓮棺葬》，《考古》1989年第4期。

［24］ 李仰松：《谈谈仰韶文化瓮棺葬》，《考古》1976年第6期。

［25］ 安志敏、伊秉枢：《北京西郊发现的瓮棺》，《燕京学报》1950年第39期。

［26］ 王克林：《北京西郊中关园内发现瓮棺葬》，《文物参考资料》1955年第11期。

［27］ 朱志刚、邢军、郭京宁：《昌平张营遗址发掘获得重大收获》，《北京文博》2004年第2期。

［28］ 王汉彦：《周口店区蔡庄古城遗址》，《文物》1959年第5期。

［29］ 北京市文物研究所：《岩上墓葬区考古发掘报告》，《南水北调中线一期工程文物保护项目北京段考古发掘报告集》，科学出版社，2008年。

［30］ 天津市历史博物馆等：《宝坻秦城遗址试掘报告》，《考古学报》2001年第1期。

［31］ 赵文刚：《蓟县辛西战国、汉、辽墓葬》，《中国考古学年鉴》（1990），文物出版社，1991年。

［32］ 天津市文物管理处：《河北沧县肖家楼出土的刀币》，《考古》1973年第1期。

河北地区战国至汉代儿童瓮棺葬初探

翟鹏飞

(河北师范大学)

一、概念辨析与研究现状

瓮棺葬属于一种特殊的埋葬方式,一般用釜、瓮、罐一类的陶容器作为葬具,在我国大多数地区均有发现,流行于新石器时代至汉代,有成人瓮棺葬和儿童瓮棺葬之分[1]。本文研究的瓮棺葬指的是用陶容器作为葬具的墓葬,至于用筒瓦、板瓦作为葬具的墓葬,不在文中"瓮棺葬"这一概念包含范围之内。本文的研究对象为河北地区战国至汉代的儿童瓮棺葬[2],因为天津和北京地理位置比较特殊,且考古学文化面貌与河北的考古学文化关系密切,因此天津、北京出土的战国至汉代儿童瓮棺葬材料亦属本文的研究范畴。

河北地区的瓮棺葬早在20世纪30年代由傅振伦先生主持的燕下都考古工作中就已经有零星发现[3]。对该地区瓮棺葬的研究始于安志敏、伊秉枢二位先生于1950年发表的《北京西郊发现的瓮棺》[4]一文,文中指出了瓮棺葬的传播与燕文化的扩张有关,并提出了东亚地区瓮棺葬起源于中国的观点。安志敏先生在1953年发表的《河北省唐山市贾各庄发掘简报》[5]中探讨了瓮棺葬的起源问题。1990年出版的《北京考古四十年》[6]对北京地区发现的几处战国瓮棺进行了综述。2001年,白云翔先生发表《战国秦汉时期瓮棺葬研究》一文,收录了截至当时全国各地已发表的70余处、900余座战国秦汉时期的瓮棺葬材料,其中河北地区占了37处。文中对瓮棺葬的葬具、葬具组合、葬地选择以及其他葬俗都进行了深入研究,是目前为止最为深入系统的对战国秦汉时期瓮棺葬展开研究的作品。2012年,中山大学黄帆的硕士学位论文《论汉代瓦棺葬》[7],在"环渤海地区"一节中也涉及了河北地区汉代瓮棺葬,并对葬具、葬俗等进行了研究。

二、瓮棺葬的分布

本文搜集到的材料囊括了河北地区出土瓮棺葬的地点63处[8],其中战国时期33处(附表一,其中6处同时发现有汉代瓮棺,因此也重复计入汉代地点之中),汉代26处(附表二),具体年代不明确,但可确认为战汉时期者10处(附表三)。根据已知材料,绘制出了战国、汉代瓮棺葬分布图(图一)[9]。

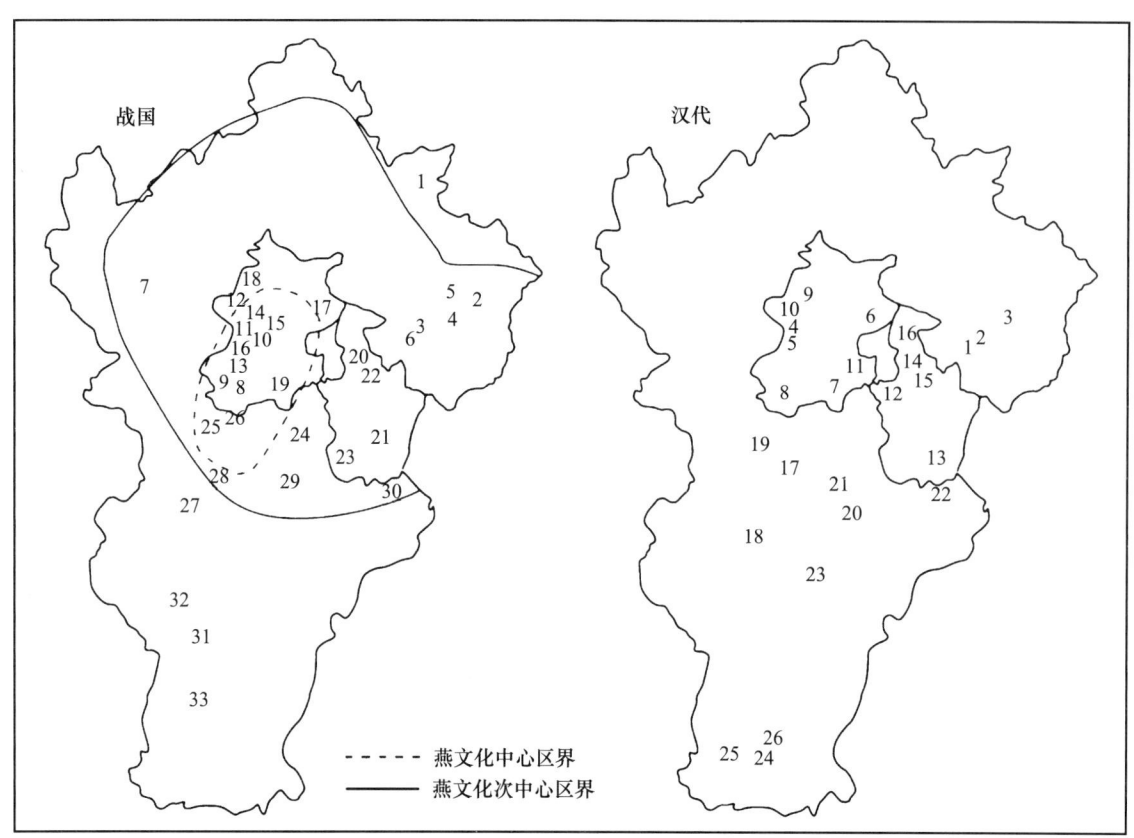

图一 河北地区战国、汉代瓮棺葬分布示意图[10]
（图中编号与篇末附表中相对应的编号一致）

由图一中可见，河北地区发现的战国时期瓮棺葬主要分布于河北省的中部、东北部地区以及天津、北京境内，而河北省南部以及西北部分布较少。将之与战国时期燕文化的分布范围相对比，可以发现，在燕文化中心区域即北京—易县一带，是瓮棺葬分布最为密集的区域。燕文化的次中心范围囊括了绝大多数的瓮棺葬发现地点。按周海峰《燕文化研究》的结论，燕文化次中心区还可以分为海河区、滦河中游区、滦河下游区、冀西北山地区四个区域。瓮棺葬在燕文化的次中心区主要集中于滦河下游区和海河区两个区域。此外，在冀西北山区也有一定数量的分布[11]。河北地区战国时代瓮棺葬的主要分布特点是与战国时期燕文化的分布区域高度吻合，且燕文化中心区域最为密集。南部赵文化的范围内，瓮棺葬的分布则较为稀疏。

河北地区汉代瓮棺葬的分布范围与战国时期大致相同，依然主要分布于原燕文化的次中心区域，但在分布密度上相对于战国时期而言则较为分散。

三、瓮棺葬的用器与组合

在本节中，主要对河北地区发现的属于燕文化次中心区域以及邻近区域的战国至汉代瓮棺中可以确认其葬具种类、数量及组合方式的进行统计分析[12]。由于存在时代上的差异，将战国时期与汉代分成两组进行统计。战国时期瓮棺葬可确认葬具及其组合的一共13个地点，67座瓮棺葬，69组瓮棺（其中两座瓮棺葬为合葬墓，一个墓坑中埋放两组瓮棺）；汉代瓮棺可确认葬具及其组合的一共14个地点[13]，102座瓮棺葬，102组瓮棺。关于瓮棺葬的葬具及其具体组合方式，学界已经有了深入的研究，故本节不涉及瓮棺葬葬具及组合的具体形态分析。

经过统计，69组战国瓮棺共使用了151件葬具，主要器形有釜、瓮、筒形瓮、罐、盆、尊等6种，其中釜126件、瓮17件、筒形瓮3件、盆2件、罐2件、尊1件。共有13种组合：一釜组合3组、二釜组合34组、三釜组合11组、一瓮组合1组、二瓮组合2组、二釜一瓮组合5组、一釜一瓮组合7组、一筒形瓮组合1组、二筒形瓮组合1组、二釜一罐组合1组、一釜一盆组合1组、一釜一尊组合1组、一釜一罐一盆组合1组。

从战国时代的统计数据中可以看出，釜在瓮棺葬的用具选择中是占有绝对优势的。151件葬具中釜占了126件，69组瓮棺中葬具只用釜的有48组，葬具中含釜的有64组，三者比例分别为83.44%、69.57%、92.75%。所用陶釜几乎全部为燕文化中特有的夹砂或夹蚌大口红陶釜。此外，陶瓮在瓮棺葬葬具中的地位也不容忽视，在进行统计的13个地点中，有7个地点发现了陶瓮，69组瓮棺中，含有瓮的有15组，其中釜瓮组合占了12组。

102组汉代瓮棺共使用了262件葬具，主要器形有釜、瓮、盆、筒形瓮、罐、甑、仓、钵等8种。其中釜211件、罐15件、盆14件、瓮9件、筒形瓮5件、甑6件、仓1件、钵1件。共有20种组合：一釜组合5组、二釜组合30组、三釜组合36组、四釜组合1组、二釜一钵组合1组、一釜一盆组合1组、二釜一盆组合8组、三釜一盆组合1组、一釜一瓮组合2组、一釜二瓮组合1组、二罐组合4组、三罐组合1组、二釜一罐组合1组、二筒形瓮组合2组、一筒形瓮一罐组合1组、一釜一盆一瓮组合3组、一盆一罐三釜组合1组、一釜一罐一瓮组合1组、一瓮四甑组合1组、二甑一仓组合1组。

与战国时代相同，釜在汉代瓮棺葬葬具中依然占据主导地位。262件葬具中，釜占了211件，102组瓮棺中葬具只用釜的有72组、葬具中含釜的有92组，三者比例分别为80.53%、70.59%、90.2%。汉代瓮棺葬所用陶釜在形态上与战国时代是一脉相承的[14]。

根据上述统计可以看出，红陶釜在河北地区战国至汉代的瓮棺葬所用葬具中一直处于主导地位[15]，汉代瓮棺葬中红陶釜的使用频率较战国时期稍有下降[16]。此外，汉代瓮棺葬组合使用器物数量较战国有明显上升，战国平均每组使用器物2.19件，而汉代则上升到了2.57件。河北地区战国、汉代瓮棺葬除了拥有共同的特征外，各地发现的瓮棺葬也有其自身的特点。这种地域性特点在汉代尤为突出，主要体现在对葬具的选择和葬具组合上，如汉代瓮棺葬葬具中的14件盆中有11件发现于葫芦沟墓地；全部4组二罐组合均发现于东黑山遗址；全部5组一釜组合均发现于宝坻秦城。

四、瓮棺葬的葬地选择

瓮棺葬有集中埋葬的特点，就附表中的材料来看，既有像滦县韩新庄、沧州郛堤城这样埋葬数量在数百座以上[17]，从战国一直沿用至汉代的大型瓮棺葬群，也有像静海西钓鱼台、涞水安阳、延庆葫芦沟、通州路县故城、宝坻秦城遗址这样数量在二三十座的小型墓地。从数量对比上看，集中埋葬的瓮棺葬数量要远高于零星发现的瓮棺数量。

河北地区瓮棺葬的埋葬选址与同时期其他地区的选址情况相同，白云翔先生在《战国秦汉时期瓮棺葬研究》一文中将瓮棺葬的选址分为三种情况，河北北部燕文化地区的具体情况基本与之相符。第一种：埋在居住区附近，一般选址在聚落遗址边缘或城址的城墙附近。埋在聚落边缘的以丰润东欢坨、深州下博两地为代表，东欢坨遗址的聚落边缘有水沟，而瓮棺葬均集中于水沟的内侧及外侧边缘，深州下博遗址的情况与之类似；埋葬在城墙附近的以任丘后赵各庄、徐水东黑山、北京窦店遗址为代表，任丘后赵各庄遗址的瓮棺葬多集中于北城墙内侧，窦店遗址发现的瓮棺分布于城墙内外两侧，宝坻秦城遗址的战国瓮棺葬分布于东北城角和南墙内坡。此外，一些城址之内的居住区或作坊区附近也发现瓮棺，如燕下都发现的战国瓮棺[①]。第二种：瓮棺葬有单独的墓地，集群埋葬，前述的滦县韩新庄、沧州郭堤城、延庆葫芦沟、宝坻秦城（汉代瓮棺）、通州路县故城均为单独的瓮棺葬墓地，墓地中瓮棺葬分布密集，有时有成组分布的现象。第三种，瓮棺葬与其他形式墓葬位于同一处墓地，延庆西屯村战国瓮棺葬、房山岩上、唐山陡河水库、昌平史家桥、燕下都北沈村汉代瓮棺葬等，墓地中的瓮棺葬有的杂处于其他墓葬之间，有的分布则相对集中。

滦县韩新庄、沧州郭堤城的瓮棺葬群从战国沿用至汉代，任丘后赵各庄、北京窦店两个城址城墙附近的瓮棺葬也包含了战国和汉代的瓮棺葬。由此可见，河北北部地区战国与汉代的瓮棺葬在葬地的选择方面基本继承了战国的传统。

河北南部地区相关资料较少，就目前发现来看，多零星见于聚落之中，暂未发现儿童瓮棺葬群或与成人墓地共存的儿童瓮棺葬。

五、瓮棺葬的特殊葬俗

河北地区发现的瓮棺葬一般为单人一次葬，极少见随葬品，但也有少量例外情况。本节将集中探讨河北地区瓮棺葬中的三种较为少见的葬俗：合葬、放置随葬品、釜底钻孔。

河北地区战国至汉代的儿童瓮棺葬一般为单人葬，合葬墓极少。目前发现的合葬现象有三种情况。第一种是瓮棺葬的同穴合葬，共发现两组，均属于战国时期瓮棺葬，一处位于丰润东欢坨，一处位于任丘后赵各庄。值得注意的是，东欢坨的合葬墓两组葬具的组合并不相同（图二，1），一组为两釜组合，一组为一釜一罐一盆组合，两组瓮棺合葬在同一墓穴中，应当是一户人家所为，但采用了不同的葬具组合，我们有理由推测，同一遗址中同时代的不同葬具组合未必有着不同的文化含义[18]。第二种是儿童瓮棺与成年人同坟异穴合葬，目前仅见于昌平史家桥（图二，2），年代为汉代，合葬墓中的成人和儿童之间应该具有亲缘关系。第三种为瓮棺葬附葬于成人墓旁，仅见于昌平白浮村，共5处，均为汉代，5座墓葬特点相同，均为瓮棺葬附葬于单人葬的土坑竖穴墓口旁，这种方式与昌平史家桥的同坟异穴葬本质上相似，也属于合葬墓，被埋葬的儿童与成人之间应该也具有亲缘关系。发现有儿童与成人合葬或附葬现象的墓地均发现有同时代的成人合葬墓，将儿童与成人采取合葬的方式埋葬是对死亡儿童重视的一种表现，尤其是昌平史家桥的同坟异穴葬，儿童的墓穴与成人的墓穴并列且大小相似，更体现了这种将儿童与成人平等对待的观念。

---

① 除燕文化分布范围内的瓮棺葬外，邯郸故城汉代瓮棺、武安午汲故城汉代瓮棺均发现于城内。

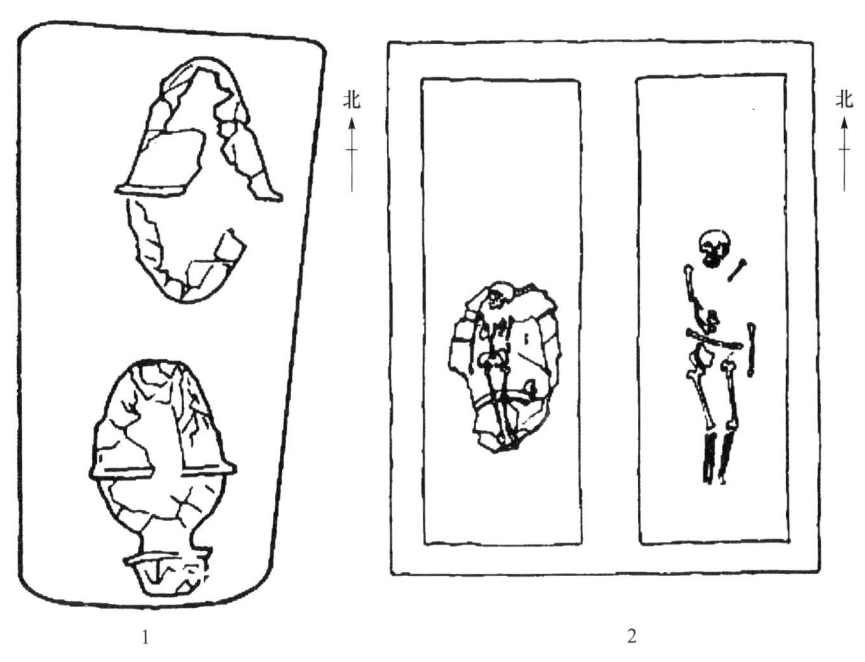

图二　瓮棺葬合葬墓①
1. 东欢坨　2. 昌平史家桥

瓮棺葬放置随葬品在该地区亦不多见，有以下几处：房山岩上 W8 釜内随葬豆盘；唐山贾各庄 M38 出土铜铃 2 件、树脂虎形饰 1 件、水晶珠 1 件；葫芦沟 M159 棺内发现残碎的狗骨；葫芦沟 M162 棺内儿童左右手各持半枚半两钱；葫芦沟 M141 棺内随葬白石管 1 件，墓框内放置狗头 1 个；葫芦沟 M132 棺内发现陶珠 1 枚、石珠 1 枚；天津武清瓮棺葬棺内随葬穿孔圆陶片 1 件；天津窦庄子瓮棺葬内儿童口含铜钱 7 枚；宝坻秦城 W34、W19 各随葬陶纺轮 1 件。此外通州路县故城也有个别瓮棺葬有随葬品[19]。除房山岩上与唐山贾各庄两处为战国时期瓮棺葬外，其余均为汉代瓮棺葬。随葬品情况大体分为三种：第一种是随葬饰品、纺轮等物品；第二种也是随葬一些器物，但放置位置比较特殊，如口中、手中；第三种是随葬动物身体上的某些部位。尤其值得引起注意的是后两种。

葫芦沟 M162 棺内儿童左右手各持半枚半两钱、天津窦庄子瓮棺葬内儿童口含 7 枚铜钱，这与汉代丧葬中的"握"与"含"两种葬俗是相同的[20]，属于入殓时的一种仪式，高等级墓葬一般使用玉，用铜钱代替玉的现象一般见于平民墓，洛阳烧沟汉墓 M1029 死者两手均放有铜钱，包头、磁县等地的汉墓中均发现有死者口含铜钱者[21]。葫芦沟墓地 M162 墓框内随葬狗头、M159 棺内发现残碎的狗骨[22]，这种在墓内放置动物肢体的行为应当属于殉牲行为。如同前文叙述的将儿童与成人合葬一样，握与含的葬前仪式和殉牲行为也是将成人葬礼中的元素应用在了儿童瓮棺葬中，体现了对死亡儿童的重视。此外，瓮棺葬中随葬树脂饰品、水晶饰品等较为贵重的物品也为这一观点提供了佐证。

瓮棺葬葬具底部钻孔现象就目前已发表资料来看，集中见于沧州河间西汉瓮棺葬[23]，这种瓮

---

① 左图摘自河北省文物研究所、唐山市文物管理处：《唐山东欢坨遗址发掘报告》，《河北省考古文集》（二），东方出版社，1998 年；右图摘自北京市文物工作队：《北京昌平史家桥汉墓发掘》，《考古》1963 年第 3 期。

棺上钻孔的行为多见于史前瓮棺葬中，关于史前时期瓮棺葬上的孔洞的功用，一般认为是为了死者的灵魂出入而设[24]。河间瓮棺葬共有的7组瓮棺，每组瓮棺中皆有一釜底部被凿出一个不规则的小孔，由于瓮棺葬为平置，小孔实际上位于瓮棺的一端。瓮棺葬葬具的扣合并不严密，没有必要为了透气或其他实用目的而在瓮棺的一端再进行凿孔。该处瓮棺葬的发掘者认为釜底的小孔是当时的人们为了供死者灵魂自由出入而设[25]，应当是符合实际情况的。

以上三种现象在河北地区的瓮棺葬中只占了很小的比例，且多集中发现于汉代。此外，像儿童瓮棺与成人墓合葬或附葬于成人墓旁的现象仅见于北京昌平的两个遗址，瓮棺葬陶釜底部凿孔现象集中见于沧州河间，明显带有区域性特点。这些个别现象虽然很难代表整个河北地区的情况，但对这些现象背后所反映的社会观念进行探讨对研究河北地区这一时期的儿童瓮棺葬仍具有重要意义。

六、瓮棺葬反映的考古学文化变迁

在本文第二节中已经指出，河北北部地区战国时代瓮棺葬的分布范围与燕文化的次中心范围是相吻合的，且密集分布区与燕文化的中心区相吻合。在该范围内战国瓮棺葬的主要葬具为燕文化中特有的大口夹砂（蚌、云母）红陶釜[26]，该范围内瓮棺葬的葬地选择、葬具组合也具有一致性，因此这种主要以大口夹砂（蚌、云母）红陶釜为葬具的战国瓮棺葬应该是该地区战国时代燕文化的产物。河北地区战国时代瓮棺葬的分布呈现出的是一种不均匀的分布态势，以燕文化中心区分布最为密集，冀东平原与冀东北沿海地区的密度次之，冀北山地分布则较为稀疏，冀南地区亦有零星分布。虽然目前缺乏对战国时期瓮棺葬更为具体的年代划分，但就其分布特点来看，整体上呈由文化的核心向周围辐射的态势，且以向冀东及冀东北方向的辐射最为明显，这与战国时期燕文化的扩张方向是相吻合的[27]，尤其是冀东北地区是瓮棺葬的密集分布区之一，这表明燕文化向辽西的扩张应当是通过冀东北的走廊地带完成的。

河北北部地区的汉代瓮棺在分布范围、葬具选择、葬地选择上与战国时期该地的燕文化瓮棺葬是一脉相承的[28]，部分大型瓮棺葬墓地如滦南韩新庄、黄骅郭堤城等从战国时代一直沿用到汉代。可见王朝更替并不造成民众日常生活的巨变[29]，河北北部地区的汉文化与该地区战国燕文化之间有着不可割裂的传承关系。除了对战国燕文化瓮棺葬的继承外，该区域瓮棺葬也出现了新的变化。首先，在分布上虽然基本上与战国时期范围相同，但却更加分散出现这样的变化应该是由于政权的变化导致燕文化的中心区的衰落，战国时燕文化核心区辐射周边的格局已经发生了改变。其次，在葬具选择方面，汉代瓮棺葬使用器物的平均数量较战国明显增加。此外，一些地区出现了在葬具选择上的偏好，如葫芦沟墓地对盆的偏好、东黑山瓮棺葬对罐的偏好。汉代瓮棺葬的地域特点也体现在一些特殊葬俗上，如河间的釜底钻孔现象、北京昌平的合葬及附葬现象。可以说，汉代瓮棺葬除继承了来自燕文化的"大传统"外，也产生了一些地区间的"小风俗"。

河北南部地区的瓮棺葬发现较少，就目前发现来看，多发现于居址之中，暂未发现儿童瓮棺葬墓地或分布于成人墓葬群中的儿童瓮棺葬，与河北北部地区瓮棺葬形成了鲜明对比。目前可确知葬具种类的仅有数组，葬具与燕地的有明显不同。以邢台南小汪遗址战国瓮棺葬所用陶釜为例，系罐形釜（图三，1），与燕地的大口红陶釜有明显差别。春秋时期罐形釜即流行于晋国，战国时期在中山、赵、齐地也有发现[30]，且有用作瓮棺葬葬具者[31]，可见冀南地区战国时代的瓮棺葬应当继承了晋系文化的部分传统[32]。与冀东北地区不同，在冀南地区战国瓮棺葬中目前未见使用燕文化红陶釜作为葬具的瓮棺葬分布，这应与燕国南部地区为赵国等与燕国实力相当的国家，燕文化南扩受阻有关[33]。及至汉代，冀南地区瓮棺葬依然较少，目前可见邯郸地区的一些材料，葬具有用灰陶瓮，也有使用受燕文化影响的夹砂筒形红陶釜者[34]，该类型红陶釜在西汉时期开始广泛使用于原赵国地区[35]，体现了汉代原燕地文化对赵地文化的影响。

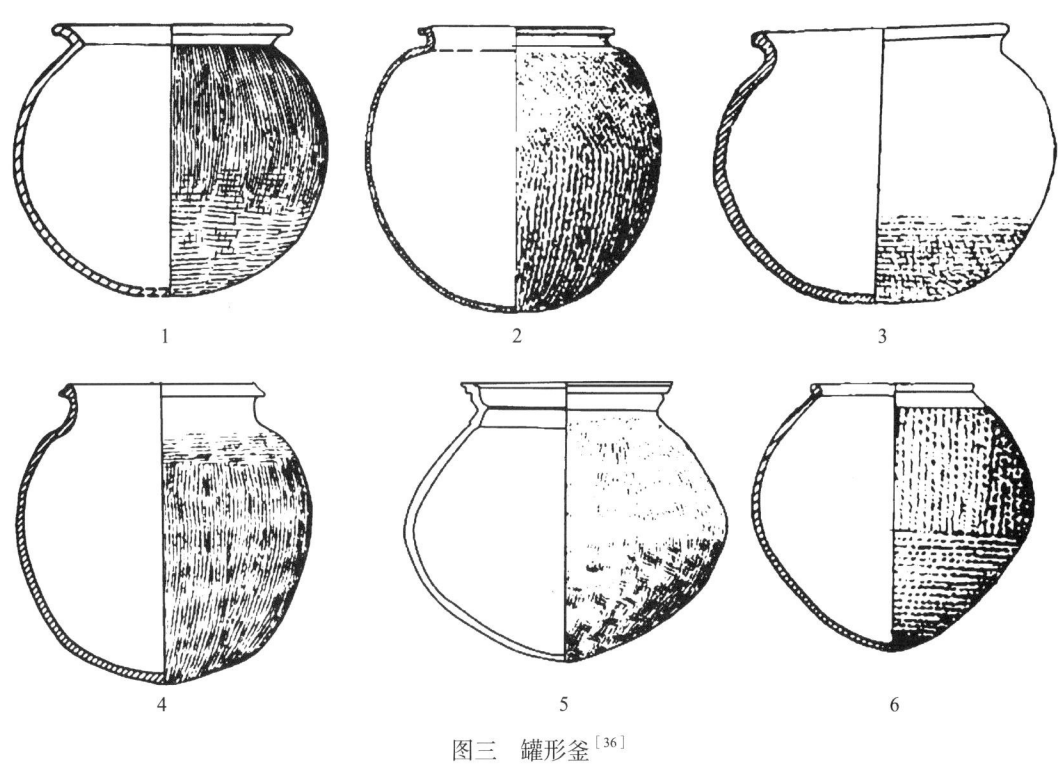

图三　罐形釜[36]

1.邢台南汪（M4∶5）　2.侯马铸铜遗址（T665H144∶1）　3.曲阜鲁国故城　4.中山国灵寿城（E6T30③∶3）
5.任丘后赵各庄（M4∶3）　6.山东章丘宁家埠（M7∶1）

河北地区汉代瓮棺葬中还有两个值得引起注意的现象。一个是葫芦沟汉代瓮棺葬墓地中的两组瓮棺葬中均发现了狗的骨骼：M162墓框内随葬狗头、M159棺内发现残碎的狗骨。该地区在春秋中期至战国早期一直是玉皇庙文化墓地，殉牲是玉皇庙文化的一大特点，葫芦沟墓地中有三分之一的墓葬有殉牲现象，殉牲墓葬中有70%的只用狗作为殉牲，且多数不用全牲。瓮棺葬墓地与葫芦沟墓地紧邻，年代上虽不紧密衔接，但在葬俗上依然存在用狗作为殉牲的现象，应与本地的传统有关联。另一个是在沧州任丘后赵各庄遗址出土的一组西汉早期瓮棺葬，葬具中包含了一个与燕文化陶釜有明显差别的罐形釜（图三，5），该遗址发现的其他瓮棺葬用釜皆为大口夹砂红陶釜，此陶釜与前述战国时期赵、中山、齐国发现的罐形釜相似，有可能属于原赵地、齐地文化对该地区施加影响的结果。结合汉代邯郸地区发现的受燕文化影响的以红陶釜为葬具的瓮棺葬，可见随着朝代更迭、政治壁垒的消失，汉代河北地区原东周列国之间的文化呈现出相互交融的趋势。

七、相关问题探讨

1. 红陶釜的特殊含义

河北地区燕文化影响下的瓮棺葬多以大口夹砂红陶釜作为葬具,夹砂红陶釜在日常生活中是一种常见的炊具,将之用作葬具,可能是因为其比较容易得到且便于使用,但也不能排除夹砂红陶釜除了作为普通炊具外还被赋予了其他特殊的含义。沧州任丘后赵各庄遗址的战国城墙下发现了一个祭祀坑,坑内倒扣一个夹砂红陶釜,釜下有骨骼遗存,经鉴定为公鸡的骨骼。此处遗迹属于筑城前的祭祀遗存,将夹砂红陶釜应用于祭祀仪式中,是否意味着该器物被赋予了其他的内涵。此外,夹砂红陶釜一般呈红色或赭红色,而红色在丧葬中常被赋予特殊含义自旧石器时代至于先秦,常发现有在墓葬中使用赤铁矿粉或朱砂等红色颜料的现象,先秦两汉时期的木质葬具也不乏髹红漆者,因此不能排出该器物被广泛地作为葬具与它的颜色有关。

2. 红陶釜具来源

作为葬具的红陶釜的来源也是一个值得探讨的问题,目前河北地区发现的作为瓮棺葬具的陶釜,有许多底部都带有烟熏形成的烟炱[37],当系使用过的痕迹。一般认为,瓮棺葬所用葬具是生活中实用器改做瓮棺,这就牵涉陶釜的来源问题。在任丘后赵各庄遗址发现的一座战国瓮棺葬与宝坻秦城遗址的一处汉代瓮棺葬中均出土了4个夹砂红陶釜,此外,河北地区战国、汉代瓮棺葬中的三釜组合共有47处,作为炊具的釜在当时的一般家庭中的拥有数量迄今未见相关研究。战国、西汉时期,数口之家的个体小家庭是平民阶层的主要家庭形态[38],结合夹砂红陶釜的尺寸推断,一个数口之家的平民家庭平时用3~4个夹砂红陶釜作为炊具显然不太合理。当幼儿死亡需要埋葬,而需要的葬具是3~4个夹砂红陶釜的情况下,则可能存在着向家族内部其他家庭借用陶釜或另行购买新的陶釜的现象[39]。如果是前一种可能,那么幼儿的埋葬行为牵涉的将不仅是一个家庭,借用陶釜某种程度上可以看作一种助葬行为。如果是后一种可能,那么用新的夹砂红陶釜作为葬具,便可以理解为生产出的红陶釜不仅有作为炊具的功用,还有作为葬具的功用,这与将使用过的陶釜充当葬具的行为在本质上是有区别的。无论是其他家庭参与助葬还是自己家庭购买陶釜,都可以体现对死亡儿童的重视。

3. 关于"瓦棺葬"

除瓮棺葬外,以筒瓦、板瓦作为葬具的瓦棺葬[40]也是一种埋葬儿童的特殊方式,关于这种埋葬方式,白云翔先生在《战国秦汉时期瓮棺葬研究》一文中已有相关论述。河北地区发现的瓦棺葬年代涉及战国、汉代,分布亦较为广泛(附表四)。瓦棺葬与瓮棺葬在形态上存在差异,但其本质上应是相同的:首先葬具的来源都是生活中的常见器物,其次在瓮棺葬中有时亦用瓦作为辅助葬具,有时瓦甚至充当了瓮棺的主体部位[41]。相比于日用陶器,建筑上废弃的瓦在生活中更易获得,使用瓦作为葬具的家庭可能在经济上更加贫寒。

上述三个问题缺乏更充足的证据,很大程度上是一种推测。故而单独将这三个问题列为一节,以供读者批评、参考。

八、结　语

作为一种在战国秦汉时期颇为流行的葬俗,儿童瓮棺葬在当时几乎见于全国各地,其中河北地区的儿童瓮棺葬分布尤为密集。河北地区的儿童瓮棺葬分属于燕与赵两个文化系统,又以燕文化范围内的瓮棺葬分布集中且自身特征明显,并具有向周围扩张的迹象。通过对瓮棺葬的研究,不仅可以看出河北地区的考古学文化在战国与汉代具有明显的连续性,还可以窥见在战国与汉代两个时期,燕地和赵地的考古学文化之间的关系呈现出不同的特点。此外,瓮棺葬还涉及丧葬习俗、死亡观念以及儿童的地位等诸多问题,是研究战国至汉代日常生活及社会观念的一个重要切入点。

附表一　战国瓮棺葬

编号	地点	数量	编号	地点	数量
1	承德平泉[42]	7（应为瓮棺葬群）	18	延庆玉皇庙[59]	瓮棺葬群
2	卢龙蔡家坟[43]	6	19	北京大兴[60]	1
3*	唐山贾各庄[44]	6（应为瓮棺葬群）	20*	宝坻秦城[61]	3
4	滦县韩新庄[45]	已清理261座（战汉）	21*	天津巨葛庄[62]	2
5	唐山迁安[46]	1	22	宝坻歇马台[63]	1
6*	丰润东欢坨[47]	8	23	天津静海[64]	20余座
7*	张家口白庙[48]	4	24	廊坊霸州[65]	1
8*	北京窦店[49]	2	25*	燕下都[66]	18
9*	房山岩上[50]	14	26	涞水安阳[67]	21
10*	海淀青龙桥[51]	5	27	唐县北放水[68]	10
11*	昌平张营[52]	1	28	满城要庄[69]	
12	延庆西屯村[53]	17	29*	沧州任丘[70]	1
13*	良乡纸坊村[54]	1	30	沧州郛堤城[71]	110（战汉）
14	昌平清河[55]	1	31	石家庄高邑[72]	1
15	昌平农家院[56]	1	32	石家庄市区[73]	1
16*	北京八里庄[57]	2	33	邢台南小汪[74]	1
17	平谷门楼庄[58]	1			

* 表示该地点发表的资料中瓮棺葬葬具及组合比较明确

附表二　汉代瓮棺葬

编号	地点	数量	编号	地点	数量
1*	丰润商各庄[75]	1	3	滦县韩新庄[77]	已清理261座（战汉）
2*	唐山陡河水库[76]	2（多于2座）	4*	昌平史家桥[78]	2

续表

编号	地点	数量	编号	地点	数量
5	昌平白浮[79]	5	16	蓟县城西[90]	2
6*	平谷杜辛庄[80]	1	17*	徐水东黑山[91]	7
7*	北京亦庄[81]	1	18	定州北刘家庄[92]	5
8*	北京窦店[82]	1	19*	燕下都[93]	6
9*	延庆葫芦沟[83]	32	20	沧州河间[94]	7
10	延庆西屯村[84]	1	21*	沧州任丘[95]	4
11	通州路县[85]	36	22	沧州郭堤城[96]	110（战汉）
12*	天津武清[86]	1	23*	深州下博[97]	2
13*	天津窦庄子[87]	1	24	邯郸故城[98]	
14*	宝坻秦城[88]	43	25	邯郸武安[99]	1
15	宝坻歇马台[89]	1	26	邯郸薛庄[100]	1

附表三　战国或汉代瓮棺葬

编号	地点	数量	编号	地点	数量
1	秦皇岛昌黎[101]		6	北京中关园[106]	1
2	张家口宣化[102]		7	北京怀柔[107]	
3	张家口涿鹿[103]	大量瓮棺葬	8	周口店蔡庄[108]	
4	张家口宣化[104]		9	天津南郊[109]	
5	张家口怀安[105]		10	蓟县辛西[110]	6

附表四　瓦棺葬

编号	地点	数量及年代	编号	地点	数量及年代
1	燕下都[111]	1 战国	6	沧州河间[116]	3 汉
2	秦皇岛昌黎[112]		7	沧州郭堤城[117]	2（另有砖墓2）
3	北京怀柔[113]	1	8	石家庄元氏[118]	1 汉（砖瓦搭建）
4	天津武清[114]	3 汉	9	邯郸林村[119]	1 汉
5	徐水东黑山[115]	1 汉			

注　释

[1] 本文中瓮棺葬的定义参考了由姜波撰写的"瓮棺葬"词条。王巍主编：《中国考古学大辞典》，上海辞书出版社，2014年。
[2] 由于秦代在该地区统治时间较短，在瓮棺葬葬俗上的影响不是很明显，且河北地区发现的瓮棺葬暂时没有将年代定为秦代者，因此本文主要研究的是战国和汉代两个时期的瓮棺葬。

[3] 白云翔先生对瓮棺葬的发现与研究的学术史进行了梳理。白云翔：《战国秦汉时期瓮棺葬研究》，《考古学报》2001年第3期。

[4] 安志敏、伊秉枢：《北京西郊发现的瓮棺》，原载《燕京学报》1950年第39期，引自《北京考古集成·战国秦汉》（一），北京出版社，2005年。

[5] 安志敏：《河北省唐山市贾各庄发掘报告》，《考古学报》1953年第z1期。

[6] 北京市文物研究所：《北京考古四十年》，北京燕山出版社，1990年。

[7] 黄帆：《论汉代瓦棺葬》，中山大学硕士学位论文，2012年。

[8] 以遗址数量计算。同一遗址中，可能有发现于不同地点、属于不同年代的瓮棺葬，但仍计为1处。

[9] 图中的编号与相对应的附表中的编号一致。

[10] 图中的"燕文化中心区界""燕文化次中心区界"的范围依照周海峰《燕文化研究》图九四"燕文化分区示意图（春秋晚期至战国晚期）"绘制。周海峰：《燕文化研究》，吉林大学博士学位论文，2011年。

[11] 除图中标示出的编号为7的一处外，附表三中还有4处分布于冀西北山区的战汉瓮棺葬，其中涿鹿存在规模较大的瓮棺葬群。

[12] 附表中编号后带"*"者，表示该地点发表的资料中瓮棺葬葬具及组合比较明确。仅见于新闻报道中，未在学术刊物上发表的，不纳入统计范围。进行统计的资料中，任丘后赵各庄遗址的详细资料尚未发表，蒙该遗址发掘领队、河北省文物研究所陈伟老师惠允使用原始资料，谨致谢忱。下文凡有引用该遗址资料者，均数原始材料，不一一注明。

[13] 汉代瓮棺葬中，编号为25、26的两个地点虽然也可以确定葬具类型，但由于其远离燕文化分布区，故未计入。葫芦沟墓地中，M175破坏严重，葬具仅见数篇夹砂红陶釜残片，未计入。

[14] 梅鹏云：《周秦汉时期环渤海地区红陶釜研究》，《北方文物》1995年第4期；白云翔：《战国秦汉时期瓮棺葬研究》，《考古学报》2001年第3期；李维明：《燕文化陶釜浅识》，《北京平谷与华夏文明国际学术研讨会论文集（2005）》，社会科学文献出版社，2006年。

[15] 由于部分资料没有将战国与汉代瓮棺区分开，且缺乏单体的瓮棺材料，因此进行统计的171组瓮棺个体在已发现的瓮棺中占据的比例不大。但未计入统计的材料多数也支持本节的统计结果，如涞水安阳遗址的21座战国瓮棺，葬具组合主要为釜瓮组合和瓮瓮组合。昌平白浮的5座瓮棺中有4座是用2~4个红陶釜作为葬具的。通州路县故城的36座汉代儿童瓮棺中釜釜组合和釜瓮组合为最常见形态。此外，部分简报中将红陶釜定名为瓮，这意味着釜在瓮棺葬中的实际比例可能还要高。本文在统计过程中，对于部分材料中将釜定名为瓮的现象，在证据充足的情况下予以改正后再行统计。

[16] 汉代瓮棺葬的统计样本共102组，其中葫芦沟墓地占了31组、宝坻秦城占了42组，二者占据比例超过了70%，这与战国统计样本较为均匀地分布于不同遗址是有差别的，两个墓地在葬具选择上的偏好会影响到最终的统计结果。两个墓地中对陶釜的偏好十分显著，葬具组合中含有陶釜的占到了100%，这表明其他遗址中对陶釜的偏好程度应该还要低于最终统计数据显示的结果，说明陶釜在不同地区的使用频率是有差别的。

[17] 郭堤城已清理儿童瓮棺葬110座，经过勘探发现，实际数量远高于此。

[18] 基本可以排除该墓中的双釜组合与另一种组合代表着不同性别的可能，虽然没有直接的骨骼鉴定证据，但这两种组合的出现频率相差过大，如果认定其与性别有关显然不合常理。

[19] 延庆西屯村西区墓地中的一座战国瓮棺葬M10，在M10的介绍中未发现随葬品，但在图版中，M10的墓框内除一组瓮棺外，还并排放置有两个陶罐，由于具体情况不明确，列在此处仅供参考。尚珩：《延庆镇西屯村西南地块一级开发项目西区（Ⅰ区）考古发掘报告》《延庆镇西屯村西南地块一级开发项目东区（Ⅱ区）考古发掘报告》，《北京考古工作报告·延庆卷》，上海古籍出版社，2011年。

[20] 沧州河间发现7座儿童瓮棺葬、3座儿童瓦棺葬，其中编号为M9的出土两枚五铢钱，但未标明M9是否是瓮棺葬。樊书海、郭济桥：《河间市西汉瓮棺和瓦棺葬》，《中国考古学年鉴》（2006），文物出版社，2007年。

[21] 详见李如森：《汉代丧葬礼俗》第一章，沈阳出版社，2003年。

[22] 转引自李如森：《汉代丧葬礼俗》，沈阳出版社，2003年。

[23] 笔者在参观黄骅郭堤城瓮棺葬时，发现一处瓮棺葬墓框内一角有一堆骨骼，经请教郭堤城瓮棺葬群考古发掘

领队雷建红老师得知，骨骸系牛骨。如果骨骸不是有意放置的，在开挖墓穴及埋葬过程中应该已经散乱在填土中了，实际情况是骨骸仅集中在墓框内一角。唯一的合理解释是在埋葬前有意地将其放置在墓框的一角，而且很有可能放置时不是单纯的骨骸，而是附着着肉。本注释及下文注释中使用该遗址未发表材料者，在使用前已征得河北省文物研究所雷建红老师同意，谨致谢忱。

[24] 笔者在参观黄骅郭堤城瓮棺葬时，观察过几例瓮棺葬，发现一些使用筒形瓮作为葬具的瓮棺葬底部也有孔洞，但是否是有意为之，尚有待研究。

[25] 许宏：《略论我国史前时期瓮棺葬》，《考古》1989年第4期。

[26] 樊书海、郭济桥《河间市西汉瓮棺和瓦棺葬》，《中国考古学年鉴（2006）》，文物出版社，2007年。

[27] 张渭莲、段宏振：《中原与北方之间的文化走廊——太行山东麓地区先秦文化的演进格局》，文物出版社，2015年。

[28] 周海峰：《燕文化研究》，吉林大学博士学位论文，2011年；张渭莲、段宏振：《中原与北方之间的文化走廊太行山东麓地区先秦文化的演进格局》，文物出版社，2015年。

[29] 本文二、三、四节。

[30] 林沄：《由文化形成的滞后性所引起的新思考》，《甲骨文与殷商史》新六辑，上海古籍出版社，2016年。

[31] 段宏振：《赵都邯郸城研究》，文物出版社，2009年。

[32] 白云翔：《战国秦汉时期瓮棺葬研究》，《考古学报》2001年第3期。值得注意的是，在辽宁地区亦发现以罐形釜作为瓮棺葬葬具者。

[33] 由于目前冀南地区瓮棺葬资料有限，难以展开讨论。

[34] 此处的"南扩"，指的是向赵地的扩张，至于与齐地的交流，则是另一种状态。由于不在本文研究范围，故不做讨论。

[35] 邯郸市文物管理处：《邯郸市东门里遗址试掘简报》，《文物春秋》1996年第2期。

[36] 段宏振：《赵都邯郸城研究》，文物出版社，2009年。

[37] 图中1~4均属战国时期，5、6属汉代。器物图摘自白云翔：《战国秦汉时期瓮棺葬研究》，《考古学报》2001年第3期；段宏振：《赵都邯郸城研究》，文物出版社，2009年。

[38] 丰润商各庄、房山岩上、昌平张营、沧州河间、北京八里庄、唐山贾各庄等地的红陶釜葬具上均有烟熏痕迹。

[39] 齐发：《战国时期的家庭结构》，《华中科技大学学报（社会科学版）》2003年第2期；马新：《汉代小农家庭略论》，《文史哲》1986年第4期。

[40] 丰润东欢坨发现的瓮棺葬合葬墓，一组瓮棺用二釜组合，一组瓮棺用釜罐盆组合，有可能是因为可得到的红陶釜的数量有限，只能用其他陶器充当葬具。

[41] 白云翔先生将此种形态的墓葬定名为瓦棺葬，并认为与其瓮棺葬有某种联系，但不宜等而视之。本文中依从白云翔先生的观点。

[42] 沧州河间有用瓦覆盖瓮棺缝隙，作为辅助葬具的现象、徐水东黑山有瓦棺葬主体部位为筒瓦、板瓦，仅在瓮棺一端使用一盆。

[43] 刘连强：《平泉二道河子战国瓮棺葬》，《中国考古学年鉴》(2001)，文物出版社，2002年。

[44] 吕学明：《卢龙县蔡家坟新石器时代至战国时期遗址》，《中国考古学年鉴》(2014)，文物出版社，2015年。

[45] 安志敏：《河北省唐山市贾各庄发掘报告》，《考古学报》1953年第z1期。

[46] 张春长：《滦县韩新庄战国、汉代瓮棺丛葬墓群》，《中国考古学年鉴》(1997)，文物出版社，1999年。

[47] 张洪河、广军：《河北迁安战国、汉代古墓考古有重大发现》，新华网，2002年9月12日。

[48] 河北省文物研究所、唐山市文物管理处：《唐山东欢坨战国遗址发掘报告》，《河北省考古文集》(二)，东方出版社，1998年。

[49] 张家口市文物事业管理所：《张家口白庙遗址清理简报》，《文物》1985年第10期。

[50] 北京市文物研究所拒马河考古队：《北京市窦店古城调查与试掘报告》，《考古》1992年第8期。

[51] 北京市文物研究所：《岩上墓葬区考古发掘报告》，《北京段考古发掘报告集》，科学出版社，2008年。

[52] 北京市文物研究所：《北京考古四十年》，北京燕山出版社，1990年。

[53] 北京市文物研究所、北京市昌平区文化委员会:《昌平张营:燕山南麓地区早期青铜文化遗址发掘报告》,文物出版社,2007年。
[54] 尚珩:《延庆镇西屯村西南地块一级开发项目西区(Ⅰ区)考古发掘报告》《延庆镇西屯村西南地块一级开发项目东区(Ⅱ区)考古发掘报告》,《北京考古工作报告·延庆卷》,上海古籍出版社,2011年。
[55] 北京市文物研究所:《北京考古四十年》,北京燕山出版社,1990年。
[56] 北京市文物研究所:《北京考古四十年》,北京燕山出版社,1990年。
[57] 徐娜、蒋佳佳:《北京:昌平农家院挖出战国瓮棺 内藏儿童尸骨》,浙江省文物局网站,2011年4月13日。
[58] 安志敏、伊秉枢:《北京西郊发现的瓮棺》,原载《燕京学报》1950年第39期,引自《北京考古集成·战国秦汉》(一),北京出版社,2005年。
[59] 北京市文物研究所:《北京考古四十年》,北京燕山出版社,1990年。
[60] 北京市文物研究所:《北京考古四十年》,北京燕山出版社,1990年。
[61] 北京市文物研究所:《北京考古四十年》,北京燕山出版社,1990年。
[62] 天津市历史博物馆考古部、宝坻县文化馆:《宝坻秦城遗址世试掘报告》,《考古学报》2001年第1期。
[63] 天津市文化局考古发掘队:《天津南郊巨葛庄战国遗址和墓葬》,《考古》1965年第1期。
[64] 韩嘉谷、梁宝玲、沈勇:《宝坻县歇马台战国遗址》,《中国考古学年鉴》(1985),文物出版社,1985年。
[65] 赵文刚:《静海县西钓鱼台战国、汉代城址》,《中国考古学年鉴》(1984),文物出版社,1984年。
[66] 齐雷杰:《河北霸州发现5座古墓 最早一座古墓为战国时期瓮棺葬》,中国考古网,2016年4月28日。
[67] 河北省文物研究所:《燕下都》,文物出版社,1996年。
[68] 许永杰、闫渭清、李孝配:《河北涞水发掘安阳遗址燕文化墓地》,《中国文物报》2007年6月1日。
[69] 徐海峰、高建强:《唐县北放水遗址考古发掘取得重要成果》,《中国文物报》2016年11月10日。
[70] 任雪岩、洪猛、张艺薇等:《河北满城要庄发现一处西周城址》,《中国文物报》2017年2月24日。
[71] 陈伟:《任丘市后赵各庄战国时期城址》,《中国考古学年鉴》(2010),文物出版社,2011年。
[72] 雷建红、马小飞、毛保中等:《河北黄骅郛堤城瓮棺葬群》,《2016中国重要考古发现》,文物出版社,2017年。
[73] 王庆芳:《石市文物普查:大型商代遗址战国瓮棺葬等引人关注》,新华网河北频道,2008年12月24日。
[74] 王庆芳:《石市文物普查:大型商代遗址战国瓮棺葬等引人关注》,新华网河北频道,2008年12月24日。
[75] 河北省文物研究所、邢台市文物管理处:《河北邢台南小汪周代遗址发掘简报》,《文物》2012年第1期。
[76] 河北省文物研究所、唐山市文物研究所、唐山市丰润区文物保管所:《河北丰润商各庄遗址发掘报告》,《文物春秋》2016年第2期。
[77] 河北省文物管理文员会:《唐山市陡河水库汉唐、金、元、明墓发掘简报》,《考古通讯》1958年第3期。
[78] 张春长:《滦县韩新庄战国、汉代瓮棺丛葬墓群》,《中国考古学年鉴》(1997),文物出版社,1999年。
[79] 北京市文物工作队:《北京昌平史家桥汉墓发掘》,《考古》1963年第3期。
[80] 北京市文物工作队:《北京昌平白浮村汉、唐、元墓葬发掘》,《考古》1963年第3期。
[81] 北京市文物研究所:《平谷杜辛庄遗址》,科学出版社,2009年。
[82] 北京市文物研究所:《北京亦庄考古发掘报告》,科学出版社,2009年。
[83] 北京市文物研究所拒马河考古队:《北京市窦店古城调查与试掘报告》,《考古》1992年第8期。
[84] 北京市文物研究所:《军都山墓地:葫芦沟与西梁垙》,文物出版社,2010年。
[85] 尚珩:《延庆镇西屯村西南地块一级开发项目西区(Ⅰ区)考古发掘报告》,《北京考古工作报告·延庆卷》,上海古籍出版社,2011年。
[86] 孙勐、曾祥江、刘凤亮等:《北京通州汉代路县故城城址及墓葬2016年发掘收货》,《2016中国重要考古发现》,文物出版社,2017年。该墓地还发现23座成人瓮棺。
[87] 盛立双、张瑞、甘才超:《武清区齐庄商周至清代遗址和墓地》,《中国考古学年鉴》(2007),文物出版社,2008年。
[88] 天津市文物管理处:《天津南郊窦庄子隋墓和汉代瓮棺墓》,《文物资料丛刊》1,文物出版社,1977年。
[89] 天津市历史博物馆考古部、宝坻县文化馆:《宝坻秦城遗址世试掘报告》,《考古学报》2001年第1期。

［90］ 韩嘉谷、梁宝玲、沈勇：《宝坻县歇马台战国遗址》，《中国考古学年鉴》（1985），文物出版社，1985年。

［91］ 梅鹏云、盛立双、姜佰国等：《天津蓟县城西发现大规模古墓群》，艺术中国网，2001年8月12日。

［92］ 南水北调中线干线工程建设管理局、河北省南水北调工程建设领导小组办公室、河北省文物局：《徐水东黑山遗址发掘报告》，科学出版社，2014年。

［93］ 任雪岩：《定州市北刘家庄商周及汉唐时期遗址》，《中国考古学年鉴》（2014），文物出版社，2015年。

［94］ 河北省文物研究所：《燕下都遗址内的两汉墓葬》，《河北省考古文集》（二），北京燕山出版社，2001年。

［95］ 樊书海、郭济桥：《河间市西汉瓮棺和瓦棺葬》，《中国考古学年鉴》（2006），文物出版社，2007年。

［96］ 资料未发表。

［97］ 雷建红、马小飞、毛保中等：《河北黄骅郛堤城瓮棺葬群》，《2016中国重要考古发现》，文物出版社，2017年。

［98］ 河北省文物研究所、衡水市文物管理处、深州市文保所：《深州市下博遗址发掘简报》，《河北省考古文集》（四），科学出版社，2011年。

［99］ 乔登云：《赵都邯郸故城考古发现与研究》，《邯郸学院学报》2005年第1期。

［100］ 韩立森、段宏振：《近年来赵都邯郸故城考古发现与研究》，《邯郸职业技术学院学报》2008年第4期。

［101］ 河北省文物管理委员会：《河北武安县午汲古城的周、汉墓葬发掘简报》，《考古》1959年第7期。

［102］ 吉林大学边疆考古研究中心、河北省文物局、邯郸县文物保管所：《河北邯郸薛庄遗址汉至宋代遗存发掘简报》，《北方文物》2015年第3期。

［103］ 孟昭林：《河北昌黎县发现古代石器和墓葬》，《文物参考资料》1956年第2期。

［104］ 刘建华：《张家口地区战国时期古城址调查发现与研究》，《文物春秋》1993年第4期。

［105］ 刘建华：《张家口地区战国时期古城址调查发现与研究》，《文物春秋》1993年第4期。

［106］ 刘建华：《张家口地区战国时期古城址调查发现与研究》，《文物春秋》1993年第4期。

［107］ 刘建华：《张家口地区战国时期古城址调查发现与研究》，《文物春秋》1993年第4期。

［108］ 王克林：《北京西郊中关园内发现瓮棺葬》，《文物参考资料》1955年第11期。

［109］ 北京市文物工作队：《北京怀柔城北东周两汉墓葬》，《考古》1962年第5期。

［110］ 北京市文物研究所：《北京考古四十年》，北京燕山出版社，1990年。

［111］ 天津市文化局考古发掘队：《渤海湾西岸古文化遗址调查》，《考古》1965年第2期。

［112］ 赵文刚、梅鹏云、邱明：《蓟县辛西战国汉辽墓葬》，《中国考古学年鉴》（1990），文物出版社，1991年。

［113］ 河北省文物研究所：《燕下都》（上、下册），文物出版社，1996年。

［114］ 孟昭林：《河北昌黎县发现古代石器和墓葬》，《文物参考资料》1956年第2期。

［115］ 北京市文物工作队：《北京怀柔城北东周两汉墓葬》，《考古》1962年第5期。

［116］ 盛立双、张瑞、甘才超：《武清区齐庄商周至清代遗址和墓地》，《中国考古学年鉴》（2007），文物出版社，2008年。

［117］ 南水北调中线干线工程建设管理局、河北省南水北调工程建设领导小组办公室、河北省文物局：《徐水东黑山遗址发掘报告》，科学出版社，2014年。

［118］ 樊书海、郭济桥：《河间市西汉瓮棺和瓦棺葬》，《中国考古学年鉴》（2006），文物出版社，2007年。

［119］ 雷建红、马小飞、毛保中等：《河北黄骅郛堤城瓮棺葬群》，《2016中国重要考古发现》，文物出版社，2017年。

［120］ 韩金秋：《元氏县故城汉代至明清遗址》，《中国考古学年鉴》（2010），文物出版社，2011年。

［121］ 张春长、陈伟、魏曙光等：《邯郸市林村战国墓群与清代龟镇》，《中国考古学年鉴》（2007），文物出版社，2008年。

环渤海地区战汉瓮棺葬葬具研究

马小飞

(河北省文物研究所)

一、引　言

瓮棺葬是指用瓮等陶容器作为葬具的一种独特的埋葬形式。其有广义和狭义之分，狭义瓮棺是指以陶器（釜、罐、瓮、盆、筒形器等）为葬具的墓葬；广义瓮棺除包含用陶器作为葬具的狭义瓮棺外，还包括以砖、瓦等建筑材料为葬具的小型儿童墓葬。本文要研究的瓮棺葬均为狭义瓮棺葬。瓮棺葬在中国最早可见于新石器时代[1]，至战汉时期较为繁盛。据白云翔先生研究，战国秦汉时期的瓮棺葬主要发现于黄河中下游及辽东半岛，在京津冀和辽东也就是在环渤海一带分布尤为密集[2]。尽管战国秦汉时期是瓮棺葬俗发展的高峰时期，但与同时期的其他类型墓葬相比，在发现数量、出土器物和集群分布上都有较大的差距，因此以前很少受到学者的重视，甚至部分考古发现至今尚未公布，且部分材料虽予公布，却仅为寥寥数笔，对其数量、葬具类型、组合形式、随葬品等具体情况都尚未提及，这都为瓮棺葬研究的进一步开展带来阻碍。

鉴于瓮棺葬多无随葬品，因此对瓮棺葬葬具的研究便成了瓮棺葬研究的主要途径。本文尽可能全面地搜集环渤海地区已发表的瓮棺葬葬具信息，对其进行数量、组合形式及比例关系等多方面信息的统计分析，从而尝试发现各种葬具及组合方式的关系及主要葬具的分布情况，并在此基础上对该地区的瓮棺葬分区和葬俗的交流融合等问题提出一些自己的看法，希望可以抛砖引玉，对瓮棺葬的研究工作有所帮助。

二、各地瓮棺葬的发现情况

环渤海地区是战汉瓮棺葬的主要分布区，各地都曾发现有大量的瓮棺葬，为更好地开展统计分析工作，现将能搜集到的各地主要瓮棺葬具的详细情况按行政区域分述如下。

1. 北京地区

北京地区葬具资料公布较全的遗址共11处，总计128座瓮棺，其中战国时期57座、汉代71座。

（1）路县故城瓮棺葬[3]：发现汉代瓮棺葬58座（4座陶片和瓦墓不算在内），共出土葬具116件，其中大口釜37件、筒形瓮67件、盆3件、罐9件。葬具组合方式有筒形瓮-筒形瓮（30座）、釜-釜（12座）、釜-罐（9座）、筒形瓮-釜（4座）、筒形瓮-盆（3座）。

（2）窦店古城瓮棺葬[4]：发现瓮棺葬3座。战国时期瓮棺葬2座，共出土葬具4件，皆为大口釜，器物组合方式为釜-釜（2座）。汉代瓮棺葬1座，出土葬具3件，为釜-釜-釜组合方式。

（3）南正村瓮棺葬[5]：发现战国时期瓮棺葬14座，共出土葬具33件。其中大口釜26件、瓮7件，葬具组合方式有釜-瓮（5座）、釜-釜（4座）、釜-釜-瓮（2座）、釜-釜-釜（3座）。

（4）白浮村瓮棺葬[6]：发现汉代瓮棺葬5座，共出土葬具13件，其中大口釜11件、瓮和盆各1件。葬具组合方式不同，分别为釜-釜（2座）、釜-釜-釜、釜-釜-釜-釜和瓮-盆。

（5）史家桥瓮棺葬[7]：发现汉代瓮棺葬2座，共出土葬具7件，其中大口釜3件、瓮和甑各2件。葬具组合方式为釜-釜-釜和瓮-瓮-甑-甑。

（6）怀柔北瓮棺葬[8]：发现汉代瓮棺葬5座，共出土葬具10件，皆为大口釜。葬具组合方式皆为釜-釜。

（7）葫芦沟瓮棺葬[9]：发现战国时期瓮棺葬32座，共出土葬具92件，其中大口釜75件、盆10件、罐和甑各2件、瓮3件。葬具组合方式有釜-釜-釜（14座）、釜-釜-盆（6座）、釜-釜（5座）、釜-瓮-盆（3座）、釜-釜-罐、釜-釜-釜-盆、釜-釜-釜-罐、甑-甑-瓦[①]。

（8）张营瓮棺葬[10]：发现战国时期瓮棺葬1座，出土葬具3件，皆为大口釜。葬具组合方式为釜-釜-釜。

（9）八里庄瓮棺葬[11]：发现战国时期瓮棺葬2座，共出土葬具4件，其中大口釜3件、瓮1件。葬具组合方式为釜-釜和釜-瓮两种。

（10）青龙桥瓮棺葬[12]：发现战国时期瓮棺葬5座，共出土葬具10件，皆为大口釜。葬具组合方式皆为釜-釜。

（11）中关园瓮棺葬[13]：发现战国时期瓮棺葬1座，葬具为2件大口釜。葬具组合方式为釜-釜。

2. 天津地区

天津地区葬具资料公布较全的瓮棺葬遗址共6处，总计59座瓮棺，其中战国时期15座、汉代44座（其中1座明确定为东汉时期）。

（1）辛西瓮棺葬[14]：发现战国瓮棺葬6座，葬具共计12件，其中大口釜6件、陶盆3件、陶瓮3件。葬具组合方式为釜-盆（3座）、釜-瓮（3座）。

（2）牛道口瓮棺葬[15]：发现战国瓮棺葬1座，葬具2件，大口釜和陶瓮各1件。葬具组合方式为釜-瓮。

（3）歇马台瓮棺葬[16]：发现战国瓮棺葬3座，葬具共计9件，其中大口釜6件、陶盆3件。葬具组合方式为釜-釜-盆（3座）。

---

① 本文瓮棺葬葬具中含瓦、板瓦、筒瓦和陶片的只在组合方式中给出，不计入葬具类型、数量统计和分析中。

（4）秦城瓮棺葬[17]：发现瓮棺葬 46 座，其中战国时期 3 座、汉代 43 座。战国时期葬具共计 7 件，其中大口釜 4 件、陶瓮 3 件，器物组合形式为釜 - 釜、瓮 - 瓮和釜 - 釜 - 瓮。汉代葬具共计 111 件，其中大口釜 106 件、陶瓮 1 件、陶盆 3 件、陶钵 1 件。葬具组合方式为釜 - 釜（18 座）、釜 - 釜 - 盆（2 座）、釜 - 釜 - 钵、釜 - 釜 - 釜（20 座）、釜 - 釜 - 釜 - 釜、瓮 - 盆。

（5）巨葛庄瓮棺葬[18]：发现战国瓮棺葬 2 座，葬具共计 5 件，其中大口釜 2 件、陶瓮 2 件、陶罐 1 件。葬具组合方式为瓮 - 瓮和釜 - 釜 - 罐。

（6）窦庄子瓮棺葬[19]：发现东汉瓮棺葬 1 座，葬具为 3 件，均为陶瓮，组合方式为瓮 - 瓮 - 瓮。

3. 河北地区

河北地区葬具资料公布较全的遗址共 11 处，总计 425 座瓮棺，其中战国时期 43 座、战汉时期 355 座（其中包括单独战国和汉代的，也包括不能明确区分是战国还是汉代的）、汉代 27 座（其中 1 座明确为东汉）。

（1）贾各庄瓮棺葬[20]：发现战国瓮棺 6 座，葬具共计 15 件，皆为大口釜。组合方式为釜 - 釜（3 座）和釜 - 釜 - 釜（3 座）。

（2）燕下都瓮棺葬[21]：发现瓮棺 27 座，其中战国时期 18 座、汉代 9 座。葬具共计 56 件。战国时期葬具 36 件，其中大口釜 29 件、筒形瓮 3 件、陶瓮 3 件、陶尊 1 件。组合方式为筒形瓮、釜 - 釜（12 座）、釜 - 釜 - 釜、釜 - 瓮、瓮 - 瓮、筒形瓮 - 筒形瓮、釜 - 尊。汉代葬具 20 件，其中大口釜 16 件、筒形瓮和陶瓮各 2 件。器物组合方式为釜 - 釜（6 座）、釜 - 釜 - 釜、筒形瓮 - 筒形瓮、瓮 - 瓮 - 釜。

（3）东欢坨瓮棺葬[22]：发现战国中晚期瓮棺葬 9 座，出土葬具 20 件，其中大口釜 16 件、陶瓮 2 件、陶盆 2 件。葬具组合方式为釜 - 釜（6 座）、釜 - 盆、釜 - 釜 - 罐、釜 - 罐 - 盆。

（4）韩新庄瓮棺葬[23]：发现战汉时期瓮棺葬 251 座。葬具共计出土 747 件。其中大口釜 591 件、陶瓮 34 件、陶盆 60 件、陶罐 46 件、钵（碗）6 件、陶盘和陶甑各 5 件。葬具组合方式为瓮、釜、釜 - 釜（28 座）、盆 - 釜、釜 - 罐（5 座）、釜 - 瓮（2 座）、釜 - 釜 - 釜（94 座）、釜 - 釜 - 甑（2 座）、釜 - 釜 - 盆（22 座）、釜 - 釜 - 瓮（11 座）、釜 - 釜 - 罐（22 座）、釜 - 釜 - 瓮（6 座）、釜 - 盆 - 甑、罐 - 釜 - 罐（2 座）、釜 - 釜 - 钵（5 座）、釜 - 釜 - 盘（5 座）、釜 - 盆 - 罐（3 座）、釜 - 罐 - 瓮（4 座）、瓮 - 釜 - 甑、釜 - 瓮 - 瓮（2 座）、瓮 - 盆 - 瓮、盆 - 盆 - 盆、釜 - 釜 - 盆 - 瓦（2 座）、瓮 - 盆 - 盆 - 甑、盆 - 盆 - 盆（3 座）、釜 - 釜 - 罐（3 座）、釜 - 釜 - 釜 - 釜（7 座）、釜 - 釜 - 釜 - 钵、釜 - 釜 - 盆（6 座）、釜 - 釜 - 罐 - 罐、釜 - 盆 - 盆 - 盆、盆 - 盆 - 盆 - 盆、釜 - 釜 - 釜 - 釜 - 罐 - 罐 - 釜 - 釜。

（5）郭堤城瓮棺葬[24]：发现战汉时期瓮棺葬 104 座，出土葬具 243 件。器物种类包括大口釜 28 件、筒形瓮 50 件、筒形器 23 件、陶盆 112 件、陶罐 21 件、陶钵（碗）3 件、陶盘 3 件、陶甑 1 件。葬具组合方式为筒形瓮、盆 - 罐（12 座）、釜 - 盆（7 座）、盆 - 盆（3 座）、筒形瓮 - 甑、盆 - 筒形瓮（22 座）、盆 - 筒形器、釜 - 罐（5 座）、筒形瓮 - 筒形瓮（3 座）、釜 - 釜（2 座）、筒形瓮 - 筒形瓮 - 盆（2）、筒形瓮 - 筒形瓮 - 筒形瓮、釜 - 筒形瓮 - 釜、盆 - 筒形瓮 - 盆、釜 - 筒形瓮 - 盆、碗 - 筒形瓮 - 盆（2 座）、盆 - 板瓦 - 盆（9 座）、盆 - 筒形器 - 盆（14 座）、盆 - 板瓦、盆 - 筒形器 - 盘、釜 - 盆 - 釜、釜 - 筒形器 - 盆（3 座）、罐 - 筒形瓮 - 盆（3 座）、筒形瓮-筒形器-盘、碗-釜-筒形瓮、罐-筒形器-陶盘、盆-筒形器-筒形器-盆。

（6）蔡家坟瓮棺葬[25]：发现战国时期瓮棺6座，共出土葬具21件，其中大口釜14件、瓮5件、罐2件。葬具组合方式有釜-釜-釜-瓮-盆、瓮-盆-釜-釜、釜-釜-釜（2座）、釜-釜-瓮-瓮-釜。

（7）白庙瓮棺葬[26]：发现战国时期瓮棺葬4座，共出土葬具12件，其中大口釜11件、瓮1件。葬具组合方式有釜-釜-釜（3座）和釜-釜-瓮。

（8）后赵瓮棺葬址[27]：发现西汉时期瓮棺葬3座，共出土葬具7件，其中大口釜3件、小口釜2件、瓮1件、罐1件。葬具组合方式有釜-釜、釜-瓮-罐、小口釜-小口釜。

（9）徐庄瓮棺葬[28]：发现西汉时期瓮棺葬2座，共出土葬具5件，皆为大口釜。葬具组合方式为釜-釜和釜-釜-釜。

（10）台西瓮棺葬[29]：发现汉代瓮棺葬5座，共出土葬具12件，其中大口釜10件、盆2件。葬具组合方式有釜-釜（3座）、釜-盆-盆、釜-釜-釜。

（11）东黑山瓮棺葬[30]：发现瓮棺葬共计8座。西汉时期瓮棺葬4座，共出土葬具9件，其中大口釜3件、小口釜4件、筒形瓮2件。葬具组合方式为小口釜-小口釜（2座）、筒形瓮-筒形瓮和釜-釜-釜。东汉时期瓮棺葬4座，共出土葬具7件，其中筒形瓮1件、陶盆1件、陶罐5件。器物组合方式为筒瓦-盆、罐-罐（2座）和筒形瓮-罐。

4. 山东地区

山东地区葬具资料公布较全的遗址共11处，总计132座瓮棺，其中战国时期1座、战汉时期84座、汉代47座。

（1）宁家埠瓮棺葬[31]：发现汉代瓮棺葬5座，共出土葬具10件，其中小口釜8件、盆和舟形器各1件。器物组合方式为小口釜-小口釜（4座）和盆-舟形器。

（2）傅家瓮棺葬[32]：发现汉代瓮棺葬1座，出土葬具盆和罐各1件。

（3）后李瓮棺葬[33]：发现战国时期瓮棺葬1座，出土葬具盆和罐各1件。

（4）后埠下瓮棺葬[34]：发现汉代瓮棺葬1座，出土葬具小口釜和盆各1件。

（5）陈白庄瓮棺葬[35]：发现汉代瓮棺葬2座，出土葬具4件，其中筒形瓮3件、罐1件。葬具组合方式为筒形瓮-罐和筒形瓮-筒形瓮。

（6）临淄齐故城瓮棺葬[36]：发现战汉时期瓮棺葬48座，共出土葬具94件，其中小口釜27件、筒形器2件、筒形瓮26件、盆39件。葬具组合方式为釜-盆（11座）、筒形瓮-盆（9座）、盆-盆（8座）、釜-釜（6座）、盆-釜、瓮、筒形器、筒形瓮-筒形瓮（8座）、盆-筒形器-盆、釜-釜-釜。

（7）粉庄瓮棺葬[37]：发现战汉时期瓮棺葬36座，汉代瓮棺葬30座。战汉时期共出土葬具69件，其中小口釜7件、筒形瓮53件、盆7件、瓮和盘各1件。葬具组合方式为釜（4座）、陶瓮、筒形瓮-筒形瓮（25）、筒形瓮-盆（3）、釜-豆盘、盆-釜-盆（2座）。汉代葬具58件，其中小口釜35件、筒形瓮2件、陶盆20件、鬲1件。葬具组合方式有釜（3座）、陶鬲、釜-盆（12座）、釜-釜（9座）、盆-盆（2座）、盆-筒形瓮（2座）、釜-釜-盆-盆。

（8）尹家城瓮棺葬[38]：发现汉代瓮棺葬5座，共出土葬具11件，其中小口釜3件、盆4件、舟形器 2 件、瓮和罐各 1 件。葬具组合方式为盆 - 盆、釜 - 釜、盆 - 瓮 - 舟形器 - 舟形器、釜 - 盆、罐。

（9）徐家营瓮棺葬[39]：发现汉代瓮棺葬 1 座，葬具为 2 件瓮。

（10）五村瓮棺葬[40]：发现汉代瓮棺葬 1 座，出土葬具 5 件，其中筒形器 3 件、盆 2 件。葬具组合方式为：盆 - 筒形器 - 筒形器 - 筒形器 - 盆。

（11）东小宫瓮棺葬[41]：发现汉代瓮棺葬 1 座，出土葬具 3 件，其中瓮 1 件、罐 2 件。葬具组合方式为：罐 - 罐 - 瓮。

5. 辽宁地区

辽宁地区瓮棺葬资料特别多，但葬具资料公布较全的遗址较少，尤其是成批量出土的瓮棺葬基本没有公布，现有资料较全的有 12 处，总计 31 座汉代瓮棺。

（1）伯官屯瓮棺葬[42]：发现汉代瓮棺葬 5 座，出土葬具 13 件，其中大口釜 5 件、筒形瓮 4 件、筒形器 1 件、瓮 1 件、罐 1 件、钵（碗）1 件。葬具组合方式有筒形瓮 - 筒形瓮（2 座）、瓮 - 罐 - 釜、釜 - 筒形器 - 釜和釜 - 釜 - 钵。

（2）郑家洼子瓮棺葬[43]：发现汉代瓮棺葬 1 座，出土葬具 3 件，其中大口釜 1 件、罐 2 件。葬具组合方式为罐 - 罐 - 釜。

（3）羊草庄瓮棺葬[44]：发现汉代瓮棺葬 2 座，出土葬具 8 件，其中大口釜 6 件、盆 2 件。两座墓的葬具组合方式皆为釜 - 釜 - 釜 - 盆。

（4）安杖子瓮棺葬[45]：发现汉代瓮棺葬 2 座，出土葬具 5 件，其中大口釜 3 件、筒形器 1 件、瓮 1 件。葬具组合方式为釜 - 筒形器 - 釜和釜 - 瓮。

（5）小荒地瓮棺葬[46]：发现汉代瓮棺葬 1 座，出土葬具 2 件，皆为小口釜。

（6）牧羊城瓮棺葬[47]：发现汉代瓮棺葬 1 座，出土葬具 3 件，其中小口釜 1 件、罐 2 件。葬具组合方式为罐 - 釜 - 罐。

（7）袁台子瓮棺葬[48]：发现汉代瓮棺葬 4 座，共出土葬具 11 件，其中大口釜 6 件、瓮 3 件、罐和甑各 1 件。葬具组合方式为釜 - 釜 - 瓮、釜 - 釜 - 甑、釜 - 罐和瓮 - 釜 - 瓮。

（8）刘尔屯瓮棺葬[49]：发现汉代瓮棺葬 1 座，出土葬具 3 件，其中瓮 2 件、盆 1 件。葬具组合方式为瓮 - 瓮 - 盆。

（9）北台子瓮棺葬[50]：发现汉代瓮棺葬 1 座，葬具为 2 件大口釜。

（10）刘家堡子瓮棺葬[51]：发现汉代瓮棺 1 座，葬具为陶罐 2 件、豆盘 1 件。葬具组合方式为罐 - 罐 - 豆盘。

（11）尹家村瓮棺葬[52]：发现汉代瓮棺葬 4 座，出土葬具 9 件，其中瓮 2 件、盆 3 件、大口釜 2 件、罐 1 件、钵（碗）1 件。葬具组合方式为瓮 - 瓮 - 罐、釜 - 釜 - 钵、盆 - 瓦 - 陶片和盆 - 瓦 - 盆。

（12）三道壕瓮棺葬[53]：共计发现有 348 座，只有 8 座的葬具信息清楚。统计 8 座，出土葬具 21 件，其中大口釜 2 件、小口釜 11 件、筒形器 2 件、瓮 1 件、盆 2 件、钵 2 件、壶 1 件。葬具组合方式为瓮 - 大口釜、大口釜 - 小口釜（2 座）、筒形器 - 小口釜 - 瓦、小口釜 - 小口釜 - 小口釜 - 壶片、小口釜 - 小口釜 - 钵（2 座）、盆 - 筒形器 - 盆。

除此之外，辽阳唐户屯、喀左南洞沟和营口槐树房也都有大量的瓮棺葬发现，但资料工作很少，故未做统计分析。

三、瓮棺葬具的统计分析

据笔者统计，环渤海地区发现有大量瓮棺葬，但葬具类型主要有15种，分别为大口釜、小口釜、筒形瓮、筒形器、陶瓮、陶盆、陶罐、钵（碗）、陶盘、陶甑、陶尊、陶鬲、舟形器、豆盘和壶等（图一）。葬具总数共计1943件，其中大口釜1080件，小口釜101件、筒形瓮213件、筒形器32件、陶瓮88件、陶盆286件、陶罐102件、碗（钵）14件、陶尊1件、陶盘8件、陶甑11件、陶鬲1件、陶壶1件、豆盘2件和舟形器3件（图二，表一）。

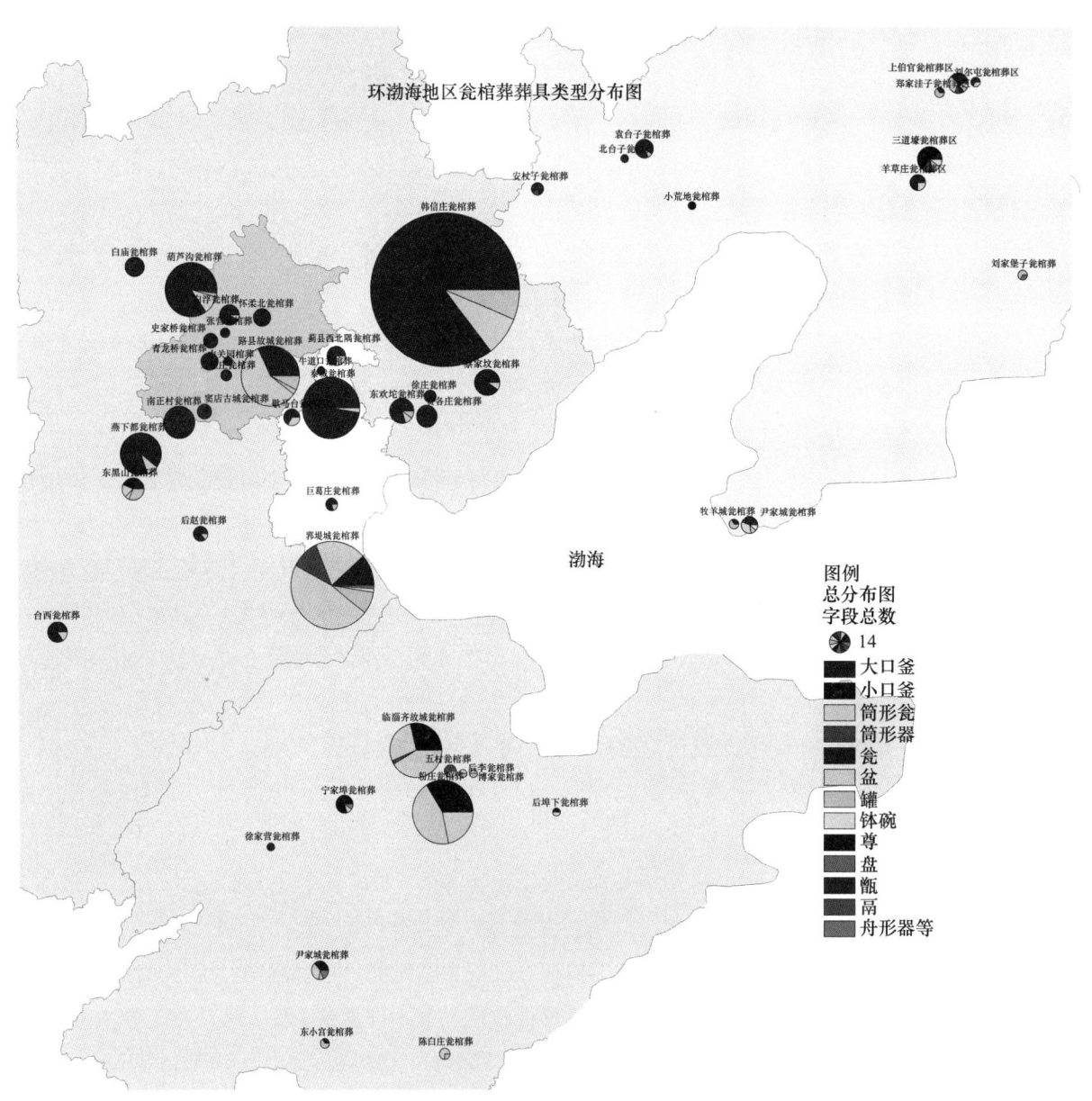

图一　环渤海地区瓮棺葬葬具类型分布图

表一　环渤海地区各葬具数量统计

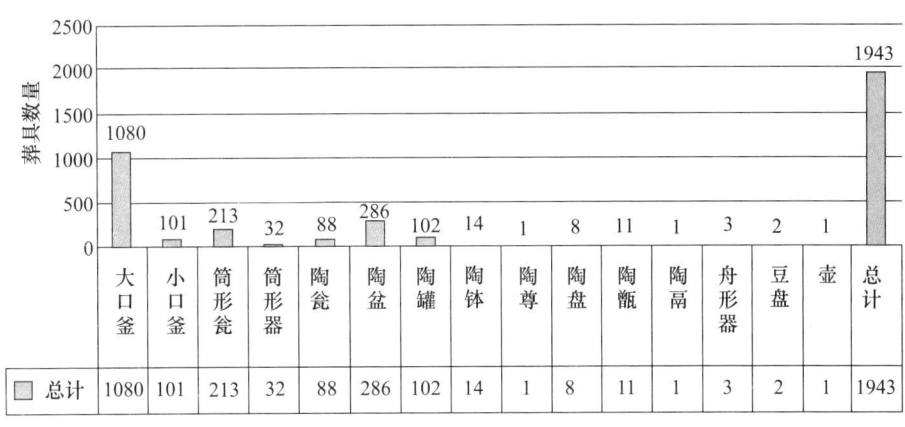

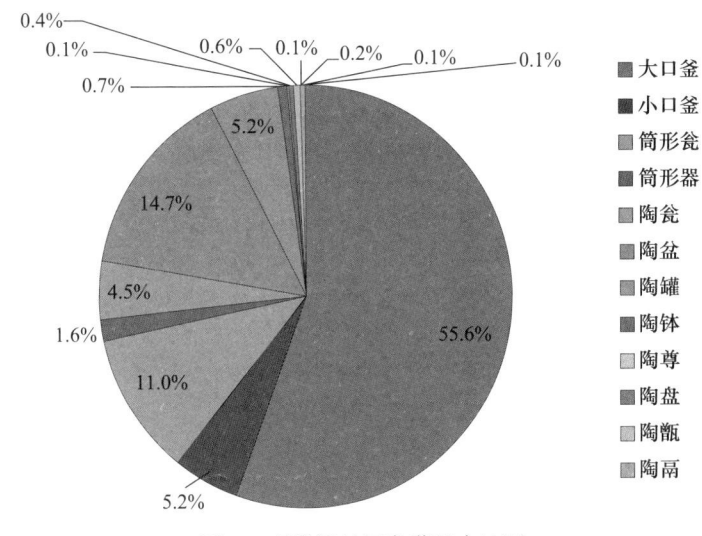

图二　环渤海地区各葬具占比图

根据图二、表一统计发现各种葬具类型在总葬具中所占比例存在巨大差异，其大口釜所占比重最高约为55.6%，接着是陶盆约占14.7%，筒形瓮约占11%，陶瓮、小口釜和陶罐分别各占约5.2%、5.2%和4.5%，剩余其他器物占比不足4%。从整个环渤海地区来看，瓮棺葬最常用的葬具就是大口釜，其次是陶盆和筒形瓮，再次为小口釜、陶瓮和陶罐，其他葬具所用很少。

从瓮棺葬葬具组合方式来看，该地区瓮棺葬葬具的数量从1件到5件不等。其中2件和3件葬具的瓮棺葬最为常见，分别有379座和334座（表二），约占所有瓮棺葬的49.1%和42.8%。

其中在两件葬具组成的瓮棺葬中，釜-釜组合的瓮棺葬数量最多，有143座，约占整个2器瓮棺葬的37.5%，占整个瓮棺葬的18.5%；除此之外，筒形瓮-筒形瓮组合的瓮棺葬数量约有72座，约占整个2器瓮棺葬的18.9%，占整个瓮棺葬的9.3%。在3件葬具组成的瓮棺葬中釜-釜-釜组合的瓮棺葬数量最多，有149座，约占整个3器瓮棺葬的44.8%，约占整个瓮棺葬的19.2%。

环渤海地区瓮棺葬葬具在不同的地区，存在葬具数量、种类和组合方式的异同，为更为细致全面地了解各地的瓮棺葬俗，现对各地区瓮棺葬葬具的情况统计分析如下。

表二　环渤海地区葬具组合数量统计

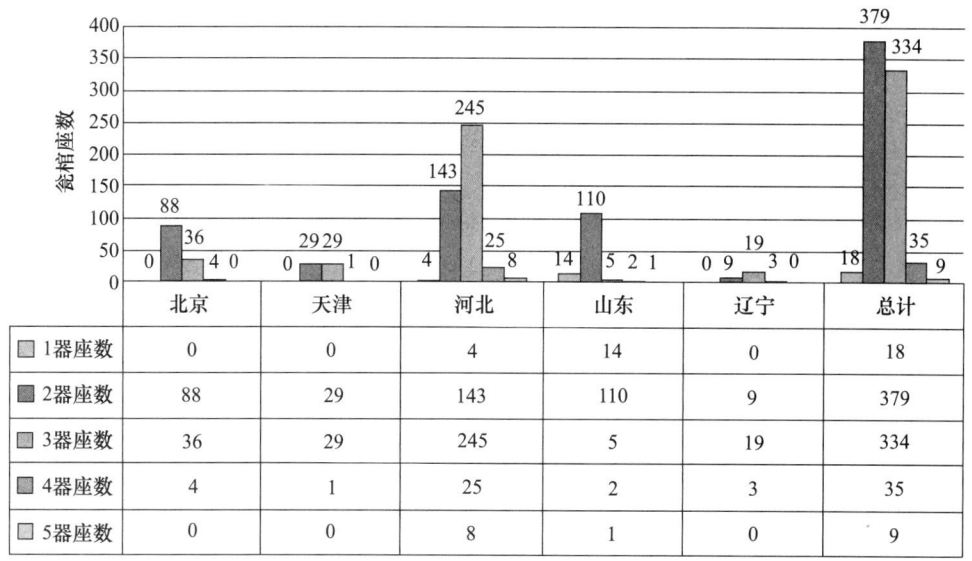

	北京	天津	河北	山东	辽宁	总计
1器座数	0	0	4	14	0	18
2器座数	88	29	143	110	9	379
3器座数	36	29	245	5	19	334
4器座数	4	1	25	2	3	35
5器座数	0	0	8	1	0	9

1. 北京地区

北京地区的葬具类型主要有大口釜、筒形瓮、陶瓮、陶盆、陶罐和陶甑，发现各类葬具297件，具体情况如下（表三，图三）。

表三　北京地区瓮棺葬具统计

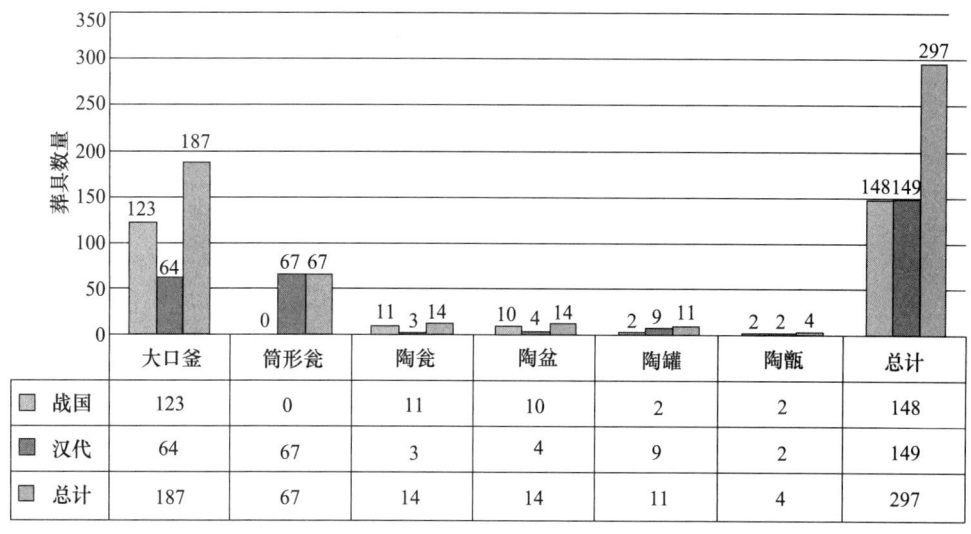

	大口釜	筒形瓮	陶瓮	陶盆	陶罐	陶甑	总计
战国	123	0	11	10	2	2	148
汉代	64	67	3	4	9	2	149
总计	187	67	14	14	11	4	297

从图三、表三中可以看出北京地区葬具的情况和整个环渤海地区相比既有一致的地方，也有不同的地方。在主要葬具方面该地区缺少小口釜和筒形器等葬具，在葬具数量方面大口釜依旧是所占比例最高的葬具，达到63%，但陶盆所占比例明显低于环渤海地区的14.7%，只有4.7%，另外比较特殊的是筒形瓮，该种葬具约占22.6%，是该地区数量第二多的葬具，但却只在路县故城瓮棺葬中有发现，其他地点均未发现。

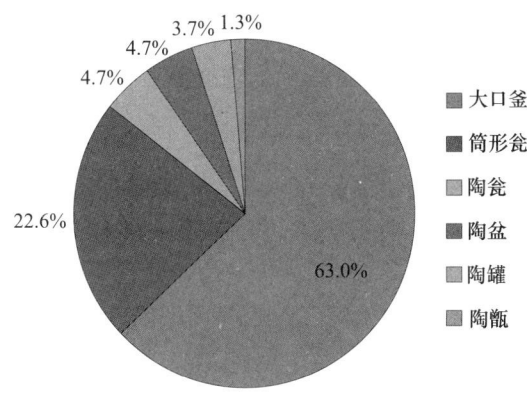

图三　北京地区各葬具占比图

从瓮棺葬葬具组合方式来看，该地区瓮棺葬葬具的数量有2件、3件和4件。2件葬具组成的瓮棺葬有7种，共计90座，约占该地区总数的70.3%；3件葬具组成的瓮棺葬有6种，共计34座，约占该地区总数的26.6%。其中两件葬具的组合方式中釜-釜组合的瓮棺葬最多，有37座，约占2器瓮棺葬的41.1%，占总数的28.9%；其次是筒形瓮-筒形瓮的组合方式，发现30座，约占2器瓮棺的33.3%，占总数的23.4%。在3件葬具的组合方式中釜-釜-釜数量最多，发现有21座，约占3器瓮棺葬的61.8%，占总数的16.4%；4件葬具的瓮棺葬仅有4座。

该地区的路县故城瓮棺葬是发现瓮棺葬最多的一处地点，但该地的葬具种类、组合关系等都不同于周边地区，葬具种类方面只有大口釜、筒形瓮、盆和罐四种，且在数量上筒形瓮发现最多有67件，约占57.8%，大口釜有37件，只占约31.9%。在葬具组合方式方面，也是筒形瓮-筒形瓮的组合方式最多，有30座，约占总墓葬数的51.7%。

2. 天津地区

天津地区的葬具类型主要有大口釜、陶瓮、陶盆、陶罐和陶钵，发现各类葬具149件，具体情况如下（表四，图四）。

表四　天津地区各葬具统计

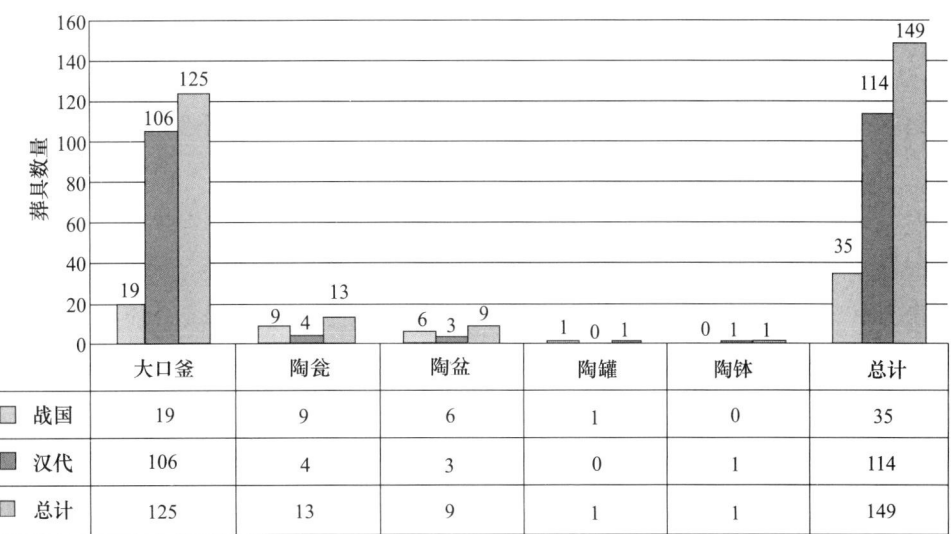

	大口釜	陶瓮	陶盆	陶罐	陶钵	总计
战国	19	9	6	1	0	35
汉代	106	4	3	0	1	114
总计	125	13	9	1	1	149

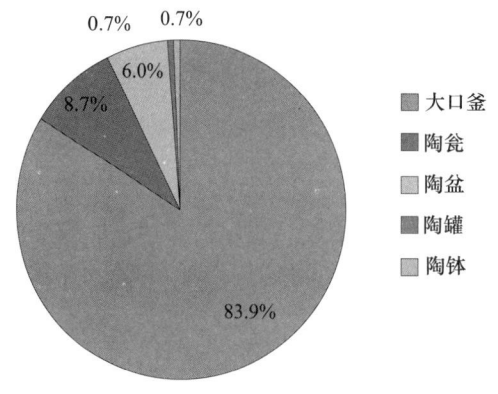

图四 天津地区各葬具占比图

从图四、表四中可见天津地区的葬具情况相较整个环渤海地区来看，主要葬具方面缺少小口釜、筒形瓮和筒形器等葬具。在葬具数量方面，大口釜所占比重相较整个环渤海地区更高，大约达到83.9%，其次是陶瓮和陶盆分别占约8.7%和6%，其他葬具只占不到2%。

从瓮棺葬葬具组合方式来看，该地区瓮棺葬葬具的数量有2件、3件和4件。2件葬具组成的瓮棺葬有5种，共计29座，约占该地区总数的49.1%；3件葬具组成的瓮棺葬有6种，共计29座，约占该地区总数的49.1%。其中两件葬具的组合方式中釜-釜组合的瓮棺葬最多，有19座，约占2器瓮棺葬的65.5%，占总数的32.2%，在3件葬具的组合方式中釜-釜-釜数量最多，发现有20座，约占3器瓮棺葬的69%，占总数的34%。

比较特殊的是该地区窦庄子瓮棺葬，该处瓮棺葬只发现1座，年代为东汉时期，由3座陶瓮组成。这与该地区整体葬具情况不一致，但由于墓葬数量太少，没有太大比对意义。

3. 河北地区

河北地区的葬具类型比较丰富，主要有大口釜、小口釜、筒形瓮、筒形器、陶瓮、陶盆、陶罐、陶钵、陶尊、陶盘和陶甑等，发现各类葬具1152件，具体情况如下（表五，图五）。

从图五、表五中可见河北地区的葬具总体情况相较整个环渤海地区来看，主要葬具种类基本不缺失，大口釜所占比重仍高于整个环渤海地区的平均值，约占64.3%，但小口釜所占比例很小，占比不到1%，其他主要葬具的比例分别是陶盆15.5%、筒形瓮5%、陶瓮4%、陶罐6.5%，这基本与整个环渤海地区的情况相符。

从瓮棺葬葬具组合方式来看，该地区瓮棺葬葬具的数量从1件到5件都有。1件葬具组合有3种，共计4座；2件葬具组成的瓮棺葬有18种，共计143座；3件葬具组成的瓮棺葬有33种，共计245座；4件葬具组成的瓮棺葬有9种，共计25座；5件葬具组成的瓮棺葬有8种，共计8座。总体来看，占比最高的分别是3件葬具瓮棺和2件葬具瓮棺，分别为57.6%和33.6%。在2件葬具的瓮棺葬中，釜-釜组合方式发现最多有63座，约占2器中的44.1%，约占总座数14.8%；其次最多的就是盆-筒形瓮，共有22座，约占2器中的15.4%，占总座数的5.2%。在3件葬具的组合方式中釜-釜-釜数量最多，发现有107座，约占3器中的43.6%，约占总墓葬25.2%。釜-釜-罐有23座，占9.4%，约占总座数的5.4%。

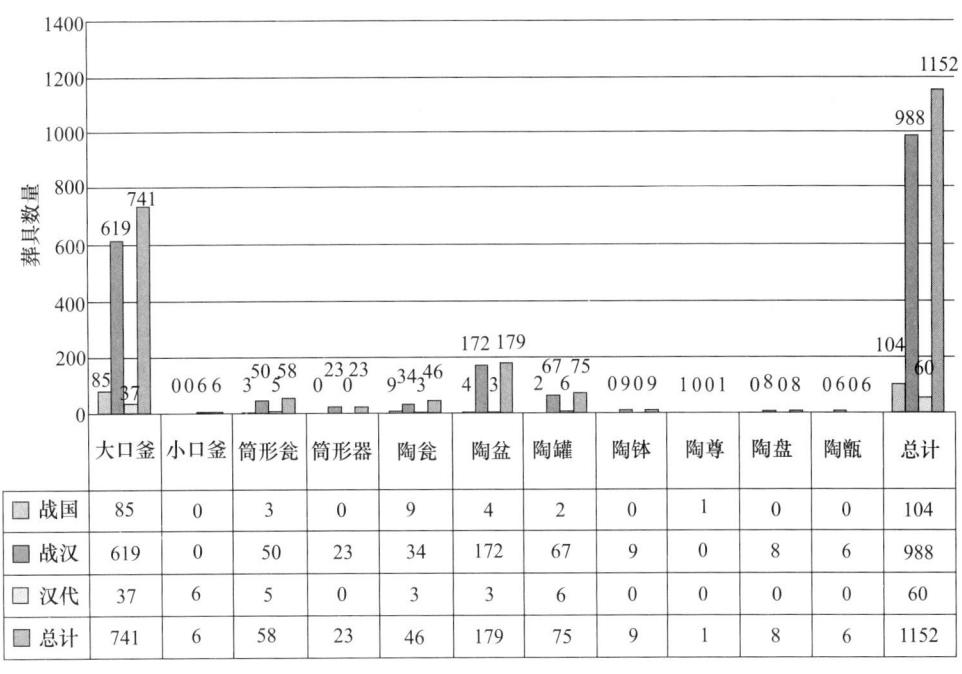

表五　河北地区各葬具统计

	大口釜	小口釜	筒形瓮	筒形器	陶瓮	陶盆	陶罐	陶钵	陶尊	陶盘	陶甑	总计
战国	85	0	3	0	9	4	2	0	1	0	0	104
战汉	619	0	50	23	34	172	67	9	0	8	6	988
汉代	37	6	5	0	3	3	6	0	0	0	0	60
总计	741	6	58	23	46	179	75	9	1	8	6	1152

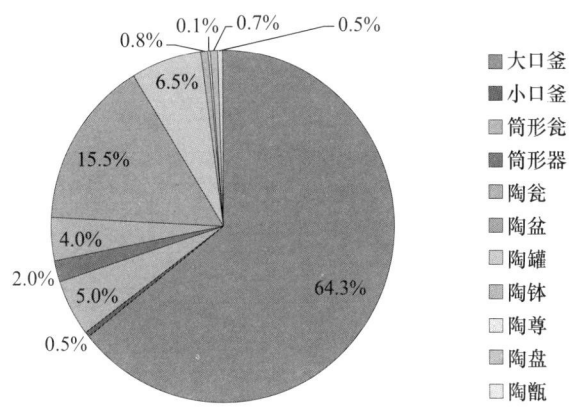

图五　河北地区各葬具占比图

该地区的郭堤城、东黑山和后赵瓮棺葬较为特殊，其内部葬具的统计情况明显不同于该地区平均情况。其中郭堤城瓮棺葬中大口釜所占比例明显偏少仅 11.6%，陶盆比例却明显高于该地区的平均水平，约占 46.5%，除此之外，筒形瓮和筒形器的比例也特别高，分别约占 20.7% 和 9.5%。在葬具组合方面盆-筒形瓮的组合方式最多，发现 22 座，约占 21.2%；其次是盆-筒形器-盆 14 座、盆-罐 12 座和盆-板瓦-盆 9 座，分别约占该处瓮棺葬 13.5%、11.5% 和 8.7%。

东黑山瓮棺葬是该地区明确有东汉时期瓮棺的地点，其东汉时期的葬具主要是陶罐。另外，在西汉时期瓮棺葬中发现有用小口釜作为葬具的情况，这种现象在该地区仅发现于东黑山瓮棺葬和后赵瓮棺葬。

4. 山东地区

山东地区的葬具类型主要有小口釜、筒形瓮、筒形器、陶瓮、陶盆、陶罐、陶盘、陶鬲和舟形器等，发现各类葬具 262 件，具体情如下（表六，图六）。

表六　山东地区各葬具统计

	小口釜	筒形瓮	筒形器	陶瓮	陶盆	陶罐	陶鬲	舟形器	豆盘	总计
战国	0	0	0	0	1	1	0	0	1	3
战汉	34	79	2	1	46	0	0	0	0	163
汉代	47	5	3	4	29	5	1	3	3	96
总计	81	84	5	5	76	6	1	3	1	262

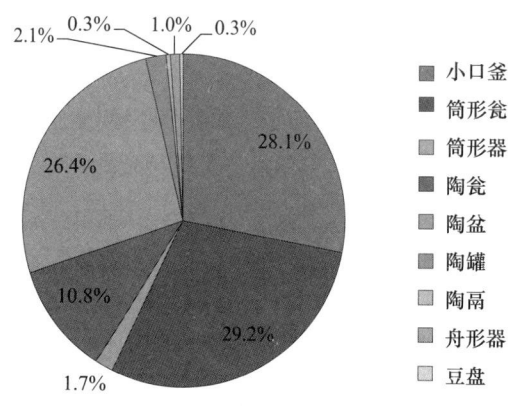

图六　山东地区各葬具占比图

从图六、表六中可见山东地区的葬具总体情况相较整个环渤海地区来看差别比较大。从主要葬具类型来看，未见在北京、天津和河北地区占据绝对数量优势的大口釜。从葬具所占比重上来看，没有某一类葬具占据主导地位的现象，而是呈现出筒形瓮、小口釜和陶盆三类葬具均势的情况，各比值均接近30%。

从瓮棺葬葬具组合方式来看，该地区瓮棺葬葬具的数量从1件到5件都有。1件葬具组合有6种，共计14座；2件葬具组成的瓮棺葬有10种，共计110座；3件葬具组成的瓮棺葬有4种，共计5座；4件葬具组成的瓮棺葬有2种，共计2座；5件器物组成的瓮棺葬有1种，共计1座。总体来看，2件葬具的瓮棺葬数量最多，约占总数的83.3%。在2件葬具的瓮棺葬中，组合方式为筒形瓮-筒形瓮的数量最多，发现34座，其在2件葬具的瓮棺葬中约占30.9%，在所有瓮棺葬中约占25.8%。其次是小口釜-盆和小口釜-小口釜葬具的组合类型，分别发现24座和20座，在2件葬具的瓮棺葬中分别约占21.8%和18.2%，在所有瓮棺葬中分别约占18.2%和15.2%。除此之外，筒形瓮-盆和盆-盆葬具组合方式的瓮棺也有一定的发现，分别有9座和11座，在2件葬具的瓮棺中占比分别约为8.2%和10%，在所有葬具中占比6.8%和8.3%。

5. 辽宁地区

辽宁地区出土瓮棺的地点和数量都有很多，葬具的种类也最为丰富。

根据现有资料，该地区葬具类型主要有大口釜、小口釜、筒形瓮、筒形器、陶瓮、陶盆、陶罐、陶碗（钵）、陶甑、陶壶和豆盘等，发现各类葬具83件，具体情况如下（表七，图七）。

表七　辽宁地区各葬具统计

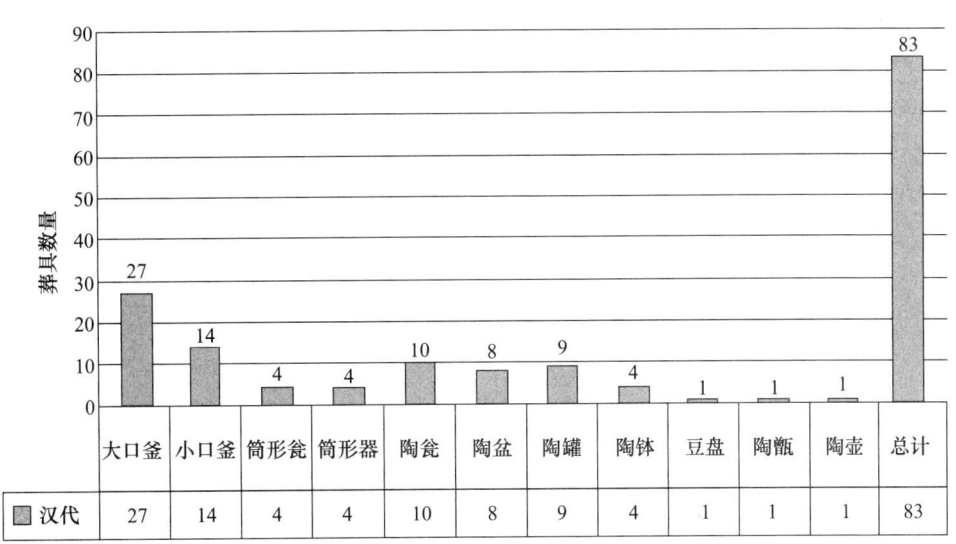

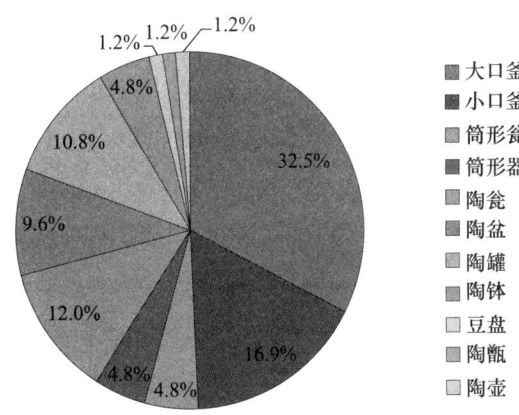

图七　辽宁地区各葬具占比图

从图七、表七中可见辽宁地区的葬具种类比较全，基本覆盖了环渤海地区主要的葬具种类。从所占比重上看大口釜约为32.5%，虽然相较环渤海地区的平均值来看下降了很多，但依然是占比最高的葬具种类，除此之外其他葬具的占比更加趋于平衡，其中小口釜、陶瓮、陶盆和罐四种葬具所占比例均在10%~17%。筒形瓮和筒形器则各占4.8%。

在从瓮棺葬葬具组合方式来看，2件葬具组合方式的5种，共计9座；3件葬具组合方式的15种，共计19座；4件葬具组合方式的2种，3座。在各种葬具组合方式中不见哪种组合方式数量占有绝对优势。

鉴于辽宁地区瓮棺葬有关的论文和报告中很少涉及葬具的基本信息，故本文可进行统计分析的葬具标本量较少，可对比性与代表性不强，得出的统计结果与认识有待今后考古发掘资料的进一步完善与验证。

四、环渤海地区瓮棺葬的分区

通过对环渤海地区所有出土瓮棺葬具及各地区的瓮棺葬具的统计分析，笔者认为整个环渤海地区的瓮棺葬可明显分为 4 个不同的区域，这其中有 2 个区域是具有自身典型瓮棺葬俗的原生瓮棺葬俗区，即燕式瓮棺葬区和齐式瓮棺葬区；有 2 个区域是兼容不同瓮棺葬俗的次生瓮棺葬俗区或者缓冲带，即关外瓮棺葬区和燕齐瓮棺葬俗缓冲带（图八）。每一个区域在瓮棺葬的葬具类型、数量和组合方式上都有一定的特点，但它们之间并不是相互封闭独立的，而是存在着广泛的葬俗交流和影响。下面笔者就对这个 4 个不同的区域分布及葬具情况进行详细介绍和分析。

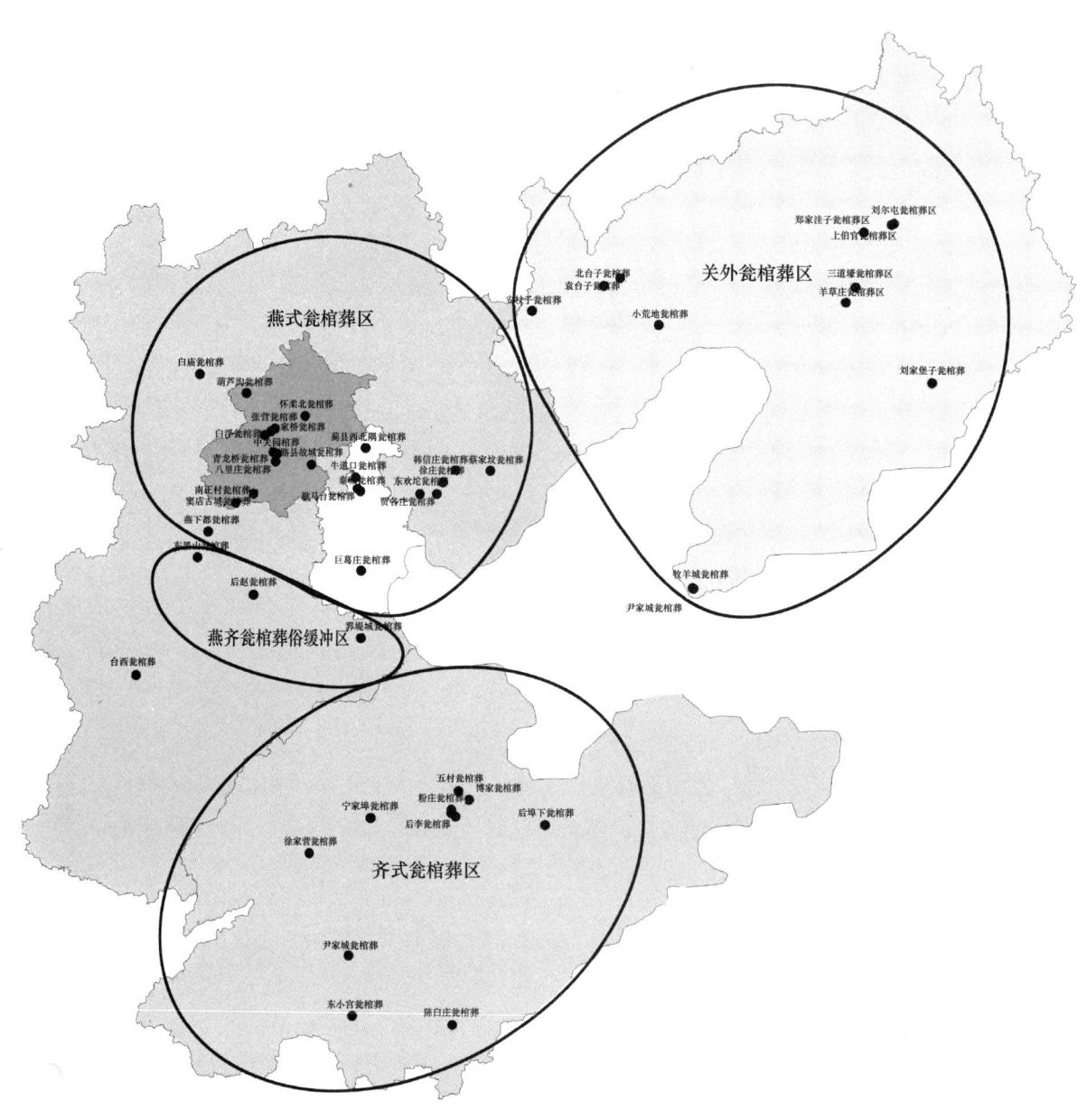

图八　环渤海地区瓮棺葬分区图

1. 燕式瓮棺葬区

该区域位于整个环渤海地区的西北，是燕文化的主要分布区。核心区域主要位于河北省的中北部以及整个北京和天津地区，南部可能延伸到河北省的中南部地区，但由于资料公布不详细，现不是很明确。东北界线基本为现在河北和辽宁的分界处即大致在山海关附近。该区域发现的瓮棺葬具种类主要是生活实用器，也有部分专门烧制的，包括有大口釜、筒形瓮、瓮、盆、罐、钵（碗）、盘和甑等。其中大口釜数量最多，约占该区域瓮棺葬具的76.3%，因此有学者就提出"瓮棺葬"表述不准确，应该为"釜棺葬"的说法，如果单从该地区葬具统计情况看，确实叫作"釜棺葬"好像更为准确[54]。其他葬具有筒形瓮、瓮、盆和罐，分别约占5.4%、5.4%、6.6%和4.5%。该区域内不见小口釜和筒形器等葬具，筒形瓮也仅在路县故城和燕下都等地有发现。

从瓮棺葬葬具组合方式来看，该地区瓮棺葬葬具的数量多为3件，共发现262座，约占整个瓮棺葬数量的53.2%；其次为2件，共发现190座，约占整个瓮棺葬数量的38.6%。具体的葬具组合方式中，釜-釜-釜的数量最多，发现146座，其次是釜-釜组合，发现113座。另外葬具中含有大口釜的瓮棺葬发现有445座，占比接近90.4%。

总之，燕式瓮棺葬区的核心区域主要位于河北省的中北部以及整个北京和天津地区，该区域内葬具主要以大口釜为主，占比约为76.3%，区域内不见小口釜分布。葬具组合方式以3件和2件葬具组合为最常见，最主要的组合方式为釜-釜-釜和釜-釜。瓮棺葬的年代最早可以到战国早期，拥有自己独特的瓮棺葬葬具和典型的组合方式，推测该区域应该是瓮棺葬俗的原生文化区。代表性遗址有韩新庄瓮棺葬、秦城瓮棺葬、葫芦沟瓮棺葬和南正村瓮棺葬。

2. 齐式瓮棺葬区

该区域位于整个环渤海地区的南部，是齐文化的主要分布区。核心区域主要是现在的山东地区。该区域发现的瓮棺葬具种类既有生活日常用器：小口釜、瓮、盆、罐、盘、陶和鬲舟形器；也有专门烧制的瓮棺葬具：筒形瓮、筒形器。其中筒形瓮、小口釜和陶盆的数量大体相当，占比都接近30%。在主要葬具方面，该区域没有发现渤海西北区占绝对优势的葬具——大口釜。

从瓮棺葬葬具组合方式来看，该地区瓮棺葬葬具的数量多为2件，共发现110座，约占整个瓮棺葬数量的83.3%。具体的葬具组合方式中，筒形瓮-筒形瓮的数量最多，发现34座，小口釜-盆和小口釜-小口釜的组合分别发现有24座和20座，另外筒形瓮-盆和盆-盆葬具组合方式分别有9座和11座。

总之，齐式瓮棺葬区的核心范围基本和现代山东省相吻合，该区域内葬具主要以筒形瓮、小口釜和陶盆为主，这三种葬具占据接近90%的比重，区域内不见大口釜的分布。葬具组合方式以2件葬具组合为最常见，最主要的组合方式为筒形瓮-筒形瓮、小口釜-小口釜以及与盆相关的组合方式如盆-筒形瓮、盆-小口釜和盆-盆等。该区瓮棺葬的年代最早可到战国时期，且拥有自己独特的瓮棺葬葬具和组合方式，推测该区域应该是瓮棺葬俗的原生文化区。代表性瓮棺葬群有粉庄瓮棺葬和临淄齐故城瓮棺葬。

3. 关外瓮棺葬区

该区域位于整个环渤海地区的东北部，核心区域主要是现在的辽宁地区。该区域西界基本位于辽宁和河北的边界即山海关处。该区域发现的瓮棺葬具种类既有生活日常用器：大口釜、小口釜、瓮、盆、罐、盘、钵和甑；也有专门烧制的瓮棺葬具：筒形瓮、筒形器。由于该地区资料公布不详，该次统计分析的标本量太少，可能对该地区实际情况的描述有一定局限性。但就现有情况看，该区域葬具种类最为丰富，包含了所有燕式和齐式瓮棺葬区的主流葬具，虽然大口釜的数量依旧较多，但各类葬具之间的数量更趋于平衡。

从葬具组合方式来看，该区域瓮棺葬葬具的数量多为3件，发现约19座，约占整个瓮棺葬数量的61.3%。但具体的葬具组合并没有明显的主流方式。

总体来看，该区域融合了燕式和齐式瓮棺葬区的特点，兼容了以上2个区域的葬具类型和组合方式。同时又有一定的本土化成分，如该地区的釜不仅有典型的大口釜（燕地釜）和典型的小口釜（齐地釜），也有一种较为特殊的本土陶釜。因此就有学者将辽宁地区的瓮棺葬所用釜细分为燕文化因素釜、汉文化因素釜和辽东土著文化的釜[55]。该区域内现已发现的瓮棺葬年代都比较晚，未见明确战国时期遗存，加之没有代表该地特色的葬具类型和组合方式，因此该区域更像是受燕式和齐式瓮棺葬俗影响形成的次生瓮棺葬俗区。

4. 燕齐瓮棺葬俗缓冲带

该缓冲带位于整个环渤海地区的西部，大致位于河北东黑山瓮棺葬和郭堤城瓮棺葬之间的连线区域。是燕式瓮棺葬区和齐式瓮棺葬区两个原生瓮棺葬俗区域之间的缓冲地带。在该区域内发现的东黑山、后赵和郭堤城等瓮棺葬的葬具类型或组合方式上往往具有燕式和齐式的双重葬俗特征，表现出明显的文化缓冲带的特点。

东黑山瓮棺葬，共发现各类葬具16件，其中包括燕式瓮棺葬俗中最常见的大口釜3件，以及最常见的葬具组合方式釜-釜-釜；同时也发现有齐式瓮棺葬俗中最常见的葬具小口釜4件，以及小口釜-小口釜的组合方式。另外，在后赵瓮棺葬中发现有3件燕式瓮棺葬俗中最常见的大口釜和最常见的组合方式釜-釜，以及2件齐式瓮棺葬俗中最常见的葬具小口釜和小口釜-小口釜的组合方式。

郭堤城瓮棺葬区发掘有104多座瓮棺葬，出土各类葬具241多件，见有燕式瓮棺葬俗中最主要的葬具大口釜，但数量较少，仅发现28件，含大口釜葬具的瓮棺葬也仅有24座，占比分别为11.6%和23.1%。而在燕式瓮棺葬区内大口釜占总葬具的比例为76.3%，含有大口釜的瓮棺葬数占比更是接近90.4%。可见郭堤城瓮棺葬俗明显不同于燕式瓮棺葬区的特征。

葬具类型方面，郭堤城瓮棺葬中虽不见齐式瓮棺葬俗中的小口釜，但陶盆、筒形瓮和筒形器占比很高，分别约占46.5%、20.7%和9.5%。这明显不同于燕式瓮棺葬的特点，而更接近齐式瓮棺葬中陶盆、筒形瓮占比较高的特点。从组合方式来看，郭堤城瓮棺葬中含有陶盆或筒形器（筒形瓮）的瓮棺葬数明显较多，分别占80.7%和61.5%。而含有这两种葬具的瓮棺葬在齐式瓮棺葬中的占比分别是45.5%和39.3%。可以说郭堤城瓮棺葬在葬具种类方面含有燕式瓮棺中的典型葬具大口釜，但在葬具组合方面确又更接近齐式瓮棺葬中盆、筒形瓮葬具组合占比较高的特点。

五、相关问题探讨

环渤海地区不同的瓮棺葬俗，反映的是背后不同人群的迁移和不同文化的交流融合。不论是人群的迁移还是文化的交流总会有具体的路线。环渤海地区瓮棺葬主要葬具大口釜、小口釜和筒形瓮的分布情况，也许可以为我们进一步了解不同的人群迁移和文化交流路线提供新的可能。

大口釜作为燕式瓮棺葬最主要的葬具，在北京、天津和河北中北部及部分中南部地区都有分布，另外在以辽宁地区为主的关外瓮棺葬区也有广泛的分布，甚至可以影响到辽东半岛的最南端如尹家村瓮棺葬区。虽然其数量很多、分布范围很广、影响力很大，但是不论是从渤海湾西部区域还是从辽东半岛区域，大口釜都未能进入齐式瓮棺葬的区域即现在的山东地区。同样，作为齐式瓮棺葬区典型葬具的小口釜，也广泛分布于山东地区以及以辽宁地区为主的关外瓮棺葬区，其在关外瓮棺葬区分布的最西部甚至可以到达辽西的小荒地，但再往西进入燕式瓮棺葬区域就再没有该类葬具的发现了。在另一侧的渤海湾西岸，目前发现小口釜最北、最西的地点便是东黑山瓮棺葬，再往北往西就不见该类葬具的发现，也就是在北京、天津以及河北的东北部区域（张家口、承德、唐山和秦皇岛）无该类葬具的分布。

筒形瓮作为专门为瓮棺葬烧制的一种特殊器类，应是随着瓮棺葬俗的兴起而发展起来的。现有资料显示，最早发现该类葬具的地点为燕下都，年代是战国早期；其次是山东临淄齐故城也发现有战国时期的该类葬具，并发展成该地区的主流葬具之一。再往后发展，在北京的路县故城、河北郢堤城和辽宁地区都有大量发现。从年代先后及发现数量上看，该类葬具应是产生于燕式瓮棺葬区域，然后传播到齐式瓮棺葬和关外瓮棺葬区域，并成为当地重要的葬具种类。但比较让人不解的是筒形瓮是如何传播到关外瓮棺葬区的，从现有资料来看关内最东北部的筒形瓮发现地点为北京路县故城，再往东北一直到关外瓮棺葬区之间的广大区域，虽有众多的瓮棺葬分布，却从没有发现过筒形瓮。筒形瓮是如何跳过这些地区传到关外的呢？还是说其根本就不是通过该地区而是通过山东半岛跨过渤海湾传入关外的呢？这些疑问的解答，可能还需要更进一步的工作。

从大口釜、小口釜和筒形瓮的分布范围我们可以明显地看出，燕式瓮棺葬俗和齐式瓮棺葬俗的传播线路及其交流、融合和抵触的情况。其一，以大口釜为主要葬具的燕式瓮棺葬俗向东北地区传播，越过山海关区域进入关外地区，便迅速在没有主流文化传统的关外地区传播开来，但是在向东南部的山东地区传播时，由于受到当地传统齐文化影响而不能很好的快速传播，只有部分葬俗（如筒形瓮等葬具）传入齐地，并在当地不断发展，而作为燕式瓮棺葬最主要代表的大口釜却不被当地所接受。其二，以小口釜为代表的齐式瓮棺葬越过渤海湾进入东北地区，也迅速在没有主流文化传统的关外瓮棺葬区广泛传播，最西可到达辽西的小荒地，但未能进一步西进，迈入燕式瓮棺葬区。其在渤海湾西侧向北部传播时，受到当地传统燕文化的部分排斥，也未能进一步深入。因此便在燕齐交接的郢堤城和东黑山一带形成了文化缓冲带。

至此环渤海地区瓮棺葬俗的传播路线便基本可以明确（图九），一方面是燕式瓮棺葬俗从中心区域越过山海关向关外的辽宁地区传播；齐式瓮棺葬俗跨过渤海湾向关外地区传播。两者在关外地区相互交流、融合和发展，形成了关外次生瓮棺葬俗区。另一方面是两种原生瓮棺葬俗的直接接

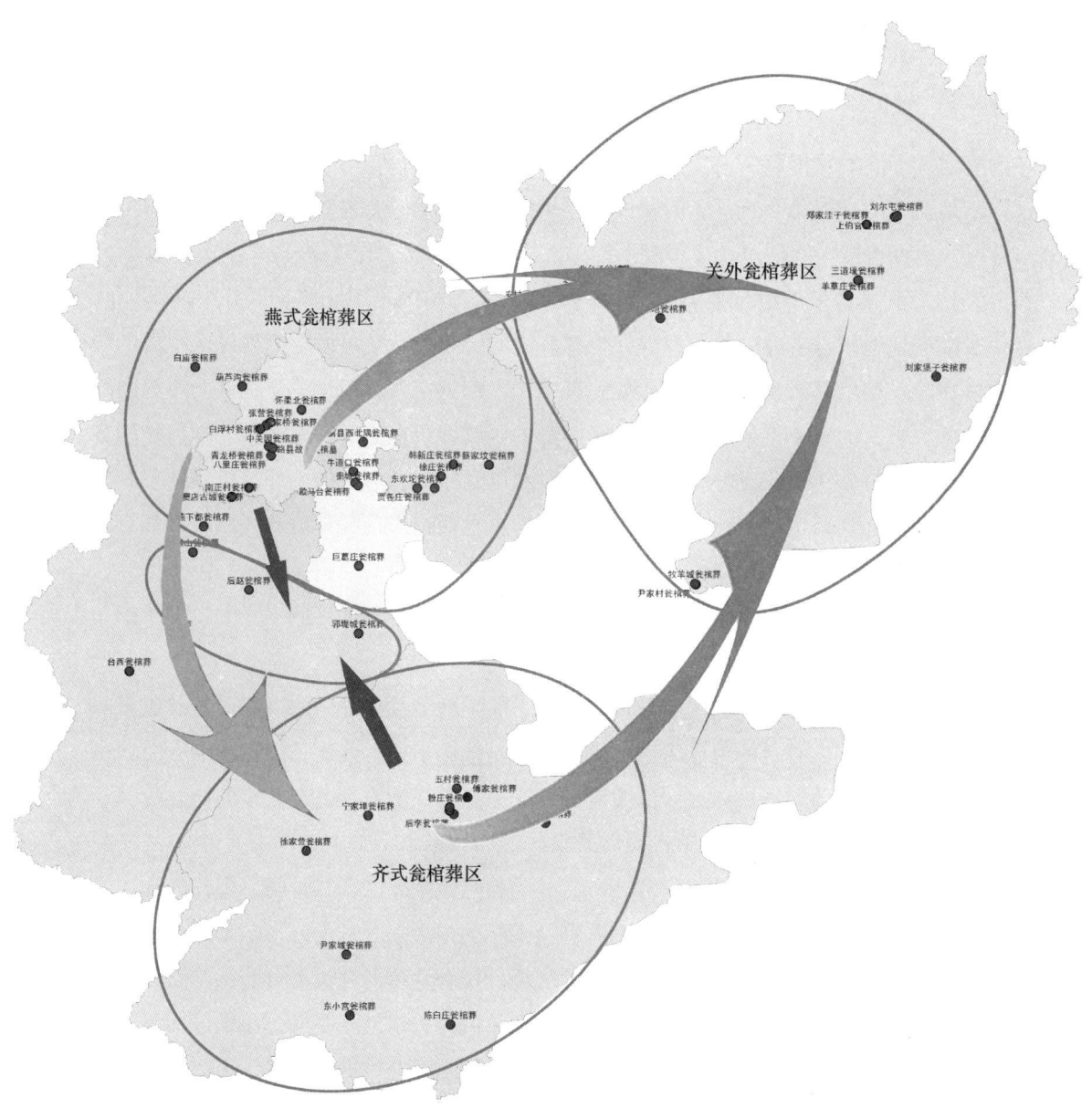

图九 环渤海地区瓮棺葬俗传播路线图

触,既有完美融合的表现,如筒形瓮的传播和发展,也有对峙和排斥,如小口釜和大口釜分布的格格不入,并进而在两者边界地区形成一条燕齐瓮棺葬俗缓冲带。

六、结　语

根据前文的统计分析,环渤海地区瓮棺葬在葬具种类上既有日常的生活用器,如大口釜、小口釜、盆、瓮、罐和甑等,也有专门烧制的葬具,如筒形瓮、筒形器等。在组合方式方面多集中在用2件或3件葬具,也存在部分1件、4件和5件葬具的情况。这些葬具和葬具组合形式在各地存在异同。从共性看,盆、罐和筒形瓮等都是各地常见的葬具,尤其是专门作为葬具烧制的筒形瓮在各地同时存在，更值得注意的是，筒形瓮-筒形瓮和盆-筒形瓮的2器组合方式普遍见于各地区。从异性看，各地区的差异较为显著。譬如，大口釜流行于燕式瓮棺葬区、关外瓮棺葬区和燕齐文化缓冲带，却不见于齐式瓮棺葬区；燕式瓮棺葬中最流行的大口釜-大口釜和大口釜-大口釜-大口釜的组合方式也不见于齐式瓮棺葬区；齐式瓮棺葬区的小口釜及与小口釜相关的葬具组合类型不见于燕式瓮棺葬区。上述葬具和组合方式的共性和差异，说明环渤海地区瓮棺葬之间既有密切的交流和融合，又有一定的地域特色。通过对不同地区葬具和组合方式异同性分析，可以将环渤海地区的瓮棺葬分为不同的4个区域，分别是燕式瓮棺葬区、齐式瓮棺葬区、关外瓮棺葬区和燕齐瓮葬俗缓冲带，且各瓮棺葬区之间存在文化交流或人群流动，即燕式瓮棺葬区和齐式瓮棺葬区作为最主要的两个瓮棺葬区，向彼此和关外葬区不断辐射、扩散和影响，进而形成了现有的环渤海地区瓮棺葬情形。

注　释

[1] 许宏：《略论我国史前时期的瓮棺葬》，《考古》1989年第4期。
[2] 白云翔：《战国秦汉时期瓮棺葬研究》，《考古学报》2001年第3期。
[3] 尚珩、白岩等：《北京通州路县故城瓮棺墓》，载该文集内。注：该葬地中的4座残陶片和瓦片墓不计入统计范围，同时文中两至多件加砂红陶釜套接和夹砂红陶釜与陶罐套接的葬具组合方式由于不知道具体葬具数量，本文统计均作为釜-釜和釜-罐的两件葬具计算。
[4] 北京市文物研究所拒马河考古队：《北京市窦店古城调查与试掘报告》，《考古》1992年第8期。注：葬具组合方式后不标注座数的均为1座。
[5] 北京市文物研究所：《南水北调北京段考古发掘报告集》，科学出版社，2008年。
[6] 北京市文物工作队：《北京昌平白浮村汉、唐、元墓葬发掘》，《考古》1963年第3期。注：文中只说用2～4件大口釜组成，未具体说明每类座数，本文统计每类各用1座的基础上，再取一座2釜瓮棺葬。
[7] 北京市文物工作队：《北京昌平史家桥汉墓发掘》，《考古》1963年第3期。
[8] 北京市文物工作队：《北京怀柔城北东周两汉墓葬》，《考古》1962年第5期。
[9] 北京市文物研究所：《北京考古四十年》，北京燕山出版社，1990年。
[10] 北京市文物研究所、北京市昌平区文化委员会：《昌平张营》，文物出版社，2007年。
[11] 北京市文物研究所：《北京考古四十年》，北京燕山出版社，1990年。
[12] 北京市文物研究所：《北京考古四十年》，北京燕山出版社，1990年。
[13] 北京市文物研究所：《北京考古四十年》，北京燕山出版社，1990年。
[14] 纪烈敏：《蓟县西北隅战国至辽墓地》，《中国考古学年鉴》(1993)，文物出版社，1995年。
[15] 天津市历史博物馆考古队：《天津宝坻县牛道口遗址调查发掘简报》，《考古》1991年第7期。
[16] 天津市文化遗产保护中心等：《宝坻县歇马台遗址试掘报告》，《天津考古》(一)，科学出版社，2013年。
[17] 天津市历史博物馆等：《宝坻县秦城遗址试掘报告》，《考古学报》2001年第1期。
[18] 云希正：《天津市郊古遗址古墓葬的调查与发掘记略》，《北国春秋》1959年第1期；天津市文化局考古队：《天津南郊巨葛庄战国遗址和墓葬》，《考古》1965年第1期。
[19] 天津市文物管理处：《天津南郊窦庄子隋墓和汉代瓮棺葬》，《文物资料丛刊》1，文物出版社1977年。
[20] 安志敏：《河北省唐山市贾各庄发掘报告》，《考古学报》第6册，1953年。
[21] 河北省文物研究所：《燕下都》(上、下册)，文物出版社，1996年；河北省文物研究所：《燕下都遗址内的两汉墓葬》，《河北考古文集》(二)，北京燕山出版社，2001年。
[22] 河北省文物研究所、唐山市文物管理处：《唐山东欢坨遗址战国遗址发掘报告》，《河北考古文集》(一)，东方出版社，1998年。

［23］张春长、翟良富：《滦县发现战国汉代瓮棺丛葬墓群》，《中国文物报》1996年9月22日；张春长：《滦县韩新庄战国汉代瓮棺丛葬墓》，《中国考古学年鉴（1997）》，文物出版社，1999年。注：笔者通过对当年发掘资料的初步整理了解了具体的葬具情况，文中统计了其中251座葬具较为明确的瓮棺葬，另外10座破坏严重无法统计。

［24］雷建红、马小飞等：《河北黄骅郭堤城瓮棺葬群》，《2016中国重要考古发现》，文物出版社，2017年第69页。该遗址为笔者发掘，了解具体情况，由于资料还没有完全整理出来，文中资料如与后期考古发掘报告资料略有出入，以发掘报告为准。

［25］吕学明：《卢龙蔡家坟遗址的瓮棺葬》，载本文集。

［26］张家口市文物事业管理所：《张家口市白庙遗址清理简报》，《文物》1985年第10期。

［27］任丘后赵遗址为配合大广高速公路工程考古发掘中发现，资料由陈伟先生提供。

［28］河北省文物管理委员会：《唐山市陡河水库汉、唐、金元、明墓发掘简报》，《考古通讯》1958年第3期。

［29］雷建红等：《藁城台西商、汉及宋代墓葬发掘简报》，《河北省考古文集》（五），科学出版社，2014年。

［30］南水北调中线干线工程建设局、河北省南水北调工程建设领导小组办公室、河北省文物局：《徐水东黑山遗址发掘报告》，科学出版社，2014年。

［31］山东省文物考古研究所：《章丘宁家埠遗址发掘报告》，《济青高级公路章丘工段考古发掘报告集》，齐鲁书社，1993年，第87页。

［32］山东省文物考古研究所：《山东广饶县傅家遗址的发掘》，《考古》2002年第9期。

［33］济青公路文物考古队：《山东临淄后李遗址第一、第二次发掘简报》，《考古》1992年第11期。

［34］山东省文物考古研究所：《山东潍坊后埠下墓地发掘报告》，《山东省配合高速公路考古报告集1997》，科学出版社，1999年。

［35］临沂市博物馆：《临沂的西汉瓮棺、砖棺、石棺墓》，《文物》1988年第10期。

［36］杨勇：《临淄齐故城瓮棺葬初探》，载本论文集。注：原有62座根据论文中可确定组合关系的有48座，按照48座统计。

［37］朱磊：《山东临淄粉庄2号墓地出土的瓮棺葬》，载本论文集；王子孟：《山东临淄粉庄1号墓地瓮棺葬墓》，载本论集。

［38］山东大学历史系考古专业教研室：《泗水尹家城》，文物出版社，1990年，第264、265页；山东省文物考古研究所、泗水县文物管理所：《2000年泗水尹家城遗址发掘报告》，《海岱考古》第二辑，科学出版社，2007年。

［39］党浩：《兖州市徐家营汉代墓地》，《中国考古学年鉴（2001）》，文物出版社，2002年。

［40］山东省文物考古研究所、广饶县博物馆：《广饶县五村遗址发掘报告》，《海岱考古》第一辑，山东大学出版社，1989年。

［41］山东省文物考古研究所、滕州市博物馆：《滕州东小宫墓地》，《鲁中南汉墓》，文物出版社，2009年。

［42］沈阳市文物工作组：《沈阳伯官屯汉魏墓葬》，《考古》1964年第11期。

［43］沈阳故宫博物馆等：《沈阳郑家洼子的两座青铜时代墓葬》，《考古学报》1975年第1期。

［44］辽宁省文物考古研究所：《羊草庄汉墓》，文物出版社，2015年。

［45］辽宁省文物考古研究所：《辽宁凌源安杖子古城址发掘报告》，《考古学报》1996年第2期。

［46］吉林大学考古系等：《辽宁锦西市邰集屯小荒地秦汉古城试掘简报》，《考古学集刊》第11集，中国大百科全书出版社，1997年。

［47］〔日〕东亚考古学会：《牧羊城》，《东方考古学丛刊》第2册，1931年。注：只有1座葬具清楚，故只统计了1座。

［48］辽宁省文物考古研究所、朝阳市博物馆：《朝阳袁台子——战国西汉遗址和两周至十六国时期墓葬》，文物出版社，2010年。

［49］辽宁省文物考古研究所、抚顺市博物馆：《辽宁抚顺市刘尔屯汉魏墓群的发掘》，《考古》2014年第4期。注：只有1座葬具信息完整，故只统计1座。

［50］吉向前、朱达：《朝阳县北台子新石器时代至辽金时期遗址》，《中国考古学年鉴》（2000），文物出版社，

2002年。
[51] 武家昌:《凤城市刘家堡子战国、汉代遗址》,《中国考古学年鉴》(1996),文物出版社,1998年;陈山:《凤城刘家堡子汉代瓮棺墓》,《中国考古学年鉴(2000)》,文物出版社,2002年。
[52] 中国社会科学院考古研究所:《双坨子与岗上——辽东史前文化的发现和研究》,科学出版社,1996年。注:只统计4座葬具明确的。
[53] 陈大为:《辽阳三道壕儿童瓮棺墓群发掘简报》,《考古通讯》1956年第2期。注:只统计8座葬具明确的。
[54] 梅鹏云、黄娟:《天津地区战国秦汉时期瓮棺葬的发现与研究》,载本论文集。
[55] 徐政:《辽宁地区战国秦汉时期瓮棺葬的初步研究》,载本论文集。

黄骅地区战汉遗存与古文献记述初步探析
——兼论郭堤城瓮棺葬群与徐福东渡出海的关系

张长铎

（北京交通大学海滨学院）

黄骅地区历史悠久，夏商归兖，西周属齐，秦设柳县，汉置章武，是中国最早设县建制的地方之一。春秋战国这里属齐燕交界之地，秦灭齐后，秦始皇在全国推行郡县制，首批于公元前221年（始皇二十六年）在境内设柳县，属齐郡，后又从齐郡中分置济北郡，柳县属之。因此，黄骅设县到2017年已有2238年的历史。当时县下设乡，乡下设亭，亭下设里。公元前202年（汉高祖五年）刘邦打败项羽建立西汉王朝时，沿袭了秦代的郡县制，在今黄骅境内常郭镇故县村设置章武县，算来距今也有2219年的历史了。随后，县域政区建制屡有更迭，名称多有变动，东汉建安十一年（206年）曹操在境内设立过章武郡，唐朝开国皇帝李渊还于621年（唐高祖武德四年）在境内设置过东盐州。西汉实行郡县国并行时，黄骅境内还先后设立过6个侯国。

一、黄河入海古道与古贝壳堤分布

公元前21世纪到春秋战国时期，黄河下游的河道主要有山经河、禹贡河、汉志河。战国中期筑堤后，山经河、禹贡河断流改道，黄河入海走汉志河，时以大河专称。公元前602年（周定王五年）历史上黄河第一次大改道就有黄河主流入海口在章武（黄骅）境内的记载。直到11年（王莽始建国三年）河决魏郡，黄河主流才移至山东利津入海，期间历时达613年之久，即东周至西汉末年，黄河主流长期是从渤海湾西岸流经黄骅一带入海的[1]（图一）。我国历史地理学家谭其骧先生的这一考证结论，中国最古老的地理典籍《尚书·禹贡》、西汉末年刘向、刘歆父子校刊整理的《山海经·海内东经》、司马迁《史记·河渠书》，以及北魏郦道元所著《水经注》中都有详细的记载，明确叙述了黄骅境内古黄河的变迁和地理概貌。

黄河古道在黄骅境内分布主要有三条，入海河口有大河口、南排河、歧口（图二）。南支从孟村入境，经柳林庄、堤柳庄、湾湾头、海丰镇，从大河口入海。基本沿原大口河、柳河走向。中支从沧县入境，大致沿南排河走向，经滕庄子、中捷、南大港在南排河口入海。北支从青县入境，大致沿北排河、子牙新河走向，经大麻沽、王化庄、乾符、同居、太平村、沙井子，在歧口入海[2]。

黄骅地区战汉遗存与古文献记述初步探析——兼论郛堤城瓮棺葬群与徐福东渡出海的关系

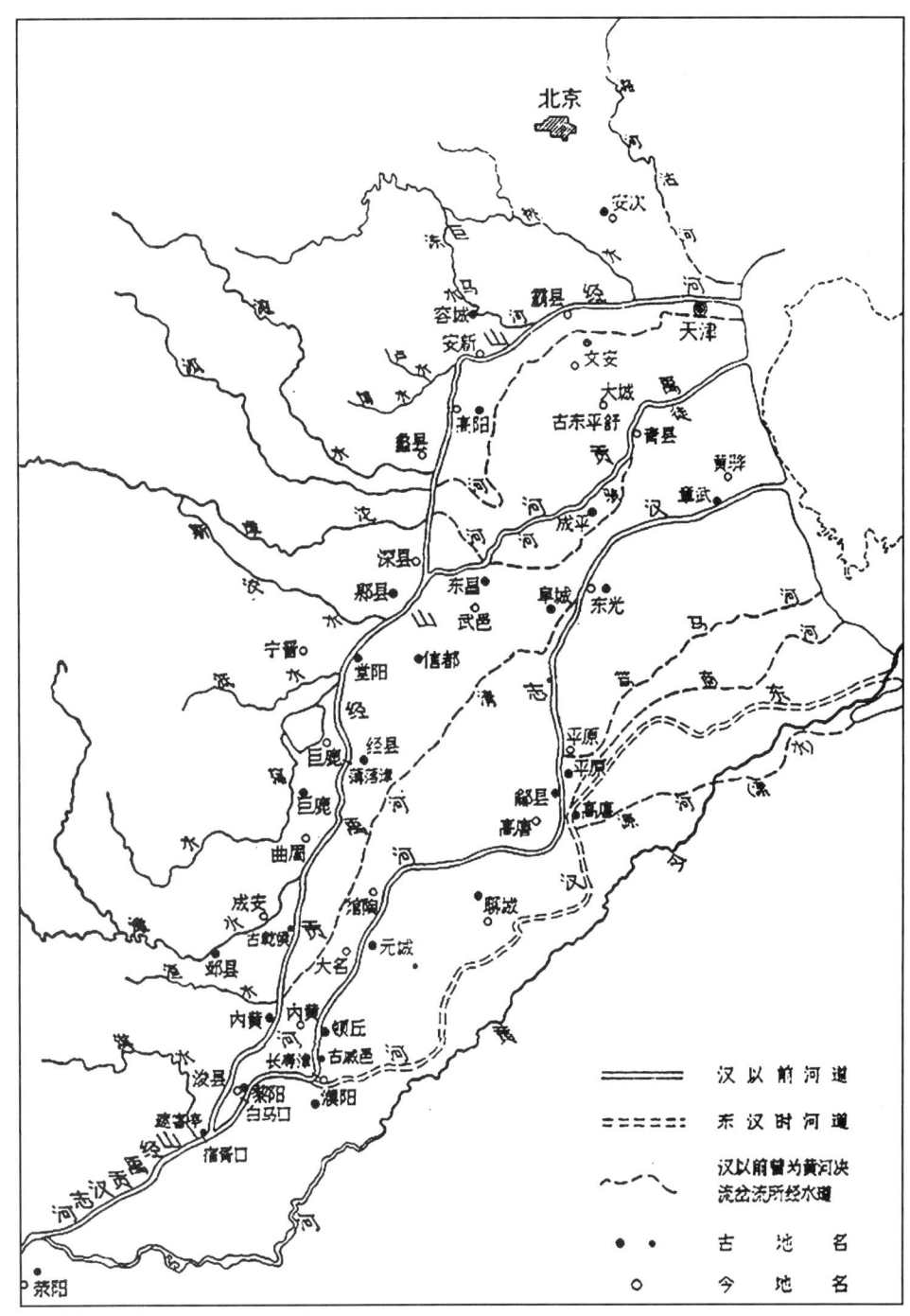

图一　汉以前黄河下游河道图

在黄骅市境内自西向东分布有 6 条与海岸线基本平行的古贝壳堤[3]，相距 31 千米以上，年代相差 5210 年之多，在黄骅古贝壳堤南北两侧山东无棣与天津沿海一带也分别有 2 条和 4 条古贝壳堤，这都在黄骅古贝壳堤的南北延伸范围之内，由于采样高程和位置不同，测定年代不尽一致。其中最西边的位于黄骅市东南侧，北起沈庄，向南过东孙村南延约 1.5 千米。形成年代 ^{14}C 测定距今 6150 年 ±65 年。中间歧口——狼坨子贝壳堤分布在黄骅现代海岸高潮线位置，呈东南—西北向，形成年代 ^{14}C 测定距今 2750 年 ±65 年。湾顶处核心段张巨河村南古贝壳堤显示出典型的滨岸潮间带海陆过渡沉积环境特点，成为退海的直接证据。

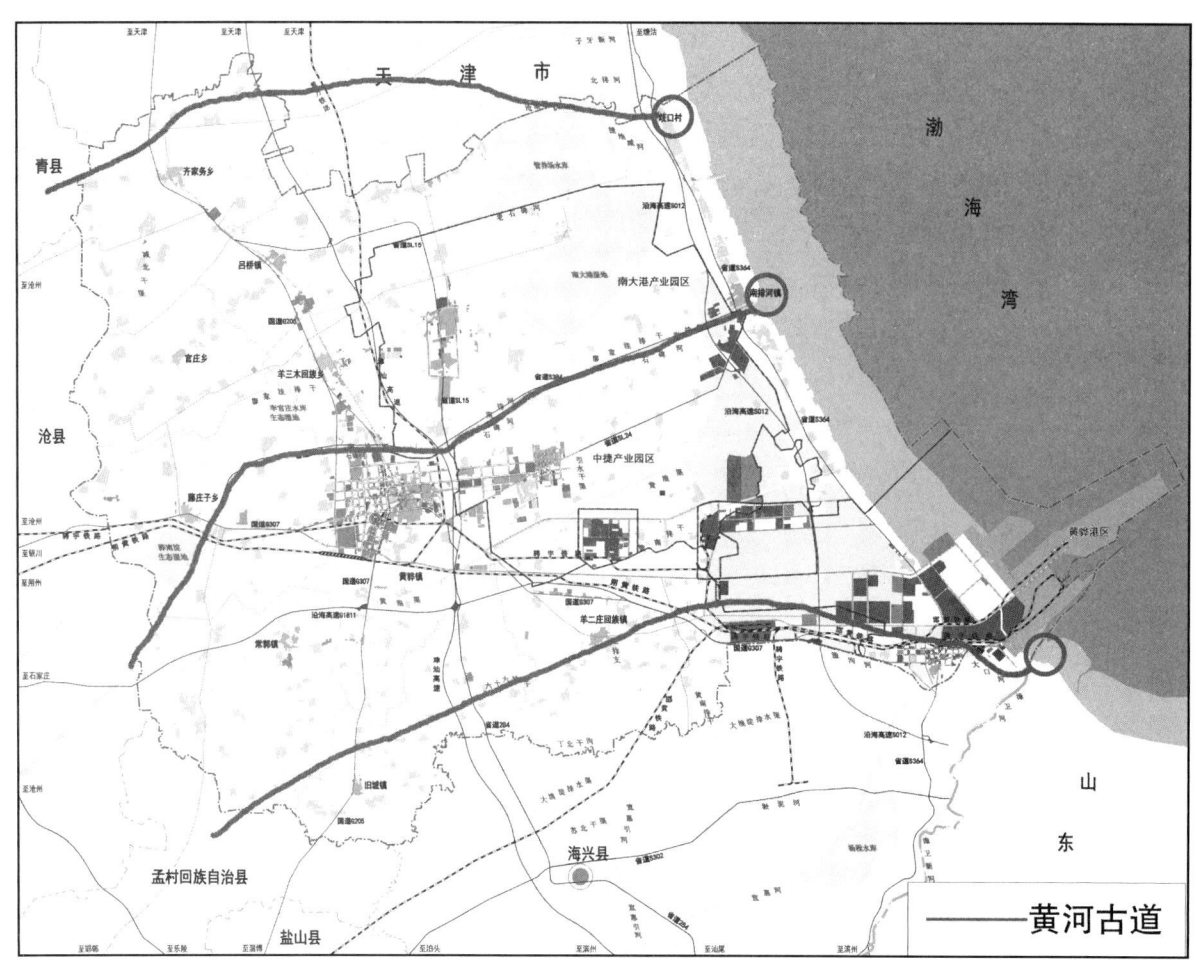

图二　黄骅域内黄河古道示意图

对上述古贝壳堤及渤海西岸滨海平原的位置变化，古地理学家张兰生教授主编的《中国古地理》[4]（图三）和中国科学院《中国自然地理·历史自然地理分册》[5]（图四）中都给予了详尽论述。

关于黄河入海，中国最古老的地理典籍《尚书·禹贡》载："播为九河，同为逆河，入于勃海。"[6]是讲到冀州分为九河，入于海。作为九河下梢，黄骅一带当时由于河口入海段潮汐顶托，河海不分，是漫流入海的。

西汉刘歆《山海经·海内东经》："虖沱水出晋阳城南，而西至阳曲北，而东注入渤海，入越章武北。漳水出山阳东，东注渤海，入章武南。"[7]

北魏郦道元所著《水经注·卷九》："清河又东北流，经浮阳县西，由东迳章武县之故城北（汉景帝后元七年，封孝文帝后弟窦广国为侯国，王莽时改称桓章，晋太始中立章武郡，治此）。浮水故渎又东北迳柳县故城南（汉武帝元朔四年，封齐孝王子刘阳为侯国。《地理风俗记》中说：高成县东北五十里有柳亭，古县也）。浮渎又东北迳汉武帝望海台，又东注于海。""清河又东，分为二水，枝津右出焉。东迳汉武帝故台北。（《魏土地记》曰：章武县东百里有武帝台，南北有二台，相去六十里，基高六十丈，俗云：汉武帝东巡海上所筑，又东注于海。）又东北过漂榆邑，入于海。"（清河又东迳漂榆邑故城南，俗谓之角飞城。赵记云：石勒使王述煮盐于角飞，即城异名矣。魏土地记曰：高城县东北百里，北尽漂榆，东临巨海，民咸煮海水，藉盐为业。即此城也。清河自是入于海。）[8]

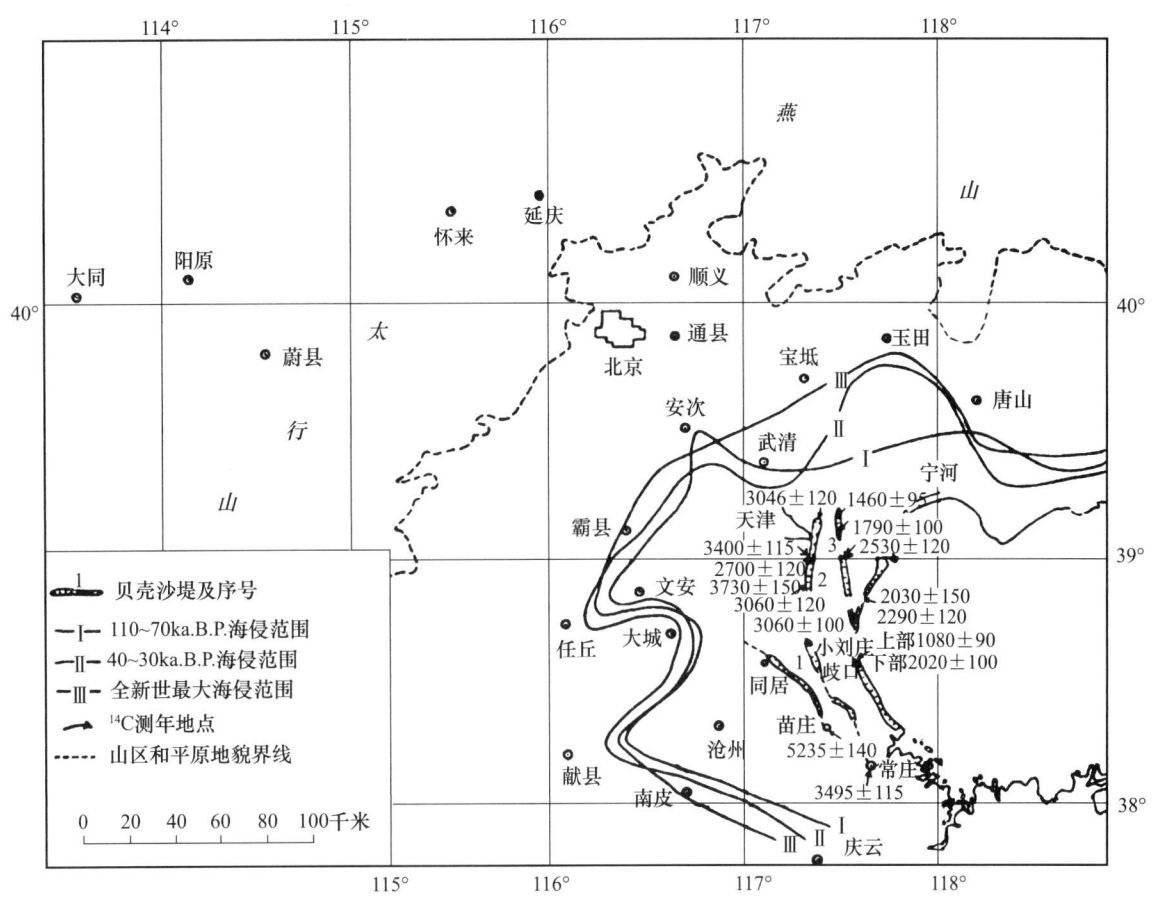

图三　晚更新世渤海湾东部海侵范围
（据杨怀仁、陈西庆，1985）

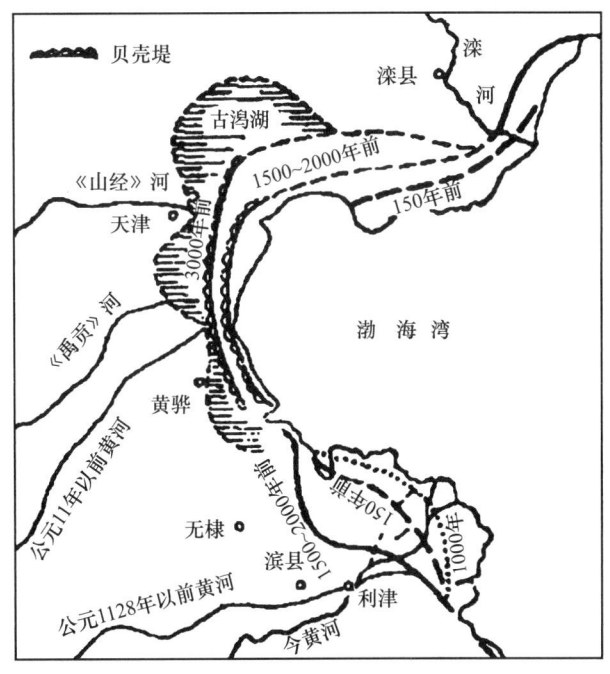

图四　渤海湾海岸历史变迁图

历史地理学家谭其骧先生在《西汉以前的黄河下游河道》一文中讲道："黄河下游河道'汉志河'即《水经·河水注》中的'大河故渎'折而东北，流经汉章武县至今黄骅东入海。"是指黄骅境内的南支"大河故渎"。王育民《中国历史地理概论》[9]中也对"大河故渎"叙述为"过长寿津后，河水折而北流，至今馆陶县东北，折东经高唐县南，再折北至东光县西合漳水，复下折而东北流经汉章武县（今黄骅郛堤城）东入海"，是说中支古道。邹宝山、何凡能和邹逸麟等研究考证，认为"禹贡河"在深县与"山经河"别流穿过河北平原东部向东北至青县南，在南、北大港之间太平村以东入海，则是讲北支古道。邹逸麟《中国历史地理概述》[10]中更明确地写道："古黄河入海在天津、河北黄骅和山东无棣之间游荡，其主流则长期从渤海湾黄骅一带入海。"

二、战国西汉遗存与史地文献记述

1. 虷兮城遗址

虷兮城遗址位于今黄骅市羊二庄西北处，是公元前210年徐福奉秦始皇之命，为其求长生不老之药率童男童女和技艺百工渡海求仙侨居之城，距今已有2227年的历史。当年徐福在前两次启航出海均未成功的情况下，请求秦始皇应允在饶安一带招募三千童男童女并带技艺百工再次集结准备出海。同时在柳县筑虷兮城侨寓，后选择五百童男、五百童女和技艺百工及武士射手船工共三千余人乘二十艘大船装带五谷种子、布匹粮食等再度入海求仙。童男童女侨居暂住之城乃虷兮城，出海启程地则是黄骅。明嘉靖初修清重修版的《盐山县志》[11]（图五）县境全图标识虷兮城位于郛堤城和武帝台之间并记载："柳县之置，古于高城盐山。县治当以柳为数典之祖。"其时柳县为"河海交通之大埠""南北方浮海者，必以此为市舶要衡"。

2. 柳县遗址

柳县遗址位于黄骅市羊二庄镇大马庄东南5千米处（图六），为公元前221年（始皇二十六年）设置，时属齐郡，后从齐郡中分置济北郡，柳县属之。东汉建武十三年（37年），撤柳县并入章武县，历经258年。

3. 章武县遗址（章武侯国、章武郡）

章武县遗址在黄骅市常郭镇故县村北200米处，为刘邦在公元前202年（汉高祖五年）所设，距今已有2219年。公元前157年，汉景帝刘启封其舅窦广国为章武侯，邑户11869，章武县改为章武国，国都在此城。35年后，公元前122年（汉武帝元狩元年）废章武国，复置章武县。公元9年，王莽篡汉，建立新朝于始建国元年，改章武县为桓章县。东汉时复用章武县名。

东汉献帝建安十一年（206年），曹操划渤海郡的章武县，河间国东平舒、束州、文安四县设立章武郡，当时郡县同治，治所在章武故县（今黄骅市常郭镇故县村），属冀州刺史部，一直延续至三国魏时。西晋泰始元年（265年），司马炎在东平舒置章武国（今廊坊大城县），章武县划归章武国所属，郡治随之迁徙东平舒（今廊坊大城县）。北魏天赐二年（405年）以国改郡。556年，北齐文宣帝高洋逼东魏孝静帝禅位，自己登基称帝后将章武县撤销并入高城县。从公元前202年汉朝

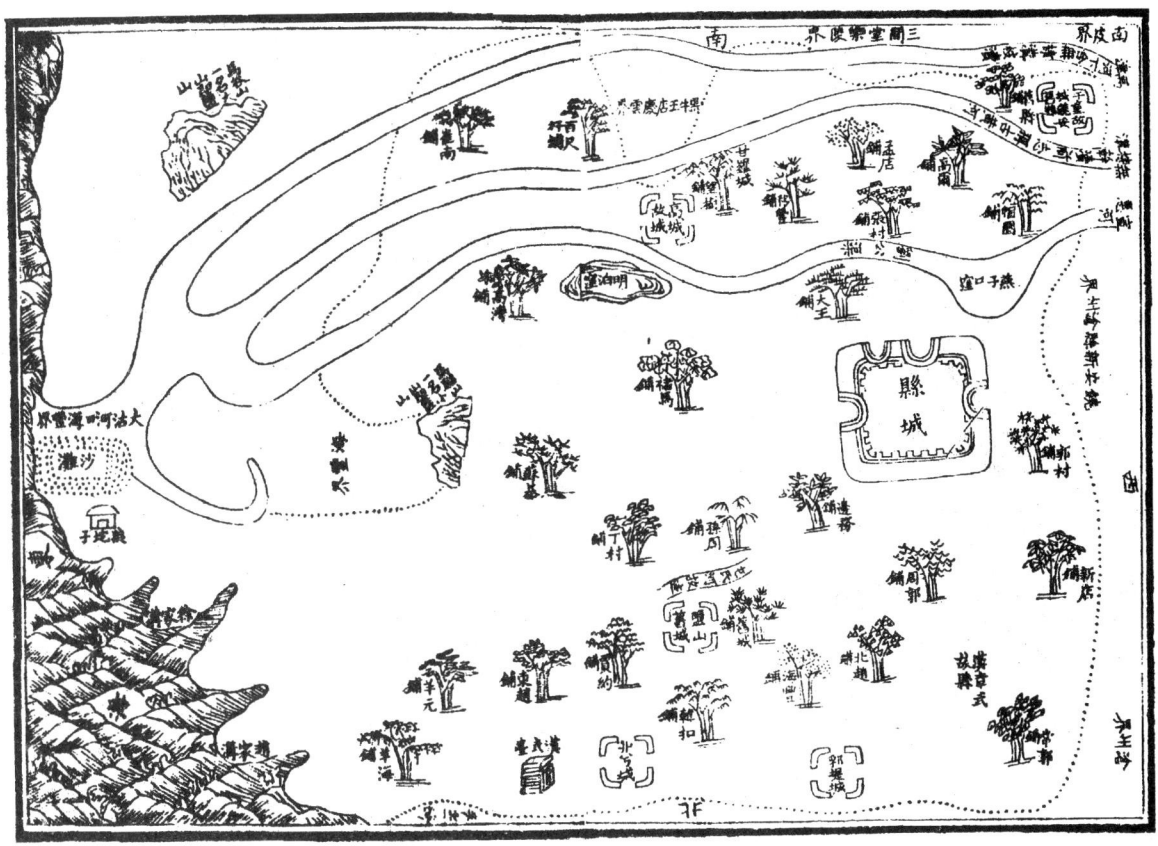

图五 《盐山县志》县境全图

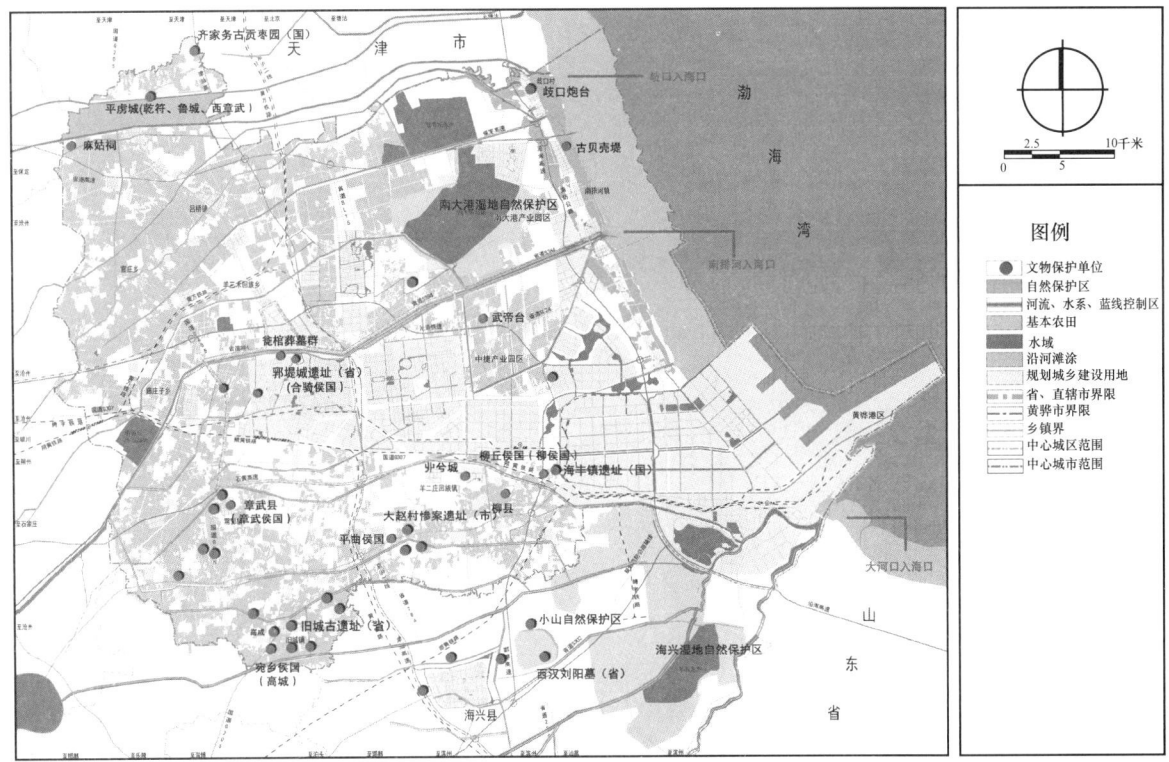

图六 黄骅市境内战国、两汉遗址分布图

开国皇帝刘邦设立章武县到556年被北齐文宣帝高洋撤并，历时达758年之久。

4. 柳丘侯国遗址

公元前201年（汉高祖六年），刘邦先后两批封赏27名军功显赫的大臣为列侯，其中于六月间封戎赐为柳丘侯，千户。设柳丘侯国，在今黄骅羊二庄。因当时实行的是郡国并行制，凡受封的侯国之内也实行郡县制，所以当年柳丘侯国和柳县是共同存在的。公元前183年（高后吕雉五年），戎赐让其子戎安国承袭柳丘侯一爵，柳丘侯国前后维持58年之久。

5. 平曲侯国遗址

公元前151年（汉景帝前元六年）四月，汉景帝刘启封公孙浑邪为平曲侯，3220户，设立平曲侯国，在今黄骅市旧城镇大贾象村。景帝中元二年（公元前148年）废平曲侯国，仅存三年。其子公孙贺在汉武帝时曾为丞相11年，并娶卫皇后大姐卫君孺为夫人，曾两度封侯。后来，汉武帝刘彻的孙子（广陵王刘胥之子）刘曾还一度被封为平曲侯，此事《史记·卷六十》有过记述。

6. 柳侯国遗址

公元前125年（汉武帝元朔四年），汉武帝刘彻封刘阳为柳侯，设柳侯国，在今黄骅市羊二庄海丰镇。刘阳乃齐孝王刘将闾之子、刘肥之孙、刘邦重孙，直到王莽新朝元年（公元9年）废除，柳侯国持续134年之久。

宋乐史《太平寰宇记》载有："故柳城，在今县东七十里。汉为县，后汉省，一名柳亭城。汉武台，在邑界。"后来，随着港口的繁盛，海丰镇一带到唐宋时期发展成为通商重镇，金元时期更是通往东北亚、朝鲜半岛、日本等地海上丝绸之路的北起点。现海丰镇遗址为全国重点文物保护单位。

7. 郛堤城（合骑侯国）遗址

公元前124年（汉武帝元朔五年），汉武帝刘彻封公孙敖为合骑侯，1500户，设合骑侯国，在今黄骅市区郛堤城。公孙敖时为将军，原籍义渠，汉武帝执政初期为骑郎官，是大将军卫青的挚友，因以护军都尉多次随卫青和霍去病讨伐匈奴，军功显赫而被封侯。据《史记·卷一百一十一》记载，元朔五年春（公元前124年）卫青第四次出击匈奴大捷后，汉武帝刘彻下诏曰："护军都尉公孙敖三从大将军击匈奴，常护军，傅校获王，以千五百户封敖为合骑侯。"时公孙敖为汉武帝执政前期仅次于卫青、霍去病、公孙贺而位居第四的著名战将，一生四为将军，公元前96年（汉武帝太始元年）公孙敖被汉武帝下令腰斩身亡。合骑侯国被汉武帝废止。对这座距今至少已有2141年的历史古城，明末清初历史地理学家顾祖禹在《读史方舆纪要》卷十三中就有"合骑城，汉武帝封公孙敖为合骑侯即此城也，今讹为郛堤城"的记述。

8. 宛乡侯国（古高城）遗址

宛乡侯国是公元前44年（汉元帝初元五年），汉元帝刘奭封侄儿刘隆为宛乡侯，设宛乡侯国。在今黄骅市旧城镇旧城村。刘隆是汉宣帝刘询的孙子，楚王刘嚣的儿子。宛乡侯国一直持续到王莽新朝元年（公元9年），持续时间长达53年。

556年（北齐文宣帝天保七年）高城县治北迁至今黄骅市旧城村。598年（隋开皇十八年）隋文帝杨坚改高城县为盐山县，治所在旧城。621年（唐武德四年）唐高祖李渊，将盐山县升格为东盐州。唐太宗贞观元年（627年），李世民发动"玄武门之变"逼父退位当了皇帝后撤掉东盐州，复置盐山县，县治仍在旧城镇旧城村，直到1376年（明洪武九年）盐山知县吴文靖将县治由旧城迁至香鱼馆（今盐山县城），才结束了自北齐文宣帝天保七年起县治在黄骅旧城的历史（556~1376年）。旧城作为盐山（高城）县治所在，前后历时达820年。

9. 麻姑祠遗址

麻姑祠遗址位于黄骅市齐家务乡大麻姑村，据《魏书地形志》记载："章武二汉属渤海，晋属章武，后属。治章武城。有武帝台。漳水，入有沽水。大家姑祠。俗云海神，或云麻姑神。"宋乐史《太平寰宇记》卷六十五中也明确记载："麻姑城，即汉武东巡至此祀麻姑，故有此名。"

10. 武帝台遗址

武帝台位于黄骅市区以东，约建于汉武帝太初初年，为汉武帝刘彻来黄骅沿海巡视观海望仙所筑。当时汉武帝望海台，南北有二，北台位置在今天津市大港沙井子村附近，早已夷为平地；此台为南台，二者相聚60里[①]，基高60丈。现遗址台基呈正方形，每边长120米，高5~6米，可分五层，土内多有素石灰砖等。采集文物有战国红陶釜、豆把、豆盘绳纹碎片和汉陶罐残片、瓦片及五铢钱等。

三、郛堤城瓮棺葬群与徐福东渡出海

2016年5月，黄骅市湿地公园工程建设中，在郛堤城遗址西北200米处发现瓮棺葬，经考古专家抢救性发掘，在1200平方米发掘面积中，发现战国至汉初瓮棺葬113座，其中儿童瓮棺葬107座、成人瓮棺葬6座。后经考古勘探在其南侧东西宽90、南北长150米和东侧南北长90、东西宽25米的空旷区域内进行钻探，分别又发现40座儿童瓮棺葬和11座成人瓮棺葬，初步推算该瓮棺葬群约有上千座，是国内目前发现数量最多的瓮棺葬群。其规模庞大、类型多样、分布密集、年代清楚，是战国秦汉时期最具代表性的瓮棺葬墓地[12]。除众多儿童瓮棺葬外，还包括成人瓮棺，葬具组合形式有20多种，属葬具较为特殊的瓮棺葬。瓮棺的葬具类型既有陶釜、陶盆、陶甗、陶碗、陶罐等日常生活用器，也有为瓮棺葬特意烧制的筒形瓮、筒形器等特殊陶容器。从开口层与器物组合分析，该处墓葬的年代应不晚于郛堤城的年代。这对深入研究这一具有鲜明时代特色和地域特点的文化现象具有重要意义。

瓮棺葬是古代一种特别的埋葬形式，早在新石器时代便已出现，以燕、齐地域居多，流行于战国秦汉时期，在环黄渤海地区尤为常见，从河北、山东、天津、北京到辽宁都有发现，而且年代上大体一致。另外，与之年代大致相当的瓮棺葬，在朝鲜半岛和日本九州等地也有发现，与黄渤海周边的瓮棺葬既有相同或相通之处，又各具明显地域特点，这并非偶然，应属当时东亚各地人群移动

---

① 1里=500米。

和文化交流所形成的物质遗存和文化现象。

郛堤城是公元前 124 年（汉武帝元朔五年）公孙敖获封合骑侯时的封城，称"合骑城"。后来汉武帝东巡观海也在此驻跸，又称"武帝城"。该城位于古浮河岸边，所以还称"郛堤城"。据考古专家三次较大规模发掘勘探，得出结论：该城可能建造于战国末期延续至西汉，之后一度废弃，到隋唐时期又被大规模使用起来，唐代以后又废弃。从考古结论看，郛堤城经历了两个大的阶段，即战国到汉代，直至隋唐[13]。

20 世纪 50~60 年代，天津市文物考古队会同天津历史博物馆专业人员，曾多次到郛堤城及其附近一带发掘调查，韩嘉谷《渤海湾西岸古文化遗址调查》[14]载，在郛堤城遗址出土有战国遗物敛口高足陶鬲、陶罐，并刻有"武市"戳记和五铢钱等。在其西北近侧辛庄、王曼、李官庄一带还曾发现大量西汉墓地，出土有汉代泥质灰陶罐、鼎、壶等物。后来在研究渤海湾西岸汉代海侵问题时，韩嘉谷研究员还曾提出过章武故治曾在郛堤城的观点。

近年，黄骅市博物馆会同省内文物专家和山西大学历史文化学院考古学系在李君教授的带领下先后两次对郛堤城进行了考古调查和发掘。进一步查明该城墙东西长 537~558、南北宽 532~577 米，有东南西北四门。城内建筑遗址共 16 处，其中有 9 处是建筑基址，发现有战汉时期的瓦当、陶片和铁剑、铜箭镞等。同时，还出土有隋唐时期的筒瓦、板瓦及陶片器物等，由此得出结论，该城从战汉到隋唐时期都有人在城内，且筑城前已有战国时期的生活居住遗址，从筑城结构和夯筑简单来看，是适宜沿海地区的筑城方式。

关于徐福东渡，据司马迁《史记·秦始皇本纪》[15]，始皇二十八年（公元前 219 年），东行郡县，登琅邪台，齐人徐市等上书，言海中有三神山，名曰蓬莱、方丈、瀛洲，仙人居之。请得斋戒，与童男女求之。于是遣徐市发童男童女数千人，入海求仙人。这次出海，按《史记·封禅书》记载："船交海中，皆以风为解，曰未能至，望见之焉。"是说入海找三神山的人都因风大刮走船而不能到达。

公元前 212 年（始皇三十五年），徐福第二次出海，花去大量费用也没有成功。数岁不得，恐谴，乃诈曰："蓬莱药可得，然常为大鲛鱼所苦，故不得至。愿请善射与俱，见则以连弩射之。"秦始皇再次应允命徐福在饶安一带（今盐山县千童镇）招募三千童男童女并征召能工巧匠集结。遣振男女三千人，资之五谷种，携百工而行，入海求药。

公元前 210 年（始皇三十七年），徐福在柳县筑卯兮城侨寓童男童女和技艺百工，在此进行物资准备与操练船队筹备出海。当年徐福受秦始皇之命第三次出海寻长生不老之药，便是从今黄骅沿海启程，泛海东渡去了日本（图七），从而开始了中国有史记载的第一次航海探险。

船队共有楼船二十艘[16]，随徐福出海的有五百童男、五百童女和技艺百工及武士、射手、船工共三千余人，装带五谷子种、布匹、粮食等。经辗转漂泊，在朝鲜半岛稍事停留，最终徐福和他的船队抵达日本九州，在和歌山新宫市的波多须浦登陆。上岸后，徐福等进入筑紫平原，在佐贺住过九年，又折回九州在今和歌山的新宫市居住三年，所以至今日本佐贺一带还留有很多关于徐福的传说和遗迹。尤其该地的"金立神社"是为祭祀徐福所立，贡神即为徐福，用以纪念徐福将水稻种植技术带给该地土著日本居民，使佐贺一带成为日本稻的发祥地。当年徐福等除向日本人民传授农耕知识外，还将捕鱼、制盐技术和秦朝古代文明传播到日本，从而促使尚处于新石器时代绳纹文化时期的日本社会迅速进入弥生文化时期，因此，徐福还被历代日本人民尊奉为农耕神、纺织神和医

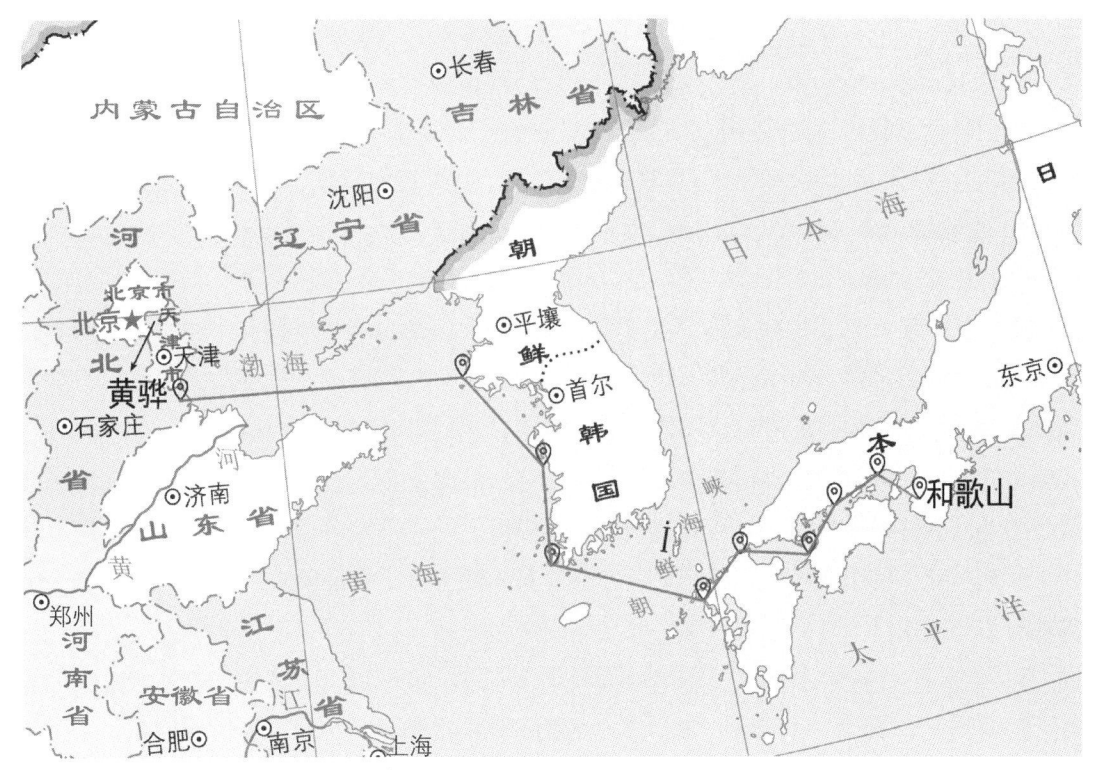

图七　徐福东渡路线图

（选自《黄骅地区战汉遗存与古文献记述初步探析——兼论郛堤城瓮棺葬群所在地历史沿革》一文）

药神。至今，在日本和歌山新宫市还建有徐福公园和徐福墓，墓前石碑上刻有"秦徐福之墓"五个汉字。此事《史记·淮南衡山列传》记载：秦始皇"遣振男女三千人，资之五谷种种，百工而行。徐福得平原广泽，止王不来"。

后来，徐福及其船队随员成为日本列岛的第一代侨民在此定居繁衍。据日本公元815年编成的《姓氏录》记载：仁德天皇时"秦氏流徙各处"统计有18760人。

关于当年徐福船队的出发港，目前学术界意见不一，有河北黄骅、山东胶南、江苏赣榆、浙江慈溪等多种说法，但前两次出航均未成功，故不排除多次进行过出海演练，所以不能武断地指证其他的徐福出海之地为假。根据史籍、遗迹、口碑和考古资料，史学地理界的最新研究成果和趋向成熟的看法是徐福最后一次东渡成功之行是从黄骅出海。因为这里为古黄河入海口，是古代的入海大通道，且与腹地有便利的交通连接，并在徐福东渡走后的八年，刘邦建立汉朝当年（公元前202年）即把征召集结地饶安设置为千童县都是不争的事实。况且《新唐书·地理志》、郦道元《水经注》等古文献中也都有无棣沟迳千童故城东，又东北迳盐山东北入海的记载。

班固《汉书·地理志》记载："高帝置渤海郡千童县。"[17]宋乐史《太平寰宇记》也记载："千童城，秦始皇遣徐福将童男童女千人入海，求蓬莱不死之药，置此城以居。汉曾为县。"[18]南朝顾野王更在《舆地志》中写道："高城东北有卯兮城，秦始皇遣徐福发童男女千人至海寻蓬莱，因筑此城，侨居男女，号卯兮城。"民国臧励和《中国古今地名大辞典》也载："卯兮城，直隶盐山县东北，相传秦始皇遣徐福发童男女千人，入海求仙，筑城侨居童男女，故名。"[19]明嘉靖初修清重修《盐山县志》更载："高城县东北岭，旧有卯兮城，距秦置之柳县密迩，三代入海古道必皆在此，柳县之设，本以河海之交，先辟为邑。徐福东来，必仰给海口县官，为具衣食舟楫，而后浮海，其侨居以待，亦因其所然。"同时，还记有"汉武帝台即望海台，在盐山东北七十里，韩村东三十里。武帝台下有扳倒井（甜水井），近海水俱咸，惟此独甘。海沟一在赵家铺，其长数里。一在徐家铺，长与赵家铺等"。所附"县境全图"更直观地给出了郛堤城、虷兮城、汉武台以及徐家铺、赵家铺海沟的具体方位。

这次黄骅郛堤城瓮棺葬的发现，特别是郛堤城旁边上千座瓮棺葬的出土，尤其是以儿童瓮棺葬居多的现象，让人们自然联想到徐福东渡出海和郛堤城的密切关系，很容易印证在黄河入海口附近发现战汉时期的瓮棺葬和秦汉古城与徐福东渡的直接关联。郛堤城、虷兮城与千童城这些秦代古城遗址共同承担了集聚人员、选拔培训的作用。分析千童镇、郛堤城、虷兮城当年这三座临海的靠港小城在徐福东渡这一中国最早渡海历史事件中的作用，可以定位千童镇是征召地，为集散之城；郛堤城是集中地，为选拔之城；虷兮城是培训地，为侨寓之城。瓮棺葬群与郛堤城遗址并存可以全面地从"生"和"死"两个方面佐证黄骅地区在秦汉时期的繁盛，也证明在战国末年，秦汉王朝对这里的管理开发和有效统治。梳理考古实物和史籍文献多方面证据，可以形成新的佐证链接信息，足以证明"徐福东渡"出海地就在黄骅。当年徐福率领庞大的童男童女团队和技艺百工便是从这里起航出海，泛海东渡去了日本，开辟了中、日、韩最早的海上航线。

综合上述分析，黄河入海古道变迁与战国西汉遗存、史地文献记述及郛堤城瓮棺葬群同徐福东渡出海关系可以得出结论。

（1）黄骅地区因长期是古黄河入海之地，处于早期黄河下游文化孕育之中，隶属于黄河流域华夏古文化圈范畴，从境内散存的古贝壳堤和古柳县及郛堤城、虷兮城等历史遗址分布，可断定黄骅是徐福东渡出海启程之地，开辟了中、日最早的海上航线，是华夏文明输出的源头城市。

（2）汉代章武古城遗址特别是6个西汉侯国和东汉末年章武郡治初置地，以及曹操开凿平虏渠、建立平虏城，都说明黄骅一带当时的重要战略地位。西汉首封柳丘侯国附近的海丰镇遗址，还是金元时期出口瓷器贸易的起始港口，更是海上丝绸之路的北起点。

（3）郛堤城考古发掘和瓮棺葬的发现，与日本、韩国瓮棺葬信息验证，为东北亚历史地理考古研究及古文化圈融合提供了新的实物佐证，更为研究徐福船队在黄骅出海提供了有力证据。同时也说明黄骅这方古老的齐燕交界之地早在两千多年以前，就因东临渤海湾西岸穹顶处便于海上交通、四通八达，有着发达的制陶和其他各种手工业生产技术和对外开放的思想观念。正如《史记·货殖列传》所说，虽"地潟卤，人民寡"，但"通商工之业，便鱼盐之利"。实际上是当时东北亚地区海上贸易交流的开放区域，更是中外文化交流在沿海的一个重要枢纽城市。

注 释

[1] 谭其骧：《西汉以前的黄河下游河道》，《历史地理》创刊号，上海人民出版社，1981年，第52页。
[2] 张长铎：《黄骅史话》，气象出版社，2009年，第125页。
[3] 徐家声：《黄骅海岸带开发环境概论》，海洋出版社，1991年，第55页。
[4] 张兰生：《中国古地理》，科学出版社，2012年，第340页。
[5] 中国科学院：《中国自然地理·历史自然地理》，科学出版社，1982年，第232页。
[6] 《尚书·禹贡》，岳麓书社，2002年，第226页。

[7]（西汉）刘歆:《山海经》，九州出版社，2001年，第325页。
[8]（北魏）郦道元:《水经注》，中华书局，2013年，第242~243页。
[9] 王育民:《中国历史地理概论》，人民教育出版社，1985年，第32页。
[10] 邹逸麟:《中国历史地理概述》，福建人民出版社，1999年，第64页。
[11] 明清《盐山县志》清同治七年（1868年），京都文采斋本，第2页。
[12] 国家文物局:《2016中国重要考古发现》，文物出版社，2017年，第69~72页。
[13] 黄骅市博物馆、山西大学考古学系:《郛堤城、瓮棺葬考古资料汇编》，2016年，第62~63页。
[14] 韩嘉谷:《北方考古研究》，中州古籍出版社，1994年，第6~7页。
[15]（西汉）司马迁:《史记》，江苏古籍出版社，2002年，第17~18页。
[16] 王冠倬:《中国古船图谱》，生活·读书·新知三联书店，2000年，第75~76页。
[17]（东汉）班固:《汉书·地理志》，江苏古籍出版社，2002年，第343页。
[18] 乐史:《太平寰宇记》，中华书局，2007年，第1331页。
[19] 臧励龢:《中国古今地名大辞典》，香港商务印书馆，1931年，第176页。

黄骅地区战国至汉代城址综述

张宝刚

（黄骅市博物馆）

黄骅市地处河北平原东部，渤海湾西岸，主要为平原地貌和海岸地貌，地势低平，多洼地沼泽。境内河网密布，历史上黄河曾于黄骅入海，现共有河道22条，均属海河流域南运河系。气候属暖温带半湿润大陆性季风型气候，又因濒临渤海而略具海洋性气候特征，四季分明。黄骅境内古遗址众多，尤以战国至汉代城址最为丰富且颇具地域特色。历年来围绕黄骅地区战国至汉代的城址进行了一系列的考古工作，但相关资料发表较少，本文拟对黄骅地区的战国至汉代城址已有的考古发现进行综述，并试探讨黄骅地区战国至汉代城址的特点（图一）。

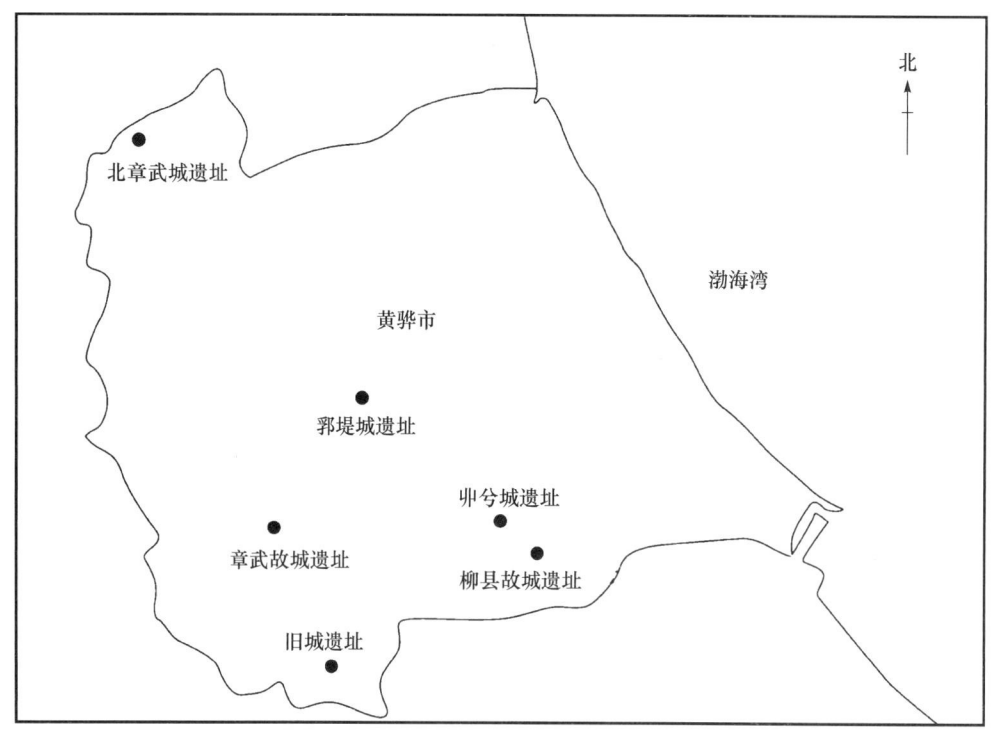

图一　黄骅地区战国至汉代城址分布图

一、郛堤城遗址及城外瓮棺葬

郛堤城遗址位于黄骅市区以北1.5千米，北临石碑河，东距205国道40米。城址平面略呈方形，周长约 2 千米。城址内部经勘探发现有建筑台基 9 处。城外西北部有瓮棺葬群。历年来围绕郛堤城进行的考古工作以考古调查为主，考古发掘工作主要有以下两项：2014 年 8 月 7～28 日，山西大学历史文化学院考古学系会同黄骅市博物馆组成联合考古队对郛堤城址进行考古调查并对城址西南角、东门以及城内 1 处建筑遗迹进行了试掘；2016 年 6 月底至 10 月，河北省文物研究所对城址西北的瓮棺葬群进行了抢救性考古发掘和考古勘探（图二）。

图二 郛堤城航拍图（自东向西）

郛堤城城墙系版筑而成，保存较好，高于现地表 1～5 米。就地表城墙来看，南墙长约 558、西墙长约 532、北墙长约 537、东墙长约 577 米。对城墙西南角以及东城门进行了解剖发掘。解剖结果表明，南城墙大致可分为墙基、墙体和护坡三部分，无基槽。城墙系采用黄色粉砂土与红褐色胶泥土交替夯筑而成，夯窝不明显。在城墙西南角未发现角门。通过对东门的发掘可知，东城门底部南北长 6.1 米左右，东西宽 5.5 米左右。发掘过程中在墙体堆积中发现有战国和汉代的陶片，初步推断郛堤城始建年代不晚于战国时期。

勘探表明城内建筑遗址共有 16 处，其中有 9 处是建筑基址，对其中规模较大的 7 号建筑遗址的西南角进行了试掘。试掘表明，城内地层堆积可分为 5 层，地层年代主要可以分为战汉和隋唐两个时期。第 1、2 层分别为表土层和淤积层；第 3 层为隋唐时期文化层，该层下遗迹有灰沟和灰坑；第 4 层为战汉时期文化层，建筑基址开口于该层下；第 5 层为淤积层。其中第 4 层应为建城前以及城址使用过程中的文化层，在该层中出土有战汉时期的筒瓦、板瓦和瓦当等建筑构件，还有大量战汉时期陶片，可辨器形有釜、豆、罐等。此外，还发现一些铁质兵器和铜器残件。

瓮棺葬墓地位于郛堤城遗址西北 200 米处。该瓮棺葬群西部为儿童区，东部为成人区。目前共清理瓮棺葬 113 座，其中包括 3 座成人瓮棺。根据勘探结果，儿童瓮棺葬区分布范围南北 200、东西 90 米，成人瓮棺葬区南北 120、东西 30 米，瓮棺葬总数或有上千座。墓地中瓮棺葬数量众多、分布密集，葬具组合样式丰富、类型多样，既有日常生活用器，也有专门烧制的瓮棺葬具。前者有陶釜、陶盆、陶甑、陶碗、陶罐等，后者有筒形瓮、筒形器及一些特殊陶器。瓮棺葬群东南紧邻郛堤城遗址，从地层关系和出土器物来看，两者在年代上基本一致，均为战汉时期遗存。

郭堤城始建于战国中晚期，属于沿海城址筑城方式的代表之作。在筑城前已有战国早期的生活居住遗址，且建成后至少沿用至隋唐时期。城址西北的瓮棺葬墓地是国内发现的数量最多的瓮棺葬群之一，该处瓮棺葬群规模庞大、种类齐全，是该时期最具代表性的瓮棺葬墓地。

二、卯兮城遗址及墓葬

卯兮城遗址位于黄骅市羊二庄回族镇前街村西北1000米处，老305国道东西贯穿叠压遗址的中南部（现黄冯路），遗址南部有一条东西向河渠。城址呈正方形，东西长570、南北宽570米。围绕卯兮城主要展开了以下考古工作：2014年10～11月对卯兮城遗址进行了文物勘探，勘探面积约800 000平方米。2015年12月至2016年1月，对卯兮城外发现的墓葬进行了清理。

经过钻探发现，卯兮城平面呈正方形，东、西、南、北城垣均为版筑素夯而成，采用黄褐色土夹杂红褐色胶质土多次夯制，城垣由城墙主体和城外护坡两部分组成。城垣随地势高低夯筑，无基槽。城址外围地层与遗址内地层截然不同。东垣南北通长570、宽5米，地表下残高1米。南垣东西通长570、宽5米，地表下残高0.6米，南垣中部发现宽10米的缺口，应为城门遗迹。

卯兮城遗址中部为高台式建筑区，高台式建筑区呈正方形，边长230米，全部为夯土，城中心部高于城内四周1～1.5米。该区域因取土遭到破坏，暴露大量建筑构件，仅局部残余建筑瓦砾，坑壁可见厚约0.7米的夯土，由灰褐色土夹杂黄褐粉砂土夯筑，较坚实。在高台范围内勘探发现砖瓦密集区，平面呈长方形，东西向。东西残长15、南北宽10米。高台式建筑区周围为普通居住区，在普通居住区勘探4处大面积的砖块、瓦砾堆积区，可能为房基或房屋倒塌所形成。高台外建筑遗迹及文化层低于高台建筑1.5～1.8米。此外，还在城内中东部勘探发现窑址一处。

在城内遗址区发现路1条，南北长约70、东西宽约10米。道路开口于砖瓦堆积层下，距地表深1.5米，为一次使用，路土板结层叠压堆积较薄，厚约0.15米。路起点与疑似南城垣夯土缺口相对，止点位于遗址中北部，贯穿遗址中心部高台式建筑区。该条道路应为城中南北向主干道。

在城址外围西部发现有墓葬，共清理2座，均为积陶瓦墓，两墓东西并列，相距不到0.5米。M1位于西侧，为长方形土坑竖穴单棺墓，墓向北偏东8°，墓框南北长3、东西宽1.5米，深0.84～1米。直壁平底，四壁粗糙。葬具为一长方形木棺，棺残长约214、宽约60、高约40厘米。棺内有骨架一具，头北向，年龄、性别和具体葬式无法确定。棺内不见随葬品，残存极少量的漆器痕，推测当时可能用漆器随葬。墓框和木棺之间用大量的陶片、瓦片、石块等填充。木棺底有一层树皮作为铺垫，树皮下为厚约10厘米的陶瓦层。M2位于东侧，方向北偏东5°，为长方形土坑竖穴单椁墓。墓框南北长2、东西宽1.75～1.8、深0.74～0.8米。墓内为纵横木板构筑而成单椁，椁板紧挨墓壁。由底板、东西侧板、南挡板和顶板组成，椁板之间借助原有的树杈痕采用榫卯进行链接（主要是侧立板链接）。人骨保存情况差，性别、年龄、葬式不明。在南侧第二块椁底板上发现有残漆器，直径约24、残高约10厘米，应为随葬品。椁板下垫有一层树皮，树皮下为厚约10厘米的陶瓦层（图三）。

图三　卯兮城 M1（右）、M2（左）

两墓相邻，方向相同，可能是异穴合葬墓。墓葬中出土了残碎的漆器，葬具采用了木质葬具，表明墓主有一定的经济地位。墓葬中大量使用碎瓦，是一种颇为特殊的葬俗。填土内出土的大量陶、瓦、砖、石等遗物和卯兮城内发现的遗物一致，推测其年代应与卯兮城的使用年代一致，属战国—汉代墓葬。在卯兮城外围还应该存在其他同时期墓葬且极有可能构成墓葬区。据《舆地志》载"高城东北有卯兮城，秦始皇遣徐福发男女数千人至海求蓬莱，因住此城，侨居男女，号称卯兮城"，卯兮城遗址与徐福东渡应当有密切关联。

三、旧城遗址

黄骅旧城遗址位于黄骅市南部约 20 千米处，隶属旧城镇旧城村，现为旧城镇驻地，津盐公路从中南北向穿过，旧城村现居城址的中部。城墙大部分被毁，现仅存南城墙墙基，城内地表可见绳纹瓦、布纹瓦及黑釉、白釉、青釉、黄釉瓷片，年代特征为汉代至唐宋。南墙以南约 150 米处有一较高台地凸出周围，地面散落较多砖瓦残片。旧城属黄骅市县级文物保护单位。2015 年 11 月 20 至 12 月 20 日对旧城村外围及村南部区域进行了勘探，实际勘探面积约 36 万平方米，对旧城遗址的结构布局有了更为清晰的认识。

旧城的防御系统由城墙和护城河两部分组成。城垣略呈梯形，其中城墙南段总长 530 米，西段总长 900 米，北段总长 750 米，东段总长 870 米，四面城墙各有一座城门。城墙系夯筑而成，宽 9~12 米。护城河位于城墙外围距城墙 16~30 米处，宽 20~36、深 3~5 米。

在城址内部勘探发现有两处道路：一处位于西门，应为西门进出城的通道；一处位于南门及南门外，共发现两段，十字交叉形分布，为南北与东西向十字交叉，交叉点在南门外向南约 190 米处，此处现在是正在使用的土路，十字交叉点四周为较高台地，台地内砖瓦堆积较多，应是一处重要遗迹。

在城外勘探发现有两处与城址有关的遗迹。在城址西门外约 500 米处发现遗址一处，遗址现为高出周围约 0.8 米的土台，平面大致呈长条形，方向 355°，南北向，南北最长约 75、东西最宽 46 米。文化堆积厚约 1.9 米，有少量砖瓦，应该是与旧城有关的建筑。在城址东南角正东 220 米处勘探发现墓葬一处,方向160°,系带斜坡墓道砖室墓,平面呈"甲"字形,南北长9米。墓室位于墓道之北,平面呈长方形,南北长5.2、东西宽7米,竖穴土圹砖室,砖已扰乱。墓道位于墓室之南,平面呈梯形,南北长3.8、宽3.5~5米。

旧城遗址始建年代为汉代,为汉宛乡侯国的中心。北齐至明代旧城作为高城县、盐山县治所在地,前后历时达820年,这在黄骅境内曾为县治所在的几座古城中是历史最长的。

四、旧城大马闸口汉墓

大马闸口墓葬位于黄骅市旧城镇马闸口村东南约300米处,东北距旧城遗址2000米。2015年7~10月,河北省文物研究所和黄骅市博物馆联合对黄骅旧城马闸口村汉代墓葬进行了考古发掘。共发掘墓葬2座,两墓东西并列,相距仅1.5米(图四)。

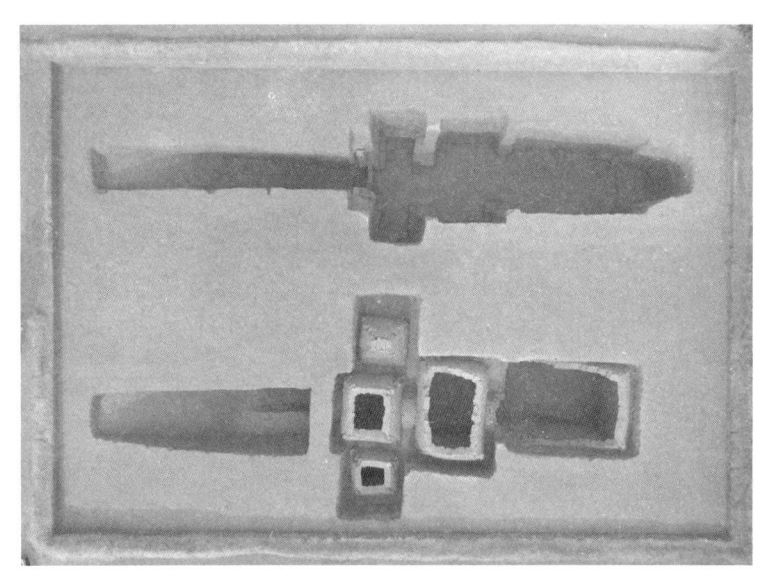

图四　大马闸口汉墓航拍

M1位于西侧,经过清理确认其为带墓道的多室砖墓,由墓道、甬道、前室、中室和后室等部分组成。方向180°,总长约16.5米。现大部分砌砖被毁坏,大部仅剩余土圹。

M2位于M1东侧,经过清理确认其为带墓道多室画像砖墓,由墓道、甬道、前室、东西耳室、中室和后室等部分组成。方形为180°,总长约15.5米。

两座墓葬均为精美的画像(花纹)砖砌筑而成。共计发现7种不同类型的花纹砖,包括菱形纹砖、菱形乳钉纹砖、勾云乳钉纹砖、楔形菱形纹砖、五铢钱文砖、车马纹和龙纹砖等。

两座墓葬共出土20多件较为完整的随葬品,以陶质的模型明器为主。随葬品包括陶井、陶碓、陶磨、陶灶、陶炉、陶釜、陶魁、陶勺、陶俑、陶鸭、陶鸡、陶猪圈、铜钱(五铢)、陶樽和陶罐等。另外,还发现白瓷(原始瓷)罐、陶灯、陶楼、陶盘和陶壶等残块。

通过两座墓葬的形制、画像砖和出土遗物等方面来看,两座墓葬的年代较为接近,应为东汉时期。由于两座墓葬均遭到严重破坏,二者之间关系不能确定,结合两座墓葬形制、规模和出土遗物都比较一致，且东西并排分布，相隔仅 1 米的状况推断，两座墓墓主关系应比较密切，初步推测为夫妻同茔异穴合葬。汉墓规模较大，墓主应该有一定的社会地位，结合墓葬东北距黄骅旧城遗址 2000 米这一事实，推断墓葬和城址应当有一定的关联。

五、章武故城遗址

章武故城遗址位于黄骅市常郭乡故县村北，由大小两座城组成。小城居南，呈长方形，东西长 145、南北宽 132 米，面积 19140 平方米，现小城基本被民房覆盖。大城居北，基本呈长方形，东西长 285、南北宽 220 米，面积 62700 平方米。

章武故城遗址未进行过考古发掘，现有资料均为考古调查资料。城址内部地面散落大量陶器碎片，采集标本有夹蚌红陶器物口沿残片、绳纹板瓦残片等。此外，黄骅市博物馆还藏有征集而来的出土自章武故城的陶壶、陶罐、布币、刀币等文物（图五）。

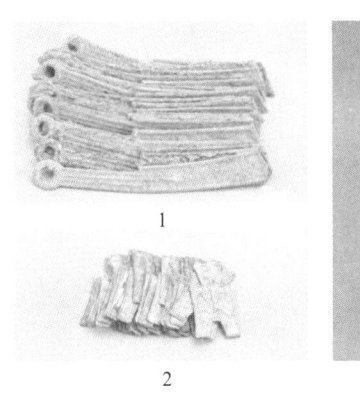

图五　黄骅市博物馆藏章武故城遗址出土文物
1. 刀币　2. 布币　3. 陶壶　4. 陶罐

刀币：刀首近平首，刀背呈弧形，刀柄较宽，刀柄纵纹伸至刀身。通长 14 厘米。战国。

布币：平首，平肩，平裆，方足。正面有"平阳"字样。战国。

陶壶：泥质灰陶。直口微撇，方唇，束颈，扁球形鼓腹，喇叭状圈足。素面。口径 5.2、底径 8.3、高 14.6 厘米。战国。

陶罐：泥质灰陶。敞口，束颈，尖圆唇，溜肩，鼓腹，平底。器身有旋制痕迹。口径 9.7、底径 16、高 16.5 厘米。战国。

从汉高祖五年（公元前 202 年）设立章武县到北齐天保七年（556 年）并入高城县，历时达 758 年之久。其地域涵盖范围十分广阔，大致包括今黄骅、海兴、孟村、青县和盐山的一部分，当时作为渤海西岸最具规模的古县，还包括了今天津市的大部分地域，所以，才有天津为古章武县属地之称。《汉书·地理志》第八记载："章武渤海郡属县，有盐官。莽曰桓章。"另据文献载：西汉元封元年（公元前 110 年），桑弘羊为治粟都尉，请置大农部丞 37 名，分驻全国产盐多的郡县，全国始设盐官 38 处管理盐政。渤海郡章武县为首批置盐官之县。章武故城为汉章武县的治所，但就城中发现刀币、布币及战国陶壶等战国遗物的现象来看，章武故城的始建年代可能要早于西汉，应该是一座战国城址，汉代沿用。

六、北章武城（乾符城）遗址

北章武城位于齐家务乡乾符村，又名"乾符城"，西有205国道通过，南部为子牙新河，城址大部分已建成民房。城址呈方形，南北宽420、东西长500米，现大部分城墙已被拆除，城内现为乾符村所在地，城墙原高4、宽15米，现仅存北城墙西段，残长104、高2米，最宽处13米，墙体有明显的夯土层，每层厚10厘米。城内曾发现砖井、房址等遗迹，出土遗物有陶罐、陶盘等文物，现藏于黄骅市博物馆（图六）。

图六　黄骅市博物馆藏北章武城出土文物
1.陶盘　2.陶钵　3、4.陶罐

陶盘：泥质灰陶。敞口，方唇，浅腹，斜壁平地内凹。素面。口径19、高2.3厘米。汉代。

陶钵：泥质灰陶。直口，方唇，弧腹，饼状足。口沿下方有两个相对的半球形錾。器身有两道弦纹。口径13.5、底径7、高5.3厘米。唐代。

陶罐：泥质灰陶。口微敛，圆唇，圆肩，鼓腹，下腹内收，平底。肩部有双泥条拱形双系。外壁饰绳纹。口径12.5、底径13.8、高49厘米，汉代。泥质灰陶。口微敛，圆唇，短束颈，圆肩，鼓腹，下腹内收，平底。肩部有单泥条拱形双系。素面。口径15、底径16、高24厘米。汉代。

乾符城始建于汉代，文献中可见相关记载。《寰宇记》载："废乾符在沧州治北100里，本章武县地，又云章武。"《名胜志》载："鲁城距旧州东七十里又三十里，为乾符城是也，古系郡地，今属沧州……"

七、柳县故城遗址

柳县故城遗址位于羊二庄回族镇张八寨村西南2500米处，属黄骅市县级文物保护单位。城址呈方形，城墙大多无存，残存北城墙东西长480、宽7、高0.7~1.5米。在柳县故城遗址所在地曾多次发现文物，以陶器为主，现藏于黄骅市博物馆（图七）。

军假司马印：方形，瓦纽，阴刻印文为"军假司马"。印面边长2.4厘米，通高2.6厘米。汉代。

陶罐：泥质灰陶。敞口，尖唇，高领，鼓腹，下腹内收，平底内凹。上腹饰旋纹，下腹饰绳纹。口径14.7、底径8.6、高23.8厘米。战国。泥质灰陶。敞口，厚唇，束颈，溜肩，鼓腹，平底。素面。口径11.4、底径13.8、高13.5厘米。汉代。泥质灰陶。盘口，方唇，鼓腹，平底。器身素面，近足饰捏塑花纹一周。口径11.5、底径0.8、高8.5厘米。汉代。

陶豆：泥质灰陶。直口，浅腹，高柄，喇叭状足。素面。口径17.3、底径14、高20.5厘米。战国。泥质灰陶。豆盘较深，折沿，束颈，折腹，喇叭状圈足。素面。口径20.6、底径15、高16厘米。汉代。

陶盖豆：泥质灰陶。浅盘形器盖，顶部为喇叭形捉手。器身子口，弧腹较深，近平底，下接喇叭形豆柄。外壁磨光。口径18.1、底10.2、通高34.2厘米。战国。

图七　黄骅市博物馆藏柳县故城遗址出土文物
1、4、6.陶罐　2、5.陶豆　3.陶盖豆

据《盐山县志》载："柳县之置，古于高城，盐山。县治当以为数典之祖。东汉县废并于章武……为河海之大埠，秦始皇二十六年置。"根据文献及遗物推断柳县故城的设置最早为秦朝，沿用至东汉，为柳县县治所在地。古城周边发现的文物就保存状况来看，应当出土于墓葬之中。就此推测，城址附近应当有墓葬区存在。

八、结　语

黄骅地区战国至汉代城址分布密集，保存状况较好，是研究战国至汉代城市建设和社会生活的重要资料。综合目前已掌握材料，可以概括出该地区战国至汉代城址的几个共同特点。第一，城址多呈方形；城墙多平地起筑，这应与该地区近海，地下水位高，不宜挖基槽有关。第二，城址沿用时间长，部分城址沿用至唐宋时期。第三，城址附近有墓地，且存在一些特殊的丧葬习俗，如郛堤城的瓮棺葬群、甶兮城的积瓦墓等；城池的筑建应都与"鱼盐"这一重要资源有关。

通过对这批城址材料进行梳理，为今后的考古及研究工作梳理出了几条思路。首先，城址的营建不是一项简单的建筑工程，其中牵涉诸多的政治、军事因素，在黄骅地区这一面积不大的范围内，存在如此密集的城址，其背后的深层原因是值得探究的。其次，这几座城址均属于战国至汉代，但其具体的建造及使用时间则不太明确，这牵涉城址间的共时性问题，是今后考古工作中亟须解决的问题。最后，城址的布局与交通线路、水系密切相关，黄骅地区古河道众多，城址的分布与河流的关系、有共时性的城址之间的交通线路问题也是今后研究的重要的方向。

山东临淄粉庄1号墓地出土瓮棺葬概述

王子孟　杨小博

（山东省文物考古研究所）

一、引　　言

粉庄1号墓地位于山东省淄博市临淄区齐都镇粉庄村、凤凰镇王青村北，分属粉庄村、王青村管辖。东距淄河约3千米，南临齐故城北城墙约1.5千米。其所在地地势较为平坦，现地表皆为农田。地理单元上处于泰沂山中部鲁山山脉北麓，南部为连绵起伏的低山丘陵，北部系广阔坦荡的平原，区内有淄河、乌河两条重要河流。该地土质肥沃，土层深厚，地下水丰富，利于农田耕作，自古以来即是人类理想繁衍生息之地（图一）。

二、发掘概况

为配合济青高铁项目的顺利施工，2016年5月至2017年1月，山东省文物考古研究所对该墓地进行了考古勘探和发掘工作，西距由山东大学所负责的粉庄2号墓地发掘区约300米。

为最大范围抢救地下文物和全面揭露墓地文化内涵，我们用探方法对墓地进行了全覆盖发掘，共布设10米×10米探方近180个，总体揭露面积达18 000平方米。共清理墓葬611座，形制包括砖室墓、土坑墓、瓮棺葬和砖椁墓，另外有灰坑56座、井49口、沟8条、路2条，出土陶、铜、骨、铁、石等各类文物小件1000余件（图二）。根据墓葬形制及出土器物，结合相关其他遗迹的出土物，判断墓地文化内涵分别包括战国、两汉和宋金时期。

其中有40座用陶器作为葬具的墓葬，其形制组合多样，具有一定的代表性。为使学术界能及时了解此批发掘资料，现将此批墓的情况简述于下。

三、墓葬类型

依据白云翔老师的定义，所谓"瓮棺葬"即是用陶容器作为葬具的一种埋葬形式，而单纯用瓦作葬具，应称为"瓦棺葬"[1]。据此，我们要介绍的发掘材料可细分为34座瓮棺墓、6座瓦棺墓。

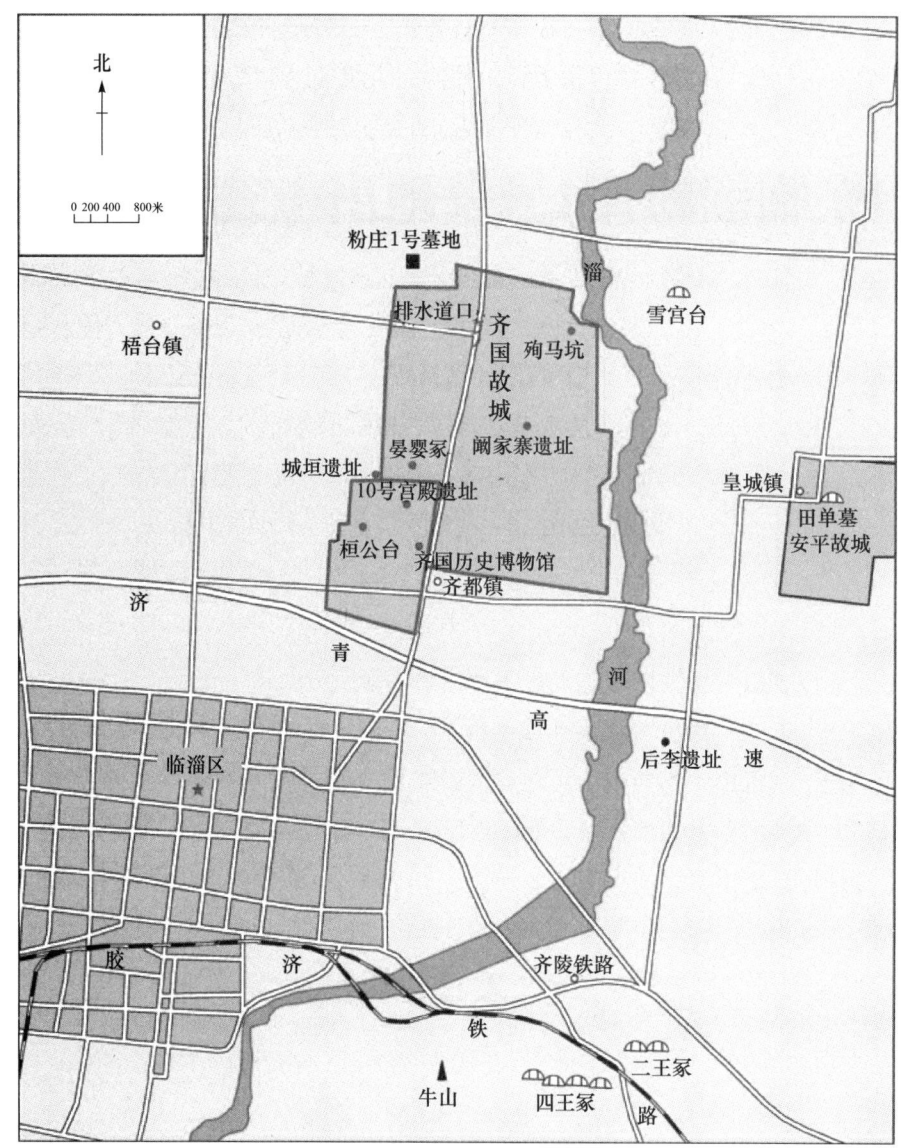

图一　墓葬地理位置示意图

其墓圹均为长方形竖穴土坑，绝大部分下挖较浅。瓮棺所用陶器有瓮、釜、盆、豆盘，瓮棺结构分单器、两器和三器组合，以两器组合为主，常见瓮 - 瓮、釜 - 釜、釜 - 盆等；瓦棺常见两瓦或多瓦相扣合（表一）。所盛骸骨基本为儿童，除 M22 出 1 件纺轮、M279 出 1 件束发器、M522 出 1 件铜环外，其余墓葬均未出随葬品。

依据葬具类型可分为瓮棺葬和瓦棺葬，其中瓮棺葬依据使用陶器数量和组合方式可分为甲、乙、丙三类，瓦棺葬据此可分为 A、B 二型。现简述如下。

瓮棺葬甲类，共 6 座，葬具仅有 1 件陶器，均横向放置于土坑竖穴墓圹中。A 型葬具为 1 件小口瓮；B 型葬具为 1 件深釜瓮；C 型葬具为 1 件釜。

瓮棺葬乙类，共 25 座，葬具为 2 件陶器组成，多为对接而成，均横向放置于土坑竖穴墓圹中。A 型葬具为深腹瓮 - 深腹瓮组合；B 型葬具为筒形瓮 - 筒形瓮组合；C 型葬具为釜 - 釜组合；D 型葬具为盆 - 盆组合；E 型葬具为筒形瓮 - 盆组合；F 型葬具为深腹瓮 - 大口釜组合；G 型葬具为大口

图二 墓地全景照片

釜-小口釜组合；H型葬具为釜-盆组合；I型葬具为深腹瓮-盆组合；J型葬具为釜-豆盘组合。

瓮棺葬丙类，共3座，葬具为3件陶器组成，多为2件器物对接后再套接另外1件器物，均横向放置于土坑竖穴墓圹中。A型葬具为1筒形瓮-2盆组合；B型葬具为1釜-2盆组合。

瓦棺葬，均横向放置于土坑竖穴墓圹中。A型葬具为2块板瓦上下扣合；B型葬具为多瓦上下扣合或两端扣合（表二）。

表一 临淄粉庄1号墓地瓮棺葬统计表

葬具组合类型		葬具	墓葬数量	组合方向	墓葬序号
甲类（单器）	A型	1小口瓮	2	无	M47、M330
	B型	1深腹瓮	1	无	M67
	C型	1釜	3	无	M91、M92、M188
乙类（两器）	A型	2深腹瓮	5	南北	M17、M25、M260、M562
				东西	M130
	B型	2筒形瓮	3	南北	M21、M182
				东西	M561
	C型	2釜	6	南北	M133、M279
				东西	M373、M479、M522、M532

续表

葬具组合类型		葬具	墓葬数量	组合方向		墓葬序号
乙类（两器）	D型	2盆	2	南北		M326
				东西		M258
	E型	1筒形瓮-1盆	1	南北	瓮南盆北	M106
	F型	1深腹瓮-1大口釜	3	南北	瓮南釜北	M114、M449、M547
	G型	1大口釜-1小口釜	1	南北		M169
	H型	1釜-1盆	2	南北	釜南盆北	M179
				东西	釜西盆东	M194
	I型	1深腹瓮-1盆	1	东西	瓮西盆东	M289
	J型	1釜-1豆盘	1	南北	釜南豆盘北	M187
丙类（三器）	A型	1筒形瓮-2盆	1	南北	盆北瓮中盆南	M22
	B型	1釜-2盆	1	南北	盆北瓮中盆南	M456
			1	东西	盆西瓮中盆东	M480

表二 临淄粉庄1号墓地瓦棺葬统计表

葬具组合类型	葬具	墓葬数量	组合方向	墓葬序号
A型	2瓦	3	上下	M32、M50、M57
B型	多瓦	3	上下	M33、M34、M476

四、墓葬举例

（一）瓮棺葬

1. 甲类

A型有M47、M330，共2座。M47位于TN27E38中部偏东，长方形土坑竖穴墓。墓口长144、宽77厘米。人骨堆放凌乱，头向北。葬具为1小口瓮（图三）；M330位于TN24E35东北部，打破M368。长方形土坑竖穴墓。墓口长80、宽60厘米。人骨堆放凌乱，头向不明。葬具为1小口瓮（图四）。

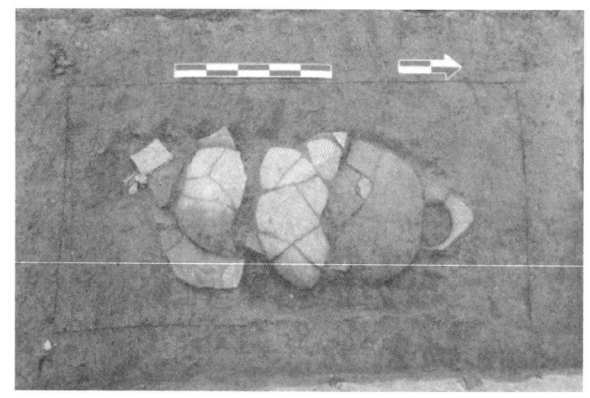 

图三 M47平面照

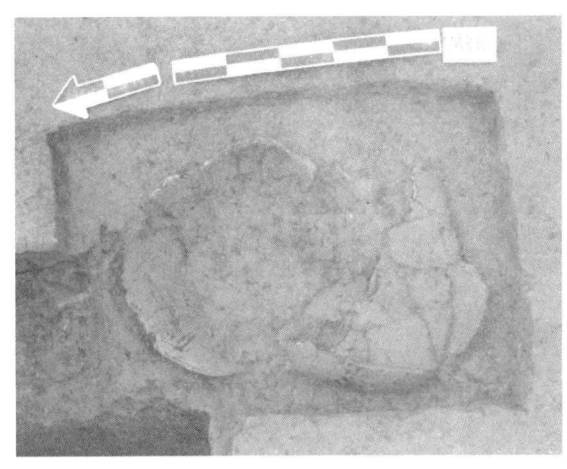
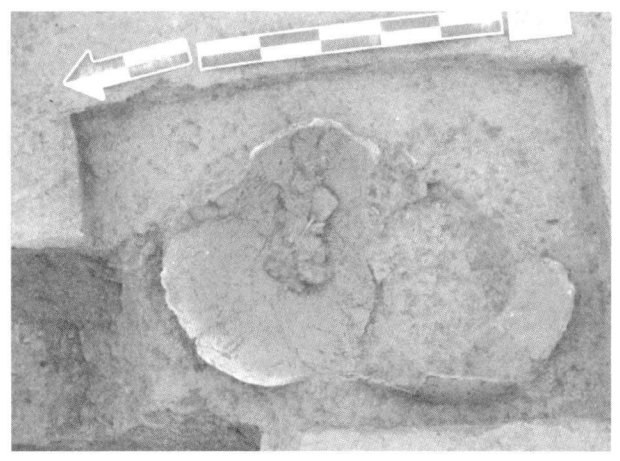

图四 M330 平面照

B 型有 M67，仅 1 座。M67 位于 TN30E37 中部，长方形土坑竖穴墓。墓口长 180、宽 83 厘米。人骨俯身直肢，头向北。葬具为 1 深腹瓮（图五）。

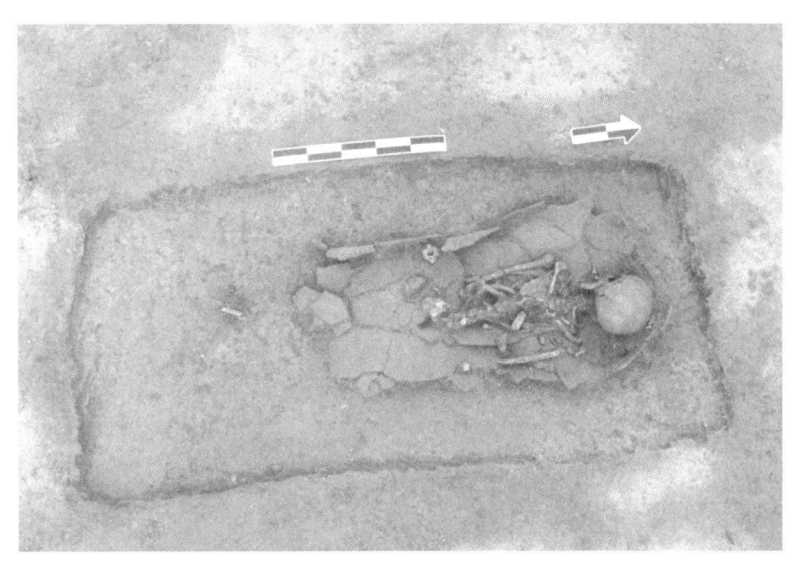

图五 M67 平面照

C 型有 M91、M92、M188，共 3 座。M91 位于 TN29E38 中部偏西，长方形土坑竖穴墓。墓口长 90、宽 45～64 厘米。人骨仰身直肢，头向北。葬具为 1 釜（图六）；M92 位于 TN28E38 南部偏中，长方形土坑竖穴墓。墓口长 90、宽 75 厘米。人骨仰身直肢，头向北。葬具为 1 釜（图七）；M188 位于 TN27E38 中部偏西，长方形土坑竖穴墓。墓口边长 80 厘米。人骨腐朽严重，仅余头骨，葬式不明，头向北。葬具为 1 釜（图八）。

2. 乙类

A 型有 M17、M25、M130、M260、M562，共 5 座。以 M17、M25、M562 为例介绍。M17 位于，长方形土坑竖穴墓。墓口长 180、宽 80 厘米。人骨仰身直肢，头向北。葬具为 2 件深腹瓮对接

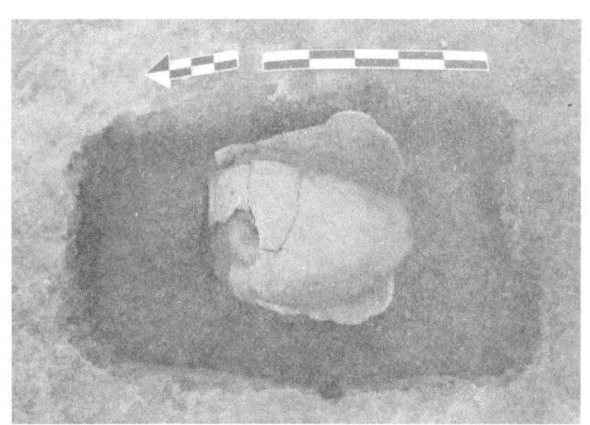
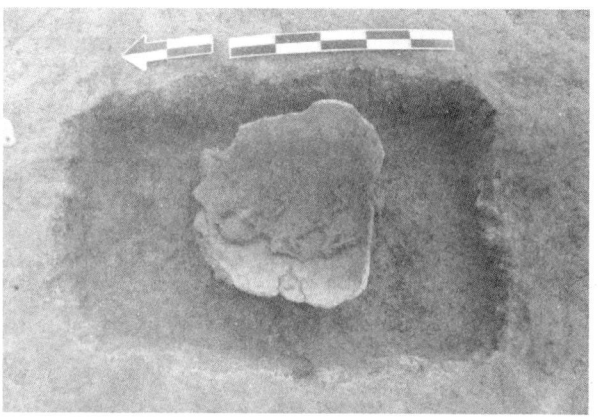

图六　M91 平面照

图七　M92 平面照

图八　M188 平面照

而成（图九）；M25 位于 TN28E35 西北部，长方形土坑竖穴墓。墓口长 176、宽 60 厘米。人骨堆放凌乱，头向南。葬具为 2 件深腹瓮对接而成（图一〇）；M562 位于 TN20E39 南部偏东，长方形土坑竖穴墓。墓口长 180、宽 60 厘米。人骨堆放凌乱，头向北。葬具为 2 件深腹瓮对接而成（图一一）。

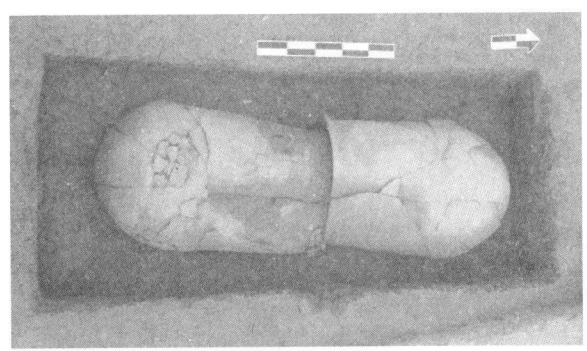 

图九　M17 平面照

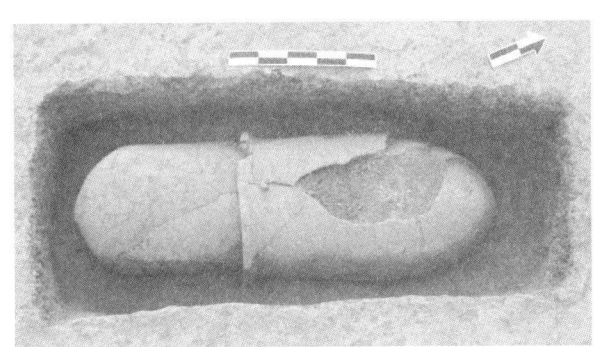 

图一〇　M25 平面照

 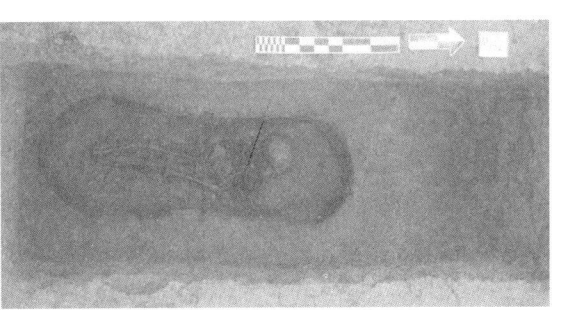

图一一　M562 平面照

B 型有 M21、M182、M561，共 3 座。以 M182、M561 为例介绍。M182 位于 TN27E32 西南部，长方形土坑竖穴墓。墓口长 130、宽 40 厘米。人骨堆放凌乱，头向北偏东。葬具为 2 件筒形瓮对接而成（图一二）；M561 位于 TN20E39 南部偏西，长方形土坑竖穴墓。墓长 158、宽 56 厘米。人骨多已腐朽，余肢骨残段及头骨，头向东。葬具为 2 件筒形瓮对接而成（图一三）。

 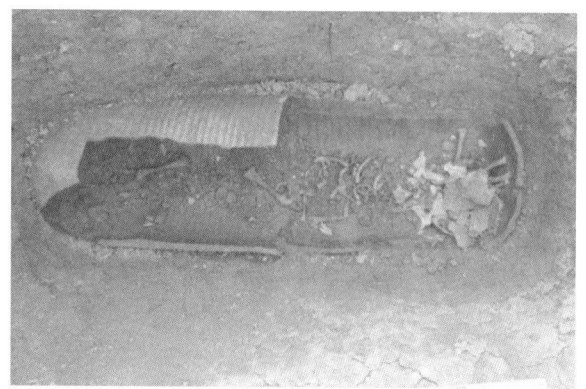

图一二　M182 平面照

图一三　M561 平面照

C 型有 M133、M279、M373、M479、M522、M532，共 6 座。以 M373、M479、M522 为例介绍。M373 位于 TN24E33 南中部，长方形土坑竖穴墓。墓口长 180、宽 85 厘米。人骨仰身直肢，头向北偏东。葬具为 2 件大口釜对接而成（图一四）；M479 位于 TN20E37 北部偏西，长方形土坑竖穴墓。墓口长 160、宽 70 厘米。人骨仰身直肢，头向北偏东。葬具为 2 件大口釜对接而成（图一五）。M522 位于 TN21E36 西南部，长方形土坑竖穴墓。墓口长 155、宽 70 厘米。人骨仰身直肢，头向北偏东。头骨附近有 1 件铜环。葬具为 2 件大口釜对接而成（图一六）。

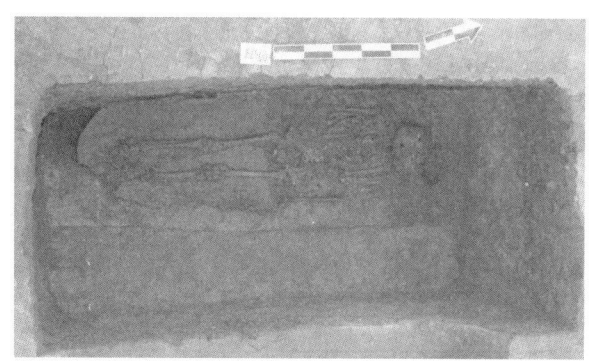 

图一四　M373 平面照

D 型有 M258、M326，共 2 座。以 M258 为例介绍。M258 位于 TN27E38 东南部，长方形土坑竖穴墓。墓口长 120、宽 90 厘米。人骨堆放凌乱，葬式、头向不明。葬具由 1 件圜底盆和 1 件折腹盆套合而成（图一七）。

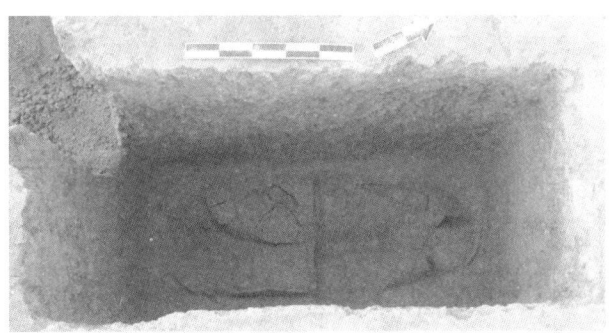

图一五　M479 平面照

图一六　M522 平面照

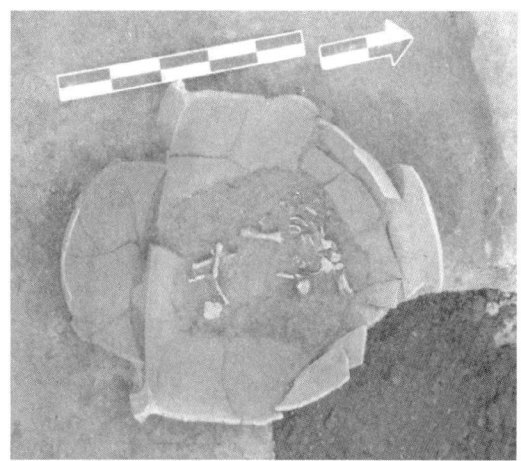

图一七　M258 平面照

E 型有 M106，仅 1 座。M106 位于 TN26E43 中部，长方形土坑竖穴墓、下挖较浅。墓口长 108、宽 35 厘米。人骨腐朽严重，仅余肢骨残段，葬式、头向不明。葬具由 1 件筒形瓮和 1 件盆对接而成（图一八）。

F 型有 M114、M449、M547，共 3 座。以 M449、M547 为例加以介绍。M449 位于 TN22E39 东北部，长方形土坑竖穴墓。墓口长 185、宽 70 厘米。人骨堆放凌乱，头向北。葬具为 1 件深腹瓮和 1 件大口釜套合而成（图一九）；M547 位于 TN21E34 东北部，长方形土坑竖穴墓。墓口长 210、宽 75 厘米。人骨仰身屈肢，头向北。葬具为 1 件深腹瓮和 1 件大口釜套合而成（图二〇）。

图一八　M106 平面照

图一九　M449 平面照

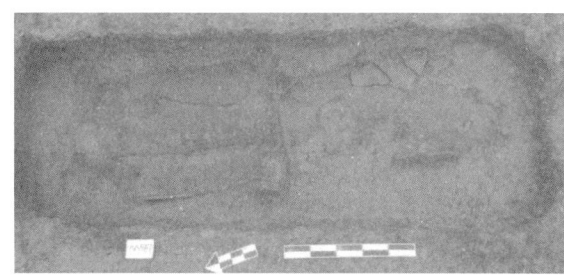 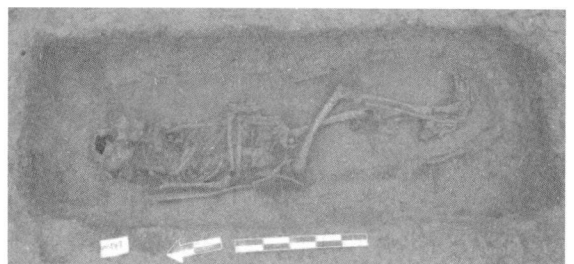

图二〇　M547 平面照

G 型有 M169，仅 1 座。M106 位于 TN29E40 中部，被 M171 打破，长方形土坑竖穴墓。墓口长 90、宽 60 厘米。人骨腐朽严重，余残段，头向北。葬具由 1 件小口瓮和 1 件大口釜套合而成（图二一）。

图二一　M169 平面照

H 型有 M179、M194，共 2 座。M179 位于 TN26E42 西北部，长方形土坑竖穴墓。墓口长 130、宽 76 厘米。人骨集中堆放，葬式不明，头向北。葬具由 1 件圜底盆和 1 件大口釜对合而成（图二二）；M194 位于 TN24E41 东北部，长方形土坑竖穴墓。墓口长 140、宽 155 厘米。人骨堆放凌乱，葬式不明，头向东。葬具由 1 件圜底盆和 1 件大口釜对合而成（图二三）。

图二二　M179 平面照

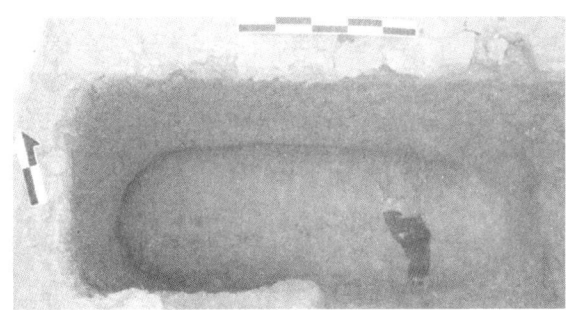 

图二三　M194 平面照

I 型有 M289，仅 1 座。M289 位于 TN25E35 东南部，长方形土坑竖穴墓、下挖较浅。墓口长 147、宽 56～62 厘米。人骨仰身直肢，头向东南。葬具由 1 件深腹瓮和 1 件圜底盆对合而成（图二四）。

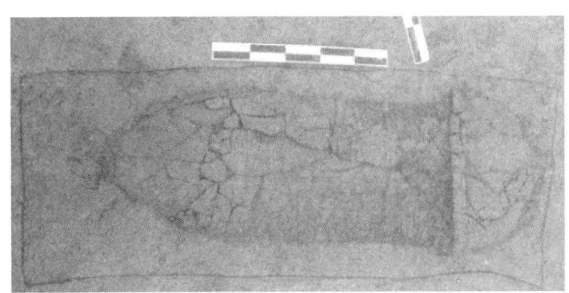 

图二四　M289 平面照

J 型有 M187，仅 1 座。M187 位于 TN27E38 西南部，长方形土坑竖穴墓。墓口长 90、宽 70 厘米。人骨集中堆放，葬式、头向不明。葬具由 1 件釜和 1 件豆盘套合而成（图二五）。

图二五　M187 平面照

3. 丙类

A 型有 M22，仅 1 座。M22 为长方形土坑竖穴墓、下挖较浅。墓口长 145、宽 50 厘米。人骨仰身屈肢，头向南。葬具用 1 件筒形瓮与 1 件圜底盆对接后，另将 1 件圜底盆套接于筒形瓮上（图二六）。

图二六　M22 平面照

B 型有 M456、M480，共 2 座。M456 位于 TN21E32 东南部，长方形土坑竖穴墓。墓口长 100~110、宽 60 厘米。人骨仰身直肢，无下肢胫、腓骨段，头向北偏东。葬具是 1 盆与 1 釜对接后，另将 1 盆与釜套接（图二七）。M480 位于 TN20E37 中部偏东，长方形土坑竖穴墓。墓口长 120、宽 50~60 厘米。人骨仰身直肢，头向东。葬具是 1 盆与 1 釜套合后，另将 1 盆与釜套接（图二八）。

 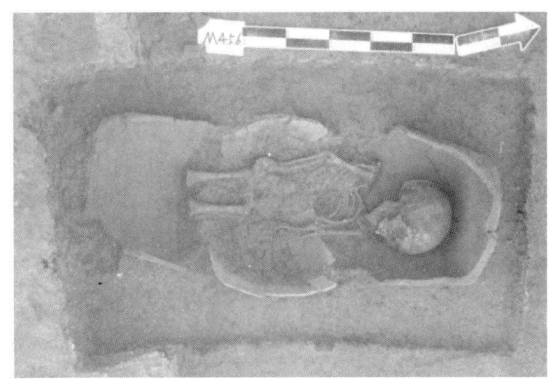

图二七　M456 平面照

图二八　M480 平面照

（二）瓦棺葬

1. A 型

A 型有 M32、M50、M57，共 3 座。以 M50 为例加以介绍。M50 位于 TN28E38 中部偏东，长方形土坑竖穴墓、下挖较浅。墓口长 88、宽 70 厘米。人骨仰身直肢，头向北偏东。葬具由 2 件板瓦上下扣合而成（图二九）。

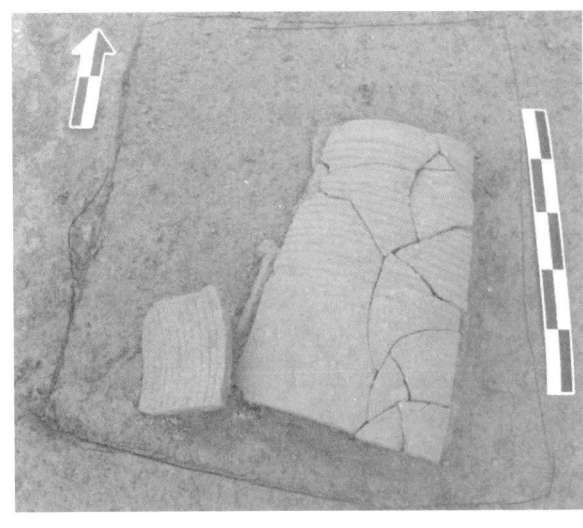 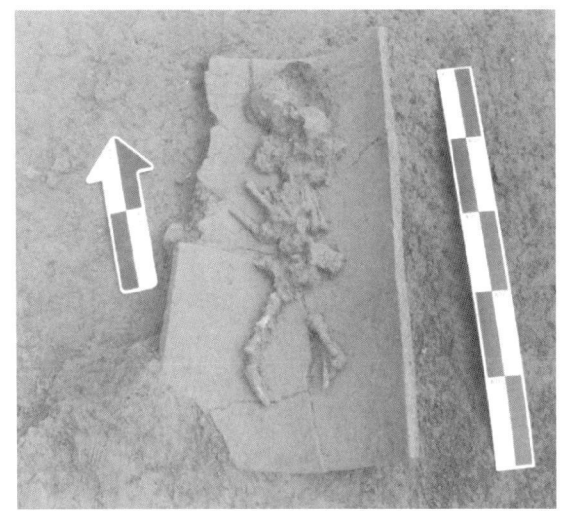

图二九　M50 平面照

2. B 型

B 型有 M33、M34、M476，共 3 座。以 M476 为例加以介绍。M476 位于 TN20E36 东北部，长方形土坑竖穴墓、下挖较浅。墓口长 92、宽 60 厘米。人骨集中堆放，葬式不明，头向东南。葬具由 2 件板瓦上下扣合，另用 2 件板瓦封堵左右两端（图三〇）。

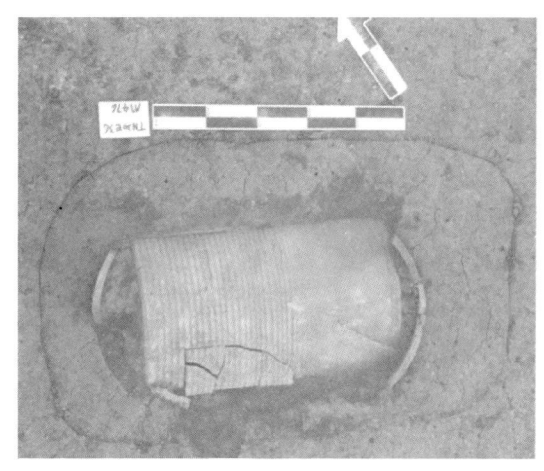

图三〇 M476 平面照

五、相关问题讨论

（一）墓葬年代和布局

作为一种特殊的葬制，瓮棺葬起源于新石器时代，商周时期发现较少，战国秦汉时期较为流行[2]。具体到粉庄 1 号墓地，据用作瓮棺的陶器来看，初步观察墓葬时代为战国西汉时期，个别可能晚至新莽时期[3]。粉庄 1 号墓地瓮棺葬墓从平面分布情况看，其局部呈群聚形态，但总体上同其他类型墓葬混杂于一起，只不过使用了不同的葬具，说明瓮棺葬作为埋葬儿童的一种葬制同成人一样葬在家族墓地中，应是家族关系的体现[4]。

（二）墓 葬 习 俗

墓室平面形状多为长方形，也有少量方形或近方形者，均为土坑竖穴，绝大多数下挖较浅；均为单人葬；墓向基本为南北向，人骨头向多以北和北偏东居多，与《孔子家语·问礼篇》"坐者南向，死者北向，皆从其初也"所载略同，反映了周人的习俗[5]；葬式以仰身直肢为主，部分骨骼凌乱、集中堆放者应为二次葬，因尚未进行人骨鉴定，现场初步断定死者均为儿童，至于儿童死亡原因，可能与当时物质生活贫乏、营养不良，或是医疗条件差、疾病死亡，或是与分娩难产等死亡有关，或与某种习俗如杀婴有关[6]；除 M22 出 1 件纺轮、M279 出 1 件束发器、M522 出 1 件铜环外，其余墓葬均未出随葬品。一般没有随葬品，也侧面反映了这种葬制是对死亡儿童的一种简易埋葬。

（三）文 化 性 质

从瓮棺所用陶器种类和组合方式看，陶器以属于日常生活实用中的釜、瓮、盆最为常见，同时也有专门用作瓮棺的筒形瓮，而瓮棺结构主要有单器、两器和多器瓮棺。此种特点的墓葬多见于山东、河北境内的环渤海地区，是战国时期齐国、燕国的分布范围，反映了燕齐文化区的共同文化特征[7]。

六、结　　语

自齐献公迁都至此，临淄即为齐国都城所在，一直是齐国的政治、经济、文化中心，也是当时诸侯国中最为繁华的都市之一。20世纪50年代以来，考古工作者已在齐国故城及附近地区开展考古工作，是山东两周考古中开始最早、持续时间最长、收获最丰的遗址。多年考古工作使我们初步了解了齐故城的分布范围和功能区划，并于城内发掘了大量的建筑基址、手工业作坊、贵族墓葬等遗存，也于郊外发掘了数量众多的大中小型墓葬。

处于齐故城西北郊的粉庄1号墓地的墓葬存在大量的叠压、打破关系，表明这是一块延续时间较长的墓地；发掘区不同时代、不同类型墓葬清楚的分区、分群现象，以及个别墓葬的分组排列和明显的打破关系，表明特定的墓区应是合理规划的家族茔地；各异的墓葬种类、特征明显的出土遗物，立体展示了不同时期中下层民众的墓葬习俗和信仰倾向。其中40座同其他类型墓葬混杂于一起的瓮棺和瓦棺墓，年代上处于战国西汉时期。为我们探讨瓮棺葬习俗的传播与演进提供了一批翔实的资料，也将对研究齐国墓葬习俗和齐文化的变迁具有重要意义。

注　　释

[1] 白云翔：《战国秦汉时期瓮棺葬研究》，《考古学报》2001年第3期。
[2] 许宏：《略论我国史前的瓮棺葬》，《考古》1989年第4期。
[3] 山东省文物考古研究所：《山东临淄粉庄1号墓地出土瓮棺发掘简报》，待刊。
[4] 韩国河：《秦汉魏晋丧葬制度研究》，陕西人民出版社，1999年，第245～261页。
[5] 印群：《黄河中下游地区的东周墓葬制度》，社会科学文献出版社，2001年，第58页。
[6] 张振标、王善才：《湖北长阳青铜时代人骨的研究》，《人类学学报》1992年第3期。
[7] 白云翔：《战国秦汉时期瓮棺葬研究》，《考古学报》2001年第3期。

山东临淄粉庄 2 号墓地出土的瓮棺葬

朱 磊

（山东大学历史文化学院）

粉庄 2 号墓地位于淄博市临淄区齐都镇粉庄村西北，东距淄河约 3 千米，位于临淄齐故城城墙外东北部，邻近齐故城城墙，地势平坦，原为农田（图一）。

2016 年 5～7 月，为配合济青高铁施工，山东省考古文物研究所和山东大学文化遗产研究院成立考古队，对该遗址进行了考古调查和发掘工作，其中山东大学负责粉庄 2 号墓地，东距山东省考古文物研究所发掘区约 300 米。

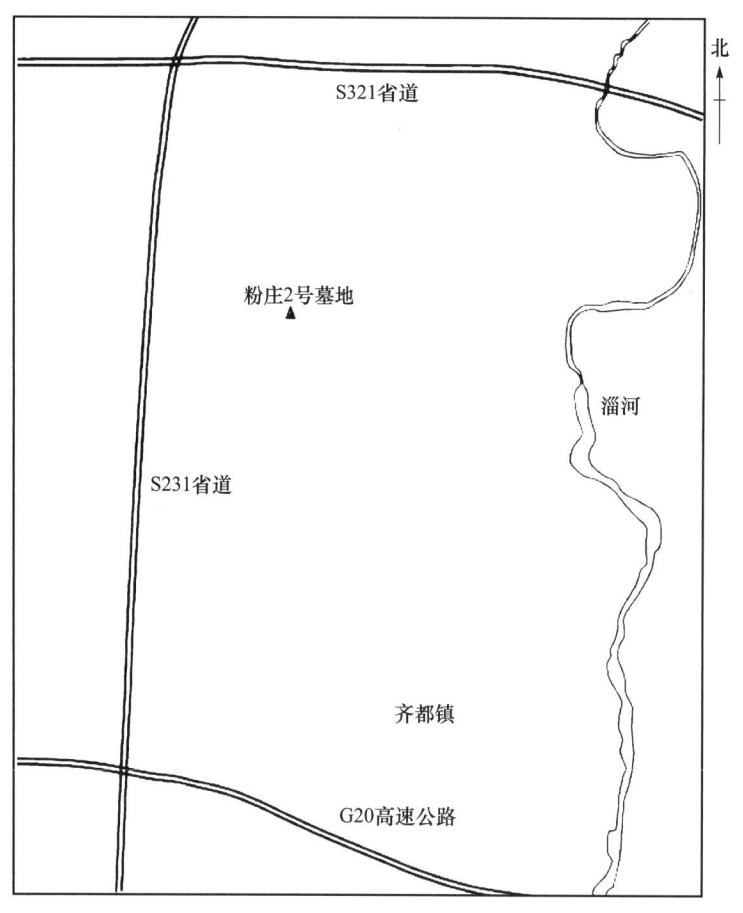

图一　粉庄 2 号墓地位置示意图

粉庄 2 号墓地以战国墓葬为主，兼有汉代瓮棺葬、灰坑等遗迹。发掘区平面呈长方形，东西长约 125、南北宽约 38 米，总面积近 5000 平方米，共布 5 米 ×5 米探方 191 个。共发掘墓葬 135 座，包括竖穴土坑墓 102 座、瓮棺葬 31 座、小砖室墓 2 座（图二）。其中竖穴土坑墓多为战国时期齐国墓葬，以战国中晚期为主；瓮棺葬与小砖室墓为汉代遗存，墓主均为未成年孩童。还发掘了灰坑、水井、沟等遗迹。

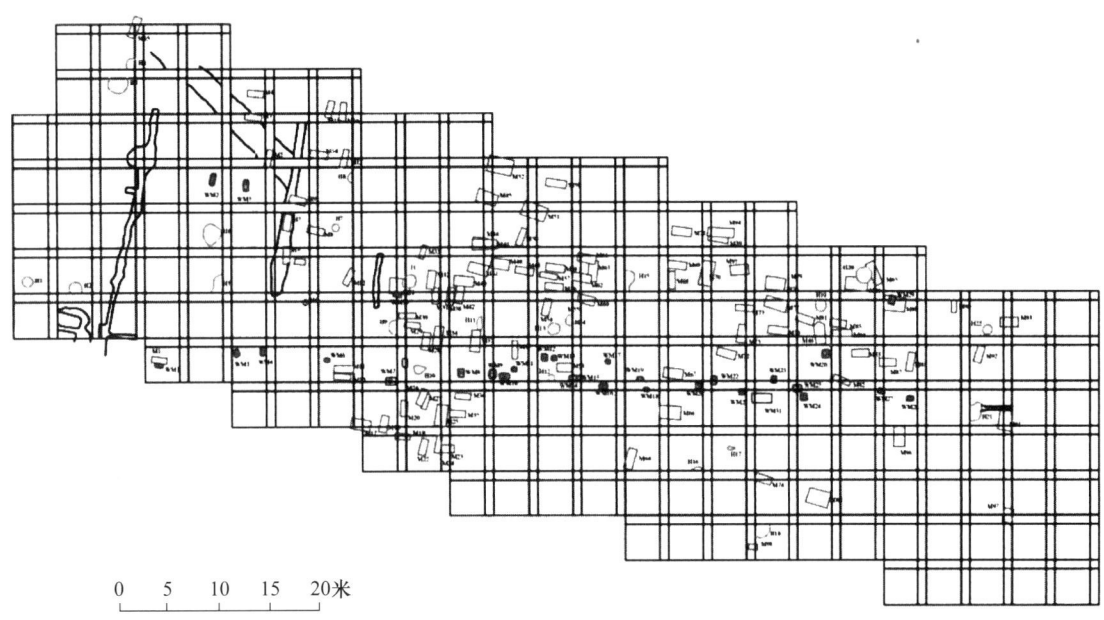

图二　粉庄 2 号墓地葬墓分布示意图

一、墓葬举例

（一）瓮棺葬墓

墓地共发掘 31 座瓮棺葬，皆为汉代，开口于第 2 层下。除 WM2 和 WM5 分布于发掘区北部，其余 29 座均呈东西向排列，基本构成一条直线，横贯整个发掘区，相互之间无叠压打破关系。WM2 与 WM5 葬具与其余不同，不仅器物组合形式有差别，且陶质为质地较硬的灰陶，而其余瓮棺葬葬具多为质地疏松的夹砂褐陶。

根据葬具数量可将其分为三大类。

甲类，葬具仅有 1 件。单釜（鬲）葬，4 座。WM11、WM19、WM30 属于此类。

乙类，葬具 2 件，26 座。根据葬具组合不同可分为釜盆组合、板瓦组合、两釜组合、两盆、瓮盆组合五型（表一）。

A 型　釜盆组合，12 座。其中 5 座墓葬具为东西置放，7 座墓葬具为南北置放。

B 型　板瓦组合，1 座。WM6 的葬具为两块板瓦上下组合。

C 型　两釜组合，9 座。5 座墓的葬具为南北置放，4 座墓的葬具为东西置放。其中 WM29 的

表一　粉庄 2 号墓地瓮棺葬统计表

瓮棺葬		葬具	数量	组合方向		墓葬序号
甲类		单釜（鬲）	4	无		WM11、WM19、WM20、WM30
乙类	A 型	釜盆组合	12	南北	釜北盆南	WM3、WM12、WM13、WM14、WM21、WM26
					釜南盆北	WM4
				东西	釜东盆西	WM1、WM7、WM18
					釜西盆东	WM10、WM25
	B 型	板瓦组合	1	上下组合		WM6
	C 型	两釜组合	9	南北	5 件	WM8、WM9、WM22、WM23、WM29
				东西	4 件	WM16、WM17、WM24、WM27
	D 型	两盆组合	2	南北		WM15
				东西		WM28
	E 型	瓮盆组合	2	南北	瓮南盆北	WM2、WM5
丙类		两釜两盆组合	1	东西		WM31

葬具较为特殊，釜的形体较大，肩部有链状附加堆纹。

D 型　两盆组合，2 座。WM15 的葬具为南北置放，WM28 的葬具为东西置放。

E 型　为瓮盆组合，2 座。WM2 和 WM5，2 座墓葬的葬具置放均为瓮南盆北。

丙类，葬具有 4 件，两釜两盆组合，1 座。WM31 的葬具为两釜两盆，两釜相对置于内部，东西向置放。

瓮棺葬具体信息描述如下。

WM1　位于 T0805 南部，长方形土坑竖穴墓。墓口长 89、宽 48、深 50 厘米。人骨腐朽严重，头向东西向。葬具釜、盆（图三）。

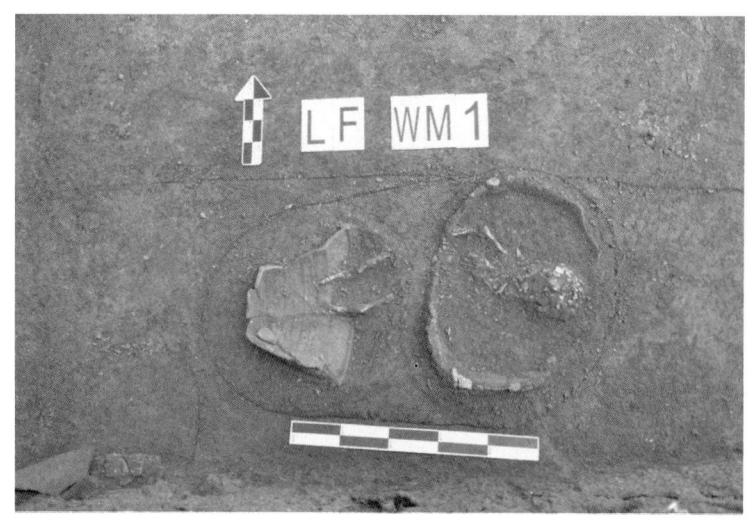

图三　WM1 出土情况

WM2　位于 T0509 中东部，长方形土坑竖穴墓。墓口长 136、宽 60、深 52 厘米。人骨头向北，腐朽严重。葬具瓮、盆，瓮南盆北（图四）。

图四　WM2 出土情况

WM3　位于 T0605 西北角，土坑竖穴墓。墓口长 90、宽 56、深 58 厘米。人骨头向北，腐朽严重。葬具釜、盆，釜北盆南（图五）。

图五　WM3 出土情况

WM4　位于 T0605 东北角，土坑竖穴墓。墓口长 84、宽 55、深 70 厘米。人骨腐朽严重，头向南北向。葬具釜、盆（图六）。

WM5　位于 T0609 中部，长方形土坑竖穴墓。墓口长 116、宽 60、深厘 65 米。人骨头向北，腐朽严重。葬具瓮棺，北部有一陶盆（图七）。

WM6　位于 T0805 中西部，长方形土坑竖穴墓。墓口长 72、宽 44、深 30 厘米。人骨头向北，腐朽严重。葬具两块板瓦上下组合（图八）。

WM7　位于 T0905 东南角，长方形土坑竖穴墓。墓口长 70、宽 60 厘米。人骨头向北，腐朽严重。葬具釜、盆，釜东盆西（图九）。

图六　WM4 出土情况

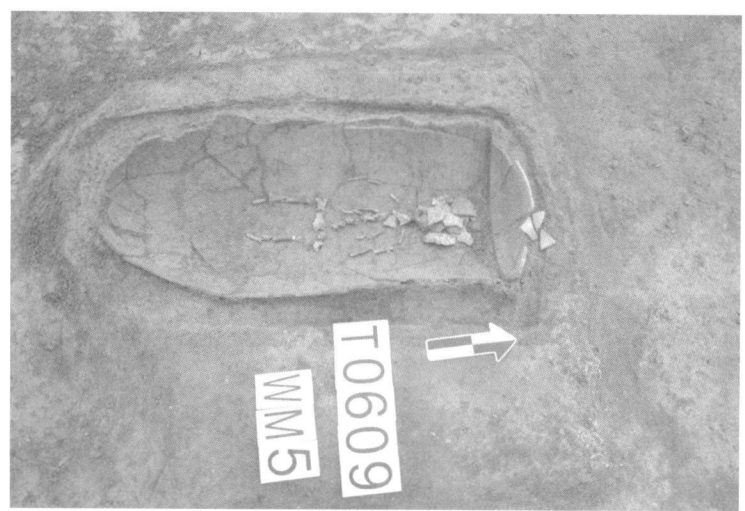

图七　WM5 出土情况

图八　WM6 出土情况

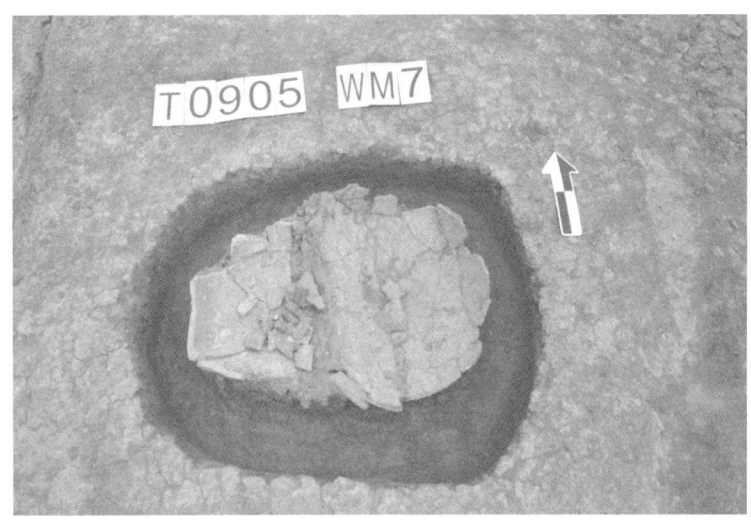

图九 WM7 出土情况

WM8　位于 T1105 中南部偏西，长方形土坑竖穴墓。墓口长 90、宽 75、深 56 厘米。人骨头向北，腐朽严重。葬具两个红陶釜，二口相对（图一〇）。

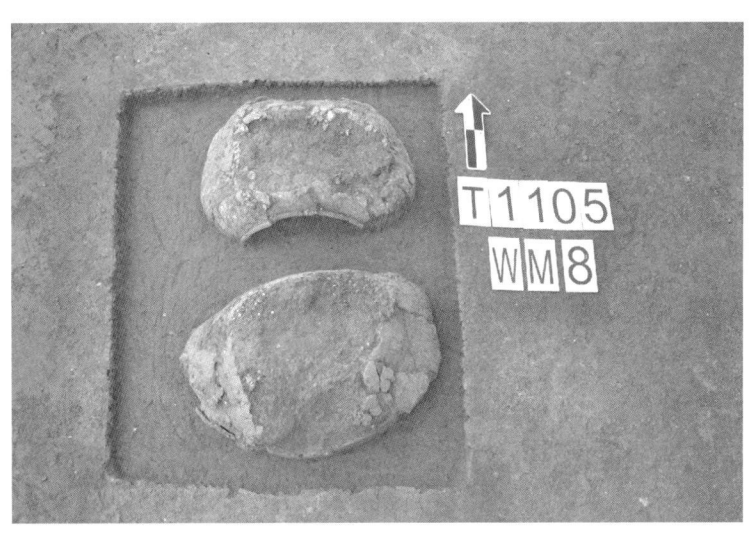

图一〇 WM8 出土情况

WM9　位于 T1105 东隔梁南部，长方形土坑竖穴墓。墓口长 90、宽 66、深 76 厘米。人骨头向北，腐朽严重。葬具两釜，南北组合（图一一）。

WM10　位于 T1205 西南部，长方形土坑竖穴墓。墓口长 100、宽 60、深 55 厘米。人骨头向北，腐朽严重。葬具瓮盆，瓮向西（图一二）。

WM11　位于 T1205 中偏南，土坑竖穴墓。墓口长 64、宽 65 厘米，墓口距地表 50 厘米，墓底距地表 100 厘米，深 50 厘米。人骨东西向，腐朽严重。葬具釜（图一三）。

WM12　位于 T1305 西北部，长方形土坑竖穴墓。墓口长 85、宽 63、深 55 厘米。人骨头向东，腐朽严重。葬具釜盆，釜北盆南（图一四）。

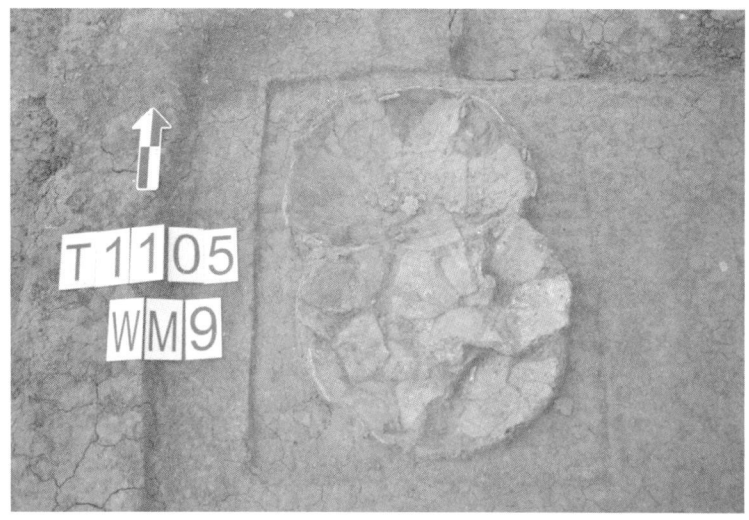

图一一　WM9 出土情况

图一二　WM10 出土情况

图一三　WM11 出土情况

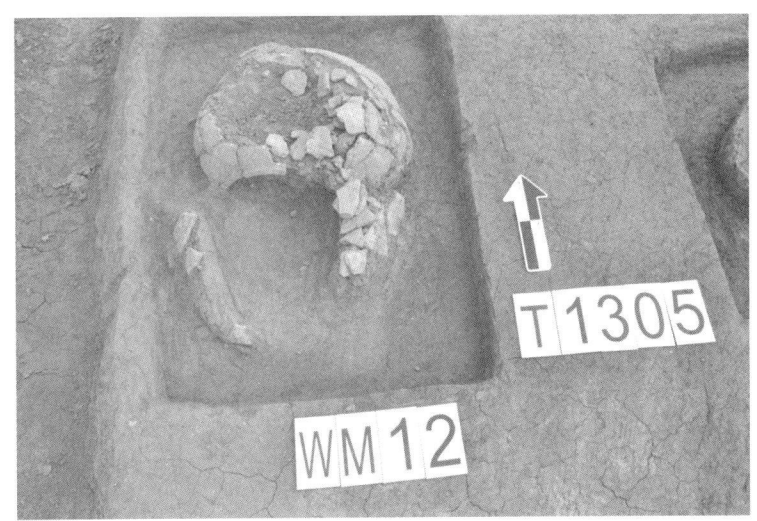

图一四　WM12 出土情况

WM13　位于 T1305 中部偏北，长方形土坑竖穴墓。墓口长 66、宽 62、深 54 厘米。人骨头向北，腐朽严重。葬具釜盆，釜北盆南（图一五）。

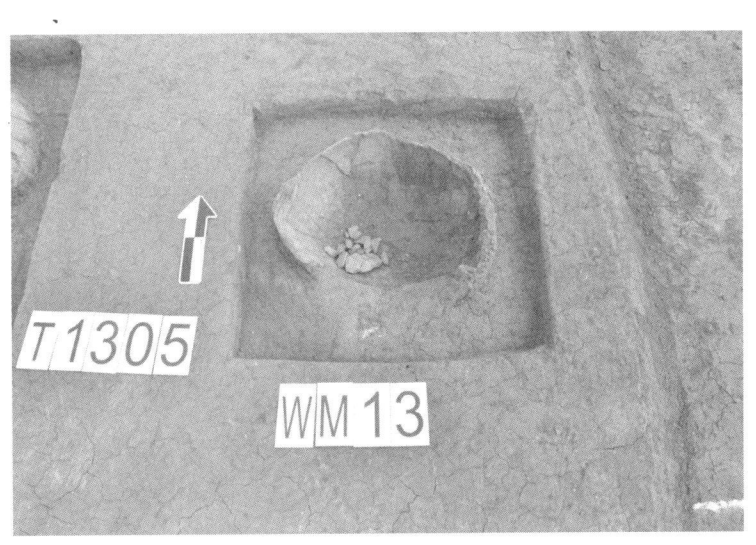

图一五　WM13 出土情况

WM14　位于 T1305 东南角，长方形土坑竖穴墓。墓口长 90、宽 65~70、深 75 厘米。人骨头向北，腐朽严重。葬具釜盆，釜北盆南（图一六）。

WM15　位于 T1306 东隔梁南部，长方形土坑竖穴墓。墓口长 57、宽 45、深 55 厘米。人骨头向北，腐朽严重。葬具两盆，大盆置北（图一七）。

WM16　位于 T1404 北部，长方形土坑竖穴墓。墓口长 85、宽 65 厘米，墓口距地表 50 厘米，墓底距地表 75 厘米，深 25 厘米。人骨头向不明，腐朽严重。葬具两釜（图一八）。

WM17　位于 T1405 中部偏东，长方形土坑竖穴墓。墓口长 67、宽 54、深 56 厘米。人骨头向北，腐朽严重。葬具两釜，釜东西相对（图一九）。

图一六　WM14 出土情况

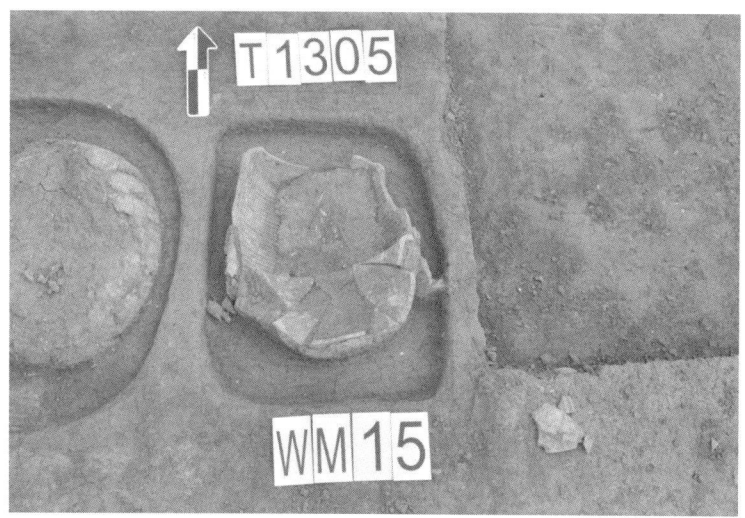

图一七　WM15 出土情况

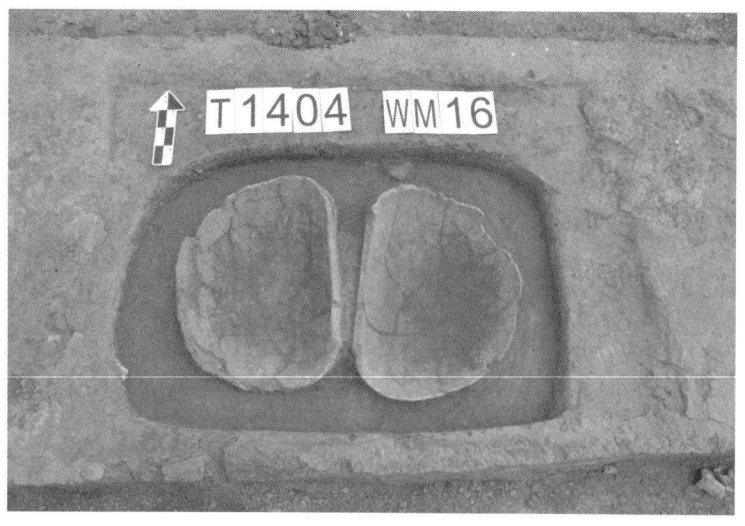

图一八　WM16 出土情况

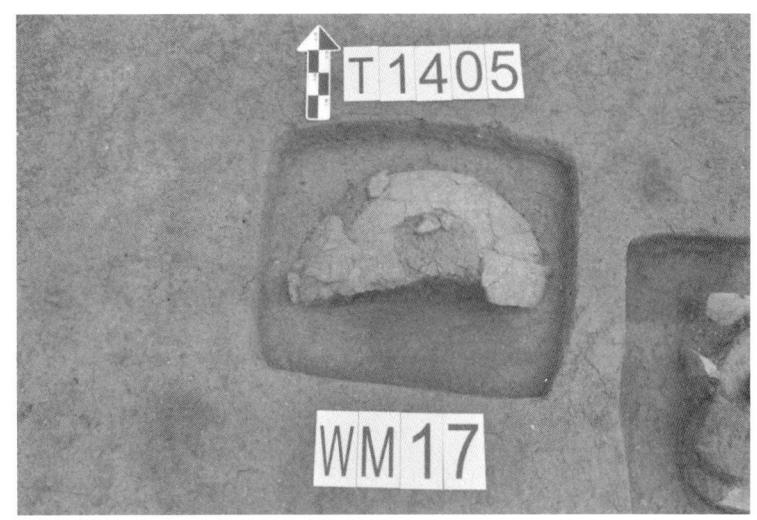

图一九　WM17 出土情况

WM18　位于 T1504 北隔梁偏东，长方形土坑竖穴墓。墓口长 56、宽 50 厘米。人骨头向东，腐朽严重。葬具罐盆，罐东盆西，夹砂灰陶（图二〇）。

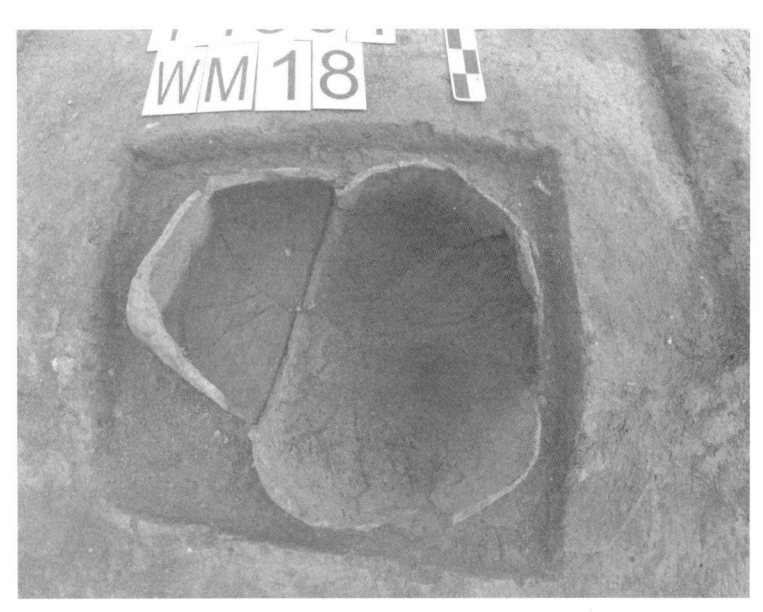

图二〇　WM18 出土情况

WM19　位于 T1505 南部，长方形土坑竖穴墓。墓口长 70、宽 50、深 55 厘米。人骨头向北，腐朽严重。葬具罐，夹砂红陶（图二一）。

WM20　位于 T1604 北隔梁东部，长方形土坑竖穴墓。墓口 66、宽 66 厘米，墓口距地表 50 厘米，墓底距地表 88 厘米，深 38 厘米。人骨头向北，腐朽严重。葬具罐，夹砂红陶（图二二）。

WM21　位于 T1704 东北角，长方形土坑竖穴墓。墓口长 65、宽 55、深 50 厘米。人骨头向北，腐朽严重。葬具罐盆，罐北盆南，夹砂灰陶（图二三）。

WM22　位于 T1705 东北角，长方形土坑竖穴墓。墓口长 90、宽 68、深 66 厘米。人骨头向东，腐朽严重。葬具两罐，大罐南小罐西，夹砂红陶（图二四）。

图二一　WM19 出土情况

图二二　WM20 出土情况

图二三　WM21 出土情况

图二四　WM22 出土情况

WM23　位于 T1805 南部，长方形土坑竖穴墓。墓口长 86、宽 64、深 50 厘米。人骨头向北，腐朽严重。葬具两釜，两釜对口南北置放（图二五）。

图二五　WM23 出土情况

WM24　位于 T1904 西北部，长方形土坑竖穴墓。墓口长 77、宽 75、深 56 厘米。人骨头向北，腐朽严重。葬具两釜，两釜对口东西置放，夹砂红陶（图二六）。

WM25　位于 T1904 北隔梁西北角，长方形土坑竖穴墓。墓口长 110、宽 80、深 46 厘米。人骨头向东，腐朽严重。葬具釜、盆，釜西盆东，夹砂红陶（图二七）。

WM26　位于 T1905 东北部，长方形土坑竖穴墓。墓口长 95、宽 86、深 62 厘米。人骨头向北，腐朽严重。葬具釜、盆，釜北盆南，夹砂灰陶（图二八）。

WM27　位于 T2104 北隔梁关键柱处，长方形土坑竖穴墓。墓口长 80、宽 55、深 58 厘米。人骨头向东，腐朽严重。葬具两釜，两釜对口东西置放（图二九）。

WM28　位于 T2104 东北部，长方形土坑竖穴墓。墓口长 90、宽 58、深 26 厘米。人骨头向东，腐朽严重。葬具两盆，灰陶（图三〇）。

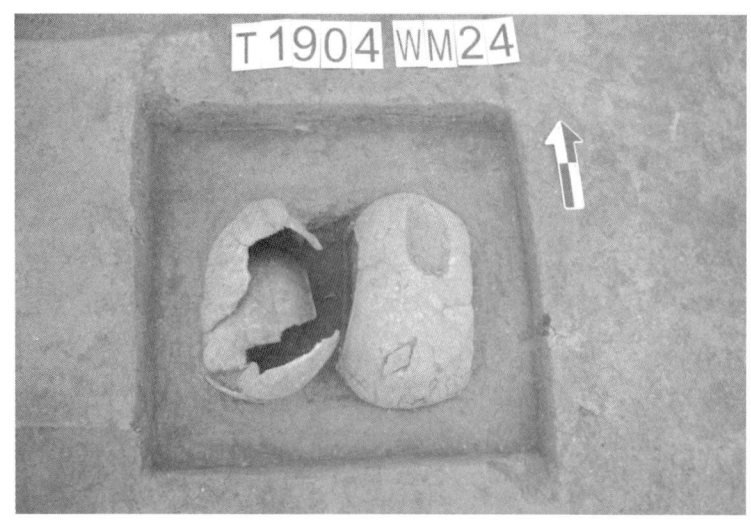

图二六　WM24 出土情况

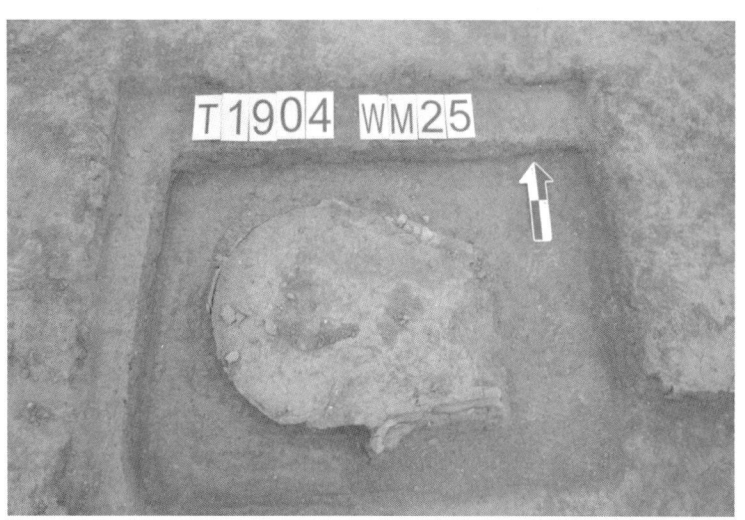

图二七　WM25 出土情况

图二八　WM26 出土情况

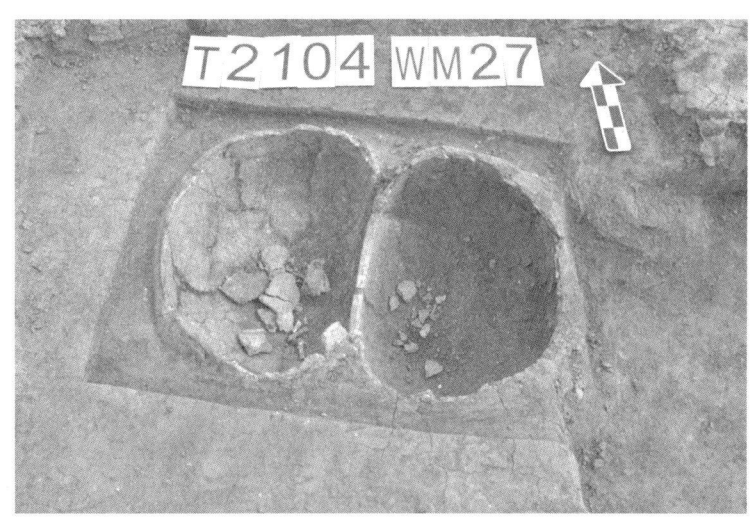

图二九　WM27 出土情况

图三〇　WM28 出土情况

WM29　位于 T2106 北部，长方形土坑竖穴墓。墓口长 84、宽 70、深 60 厘米。人骨头向北，腐朽严重。葬具两釜（图三一）。

WM30　位于 T0906 北隔梁东部，长方形土坑竖穴墓。墓口长 75、宽 65 厘米，墓口距地表 50 厘米，墓底距地表 95 厘米，深 45 厘米。人骨头向东，腐朽严重。葬具陶鬲（图三二）。

WM31　位于 T1804 西北部，长方形土坑竖穴墓。墓口长 230、宽 150 厘米，墓口距地表 50 厘米，墓底距地表 200 厘米，深 150 厘米。人骨头向东西向，腐朽严重。葬具 2 釜、2 盆（图三三）。

（二）小砖室墓

共 2 座，汉代遗存。

M6　位于 T0706 东北角，长方形砖室小墓，头向北，面向上，仰身直肢，人骨腐朽严重。无随葬品。墓向 4°，墓口长 65、宽 26 厘米（图三四）。

图三一　WM29 出土情况

图三二　WM30 出土情况

图三三　WM31 出土情况

图三四　M6 出土情况

WM32　位于 T0206 东隔梁南部，长方形砖室小墓。人骨头向北，面向上，腐朽严重，葬式不详。墓口长 110、宽 65 厘米，墓底长 82、宽 32 厘米，墓口距地表 50 厘米，墓底距地表 80 厘米，深 30 厘米（图三五）。

图三五　WM32 出土情况

二、结　语

临淄地区是周代齐国都城所在地。山东两周考古中，临淄齐国故城是开始时间最早、持续最长、收获最丰的遗址。从 20 世纪 50 年代末到 80 年代前期对齐故城的田野资料积累与初步研究阶段开始，多个考古部门及文博单位对临淄齐国故城进行过大面积的调查、钻探和试掘，初步了解了齐故城的文化堆积和城墙的保存状况、城内的地层堆积、交通干道、排水系统、作坊、宫殿、墓葬等遗存分布状况，也发掘了大量的齐文化遗址和大中小型墓葬。

此次粉庄 2 号墓地中发掘出土的遗迹单位，除 H1、H22 开口于第 3 层下，其余瓮棺葬、小砖室墓、灰坑、水井等遗迹均开口于第 2 层下。竖穴土坑墓除 M75、M95 开口于第 2 层下，其余皆开口于第 3 层之下。

第 2 层为汉代文化层，除瓮棺葬、小砖室墓外，还有竖穴土坑墓 M75、M95，以及 12 座灰坑、6 口水井等遗存。推测当时此地并不是一处单纯的墓地，可能是居住地的附近。

瓮棺葬整体分布沿东西方向直线排列（图三六）。这种分布规律在山东地区较少发现，值得注意。据中国社会科学院考古研究所的徐龙国先生和杨勇先生介绍，在距离粉庄 2 号墓地不远的齐故城内阚家寨附近曾发现过瓮棺埋葬于使用的道路之下的情况，推测粉庄 2 号墓地当时地表可能曾有一条东西向的路（发掘过程中并未发现明显的路面遗迹，或许只是条使用频率很低的便道，或者已被破坏），瓮棺葬墓或许于路边埋葬，以至于出现如此的分布形式。

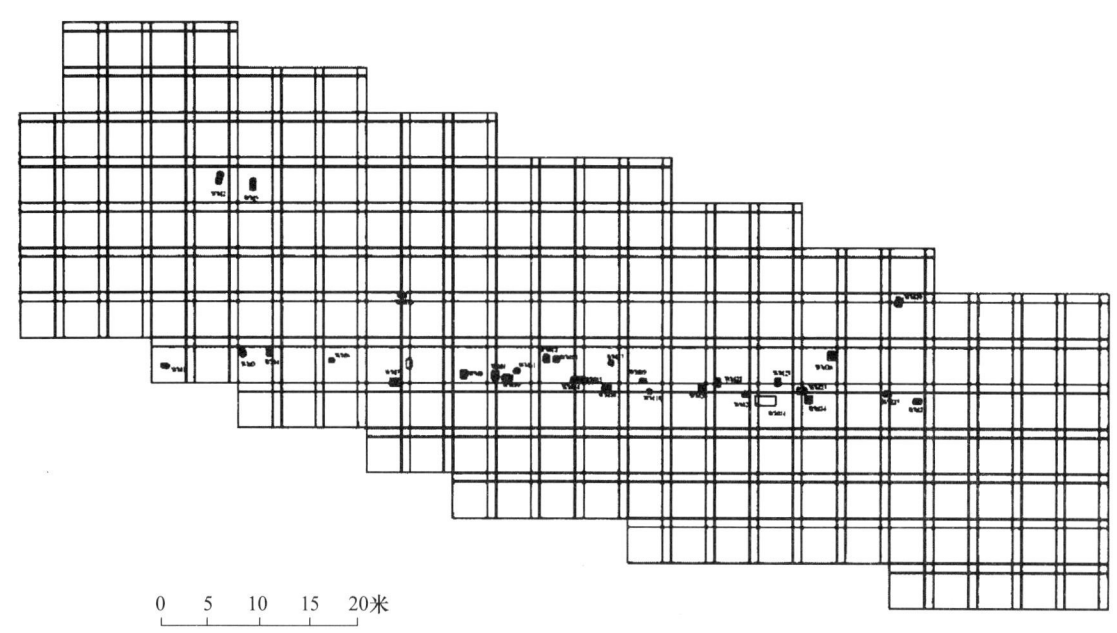

图三六　瓮棺葬分布示意图

瓮棺葬以釜加盆和两釜的组合居多，其他多种组合方式并存，且器物形制各异，摆放方向也比较随意，几乎没有随葬品。说明在汉代，此地的瓮棺葬之葬式和葬俗并未形成一种规范化的葬制，只是当地居民对死亡儿童的一种"弃埋"。

三、余　论

粉庄 2 号墓地瓮棺葬中的墓主人主要为儿童。其墓圹狭小、葬具简陋且几乎不置随葬品。那么，面对至亲骨肉，古人为何会弃若敝屣？

或许由于墓主人的家人生活窘迫、物质匮乏，无力负担棺椁及葬礼的费用。故而采用日常的釜、瓮、盆等生活器具作棺，草草掩埋以节省成本。但将之埋葬于道路之下任人践踏，则难以解释。因此，除去经济因素之外，一定有文化和观念上的原因。

其实在汉人的观念中，夭折者往往被视为凶死之人，死后会变成厉鬼（咎鬼）为害生人。陕西长安县三里村曾出土一件解注瓶，上绘北斗七星，斗魁内书写"北斗君"三字，图下朱书四行文字："主乳死咎鬼，主白死咎鬼，主币死咎鬼，主星死咎鬼。"[1]关于这四类咎鬼，王育成的解释是：乳死咎鬼为年幼夭折之鬼；白死（应为"自死"）咎鬼为自杀身死之鬼；币死（应为"师死"）咎鬼为在军事冲突中死去之鬼；星死（应为"刑死"）咎鬼为受过肉刑，形体亏损者死后所成之鬼[2]。因此，虽然墓主人的父母对夭折的子女也会充满怜爱和惋惜，但是更多的还是恐惧和憎恶。因为在他们看来，此时的尸体中附着着害人的注祟，需要用气密性较好的容器以封印之，故使用釜、瓮等陶器作为葬具；同时，还要请巫觋行解除术以压胜之，故将之埋葬于道路之下，受人踩马踏以压胜注祟。一点不成熟的浅见，希望给瓮棺葬研究提供一个不一样的诠释角度。

注　释

[1] 王育成:《南李王陶瓶朱书与相关宗教文化问题研究》,《考古与文物》1996年第2期，第63页。
[2] 王育成:《南李王陶瓶朱书与相关宗教文化问题研究》,《考古与文物》1996年第2期，第63页，其考证过程摘录如下："乳死"与夭死同义。《史记·扁鹊列传》:"怀子而不乳。"《素隐》云:"乳，生也。"故乳死当指出生不久便死去的婴儿。汉代人以为这是一种非常厉害的鬼。《论衡·订鬼篇》:"《礼》曰，颛顼氏有三子，生而亡去为疫鬼，一居江水是为虐鬼，一居若水是为魍魉鬼，一居人宫室区隅沤库善惊人小儿。""白死"之白当是"自"字的省减写法。东汉解除文中这种写法常见，如洛阳延光元年朱书有"生自属长安，死人自属丘丛墓"之句，两个自字全写成白。故"白死"实为"自死"，意指自杀身死而成之鬼。道书《上清天枢院回车毕道正法》卷下有"自刑女鬼""自缢之鬼"，即此类自死咎鬼。"币死"，币为师之省，在战国秦汉文字资料中这是通例，如马王堆汉墓帛书《春秋事语》"率师以御晋人""恒公率师以侵蔡""献公之师袭虢"，师字皆写作"币"。故"币死"即"师死"，指在军事冲突中死去的人。前举《上清天枢院回车毕道正法》卷下有"兵死鬼""兵死阵死鬼"，似是"师死咎鬼"一类。

黄骅郛堤城瓮棺葬的发现及其相关问题探讨

雷建红

（河北省文物研究所）

瓮棺葬是以陶容器作为葬具的一种特殊埋葬形式，起源于新石器时代[1]，战国秦汉时期较为广泛流行[2]，此后不同时期和地区比较少见。战国秦汉时期的瓮棺葬主要集中发现在中国北方，尤其是环渤海地区，不仅数量多而且分布密集。近年来，战国秦汉时期的瓮棺葬在环渤海各地又有不少新发现。例如，2016年在河北省黄骅市郛堤城遗址西北处发掘了110多座瓮棺葬，材料独特、特色鲜明，是战汉时期最具代表性的瓮棺葬墓群之一。本文拟通过对郛堤城瓮棺葬的考古学观察，就该瓮棺葬的年代、与郛堤城的关系、成因分析等与之相关的问题进行讨论分析，来探索其文化内涵。

一、郛堤城瓮棺葬发现概况

瓮棺葬群位于河北省黄骅市主城区北部，北距石碑河约500米，东南紧邻河北省重点文物保护单位——郛堤城遗址，墓葬距离郛堤城最近处仅100余米（图一）。瓮棺葬群所处地势平坦，原地表为荒地，内有一些排干沟渠等。2016年5月，黄骅市湿地公园工程施工中发现人骨、陶器残片，施工部门立即停止施工，并报告给黄骅市博物馆。经考古专业人员现场勘察后确认为3座瓮棺葬，随即对发现的3座瓮棺葬进行了抢救性清理。随后工程施工中又陆续发现瓮棺葬，鉴于施工区域面积比较大，又不断有瓮棺葬被发现，黄骅市博物馆将情况上报河北省文物局。受河北省文物局委托，河北省文物研究所和黄骅市博物馆共同组队，于6月底至10月初，为期3个月，对该处瓮棺葬采用布设5米×5米探方进行大面积抢救性发掘，发掘面积约1200平方米，共计发现战国、汉代时期瓮棺葬113座，另外发现灰坑10余个（图二）。

二、郛堤城瓮棺葬的考古学观察

（一）开口层位

从地层堆积来看，发掘区地层比较简单且较为一致。
第1层：耕土层。厚约0.2米。

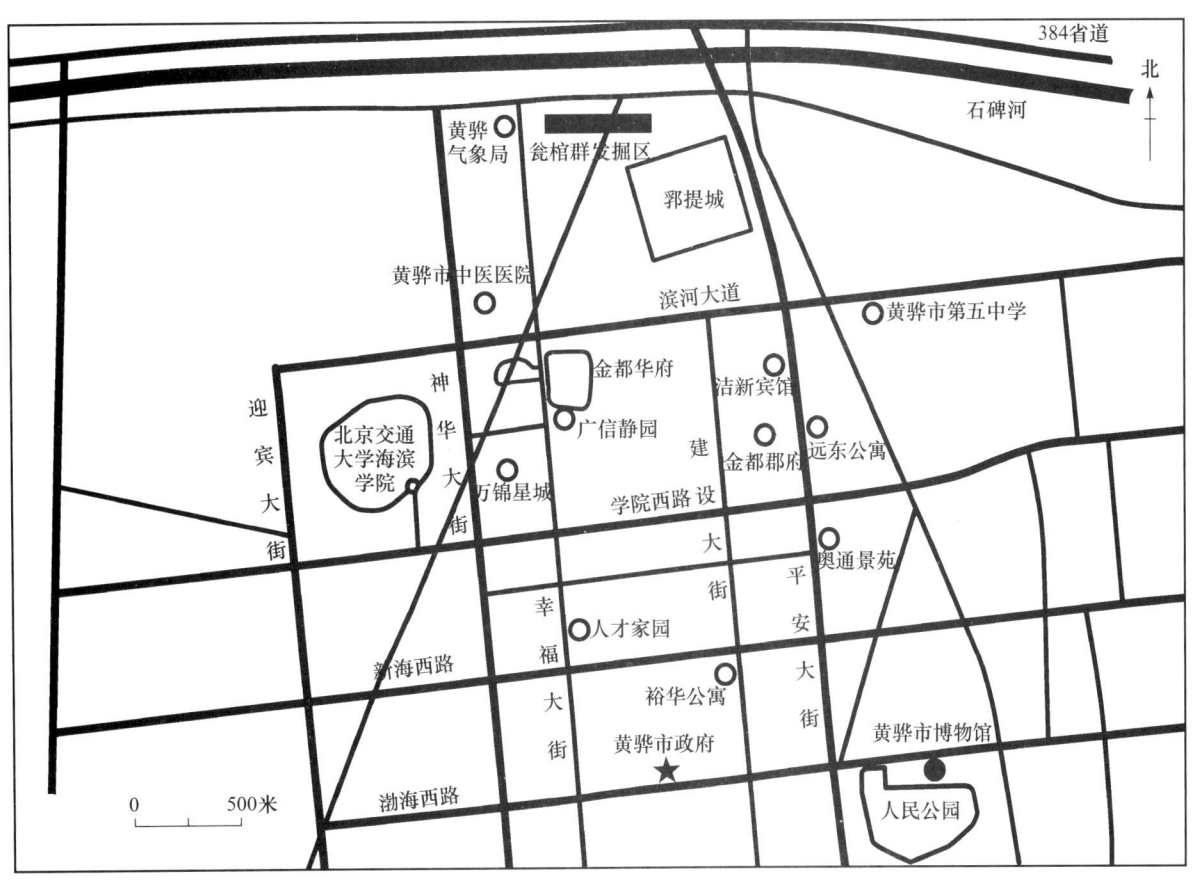

图一　郛堤城瓮棺群发掘区位置图

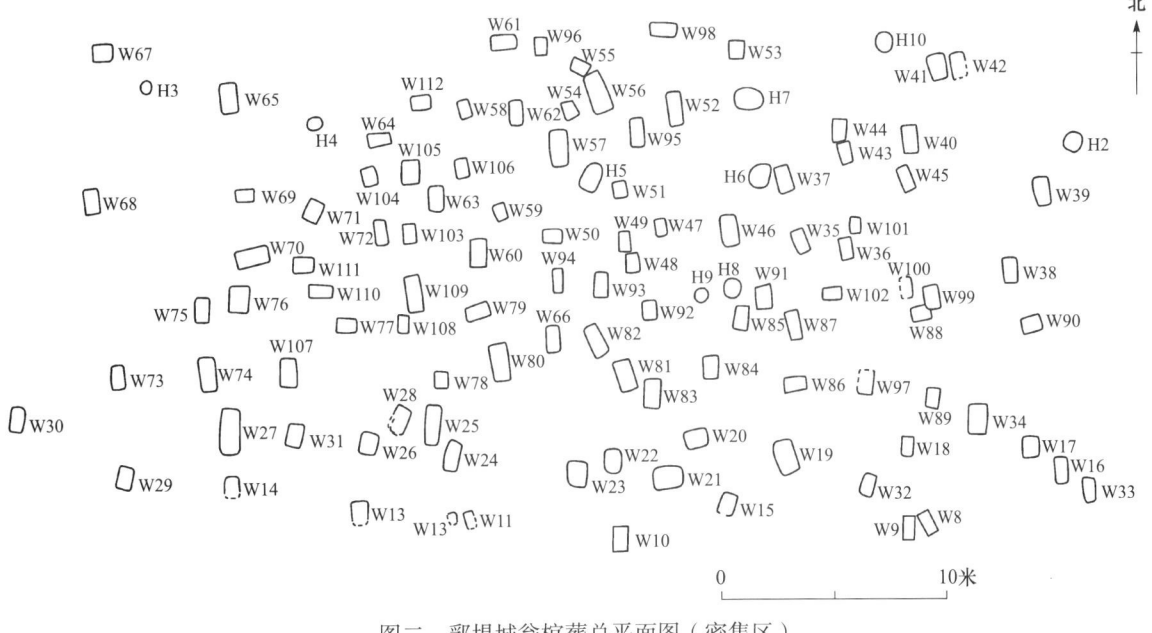

图二　郛堤城瓮棺葬总平面图（密集区）

第2层：黑土层。厚1.05～1.1米。包含极少量的夹蚌红陶片、绳纹板瓦片等，为汉代文化层。

第3层：黄褐土层。厚0.25～0.3米。包含少量夹蚌红陶釜残片、泥质灰陶豆残片等，为战国文化层。

以下为生土。

发现的113座瓮棺葬,均开口于第2层下,打破第3层和生土,排列无规律,但相互之间无叠压打破关系,除个别被施工破坏外,大部分墓葬保存比较完整。

(二)瓮棺所用陶器

郭堤城瓮棺葬用作瓮棺的陶器,最常见的有红陶釜、盆、筒形瓮、筒形器,次之为小口瓮或罐、板瓦、钵,极少量的甑、陶管,另外发现个别轮盘及残陶器等。由于大部分瓮棺尚未提取,现就提取的陶器做简要说明。

釜　数量比较多。陶质疏松,保存不好。均为夹蚌红陶或夹云母红陶。侈口,窄折沿,束颈,腹微鼓,圜底。W46:1,尖唇,尖圜底。下腹部饰不明显的绳纹。口径30、通高32厘米(图三,1)。W59:2,圜底。腹底部饰模糊的绳纹。口径31、通高35厘米(图三,2)。

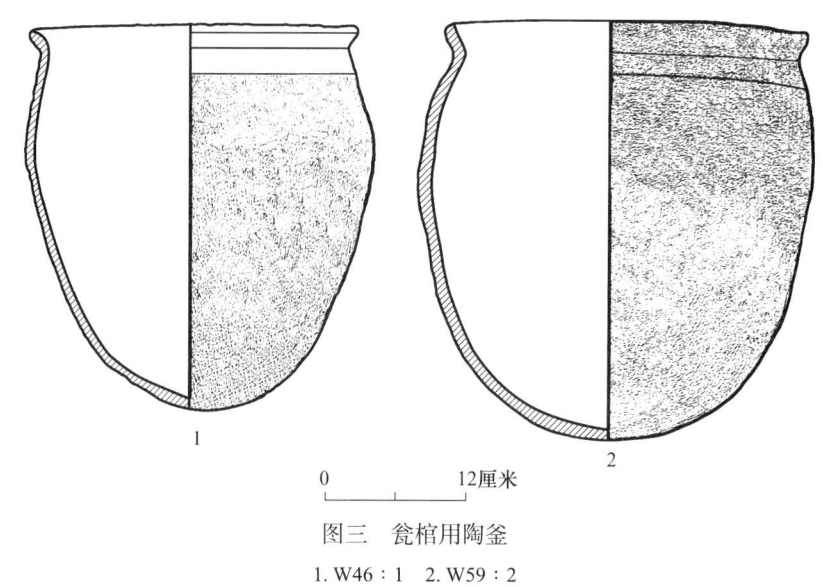

图三　瓮棺用陶釜
1. W46:1　2. W59:2

盆　数量较多。泥质灰陶。敞口。斜直腹。可分三型。

A型　敞口盆。卷沿,弧腹,大平底。W14:1,尖唇。外腹部饰数周凹弦纹。口径35.5、通高16厘米(图四,3)。W74:3,宽卷沿,尖唇,斜腹微弧。外腹饰数周凹弦纹。口径44、通高23厘米(图四,2)。

B型　圜底盆。W6:1,尖唇,宽平折沿,斜直腹,圜底。上腹部饰数周凹弦纹。口径46.5、通高25.5厘米(图四,4)。

C型　折腹盆。W69:1,方唇,窄卷沿,折腹,上腹垂直,下腹斜直,小平底。口径30、通高9.5厘米(图四,5)。

筒形瓮　皆直壁,圜底。依口部形制分二型。

A型　子口。W7:3,夹砂灰陶。圆唇,子口部分较直、短,器壁略弧,圜底近平。上腹饰数周凹弦纹,下腹饰抹断绳纹。口径34.5、通高54厘米(图五,2)。

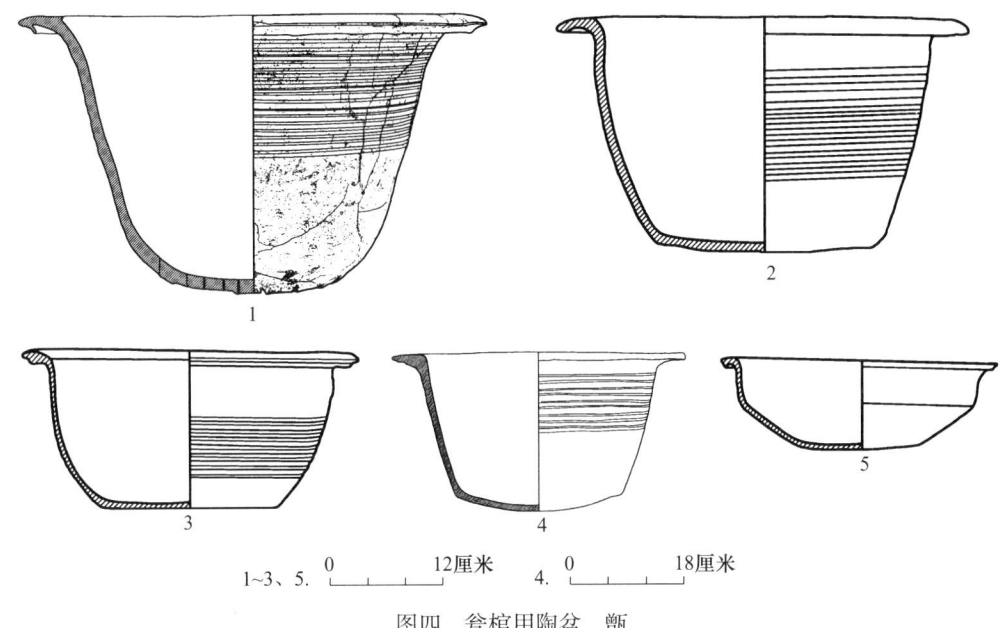

图四 瓮棺用陶盆、甑
1.甑（W2：2） 2、3.A 型盆（W74：3、W14：1） 4.B 型盆（W6：1） 5.C 型盆（W69：1）

B 型　直口。W3：2，夹砂灰陶。圆唇，直腹，圜底。上腹饰数周凹弦纹，下腹饰绳纹。口径 34、通高 62 厘米（图五，1）。

筒形器　发现数量较多。均泥质灰陶。W65：2，圆筒形，无底。一端饰弦纹，一端饰绳纹。直径 30、通高 43 厘米（图五，4）。

罐　泥质灰陶。分二型。

A 型　圆肩。W4：2，小直口，圆肩，鼓腹，圜底。口部饰两道凸棱，通体饰抹断绳纹。口径 26、通高 52 厘米（图六，1）。

B 型　折肩。W18：1，短直口，折肩，下腹斜收，小平底。口径 22.5，最大腹径 35、通高 31 厘米（图六，2）。

甑　数量很少。W2：2，尖唇，宽卷沿，沿外翻成凸棱，斜直腹，平底，底部有长条形箅孔。上腹部饰有数周弦纹，下腹近底饰不明显的绳纹。口径 48、底径 15、通高 28.5 厘米（图四，1）。

钵　数量较少。W39：1，泥质灰陶。敞口，圆唇，斜浅腹，小平底。口径 17、通高 6.8 厘米（图六，4）。

管　数量较少。W39：2，泥质灰陶。一端较粗，一端较细，粗端敞口，细端直口，器壁微鼓。粗端器表饰数周凹弦纹，细端器壁饰绳纹。直径 33.5、通高 66 厘米（图五，3）。

轮盘　泥质灰陶。W65：1，圆形，平底，外沿方唇微上翘，近沿处凸起一周形成内沿，直口，尖唇。直径 34 厘米（图六，3）。

板瓦　泥质灰陶。一端饰弦纹，另一端饰绳纹。

从对郭堤城瓮棺葬所使用的陶器进行观察分析可知，既有日常生活实用器，如釜、盆、小口瓮、罐、钵、陶管等，大多数器物有使用痕迹，尤其是红陶釜底部都有明显火烧或烟熏的痕迹，说明是日常生活实用器；也有专门烧制用来作葬具的陶容器，如筒形瓮、筒形器，发现的数量还比较

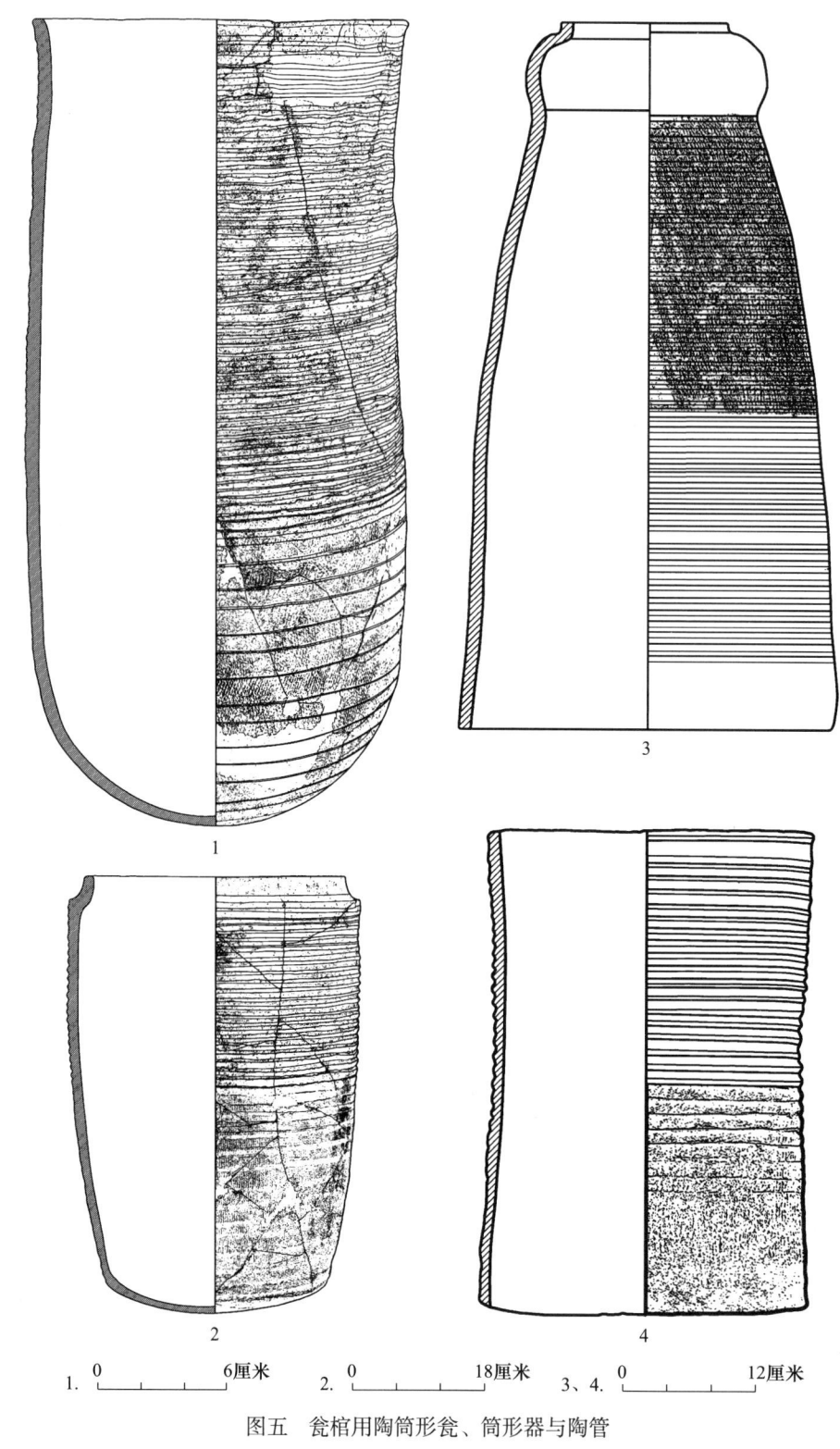

图五　瓮棺用陶筒形瓮、筒形器与陶管
1. B型筒形瓮（W3:2）　2. A型筒形瓮（W7:3）　3. 陶管（W39:2）　4. 筒形器（W65:2）

多。作为葬具的陶器以红陶釜、盆、筒形瓮、筒形器最多见，与环渤海其他地区瓮棺葬所用陶器相比，具有普遍性，但也有一定的自身特点。一般认为红陶釜分布区域是在燕国势力所控制的范围[3]，用红陶釜、小口瓮或罐、筒形瓮组合成瓮棺，应当是燕文化及其波及地区的特点[4]。

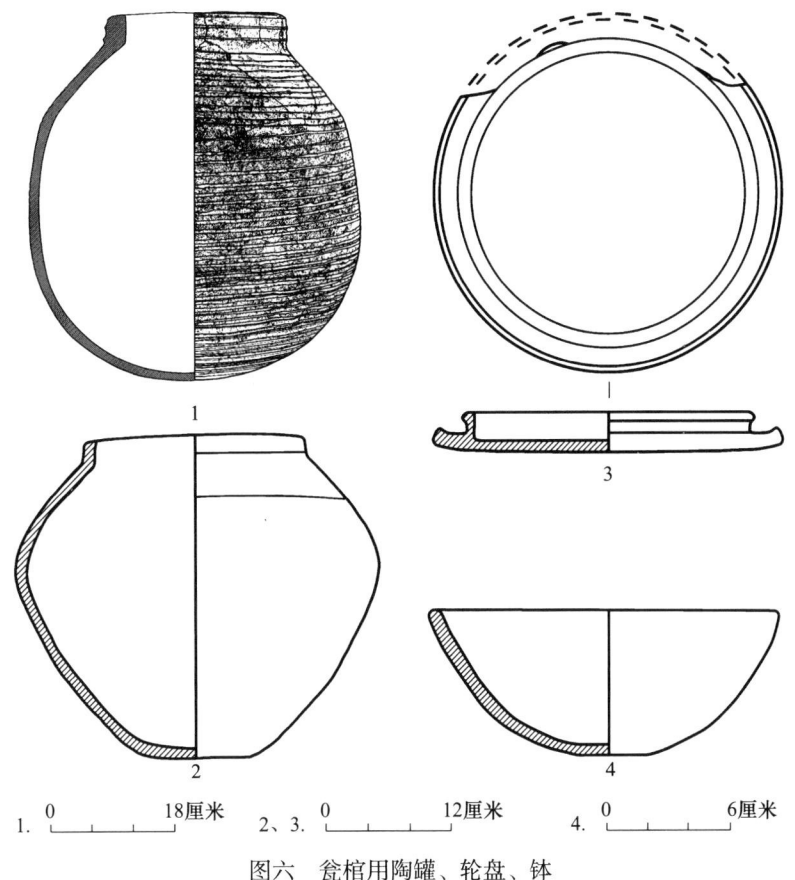

图六 瓮棺用陶罐、轮盘、钵

1. A型罐（W4∶2） 2. B型罐（W18∶1） 3. 轮盘（W65∶1） 4. 陶钵（W39∶1）

（三）瓮棺的结构与类型

郭堤城瓮棺葬发现的113座墓葬，按墓葬的葬具材料，可分为瓮棺葬和砖瓦棺葬。瓮棺葬共106座。砖瓦棺葬共7座，数量较少，而且零散分布在瓮棺葬中，其中砖瓦棺2座，W5、W27（图七，1），用素面砖错缝平砌成砖棺，顶部先平铺一层砖，再用绳纹板瓦覆盖；砖棺3座，W9、W56、W70（图七，2），用素面青砖平砌成砖棺，顶部再平铺一层素面青砖；瓦棺2座，W16（图七，3）、W99，底部平铺两块绳纹板瓦放置人骨后，上面再覆盖两块绳纹板瓦。

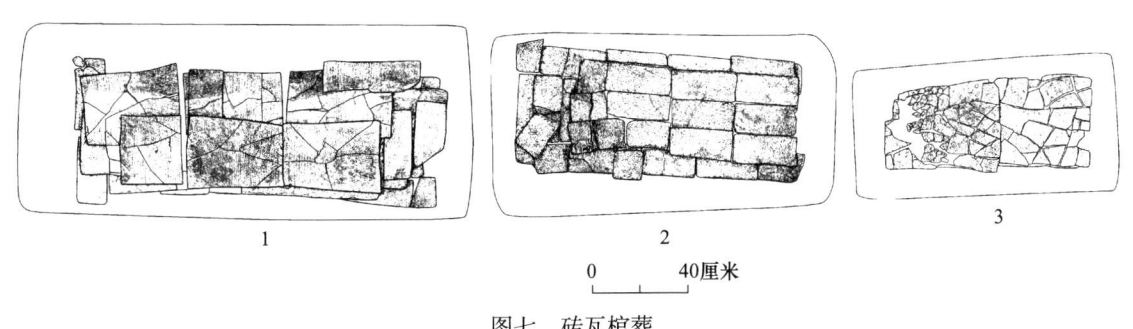

图七 砖瓦棺葬

1. 砖瓦棺（W27） 2. 砖棺（W70） 3. 瓦棺（W16）

瓮棺葬不仅所用陶器类型多样，而且陶器组合方式也多种多样，有二十多种，以两器组合和三器组合最多见，也有少数四器组合，未见单器瓮棺。两器组合用两件陶器套接或对接而成。三器和四器组合多是对接与套接并用，中间的器物多用筒形瓮或筒形器。

1. 两器组合

用两件陶器套合或对接组合成瓮棺，以盆、瓮和盆、罐组合居多。有以下九种组合形式。

A. 盆、瓮组合。24座，发现数量较多。用泥制灰陶盆和泥质灰陶筒形瓮套合而成，一般筒形瓮的口部置于盆的口中（图八，8）。

B. 盆、罐组合。10座。用泥制灰陶盆和泥质灰陶罐套合而成，罐口部置于盆的口中（图八，3）。

C. 盆、釜组合。6座。用泥制灰陶盆和夹蚌红陶釜套合而成，釜口部置于盆的口中（图八，5）。

D. 盆、盆组合。4座。用两个泥制灰陶盆对接而成（图八，9）。

E. 罐、釜组合。4座。用泥制灰陶罐和夹蚌红陶釜对接而成（图八，6）。

F. 釜、瓮组合。3座。用筒形瓮和夹蚌红陶釜对接而成（图八，4）。

G. 釜、釜组合。3座。由一大一小夹蚌红陶釜对接而成（图八，2）。

H. 瓮、瓮组合。2座。用两个泥制灰陶筒形瓮对接而成（图八，1）。

I. 盆、锥形器组合。1座。用泥质灰陶盆和锥形残器对接而成（图八，7）。

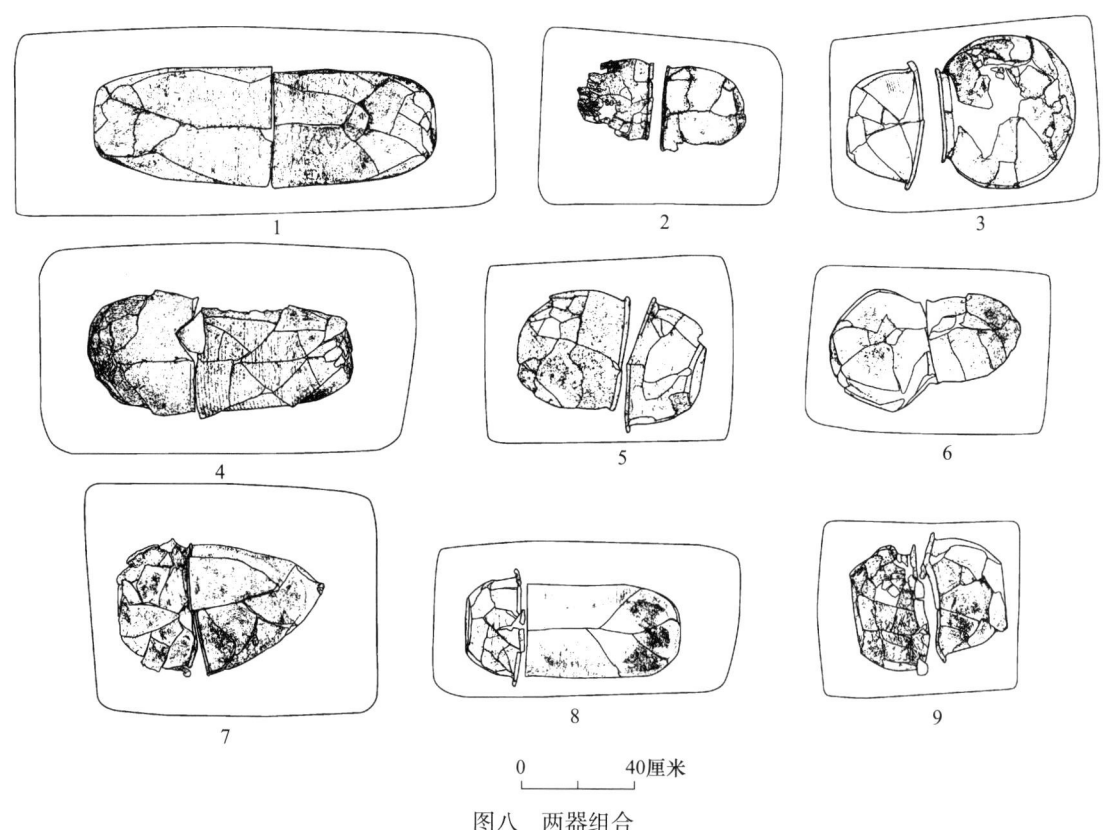

图八　两器组合

1. H（W25）　2. G（W50）　3. B（W86）　4. F（W46）　5. C（W22）　6. E（W18）　7. I（W105）
8. A（W72）　9. D（W78）

2. 三器组合

用三件陶器套接和对接并用组合成瓮棺，以盆、筒形器、盆组合居多。有以下十五种组合形式。

A. 二盆一筒形器组合。20 座。中间一筒形器两端各套合一件盆（图九，7）。

B. 一盆一釜一筒形器组合。5 座。中间一筒形器，一端套在盆口中，一端对接红陶釜（图九，1）。

C. 一钵一盆一陶管组合。2 座。中间为一陶管，大口端对接陶盆，小口端对接陶钵（图九，9）。

D. 两瓮一盆组合。1 座。大筒形瓮与陶盆对接，小筒形瓮与陶盆底部套接（图九，5）。

E. 三瓮组合。1 座。两件筒形瓮对接后再套接一筒形瓮，中间筒形瓮残缺无底（图九，2）。

F. 二盆一瓮组合。1 座。中间一筒形瓮两端各套扣一盆（图九，10）。

G. 二盆一组板瓦组合。1 座。中间用板瓦上下扣合，两端各套接一陶盆（图九，4）。

H. 一盆两组板瓦组合。1 座。一端用两组板瓦上下扣合，一端对接一陶盆（图九，8）。

I. 一盆一盘一筒形器组合。1 座。中间一筒形器，一端用盆套接，一端用陶盘（也可能是盆底）封堵（图九，14）。

J. 两釜一盆组合。1 座。两红陶釜口部对接，残釜底部套接一泥质灰陶盆（图九，12）。

K. 一盆一瓮一残罐组合。1 座。中间一筒形瓮，口部与盆套接，底残缺套接一残陶罐颈部（图九，13）。

L. 一轮盘一瓮一筒形器。1 座。中间一筒形器，一端与筒形瓮口部对接，一端用陶轮盘封堵（图九，3）。

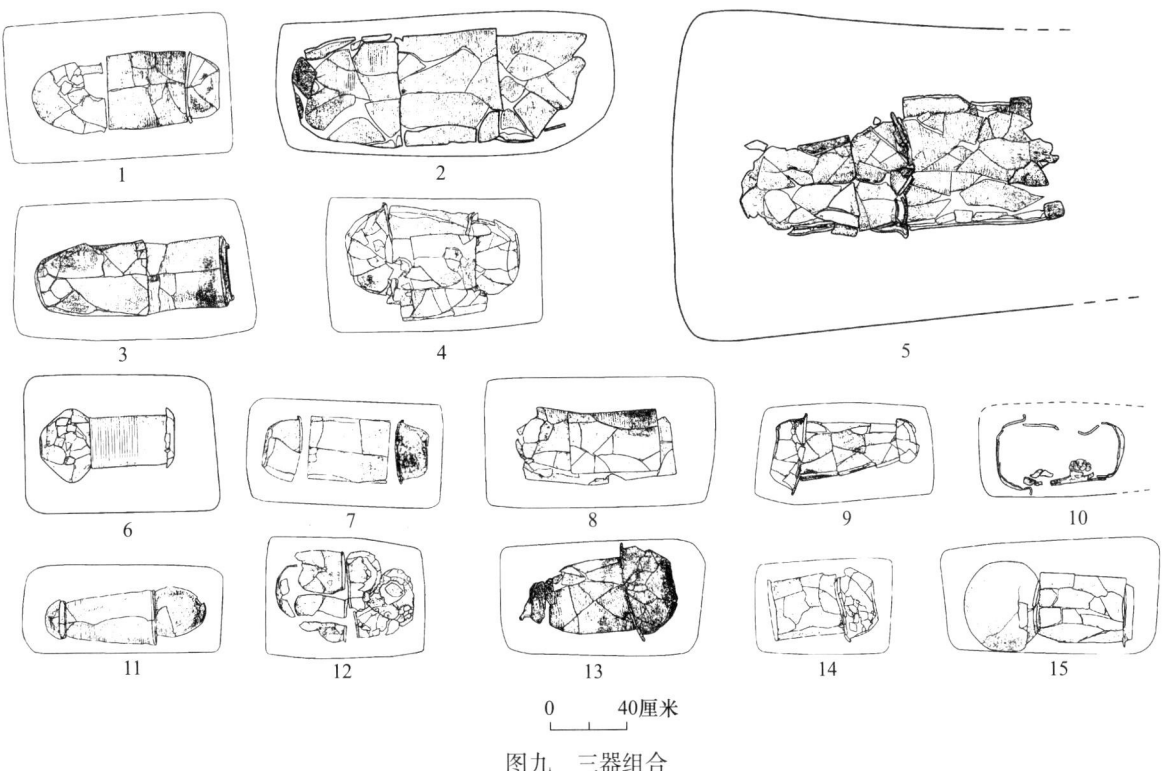

图九　三器组合

1. B（W60）　2. E（W7）　3. L（W65）　4. G（W37）　5. D（W1）　6. M（W91）　7. A（W30）　8. H（W40）　9. C（W33）　10. F（W11）　11. N（W94）　12. J（W48）　13. K（W62）　14. I（W47）　15. O（W98）

M. 一罐一盆一筒形器。1座。中间一筒形器，一端与折肩罐对接，一端用陶盆底套接（图九，6）。

N. 一钵一釜一陶管。1座。中间一陶管，粗端与一红陶釜对接，细端套扣一泥质灰陶钵（图九，11）。

O. 一罐一轮盘一筒形器。1座。中间一筒形器，一端对接陶罐一端用轮盘封堵（图九，15）。

3. 四器组合

数量较少。用四件陶器套接和对接并用组合成瓮棺，以两盆和两筒形器组合为主。

A. 两盆两筒形器组合。3座。中间两筒形器对接后，两端各套接一盆（图一〇，1）。

B. 两筒形器一盆一瓮组合。1座。中间两筒形器对接后，一端与盆对接，另一端与残筒形瓮对接（图一〇，2）。

此外，还有6座瓮棺因被破坏严重无法辨别组合方式。

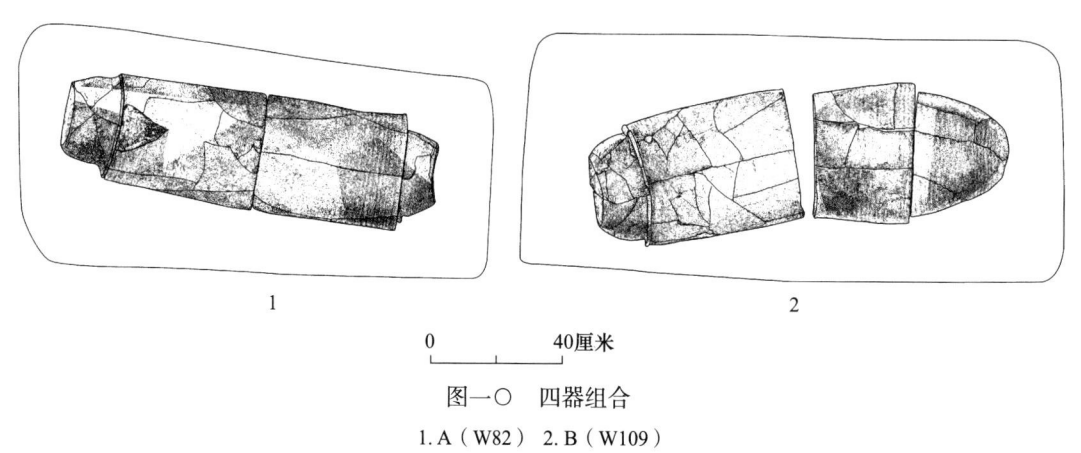

图一〇　四器组合
1. A（W82）　2. B（W109）

表一　郓堤城瓮棺葬类型统计表

瓮棺葬		葬具	数量	组合方向		墓葬序号
砖瓦棺葬		板瓦、砖	2	南北向	1	W27
				东西向	1	W5
砖棺葬		砖	3	南北向	2	W9、W56
				东西向	1	W70
瓦棺葬		瓦	2	南北向		W16、W99
两器组合	A	盆、瓮	24	南北向	20	W2、W8、W14、W15、W29、W31、W32、W36、W44、W53、W58、W63、W72、W75、W89、W95、W96、W106、W107、W108
				东西向	4	W61、W69、W79、W110
	B	盆、罐	10	南北向	6	W4、W13、W23、W26、W41、W71、
				东西向	4	W20、W86、W90、W111
	C	盆、釜	6	南北向	5	W22、W59、W92、W101、W104
				东西向	1	W88
	D	盆、盆	4	南北向		W17、W51、W54、W78
	E	釜、罐	4	南北向	2	W18、W85
				东西向	2	W21、W102

续表

瓮棺葬		葬具	数量	组合方向		墓葬序号
两器组合	F	釜、瓮	3	南北向		W46、W57、W68
	G	釜、釜	3	南北向	1	W103
				东西向	2	W50、W113
	H	瓮、瓮	2	南北向		W3、W25
	I	盆、锥形器	1	南北向		W105
三器组合	A	盆、筒形器、盆	20	南北向	16	W19、W28、W30、W34、W38、W42、W43、W49、W55、W66、W73、W74、W76、W81、W83、W84
				东西向	4	W64、W67、W77、W112
	B	盆、筒形器、釜	5	南北向		W24、W35、W60、W87、W93
	C	钵、陶管、盆	2	南北向		W33、W39
	D	瓮、盆、瓮	1	南北向		W1
	E	瓮、瓮、瓮	1	南北向		W7
	F	盆、瓮、盆	1	南北向		W11
	G	盆、板瓦、盆	1	南北向		W37
	H	盆、板瓦、板瓦	1	南北向		W40
	I	盆、筒形器、盘	1	南北向		W47
	J	盆、釜、釜	1	南北向		W48
	K	盆、瓮、残陶罐	1	南北向		W62
	L	瓮、筒形器、轮盘	1	南北向		W65
	M	罐、筒形器、盆	1	南北向		W91
	N	钵、陶管、釜	1	南北向		W94
	O	罐、筒形器、轮盘	1	东西向		W98
四器组合	A	盆、筒形器、筒形器、盆	3	南北向		W52、W80、W82
	B	盆、筒形器、筒形器、瓮	1	南北向		W109
不详			6	南北向		W6、W10、W12、W45、W97、W100

（四）成人瓮棺葬与儿童瓮棺葬

郭堤城瓮棺葬发现的113座墓葬，不仅有儿童瓮棺葬，还有一批成人瓮棺葬，而且两者有各自的分布区域。

已发掘确认的成人瓮棺葬有3座（分别编号W1、W3和W7）。成人瓮棺个体较大，由两件筒形瓮和一件盆或甑组成，筒形瓮体形较大，长约0.9米，瓮棺总长在1.7～2米。W1，墓向350°，由筒形瓮（大）、陶盆、筒形瓮（小）三件器物自北向南排列。其中筒形瓮（大）、陶盆对接，陶盆底部和筒形瓮（小）套接。通长约2米，其中大筒形瓮通长约0.9米，陶盆通高约0.4米，小筒形瓮长约0.7米，均为泥质灰陶。筒形釜上部饰弦纹、下部及底部饰绳纹。陶盆通体饰弦纹。陶器均挤压损坏。头骨位于大筒形瓮内，仰身直肢，头部略偏向东，左手扬起，右手平覆与腹部。墓主为成人男性，年龄在40～45岁。W3，墓向350°，由一大一小两个筒形瓮对接而成。通长约1.6米，其中大筒形瓮长约0.9米，小筒形瓮长约0.7米，均为泥质灰陶。大、小筒形瓮均为上部饰弦纹、下部及底部饰绳纹。头骨位于大筒形瓮内，仰身直肢，头部略扬起偏向西，两手交叉平覆于腹部。人骨为成人男性，年龄在40~45岁。

儿童瓮棺葬根据个体大小可以进一步细分为幼儿瓮棺和少年瓮棺。幼儿瓮棺基本上是用两件较小陶器组成，长0.5~0.8米。例如W22，由红陶釜和灰陶盆组成，陶盆与陶釜口沿对接，长0.65、宽0.45、高0.2米。少年瓮棺一般是用三件或四件陶器组合，个体较幼儿瓮棺稍微要大一些，长0.9~1.3米。

从郓堤城瓮棺葬的总体分布上来看，儿童瓮棺葬主要集中在发掘区的西部，成人瓮棺葬主要集中在东部，两者之间相距90~100米，两者有各自的分布区域，说明有分组现象。

为了确定瓮棺葬群的分布范围，考古队对发掘区南侧空旷区域进行了考古勘探。由于勘探区域面积大，而瓮棺葬个体又比较小，必须采用30厘米×30厘米布探孔密探，所以本次没有进行考古普探，而是采用类似探沟的方式开展，即在横向和纵向各5米范围内采用30厘米×30厘米布孔法重点勘探，结合探沟解剖，对瓮棺葬的南北和东西分布的大致范围进行勘探。经勘探确认，儿童瓮棺葬分布范围南北约150、东西宽约90米，共发现40座；成人瓮棺葬分布范围南北90、东西约25米，共发现11座。如果按目前郓堤城瓮棺葬发掘面积1200平方米出土113座瓮棺葬这样的密度率推算，仅儿童瓮棺葬分布范围就达13000平方米，那么蕴含的瓮棺葬数量可能有1000座左右，保守推算郓堤城瓮棺葬群尚存墓葬至少也有500~700座。

（五）墓圹、墓向、葬式、人骨及随葬品

郓堤城瓮棺葬发现的墓葬均为竖穴土坑墓，墓圹系根据瓮棺的形制、大小挖成长方形、正方形或不规则形的土坑，墓圹与填土区分不明显，所以大多数墓圹难以辨认，四壁也不规整。墓圹的平面形状主要是长方形，少部分为正方形或不规则形。

瓮棺葬的方向按墓圹和瓮棺组合方向，以南北向多见，东西向较少，其中南北向有93座，东西向有20座。墓葬排列无规律，且相互之间也不打破叠压关系。

成人瓮棺人骨保存相对较好，均为一次葬，头向北，仰身直肢葬。其中W1和W3人骨经过鉴定年龄在40~45岁。儿童瓮棺人骨保存很差，往往瓮棺中仅存头骨和肢骨残片，有的已不见人骨。从现有情况来看，头骨一般位于相对较小的陶容器中，也为一次葬，多为屈肢葬。所有已清理的墓葬中均未发现随葬品。

三、相关问题探讨

根据以上材料，下文就其年代、性质及成因、与郓堤城的关系及郓堤城遗址的功能等相关问题做粗浅探讨。

1. 瓮棺葬年代

从层位关系分析，郓堤城瓮棺葬均开口于第2层下，打破第3层。第2层出土夹蚌红陶片、外绳纹里方格纹板瓦片，应为西汉时期文化堆积；第3层出土泥质灰陶豆、夹蚌红陶釜残片等，应为

战国中晚期文化堆积。由此可知，郭堤城瓮棺葬的年代上限为战国中晚期，下限为西汉时期。关于陶器形制分析，梅鹏云先生曾专门做过周秦汉时期环渤海地区的红陶釜研究，他将红陶釜分为甲、乙两大类[5]，郭堤城瓮棺葬出土的红陶釜与尚乐镇采集的乙类Ⅰ式红陶釜非常相近，小窄折沿，短束颈，溜肩，腹微鼓逐渐内收。梅鹏云先生认为乙类Ⅰ式红陶釜时代为西汉早中期，因此，郭堤城瓮棺葬出土红陶釜的年代应为西汉早中期。

另外，从红陶釜和筒形瓮的纹饰演变来看，战国早中期这两种器物通体饰规整的绳纹，战国晚期绳纹变杂乱，西汉早中期上腹多素面或弦纹，下腹多不太明显的绳纹。而郭堤城瓮棺葬出土红陶釜和筒形瓮多弦纹，绳纹不明显且杂乱，也佐证了这批瓮棺瓮的年代为西汉早中期的观点。

出土的几座砖瓦棺墓年代可能略晚，大致为西汉中期偏晚。

2. 瓮棺葬性质及成因

郭堤城瓮棺葬墓地在发掘的1300余平方米内发现了113座墓葬，除已确定3座为成人瓮棺外，其余均为儿童瓮棺。勘探结果显示，儿童瓮棺发掘区南侧南北150、东西90米范围内还埋葬着相当数量的瓮棺。由此可见郭堤城瓮棺葬墓地是一处以埋葬儿童为主的大型丛葬墓地。形成这种丛葬墓地一方面可能跟人们固有的观念有关，认为夭折的未成年人属凶死之人，不吉利，不能进入家族成人墓地，而需另择他地单独埋葬；另一方面基于人类的情感，人们出于对夭折子女的怜悯和爱护，不忍将小孩遗骨抛尸野外，用日常生活中使用的陶器作棺，选定一个地方集中埋葬。成人瓮棺葬发现数量少，虽然在周围未发现其他类型的成人墓地，但可以肯定的是成人瓮棺葬不具有普遍性，不是埋葬成人流行的葬制。成人采用瓮棺葬的葬制可能跟死者家庭经济状况窘迫有关，也可能跟死者为非正常死亡有关。

这批瓮棺葬分布密集，排列无序，而且无打破叠压关系。在地表无标识的情况下埋葬如此密集又互不打破叠压，说明这批瓮棺葬是短时间内形成的，推测原因可能有两个。一是水灾造成大量儿童溺亡。郭堤城位于当时的黄河入海口附近，在西汉中前期以前，黄河河道极不稳定，频繁改道，形成多股分汊，特殊的地理位置和地貌环境，造成郭堤城附近区域极易发生水澇，而水澇造成的最大后果就是儿童的大量溺亡。二是疾病瘟疫造成儿童大量死亡。古代社会生产力低下，生存条件差，医疗医药不发达，疾病瘟疫造成儿童的死亡率非常高。

3. 与郭堤城的关系

从所处位置看，瓮棺葬位于郭堤城城外西北处，最近直线距离仅100米。从时代上看，郭堤城瓮棺葬时代基本可以确定为西汉早中期。山西大学历史文化学院考古系于2014年8月对郭堤城遗址进行了考古试掘，试掘面积200平方米。通过对城墙、城门和城内建筑遗址的试掘，结合出土的遗物，确认郭堤城始建于汉代。在城墙墙体堆积中发现大量战国遗物，表明在筑城前该地就已存在战国先民的生活遗址。在城内建筑遗址区域发现有隋唐时期遗存，表明至迟沿用到隋唐时期[6]。

从以上所述可知，两者在位置上距离较近，时代上相同，因此说，瓮棺葬墓地是郭堤城城址的一个重要组成部分，城从"生"的方面反映了当时的社会、经济状况，墓地则从"死"的方面反映了古人的文化背景、信仰和生死观，也从侧面反映了城的时代和城的繁荣。

4. 郭堤城的功能

郭堤城遗址平面近方形，边长500多米。关于郭堤城的历史文献记载较少，且说法不一。清代学者黄掌伦等编写的盐业史《长芦盐法志》的记载："伏猗城，在盐山县韩村北。相传筑以防猗卢者。"《盐山县志》记载："在县北七十五里，又名合骑城，汉公孙敖封合骑侯即此。"《盐山新志》记载："西汉武帝元朔四年（公元前125年）于此地置合骑侯国，称合骑城。"依据以上文献资料，当地多数史学家认为郭堤城的功能是一座防御性的军事城址，但是由于地方志可信度不高，更缺乏考古证据支持，因此军事城址说法值得商榷。其一，在郭堤城外发现如此多的儿童瓮棺葬，应该是一处以埋葬儿童为主的公共墓地，这些儿童生前一定是城内的居民，如果是郭堤城是军事城址，那么在烽火连年、战火纷扰的环境下让大量的儿童居住在城内就无法解释。其二，对郭堤城考古试掘表明，城内发现大量建筑遗迹，出土遗物大部分是日常生活实用的陶器和瓦当、筒瓦、板瓦等建筑材料，说明城内当时有相当数量的人口。从城墙结构来看，夯筑非常简单，没有明显夯层和夯窝，建造不甚考究，从侧面也反映了城址的军事功能不明显。

黄骅位于渤海湾西岸，东部濒海区域地势平坦、海滩宽广、风多雨少、日照充足，具有晒盐的优越自然条件，从春秋战国至今一直是我国最古老和最大的盐区之一。因此，古代这一地区的主要生产方式之一就是盐业，而盐作为历朝历代封建政府的重要财源，均由政府垄断经营。从这方面考虑，笔者认为郭堤城的功能更可能与盐业有关，城内设立有专门的管理盐业的机构，负责盐业的生产、管理和经营。当然，正因为盐的重要性，所以也兼为防御性的军事功能。

四、结　语

郭堤城瓮棺葬是黄骅地区首次发现的战汉时期瓮棺葬，也是国内发现的数量最多的瓮棺葬群之一，对于深入研究这一具有鲜明时代特色和地域特色的文化现象，进一步探索瓮棺葬对东北亚文化交流的深远影响，具有重要意义。

首先，郭堤城瓮棺葬群规模庞大、类型多样、分布密集、年代清楚，是战汉时期最具代表性的瓮棺葬墓地之一。

其次，除了儿童瓮棺葬外还包含一批成人瓮棺葬，具有明显的地方特色，这对研究当地2000多年前的丧葬习俗极为重要。

再次，瓮棺葬群和郭堤城址并存发现，可以更全面地从"生"和"死"两个方面研究当地古代社会状况，也证明了在战国末年，最晚到西汉初年，汉王朝对这个地方已经进行了有效地统治和管理开发。

最后，战国后期，随着燕文化东渐，瓮棺葬这一埋葬习俗传播到东北地区和东亚地区，对整个东北亚地区都产生了深刻的影响，郭堤城瓮棺葬正是这种丧葬文化传播带上的重要一环，瓮棺葬背后是一种文化传播和交流的现象。文化的交流与传播是考古学的一项重要内容，其本质是探寻人类交流的方式、内容及通道等问题。

注　释

[1] 许宏：《略论我国史前时期的瓮棺葬》，《考古》1989 年第 4 期。
[2] 白云翔：《战国秦汉时期瓮棺葬研究》，《考古学报》2001 年第 3 期。
[3] 梅鹏云：《周秦汉时期环渤海地区红陶釜研究》，《北方文物》1995 年第 4 期。
[4] 白云翔：《战国秦汉时期瓮棺葬研究》，《考古学报》2001 年第 3 期。
[5] 梅鹏云：《周秦汉时期环渤海地区红陶釜研究》，《北方文物》1995 年第 4 期。
[6] 引据山西大学历史文化学院考古系编制的《2014 年河北黄骅郛堤城遗址考古工作报告》（内部资料）。

韩国瓮棺葬的起源初探

林永珍

（韩国国立全南大学）

一、概　　要

韩国的瓮棺葬虽然最早在新石器时代的南海岸地区就已出现，但还未盛行。在青铜器时代，在以南部地区松菊里文化圈为中心的地域，幼儿用瓮棺葬虽已盛行，但与新石器时代的瓮棺葬不同。初期铁器时代的韩半岛全境内，幼儿用瓮棺葬虽已盛行，但与青铜器时代的瓮棺葬无关。原三国时代南部地区全境内，初期铁器时代幼儿用瓮棺葬继续流行，按照时代、地域发展变化。这其中，面向黄海的西南部地区在幼儿用瓮棺葬持续存在的同时，成人用大型瓮棺葬亦盛行（表一）。

表一　韩国的瓮棺葬（时代）

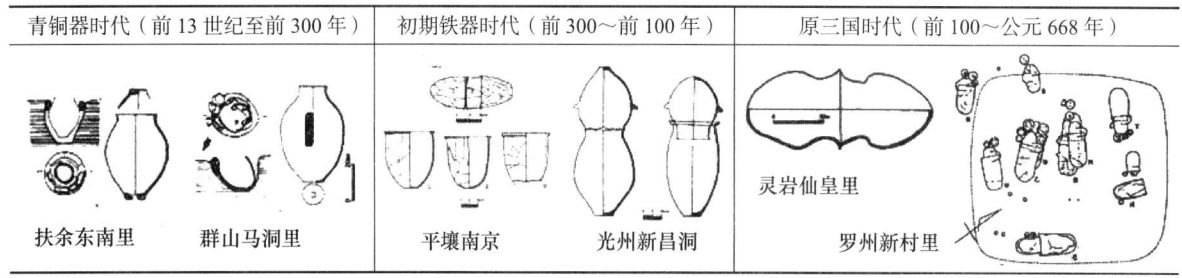

瓮棺葬虽为世界普遍存在的埋葬方式，但大部分属于幼儿用。死亡率较高的幼儿在死亡时，不与成人以同等的方式埋葬，而是由日常生活用的陶器为葬具埋葬，已成为很自然的埋葬方式。成人用瓮棺葬的瓮棺是特别制作的大型瓮棺，因其存在时间性、空间性的特征而受到众多关注。特别是隔黄海相望的中国、韩国、日本已确认成人用大型瓮棺葬的现象，它们之间是否有关联受到众多瞩目。

本文对时间与空间，以及内容上有差异的韩国瓮棺葬，分为幼儿用、成人用两类，分别讨论各自的起源。

二、幼儿瓮棺葬的起源

1. 新石器时代

韩国新石器时代的墓葬，已知的有土圹墓、洞窟墓、贝冢墓、积石墓及瓮棺墓等，但相互间的关系与变化还尚未阐明。代表性的瓮棺墓有庆南晋州上村里14号居住址中，已确认的直置的2座瓮棺中都有火葬人骨出土[1]。釜山东三洞贝冢中发现了推定为早期新石器时代（公元前5000～公元前4000年）的幼儿用单葬墓。

关于韩国新石器时代瓮棺葬的起源，由于受资料的制约，尚未能明确揭露。幼儿瓮棺葬在中国和日本都有各自自生的观点，与此相同，韩国亦是本土自生这一可能性也很高。晋州上村里14号居住址已确认的1号瓮棺中，成人的火葬人骨实属罕见。

2. 青铜器时代

韩国青铜器时代的墓制以积石墓和石棺墓为代表[2]。瓮棺墓作为附属墓葬，是松菊里文化的特征之一。松菊里文化始于公元前8世纪，从忠清地区开始，并快速地向周边地区传播。瓮棺的埋藏形式如下：将1个瓮竖直放置，挖好土圹，然后竖直或者倾斜放置一个底部带孔的松菊里式外翻口沿壶。再覆盖上以石材或陶器制作的盖。

韩国青铜器时期的瓮棺葬与新石器时期的瓮棺葬无关，而与松菊里文化有着十分密切的关系。松菊里文化出现在忠清地区，将自身具有的各种文化要素逐渐扩散到周边地区，从这一点来看，它不是自生于当地的考古学文化。迄今为止，还未能从周边地区找出松菊里文化的直接起源。但是，也不能排除为其他地区文化扩散的可能性，只是存在时间、空间上的差异。如果考虑到松菊里文化是从邻近黄海的忠清地区开始的话，那么，它与从渤海湾一直蜿蜒到山东半岛的山东地区的文化便可能有着很大的关联。只要能够揭示出松菊里文化的起源，那么韩国青铜器时期瓮棺葬的起源问题自然也就解决了。最近，益山、井邑、清州、舒川等地出土了深钵形陶器和直立口缘壶型陶器等瓮棺，这些是先于松菊里文化的青铜器时期前期的文物。可见瓮棺可以追溯到青铜器时期的前期[3]，但是也有见解表示上述瓮棺的出现可被看作是在松菊里文化发展传播的过程中出现的地区性特征[4]。

3. 早期铁器时期

韩国早期铁器时期的代表性墓葬为木棺墓。瓮棺为其附属物，基本是以2～3瓮横向置放的形式，始于西北地区，之后波及全国范围。平壤南京遗址出土的瓮棺为3瓮式（三瓮连接式），全长1米左右。

可以看出，早期铁器时期出现的瓮棺葬，与青铜器时期松菊里式的瓮棺相同，都是由1瓮式开始发展的[5]。但是一般认为，中国战国时期的燕国合口式的瓮棺传到辽东半岛后又传播至韩半岛，那个时期是公元前300年，和燕国铁器文化一道被传播。

经确认，光州新昌洞中儿童使用的瓮棺有56座，与中国辽阳三道壕内发现的348座儿童用瓮棺是一致的[6]。

4. 原三国时代

原三国时代墓葬根据地域不同差异很大。代表性的成人墓葬有高句丽、百济的积石冢和石室墓，新罗、伽耶的木椁墓和石椁墓。但相同的是，成人墓葬内都有儿童用瓮棺作为陪葬，只是地区不同，陶器的种类或是陪葬品不同而已（表二）。

表二　韩国三国时代的瓮棺葬（地域）

区分	西北地域	京畿、忠清地域	全罗地域	庆尚地域
种类	土坑瓮棺	土坑、石椁、坟丘瓮棺	土坑、石椁、坟丘瓮棺	土坑、石椁瓮棺
型式	2瓮式	1～3瓮式	2瓮式	1～2瓮式
陶器种类	花盆形陶器	长卵形、瓮形陶器	长卵形、U字形大瓮	长卵形、壶形陶器
全长/厘米	100左右	70～100	150～300	100～150
出土遗物	玉	刀子、陶器、玉	两耳附壶、金铜冠、玉	陶器、铁镰、玉
特征	幼儿用	幼儿用	幼儿用、成人用	幼儿用

三、成人瓮棺葬的起源

韩国的成人瓮棺葬始于3世纪前半期的三国时代早期的韩半岛西部地区。6世纪早期的全罗地区因流行大型的瓮棺而形成自有的地域特色。有见解认为大型的成人瓮棺是从原有的土圹墓发展而来的[7]，也有认为是从西海岸地区的周沟墓发展而来的[8]，还有见解认为是从荣山江西北部梯形古坟开始，扩散到荣山江东南部[9]，等等。值得注意的是，早期的大型瓮棺都为日常生活容器，大部分与木棺共存。有见解认为在以木棺为主的追加葬构筑期间，为了防止木棺受腐蚀，尸身毁损，而使用了大型的罐子[10]。因为瓮棺就像蛋一样，具有祈求再生及复活的意义。所以他们认为瓮棺不是隔断生死的，在这样的生死观的影响下而形成的瓮棺葬[11]。

以全罗地区为主的马韩地区，从2世纪开始在他们的居住地就出现了谷物储藏用的大瓮。据推测从3世纪初开始，这样的大瓮成了埋葬成人的容器。谷物储藏用的大瓮一开始主要作为以木棺为中心的坟丘墓的围沟或木棺周围的追加葬，慢慢地演化为代替木棺的成人专用的瓮棺。

然而，到现在为止还没有出现有足够说服力的关于成人用大型瓮棺登场背景的见解。初期使用日常生活容器，渐渐发展为专用的瓮棺，且从具有大型瓮棺的坟墓大多数为家族墓这些特点来看，可以推断出三种复合因素：第一，此地区具有使用优质黄土来制作大瓮的技术因素。第二是瓮棺比木棺（木椁）的制作费用要低的经济因素。第三，在追加葬形成家族葬的过程中，因为看到原有的木棺（木椁）会腐烂，尸身会毁损的状况，为了防止尸身毁损，而选择使用瓮棺的文化因素。

那么重新被作为问题提出的就是，为什么这个地区因为追加葬而使得家族葬得以盛行呢。根据追加葬而进行的家庭葬在全罗地区盛行到最后，但是黄海沿岸地区在2世纪后半期开始盛行马韩坟丘墓。笔者综合考虑地上坟丘墓的埋葬设施，因追加葬而形成的家族葬，围石、敷石、敷炭等马韩坟丘墓所具有的特征，得出的结论为它们起源于中国的土墩墓。桓灵末期社会混乱，吴越土墩墓人们通过山东半岛，穿越黄海，移居到马韩地区的可能性也很大[12]。

四、综　合

对韩国瓮棺的起源进行研究可知，根据时期、地区的不同，存在差异。对定居及扩散中出现的差异可以推断与他们文化的定居性和扩散性有着紧密的关联。迄今为止尚未阐明的事实虽然还很多，但是可以推测，瓮棺葬从青铜器时期以后直到三国时期，从韩半岛西北地区到全罗地区，一直盛行在黄海沿岸地区，由此可见其具有以渤海和黄海为中心的海洋文化特征，或是通过海洋而进行文化交流的发展背景。这与中国战国秦汉时期的瓮棺葬与韩国或日本的瓮棺葬是有关联的见解[13]是相通的。待日后进行具体查明，暂时总结如表三所示。

表三 韩国瓮棺葬的起源（时代）

区分	地域	型式	变化	特征	起源
新石器（～前13世纪）	庆尚（晋州）	1瓮直置（幼儿用）	（未详）	一次性？	未详
青铜器（～前300年）	忠清、全罗	2瓮横置（幼儿用）	派生后断绝	部分的扩散	未详
初期铁器（～前100年）	韩半岛全域	2瓮横置（幼儿用）	派生后继承	共伴燕铁器	环渤海
原三国（～668年）	韩半岛全域	2瓮横置（幼儿用）	继承后变化	地域别变化	（继承）
	全罗（荣山江）	2瓮横置（成人用）	继承后变化	U字形大瓮	自生？

注　释

[1] 成人的火葬人骨（沈奉谨：《晋州上村里遗迹出土新石器时代瓮棺》，《文物研究》2，东亚细亚文物研究所，1998年）。
[2] 金承玉：《锦江流域松菊里型墓制的研究》，《韩国考古学报》45，韩国考古学会，2001年，第52页。
[3] 金奎正：《无文土器瓮棺墓检讨》，《先史与古代》25，韩国古代学会，2006年，第472页。
[4] 李明勋：《青铜器时代瓮棺墓的展开状况》，《韩国上古史学报》93，韩国古代史学会，2016年，第64页。
[5] 徐妗男：《岭南地区三韩、三国时代幼儿墓研究》，庆北大学硕士学位论文，2003年。
[6] 陈大伟：《辽阳三道壕儿童瓮棺墓群发掘简报》，《考古通讯》1956年第2期，第55页。
[7] 成洛俊：《荣山江流域大形瓮棺墓的始原与发达》，《全南文化财》3，全罗南道，1990年；朴仲焕：《全南地域土坑墓的性格》，《湖南考古学报》6，湖南考古学会，1997年。
[8] 崔完奎：《湖南地方周沟墓的诸问题》，《湖南考古学的诸问题》，韩国考古学会，1997年。
[9] 吴东㙻：《湖南地域瓮棺墓的演变》，《湖南考古学报》30，湖南考古学会，2008年。
[10] 林永珍：《全南古代墓制的演变》，《全南的古代墓制》，木浦大博物馆、全罗难道，1996年。
[11] 成洛俊：《荣山江流域瓮棺古坟的性格》，《地方史与地方文化》3-1，历史文化学会，2000年。
[12] 林永珍：《韩中日坟丘墓的关联性与其背景》，《百济学报》14，百济学会，2015年，第29页。
[13] 白云翔：《战国秦汉时期瓮棺葬研究》，《考古学报》2001年第3期，第329页。

韩国瓮棺葬的发展
——以3～6世纪韩半岛西南部地区的资料为中心

金洛中

(韩国全北大学考古文化人类系)

一、引　论

瓮棺是在韩半岛初现于新石器时代，普遍使用到青铜器时代的埋葬葬具，在以荣山江为中心的西南部地区特别发达。在韩半岛古代国家成立、发展时期，即3～6世纪，荣山江流域的瓮棺为大形，在该地区一段时间被用作重要葬具。有的单体瓮长达190厘米，2件结合的瓮棺可达270厘米。有的大瓮重四五百千克。以瓮棺为葬具的巨大的墓葬，在文化、政治社会学的角度，已引起学术界的广泛注意。本文考察韩半岛西南部地区瓮棺的发展过程，并将提及瓮棺的生产与流通问题。

二、瓮棺的分类与分布

1. 分类

根据制造目的，可将瓮棺分为专用棺和代用棺两类。专用棺是专门制造用来作葬具的瓮棺，具有其特征形制与样式。代用棺是由日常生活容器转用而来的瓮棺。在荣山江流域的瓮棺中，几乎不存在代用棺。因此，在此以西南部地区有代表性的专用棺为考察中心。根据器身、口颈部与底部的形制和组合，将瓮棺分为三型式[1]（图一）。

1型式：卵形器身，束颈，侈口，底部有圆形凸起，一部肩部带有小凸起，口唇多为向内侧倾斜。1型式瓮棺与日常容器形的大形瓮棺相似，但口径比最大腹径大。

2型式：卵形器身，最大腹径在肩部，口沿微侈，口唇带有斜面，底部有圆形凸起。

3型式：长U字形器身，从颈部向口部往外微侈，口唇较厚而平坦，底部饰阴刻弦纹。

器身与口颈部从日常容器的壶形变成专用棺的U字形，底部从圆形凸起变为阴刻弦纹，从而专用棺的型式可能从1型式变成2型式，再变成3型式。功能性效率的增加，便于安葬尸体的需

---

[1] 对于瓮棺的分类，有几种意见（徐声勋、成洛俊1986，李正镐1996，金洛中2007，吴东垾2008，国立罗州文化财研究所2015）。虽然具体的属性和分类标准有区别，但是大致同意了大略分三种型式。

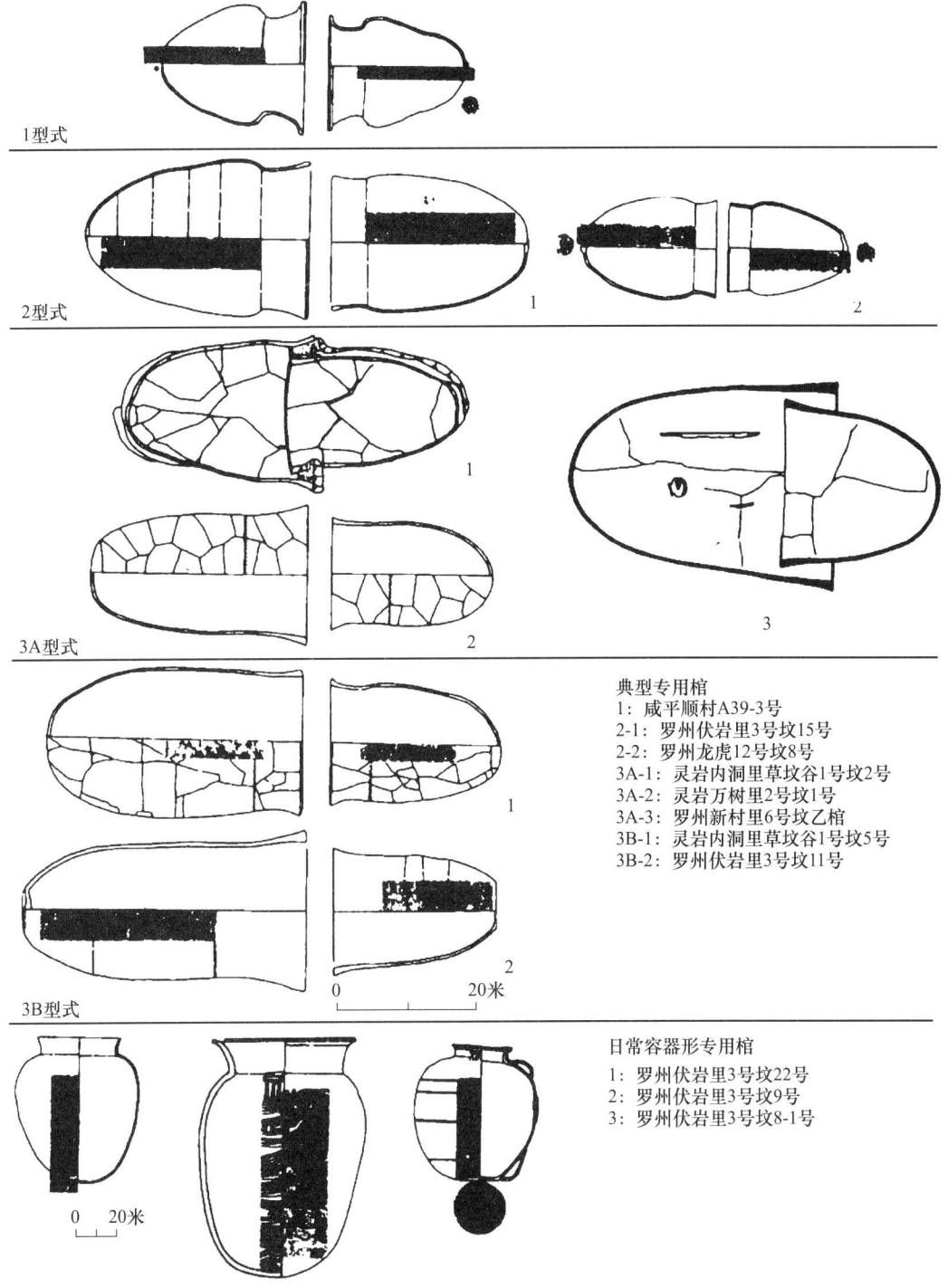

图一 荣山江流域瓮棺的分类

要，使瓮向单纯性瓮棺发展（吴东坤，2008）。这种演变与以1、2、3型式瓮棺为葬具的坟丘的形制、规模与随葬品的演变相符合。

除了这些名义上的属性以外，通过大瓮的口径比长度的比率（大瓮长度/口径=大瓮细长度）及大瓮与小瓮的长度差异（小瓮的长度/大瓮的长度=小瓮比）等测量上的属性，能了解1、2、3型式瓮棺之间的关系和变化，并可进行细分。大、小瓮的长度相等，以后小瓮变小，减少至大瓮之一半。大瓮变长，大瓮细长度逐渐变大，变成长U字形。大瓮越变长，大、小瓮的长度差异越变大。而且大、小瓮的口径差异也变大。在大瓮细长度及小瓮比方面，1型式与3型式未重复，两型瓮棺群集分布。2、3型式的小瓮比大，在大瓮细长度方面，在部分地区重复，表示在形制上2型式与3型式相接。根据2型式与3型式的大瓮细长度的差异，3型式再可分为二式：3A型式分布于大瓮细长度与2型式一样或比2型式小的范围，3B型式分布于大瓮细长度比2型式大的范围。

2. 各型式的分布

专用棺1型式，除了一部地区之外，几乎遍布全荣山江流域。但三浦江南岸的灵岩始终和潘南一带及海南未发现（图二）。

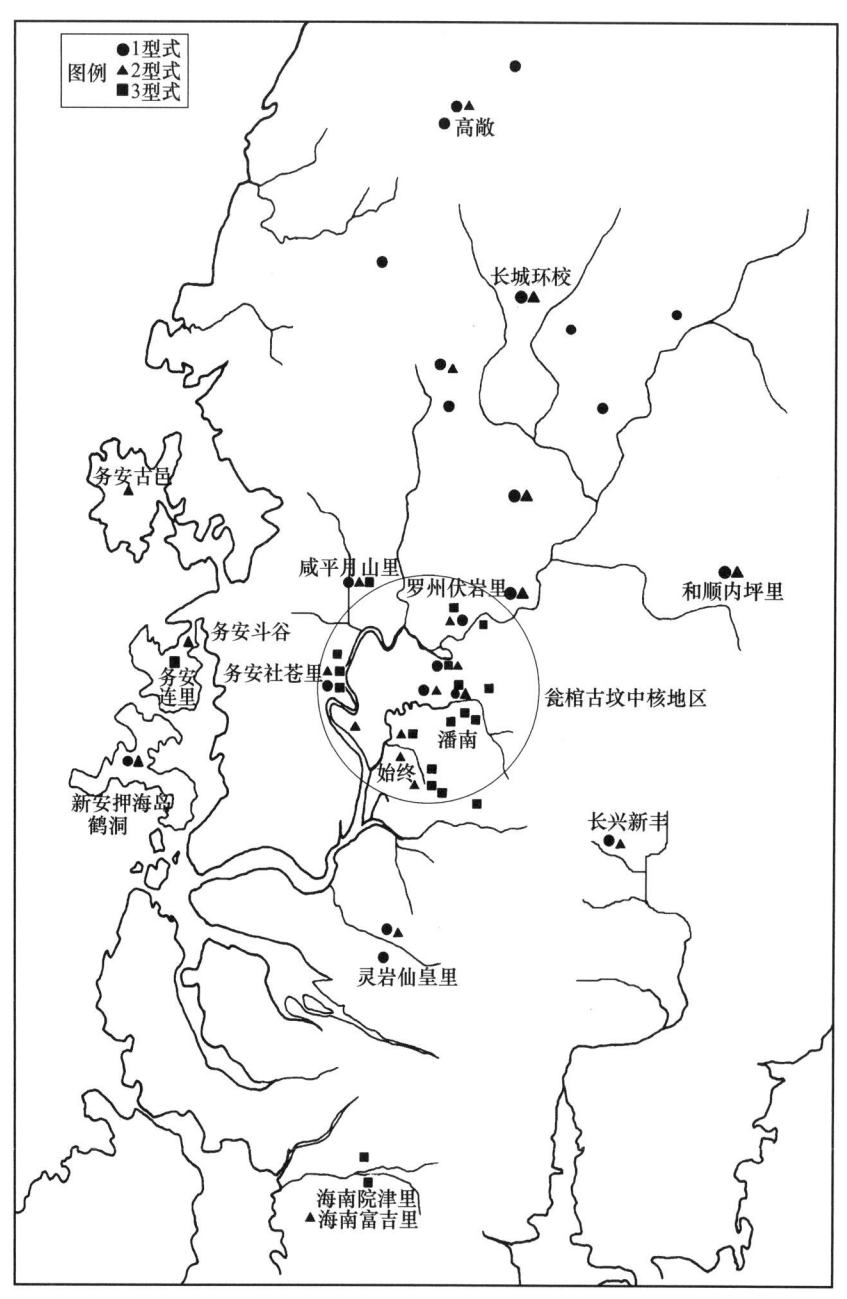

图二　专用瓮棺各型式的分布

2 型式的分布范围变窄，集中分布于荣山江中下流域。在此区之外也有 2 型式瓮棺被发现，但尺寸较小，出现于 2 型式与 3 型式的交替时期，即 4 世纪中叶。在离荣山江流域远的高敞地区，与 2 型式相似的独特的类型出现并发展。3 型式只分布于荣山江中下流域和三浦江流域直径 20 千米左右的范围，即核心地区之内。在沿海的务安连里遗址内也发现了 3 型式瓮棺。

在罗州伏岩里、化丁里马山、务安社仓里一带继续有 1 型式到 3 型式瓮棺发现，表示该地区与灵岩始终、罗州潘南地区一并为荣山江流域的核心地区。但从 3 型式瓮棺的分布范围来看，决定此瓮棺强制使用范围的集团的影响力很有限。

三、瓮棺坟的出现与发展

1. 瓮棺坟的出现与其背景

与专用瓮棺中最早的 1 型式相似的大瓮普遍使用于马韩地区。但是只在荣山江流域，此棺主要被作为葬具使用。1 型式瓮棺使用于单独的葬具，如罗州龙虎古坟群，多在梯形坟中与木棺并用。使用 1 型式瓮棺的坟丘只限于梯形系列的低中坟丘。

笔者已经推论过荣山江流域的专用瓮棺的出现过程（金洛中，2005），现概述如下。3 世纪中后叶，大瓮出现，在整个马韩地区流行，其出土情况多样，如使用于居住的储藏用容器，在土坑中随葬，作为周沟礼仪品使用，在坟丘墓等墓葬里与木棺、木椁并用（图三）。离百济的首都汉城距离较远，大瓮与墓葬具有密切的关系，作为棺具使用。为何这些大瓮在荣山江流域的坟丘墓中作为主要葬具被使用，为何出现瓮棺坟？

荣山江流域石材不足、能制造大瓮的制陶技术的发展等因素是瓮棺发生的必需条件，但不是充分条件。从而应该在其他方面，考虑大瓮出现的背景。

因在荣山江流域首先出现的 1 型式瓮棺及与此相似的瓮棺均分于京畿、忠清及全罗地区，年代集中于 3~4 世纪，被推定为马韩共同的文化因素。

共有锯齿纹等多样的纹饰和形制的大瓮在每个地区的使用方式有所不同，在荣山江流域被作为葬具采用，应该具有标志性。这种标志性很可能表示集团的认同性和政治社会的关系。大瓮和瓮棺在百济实现政治统合以前，起到标志地域单位集团（政治体）的高级阶层及马韩的同盟关系（affinity）的作用，即大瓮在一个集团里是统治阶级的象征物，同时以样式为标志，给予使用瓮棺的不同集团之间的同质性认识。

特别是，百济在向古代国家发展的过程中扩张势力，对马韩集团生产了威胁。从而马韩集团需要加强政治性统合及集团的认同性。为了集团的统合，标志样式的使用进一步扩大。在此背景下，在具有马韩的传统的荣山江流域，大瓮的形制定型而样式统一，不仅形体变大，而且向坟丘墓的大形瓮棺发展起来。使用装饰锯齿纹、具有特征形制的大瓮，意味着通过共同的埋葬礼仪，确认集团之间的纽带。从而大形瓮棺坟的考古文化不仅反映地域集团的埋葬文化，更能反映政治演化的过程。

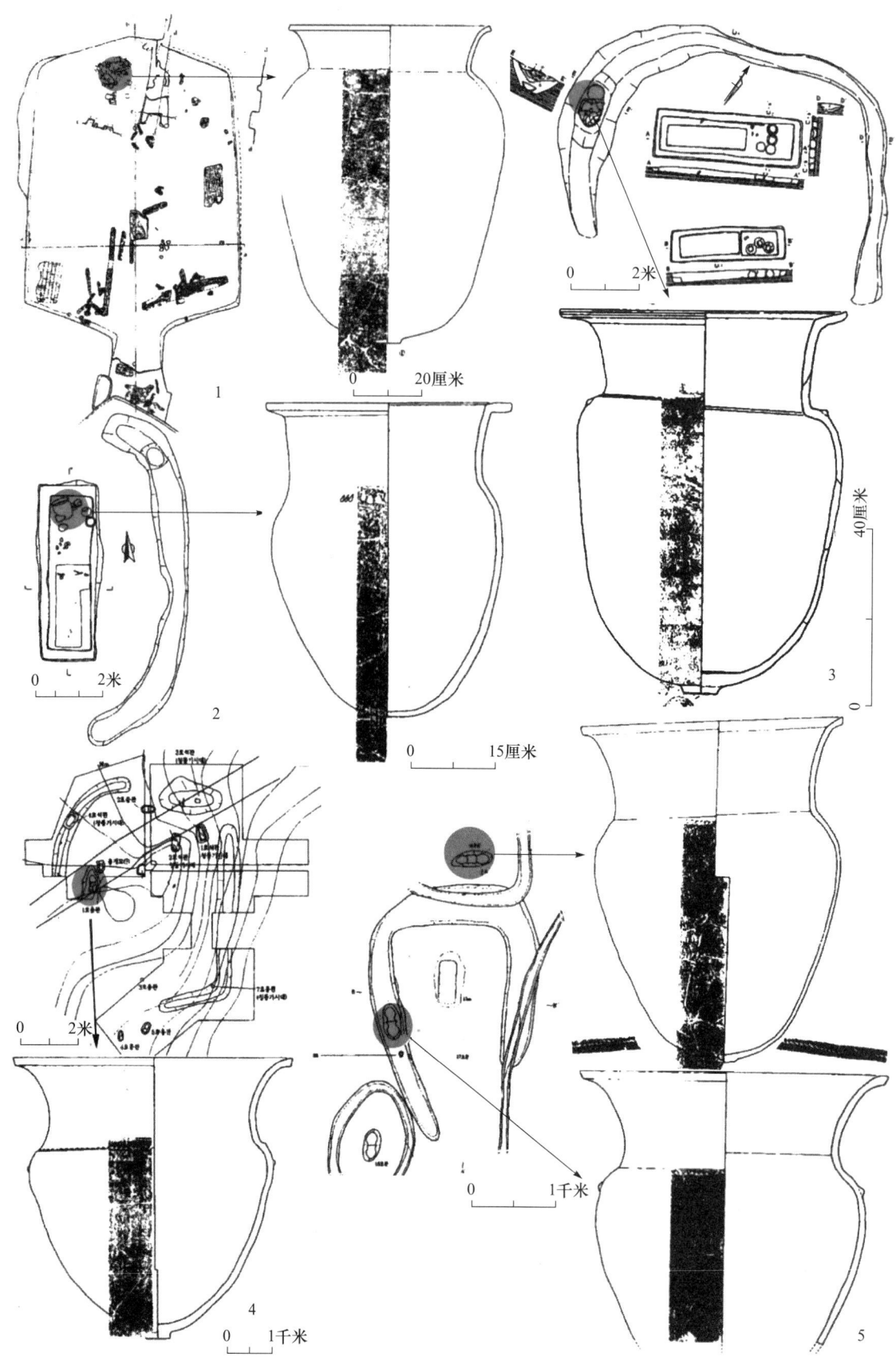

图三　1 型式瓮棺与大瓮的出土脉络

1. 凤纳土城ナ-2 号居住　2. 清原梧仓 42 号周沟土坑墓　3. 公州下凤里 8 号周沟墓　4. 益山栗村里 5 号坟丘墓　5. 罗州龙虎 17、18 号

2. 荣山江流域样式的新专用瓮棺的出现

在荣山江流域1型式瓮棺开始以古坟的主要葬具使用,与1型式相似的大瓮发现于中西部地区等其他地区。2型式为仅发现于荣山江核心地区的新样式的瓮棺。从而2型式瓮棺意味着真正的荣山江流域专用瓮棺的出现(图四)。

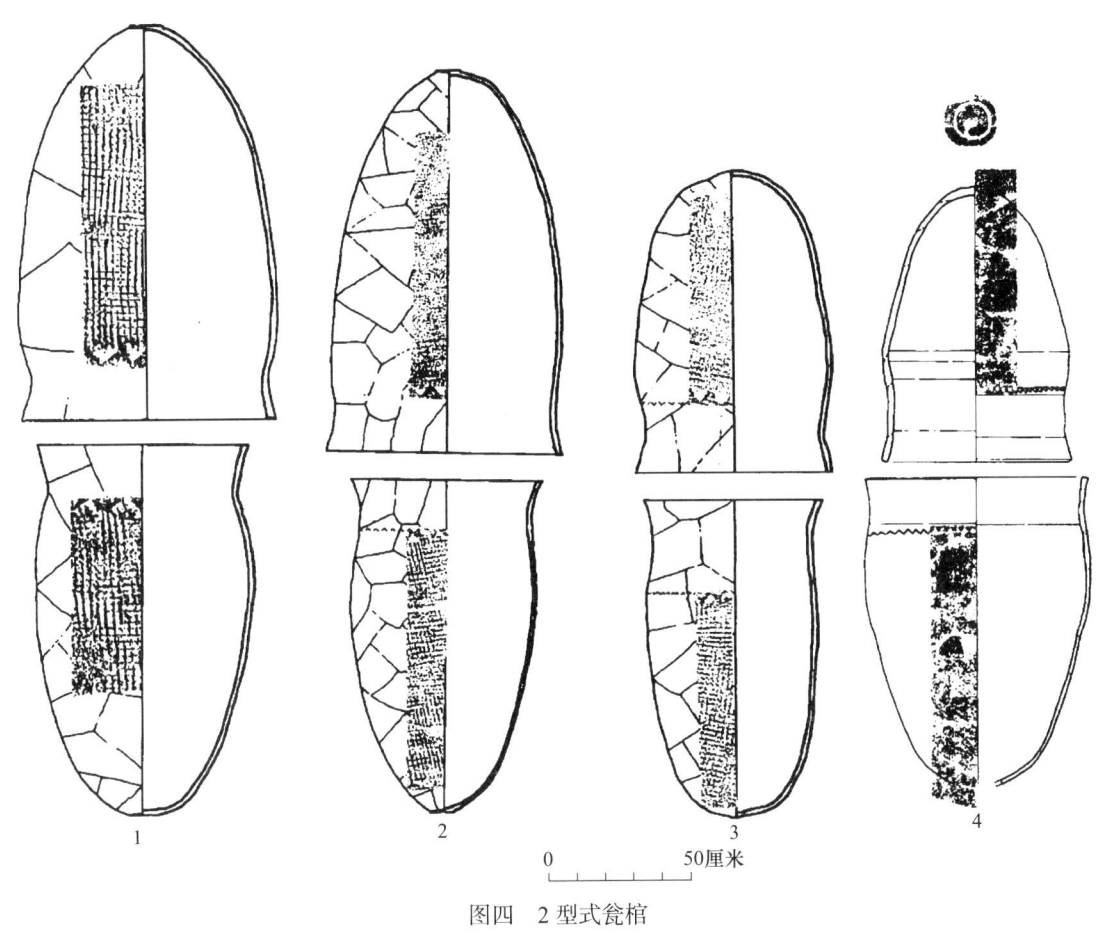

图四 2 型式瓮棺

(1~3.灵岩卧牛里古坟群 4.咸平磻岩1号瓮棺)

2型式瓮棺只分布于荣山江中下流,从随葬陶器和铁器来看,流行于3世纪后叶到4世纪后叶。罗州化丁里马山5号坟1号瓮棺显示2型式向3型式瓮棺过渡的器形特征,同墓随葬的铁镞、大刀等铁器类的年代被推定为4世纪中后叶,可作为2型式瓮棺的下限年代参考(金洛中,2010)。3世纪中后叶开始流行的1型式瓮棺与2型式瓮棺存在一段时间的并用,此后进入只使用2型式瓮棺的阶段。

考虑2型式瓮棺的出现,则不得不重视1型式瓮棺形制的缺陷。1型式瓮棺为敞口,两件瓮的口径相似,只可对合,难以相套。从而两件瓮中一件瓮的口沿变小而直,便于将一件瓮口装入另外一件瓮口里。因这样的功能性理由,小瓮的颈部先变直,按着出现2型式瓮棺,即简化1型式瓮棺的侈口,就变成2型式瓮棺的口沿(吴东埈,2008)。

通过时间上两型瓮棺的共存关系、在同一坟丘内两型瓮棺被使用的情况(如罗州新浦里丁村遗迹6号坟)以及两型瓮棺对合在一起的事例(罗州长燈遗迹2号坟号瓮棺、长城环校17号坟1号瓮棺和罗州多侍3区12号瓮棺),能确认专用1、2型式瓮棺之间是相互继承的关系。迄今尚未发现典型的 2 型式瓮与 3 型式瓮套合使用的事例。罗州多侍 3 区的 2 号瓮棺为 2 型式小瓮与 2、3 型式的过渡形制的大瓮结合的例子。在灵岩卧牛里古坟群和咸平磻岩遗迹等遗迹发现了属 2、3 型过渡形制的大小瓮（图四）。演变过程应该是：2 型式小瓮的口沿变直，近于 3 型式瓮的口沿（罗州新浦里丁村遗迹）。而在罗州伏岩里 3 号坟，以 2 型式瓮棺为葬具的低处的坟丘先形成，以 3 型式瓮棺为葬具的高处的坟丘再形成，可被认为属同一集团继续使用。通过这些事例，可以把握 2 型式与 3 型式的继承关系。

瓮棺葬与木棺分开，独立发展的事例发现于罗州、灵岩等部分地区。在灵岩卧牛里、沃野里古坟群和罗州化丁里马山古坟群发现了只以 2 型式瓮棺为主要葬具使用的墓葬。以 2 型式瓮棺为主要葬具的圆形坟丘局限于灵岩始终等一部分地区，未能扩散到整个全荣山江流域，从而淹没于以木棺为主要葬具的梯形坟丘墓的传统之内。

总之，2 型式专用瓮棺是以 1 型式瓮棺为根基在罗州、灵岩等荣山江流域核心地区的一部分地区出现并发展的独特样式的瓮棺，与 1 型式瓮棺共存一段时间以后，才单独发展。但 2 型式的单独使用时间不长，可推定为向 3 型式演变的过渡型式。

3. 典型的专用瓮棺的出现与发展

3 型式瓮棺为典型的 U 字形专用瓮棺，由 2 型式瓮棺发展而来。

专用 3 型式瓮棺出现于灵岩始终、潘南等三浦江南岸地区（图五）。从形制来看，保留着 2 型式的痕迹，随葬器有圆底中形壶、侈口小壶、长颈小壶等灰青色硬陶出现期的器类。据随葬的软质圆底中形壶及长颈壶，灵岩万树里 4 号坟 13 号瓮棺的年代可推定为 4 世纪中后叶。出土了灰青色硬质圆底短颈壶和侈口小壶的罗州青松里长松古坟的年代也可能属此时期。

3 型式瓮棺出现于灵岩始终地区，向荣山江流域核心地区发展起来。在始终地区的内洞里一带继续建造埋葬 3 型式瓮棺的古坟，但瓮棺坟的中心地区已迁移至三浦江流域的潘南地区。

综上所述，瓮棺的演变过程可以整理如下。3 世纪中后叶在荣山江流域出现了以瓮棺为中心的葬具（1 型式）。此时期为建造以单独木棺为主要葬具的梯形坟丘的阶段，如罗州龙虎古坟。

1 型式瓮棺是在荣山江流域将马韩样式的大型瓮开始用于中心埋葬，是为了应对百济的扩张与压迫，地域集团使用的标志性样式。短期内在咸平和罗州等地区使用以后，变成荣山江流域独有的大型瓮棺（2 型式）。

2 型式是以 1 型式瓮棺为基础，形成于罗州、灵岩等荣山江流域核心地区的一部地区的瓮棺，与 1 型式瓮棺并用以后，一段时间独立使用。但其流行时间不长，并未在整个全荣山江流域普及，可视作向 3 型式瓮棺的过渡样式。在使用 2 型式瓮棺的阶段，以木棺为主要葬具的梯形坟流行，如咸平万家村古坟群。而瓮棺为主要葬具的古坟出现于罗州公山、旺谷、多侍及灵岩始终一带。之后此地区变为高冢瓮棺坟的中心地区。4 世纪中叶出现 3 型式瓮棺之后，在灵岩万树里、新燕里、内洞里一带，梯形坟木棺与瓮棺并存。在灵岩内洞里草坟谷 1 号坟，瓮棺比木棺占优势。到 5 世纪在荣山江流域木棺墓与瓮棺葬混杂使用，各地区可分为木棺优势地区和瓮棺优势地区。在韩半岛木棺、木椁墓消失，同时荣山江流域的集团发展起来，建造以具有地域性特征的瓮棺为主要葬具的高冢古坟。只埋葬多数的 3 型式瓮棺的高冢古坟，5 世纪中叶以后在潘南地区盛行。

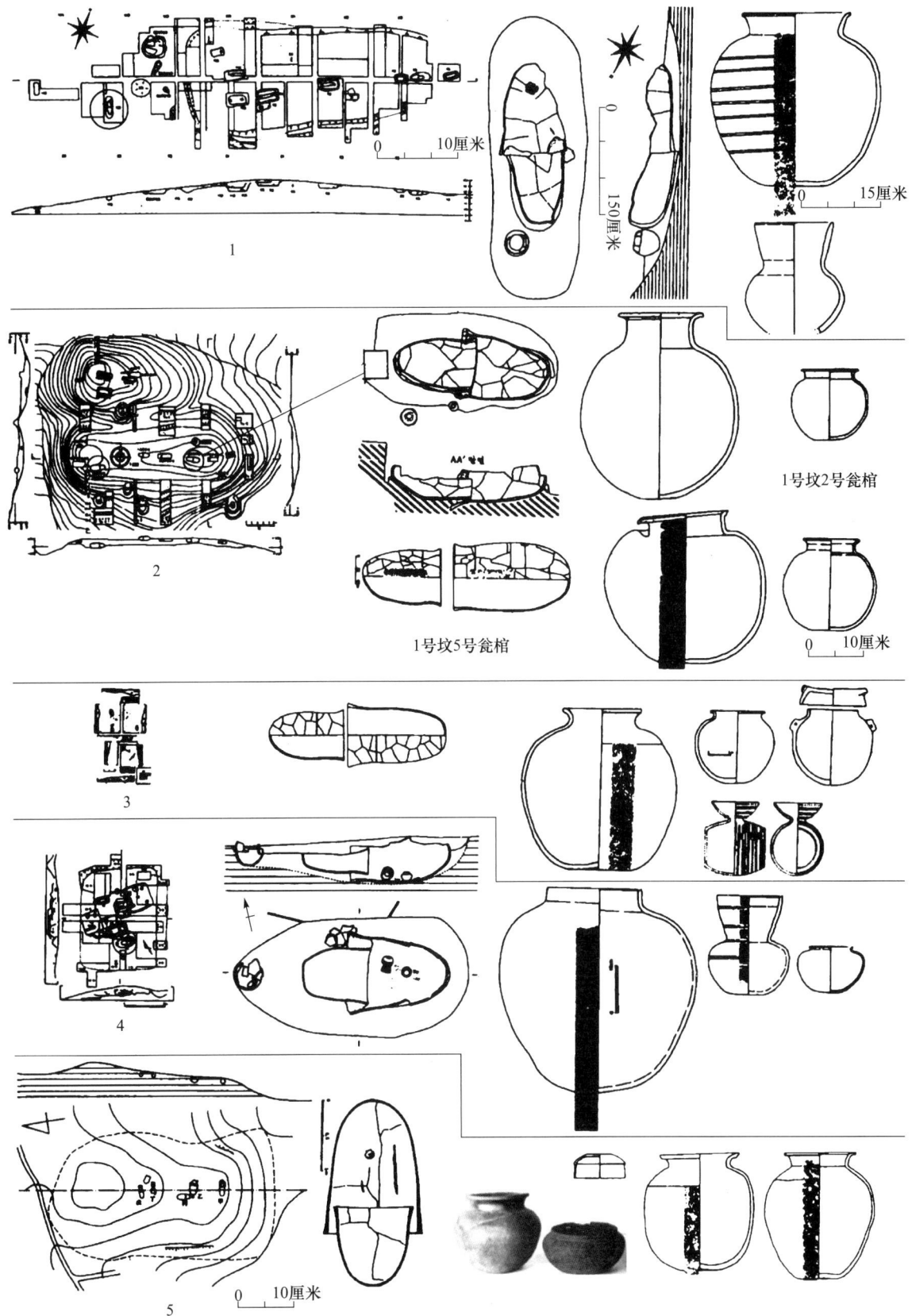

图五　典型专用瓮棺 3 型的出现及演变（3A 型式）

1. 灵岩万树里 4 号坟 13 号瓮棺及随葬陶器　2. 灵岩内洞里草坟谷 1、2 号坟　3. 灵岩万树里 2 号坟 1 号瓮棺
4. 灵岩新燕里 9 号坟 3 号瓮棺　5. 罗州新村里 6 号坟

4. 典型的专用瓮棺的盛行

在荣山江流域最具代表性的典型大形瓮棺是 3B 型式。大小瓮的长度差变大，大瓮变成长 U 字形。

3B 型式瓮棺用于方台形或圆台形高冢，如罗州新村里 9 号坟和德山里 3 号坟，主要集中在荣山江核心地区。在坟丘的规模和随葬品方面，潘南地区与其他地区有区别。坟丘和瓮棺的规模变大，但仍然保持在一个坟丘上埋葬多数葬具的做法。这种现象对了解当时社会性质而言特别重要。

以紫薇山为中心，分布在新村里、大安里、德山里一带的一些古坟称为潘南古坟群（图六），战前日本在此进行过调查，曾编号了 31 座古坟。但按最近调查的结果，此地实际上存在的古坟数量更多。

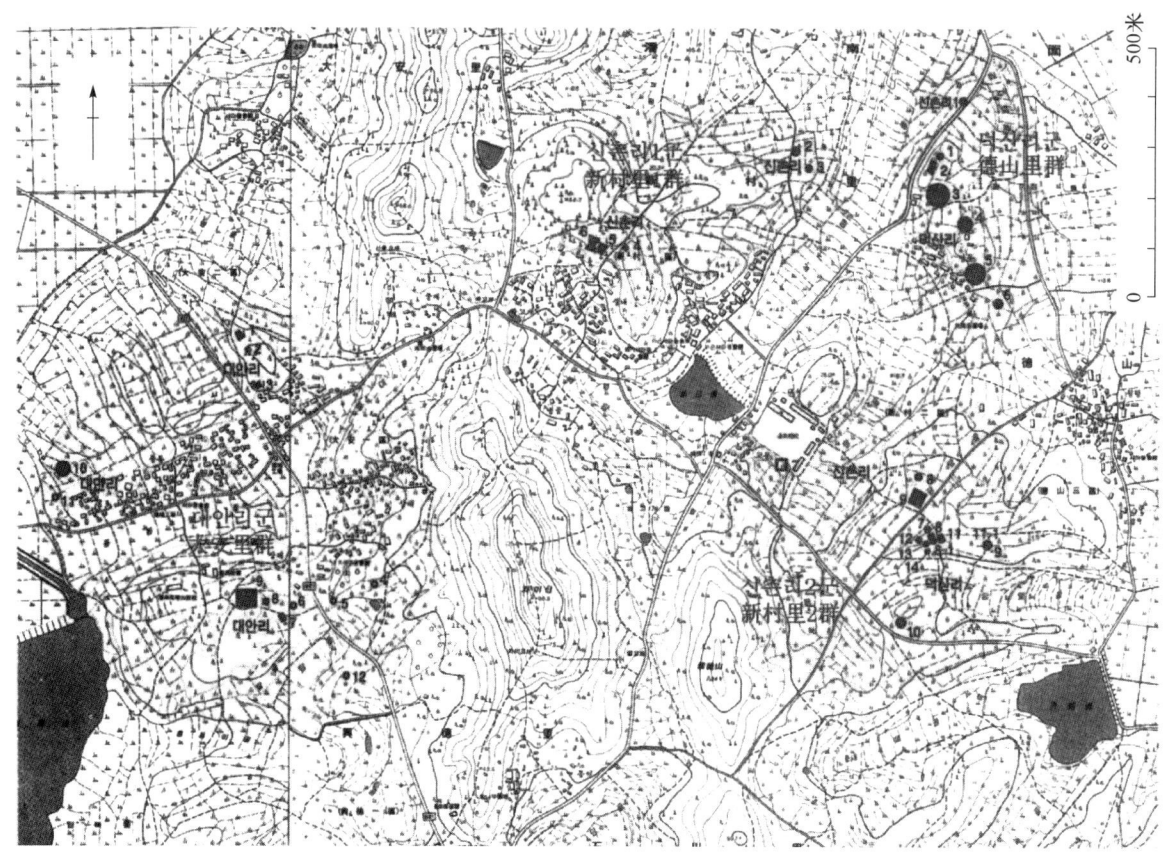

图六　罗州潘南古坟群

（改修林永珍、赵镇先，2000）

此古坟群尚未发现以木棺为主要葬具的典型的梯形坟及 1、2 型式的专用瓮棺。这种现象表示该地区可能为晚期梯形坟的空白地区。

根据分布情况，潘南古坟群可分为 4 个群。在坟丘的形制和规模、群集状态、葬具的种类方面，存在一定的相关关系（图七）。大安里 1～3 号坟、新村里 4～6 号坟、德山里 2 号坟和德山里 8、11-1 号坟被推定为早期的坟形，均为梯形系列，规模较小。

大形方台形古坟只发现于新村里 2 群和大安里群，圆台形坟分布在德山里群。在大形方台形坟的周围，分布着较小的方形或长方形古坟。

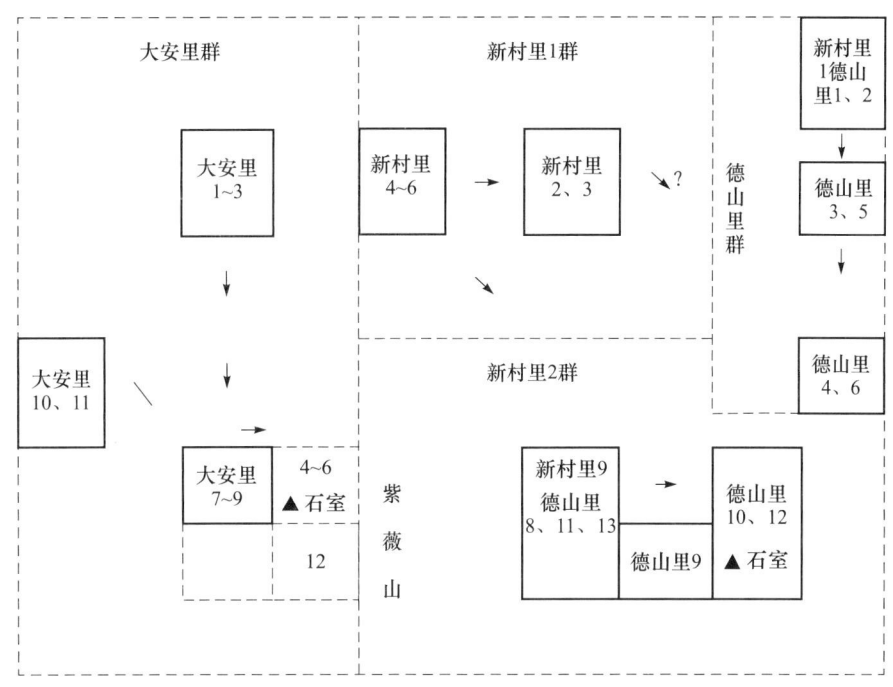

图七　潘南古坟群的集团区分与演变

以瓮棺为主的直径 20 米左右的圆坟分布于方台形或圆台形坟附近的平地或小山丘，如德山里 6、9 号坟，大安里 10 号坟，新村里 2、3 号坟。瓮棺坟消灭以后，以横穴式石室为主的较小的圆坟未成群聚集，而分布于离原来的古坟群较远的位置，如大安里 4 号和德山里 10、12 号坟。

随着时间的推移，4 个群集里，坟形有改变而规模变大。在高冢阶段以每个群集里坟形方面都存在差距，区分各集团的认同性（图六、图七）。

新村里 9 号坟为潘南地区的代表性古坟，瓮棺分上下两层埋葬。在下层中埋葬 2 座（庚棺、申棺），在纵向扩张以后建造的上层中埋葬 9 座瓮棺。根据墓向，上层瓮棺成几群。中间的甲棺到丁棺的墓向为南北排列。丁棺的墓向为南北，但头向有所不同。这些瓮棺为扩张坟丘以后埋葬的集团之中心阶层的墓葬，包括具有华丽的随葬品的乙棺。癸棺和壬棺位于坟顶的边沿，均为小型的合盖式。乙棺的东边有戊棺和己棺，墓向为南北。此两件瓮棺在最上层露出，上部已毁损（图八）。

根据上述层位和布局，新村里 9 号坟经过 3 个阶段进行埋葬。按层位和瓮棺的型式，下层与上层分开。扩张坟丘以后，在上层安葬乙棺等中心瓮棺，在边沿埋葬癸棺和壬棺。从乙棺出土的鎏金铜冠来看，比益山笠店里古坟出土的鎏金铜冠晚一些，属 5 世纪后叶。5 世纪末到 6 世纪前叶在荣山江流域横穴式石室坟阶段流行的盖杯出土于坟丘或周沟，被推定为与戊棺和己棺有关的器物。由此，比戊棺和己棺早的上层瓮棺的年代为 5 世纪中叶。

潘南古坟群为荣山江流域最具代表性瓮棺坟群，其演变过程如下。5 世纪中叶继承灵南始终地区古坟形制的梯形系列的古坟建造于紫薇山的北边东西山脊，后续在新村里 9 号坟和大安里 9 号坟一带以方形坟为主，5 世纪后叶向上扩张坟丘，变成高大坟丘。在超大型方台形坟丘周边的较小的方台形古坟几乎同时被建造。此时期在位于丘陵末端的德山里建造大型圆台形坟，如 3 号坟。圆台形坟的随葬品中，除了高敞系豆之外，未发现与倭、百济交流的器物。采取圆台形坟丘的理由，难

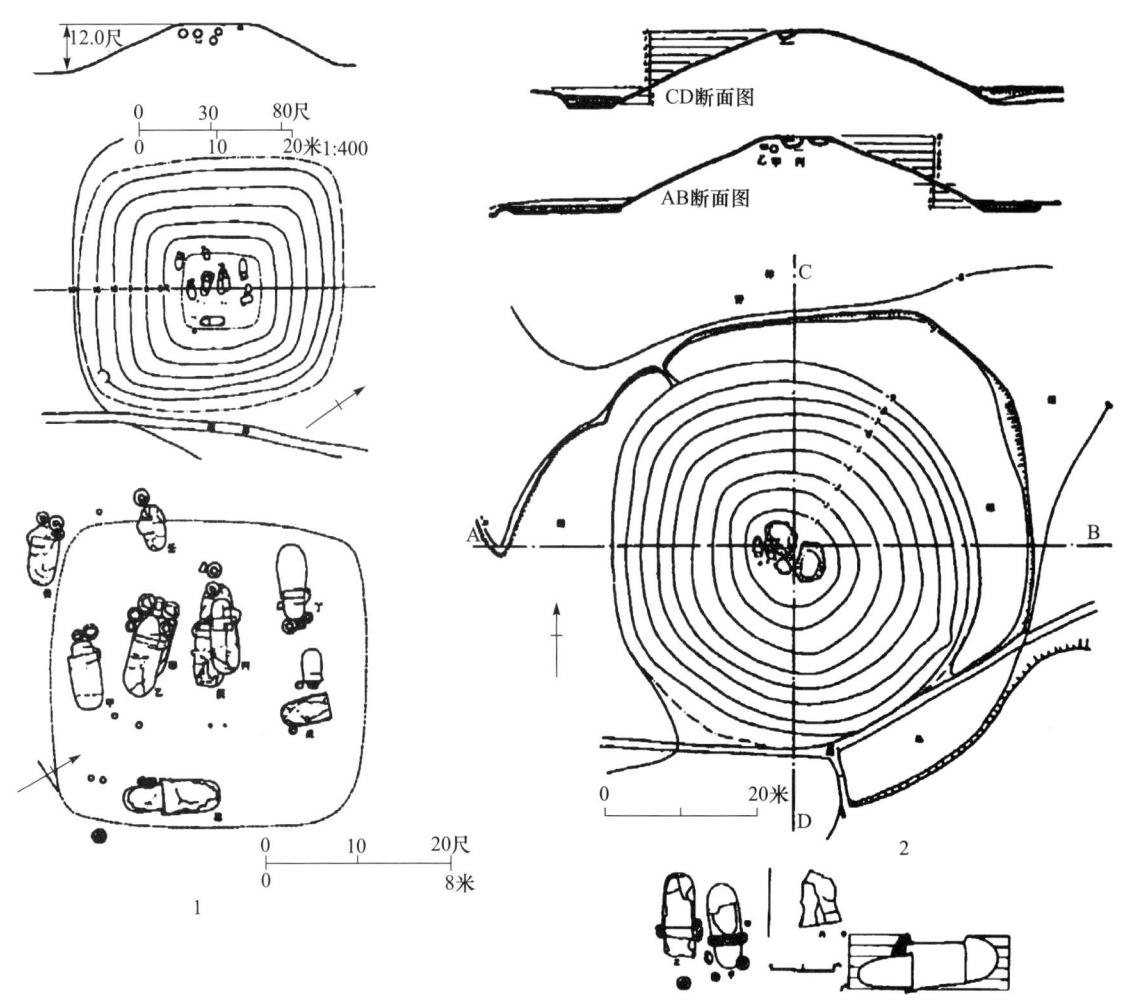

图八　典型专用瓮棺 3B 型式瓮棺坟
1. 罗州新村里 9 号坟　2. 罗州德山里 3 号坟

以把握，但他们明显是需要实现与新村里 9 号坟一带的丘陵部的集团的差别化。因埋葬设施相同而随葬品的组合有区别，差别化的必要性很可能局限于潘南地域的共同体内部。并且，虽然德山里 3、5 号坟的坟丘规模较大，在随葬品方面，并不能说他们比新村里 9 号墓主人集团更具优势。

在丘陵部再也不建造大型坟，同时在末端部的圆台形坟变小，如德山里 4 号坟，之后多所分散地建造中型圆坟，如德山里 6、9 号坟，大安里 10 号坟。发生这种变化的时期恰好与 5 世纪末到 6 世纪前叶在荣山江流域各地同时出现了方台形坟与前方后圆形古坟的时期相同。反映出此时期在荣山江流域潘南集团已不占有优势地位。到 6 世纪中叶，在新村里 9 号坟和大安里 9 号坟等最大古坟存在的丘陵上建造横穴式石室。在早期横穴式石室的阶段，石室墓分散分布。

潘南古坟群代表性的 3 型式瓮棺主要集中于荣山江核心地区，未发现于外缘地区，说明其未能统合全荣山江流域圈。随葬品中几乎没有武器类和马具类，这表示 5 世纪以潘南为中心被统合的过程中武力不是最重要的因素。

但潘南式盖杯出于务安麦浦里、和顺云月里等离核心地区向外区的交通要冲、洪城神衿城和日本冈山县天狗山古坟。反映出潘南地区政治体在对外活动上较为活跃。

5. 瓮棺的消失

一般认为随着在荣山江流域横穴式石室坟的出现，大型瓮棺葬逐渐消失。但是发现了用石板覆盖瓮棺的埋葬形式，被认为是石室坟出现以后的瓮棺变形样式，可知瓮棺葬被继续沿用至6世纪中叶（李正镐，1996）。

罗州伏岩里3号坟的石室坟中，最早的96石室的内部发现了瓮棺，而且发现了打破方台形坟丘埋葬的瓮棺，可认为这些瓮棺墓在一段时间内与建造方台形坟丘以后才出现的横穴式石室共存，即在早期大型石室的时期，瓮棺仍被使用。随着石室定型为百济式，6世纪中叶以后瓮棺葬才最终消失。其背景为百济的领域化和墓制限制、以横穴式石室的出现为代表的社会结构的变化。

四、瓮棺的生产与流通

在罗州五良洞发现了烧造荣山江流域核心地区瓮棺的大规模窑址（图九）。此窑址位于荣山江主流的河岸地区挨着罗州伏岩里古坟群，其产品很可能通过水路供应各地区。在窑址附近发现了向荣山江渡口运输瓮棺的车轮的痕迹。古坟集中分布在容易使用荣山江水运的核心地区，表示此地区为瓮棺生产、流通的主要据点。至2016年11月，共发现77座窑，其中25座经过发掘。遗址面积均为260 000平方米，窑址以外，还调查了与瓮棺生产有关的工坊、废弃场等遗存。

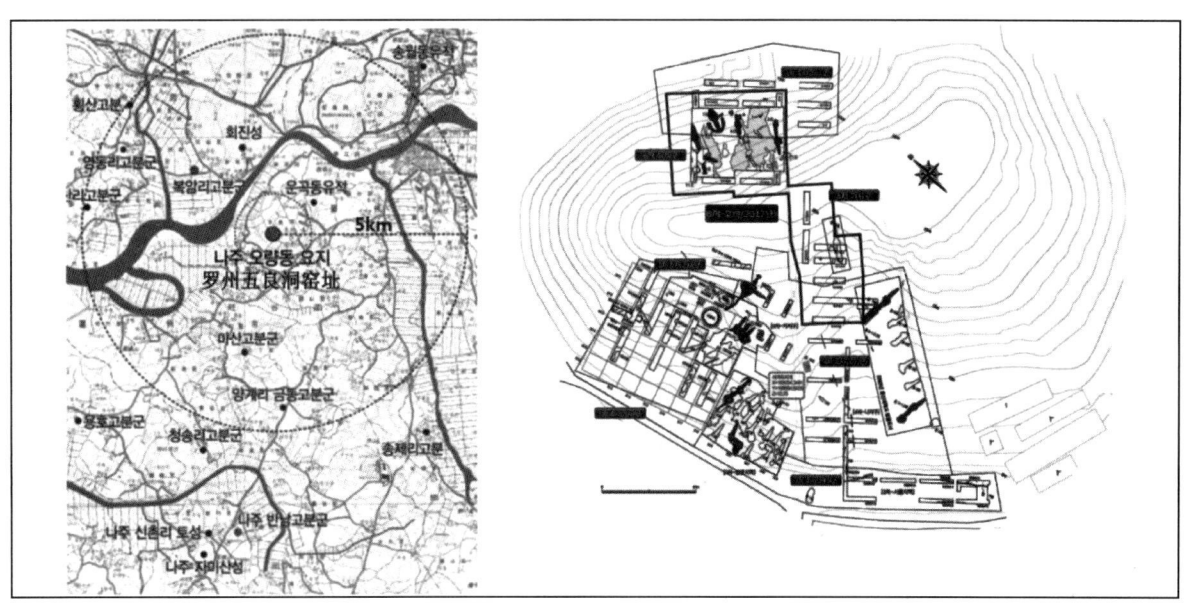

图九　罗州五良洞遗迹周围的遗址分布图（左）及遗存配置图（右）
（李志映，2014）

五良洞窑烧造瓮棺的证据如下：沿着窑室的两边整齐地出土了大量瓮棺片，也发现了几乎完整的瓮棺。窑室的倾斜度为5°～15°，比陶窑的倾斜度小（10°以下），便于放置大型瓮。而且，挖1米以上的基础层而建造稳固的窑壁，积累泥土建造2米以上的拱形窑室。推定为半地下式窑，能确保烧制大型专用瓮棺的足够空间。为了容易地放入或拿出瓮棺，另用泥土建造了燃烧室和火门之侧壁的一部，在此部分发现了再修建的痕迹。燃烧室和窑床内并未建台，便于瓮棺的取放。从这些特征来看，可知罗州五良洞遗迹为生产大型瓮棺的遗址。从窑密集，瓮棺片比陶片多来看，可观察出向专门的大规模生产体系发展的倾向（李志映，2014）。良洞窑遗迹为5～6世纪的窑群，只出土了3型式瓮棺。

U字形专用瓮棺的底部中间和其周围有黑斑，推定为在窑里直立放置烧成。经实验考古可知，考虑窑室（5米长）和瓮棺（口径1米）的规模，直立放置烧成的话，一次可烧成3件瓮（全容镐，2013）。

以窑的发掘成果为基础，国立罗州文化财研究所进行了瓮棺制造和烧成实验，取得可观的成就。因瓮棺大而重，不能一次成型，而是先要将泥土带堆到一定高度后进行干燥，这样才能使泥土带承受其重量。各种成型方式中，发现先将器底倒置并成型至约30厘米的高度，之后翻倒使其正置，最后堆起器身和口沿部分的方式是最合适的方法。这种方式与底部的圆形孔、阴刻弦纹、器表的打拍痕迹和口沿内外面的处理痕迹吻合（罗州文化财研究所，2012）。

五、结　　论

自青铜器时代以来，韩半岛就已经普遍用瓮棺作葬具。3～6世纪，在荣山江流域集团使用以大型专用瓮棺为主要葬具。3世纪以后在马韩地区流行具有相似的形制、饰锯齿纹的大型瓮，只在荣山江流域采用这种瓮棺为主要埋葬设施。大型瓮棺向主要埋葬设施发展的现象，不仅仅是一种地域性的文化现象，而是为了对应百济的扩张，地域集团表示集团认同性的一种样式，在埋葬礼仪中共有。此瓮棺，为了使两件瓮更易套合，口沿变直，成为荣山江流域的独特的型式，终于变成典型的U字形瓮棺。发达的型式的瓮棺以荣山江流域核心地区为中心，随着其被作为埋葬设施采用，到达顶峰。但5世纪末横穴式石室出现以后，开始代替瓮棺的地位。在一段时间内，瓮棺和石室并存，之后随着表示百济的直接控制的新样式的石室的流行，瓮棺退出历史舞台。

大型瓮棺很可能在由荣山江流域核心地区的中心集团经营的窑大量生产，通过荣山江水路进行流通。

参 考 文 献

韩国国立罗州文化财研究所.2010.韩国的瓮棺墓——全罗南道（东亚的瓮棺墓3）.
韩国国立罗州文化财研究所.2010.荣山江流域的瓮棺Ⅰ-瓮棺.
韩国国立罗州文化财研究所.2012.大型瓮棺制造 古代技术复原工程——2012综合报告书.
韩国国立罗州文化财研究所.2015.韩国的瓮棺墓——全罗南道Ⅱ（东亚的瓮棺墓7）.
韩国国立罗州文化财研究所.2015.荣山江流域大型瓮棺分类标准化方案研究.
金洛中.2005.荣山江流域瓮棺古坟的发生与其背景.文化财（第37号）.
金洛中.2007.荣山江流域大型瓮棺墓的成立与演变过程.荣山江流域大型瓮棺研究成果及课题（第1次古代瓮棺研究研讨会）.国立罗州文化财研究所.
金洛中.2009.荣山江流域古坟研究.学研文化社.
金洛中.2010.随葬荣山江流域瓮棺坟的金属品的性格.瓮棺.国立罗州文化财研究所.

金洛中.2011.坟丘墓和瓮棺坟.东亚的古坟文化.中央文化财研究院编.

李正镐.1996.荣山江流域瓮棺古坟的分类与演变过程.韩国上古史学报(第22号).韩国上古史学会.

李志映.2014.荣山江流域瓮棺生产的阶段别特征与专门化的意义.古文化(第84号).韩国大学博物馆协会.

全容镐.2013.从实验考古学来看,荣山江流域的瓮棺制造技术研究——以成果与课题为主.历史学研究第52集.湖南史学会.

吴东埻.2008.湖南地域瓮棺墓的演变.湖南考古学报(第30号).

徐声勋,成洛俊.1986.灵岩内洞里草坟谷古坟.国立光州博物馆.

韩国瓮棺出土的陶器

吴东垾

（韩国文化财厅国立罗州文化财研究所）

一、概　　要

在东亚用大型瓮的葬法发现于越南北部、中国环渤海地区、日本九州地区和韩国西南部地区。韩国的西南部地区到6世纪中后叶继续使用大型瓮棺。本文对各瓮棺形式出土的陶器进行分析，考察器类变化和地域特征。瓮棺同时具有葬具和器物的特征，为了分析瓮棺所出土器物的多种意义，应该也对瓮棺本身进行分析。本文的分析对象为采用2～3世纪到6世纪中后叶的大型瓮来安葬尸体的瓮棺，以及自先史时期至公元前后日常容器的瓮棺。分析对象的空间范围为马韩、百济圈域的京畿道北部、忠清南北道和全罗南北道。

迄今为止，笔者所能查到的韩国的瓮棺为109个遗迹、共691座。陶器仅以瓮棺出土品为对象，共有19种（两耳壶、二重口沿壶、广口壶、直口壶、短颈壶、鸟形陶器、钵形陶器、碗、盖、把手注口陶器、牛角把手钵、有孔广口壶、长颈壶、把杯、盖杯、高杯、台部壶、平底壶、有纽盖）。由瓮棺的形式确定的整个陶器数量，共有562件[①]。

二、各型式瓮棺出土陶器的现况与特征

1. 瓮棺的分布情况与特征

瓮棺可分为Ⅰ、Ⅱ、Ⅲ型式，其变化过程极为明显（图一）。瓮棺在类型学上的变化过程，已从罗州伏岩里3号坟的层位关系得到验证，因此没有异议。从变化的动因和方向来看，亦被视为强调便于安葬尸体的功能因素，以及由此生产的装饰因素的退化。但是对瓮棺本身的发生动因，被认为是马韩土著集团对应百济政权使用的政治性标志。但是除了这种意见以外，考古学上未能查找其原因。

先从各型式的分布情况来看，Ⅰ型式虽然有所侧重，但均分布于全马韩、百济圈域。Ⅱ型式未

---

① 因为根据各型式瓮棺出土陶器统计，与实际出土数量不等。比如，两件瓮结合在一起的瓮棺里出土1件陶器的话，计算了各型式瓮棺出土1件，总共2件。

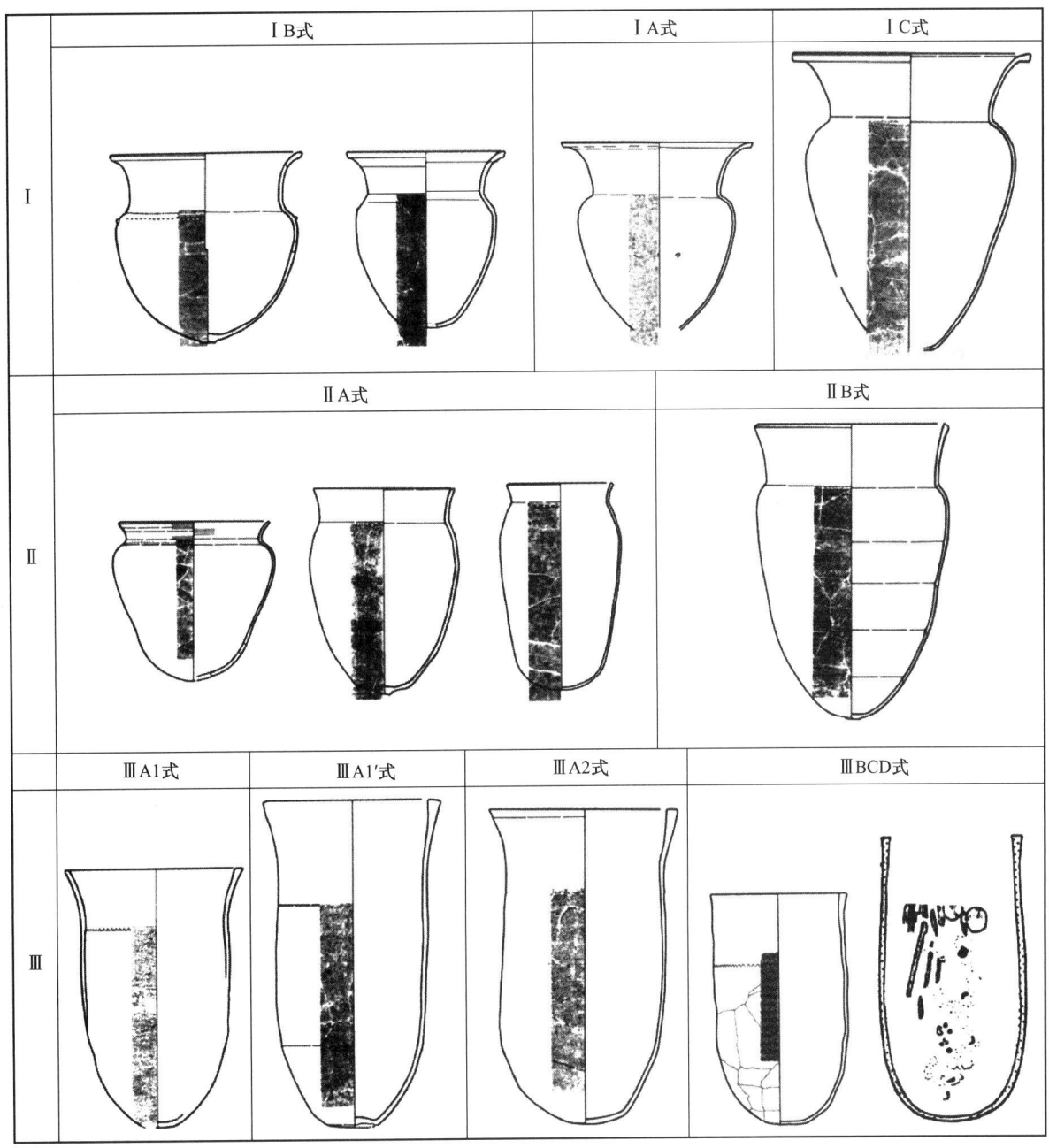

图一　Ⅰ、Ⅱ、Ⅲ型式瓮棺

发现于京畿和忠清地区，只分布于全北和全南地区。Ⅲ型式只发现于荣山江主流的罗州、灵岩、务安和咸平这一部分地区。各地区Ⅰ型式的出土情况有所不同。在首尔、京畿地区出土于生活遗迹中。而在与京畿地区相邻的仁川、金浦地区，则出土于方形周沟墓的周沟。一般认为仁川、金浦地区古坟之中心年代为3世纪。在京畿、忠清地区，瓮棺埋葬于副椁或周沟。在全北的高敞地区发现了多为与忠清地区的坟丘墓形制相似的坟丘墓，瓮棺多为位于周沟或坟丘的边沿。与京畿、忠清地区有着区别的是瓮棺里出土随葬品。全南地区也有以木棺为葬具的坟丘墓，与忠清、全北地区有区别的是以瓮棺为葬具（图二）。

　　Ⅰ型式瓮棺出现时期的主要埋葬设施为木棺或木椁，这种情况至Ⅱ型式瓮棺时期继续。从Ⅱ型式瓮棺的最后阶段，瓮棺代替木棺用于葬具。只在全南地区，瓮棺用于葬具。

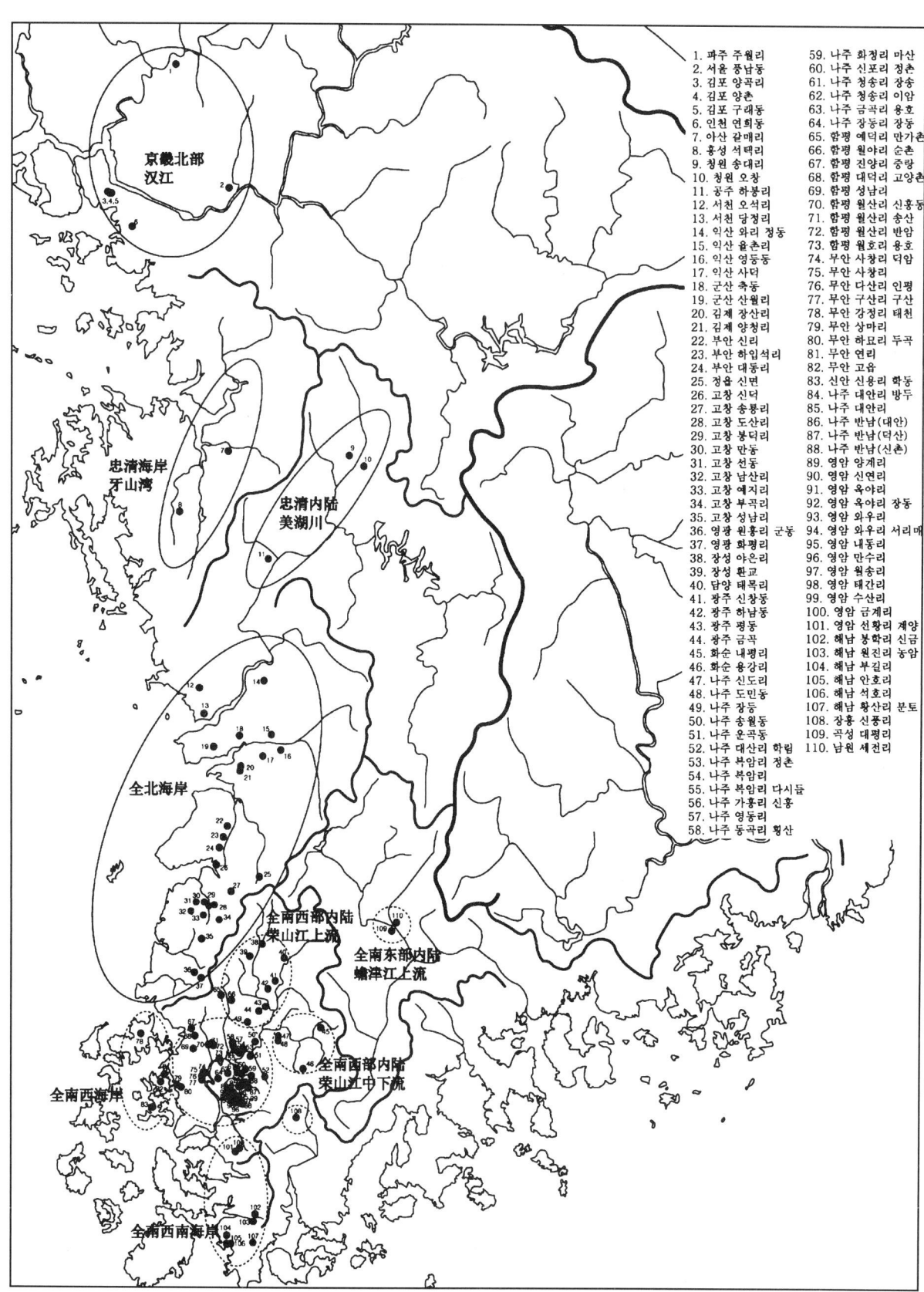

图二　韩国马韩、百济文化圈瓮棺分布图（吴东垾，2008）

2. 瓮棺出土陶器的特征

从器类的变化来看，瓮棺出土陶器，Ⅰ、Ⅱ型式与Ⅲ型式之间的区分很明显[①]（图三）。因为从Ⅲ型式瓮棺阶段，新出现了有孔广口壶、长颈壶、把杯、盖杯和有纽盖。Ⅰ、Ⅱ型式未有这种器类。Ⅰ、Ⅱ型式瓮棺出土陶器的特征如表一。

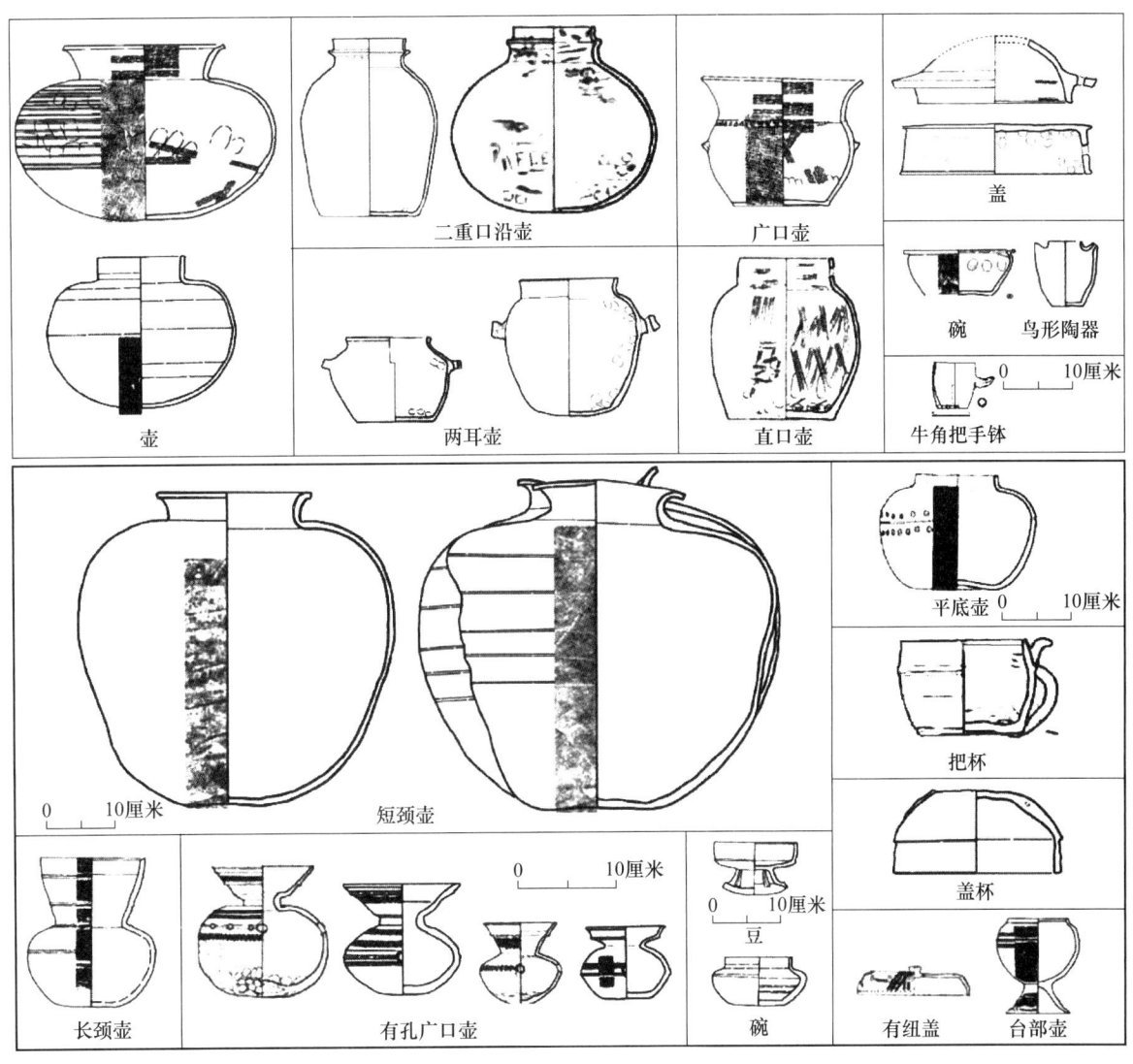

图三　瓮棺出土主要陶类
（上：Ⅰ、Ⅱ型式瓮棺，下：Ⅲ型式瓮棺）

两耳壶　计20件。分为平底和圆底。在器身有纵向或横向钻孔的凸出部，直口或微侈口。有时与盖一起出土，盖也有钻孔的凸出部，此孔与壶器身的凸出部的孔对称，能用绳子使壶与盖结合在一起。平底而扁球器身早，圆、平底而细长器身晚。对其起源有几种意见：有中国江苏省的陶器影响到乐浪，以后再波及韩国中西部的意见（金锡万，1999）；还有起源于中国江南一带的土墩

[①] 因为在京畿道海岸地区的坟丘墓周沟出土的Ⅰ型式瓮棺不是葬具，而是礼仪品，并且未发现器物，所以除外统计。木椁里出土了长铁刀、铁矛和乐浪系陶器。

表一 各型式瓮棺的陶类出土状况

型式	盖	把手注口陶器	圆底两耳壶	鸟形陶器	平底二重口沿壶	圆底二重口沿壶	平底广口壶	牛角把手钵	平底两耳壶	深钵	平底广口壶（长颈）	圆底直口壶	平底直口壶	圆底短颈壶	碗	有孔壶	长颈壶	把杯	盖杯	有纽盖	豆
ⅠB	1	2	1	4	7		6	1	4		1		7	26	7						
ⅠA	2	1	1		1		2				4	1	1	2	7						
ⅠC							8			1	2	2	2	14	8						
ⅡA		1	2		1	12	6	32	10	9	8	2	3	8	35	23					
ⅡB				2		2	1	25	3	2			4	13	36	12					
ⅢA1									1	1		1	3	3	17	8	2	4			
ⅢA1'												1	1	11	23	11	10	9		4	2
ⅢA2													1	6	15	7		3	2	2	15
ⅢBCD															6	2			12		1
计	3	4	4	7	21	8	73	14	16	14	8	15	52	179	78	15	15	2	31	2	1

墓的意见（林永珍，2017）。有学者认为用绳子将盖与壶结合在一起悬垂使用，内盛种子等贵重品（林永珍，2017）。

二重口沿壶 计21件。分为平底和圆底。双重口沿为最大特征。侈口里面附加内斜或直的口沿。由于口沿外下有一圈凸陵，便于支撑盖。扁球的器身早，细长的器身晚。对其起源有几种意见：受到中国东汉末辽宁一带的节颈壶的影响的意见（朴淳发，2001）；受到乐浪陶器的影响的意见（徐贤珠，2006）；起源于荣山江流域圈西北地区的意见（李映澈，2001；尹温植，2008；王埈尚，2000；朴亨烈，2013）。最近有了新的意见，就在中国山东省一带岳石文化和辽河流域的高台山文化出土了与双重口沿壶很相似的陶器，能互相比较（林永珍，2017）。其用途推定为保管食物（林永珍，2017）。

广口壶 计73件。均为平底。敞口、与Ⅰ型式相似在器身附加凸起而饰锯齿纹。器高为20厘米左右。扁球器身而敞口早，细长器身而矮颈、微侈口晚。

直口壶 计32件。均为平底，器高为20厘米左右，形制多样。其中细长的器身而矮颈、微侈口的形制，数量虽少，分布却广。

短颈壶 计128件。出土数量最多，均为圆底。有敞口、扁球器身，也有直口、球器身。

碗 计50件。均为平底，器高为10厘米左右，形制简单。根据由底部连接至器身的角度、口唇的折弯程度和细长度，可以看到地域之间的类似性，虽然数量少，但发现全南北道同一形制的碗。

鸟形陶器 计6件。形制特殊，该陶器被提出与中国东部海岸地域的相关性。其用途被推定为信号器（成洛俊，1988）、礼仪品或者保管酒等特别液体的容器（林永珍，2017）。对其起源，有两种意见：有起源于加耶的鸭形陶器的意见（成洛俊，1988）和起源于中国浙江省河姆渡遗址、江苏省及湖北省出土的鸟形陶器的意见（林永珍，2017）。

此外，有钵形陶器、盖、把手注口陶器和牛角把手钵，其出土数量较少。

在Ⅲ型式瓮棺阶段，器类定型。在瓮棺外部放置短颈壶，内部随葬了碗或盖杯、有孔广口壶、长颈壶。

有孔广口壶 计15件。器身钻有孔，侈口。将竹子插入孔，用于倒液体。早期的有孔广口壶中，有的类似于中国青瓷盘口壶的口沿形态，有的为日本须惠器系。后来朝着口沿被强调、器身被退化的形制而变化。对其起源，有几种不同意见，起源于中国鸡首壶（小池宽，1999）、西晋唾壶（徐贤珠，2006）或中国五联罐（魂瓶）（林永珍，2017）。有学者认为盘口最早，有学者认为在生活遗址出土的短颈、敞口早（朴亨烈，2011）。

盖杯 计31件。与有孔广口小壶代表荣山江流域的器类。杯身呈平坦面的土著性盖杯与须惠器系盖杯同时出土。在晚期的Ⅲ型式瓮棺中出现杯身低、支撑部长的盖杯。日本堺市博物馆的展览品中，有里面涂漆的盖杯，所以其用途能推定为保管需要与外部切断的材料的容器。对其起源，有几种不同意见：有起源于河北省燕下都遗迹的意见（金镐万，2002）、起源于马韩百济圈域的碗形陶器的意见（酒井清治，2004；徐贤珠，2009；金洛中，2011）以及起源于首尔风纳土城的带有凸起的碗的看法（吴东墱，2016）。

广颈壶 计15件。分为平底和圆底。在器身和颈部饰纹饰、带有凸带的壶较晚。

短颈壶 计61件。Ⅰ、Ⅱ型式瓮棺阶段后，出土数量最多，主要用于瓮棺外部随葬。尺寸大于Ⅰ、Ⅱ型式阶段的长颈壶，肩部被强调。此外，还有把杯、有纽盖，出土数量少。

对于各地域的陶器出土现象，在全北以北地区（忠清道、京畿道）瓮棺本身被用于随葬品，与其他陶器一起出土。与此同时，即使瓮棺用于埋葬设施，大部分没有出土遗物。

在瓮棺里随葬陶器等遗物的地区，只有全北及全南地区。在Ⅰ型式瓮棺阶段，全北与全南地区的遗物出土情况几乎相同，但是全南地区的器类更为多样，这种现象延伸到Ⅱ型式瓮棺。在Ⅱ型式瓮棺阶段的全南、全北地区，陶类均相同。在Ⅲ型式瓮棺阶段，出土陶类变单纯，出现新的陶类，地域范围极为缩小。

对于Ⅰ型式瓮棺的扩散过程，难以各地区的器类组合和陶器形制区别表示地域性特征或者时间上的先后关系。值得注意的是，在Ⅰ型式阶段的全北地区瓮棺只发现于周沟或主埋葬设施的周围，器类组合比全北地区单纯。瓮棺用于主埋葬设施的是全南地区的特点，但到Ⅱ型式瓮棺阶段两个地区的器类相同。

从这种情况来看，瓮棺的出现时点很可能全北地区早于全南地区。随着Ⅰ型式瓮棺的扩散，多样性增加，随着时间的推移，分享同一的文化因素。

三、综　　合

对于瓮棺出土的陶器而言，按地域分类来看，在全北以北地域（忠清道，京畿道），瓮棺本身用于随葬，与其他陶器一起出土。虽将瓮棺用于葬具，当中大部分没有随葬品。

瓮棺正式采用陶类等随葬品的地区为全罗南、北道。在Ⅰ型式瓮棺阶段，即3～4世纪，两个地区的出土状况几乎相同，但全南地区的陶类更为多样，该情况延伸到Ⅱ型式瓮棺。在Ⅱ型式瓮棺阶段，即4～5世纪，全罗南道和全罗北道地区的陶类均相同。由此可见，这两个地区虽然古坟形制或古坟内瓮棺的位置明显存在差异，但他们分享相同的陶器文化。而且具有随葬中国起源的马韩百济圈域的陶类的特征。在Ⅲ型式瓮棺的阶段,即5~6世纪,陶器的器类变得单纯,新器类出现,地域范围极为缩小。高敞位于使用瓮棺的中核地区的外部,同时期未发现Ⅲ型式瓮棺,使用石室墓。但是坟周陶器、台附有孔壶等陶器的形制与全南罗州潘南面有关。从同一时期、同一形式的器物发现在两个地区的不同埋葬设施内的情况来看,能推断出高敞和罗州地区之间有频繁的往来和交流。

最近韩国的瓮棺发掘调查的成果中值得注意的是,不仅在全南地区,而且在京畿北部、忠清海岸和内陆地区均发现形制相似的瓮棺。特别是风纳土城出土品与礼仪有关,埋入同时期各地的遗物。而且因在坡州舟月里居住出土的绊钉,排队放置的大型瓮,推定为与礼仪有关。同时期,在京畿海岸地区建造以木棺为主要葬具的坟丘墓,瓮棺只发现于周沟,即最早的瓮棺为共有特征属性(底部凸起、乳头形凸起、锯齿纹)的大型瓮,实际用于储藏。以后有时用于埋葬礼仪或陪葬用。在南部地区,一座古坟内瓮棺占有的比率逐渐变大,终于瓮棺代替木棺。

综合瓮棺的编年研究来看,京畿和忠清一带的Ⅰ型式瓮棺集中于2~3世纪,全南地区的Ⅰ型式瓮棺的年代为3世纪后叶。考虑到只分布于罗州和灵南的Ⅲ型式瓮棺出现于5世纪中叶,3~5世纪前叶大型瓮棺之分布向南缩小。

考虑到这种状况,最初Ⅰ型式瓮棺在京畿、忠清一带以底部凸起和锯齿纹为特征的大型瓮棺用于埋葬礼仪。此后,大型瓮棺埋葬古坟的传统逐渐成立,在全北地区被用于实际安葬尸体。随着这种传统的加速,在以荣山江流域为主的全南地区,瓮棺的大型化到达顶峰,使用瓮棺的葬礼文化持续到6世纪中叶。

参 考 文 献

安承周.1979.百济土器的研究.百济研究(第23辑).
安承周.土器.韩国史论(15).国史编纂委员会.
成洛俊.1988.对荣山江流域瓮棺古坟出土土器的一考察.全南文化财(创刊号).
成正镛.1988.锦江流域4~5世纪坟墓和土器的样相与演变.百济研究(第28辑).
韩玉珉.2000.全南地区土坑墓研究.全北大学校硕士学位论文.
黄春任.2009.原三国时代两耳附壶研究.忠南大学校硕士学位论文.
金成南.2000.中部地区3~4世纪古坟群一研究.首尔大学校大学院文学硕士学位论文.
金承玉.2000.湖南地区马韩居住的编年.湖南考古学报(11).
金镐万.1999.马韩圈域出土两耳附壶小考.考古学志(10).
金洛中.2011.从葬礼和随葬品来看,荣山江流域前方后圆形古坟的性格.韩半岛的前方后圆坟.大韩文化遗产中心.
金洛中.2012.从陶器来看,古代荣山江流域社会与百济的关系.湖南考古学报(42).湖南考古学会.
酒井清治.2004.5、6世纪从土器来看罗州势力.百济研究(第39辑).
李顺叶.2003.全南地方坟墓出土壶的分类与编年.木浦大学校硕士学位论文.
李映澈.2001.荣山江流域瓮棺古坟社会的构造研究.庆北大学校硕士学位论文.
李瑜真.2011.加耶地区出土有孔广口小壶的样相与性格.有孔小壶.国立光州博物馆、大韩文化遗产研究中心.
李真喜.2010.韩国西南部地区两耳附壶研究.全北大学校硕士学位论文.
林永珍.2006.百济建国以前马韩社会的成立与发展.百济的领域演变.
林永珍.2016.马韩土器的东北亚的意义.从东北亚来看,马韩土器.马韩研究院.
林永珍.2017.马韩土器的起源研究——以坟丘墓出土品为中心.湖南考古学报(第55辑).

朴淳发．2001．带颈壶一考．湖南考古学报（13辑）．湖南考古学会．
朴享烈．2013．湖南西南部地区古坟出土二重口沿壶的型式与地域性．湖南考古学报（44）．湖南考古学会．
朴英宰．2016．马韩、百济圈两耳附壶的引进过程．全南大学校硕士学位论文．
王俊尚．2000．韩国西南部地区二重口沿壶的变迁与性格．百济文化（第42集）．公州大学百济文化研究所．
吴东埈．2008．湖南地区瓮棺墓的演变．湖南考古学报（31）．湖南考古学会．
吴东埈．2016．荣山江流域圈盖杯的登场和演变过程．韩国考古学报（98）．韩国考古学会．
咸舜燮．1998．锦江流域从马韩到百济的转换．3～5世纪锦江流域的考古学．第22回韩国考古学全国大会发表概要．
小池宽．1999．有孔广口小壶的造型．朝鲜考古研究1．朝鲜古代研究刊行会．
徐贤珠．2001．二重口沿壶小考．百济研究（第33辑）．
徐贤珠．2006．荣山江流域古坟土器研究．学研文化社．
徐贤珠．2006．荣山江流域三国时代土器研究．首尔大学校博士学位论文．
尹世英．1971．可乐洞百济古坟第一号、第二号坟发掘调查略告．考古学（3）．韩国考古学会．
尹温植．2008．2～4世纪代荣山江流域土器的演变与地域单位．湖南考古学报（第29辑）．
尹孝男．2003．全南地区3～4世纪坟丘墓研究．全北大学校硕士学位论文．
元海善．2015．有孔广口壶的登场与发展过程．韩国考古学报（94）．韩国考古学会．

朝鲜半岛横置瓮棺葬的起源

李承泰

(吉林大学边疆考古研究中心)

一、引　　言

瓮棺葬是用瓮或壶等陶器作为棺的墓葬，在东亚广泛分布于中国内地和东北地区，以及朝鲜半岛、日本列岛[1]。朝鲜半岛自新石器时代以来开始使用瓮棺葬，这种传统一直延续到近代。新石器时代瓮棺葬位于房址内或房址附近，使用一件陶器，放置方式既有直置，也有横置。青铜时代瓮棺葬主要发现于青铜时代中期的松菊里文化，集中分布于锦江中下游。这些瓮棺葬属于松菊里类型墓葬，通常与石棺墓、石盖土圹墓一起发现，距离房址有一定的距离。多见直置和斜置的方式，另外还有横置的方式。铁器时代瓮棺葬通常是将完整的两件陶器组合成瓮棺，放置方式都是横向放置。

关于朝鲜半岛瓮棺葬的发展过程，尤其是从直置向横置瓮棺葬转变过程中横置瓮棺葬的起源问题，以往韩国学者只是简单涉及而缺乏专题性的讨论。本文通过朝鲜半岛发现的青铜时代至铁器时代瓮棺葬的陶器组合方式、放置方式、墓地布局和分布范围等方面的比较，讨论铁器时代横置瓮棺葬的起源。

二、瓮棺葬结构及分布特点

青铜时代瓮棺葬见于中期和晚期。目前为止，以考古资料来看，新石器时代瓮棺葬和青铜时代瓮棺葬之间的关系不太明确。新石器时代瓮棺葬发现于釜山东三洞贝冢[2]和晋州上村里遗址[3]。东三洞瓮棺葬（距今8000年）年代最早，发现于房址附近，瓮棺横向放置。上村里14号房址内出土的两座瓮棺葬（距今4500年）中，一个在口沿饰以三角集线纹，底部有穿孔，放置方式为直置，并且在瓮棺内部发现火葬的成人的骨片。通过与青铜时代瓮棺葬的比较，虽然瓮棺的放置方式、陶器底部有穿孔等一些部分可见共同点，但是瓮棺葬发现地点及瓮棺葬数量、在遗址中的分布和分布范围等均有不同，而两个时期瓮棺葬之间的时间差比较大，还有青铜时代瓮棺葬中尚未发现过火葬的人骨的例证，因此很难说两个时期的瓮棺葬是否有继承关系。并且青铜时代瓮棺葬的出现时期也不太清楚。有些学者提出在青铜时代早期使用瓮棺葬的可能性[4]，但是考虑到瓮棺葬的分布以及总体情况，其出现年代应该属于青铜器时代中期的松菊里文化[5]。本文主要讨论青铜时代中期、青铜时代晚期、铁器时代初期三个时期，瓮棺葬的结构及分布特点。

1. 青铜时代中期（公元前 6～前 4 世纪）

本文统计的青铜时代中期瓮棺葬发现于 55 个地点，共 148 座（表一）[6]。

表一　青铜器时代瓮棺葬概况

编号	地区		遗址	地形海拔/米	放置方式				备注
					直	斜	横	不	
1	忠清北道	清州	凤鸣洞	丘陵（55～76）	1				松菊里型房址 14
2			飞下洞	丘陵（55～70）	2				松菊里型房址 2
3		牙山	龙头里	丘陵（68）				2	松菊里型房址 24
4		大田	上垈洞 A	丘陵（76）	5				松菊里型房址 6、石棺墓 2
5			上垈洞 B	丘陵（63～71）	1				松菊里型房址 13、石棺墓 13、石盖土圹墓 5
6			元新兴洞	丘陵（77～85）	2				松菊里型房址 2
7			场垈洞	丘陵（77～80）	1				土圹墓 1
8	忠清南道	公州	南山里	丘陵	4	1			石棺墓 2、石盖土圹墓 3、土圹墓 19
9			唐岩里	丘陵（32～67）				1	松菊里型房址 14、石棺墓 2、土圹墓 1
10			山仪里	丘陵（49）	1	7			松菊里型房址 8、石棺墓 28
11			松鹤里	丘陵（50～60）	1				石棺墓 1
12			安永里	丘陵（31～52）	1				松菊里型房址 4、石棺墓 6、土圹墓 1
13			长善里	丘陵（64～75）	1				松菊里型房址 4、石棺墓 1
14			济川里	丘陵（44～52）	2		1		松菊里型房址 3、石棺墓 1
15		扶余	罗福里	丘陵（27～38）	1				松菊里型房址 16、石棺墓 5、石盖土圹墓 2、土圹墓 3
16			东南里	冲积台地（5）	1				石棺墓 5
17			石隅里	丘陵（22～30）				1	松菊里型房址 6
18			松菊里	丘陵	4	1	1		松菊里型房址、石棺墓 4、石盖土圹墓 2、土圹墓
19			井洞里	丘陵（45）	1				石棺墓 1
20		青阳	分香里	丘陵（28～41）	1				松菊里型房址 7、石棺墓 5
21		保宁	宽仓里	丘陵（28～30）	1		1		支石墓 1、石棺墓 11、石盖土圹墓 1
22		舒川	乌石里	丘陵（20～30）	1				松菊里型房址 13、石棺墓 25
23			玉南里 A	丘陵（14）	1				
24			玉南里 B	丘陵（8～24）	1		1		松菊里型房址 1
25		轮山	麻田里	丘陵（21）	5	3			松菊里型房址 3、石棺墓 22、石盖土圹墓 9
26			定止里 A	丘陵（31～41）		2			松菊里型房址 5、石棺墓 1、石盖土圹墓 2
27			定止里 B	丘陵（25～29）	3	4			松菊里型房址 21、石棺墓 6、石盖土圹墓 1

续表

编号	地区		遗址	地形 海拔/米	放置方式				备注
					直	斜	横	不	
28	全罗北道	益山	幕悬洞	丘陵（12）	1	1		2	石盖土圹墓2、土圹墓1
29			茂形里A	丘陵（20）	2				
30			茂形里B	丘陵（23～26）	1	4	4		石棺墓22、土圹墓5
31			茂形里C	丘陵（18）	2				松菊里型房址3、石棺墓1
32			西豆里1	丘陵（15～19）	2	1			
33			西豆里2	丘陵（10～20）			1		土圹墓2
34			石泉里	丘陵（20）	2			1	
35			圣堂里	丘陵				1	
36			鱼梁里A	丘陵（25～30）	1	5	1	4	松菊里型房址5、石棺墓5、 石盖土圹墓5、土圹墓8
37			鱼梁里B	丘陵（18～22）	2				松菊里型房址14
38			鱼梁里C	丘陵（21）	2	1			
39			熊浦里	丘陵（25）	1				
40			栗村里	丘陵（25～30）			1		松菊里型房址4、石棺墓6、 石盖土圹墓1、土圹墓1
41			华山里	丘陵（19）		2		1	石棺墓2、石盖土圹墓2
42		群山	阿东里	丘陵（25）		1			石棺墓5
43			鹫山里	丘陵（26）	3	1			松菊里型房址2、石棺墓27
44		完州	葛山里	丘陵（30）			2		
45			上云里	丘陵（36～40）		2	1		松菊里型房址8、石棺墓1、 石盖土圹墓1
46			云桥	丘陵（38）	1				松菊里型房址13
47		全州	东山洞	冲积台地（13）	10	4	3		松菊里型房址75、土圹墓11
48			盘龙里	丘陵（25～36）	1	1			松菊里型房址3
49			中洞C	丘陵（25～30）			1		
50			孝子4	丘陵（50）	1				松菊里型房址18、石棺墓2
51		镇安	如意谷	谷间平地（230）	1				松菊里型房址7、支石墓43、 石棺墓12、石盖土圹墓3
52		井邑	上坪洞	丘陵（50）		1			松菊里型房址6
53		高敞	南山里	丘陵（52）			1		
54			牛坪里	丘陵（46）			1		松菊里型房址2
55	全罗南道	谷城	莲花里	冲积台地（100）	1				支石墓20
56	庆尚南道	居昌	大也里	谷间平地（180）	2				松菊里型房址7
57		泗川	芳芝里	丘陵（20～30）	1				石棺墓6
58			梨琴洞	谷间平地（51）	1				松菊里型房址19、支石墓、 石棺墓、石盖土圹墓、土圹墓
			合计		153				

青铜时代中期的瓮棺葬都是使用一件陶器的单瓮式[7]。瓮棺的埋葬先按陶器的形状挖出墓圹，然后放置一件陶器再加覆盖的方式进行。墓圹为竖穴土圹，其上部大多被破坏，墓口平面残

存形状多为圆形，少量椭圆形。比较完整的瓮棺葬的墓坑中可见二层台，该类墓葬瓮棺口部多以石板覆盖。

瓮棺的放置方式分为直置（图一，1、2）、斜置（图一，3、4）和横置（图一，5）。148座瓮棺葬中直置（53.4%）的方式为多见，其次为斜置（28.4%），横置（11.5%）和其他（6.7%）少见。瓮棺的盖可分为石盖和陶盖，前者较多（33座；62.3%），后者略少（20座；37.7%）[①]。石盖大多为一块扁平的石板，也有一些遗址，如益山石泉里、群山鹫山里、泗川梨琴洞等使用两至三块叠放的石板。陶盖使用完整的陶器或陶器残片，前者略少，均为陶钵；后者较多，是经过人为打碎完整陶器而得到的底部残片。从瓮棺的放置方式与瓮棺的盖之间的组合关系来看，直置的方式多见石盖，斜置和横置的方式则更多使用陶盖。因此可以说直置石盖的瓮棺葬是典型的中期瓮棺葬的形式。斜置的方式在锦江中下游多见，其邻近的全州和完州地区也有发现，其他地区几乎没有斜置的方式，所以斜置的方式可能是锦江中下游地区流行的放置方式。横置的方式相对来说多见于锦江中下游以外的地区。这一时期横置瓮棺葬将一件陶器横向放置后再加陶器残片封堵瓮棺的口部，有的未见瓮棺的盖。

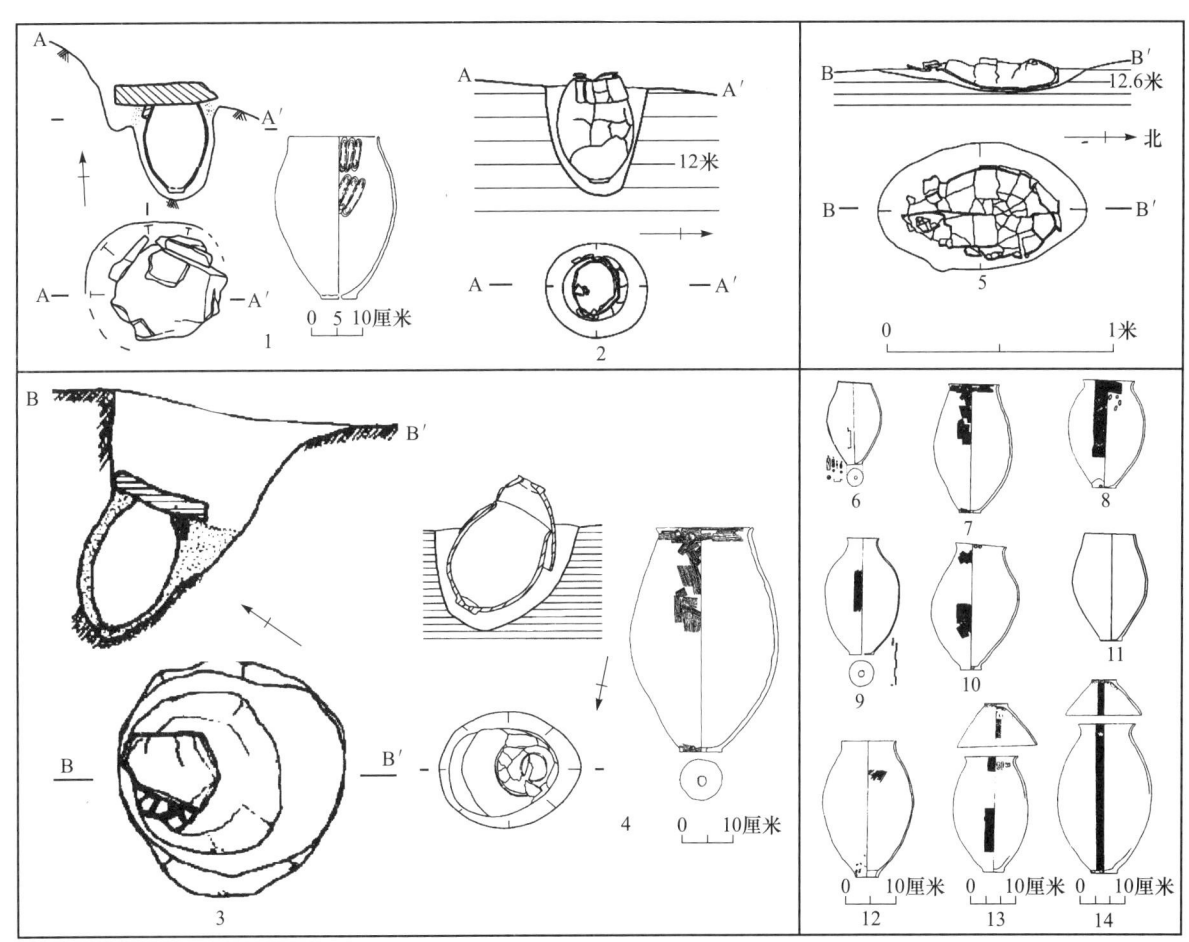

图一 青铜器时代中期瓮棺葬
1. 公州山仪里4号 2. 益山幕悬洞1号 3. 公州南山里9号 4. 论山麻田里2号 5. 全州东山洞1号 6. 扶余松菊里
7、8、10. 论山麻田里 9. 群山阿东里 11. 公州南山里 12. 镇安如意谷 13、14. 益山华山里

---

① 148座瓮棺葬中发现盖的数量有53座，该百分比表示有盖的瓮棺葬中石盖和陶盖的比率。

瓮棺所用的陶器大部分是典型的松菊里型瓮（图一，6~14）。该陶器以赤褐色夹砂陶为主，具有侈口、长卵形鼓腹、小平底的特点。此外使用少量的直口瓮和钵，直口瓮除了益山石泉里瓮棺葬之外，均发现于锦江下游以外的地区，钵仅作为瓮棺的盖使用。主瓮使用陶器的平均器高为49.2厘米（N=51、至小值25厘米、至大值77.1厘米）。在148座瓮棺中，有89座（60.1%）瓮棺葬发现穿孔（图一，4、6、9），大多是在陶器底部有3厘米左右的穿孔，也有一些在腹部下面穿孔。穿孔多于见锦江中下游的直置和斜置瓮棺葬。这些穿孔被认为与排水、防湿等功能或信仰的礼仪行为有关[8]。此外，瓮棺葬可见瓮棺的固定设施，瓮棺的固定方式主要有两种情况：一种是使用碎石固定瓮棺本身；一种是用盖石固定。后者将碎石放在口部周边，其目的应该是为了防止因板石的重量而导致陶器口部被破坏。

目前为止，青铜时代中期的瓮棺葬中尚未发现过人骨，所以很难说明被葬者的年龄、葬式等问题。只是从瓮棺的大小来看，若放置成人的尸体则过于短小，所以一般认为很可能是用于埋葬儿童或作为二次葬、火葬之用[9]。

瓮棺葬主要位于低矮的丘陵或山地性丘陵，有些分布在河流的冲积台地和谷间平地。在遗址中通常与松菊里型房址一起发现，距离房址有一定的距离。除了单独发现的情况之外，大部分的瓮棺葬与其他墓葬共存，共存墓葬多见石棺墓、石盖土圹墓、土圹墓，与支石墓共存的情况很少见。在松菊里文化中心区的锦江中下游，瓮棺葬与石棺墓、石盖土圹墓的共存关系更加明显，这三种墓葬均被认为是典型的松菊里型墓葬。瓮棺葬在墓地中与其他墓葬交错分布，但通常不是在墓地的中心地区，而是分布在墓地的外围。整个瓮棺葬的分布范围在忠清北道、忠清南道、全罗北道、全罗南道、庆尚南道，大致与松菊里文化分布范围一致，主要集中分布于松菊里文化中心区的锦江中下游（图二）。

2. 青铜时代晚期（公元前3~前2世纪后叶）

青铜时代晚期的瓮棺葬很少见，瓮棺葬发现于保宁宽仓里、完州葛山里、全州中洞C、泗川芳芝里遗址，共5座（表一）。瓮棺葬形制除单瓮式之外还出现了用两种陶器组合而成的双瓮式。瓮棺的放置方式除了泗川芳芝里瓮棺葬之外均为横置。芳芝里瓮棺葬是瓮棺上面使用石板覆盖，中洞C瓮棺葬使用陶器残片封堵瓮棺的口部。宽仓里和葛山里2号为大小不同的两种陶器组合而成（图三，2），葛山里1号瓮棺葬则使用大小相似的两种陶器组合而成（图三，1）。陶器连接方式都是套接，在宽仓里瓮棺葬可见使用黏土加固陶器连接部分的做法。

瓮棺所用的陶器主要是两类：一类是起源于中国东北地区的口沿施圆形黏土带的瓮[10]（叠唇罐，图三，3）；一类是松菊里型陶器受到圆形黏土带陶器文化影响而产生的带组合式牛角形把手的瓮（图三，4），此外还有陶钵。在陶器上未见穿孔。

这一时期瓮棺葬与同一时期墓葬不在一起，并且与其他墓葬相比瓮棺葬的数量极少，瓮棺葬一般在遗址中单独分布。瓮棺葬零散分布在忠清南道、全罗北道、庆尚南道等松菊里文化中心区以外的地区（图二）。

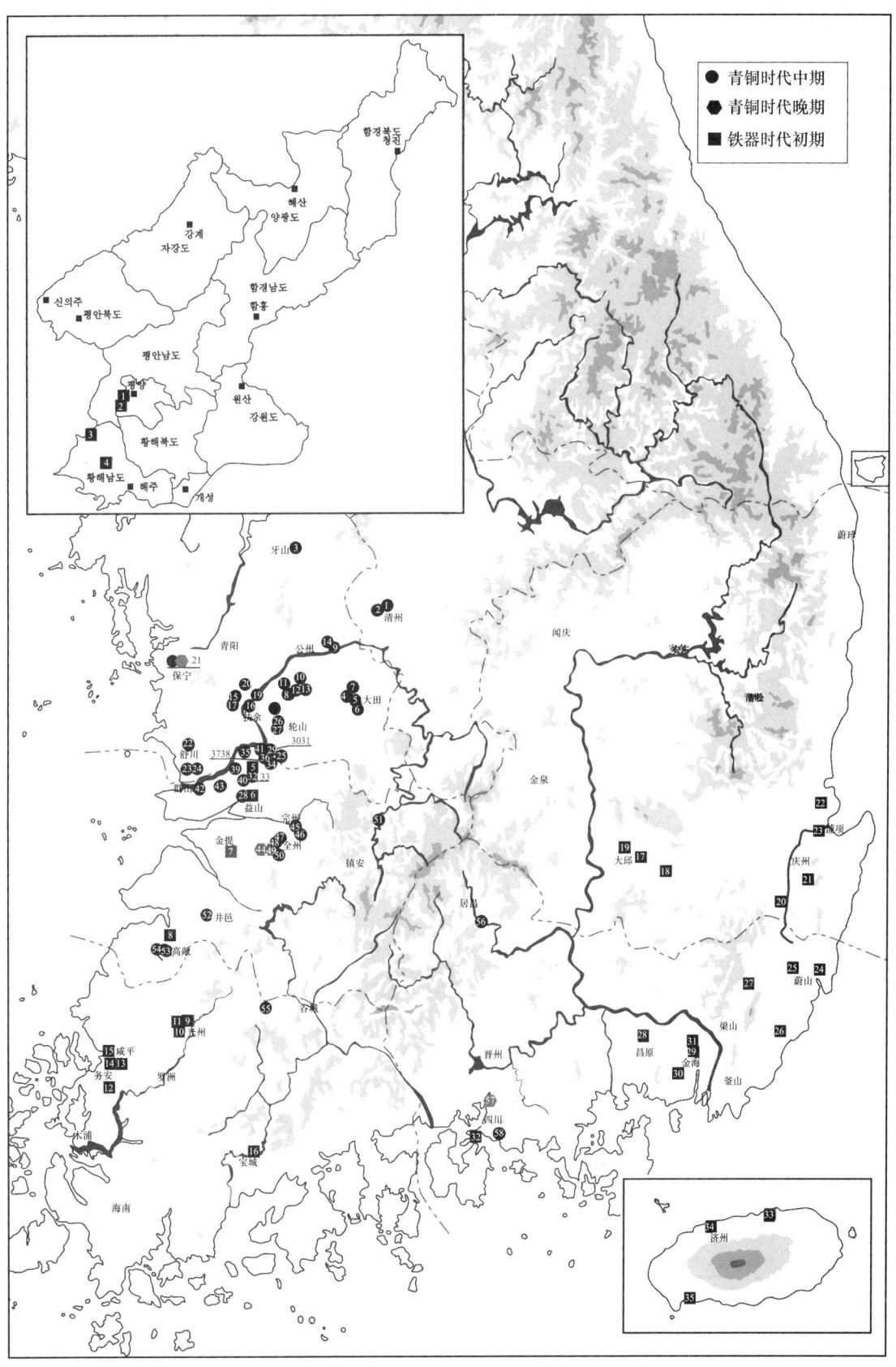

图二　青铜时代中期至铁器时代初期瓮棺葬分布图
（编号与瓮棺葬概况一致）

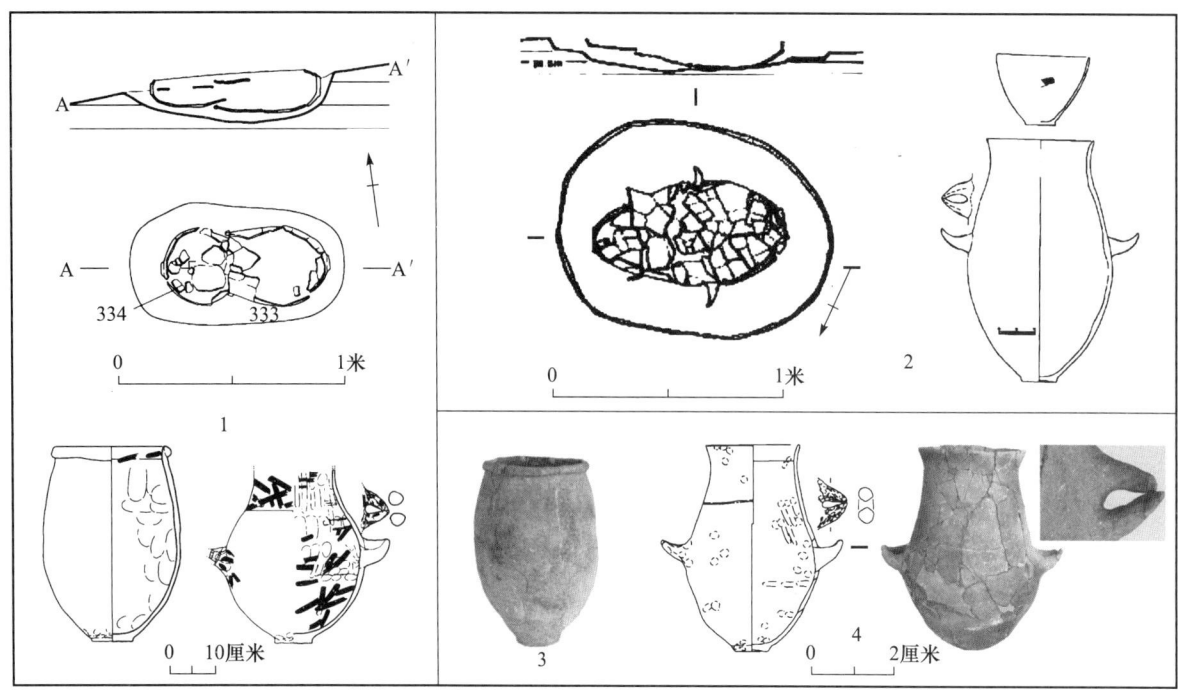

图三　青铜时代晚期瓮棺葬

1. 完州葛山里 1 号　2. 保宁宽仓里 F 区 42 号　3. 泗川芳芝里　4. 全州中洞 C

3. 铁器时代初期（公元前 2 世纪后叶至公元前后）

本文统计的铁器时代初期的瓮棺葬发现于 35 个地点，共 392 座（表二）。

表二　铁器时代初期瓮棺葬概况

编号	地区		遗址	地形（海拔/米）	数量	备注
1	平安南道	平壤	贞白洞	丘陵	20	木椁墓 42、砖筑墓 14、瓦棺墓 2
2		江西	台城里	丘陵	5	土圹墓 12、木椁墓 1、砖筑墓 1
3	黄海南道	殷栗	云城里	丘陵	6	土圹墓、木椁墓、砖筑墓、瓦棺墓
4		新川	明沙里	山坡	1	土圹墓 1
5	全罗北道	益山	龟坪里	丘陵（18）	1	
6			於阳洞	丘陵	1	
7		金提	西亭洞 2	丘陵（17）	4	土圹墓 6
8		高敞	石桥里	丘陵（28）	1	
9	全罗南道	光州	新昌洞	丘陵（30~35）	54	
10			云南洞	丘陵（25）	4	
11			长者	丘陵（38）	3	
12		务安	仁坪	丘陵（15~20）	1	
13		咸平	松山	丘陵（25~50）	6	
14			新兴洞	丘陵（18~30）	1	
15			长年里	丘陵（21~26）	3	土圹墓 3、石椁墓 1
16		宝城	德林里	丘陵（144）	1	

续表

编号	地区		遗址	地形（海拔/米）	数量	备注
17	庆尚北道	大邱	新川洞	冲积台地（48）	1	
18			旭水洞	冲积扇（75~77）	2	
19			八达洞	丘陵（35~55）	142	木棺（土圹）墓107
20		庆州	德泉里	冲积台地（62）	2	木棺墓9
21			朝阳洞	冲积台地（80）	1	木棺墓1
22	庆尚南道	浦项	玉城里B	丘陵（20~24）	6	木棺墓15
23			中明里	丘陵（40）	8	
24		蔚山	孝门洞栗洞	丘陵（4~20）	1	
25			立岩里	丘陵（13）	3	
26		釜山	芳谷里	丘陵（60~67）	9	木棺（土圹）墓17
27		梁山	新平	丘陵（150~153）	5	土圹墓?1
28		昌原	茶户里	冲积台地（10）	7	木棺墓133
29		金海	凤凰洞	丘陵（6）	1	
30			栗下里	丘陵（27）	1	
31			花亭	丘陵（27~31）	11	土圹墓2
32		泗川	勒岛	贝冢（5）	61	土圹墓39、直葬墓36、石棺墓2
33	济州岛	济州	三和地区	冲积台地（32~34）	15	土圹墓10
34			下贵1里	冲积台地（13~19）	1	土圹墓1
35			和顺里	冲积台地（8~10）	3	
			合计		392	

到了铁器时代初期，瓮馆葬数量增加，一般在一个地点发现瓮棺葬的数量不到10座，但在光州新昌洞、泗川勒岛都发现了50座以上的瓮棺葬，在大邱八达洞遗址发现142座瓮棺葬。

这一时期瓮棺葬可分为单瓮式、双瓮式、三瓮式，从可分类的332座瓮棺来看，双瓮式（237座；71.4%）多见，其次为单瓮式（89座；26.8%）和三瓮式（6座；1.8%），所以这一时期普遍的组合方式是双瓮式。单瓮式瓮棺葬仍然可以见到，但是其数量明显减少，此外，使用三件陶器组合的三瓮式瓮棺在这一时期出现，但很少见。墓圹的平面大部分是椭圆形，也有（抹角）长方形的形状（图四，5），瓮棺的放置方式除了蔚山立岩里3座之外都是横置。

单瓮式多以陶器残片或板石封堵主瓮陶器口部。双瓮式由两件陶器组合而成，陶器连接方式有两种：一种是将两件陶器口部对合；一种是将其中一件陶器口部直接套入另一件陶器口部。在双瓮式中，主要为两瓮组合，也有一些瓮、钵组合。三瓮式则使用三件陶器，将中间陶器的底部除掉后组合而成（图四，5）。为了固定瓮棺，在墓圹和瓮棺之间夹放碎石，并且瓮棺连接部分也加上黏土或陶器残片。瓮棺的平均长度为72.8厘米（$N=217$、至小值36厘米、至大值152厘米）。通过勒岛瓮棺葬的实例可知，葬式基本为仰身直肢葬，被葬者年龄为2.5岁以下的幼儿。值得注意的是，被葬者年龄越大，瓮棺的长度也越长，可以推断当时是按照被葬者的身高而做成相应长度的瓮棺[11]。

瓮棺所用的陶器以日常生活陶容器为主，有瓮、壶、钵、甑、器盖等（图四，6），与前一时期相比，陶器种类更加丰富。主要器种是两类：一类是口沿施三角形黏土带的瓮（图四，1、2）；一类是带牛角形把手的瓮（图四，3）。这两类陶器与青铜时代晚期瓮棺葬使用的陶器之间具有延续性。

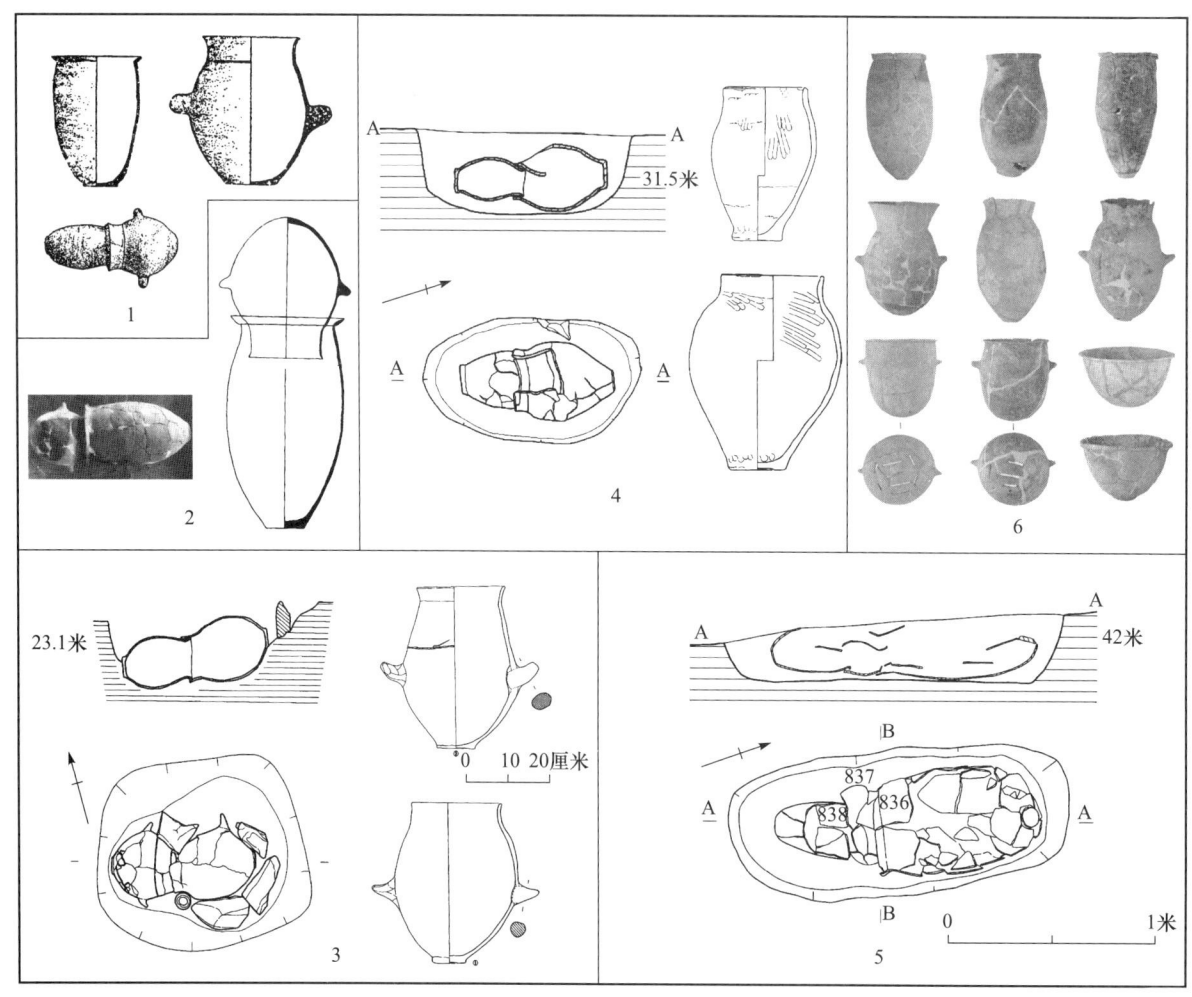

图四　铁器时代初期瓮棺葬
1. 新川明沙里　2. 光州新昌洞40号　3. 咸平长年里1号　4. 济州三和地区Ⅰ-8号　5. 大邱八达洞255号
6. 大邱八达洞瓮棺所用的各种陶器

瓮棺葬所在的地形有丘陵或冲积台地，大多位于低矮的丘陵。这一时期瓮棺葬多在墓地中集群分布，光州新昌洞遗址只发现瓮棺葬，没有发现木棺墓等其他墓葬。瓮棺葬除了单独发现的情况之外，主要与土圹（木棺）墓共存。与其他墓葬共存时，瓮棺葬的布局有两种情况：一种是在同一墓地内分布在不同的空间而形成各自的集群（大邱八达洞）；一种是在同一墓地中与其他墓葬交错分布（泗川勒岛），前者多见。这一时期瓮棺葬分布于平安南道、黄海南道、全罗道、庆尚道、济州岛，主要沿着全罗南道和庆尚南道地区的海岸或江岸分布，分布范围属于松菊里文化分布区以外的地区（图二）。

三、横置瓮棺葬的起源

前面所述，在朝鲜半岛青铜时代中期至铁器时代初期都有横置瓮棺葬，但是青铜时代中期的横置瓮棺葬与此后的横置瓮棺葬相比，不仅横置瓮棺葬在数量上所占的比例相差很大，尤其到了铁器时代初期，几乎全部为横置瓮棺葬，而且可以看出在瓮棺的结构及分布范围等多个方面还存在着差异。最明显并且最重要的差异有三点：第一是以瓮棺形制导致的组合方式差异，青铜时代中期的瓮棺葬为单瓮式，是使用一件陶器横向放置后再加陶器残片封堵瓮棺的口部，而青铜时代晚期和铁器时代初期的横置瓮棺葬大部分是使用两件陶器组合而成的双瓮式瓮棺葬。青铜时代晚期以后的双瓮式瓮棺葬的瓮棺长度更长，即这种瓮棺葬形式上的变化很可能有其实用性。第二是瓮棺所用陶器的差异，青铜时代中期瓮棺所用陶器大部分为典型的松菊里型瓮，而青铜时代晚期作为瓮棺的主要器类是圆形黏土带陶器和组合式把手瓮，前者起源于中国东北地区，后者则明显接受了圆形黏土带陶器文化的影响。青铜时代晚期以后仍然可见继承了松菊里型陶器传统的侈口瓮，但是较少见。这些现象表示这一时期的陶器受到了很多外来文化因素的影响。到了铁器时代初期瓮棺所用的陶器种类更加丰富，主要器类是三角形黏土带陶器和牛角形把手瓮，这两类陶器与青铜时代晚期瓮棺使用的陶器之间存在着延续性。第三个差别是瓮棺葬的分布范围，青铜时代中期的瓮棺葬主要集中分布于松菊里文化中心区的锦江中下游，而青铜时代晚期的瓮棺葬多发现于松菊里文化中心区以外的地区，铁器时代初期瓮棺葬也都分布在松菊里文化分布区以外的地区。这样的分布情况显示青铜时代中期的瓮棺葬与后来的瓮棺葬之间几乎没有直接的关系。在铁器时代初期的一些遗址，如釜山芳谷里、蔚山立岩里、泗川勒岛等地的瓮棺葬仍然有使用以石板作为盖或者在横置的瓮棺下部穿孔等现象，这些做法都可以在青铜时代中期瓮棺葬中见到，但是从前者双瓮的组合方式、横置的放置方式、瓮棺所用的陶器以及瓮棺葬分布范围等总体来看，铁器时代初期的横置瓮棺葬应该是继承了青铜时代晚期的横置瓮棺葬，而青铜时代晚期的横置瓮棺葬与青铜时代中期的横置瓮棺葬则没有直接的继承关系。

若从多方面进行考察，可知朝鲜半岛的横置瓮棺葬应该与中国东北地区的瓮棺葬存在着关系（图五）。青铜时代晚期瓮棺葬所用的陶器中圆形黏土带陶器与中国东北地区的叠唇罐属于同样的器类。瓮棺的放置方式两个地区都是以横置为主。主要瓮棺葬形式是双瓮式瓮棺葬，同时两个地区也都存在着三瓮式瓮棺葬，并且两个地区在双瓮式瓮棺中陶器对接、套接时使用的连接方式，以及三瓮式瓮棺葬的连接方式等方面都几乎没有差别。从瓮棺葬中出土的人骨看，两个地区的被葬者都是以儿童为主，葬式以直肢葬为主。在墓地中集群分布的现象也是两个地区的相似之处。综上，在朝鲜半岛青铜时代晚期至铁器时代初期出现的横置瓮棺葬与中国东北地区战国秦汉时期瓮棺葬在多方面存在着相似性，所以朝鲜半岛双瓮式横置瓮棺葬很可能是受到中国东北地区瓮棺葬的影响而出现的，其他出现的背景应该与燕国东进、卫满朝鲜建立、古朝鲜灭亡等历史事件中的人群移动及文化传播有关。

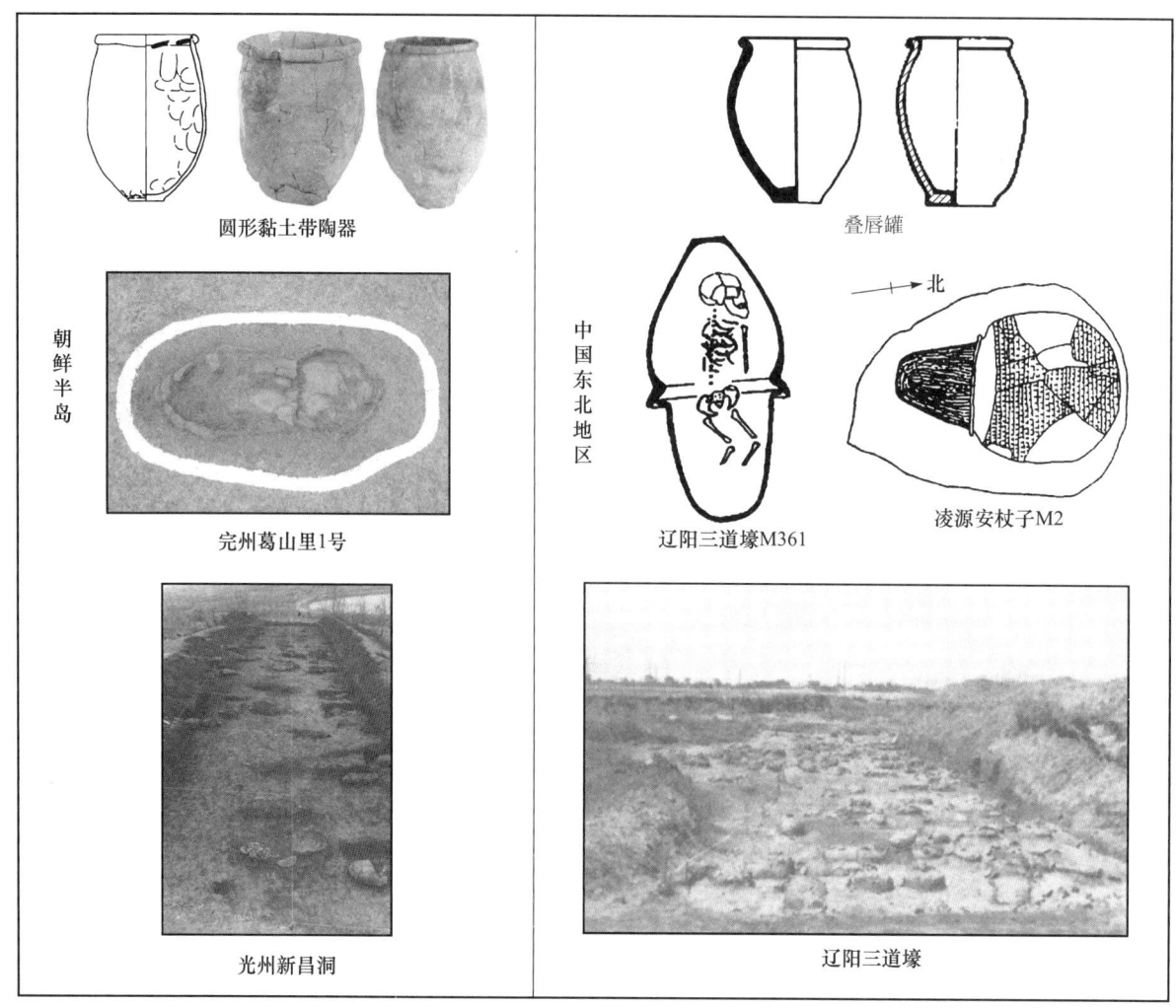

图五　朝鲜半岛与中国东北地区瓮棺葬的比较

四、结　语

以上本文讨论的朝鲜半岛青铜时代中期至铁器时代初期瓮棺葬的特点可概括如下：①青铜时代中期瓮棺葬以单瓮式直置瓮棺葬为主，从瓮棺所用的陶器、在墓地中的分布以及分布范围来看，与松菊里文化有关；②两种陶器组合而成的双瓮式横置瓮棺葬在青铜时代晚期出现，铁器时代初期则以这种双瓮式横置瓮棺葬为主；③从陶器形制、瓮棺葬形制、瓮棺组合方式、在墓地中的分布以及分布范围来看，青铜时代晚期的横置瓮棺葬与青铜时代中期横置瓮棺葬之间没有直接的继承关系；④通过对朝鲜半岛与中国东北地区的瓮棺葬进行对比，二者在陶器形制、瓮棺组合方式、葬式、在墓地中集群分布等多个方面都有相似性，所以朝鲜半岛青铜时代晚期至铁器时代初期的横置瓮棺葬是受到中国东北地区瓮棺葬的影响而出现的可能性很大，而横置瓮棺葬的出现背景在历史文献中亦有迹可循。

综上所述，在朝鲜半岛青铜时代晚期以后，由于燕国对辽东地区的经营、古朝鲜灭亡等重大历史事件，使得中国东北地区文化因素大量流入朝鲜半岛，因此推断朝鲜半岛在青铜时代晚期以后所见的从直置瓮棺葬到横置瓮棺葬的转变，应该是较少受到松菊里文化影响地区的居民在接受外来文化因素的过程中形成的，同时这种横置瓮棺葬一直延续到铁器时代初期，成为铁器时代初期瓮棺葬的主流形式。

注　释

［1］　金元龙：《韩国考古学概说》，一志社，2002年。
［2］　釜山广域市立博物馆：《东三洞贝冢精华地域发掘调查报告书》，釜山广域市立博物馆，2007年。
［3］　庆尚南道、东亚大学博物馆：《南江流域文化遗址发掘调查图录》，东亚大学博物馆，1999年。
［4］　金奎正：《无纹陶器瓮棺墓研究》，《先史与古代》第25号，2006年。
［5］　李明勋：《青铜器时代瓮棺墓的展开样相》，《韩国考古学报》第93卷，2016年。
［6］　表一中21.保宁宽仓里1座、44.完州葛山里2座、49.全州中洞C1座、57.泗川芳芝里1座等共5座瓮棺葬属于青铜时代晚期，其余148座均为青铜时代中期的瓮棺葬。
［7］　该时期瓮棺葬中有的瓮棺上面使用完整的陶钵覆盖，这样的瓮棺葬虽然使用了两件陶器，但是使用陶钵的主要功能是覆盖瓮棺，而延伸瓮棺长度的功能微弱，因此使用陶钵覆盖的瓮棺葬仍为单瓮式。
［8］　李荣文：《韩国先史时代坟墓的诸样相》，《韩国古代文化的变迁与交涉》，西京文化社，2000年。
［9］　金承玉：《锦江流域松菊里型墓制的研究》，《韩国考古学报》第45卷，2001年。
［10］　朴淳发：《黏土带陶器文化的起源与展开》，第9回韩国青铜器学会学术大会发表要旨，2015年。
［11］　釜山大学博物馆：《勒岛贝冢与坟墓群》，釜山大学博物馆，2004年。

附录一　黄骅市郛堤城瓮棺葬大事记

2016年5月10日，黄骅市郛堤城施工中发现瓮棺葬遗迹；5月11日，组织人员对其进行考古勘探，发现瓮棺6座，均为成人瓮棺葬群；5月13日，考古人员对其中4座进行了抢救性考古发掘。

2016年7月4日，市长朱春燕、副市长郑增强到郛堤城瓮棺葬群发掘工地调研。

2016年8月4日，江苏省常州恐龙园股份有限公司来黄骅市就规划、建设郛堤城文化主题公园项目进行考察，市长朱春燕、副市长贾兆德参加。

2016年8月30日，中国社会科学院考古研究所副所长白云翔先生一行四人视察郛堤城瓮棺葬群，河北省文物局项目管理处处长张文瑞、副处长贾金标，河北省文物研究所副所长毛保中及黄骅市领导郑增强、文广新局相关领导陪同。白云翔先生肯定了郛堤城瓮棺葬群的价值，并建议今后要加强保护，同时要展示好、利用好这项历史资源。

2016年9月7日，市长朱春燕陪同北京天正中广控股集团客人到郛堤城及瓮棺葬调研。

2016年5～10月，经过几个月的持续发掘，已发掘出113座，墓葬形制与规模在全国较为罕见。

2016年10月13日上午，市委书记潘海瀛，市委常委、市委办公室主任张剑华对郛堤城瓮棺葬群进行调研。潘海瀛指出，这些都是黄骅的宝贵财富，要充分进行保护、发掘和开发。

2016年10月17～18日，在黄骅市博物馆报告厅举行了关于郛堤城翁棺葬群文物保护论证会。17日，专家们实地考察了墓葬群，18日对墓葬群的保护展示问题进行论证。

2016年10月21日，渤海新区张国栋书记在市长朱春燕的陪同下对郛堤城瓮棺葬群进行实地调研。听取了相关工作人员的汇报后，要求加快对墓葬群的保护展示和利用，并培育打造以秦汉文化为主题的旅游产业。

2016年10月26日，市委书记潘海瀛对《关于郛堤城瓮棺葬群保护、展示和利用的请示》进行批示，成立郛堤城保护利用领导小组。

2016年11月11日，市委副书记卢晓东视察郛堤城遗址及瓮棺葬群。

2016年11月15日，市委书记潘海瀛、市长朱春燕、副书记卢晓东等视察瓮棺葬群，指示要加快郛堤城遗址及瓮棺葬群保护展示。

2016年11月16日，黄骅市委下发成立郛堤城保护利用工作领导小组的通知。

2016年11月20日，市委副书记卢晓东在办公室商讨郛堤城遗址公园设计建设理念，黄骅市文广新局局长张建军、黄骅市博物馆馆长张宝刚参加。

2016年12月7日，文广新局局长张建军、副局长刘玉峰和河北省文研所副所长毛保中、水下考古办公室主任雷建红在中国社会科学院考古研究所与白云翔研究员共同商议举办学术研讨会有关事宜，并达成一致意见：①会议定名为"瓮棺葬与古代东亚文化交流国际学术研讨会"。②会议由中国社会科学院考古研究所、河北省文物局、黄骅市委市政府、河北省文物研究所联合主办，黄骅市文广新局具体承办。由河北省文物研究所发邀请函。③会议时间初定在2017年5月中旬在黄骅市举行，会议为期两天，邀请北京、天津、辽宁、山东、河北等地的考古机构和相关高校的秦汉考古学者，以及日本、韩国等从事瓮棺葬研究的学者，人数控制在50人左右。参会人员食宿及交通费由大会统一负责。④为配合本次研讨会的圆满举行，建议黄骅市博物馆举办小型临时展览，将黄骅境内发现的战汉城址和墓葬等遗存及出土的遗物分列展出，以便参会学者对黄骅历史文化有一个全面的认识。⑤会后出版《瓮棺葬与古代东亚文化交流研究——瓮棺葬与古代东亚文化交流（中国·黄骅）国际学术研讨会论文集》，将会议成果公之于众。

2017年1月，开展学术研讨会相关筹备工作。

2017年1月，开始发送专家学者参会邀请函。

2017年1月，开始收录学术论文工作。

2017年5月，郛堤城瓮棺葬被国家文物局评为"2016年度中国重要考古发现"。

2017年5月12日，在黄骅市召开"瓮棺葬与古代东亚交流国际学术研讨会"。来自中国、日本、韩国的数十位专家学者共聚一堂，探讨瓮棺葬及古代东亚文化交流的相关课题。

2017年5月23日，黄骅市市长宋忠秋同志在黄骅市副市长张桂云、黄骅市文广新局局长张建军等同志陪同下，专程视察郛堤城及瓮棺葬考古工地。他指出，这是黄骅市的重要文化遗产，要加强保护，同时展示好、利用好这一历史资源。

附录二 解谜者

李东明
（黄骅报社）

历史能够告诉我们未来，但是历史又常常被一个又一个谜团掩盖。所以，世界上才有了一门学科——文物考古；才有了那么一群人——风尘仆仆的文物考古工作者。

2017年3月31日，河北文物工作调度会在石家庄召开。黄骅，作为典型城市代表发言。

会上，省文物局局长张立方说起黄骅的文物考古工作，有八个字的评价：风生水起，硕果累累。

的确，这两年，有关黄骅文物工作的新闻不断见诸各级媒体：成立了河北省第一家水下遗产保护工作站；对旧城镇大马闸口村画像砖汉墓进行了抢救性发掘；继被认证为海上丝绸之路北起点之后，海丰镇遗址开始了第二阶段码头遗址的主动发掘；发现郛堤城战汉时期瓮棺葬群；发现唐代煮盐手工业作坊遗址……业界一片惊叹，一个又一个存在被揭开面纱。人们探究的目光，穿过这些千年瓦砾，胶着于背景、往事、时间、过程，那藏匿其中让人饶有趣味的文明、传承，凝固成旧时光阴的黄骅。

这个史上被称为洼大村稀的滨海小城，再一次吸引了世人的关注。

（一）

乍暖还寒，张文瑞上身只穿了一件单薄衬衣，走出了财培中心会议大厅。

"您要不要加件外套？工地上会比较冷。"

"不用，习惯了。"他语气干脆。

这个河北省文物局项目管理处的处长，看起来有点文弱，相比之前我在工地上见到的其他考古专家，没有那么"随意"，更像个"领导"。

"今天早晨还踢了半小时的毽子，不活动活动，不舒服！"

"也是哈，常年在野外跑，没有好身体不成。"

项目管理处掌管全省的文物考古审批指导工作。

"这两年，黄骅的考古项目这么多，您没少往这儿跑。这地方的历史，确切地说，您应该比我们还了解。"

"其实黄骅的考古工作，是一点点做起来的，开始没有多么完整的计划，也没有系统，支离破碎，但是做着做着，就发现活儿越来越多，也越来越发现这个地方历史的悠久和文化的深厚，于是就停不下来了。"

2014年3月，旧城镇大马闸口村民报告，村里发现古墓葬，2015年7~9月，河北省文物研究所联合黄骅市博物馆对大马闸口村墓葬进行了抢救性发掘。

墓葬为东西并排的两座多室画像砖汉墓，两座墓葬形制规格基本一致。墓葬出土陶器20余件，包括俑、猪、井、磨、碓及罐等。墓砖均为画像砖，纹饰有菱形纹、车马纹、钱纹、龙纹、卷云纹等。

汉代画像砖室墓在河北省已发掘的墓葬中较为罕见，目前仅在黄骅、盐山境内出土过少量，像这样完整的墓葬发现还属首次。这对研究汉代高城县历史以及汉代墓葬形制、埋葬习俗、生活状况、经济状况、雕刻艺术等都有重要意义。

2014年6月底，吉林大学边疆考古研究中心教授、博士生导师冯恩学带领10余名研究生进驻市博物馆，对海丰镇遗址出土文物进行修复，并对相关资料进行了整理。而就在他结束大部分工作返程之前，一句"海丰镇遗址为宋金时期'海上丝绸之路'北方起始点"，通过媒体被广为传播，从而再次将"海丰镇"这个沉寂了多年的名字，推向前台。

2015年12月，市博物馆接到羊二庄回族镇电力施工人员报告，在电力施工中发现大量陶片和木头，疑似为古代墓葬。

两座墓葬为黄骅地区迄今为止发现的年代最早的墓葬，对研究黄骅历史具有重要意义。另外此次古墓发现地为卅兮城遗址外围，黄骅卅兮城现均认为应是徐福东渡的出发地，古墓发现之地距离卅兮城遗址只有几十米的距离，且基本属于同一时代，这对研究战汉时期埋葬形制和卅兮城的历史有重要价值。

2016年11月，唐代煮盐遗址被发现，其中多处古盐灶保存较好。

现场近1500平方米的范围内，散落着多处椭圆形或近圆形红烧土区，里面堆积的草木灰或红色土块清晰可辨，推测应为当时煮盐的盐灶。目前发现古代煮盐灶多处，直径1~6米。此外，盐灶周围还发现多处灰沟、灰坑等遗迹。

专家说法（专家指河北省文物局项目管理处处长、研究员张文瑞，下同）：

现在讲一路一带，海上丝绸之路经济带，国家也正在就这个项目申遗。也正是基于这方面的设想，我们开始做海丰镇这个选题。

通过对海丰镇的多次勘探发掘，发现这里不光是贸易集散地，而且应该跟煮盐业有关系。盐业考古工作全国都在做，山东发现挺多，黄河在汉代以前入海口在北边，应该就在黄骅一代，黄河在这里叫柳河，我们要考证这个跟海丰镇的一些关系。另外，黄骅汉代以前的这几个城，旧城、卅兮城、郭堤城、章武城、北章武城（乾符城）、柳县，我们又做了一些探索。尤其是徐福东渡，在哪里出海，各地都有争议，这也属于历史谜团，有必要通过考古工作去发现这些谜团，希望在这个过程中，有新线索出现。

同时，郭堤城的保护利用，一直是黄骅文保工作的重点，我们在做其他遗址的过程中，同时对郭堤城做了探究。想把郭堤城的性质弄清楚，开了几次研讨会，对它的性质、如何保护利用，请专家给出意见。

（二）

最美人间四月天。草长莺飞，万物复苏。黄骅城北，紧邻郛堤城和瓮棺葬遗址，两台发掘机正在工作，这是正在建设中的湿地公园。

据工作人员介绍，这里原来是一片自然湿地。在原来湿地的基础上，融入"海绵城市"的理念，因地制宜，将建设成生态草亭、风车、荷花池、木栈桥、观光塔等，与湿地景观相辅相成。

"很重要的一点，这里地下水位比较高，深挖以后地下水自动充满，大片的芦苇就可以自行生长出来，游客们可以穿梭其中。"

"这已经有眉目了啊。"张文瑞有点兴奋。

"哦，这个拱棚是活动的，可以随时拆卸。"他一眼就看出了门道。

瓮棺葬的一百多个葬坑，已被薄板覆盖。上面，搭起了拱形棚盖。张文瑞边走边说，抬头看顶棚的档口，一脚踏在薄板上，掉了下去。

我们齐声惊呼：没事吧？没事吧？

他手按坑边，噌一下子跃上来，焦急地说：快看看葬坑没被我踩坏吧？

确定这些"宝贝"没事，他松了一口气，"摔坏我没事，这些'宝贝'出了问题，那罪过可就大了。"

张文瑞说的这些"宝贝"，指的就是那些瓮棺墓葬。

2016年5月，湿地公园工程建设中在郛堤城遗址西北200米处发现瓮棺葬，河北省文物研究所和市博物馆随即对该处瓮棺葬群进行抢救性发掘，共发现战汉时期瓮棺葬113座。经过勘探发现，在发掘区以南南北200米、东西90米范围内均有瓮棺葬分布。

郛堤城遗址位于市区北部，是河北省重点文物保护单位。城址近方形，总面积约19万平方米。城墙系土筑，四面皆有残存，现最高处可达5米。这座城历史文献记载较少，关于它的性质，一直说法不一。黄骅市博物馆馆长张宝刚介绍说，目前存在六种说法：①据《盐山新志》记载，西汉武帝元朔四年（前125年）于此地置"合骑侯国"，此城称"合骑城"。②《长芦盐法志》称此城为防狄卢而设的屯兵之所，称"伏狄城"，当地讹称"武帝城"，今称郛堤城。③据《盐山县志》载汉武帝东巡观海，传该城是为汉武帝修建的行营。④古人在浮水流经的堤边修建的城池，定名郛堤城。⑤徐福东渡侨居之城。⑥"燕留城"：燕庄公二十七年（前664年），山戎侵燕，燕国向齐国求援，齐桓公救燕，大败山戎部族，追击至孤竹（今河北卢龙）。燕庄公为表示感谢，亲自送桓公出境，不知不觉送进了齐国国境五十里。按周代礼节，非国事相约，一国之君，不得送出境外。为避免危害燕庄公尊严，于是齐桓公挖沟作为标记，慷慨奉送马下过境的五十里地，取名燕留地。燕庄公为感谢齐桓公，在此筑城纪念此事。《史记正义》引唐《括地志》称"燕留故城在沧州长芦县东北十七里，即齐桓公分沟割燕君所至地与燕，故名燕留"。

2014年8月，由山西大学李君教授带队，对郛堤城遗址进行了重新勘探，有了一些新发现，也根据这些发现提出了一些新的问题。比如，这里是地方志记载的屯兵场所，为什么城墙土质疏松，没有什么抵御功能？城外发现一百余座瓮棺葬群，为什么几乎全是儿童？如果筑城不是屯兵所用，作为一座城池，它的作用是什么？徐福东渡事件在我们地方方志上大量记载，我们还有卯兮城等关于徐福东渡的遗迹，如果说徐福率 3000 童男童女在此筑城短暂侨居，那么，大量儿童瓮棺的出现和城内文化遗迹较浅的现象或可吻合。

专家说法：

  瓮棺葬在日本韩国都有发现，唐山、山东也有，但像这里这么多数量和形式的，就比较少见。它是一个个地分布，没有被叠压打破。研究瓮棺葬要和这个郭堤城结合。

  关于这个问题，我们还要做很多工作，如从 DNA 因素、人种学因素上考证。如果日韩那边出土的和这边是一个 DNA、一个人种，那就说明人是从这边过去的，我们这里是来源地，这种定论需要各方面的证据链。但是，即便现在不说它和徐福东渡的直接关系，这个瓮棺葬遗址的发现，已经把郭堤城的价值提升了，以前呢，只是一个城和城圈里的认识，但是结合瓮棺葬，说明它的文化内涵不只是军事，还有地方行政管理衙署功能以及我们未知的因素，这是一个谜，需要我们去解开。

（三）

"这个湿地公园，等我们开研讨会的时候应该就建好了。"张宝刚有点儿兴奋。

湿地公园于 2016 年 4 月开始建设。长 800 米，宽 130 米，总面积 150 亩。目前，地形整理、风车、塔楼基础、木栈道铺设等已基本完成。石磨盘路已铺设千余米，种植乔灌木 700 余株。已完成总工程量的 75%，剩余工程预计将于 5 月底完工。

在记者眼里，张宝刚常常处于兴奋状态。他的脚下是一个石磨盘，几千年来，这是中国人最重要的"粮食加工机械"，"光荣下岗"后，它和它的伙伴们被平铺在地上，成为未来的公园小径。几根被翻耕的芦苇根暴露到地面上，是一小团洁白的纠结。

"这个在建的湿地公园，将怎么处理这些瓮棺葬群呢？文物的保护和利用有时候挺矛盾的。"

张宝刚眺望远处。

"这个瓮棺葬是在湿地公园建设中发现的，当时这附近还有房地产开发的项目。发现这些瓮棺葬后，政府及时调整了规划，全部叫停了房地产。时任市长当时总说的一句话是：听专家的。要尊重历史，尊重科学。楼盘随时可以盖，但历史丢了，这些文化符号弄丢了，我们将是千古罪人。"

2016 年 8 月底，中国社会科学院考古研究所原副所长白云翔研究员到黄骅考察。他说，郭堤城瓮棺葬群在全国来讲规模比较大，类型多样、分布密集、年代清楚，这对研究当地 2000 多年前的丧葬习俗是极为重要的。瓮棺葬群和郭堤城址并存发现，可以更全面地从"生"和"死"两个方面研究当地古代社会状况，从而进一步证明郭堤城的年代和繁盛程度，也证明在战国末年，最晚到西汉初年，汉王朝对这个地方已经是有效地统治和管理开发。同时，战汉时期的瓮棺葬习俗对整个东北亚地区都产生了深刻的影响，瓮棺葬群背后是一种文化交流的现象。

因此，白云翔建议对该瓮棺葬墓地进行有效保护，并以此为契机召开一次关于瓮棺葬与文化交流的国际学术研讨会。

而这个研讨会，正在紧锣密鼓地准备当中。

张宝刚告诉记者：研讨会预计在 5 月中旬召开，届时将邀请中国社会科学院和北京、天津、辽宁、山东、河北等地的考古机构及相关高校的秦汉考古学者，以及日本、韩国等从事瓮棺葬研究的学者参加，这在河北省县级市是首次。中、日、韩很多专家在关注这个瓮棺葬的出土，这足以说明这个课题的重要性，这个研讨会对学术上的交流，对黄骅历史的研究，意义深远。

张宝刚预测，这次研讨会上肯定会有一些新的观点出现。早期环渤海地区埋葬的习俗和文化沿着渤海湾传到了东北亚地区，形成了东北亚地区共同的文化圈，这将是这次研讨会的主题，这对增强黄骅地区的文化软实力，提高黄骅在国际上的知名度和影响力意义重大。同时也为下一步郛堤城的保护和利用指明方向。

专家说法：

文物的保护利用和经济发展是不矛盾的，文物保护是消费型的，投入要多一些，一些地方经济力量不够，所以保护就上不去，当然，也有一些认识上的问题，认为发展经济更重要一些。在这一点上，黄骅市委市政府显示了他们的远见卓识和战略眼光。文物有不可再生性，如果真弄成房地产项目，城市的历史就没有了。现在我们做的这个公园可逆性很强，上面铺土筑路，将来有需要的话可以随时调整，回到最初的样子，不影响下面的遗存。

有些东西，它的价值不是钱能衡量的，也不是短期的经济利益所能替代的。一个有传承有文化有历史有品位的城市，它的核心竞争力会更大，也会吸引更多的投资过来。

因为黄骅市近几年在考古工作中取得的成绩，河北省文物局将一个培训班放到这里来举办。这个培训属于业务方面的培训，数字考古是科学技术在考古中的应用，可大大提高考古信息量的收集，可以让信息更加准确、丰富，让工作更高效。

我们从工地回来，正赶上培训班下课，六十多个学员三三两两地走出教室，他们分别来自河北省的各个地区，还有好几个女孩，正午的阳光打在他们年轻的面庞上，呈现出健康的自然之美。

记者见到了河北省文物研究所的马小飞，这次讲课的专家中，有不少他的导师。考古工作，任重道远，不仅需要功夫，也需要工夫。这一点，马小飞深有体会。这个中国社会科学院的研究生，参与的第一个野外项目就是黄骅海丰镇遗址发掘。在这里，他一待就是三年。一年在黄骅的有效工作时间超过10个月。基本成了黄骅通，尤其是黄骅南边，村村落落他基本都跑遍了。

我问他：做考古，有时候很难预测它的结果，不知道下一步会遇到什么，你有没有觉得这个过程让人枯燥或者焦虑？

他眼神定了一下，一字一句地说，这也是考古的魅力啊，不可预知性，可遇不可求，正因为不知道结果是什么，所以才满怀期待。

比如，从瓮棺葬里人的牙齿里的提取物，可以推断出当时吃的什么东西。比如，通过科技手段把古人复原，许多高校在做，博物馆也正在联系相关单位进行这方面的尝试。但是现在最大的问题是，黄骅属于盐碱地，儿童的骨骼没发育成熟，保存起来更困难，好多已被腐蚀成粉末了。

对于这些古代遗存的研究，因为目前受到的技术局限，还不能破解，或许最好的办法是不去动它，过十年，或者更长，等科技发展了，这些谜团终将会解开。

那将是一场发现之旅。那将是世上最美的相遇。

我们充满希冀，充满期待！

附录三　徐福东渡的出海之地到底在哪里？

山西大学李君教授认为——最拿得出手的证据说明：在黄骅！

李东明

（黄骅报社）

徐福东渡是中国历史上的一个大事件，而徐福东渡出海之地一直众说纷纭。许多地方出于发展旅游的需要，将这个话题炒得很热；而河北黄骅却一直比较沉寂。近几年大量的考古发现证明：徐福东渡的出海之地应该在黄骅！

（一）

判断历史真相、厘清历史谜团的依据一般有这么几方面：典籍记载、口碑资料、历史遗迹和考古发现。这几者之中，历史遗迹和考古发现无疑是最过硬的证据。

徐福东渡的历史记载最早出于《史记》。《史记·秦始皇本纪》说，公元前219年，"齐人徐福等上书，言海中有三神山，名曰蓬莱、方丈、瀛洲，仙人居之。请得斋戒，与童男女求之，于是遣徐福发童男女数千人，入海求仙人"。但是，徐福第一次入海求仙失败了。九年之后即公元前210年，徐福经秦始皇批准，率"童男童女三千人"和"百工"，携带"五谷子种"，乘船泛海东渡。对此，《史记·淮南衡山列传》记载："（秦始皇）遣振男女三千人，资之五谷种种百工而行。徐福得平原广泽，止王不来。"

然而《史记》中对徐福两次出海的路线，均语焉不详，致使后来许多地方争说自己那里是徐福东渡出海之地。

其实，徐福东渡从沧州的盐山、黄骅出发有更多的资料证实。

盐山今有千童镇。"千童"原名"饶安"，《史记》载：秦始皇六年（公元前241年），赵将庞煖攻打齐国夺取了饶安。史籍明确记载，汉高祖五年（公元前202年），因为徐福率千名童男女乔寓此邦，设置了"千童县"。多年来，这个地名多次变迁，曾经恢复过"饶安"，改称过"旧县"，现在又叫回"千童"。公元前202年离徐福最后一次出海仅仅8年的时间，当时的古人并未发展旅游，没有那么多的功利思想，"千童"为童男女乔寓之地的说法没有理由不被采信。

黄骅今有"丱兮城"遗址。"丱兮"出于《诗经》的"婉兮娈兮，总角丱兮"，"丱"是一个象形字，孩童梳着髻的样子。南朝顾野王《舆地志》记载："高城（古地名）东北有丱兮城，秦始皇遣徐福发童男女千人，至海求蓬莱，因筑此城侨居童男女，号丱兮。"后世所编著的史志书籍多从其说。

篇幅所限，我们不再引证更多的资料。这些材料就足以证明，当年徐福东渡出海是沿着黄河（当时称为"大河"，这些河流在各个不同的地段和各个不同的历史时期又有着不同的名字）入海的。在河流的沿岸，他安排了若干个小城，安置和培训这些童男童女，"百工之人"。

（二）

这些典籍记载在近几年的考古发掘中进一步得到了证实。而且，过去一直被人们认为其功能以"军事防御"为主的黄骅古城"郛堤城"，也和"徐福东渡"产生了联系。

2014年9月，山西大学考古系李君教授带队对郛堤城址进行了考古调查和发掘。

李君教授是考古界的权威之一，他主持的1998年泥河湾考古发掘项目名列"全国十大考古发现"之一。这次考古调查采集到的遗物大致可分为战汉和隋唐时期。战汉遗物主要包括大量砖、瓦等建筑构件，还有陶罐、盆、碗、豆、甑、釜等生活用器，偶见三棱铜箭镞、铁剑等兵器。隋唐时期的遗物主要是青瓷残片，也发现有砖瓦等建筑构件。他认为，考古发掘证明，郛堤城始建于战汉时期，在筑城前已有战国时期的生活居住遗址，建成后至少延用至隋唐时期。

然而，令他惊讶的是近两年之后对郛堤城的又一次发掘。2016年5月，黄骅市湿地公园工程建设中在郛堤城遗址西北200米处发现瓮棺葬，河北省文物研究所和黄骅市博物馆随即进行了抢救性发掘。这次发掘可不得了：发现战汉时期瓮棺葬113座，以儿童瓮棺葬居多。而且勘探发现，在发掘区以南，南北200米，东西90米范围内仍有瓮棺葬分布。

李君教授认为，这个发现让人们对郛堤城的功能有了新的认识。他说，这座城有一定的特殊性。有沿海地区的构筑特点，城里布局完整，应该是跟码头配套的一座城，是现在我们知道的距海岸线最近、保存完整、面积较大的唯一的古城。儿童瓮棺葬出土一百多座，说明当时应该有大量儿童临时集结到这里。他说，如果这些孩子的墓葬是城内居民的话，应该是有大人也有小孩。而这里孩子的比例这么高，可以确定应该是临时聚集的。而历史上有记载的孩子大量集结的情况，就是徐福东渡。

因此，他认为，从考古发现角度来看，徐福东渡的出海地，最拿得出手的证据就是我们这儿，徐福第一次出海带的人较少，郛堤城应该是徐福第二次出海的一个临时集结地。

（三）

徐福东渡，现在说起来颇为浪漫，但是对当时那些被征发了孩子的家庭来说，绝对是一场巨大的灾难。《史记·衡山列传》记载，这些家庭"百姓悲痛相思，欲为乱者十家而六"，已经到了"官逼民反"的程度。这种悲痛的痕迹迄今未绝。

——在河北盐山千童，民间有"信子节"。相传徐福出海之日为农历三月二十八，因此当地百姓每到这一天都要举行祭祀活动。小的祭祀活动在自己家里进行，大的祭祀活动则由乡民登高台或者在高竿上呼唤那一去不返的亲人，后来演化为一种文艺表演，从而形成"信子节"。

——今黄骅港对面有"望子岛"，相传因被徐福东渡带走那些孩子的父母登岛翘望、盼子归来而得名。

今天已经出土和尚未出土的大量瓮棺也在回溯这场灾难，他们没有来得及登上出海的大船，就将自己小小的身躯长埋于此，让我们不能不感到无限的悲悯。

徐福有过第一次出海，甚至于不排除多次进行过出海的演练，所以我们不能武断指证其他的徐福出海之地为假。但是迄今为止，史籍、口碑、历史遗迹和考古均证明徐福东渡出海之地在黄骅，这已经形成了一个完整的、可以互相参照的证据群落。

徐福东渡由盐山黄骅一带出海的记载古已有之，为什么没有在全国广为人知，甚至在当地许多老百姓也说不清楚呢？这是需要我们认真思考的。

第一，要进一步在群众中普及历史地理知识。比如，在战汉时期，盐山黄骅一带多数属齐；而黄河几千年曾经在黄骅的大地上流淌并从这里入海。许多人认为，在黄骅港建设之前，黄骅并无像样子的出海口——其实这些想法是不正确的。今天，黄河因为改道不在黄骅入海了，有些人便对此处是徐福东渡入海之地变得不能理解。

第二，历史文化的宣传需要载体。我们新建的湿地公园，将瓮棺葬遗址纳入其中，让游客在休闲中了解历史，这就是个很好的典范。应该有更多类似的文化项目出现，用可见的载体，让人们更多地了解历史，实现历史文化的"创造性转化和创新。"

附录四 穿越两千年 倾听黄骅故事
——瓮棺葬及古代东亚文化交流国际学术研讨会侧记

黄 洁

(黄骅报社)

这个5月，注定要载入黄骅历史史册。

2017年5月13日，"瓮棺葬与古代东亚文化交流国际学术研讨会"在这里拉开帷幕，国内六个省市的考古机构、六所高校的专家学者，日本、韩国五个高校和科研机构共计30余位学者远道而来，进行了多方位、深层次的交流和探讨。这也是全国考古学界第一次以瓮棺葬为主题召开的国际学术研讨会。

结合文献记载、民间考证和考古学证据，专家认为黄骅很有可能为当年徐福东渡出海口，是"海上丝绸之路"北方重要节点。这一考古发现，将东亚文化交流和"海上丝绸之路"文化底蕴延至战汉时期。

穿越两千年触摸古老文明。此刻，世界在倾听黄骅古老的历史故事。

共鸣

仅一路之隔。路西，是一排排新建的现代化住宅小区；路东，是热火朝天建设中的湿地公园。2016年5月，黄骅新城核心区湿地公园的开发建设，使郛堤城瓮棺葬群出乎意料地出现在世人面前。这里位于郛堤城遗址西北200米处，黄骅市博物馆联合河北省文物研究所对遗址进行了抢救性发掘，并制定了严格的保护措施，葬群上方搭有拱形顶棚，所有葬坑被薄板苫盖，有专人日夜看守保护。

踏过一排排由石磨盘铺成的小径，穿越千年时空，瓮棺葬群与专家进行了一次认真的对话。目前，郛堤城瓮棺葬群清理瓮棺葬115座，其中儿童瓮棺葬110座、成人瓮棺葬5座。初步推算约有1000座，是国内目前发现的数量最多的瓮棺葬群之一。

专家队伍中无不发出惊叹："震撼！"

走在队伍最前方的是中国社会科学院考古研究所研究员白云翔。作为这次会议的发起人，早在2016年8月，他到黄骅专门视察瓮棺葬的发掘情况，并做出结论：瓮棺葬群与郛堤城遗址的并存可以更全面地从"生"和"死"两个方面研究古代社会。进一步证明了郛堤城的繁荣程度，也证明了在战国末年，最晚到西汉初期，汉王朝对这个地方已经有有效的统治和管理开发。战汉时期的瓮棺葬习俗的传播，对整个东亚地区都产生了深刻的影响，是早期"海上丝绸之路"形成和发展的有力佐证。

也正是因为这个原因，白云翔研究员力促这次"瓮棺葬与古代东亚文化交流国际学术研讨会"选择在黄骅召开。

随着郛堤城大量儿童瓮棺葬的发现，在考古业内形成了证据链，对于徐福东渡出海地的谜团，日趋接近真相。

2014年，山西大学考古系教授李君带队对郛堤城进行了调查和发掘。在不断地发掘和考证中，他认为徐福东渡出海地最能拿出证据的就是黄骅区域。大量儿童瓮棺葬的出现，说明应该有大量儿童临时集结到这里，而历史上有记载的儿童大量集结的情况就是徐福东渡。徐福有过第一次出海，甚至不排除多次进行过出海演练，所以不能武断指证其他的徐福出海之地为假。但是迄今为止，史籍、口碑、历史遗迹和考古均证明徐福东渡出海之地在黄骅，这已形成一个完整的、可以互相参照的证据群落。至此，早期"海上丝绸之路"形成的战汉因素又得到进一步印证和丰富。

北京大学考古文博学院教授高崇文，盐山人。多年前，他曾回到家乡盐山，对"千童镇"与徐福东渡的传说进行过研究。"千童"原名"饶安"，《史记》载：秦始皇六年（公元前241年），赵将庞援攻打齐国夺取了饶安。史籍明确记载，汉高祖五年（公元前202年），因为徐福率千名童男女侨寓此邦，设置了"千童县"。多年来，这个地名多次变迁，曾经恢复过"饶安"，改称过"旧县"，现在又叫回"千童"。秦始皇曾经有五次大的出巡，现在辽宁、北戴河都发现了秦汉时期的碣石宫。而盐山有个叫大山的地方，文献记载也叫碣石，所以秦始皇当时应该来过这里，并在此驻足，而黄骅又是古黄河的入海口。各种迹象与徐福东渡事件高度吻合。高崇文认为，徐福东渡的出海地就在黄骅一带。

交融

"铁弩铜镞锈斑斑，遥知齐燕战事酣，郛堤城下新谜案，出在黄土瓮棺边。"红色的标幅悬挂在瓮棺遗址上的拱棚上。110座儿童瓮棺葬密集分布在专家的脚下。形态各异的儿童瓮棺葬式让专家们兴奋了起来。他们纷纷拿出相机、手机拍照留存，质疑、论证、阐述……观点，在这里碰撞、交融。

瓮棺葬是公元前一千纪后半的东亚地区普遍流行的一种墓葬形式。当时民众采用陶质容器，如大口釜、小口釜和筒形瓮等，作为葬具，将死者埋葬于地下。考古研究发现，这一墓葬形式最早形成于环渤海西北及辽东半岛地区的"燕地"，于公元前5世纪战国早期出现并开始流行，且逐步由燕国腹地向东北方向扩展。与之年代大致相当的瓮棺葬，在朝鲜半岛和日本九州等地也有发现。

"自19世纪初至今，辽东地区分布了很多瓮棺葬，瓮棺墓中未发现确凿的成人瓮棺墓，也是儿童居多。但像这样喇叭形的器具并不多见，会不会是当地盐业的实用器，而并不是专门烧制？"大连市文物考古研究所副所长张翠敏看到一处喇叭形葬器时提出了自己的疑问。

"儿童葬具不该是特意烧制，孩子的死亡不具有预见性，应该是实用器，从部分墓穴底端环形器来看，黄骅自古渔盐便利，有很大可能是制盐器具。"站在一旁的天津市文化遗产保护中心主任梅鹏云给出了答案。

"儿童与成人分别开来葬，排列整齐，也许与这个古城曾经的丧葬习俗有关？"吉林大学边疆考古研究中心教授滕铭予说道。这次她是为她研究瓮棺葬课题的韩国学生而来，学生的论文中曾经提到朝鲜半岛上也有这样的瓮棺葬，且认为这种葬俗由中国传承过去。

"请专家看下这个葬器组合能否给出我们一个答案？"在解说员的引导下，专家们纷纷驻足。"是不是盔形器？"中国社会科学院考古研究所研究员徐龙国快步走到瓮坑前，脱口而出。"不过特征还是有些区别。"他沉思了一下，蹲了下来，仔细观察。

瓮棺葬群的发现，让人们对郭堤城的今名和功能也开始了新的思索。这座城历史文献记载较少，关于它的性质，一直说法不一。目前存在多种说法：一是据《盐山新志》记载，西汉武帝元朔四年（公元前125年）于此地置"合骑侯国"，此城称"合骑城"；二是《长芦盐法志》称此城为防狄卢而设的屯兵之所，称"伏狄城"，当地讹称"武帝城"，今称郭堤城；三是据《盐山县志》载汉武帝东巡观海，传该城是为汉武帝修建的行营；四是古人在浮水流经的堤边修建的城池，定名郭堤城；五是徐福东渡侨居之城；六是"燕留城"。

究竟哪个才是历史的答案，还需大量的证据来揭晓。

在郭堤城遗址，专家们爬上残存的古城墙眺望这19万平方米的古城池，开阔的空城在专家的眼中充实立体了起来。

"判定一个城池是不是军事防御地，要看城门多少、城墙高低、城墙内外哪里有道路？如果城门多，那一定是方便百姓出行啊！郭堤城外出现这么多的儿童瓮棺葬，如果是军事防御之地，为什么会有这么多的儿童？说不通！"山东省文物考古研究所所长郑同修站在高高的郭堤墙上，眺望着西北处的瓮棺葬群，对这个推断显得十分自信。

日本九州大学人文科学研究院副教授宫本一夫拿出笔记本，将郭堤城全貌绘制下来，在残片遍布的土方里，他捡出一块裹满泥土的陶片，用手做了下简单的清理。"啊，看，这是燕国的！"他兴奋地拿到白云翔的面前。

"的确！"白云翔举着石片仔细查看纹络后迅速做出了判断。宫本一夫赶忙拍照，并叮嘱助手将这个陶片保存好。

情愫

从黄骅瓮棺葬群到郭堤城，带着扩声器、引领着专家队伍参观解说的是河北文物研究所的马小飞。这个30岁的小伙子自从2014年正式参加工作以来，参与的第一个野外发掘项目就是海丰镇遗址发掘。调查、勘探、发掘……一年里的近10个月，他都是在黄骅度过的。黄骅成了他第二个家。

考古通常涉及用工、占地、在附近租房居住等问题。而在黄骅工作的三年时间里，马小飞深受感动。

"当地政府、黄骅博物馆在方方面面给了我们很大的支持，可以让我们一心一意地搞研究。当地老百姓，也许不知道我们具体在做什么，但对考古这个事情很支持。当时在发掘汉墓和海丰镇遗址的时候，想喝纯净水，就需要到村子里专门的站点取，普通的村民都需要水票，而村子里对我们不仅免费提供，而且随时开放。周围的同事经常和我打趣，你去到黄骅，当地提供优越的考古环境，以后去别的艰苦地方还能受得了吗？"说起这些，马小飞有些动情。

对这片古老土地有着情感的，还有本土的众多文史学者。

沧州文化研究会名誉会长、沧州日报、沧州晚报原总编刘桂茂这次受邀参会，当在报纸上看到郛堤城发掘瓮棺葬的消息时，他为之振奋。他认为郛堤城应该是"浮堤城"（浮水河堤上的一个小城）。黄骅是黄河的入海口，而郛堤城应该是黄河边上的一个小城。出土瓮棺葬中，儿童瓮棺和成人墓葬远远不成比例。从推测来讲，曾经有大量儿童在这里临时聚集。而中国历史上对此有记载的就是徐福东渡，而盐山的千童和郛堤城新的发掘是一致的。郛堤城是徐福东渡的出海之地，完全讲得通。浮堤城写成郛堤城，城池名称的变迁，一定有它的故事，当然还需要考证。

这次活动中，来自新华社、中央电视台、河北日报等16家媒体参与其中。而燕赵都市报记者刘学斤不是以媒体人的身份而来，而是以文史研究者的身份来到这里。秦始皇与河北的渊源，是刘学斤十分关注的课题。这次他来研讨会的现场就是想有新的发现，瓮棺葬推断是徐福东渡的有力证明，刘学斤认为考古求证需要六证互相为证：人证、物证、时间证、空间证、考古证、文献证。

这次国际研讨会上，公众与专家同行。来自黄骅的多位人文学者列席其中，他们是医生、公务员、退休老干部、教育工作者……专业的学术研究走近大众，让大众与神秘高深的考古工作有了一次亲密会晤的机会。

北京交通大学海滨学院副院长张长铎，长期研究黄骅的历史文化。他认为，黄骅是沧州境内4个最早设县建制的县市之一，历史上曾长期是古黄河入海之地，徐福东渡在此启程出海，开辟了中、日最早的海上航线。

黄骅人文学者姜梦麟曾经多次写过有关郛堤城历史的文章，他说，随着瓮棺葬的发掘，有力地证明了黄骅在秦汉时期是一个比较发达的地区，这次发现对黄骅文化建设方面意义重大，能在家门口参加这样一个高规格的国际研讨会十分激动。

未来

2017年5月13日当天，中国社会科学院考古研究所所长陈星灿匆匆赶到了黄骅。上一次来黄骅是在30年前，他还是一名学生，来黄骅做过新石器时代的考古研究，当时只在黄骅的地面上收集了一些碎片。时隔30年，黄骅的考古事业让他刮目相看。当天下午，他迫不及待地去瓮棺葬、郛堤城遗址、海丰镇发掘现场、黄骅市博物馆转了转。陈星灿认为，郛堤城的保存状况目前是最好的状态，尽管对观众还没有吸引力，但能把这么大的城圈保护起来，与目前的城区建筑还有一定的距离，他觉得非常了不起。

近年来，黄骅考古事业取得成绩还不仅于此。

2014年3月，旧城镇大马闸口村民报告，村里发现古墓葬，2015年7~9月，河北省文物研究所联合黄骅市博物馆对大马闸口村墓葬进行了抢救性发掘。墓葬为东西并排的两座多室画像砖汉墓，在河北省已发掘的墓葬中较为罕见，目前仅在黄骅、盐山境内出土过少量，像这样完整的墓葬发现还属首次。

2014年6月底，吉林大学边疆考古研究中心教授、博士生导师冯恩学带领10余名研究生进驻市博物馆，对海丰镇遗址出土文物进行修复，并对相关资料进行了整理。"海丰镇遗址为宋金时期

'海上丝绸之路'北方起始点"的观点，通过媒体被广为传播。

2015年12月，羊二庄回族镇在电力施工中发现大量陶片和木头，疑似为古代墓葬。两座墓葬为黄骅地区迄今为止发现年代最早的墓葬，对研究黄骅历史具有重要意义。另外，此次古墓发现地为卭兮城遗址外围，距离卭兮城遗址只有几十米的距离，且基本属于同一时代，这对研究战汉时期埋葬形制和卭兮城的历史有重要价值。

2016年11月，唐代煮盐遗址被发现……

2017年3月，河北文物调度会在石家庄召开，黄骅作为典型城市发言。会上，河北省文物局局长对黄骅文物考古工作有八个字的评价：风生水起，硕果累累。

文化是城市发展的根，是城市发展的魂。考古作为文化事业的一部分，提升着黄骅在全国文化的坐标位置。

沧州市文广新局局长冯彦宁对黄骅文博事业有着高度的评价。他说："文化是一个便捷的快车道，文化快捷的传播方式将黄骅与世界紧密相连，考古是对历史的一种审视，更重要的是对现实和未来的一种展望，黄骅有冬枣、红色文化、沿海资源、海盐博物馆、郛堤城、卭兮城，这次又加上瓮棺墓葬群的发掘，形成了非常完整的文化旅游链条。如何让它落实到城市发展中，让文物活起来，打造城市文化名片，提高城市文化软实力，是今后我们要做的功课。"

黄骅市副市长张桂云全程参与了此次研讨会，她说："借此研讨会召开的契机，要做大文博事业，打造黄骅城市文化品牌。"

始于考古，不止于考古。这个城市的美好未来，我们在期待……

附录五 相关新闻报道

瓮棺葬解密古代东亚文化交流
CCTV 新闻三十分 2017.05.14 12：23～12：26（视频文字稿）

昨日，由中国社会科学研究院考古研究所与河北省文物局主办的"瓮棺葬与古代东亚文化交流国际学术研讨会"在河北黄骅举行。研讨会上，与会的国内外专家围绕东亚各地的瓮棺葬考古发掘以及中、日、韩等国古代东亚海上丝绸之路的文化交流等进行了深入研讨。瓮棺葬，是指用陶容器作为葬具，埋葬在地下的一种特殊埋葬方式。在中国，战国秦汉时期的瓮棺葬广泛地分布在环黄渤海地区，是东亚地区具有鲜明时代特色和地域特色的一种埋葬遗存。2016年5月，河北黄骅某工程施工中发现了113座瓮棺葬。此前考古学家在日本、韩国等地也都发现了此类的墓葬方式。河北黄骅的考古发现对考察古代东亚地区的文化传播和交流提供了良好的研究范本。

白云翔（中国社会科学院考古研究所研究员）："在这之前有人的交流、有文化的交流，但是没有形成规模。那么从战国秦汉时期，环黄渤海地区海上丝绸之路就逐渐地形成、逐渐地发展起来。"

瓮棺葬与古代东亚文化研讨会召开
《人民日报》（2017年05月18日 12版）

本报北京5月17日电（丁一）日前，"瓮棺葬与古代东亚文化交流国际学术研讨会"在河北省黄骅市举行，来自相关省市考古科研机构，北京大学、中国人民大学、吉林大学、山东大学、山西大学等高校的专家学者，以及来自日本、韩国的外国专家学者出席研讨会。本次会议由中国社会科学院考古研究所、河北省文物局、河北省文物研究所和黄骅市人民政府共同举办。

瓮棺葬，是指用陶容器作为葬具、埋葬在地下的一种特殊埋葬形式。2016年5月，黄骅市郛堤城遗址西北发现了大型瓮棺葬群，共发掘清理瓮棺葬113座。此处是一处战国秦汉时期的瓮棺葬群，葬群规模庞大、类型多样、分布密集、年代清楚，受到国内外学术界的关注。郛堤城瓮棺葬群入选"2016年度中国重要考古发现"。

以瓮棺葬为切入点加强古代东亚文化交流研究——"瓮棺葬与古代东亚文化交流国际学术研讨会"在河北黄骅召开

2017年05月13日 14：31 来源：中国社会科学网 作者：齐泽垚

中国社会科学网讯（记者 齐泽垚） 瓮棺葬是我国古代社会的一种古老葬俗，始于史前时代。在环渤海地区，瓮棺葬在秦汉时期达到高峰，成为当时这一地区一种重要的埋葬方式。考古研究表明，瓮棺葬文化有着鲜明的地区分布特点和清晰的文化传播轨迹。为了深化环渤海区域古代瓮棺葬文化研究，进一步探讨古代东亚地区的文化交流、文化传传播以及人群移动等问题，以河北省黄骅市郛堤城瓮棺葬墓群的考古发掘为契机，5月13日，由中国社会科学院考古研究所、河北省文物局、河北省文物保护研究所和黄骅市政府联合举办的"瓮棺葬与古代东亚文化交流国际学术研讨会"在河北省黄骅市召开。

中国社会科学院考古研究所所长陈星灿、中国社会科学院考古研究所原副所长白云翔、河北省文物局副局长韩立森、河北省文物研究所所长李耀光、沧州市人民政府副市长梁英华、沧州市文广新局局长冯彦宁以及黄骅市委市政府主要领导出席会议，研讨会开幕式由黄骅市人民政府副市长张桂云主持。

中国社会科学院考古研究所所长陈星灿研究员致辞。他在致辞中着重分析了战国秦汉时期瓮棺葬的基本内涵、研究意义和未来的研究方向。陈星灿指出："瓮棺葬是古代一种特别的埋葬形式，也是一种重要的墓葬类型，在世界上很多地方都有发现。中国境内的瓮棺葬早在新石器时代便已出现，战国秦汉时期又出现了一个高峰。从考古发现看，战国秦汉时期的瓮棺葬主要见于黄河中下游及辽东半岛，在京津冀和辽东、山东也就是环渤海一带分布尤为密集。另外与此大约同时期的瓮棺葬在朝鲜半岛和日本也有不少的发现。因种种缘故，过去国内学术界对历史时期尤其是战国秦汉时期的瓮棺葬关注不多。令人欣喜的是，随着学术的发展进步，特别是近年来北京、河北、山东等地（包括我们今天开会的黄骅）又相继发现了一批战国秦汉时期的瓮棺葬，大家开始逐步注意这些遗存，并对这一时期各地瓮棺葬的渊源、特点以及彼此间的联系等问题展开思考和讨论。"陈星灿进一步分析认为："考察战国时期的瓮棺葬，不仅可以深化这一时期这种葬制、葬俗的研究，加强对相关地域文化的认识，而且有助于探讨古代东亚地区的文化交流、文化传传播以及人群移动等问题，学术意义是不言而喻的。"

在学术探讨环节，中国社会科学院考古研究所原副所长白云翔研究员在主题发言中认为，公元前一千纪后半的环黄海地区的瓮棺葬，既有相同或相通之处，又各自具有地域特色。这并非偶然，而是当时东亚各地人群移动和文化交流所形成的物质文化遗存和文化现象。

中国人民大学吕学明先生在会议主题发言中特别强调：蔡家坟遗址堆积深厚，文化内涵丰富，充实和完善了河北省东部地区考古学文化的年代序列。瓮棺葬的特征与辽西、河北东部和京津地区的瓮棺葬基本一致，对探讨燕文化的传播、扩张，以及瓮棺葬俗的发展、演变和流布提供了新材料。

为加强东北亚地区学者对环渤海地区瓮棺葬的学术交流，本次会议还特别邀请韩国、日本的相关专家学者参会交流。来自中国社会科学院考古研究所、北京大学考古文博学院、吉林大学边疆考古研究中心、辽宁省文物考古研究所、山东省文物考古研究所、河北省文物局、河北省文物研究所等单位的70余名专家学者参加了本次会议。

瓮棺葬与古代东亚文化交流国际学术研讨会在黄骅市召开

海蓝网 记者：孟冬 丙权 孙宾 张霁 2017-05-13 17：41

5月13日上午，瓮棺葬与古代东亚文化交流国际学术研讨会在我市开幕，会议由中国社会科学院考古研究所、河北省文物局、河北省文物研究所和黄骅市人民政府共同举办。来自京津冀鲁辽等省市的考古科研机构，北京大学、吉林大学、中国人民大学、山东大学、山西大学等高校的专家学者，以及来自日本、韩国的专家学者近40人出席会议。

中国社会科学院考古研究所所长陈星灿，河北省文物局副局长韩立森，沧州、渤海新区及我市领导梁英华、朱春燕、杜建新、夏爱华、贾兆德、张剑华、肖宝青、张桂云出席研讨会开幕式。

沧州市副市长梁英华、黄骅市市委书记朱春燕、中国社会科学院考古研究所所长陈星灿、河北省文物局副局长韩立森先后致辞。

黄骅市委书记朱春燕在致辞中说，黄骅历史悠久，拥有深厚的文化积淀，在历史的长河中留下了难以计数的文化瑰宝。境内古遗址聚落丰富，拥有郛堤城、卅兮城、武帝台、海丰镇遗址等大量历史文化遗存，是一个物华天宝、人杰地灵的城市。近年来，黄骅市委、市政府抢抓"一带一路"开放发展战略机遇，围绕"建设沿海开放经济强市"的总体目标，充分发挥文化的引领支撑作用，大力发展文化事业和文化产业，在文物遗址科学研究、保护性开发和带动经济发展上取得了显著成效。此次瓮棺葬群的发掘，为我们深入了解2000多年前东亚地区的习俗和历史文化提供了有利契机，对增强环渤海地区与朝鲜半岛、日本列岛文化交流，推进"一带一路"国家及地区融合发展具有深远意义。希望借此机会，共同推动东亚地区文化、旅游、经济等各项事业的互联互通、共享共融。

此次研讨会吸引了新华社、中央电视台、河北电视台、河北日报、燕赵晚报、沧州电视台、沧州日报、沧州晚报、中国社科网、长城网、网易、腾讯、新浪等16家媒体的记者。

会议期间，与会代表将围绕东亚各地瓮棺葬的发现及认识、黄骅郛堤城瓮棺葬的发现及意义、黄骅郛堤城的年代和性质、东亚瓮棺葬的起源和发展演变、瓮棺葬葬具及出土器物、瓮棺葬与城址的位置关系，以及中、日、韩瓮棺葬的文化联系和瓮棺葬所反映的古代东亚文化交流等进行深入研讨。

据了解，瓮棺葬是指用陶容器作为葬具、埋葬在地下的一种特殊埋葬形式。在中国，战国秦汉时期的瓮棺葬广泛分布于环渤海地区的辽宁、河北、北京、天津和山东等地；与之年代大致相当的瓮棺葬，在朝鲜半岛和日本九州等地也有广泛分布，是东亚地区具有鲜明时代特色和地域特色的一种埋葬遗存，对考察古代东亚地区的文化传播和交流具有重要意义。

此次国际学术研讨会的顺利召开，将进一步加深对郛堤城瓮棺葬和郛堤城城址性质和内涵的认识,为郭堤城瓮棺葬及城址的研究、保护、展示和利用提供强有力的学术支撑;推动我市及周边地区历史文化遗产的进一步挖掘、阐释和宣传、弘扬;促进全国各地瓮棺葬的考古发掘、研究和保护利用;也必将进一步加深中、日、韩各地瓮棺葬及其相互关系的认识,把古代东亚文化交流的学术研究提高到一个新水平。

瓮棺葬与古代东亚文化交流国际学术研讨会专家认为——黄骅为"海上丝绸之路"北方重要节点

《河北日报》(2017年5月23日09版)

本报讯(记者张近情、戴绍志)5月12～15日,"瓮棺葬与古代东亚文化交流国际学术研讨会"在黄骅市举行,30余名中、日、韩考古专家和学者就瓮棺葬群形成及影响进行了专题研讨。专家结合文献记载、民间考证和考古学证据,认为黄骅很有可能为当年徐福东渡出海口,是"海上丝绸之路"北方重要节点。这一考古发现,同时将东亚文化交流和"海上丝绸之路"文化底蕴延至战汉时期。

本次会议由中国社会科学院考古研究所、河北省文物局、河北省文物研究所和黄骅市人民政府共同举办,是国内考古学界首次以瓮棺葬为主题召开的国际学术研讨会。会议期间,与会代表围绕东亚各地瓮棺葬的发现及认识、黄骅郭堤城瓮棺葬的发现及意义、黄骅郭堤城的年代和性质、东亚瓮棺葬的起源和发展演变,以及中、日、韩瓮棺葬的文化联系和瓮棺葬所反映的古代东亚文化交流等进行了深入研讨;还到黄骅市博物馆、郭堤城瓮棺葬考古工地、海丰镇遗址考古工地等黄骅历史文化遗址进行了实地考察。

2016年5月,黄骅市城北湿地公园工程施工中,在郭堤城西北200米处发现了瓮棺葬。受河北省文物局委托,河北省文物研究所和黄骅市博物馆随即对郭堤城瓮棺葬进行了抢救性发掘,共发掘清理瓮棺葬113座。其中儿童瓮棺葬110座、成人瓮棺葬5座。另外,通过大范围考古钻探,发现附近还有数百座瓮棺葬存在,从而确定郭堤城西北是一处战汉时期的瓮棺葬群。该处瓮棺葬群规模庞大、类型多样、分布密集、年代清楚,是战汉时期最具代表性的瓮棺葬墓地之一。

中国社会科学院考古研究所研究员白云翔是这次会议的发起人,早在2016年8月,他到黄骅专门视察瓮棺葬的发掘情况,并做出结论:瓮棺葬群与郭堤城遗址的并存可以更全面地从"生"和"死"两个方面研究古代社会。进一步证明郭堤城的繁荣程度,也证明了在战国末年,最晚到西汉初期,汉王朝对这个地方已经有了有效的统治和管理开发。战汉时期的瓮棺葬习俗的传播,对整个东亚地区都产生了深刻的影响,是早期"海上丝绸之路"形成和发展的有力佐证。

瓮棺葬群的发现,受到国内外学术界的高度关注。韩国国立全南大学文化人类考古学科教授林永珍认为,在古代,黄海属重要交通通道,中国大陆、日本列岛、朝鲜半岛密切交流,环黄海地区在文化、思想上实现融合,是具备"海上丝绸之路"特性的早期典型区域。日本九州大学人文科学研究院副校长宫本一夫认为,如此年代久远且数量众多的瓮棺葬群发现,为东亚地区思想文化传播路线的确定提供了重要线索。

瓮棺葬与古代东亚文化交流国际学术研讨会在黄骅举办

2017-05-13　20：31：27　来源：河北新闻网

河北新闻网讯（张海健、徐彩云）5月13日，"瓮棺葬与古代东亚文化交流国际学术研讨会"在黄骅市举办。本次研讨会由中国社会科学院考古研究所、河北省文物局、河北省文物研究所和黄骅市人民政府共同举办。

研讨会上，与会代表围绕东亚各地瓮棺葬的发现及认识、黄骅郛堤城瓮棺葬的发现及意义、东亚瓮棺葬的起源和发展演变课题等进行了深入研讨。

据了解，2016年5月，黄骅市城北湿地公园工程施工中，在郛堤城西北发现了瓮棺葬，共发掘清理出瓮棺葬113座。另外，通过大范围考古钻探，发现附近还有数百座瓮棺葬存在，从而确定郛堤城西北是一处战国秦汉时期的瓮棺葬群。该处瓮棺葬群规模庞大、类型多样、分布密集、年代清楚，是战国秦汉时期最具代表性的瓮棺葬墓地之一。它的发现和确认，受到国内外学术界的高度关注。

据介绍，瓮棺葬是指用陶容器作为葬具，埋葬在地下的一种特殊埋葬形式。在中国，战国秦汉时期的瓮棺葬广泛分布于环渤海地区。与之年代大致相当的瓮棺葬，在朝鲜半岛和日本九州等地也有广泛的分布，是东亚地区具有鲜明时代特色和地域特色的一种埋葬遗存，对考察古代东亚地区的文化传播和交流具有重要意义。

瓮棺葬与古代东亚文化交流国际学术研讨会在黄骅市举行

2017-05-14　22：13：15　来源：网易原创

网易沧州讯　5月13日，"瓮棺葬与古代东亚文化交流国际学术研讨会"在黄骅市举行，来自京、津、冀、鲁、辽相关省市的考古科研机构，北京大学、吉林大学、中国人民大学、山东大学、山西大学等高校的专家学者，以及来自日本、韩国的专家学者，共计70余人出席会议。

本次会议由中国社会科学院考古研究所、河北省文物局、河北省文物研究所和黄骅市人民政府共同举办，活动为期两天。研讨会上，与会代表围绕东亚各地瓮棺葬的发现及认识、黄骅郛堤城瓮棺葬的发现及意义、东亚瓮棺葬的起源和发展演变课题等进行了深入研讨。与会人员还对黄骅市博物馆、郛堤城瓮棺葬考古工地、海丰镇遗址考古工地等黄骅历史文化遗址进行了实地考察。

此次研讨会的召开，为黄骅郛堤城瓮棺葬及城址的研究、保护、展示和利用提供了强有力的学术支撑；推动了黄骅地区历史文化遗产的进一步挖掘、研究和保护，并为古代东亚文化交流研究提供了一个新的学术平台。

据了解，2016年5月，黄骅市城北湿地公园工程施工中，在郛堤城西北发现了瓮棺葬，共发掘清理出瓮棺葬113座。另外，通过大范围考古钻探，发现附近还有数百座瓮棺葬存在，从而确定郛堤城西北是一处战国秦汉时期的瓮棺葬群。该处瓮棺葬群规模庞大、类型多样、分布密集、年代清楚，是战国秦汉时期最具代表性的瓮棺葬墓地之一。它的发现和确认，受到国内外学术界的高度关注。

据介绍，瓮棺葬是指用陶容器作为葬具，埋葬在地下的一种特殊埋葬形式。在中国，战国秦汉时期的瓮棺葬广泛分布于环渤海地区。与之年代大致相当的瓮棺葬，在朝鲜半岛和日本九州等地也有广泛的分布，是东亚地区具有鲜明时代特色和地域特色的一种埋葬遗存，对考察古代东亚地区的文化传播和交流具有重要意义。

后 记

2016年5月，在河北省黄骅市郛堤城遗址西北200米的公园建设工地发现瓮棺葬。经抢救性发掘，发现战汉时期瓮棺葬113座，其后的勘探中发现更多瓮棺葬的分布，初步推算约有1000座。如此多的瓮棺葬群是国内少有的，是研究我国战国秦汉时期瓮棺葬的重要证据之一，也对古代东亚文化交流的形成和发展存在重要意义。以此为契机，"瓮棺葬与古代东亚文化交流国际学术研讨会"于2017年5月12~15日在中国河北省黄骅市召开，并取得了圆满成功。大会上，各位专家学者介绍了各地瓮棺葬的考古新发现，交流了关于瓮棺葬的新认识，对其统一性和地域性及相关成因进行了讨论，而且韩国和日本学者就朝鲜半岛和日本九州地区的瓮棺葬及有关问题做了学术报告，开阔了视野。这些对保护郛堤城瓮棺葬群、推动黄骅市文化事业发展有着重要的作用。同时从瓮棺葬出发研究古代东亚地区的人口迁移和文化交流，不仅对全面认识历史上海上丝绸之路的形成和发展有重要的学术意义，而且将为全面推动和实施"一带一路"国家战略提供历史的阐释和学术的支撑。

为进一步推动瓮棺葬及古代东亚文化交流研究的深入发展，在中国社会科学院考古研究所原副所长白云翔先生、河北省文物研究所所长李耀光先生的倡议和支持下，由河北省文物研究所马小飞与黄骅市博物馆相关工作人员负责收集整理，将本次会议的24篇学术论文结集成册，编辑出版为《瓮棺葬与古代东亚文化交流研究——瓮棺葬与古代东亚文化交流（中国·黄骅）国际学术研讨会论文集》。

借此机会，感谢中国社会科学院考古研究所、河北省文物局、河北省文物研究所、黄骅市人民政府对本论文集出版的支持！感谢北京大学考古文博学院、中国人民大学、北京市文物研究所、辽宁省文物考古研究所、大连市文物考古研究所、天津市文化遗产保护中心、天津博物馆、山东省文物考古研究所、山东大学、山西大学、吉林大学边疆考古研究中心、北京交通大学海滨学院、河北师范大学、韩国韩神大学校、韩国国立全南大学、韩国全北大学校、韩国文化财厅国立罗州文化财研究所、日本九州大学、日本东京大学等著名考古研究机构的国内外学者提供学术文章，为本论文集增添色彩！感谢科学出版社为本论文集的出版付出的辛勤劳动！向所有关心、支持本论文集编辑出版的领导、专家和同仁们致以诚挚的谢意！同时也希望有更多有志之士关注瓮棺葬，关注黄骅市文博事业，关注东亚文化交流，并做出更多成绩。

编 者

2017年6月